U0901350

浙江经济普查年鉴 2013

Zhejiang Economic Census Yearbook

综 | 合 | 卷（下册）

浙江省人民政府第三次经济普查领导小组办公室　编

中国统计出版社
China Statistics Press

图书在版编目（CIP）数据

浙江经济普查年鉴. 2013 / 浙江省人民政府第三次经济普查领导小组办公室编著. -- 北京 : 中国统计出版社, 2016.5
ISBN 978-7-5037-7770-7

Ⅰ. ①浙… Ⅱ. ①浙… Ⅲ. ①经济－普查－浙江省－2013－年鉴 Ⅳ. ①F127.55-54

中国版本图书馆 CIP 数据核字(2016)第 084697 号

浙江经济普查年鉴—2013/综合卷(下册)

作　　者/浙江省人民政府第三次经济普查领导小组办公室
责任编辑/王振宇　许立舫　冯燕玲
封面设计/黄俊杰　李雪燕
出版发行/中国统计出版社
通信地址/北京市丰台区西三环南路甲 6 号　邮政编码/100073
电　　话/邮购（010）63376909　书店（010）68783171
网　　址/http://www.zgtjcbs.com/
印　　刷/河北天普润印刷厂
经　　销/新华书店
开　　本/880mm×1230mm　1/16
字　　数/1576 千字
印　　张/49.75
版　　别/2016 年 5 月第 1 版
版　　次/2016 年 5 月第 1 次印刷
定　　价/1980.00 元（全七册附光盘）

本书附同版本 CD-ROM 一张，光盘内容以书面文字为准。
如有印装差错，由本社发行部调换。

综合卷　目录

（上册）

第一篇　综合

第二篇　企业

A. 全部企业

（中册）

（下册）

第三篇 事业、机关、社团、其他及民办非企业

第四篇 个体经营户

2-B-10 按行业中类、登记注册

行业	单位数	内资				
			国有	集体	股份合作企业	联营企业
总计	**807048**	**788446**	**2525**	**9576**	**11621**	**300**
农、林、牧、渔业	**2744**	**2736**	**27**	**79**	**8**	**1**
农业	41	41	2		1	
谷物种植	3	3				
蔬菜、食用菌及园艺作物种植	11	11	1			
水果种植	10	10	1		1	
坚果、含油果、香料和饮料作物种植	10	10				
中药材种植	6	6				
其他农业	1	1				
林业	4	4				
林木育种和育苗	4	4				
畜牧业	23	21	2	1		
牲畜饲养	12	11	1			
家禽饲养	6	5	1			
其他畜牧业	5	5		1		
渔业	14	14				
水产养殖	14	14				
农、林、牧、渔服务业	2662	2656	23	78	7	1
农业服务业	2335	2331	10	70	6	
林业服务业	126	124	8	4		1
畜牧服务业	121	121	2	2		
渔业服务业	80	80	3	2	1	
采矿业	**1257**	**1244**	**7**	**53**	**13**	**1**
煤炭开采和洗选业	20	20				
烟煤和无烟煤开采洗选	9	9				
褐煤开采洗选	5	5				
其他煤炭采选	6	6				

类型分组的小微企业法人单位数

单位：个

国有联营	集体联营	国有与集体联营	其他联营	有限责任公司	国有独资公司	其他有限责任公司	股份有限公司	私营企业	私营独资
31	**140**	**40**	**89**	**36339**	**2591**	**33748**	**2450**	**708665**	**161197**
			1	**52**	**12**	**40**	**4**	**643**	**124**
				2		2		22	3
								1	
				1		1		5	1
								4	1
								7	1
				1		1		4	
								1	
								3	2
								3	2
								10	3
								6	2
								2	1
								2	
								12	2
								12	2
			1	50	12	38	4	596	114
				42	11	31	4	464	85
			1	4	1	3		57	8
				1		1		33	11
				3		3		42	10
			1	**52**	**5**	**47**	**4**	**1102**	**347**
				1		1	1	17	5
								8	2
				1		1		4	
							1	5	3

2-B-10 续表 1

行业	单位数	内资	国有	集体	股份合作企业	联营企业
黑色金属矿采选业	22	20	1	1		
铁矿采选	21	19	1	1		
其他黑色金属矿采选	1	1				
有色金属矿采选业	69	69	2	2	1	
常用有色金属矿采选	42	42	1	2	1	
贵金属矿采选	5	5	1			
稀有稀土金属矿采选	22	22				
非金属矿采选业	1110	1099	2	49	12	1
土砂石开采	1009	998	2	39	11	1
化学矿开采	6	6		1		
采盐	9	9		7		
石棉及其他非金属矿采选	86	86		2	1	
开采辅助活动	8	8		1		
石油和天然气开采辅助活动	3	3				
其他开采辅助活动	5	5		1		
其他采矿业	28	28	2			
其他采矿业	28	28	2			
制造业	**360058**	**347321**	**184**	**1591**	**8998**	**56**
农副食品加工业	5423	5287	25	51	174	2
谷物磨制	289	285	3	6	8	
饲料加工	434	423	2	4	16	
植物油加工	262	255	1	1	3	
制糖业	38	38				
屠宰及肉类加工	668	647	15	12	16	
水产品加工	1554	1508	1	18	117	
蔬菜、水果和坚果加工	1541	1508	1	6	11	
其他农副食品加工	637	623	2	4	3	2
食品制造业	2397	2248	7	18	48	1

单位：个

国有联营	集体联营	国有与集体联营	其他联营	有限责任公司			股份有限公司	私营企业	
					国有独资公司	其他有限责任公司			私营独资
				1		1		17	
				1		1		16	
								1	
				7	1	6	1	55	9
				4	1	3	1	32	8
								4	
				3		3		19	1
			1	42	4	38	2	981	330
			1	40	4	36	1	894	310
								5	2
								2	
				2		2	1	80	18
								7	
								3	
								4	
				1		1		25	3
				1		1		25	3
5	**30**	**4**	**17**	**9149**	**70**	**9079**	**801**	**323760**	**101588**
1			1	201	8	193	30	4121	1205
				16	1	15	3	219	80
				29		29	7	359	54
				6		6	3	157	29
								31	18
				50	7	43	2	537	132
				51		51	5	1284	275
				37		37	9	980	389
1			1	12		12	1	554	228
			1	82	1	81	11	2005	526

2-B-10 续表 2

行 业	单位数	内 资	国 有	集 体	股份合作企 业	联营企业
焙烤食品制造	690	664	1	3	8	
糖果、巧克力及蜜饯制造	185	172		1	5	
方便食品制造	359	342	2		5	
乳制品制造	42	39	2	1	1	
罐头食品制造	222	201		6	9	1
调味品、发酵制品制造	221	208	1	3	5	
其他食品制造	678	622	1	4	15	
酒、饮料和精制茶制造业	2656	2588	20	42	52	1
酒的制造	525	504	2	18	31	1
饮料制造	666	632	6	3	13	
精制茶加工	1465	1452	12	21	8	
烟草制品业	5	4			1	
卷烟制造	2	2				
其他烟草制品制造	3	2			1	
纺织业	29648	28442	3	52	302	1
棉纺织及印染精加工	8969	8594	1	12	61	
毛纺织及染整精加工	1138	1065		3	31	
麻纺织及染整精加工	88	75		1	2	
丝绢纺织及印染精加工	1464	1377	1	6	16	
化纤织造及印染精加工	3600	3500		5	17	
针织或钩针编织物及其制品制造	6380	6138		8	27	1
家用纺织制成品制造	4587	4388	1	9	31	
非家用纺织制成品制造	3422	3305		8	117	
纺织服装、服饰业	25905	24237	6	41	271	3
机织服装制造	13895	12909	5	30	126	1
针织或钩针编织服装制造	6230	5818	1	7	95	2
服饰制造	5780	5510		4	50	
皮革、毛皮、羽毛及其制品和制鞋业	15288	14850	2	17	457	

单位：个

国有联营	集体联营	国有与集体联营	其他联营	有限责任公司	国有独资公司	其他有限责任公司	股份有限公司	私营企业	私营独资
				13		13	2	626	224
				5		5		159	36
				10		10	1	287	67
				3		3		32	4
			1	9		9		167	42
				10		10		185	50
				32	1	31	8	549	103
1				91	2	89	4	1949	802
1				29	1	28	1	413	131
				29	1	28	2	571	169
				33		33	1	965	502
				2	2			1	
				2	2				
								1	
1				526	4	522	51	27408	8454
				182		182	8	8304	3279
				24		24	3	1000	269
				2		2		69	17
				30	3	27	6	1313	343
				38		38	6	3425	766
1				124	1	123	11	5946	1227
				66		66	14	4254	1328
				60		60	3	3097	1225
			3	371	7	364	29	23410	7954
			1	218	4	214	15	12463	4390
			2	72	2	70	9	5613	1616
				81	1	80	5	5334	1948
				303	1	302	21	13989	5258

2-B-10 续表 3

行业	单位数	内资	国有	集体	股份合作企业	联营企业
皮革鞣制加工	554	512		2	77	
皮革制品制造	4205	4008	1	5	36	
毛皮鞣制及制品加工	1102	1074		1	1	
羽毛(绒)加工及制品制造	311	282			1	
制鞋业	9116	8974	1	9	342	
木材加工和木、竹、藤、棕、草制品业	6218	6040	5	53	42	2
木材加工	1201	1185	5	23	8	1
人造板制造	765	719		3	4	
木制品制造	2665	2612		18	17	1
竹、藤、棕、草等制品制造	1587	1524		9	13	
家具制造业	5340	5082		12	52	
木质家具制造	3192	3082		11	33	
竹、藤家具制造	163	152				
金属家具制造	1078	1007			13	
塑料家具制造	181	173			2	
其他家具制造	726	668		1	4	
造纸和纸制品业	9693	9535		30	274	2
纸浆制造	24	23				
造纸	1823	1761		10	44	
纸制品制造	7846	7751		20	230	2
印刷和记录媒介复制业	10053	9984	17	80	458	1
印刷	9318	9252	16	73	437	1
装订及印刷相关服务	718	715	1	7	21	
记录媒介复制	17	17				
文教、工美、体育和娱乐用品制造业	18524	17839	4	56	323	2
文教办公用品制造	3142	3004	1	12	34	
乐器制造	181	154		3	2	
工艺美术品制造	11267	10933	2	31	248	2

单位：个

国有联营	集体联营	国有与集体联营	其他联营	有限责任公司	国有独资公司	其他有限责任公司	股份有限公司	私营企业	私营独资
				17		17	1	413	102
				70	1	69	9	3874	1257
				8		8	7	1056	376
				7		7		274	53
				201		201	4	8372	3470
	2			97		97	19	5693	2534
	1			11		11	3	1104	623
				20		20	2	687	224
	1			46		46	4	2501	980
				20		20	10	1401	707
				100		100	6	4875	1413
				62		62	6	2940	856
								150	67
				17		17		976	277
				6		6		165	43
				15		15		644	170
		1	1	201		201	18	8973	3477
				2		2		21	6
				64		64	7	1633	396
		1	1	135		135	11	7319	3075
1				234	2	232	12	9145	3418
1				224	2	222	11	8456	3094
				9		9	1	673	321
				1		1		16	3
	2			283	2	281	25	17008	5886
				52	1	51	7	2874	869
				2		2		147	39
	2			173	1	172	14	10367	3853

2-B-10 续表 4

行业	单位数	内资	国有	集体	股份合作企业	联营企业
体育用品制造	1497	1405	1	6	8	
玩具制造	1974	1894		4	26	
游艺器材及娱乐用品制造	463	449			5	
石油加工、炼焦和核燃料加工业	340	322		1	12	
精炼石油产品制造	335	317		1	12	
炼焦	3	3				
核燃料加工	2	2				
化学原料和化学制品制造业	8712	8111	8	59	235	5
基础化学原料制造	1260	1142		11	46	
肥料制造	253	245	2	2	4	
农药制造	98	87	1	3	4	
涂料、油墨、颜料及类似产品制造	2215	2087		11	56	2
合成材料制造	1027	922		5	23	
专用化学产品制造	2779	2622	4	23	69	2
炸药、火工及焰火产品制造	29	28			1	
日用化学产品制造	1051	978	1	4	32	1
医药制造业	1188	1049	1	2	30	
化学药品原料药制造	275	236			12	
化学药品制剂制造	114	97	1		2	
中药饮片加工	108	97		2	2	
中成药生产	87	71				
兽用药品制造	66	62			3	
生物药品制造	193	167			2	
卫生材料及医药用品制造	345	319			9	
化学纤维制造业	1431	1317	2		7	
纤维素纤维原料及纤维制造	131	121	1			
合成纤维制造	1300	1196	1		7	
橡胶和塑料制品业	29163	28494	3	79	941	5

单位：个

国有联营	集体联营	国有与集体联营	其他联营	有限责任公司	国有独资公司	其他有限责任公司	股份有限公司	私营企业	私营独资
				21		21	1	1365	283
				26		26	2	1824	770
				9		9	1	431	72
				12		12		297	48
				12		12		292	48
								3	
								2	
	4	1		364	5	359	42	7370	1738
				67		67	11	1003	212
				9		9	1	224	40
				13		13	4	61	3
	1	1		71		71	2	1939	527
				67	2	65	5	819	150
	2			101	1	100	13	2404	624
				7	1	6		20	3
	1			29	1	28	6	900	179
				142	1	141	20	843	98
				49		49	5	167	9
				23		23	4	67	6
				14		14		73	18
				14		14	3	53	7
				4		4		55	6
				25		25	7	133	7
				13	1	12	1	295	45
				48	1	47	6	1250	260
				2		2		117	27
				46	1	45	6	1133	233
	3		2	572	2	570	47	26707	10204

2-B-10 续表 5

行业	单位数	内资	国有	集体	股份合作企业	联营企业
橡胶制品业	3536	3453	2	16	154	
塑料制品业	25627	25041	1	63	787	5
非金属矿物制品业	12916	12635	12	329	370	7
水泥、石灰和石膏制造	666	659	2	23	7	1
石膏、水泥制品及类似制品制造	2892	2837	2	62	74	
砖瓦、石材等建筑材料制造	3865	3825	7	190	205	6
玻璃制造	355	345		1	2	
玻璃制品制造	2256	2182		2	24	
玻璃纤维和玻璃纤维增强塑料制品制造	463	433		4	15	
陶瓷制品制造	798	765	1	9	6	
耐火材料制品制造	754	738		31	25	
石墨及其他非金属矿物制品制造	867	851		7	12	
黑色金属冶炼和压延加工业	4129	4003	1	37	284	1
炼铁	39	38			2	
炼钢	58	55	1			
黑色金属铸造	1579	1547		22	171	
钢压延加工	2397	2309		15	110	1
铁合金冶炼	56	54			1	
有色金属冶炼和压延加工业	3445	3324		14	94	
常用有色金属冶炼	322	307		3	13	
贵金属冶炼	25	24				
稀有稀土金属冶炼	21	18				
有色金属合金制造	304	286			5	
有色金属铸造	407	400		3	8	
有色金属压延加工	2366	2289		8	68	
金属制品业	30630	29889	7	116	670	5
结构性金属制品制造	4884	4798		16	53	

单位：个

国有联营	集体联营	国有与集体联营	其他联营	有限责任公司	国有独资公司	其他有限责任公司	股份有限公司	私营企业	私营独资
				64		64	6	3198	1146
	3		2	508	2	506	41	23509	9058
1	5		1	505	13	492	41	11268	3524
			1	79	4	75	6	536	183
				196	8	188	7	2476	849
1	5			84	1	83	6	3279	1273
				12		12		328	46
				59		59	13	2075	347
				10		10	2	399	122
				22		22	2	716	197
				15		15	2	663	210
				28		28	3	796	297
	1			131		131	16	3511	997
								36	20
								54	21
				40		40	2	1298	514
	1			90		90	14	2072	434
				1		1		51	8
				188		188	13	3001	945
				15		15	2	274	83
				4		4		20	3
				2		2		16	2
				25		25	2	253	51
				6		6		381	171
				136		136	9	2057	635
	4		1	584	5	579	35	28305	9757
				92	3	89	6	4606	1078

2-B-10 续表 6

行　业	单位数	内　资	国　有	集　体	股份合作企　业	联营企业
金属工具制造	5052	4914	3	16	54	3
集装箱及金属包装容器制造	680	649	1	4	11	
金属丝绳及其制品制造	906	882		1	29	
建筑、安全用金属制品制造	8660	8437		32	209	1
金属表面处理及热处理加工	2727	2672	1	19	178	1
搪瓷制品制造	325	315			4	
金属制日用品制造	3831	3727		10	45	
其他金属制品制造	3565	3495	2	18	87	
通用设备制造业	45764	44450	16	175	1321	8
锅炉及原动设备制造	712	676	3	2	23	1
金属加工机械制造	4564	4423	1	27	126	1
物料搬运设备制造	1565	1474	1	4	27	
泵、阀门、压缩机及类似机械制造	10339	10053	2	41	496	
轴承、齿轮和传动部件制造	5350	5135	2	11	100	
烘炉、风机、衡器、包装等设备制造	4795	4606	3	9	107	1
文化、办公用机械制造	436	411	1	3	11	1
通用零部件制造	16945	16645	3	71	407	3
其他通用设备制造业	1058	1027		7	24	1
专用设备制造业	19013	18248	11	73	610	2
采矿、冶金、建筑专用设备制造	1170	1127	1	3	52	
化工、木材、非金属加工专用设备制造	7675	7400	3	17	199	
食品、饮料、烟草及饲料生产专用设备制造	620	592		7	63	
印刷、制药、日化及日用品生产专用设备制造	1277	1231		12	39	
纺织、服装和皮革加工专用设备制造	3500	3377		8	141	1
电子和电工机械专用设备制造	814	779	2	2	17	
农、林、牧、渔专用机械制造	889	849	2	7	39	
医疗仪器设备及器械制造	985	908		10	24	
环保、社会公共服务及其他专用设备制造	2083	1985	3	7	36	1

单位：个

国有联营	集体联营	国有与集体联营	其他联营	有限责任公司	国有独资公司	其他有限责任公司	股份有限公司	私营企业	私营独资
	3			88		88	4	4720	1804
				30		30	2	598	135
				27		27	1	821	339
			1	157	2	155	7	7976	2984
	1			53		53	5	2401	959
				2		2		307	89
				59		59	4	3591	1081
				76		76	6	3285	1288
	3	1	4	1022	4	1018	85	41654	13807
	1			32	1	31	4	610	153
		1		90		90	11	4149	1255
				56		56	2	1383	342
				381	1	380	18	9095	2053
				120	1	119	9	4879	1554
	1			116	1	115	17	4334	1059
			1	14		14		380	71
	1		2	191		191	21	15859	7135
			1	22		22	3	965	185
	1	1		500	1	499	47	16928	4760
				59		59	2	1009	248
				136	1	135	14	6984	2469
				11		11	1	508	131
				38		38	2	1133	192
	1			81		81	7	3132	1018
				19		19	2	735	110
				30		30	5	760	201
				25		25	7	839	150
		1		101		101	7	1828	241

2-B-10 续表 7

行业	单位数	内资	国有	集体	股份合作企业	联营企业
汽车制造业	13696	13134	1	18	426	3
汽车整车制造	73	60			1	
改装汽车制造	25	21				
低速载货汽车制造	2	2				
电车制造	12	11				
汽车车身、挂车制造	36	29			1	
汽车零部件及配件制造	13548	13011	1	18	424	3
铁路、船舶、航空航天和其他运输设备制造业	4369	4244	6	17	164	
铁路运输设备制造	107	103	1	3	6	
城市轨道交通设备制造	8	8				
船舶及相关装置制造	1093	1066	5	7	22	
航空、航天器及设备制造	34	32		1	1	
摩托车制造	1495	1475		2	119	
自行车制造	1382	1324		4	14	
非公路休闲车及零配件制造	167	158			1	
潜水救捞及其他未列明运输设备制造	83	78			1	
电气机械和器材制造业	31930	30736	6	115	769	2
电机制造	3360	3236	1	12	98	
输配电及控制设备制造	11626	11320	2	55	368	1
电线、电缆、光缆及电工器材制造	3099	2961		14	109	1
电池制造	458	410	1	1	9	
家用电力器具制造	5763	5544	1	18	53	
非电力家用器具制造	1000	968		1	4	
照明器具制造	5744	5450	1	11	110	
其他电气机械及器材制造	880	847		3	18	
计算机、通信和其他电子设备制造业	9148	8595	2	32	146	

单位：个

国有联营	集体联营	国有与集体联营	其他联营	有限责任公司	国有独资公司	其他有限责任公司	股份有限公司	私营企业	私营独资
	1		2	466	2	464	28	12171	3405
				6	1	5	1	52	
				4		4		17	2
				1		1		1	
				1		1		10	1
								28	3
	1		2	454	1	453	27	12063	3399
				172		172	7	3868	941
				8		8	1	84	14
				1		1		7	
				48		48		982	156
				3		3		27	2
				82		82	2	1267	411
				27		27	4	1271	309
				3		3		153	33
								77	16
	2			1227	1	1226	127	28395	5549
				116		116	9	2996	737
	1			625		625	56	10193	1572
	1			174		174	9	2644	625
				17		17	6	375	40
				115		115	24	5294	1106
				18		18	3	937	153
				141	1	140	17	5158	1181
				21		21	3	798	135
				342	3	339	28	8022	1606

2-B-10 续表 8

行业	单位数	内资	国有	集体	股份合作企业	联营企业
计算机制造	310	275		3	1	
通信设备制造	729	674		2	13	
广播电视设备制造	471	440			12	
雷达及配套设备制造	11	9				
视听设备制造	675	617		3	5	
电子器件制造	1183	1072		6	29	
电子元件制造	5117	4902	1	18	82	
其他电子设备制造	652	606	1		4	
仪器仪表制造业	5713	5486	7	30	288	2
通用仪器仪表制造	2651	2554	3	16	130	
专用仪器仪表制造	736	701	2	8	29	2
钟表与计时仪器制造	152	145	1	3	5	
光学仪器及眼镜制造	1851	1768	1	2	107	
其他仪器仪表制造业	323	318		1	17	
其他制造业	5087	4976	3	9	108	
日用杂品制造	4102	4011	1	3	100	
煤制品制造	55	54			4	
核辐射加工	5	5				
其他未列明制造业	925	906	2	6	4	
废弃资源综合利用业	913	870	2	4	27	
金属废料和碎屑加工处理	413	377	1	2	3	
非金属废料和碎屑加工处理	500	493	1	2	24	
金属制品、机械和设备修理业	1321	1302	7	29	42	1
金属制品修理	37	36		1	1	
通用设备修理	170	167	2	1		
专用设备修理	152	150	4	9	3	
铁路、船舶、航空航天等运输设备修理	770	762	1	15	32	

单位：个

国有联营	集体联营	国有与集体联营	其他联营	有限责任公司	国有独资公司	其他有限责任公司	股份有限公司	私营企业	私营独资
				18	2	16	3	250	34
				42		42	2	614	96
				14		14	1	412	113
								9	
				11		11	2	595	214
				54	1	53	7	970	138
				180		180	11	4600	945
				23		23	2	572	66
	1		1	205		205	18	4920	1334
				111		111	10	2281	529
	1		1	40		40	3	615	131
				3		3	1	131	38
				45		45	3	1601	516
				6		6	1	292	120
				101	2	99	9	4715	1218
				70	1	69	6	3818	860
				2		2	1	45	22
								5	1
				29	1	28	2	847	335
				50	1	49	2	780	222
				32	1	31	1	336	77
				18		18	1	444	145
	1			27		27	4	1178	248
								33	8
				4		4		158	37
				3		3		126	56
				12		12	3	694	100

2-B-10 续表 9

行业	单位数	内资	国有	集体	股份合作企业	联营企业
电气设备修理	77	75		2	2	
仪器仪表修理	11	10				
其他机械和设备修理业	104	102		1	4	1
电力、热力、燃气及水生产和供应业	**4204**	**4056**	**135**	**766**	**286**	**30**
电力、热力生产和供应业	2745	2674	79	525	215	26
电力生产	2615	2552	67	511	214	24
电力供应	53	52	11	14	1	2
热力生产和供应	77	70	1			
燃气生产和供应业	305	263	4	8	3	
燃气生产和供应业	305	263	4	8	3	
水的生产和供应业	1154	1119	52	233	68	4
自来水生产和供应	604	597	45	221	8	4
污水处理及其再生利用	324	297	7	8	1	
其他水的处理、利用与分配	226	225		4	59	
建筑业	**20941**	**20878**	**55**	**166**	**54**	**4**
房屋建筑业	2777	2767	6	38	15	3
房屋建筑业	2777	2767	6	38	15	3
土木工程建筑业	4524	4507	30	53	7	
铁路、道路、隧道和桥梁工程建筑	1832	1828	6	23	3	
水利和内河港口工程建筑	412	409	14	9	2	
海洋工程建筑	29	27				
工矿工程建筑	170	167	1	1	1	
架线和管道工程建筑	510	509	6	8		
其他土木工程建筑	1571	1567	3	12	1	
建筑安装业	3351	3333	10	35	13	
电气安装	1064	1060	2	12	1	
管道和设备安装	937	931	6	14	6	
其他建筑安装业	1350	1342	2	9	6	

单位：个

				有限责任公司			股份有限公司	私营企业	
国有联营	集体联营	国有与集体联营	其他联营		国有独资公司	其他有限责任公司			私营独资
				6		6	1	64	16
								10	3
	1			2		2		93	28
2	**22**	**3**	**3**	**656**	**156**	**500**	**18**	**2126**	**471**
1	20	2	3	340	72	268	14	1441	330
	20	1	3	296	71	225	12	1394	330
1		1		10	1	9	1	13	
				34		34	1	34	
				53	4	49	1	193	33
				53	4	49	1	193	33
1	2	1		263	80	183	3	492	108
1	2	1		154	55	99	3	159	42
				99	25	74		182	9
				10		10		151	57
	2		**2**	**1515**	**103**	**1412**	**67**	**18996**	**567**
	2		1	288	10	278	13	2399	76
	2		1	288	10	278	13	2399	76
				517	72	445	20	3874	89
				216	30	186	8	1570	30
				67	17	50	2	314	17
				7	3	4		20	
				19	1	18		145	4
				79	11	68	3	412	8
				129	10	119	7	1413	30
				255	9	246	8	3010	74
				90	4	86	4	950	22
				68		68	1	835	32
				97	5	92	3	1225	20

2-B-10 续表 10

行业	单位数	内资	国有	集体	股份合作企业	联营企业
建筑装饰和其他建筑业	10289	10271	9	40	19	1
建筑装饰业	7617	7601	6	23	15	1
工程准备活动	2075	2074	2	11	3	
提供施工设备服务	155	155				
其他未列明建筑业	442	441	1	6	1	
批发和零售业	**247318**	**243993**	**438**	**1626**	**1117**	**79**
批发业	175094	172028	295	993	755	24
农、林、牧产品批发	5487	5468	40	64	20	2
食品、饮料及烟草制品批发	15736	15631	56	71	47	
纺织、服装及家庭用品批发	49313	48051	15	69	64	6
文化、体育用品及器材批发	8464	8267	15	20	25	
医药及医疗器材批发	2921	2888	11	10	9	
矿产品、建材及化工产品批发	43454	43209	90	590	373	12
机械设备、五金产品及电子产品批发	32873	32397	44	92	162	3
贸易经纪与代理	9709	9062	10	10	5	
其他批发业	7137	7055	14	67	50	1
零售业	72224	71965	143	633	362	55
综合零售	3001	2963	19	167	27	4
食品、饮料及烟草制品专门零售	9145	9113	38	107	25	10
纺织、服装及日用品专门零售	10719	10673	16	75	29	3
文化、体育用品及器材专门零售	3885	3865	23	48	24	1
医药及医疗器材专门零售	10760	10748	19	94	95	7
汽车、摩托车、燃料及零配件专门零售	7467	7443	15	63	73	20
家用电器及电子产品专门零售	7945	7931	4	10	17	4
五金、家具及室内装饰材料专门零售	10530	10503	4	38	48	
货摊、无店铺及其他零售业	8772	8726	5	31	24	6

单位：个

国有联营	集体联营	国有与集体联营	其他联营	有限责任公司	国有独资公司	其他有限责任公司	股份有限公司	私营企业	私营独资
			1	455	12	443	26	9713	328
			1	313	2	311	26	7214	98
				82	6	76		1971	217
				17		17		138	2
				43	4	39		390	11
10	**19**	**15**	**35**	**8522**	**240**	**8282**	**685**	**223560**	**39632**
4	6	5	9	6072	162	5910	476	156978	16404
	1		1	163	17	146	21	3151	913
				531	65	466	36	11354	2356
	1	1	4	1424	8	1416	96	46145	3653
				213	4	209	10	7936	1814
				131	3	128	9	2616	155
3	3	4	2	1899	37	1862	178	39850	3859
1			2	1089	11	1078	78	30792	1940
				365	10	355	32	8556	373
	1			257	7	250	16	6578	1341
6	13	10	26	2450	78	2372	209	66582	23228
1	2		1	157	3	154	24	2526	1004
	1		9	244	9	235	27	7710	3850
1	1	1		312	3	309	31	10141	2892
		1		191	32	159	12	3534	739
	2		5	149	1	148	7	10216	6787
4	1	8	7	664	21	643	44	6543	939
	2		2	301	4	297	30	7517	1065
				221		221	21	10063	4482
	4		2	211	5	206	13	8332	1470

2-B-10 续表 11

行　业	单位数					
		内　资	国　有	集　体	股份合作企　业	联营企业
交通运输、仓储和邮政业	**16320**	**16153**	**154**	**432**	**312**	**12**
道路运输业	8245	8204	67	232	165	3
城市公共交通运输	422	418	13	24	13	
公路旅客运输	448	447	14	28	4	1
道路货物运输	6611	6586	8	48	124	1
道路运输辅助活动	764	753	32	132	24	1
水上运输业	1029	1017	20	25	4	
水上旅客运输	81	81	7	9	1	
水上货物运输	662	662	6	6	2	
水上运输辅助活动	286	274	7	10	1	
航空运输业	37	34				
航空客货运输	3	3				
通用航空服务	18	17				
航空运输辅助活动	16	14				
管道运输业	3	3		1		
管道运输业	3	3		1		
装卸搬运和运输代理业	5257	5214	19	150	132	3
装卸搬运	842	831	4	117	31	3
运输代理业	4415	4383	15	33	101	
仓储业	818	750	44	15	9	4
谷物、棉花等农产品仓储	134	133	36	1	3	1
其他仓储业	684	617	8	14	6	3
邮政业	931	931	4	9	2	2
邮政基本服务	28	28	4	8	1	2
快递服务	903	903		1	1	
住宿和餐饮业	**13274**	**13071**	**166**	**202**	**156**	**6**
住宿业	5729	5657	137	131	117	2

单位：个

国有联营	集体联营	国有与集体联营	其他联营	有限责任公司	国有独资公司	其他有限责任公司	股份有限公司	私营企业	私营独资
1	**6**	**3**	**2**	**1584**	**183**	**1401**	**78**	**13528**	**1111**
	2	1		823	91	732	43	6844	557
				124	22	102	3	237	7
	1			163	15	148	9	228	5
	1			372	9	363	29	5989	483
		1		164	45	119	2	390	62
				176	16	160	5	786	13
				24	4	20	1	39	
				97	3	94	2	549	4
				55	9	46	2	198	9
				14	4	10	1	19	
				2	1	1		1	
				6		6	1	10	
				6	3	3		8	
				1		1		1	
				1		1		1	
	1	1	1	321	17	304	20	4551	507
	1	1	1	50	1	49	3	617	88
				271	16	255	17	3934	419
	2	1	1	194	53	141	7	472	20
	1			55	43	12	2	30	1
	1	1	1	139	10	129	5	442	19
1	1			55	2	53	2	855	14
1	1			9	2	7	1	2	
				46		46	1	853	14
	3	**1**	**2**	**732**	**22**	**710**	**44**	**11587**	**5043**
	1	1		342	15	327	20	4827	2317

2-B-10 续表 12

行业	单位数	内资				
			国有	集体	股份合作企业	联营企业
旅游饭店	1268	1226	65	28	14	1
一般旅馆	4200	4170	69	100	100	1
其他住宿业	261	261	3	3	3	
餐饮业	7545	7414	29	71	39	4
正餐服务	5720	5617	22	47	25	4
快餐服务	566	559	2	5	4	
饮料及冷饮服务	561	548	1	4	2	
其他餐饮业	698	690	4	15	8	
信息传输、软件和信息技术服务业	**15813**	**15431**	**35**	**36**	**14**	**2**
电信、广播电视和卫星传输服务	465	460	17	15		1
电信	378	374	7	14		
广播电视传输服务	87	86	10	1		1
互联网和相关服务	1331	1317	1	3	1	
互联网接入及相关服务	173	172		1		
互联网信息服务	967	958	1	2		
其他互联网服务	191	187			1	
软件和信息技术服务业	14017	13654	17	18	13	1
软件开发	10005	9726	11	5	8	
信息系统集成服务	1237	1216	1	3	1	
信息技术咨询服务	1650	1614	4	5	2	
数据处理和存储服务	256	253			1	
集成电路设计	167	155				1
其他信息技术服务业	702	690	1	5	1	
房地产业	**17354**	**16968**	**129**	**99**	**77**	**7**
房地产业	17354	16968	129	99	77	7
房地产开发经营	5574	5288	45	23	4	4
物业管理	4564	4510	43	43	2	2
房地产中介服务	6566	6534	14	13	60	1
其他房地产业	650	636	27	20	11	

单位：个

国有联营	集体联营	国有与集体联营	其他联营	有限责任公司	国有独资公司	其他有限责任公司	股份有限公司	私营企业	私营独资
		1		201	9	192	10	900	123
	1			132	6	126	8	3701	2076
				9		9	2	226	118
	2		2	390	7	383	24	6760	2726
	2		2	316	6	310	18	5118	2065
				23	1	22	2	515	203
				27		27	2	504	217
				24		24	2	623	241
	1	**1**		**1092**	**33**	**1059**	**91**	**14146**	**194**
	1			62	18	44	5	354	55
				25	4	21	4	319	52
	1			37	14	23	1	35	3
				96	5	91	13	1203	34
				11		11	1	159	2
				69	4	65	10	876	30
				16	1	15	2	168	2
		1		934	10	924	73	12589	105
				657	6	651	59	8984	65
				80	1	79	5	1125	4
				122		122	6	1472	20
				24	1	23		228	1
		1		5		5		149	2
				46	2	44	3	631	13
1		**3**	**3**	**3187**	**195**	**2992**	**99**	**13277**	**1083**
1		3	3	3187	195	2992	99	13277	1083
		2	2	1861	93	1768	55	3294	6
1		1		915	43	872	28	3468	19
			1	259	7	252	16	6096	1047
				152	52	100		419	11

2-B-10 续表 13

行业	单位数	内资				
			国有	集体	股份合作企业	联营企业
租赁和商务服务业	**59888**	**59305**	**512**	**3764**	**282**	**72**
租赁业	3466	3442	9	13	17	2
机械设备租赁	3333	3310	8	9	17	2
文化及日用品出租	133	132	1	4		
商务服务业	56422	55863	503	3751	265	70
企业管理服务	15092	14934	170	2805	104	38
法律服务	538	537	3	12	11	4
咨询与调查	15977	15701	66	124	32	5
广告业	10789	10778	27	23	24	2
知识产权服务	752	750	3	4	1	
人力资源服务	2079	2075	34	69	7	1
旅行社及相关服务	2697	2674	43	33	28	5
安全保护服务	447	444	50	10	4	
其他商务服务业	8051	7970	107	671	54	15
科学研究和技术服务业	**21062**	**20616**	**401**	**343**	**97**	**12**
研究和试验发展	2449	2322	18	20	36	1
自然科学研究和试验发展	113	108	3	1	3	
工程和技术研究和试验发展	1660	1590	7	11	13	
农业科学研究和试验发展	335	328	4	8	9	
医学研究和试验发展	319	274	1		11	1
社会人文科学研究	22	22	3			
专业技术服务业	12473	12295	302	174	49	8
气象服务	36	36	8	5		
地震服务	2	2				
海洋服务	29	27	1			

单位：个

国有联营	集体联营	国有与集体联营	其他联营	有限责任公司	国有独资公司	其他有限责任公司	股份有限公司	私营企业	私营独资
7	**46**	**5**	**14**	**6093**	**1103**	**4990**	**352**	**45929**	**1675**
1			1	170	5	165	16	3170	256
1			1	158	4	154	16	3056	249
				12	1	11		114	7
6	46	5	13	5923	1098	4825	336	42759	1419
1	31	3	3	2647	844	1803	120	7066	53
	3		1	24		24	5	398	81
1	1	1	2	1031	52	979	78	14312	402
	1		1	527	25	502	38	10120	425
				31	2	29	7	703	29
	1			191	15	176	11	1698	48
2	2		1	366	41	325	20	2174	47
				67	23	44	3	309	6
2	7	1	5	1039	96	943	54	5979	328
5	**1**	**4**	**2**	**1855**	**150**	**1705**	**128**	**16446**	**618**
			1	195	8	187	19	2006	100
				10	1	9		87	7
				131	3	128	12	1409	34
				30	3	27	5	261	27
			1	20		20	2	234	31
				4	1	3		15	1
5		2	1	1186	116	1070	74	10449	410
				17	2	15		6	
								2	
				8	1	7		18	1

2-B-10 续表 14

行业	单位数	内资				
			国有	集体	股份合作企业	联营企业
测绘服务	355	355	43	28	3	
质检技术服务	1032	1010	53	33	18	2
环境与生态监测	227	225	3	4		
地质勘查	87	87	13	1		1
工程技术	6312	6266	162	63	13	4
其他专业技术服务业	4393	4287	19	40	15	1
科技推广和应用服务业	6140	5999	81	149	12	3
技术推广服务	5192	5083	68	142	9	2
科技中介服务	528	503	11	6	2	1
其他科技推广和应用服务业	420	413	2	1	1	
水利、环境和公共设施管理业	**3745**	**3699**	**86**	**97**	**11**	**3**
水利管理业	265	263	32	18	1	3
防洪除涝设施管理	35	35	3	2		
水资源管理	69	68	5	5		
天然水收集与分配	43	43	9	5		1
水文服务	6	5	1			
其他水利管理业	112	112	14	6	1	2
生态保护和环境治理业	461	454	8	3	3	
生态保护	55	55	5	1		
环境治理业	406	399	3	2	3	
公共设施管理业	3019	2982	46	76	7	
市政设施管理	482	476	11	12		
环境卫生管理	371	370	5	24		
城乡市容管理	73	73		6		
绿化管理	1276	1272	18	13	3	
公园和游览景区管理	817	791	12	21	4	

单位：个

国有联营	集体联营	国有与集体联营	其他联营	有限责任公司	国有独资公司	其他有限责任公司	股份有限公司	私营企业	私营独资
				36	3	33	2	243	1
		1	1	179	17	162	6	714	16
				27	6	21	1	190	1
1				20	5	15		52	3
3		1		691	78	613	44	5278	91
1				208	4	204	21	3946	297
	1	2		474	26	448	35	3991	108
	1	1		391	20	371	26	3200	90
		1		57	4	53	5	415	8
				26	2	24	4	376	10
	2		**1**	**829**	**215**	**614**	**21**	**2627**	**98**
	2		1	99	43	56	1	106	11
				15	9	6		15	1
				31	16	15		27	4
			1	20	5	15		7	
				1		1		3	
	2			32	13	19	1	54	6
				72	16	56	2	359	19
				10	6	4		35	6
				62	10	52	2	324	13
				658	156	502	18	2162	68
				195	75	120	4	253	8
				36	3	33	3	302	16
				18	6	12		48	1
				181	13	168	4	1048	28
				228	59	169	7	511	15

2-B-10 续表 15

行业	单位数	内资	国有	集体	股份合作企业	联营企业
居民服务、修理和其他服务业	**11214**	**11169**	**54**	**208**	**133**	**8**
居民服务业	4037	4020	24	123	25	5
家庭服务	668	667		3	1	
托儿所服务	12	12				
洗染服务	244	242		1	1	
理发及美容服务	814	805		5	5	1
洗浴服务	447	447		1	4	
保健服务	658	656			4	
婚姻服务	469	469	1		2	
殡葬服务	239	237	19	91	3	4
其他居民服务业	486	485	4	22	5	
机动车、电子产品和日用产品修理业	5148	5126	20	51	104	3
汽车、摩托车修理与维护	3988	3970	19	36	93	2
计算机和办公设备维修	434	432		2	1	
家用电器修理	562	560	1	8	9	1
其他日用产品修理业	164	164		5	1	
其他服务业	2029	2023	10	34	4	
清洁服务	1550	1548	3	16	3	
其他未列明服务业	479	475	7	18	1	
卫生和社会工作	**97**	**95**	**12**	**14**	**5**	**1**
社会工作	97	95	12	14	5	1
提供住宿社会工作	46	45	5	6	2	
不提供住宿社会工作	51	50	7	8	3	1
文化、体育和娱乐业	**11759**	**11711**	**130**	**100**	**58**	**6**
新闻和出版业	130	129	31	6		
新闻业	11	11	2			
出版业	119	118	29	6		
广播、电视、电影和影视录音制作业	1328	1321	51	13	1	1

单位：个

国有联营	集体联营	国有与集体联营	其他联营	有限责任公司	国有独资公司	其他有限责任公司	股份有限公司	私营企业	私营独资
	6		**2**	**403**	**31**	**372**	**28**	**10214**	**2916**
	3		2	166	13	153	8	3600	1181
				27		27	2	625	58
								11	
				11		11		229	54
			1	25		25	4	755	339
				12		12		423	252
				15	2	13		623	351
				18		18	1	443	48
	3		1	22	7	15		83	16
				36	4	32	1	408	63
	3			157	6	151	12	4736	1603
	2			113	4	109	8	3665	1431
				14	2	12	2	411	34
	1			27		27	1	509	95
				3		3	1	151	43
				80	12	68	8	1878	132
				53	8	45	5	1466	88
				27	4	23	3	412	44
			1	**6**	**2**	**4**	**1**	**53**	**13**
			1	6	2	4	1	53	13
				3	2	1	1	28	8
			1	3		3		25	5
	2	**1**	**3**	**612**	**71**	**541**	**29**	**10671**	**5717**
				51	14	37		39	5
				3		3		5	1
				48	14	34		34	4
	1			160	20	140	9	1082	134

2-B-10 续表 16

行业	单位数	内资				
			国有	集体	股份合作企业	联营企业
广播	14	14	1			
电视	71	71	5			1
电影和影视节目制作	878	874	3	1	1	
电影和影视节目发行	35	35	4			
电影放映	314	311	38	12		
录音制作	16	16				
文化艺术业	1093	1090	30	36	5	1
文艺创作与表演	423	422	6	8	4	1
艺术表演场馆	33	33	8	1		
图书馆与档案馆	52	52	9	16		
文物及非物质文化遗产保护	34	34		1	1	
博物馆	29	29	1	3		
烈士陵园、纪念馆	1	1				
群众文化活动	124	124	4	6		
其他文化艺术业	397	395	2	1		
体育	1008	991	6	16	2	
体育组织	11	11	1			
体育场馆	28	28	1	6		
休闲健身活动	837	820	4	10	2	
其他体育	132	132				
娱乐业	8200	8180	12	29	50	4
室内娱乐活动	7707	7699	7	17	50	2
游乐园	75	70				
彩票活动	3	3	1	1		
文化、娱乐、体育经纪代理	200	198	3	3		1
其他娱乐业	215	210	1	8		1

单位：个

国有联营	集体联营	国有与集体联营	其他联营	有限责任公司	国有独资公司	其他有限责任公司	股份有限公司	私营企业	私营独资
				3		3	1	9	
	1			18	1	17	2	45	1
				53	4	49	2	813	122
				9	2	7	2	20	
				75	13	62	2	181	10
				2		2		14	1
		1		126	26	100	4	882	106
		1		41	14	27		360	77
				9	4	5	2	13	3
				3		3		24	4
				13	4	9		18	
				3		3		22	3
								1	1
				17	2	15		94	9
				40	2	38	2	350	9
				55	8	47	5	883	244
				5	3	2	1	4	
				1	1			20	7
				32	3	29	3	745	235
				17	1	16	1	114	2
	1		3	220	3	217	11	7785	5228
	1		1	172		172	8	7378	5187
				9	1	8	1	58	8
				1		1			
			1	18	2	16	1	172	3
			1	20		20	1	177	30

2-B-10 续表 17

行业	私营合伙	私营有限责任公司	私营股份有限公司	其他企业	港澳台商投资	与港澳台商合资经营
总计	**22858**	**521490**	**3120**	**16970**	**8186**	**3673**
农、林、牧、渔业	**22**	**494**	**3**	**1922**	**3**	
农业		19		14		
谷物种植		1		2		
蔬菜、食用菌及园艺作物种植		4		4		
水果种植		3		4		
坚果、含油果、香料和饮料作物种植		6		3		
中药材种植		4		1		
其他农业		1				
林业		1		1		
林木育种和育苗		1		1		
畜牧业		7		8		
牲畜饲养		4		4		
家禽饲养		1		2		
其他畜牧业		2		2		
渔业	1	9		2		
水产养殖	1	9		2		
农、林、牧、渔服务业	21	458	3	1897	3	
农业服务业	14	362	3	1735	2	
林业服务业		49		50	1	
畜牧服务业	4	18		83		
渔业服务业	3	29		29		
采矿业	**99**	**652**	**4**	**12**	**5**	**4**
煤炭开采和洗选业		12		1		
烟煤和无烟煤开采洗选		6		1		
褐煤开采洗选		4				
其他煤炭采选		2				

单位：个

与港澳台商合作经营	港澳台商独资	港澳台商投资股份有限公司	其他港澳台投资	外商投资	中外合资经营	中外合作经营	外资企业	外商投资股份有限公司	其他外商投资
111	**4086**	**70**	**246**	**10416**	**4348**	**142**	**4913**	**87**	**926**
	3			**5**	**4**		**1**		
				2	2				
				1	1				
				1	1				
	3			3	2		1		
	2			2	1		1		
	1			1	1				
		1		**8**	**2**		**5**	**1**	

2-B-10 续表 18

行业	私营合伙	私营有限责任公司	私营股份有限公司	其他企业	港澳台商投资	与港澳台商合资经营
黑色金属矿采选业		17				
铁矿采选		16				
其他黑色金属矿采选		1				
有色金属矿采选业	4	41	1	1		
常用有色金属矿采选	3	21		1		
贵金属矿采选		4				
稀有稀土金属矿采选	1	16	1			
非金属矿采选业	93	555	3	10	5	4
土砂石开采	91	490	3	10	5	4
化学矿开采		3				
采盐		2				
石棉及其他非金属矿采选	2	60				
开采辅助活动	1	6				
石油和天然气开采辅助活动		3				
其他开采辅助活动	1	3				
其他采矿业	1	21				
其他采矿业	1	21				
制造业	**14748**	**206371**	**1053**	**2782**	**6264**	**3142**
农副食品加工业	145	2754	17	683	54	28
谷物磨制	13	125	1	30	2	2
饲料加工	12	290	3	6	7	3
植物油加工	2	124	2	84	2	1
制糖业	1	12		7		
屠宰及肉类加工	21	383	1	15	12	4
水产品加工	72	932	5	32	17	9
蔬菜、水果和坚果加工	9	577	5	464	11	7
其他农副食品加工	15	311		45	3	2
食品制造业	60	1412	7	76	49	24

单位：个

与港澳台商合作经营	港澳台商独资	港澳台商投资股份有限公司	其他港澳台投资	外商投资	中外合资经营	中外合作经营	外资企业	外商投资股份有限公司	其他外商投资
				2			2		
				2			2		
		1		6	2		3	1	
		1		6	2		3	1	
79	**2983**	**49**	**11**	**6473**	**3393**	**85**	**2934**	**29**	**32**
	26			82	42	4	34	1	1
				2		1			1
	4			4	2		2		
	1			5	2		3		
	8			9	6		3		
	8			29	18	2	9		
	4			22	11	1	9	1	
	1			11	3		8		
	25			100	47	3	50		

2-B-10 续表 19

行业	私营合伙	私营有限责任公司	私营股份有限公司	其他企业	港澳台商投资	与港澳台商合资经营
焙烤食品制造	14	386	2	11	10	2
糖果、巧克力及蜜饯制造	5	118		2	4	1
方便食品制造	8	211	1	37	7	5
乳制品制造	1	27			1	
罐头食品制造	4	121		9	3	2
调味品、发酵制品制造	2	133		4	4	1
其他食品制造	26	416	4	13	20	13
酒、饮料和精制茶制造业	76	1063	8	429	23	9
酒的制造	26	254	2	9	8	4
饮料制造	23	376	3	8	8	2
精制茶加工	27	433	3	412	7	3
烟草制品业		1			1	1
卷烟制造						
其他烟草制品制造		1			1	1
纺织业	523	18358	73	99	704	395
棉纺织及印染精加工	176	4832	17	26	226	135
毛纺织及染整精加工	31	696	4	4	57	31
麻纺织及染整精加工	1	51		1	7	3
丝绢纺织及印染精加工	28	939	3	5	56	42
化纤织造及印染精加工	43	2605	11	9	52	34
针织或钩针编织物及其制品制造	88	4605	26	21	141	73
家用纺织制成品制造	65	2855	6	13	100	47
非家用纺织制成品制造	91	1775	6	20	65	30
纺织服装、服饰业	423	14983	50	106	851	426
机织服装制造	214	7834	25	51	488	228
针织或钩针编织服装制造	124	3858	15	19	228	120
服饰制造	85	3291	10	36	135	78
皮革、毛皮、羽毛及其制品和制鞋业	413	8286	32	61	162	104

单位：个

与港澳台商合作经营	港澳台商独资	港澳台商投资股份有限公司	其他港澳台投资	外商投资	中外合资经营	中外合作经营	外资企业	外商投资股份有限公司	其他外商投资
	8			16	3		13		
	3			9	1		8		
	2			10	5	1	4		
	1			2	1		1		
	1			18	13		5		
	3			9	5	1	3		
	7			36	19	1	16		
	14			45	28		16		1
	4			13	7		6		
	6			26	17		8		1
	4			6	4		2		
7	297	5		502	290	5	204	3	
1	89	1		149	90	1	57	1	
1	25			16	9		7		
	4			6	3		3		
1	13			31	23	1	6	1	
	16	2		48	31	2	15		
2	66			101	56	1	44		
	51	2		99	53		45	1	
2	33			52	25		27		
7	414	2	2	817	453	5	354	2	3
3	254	2	1	498	261	2	233	1	1
4	104			184	110	1	71	1	1
	56		1	135	82	2	50		1
3	53	2		276	167	3	105	1	

2-B-10 续表 20

行业	私营合伙	私营有限责任公司	私营股份有限公司	其他企业	港澳台商投资	与港澳台商合资经营
皮革鞣制加工	18	289	4	2	22	20
皮革制品制造	69	2537	11	13	73	41
毛皮鞣制及制品加工	15	664	1	1	19	8
羽毛(绒)加工及制品制造	9	211	1		14	12
制鞋业	302	4585	15	45	34	23
木材加工和木、竹、藤、棕、草制品业	166	2977	16	129	89	45
木材加工	30	445	6	30	9	5
人造板制造	36	425	2	3	33	21
木制品制造	63	1453	5	25	26	10
竹、藤、棕、草等制品制造	37	654	3	71	21	9
家具制造业	112	3332	18	37	127	64
木质家具制造	60	2019	5	30	56	28
竹、藤家具制造	2	81		2	5	3
金属家具制造	24	666	9	1	36	20
塑料家具制造	11	111			3	
其他家具制造	15	455	4	4	27	13
造纸和纸制品业	499	4977	20	37	83	51
纸浆制造		15			1	
造纸	68	1161	8	3	31	24
纸制品制造	431	3801	12	34	51	27
印刷和记录媒介复制业	505	5205	17	37	37	27
印刷	480	4866	16	34	34	24
装订及印刷相关服务	25	326	1	3	3	3
记录媒介复制		13				
文教、工美、体育和娱乐用品制造业	610	10462	50	138	355	161
文教办公用品制造	85	1914	6	24	73	40
乐器制造	12	96			14	9
工艺美术品制造	420	6064	30	96	168	75

单位：个

与港澳台商合作经营	港澳台商独资	港澳台商投资股份有限公司	其他港澳台投资	外商投资	中外合资经营	中外合作经营	外资企业	外商投资股份有限公司	其他外商投资
	2			20	16		4		
	31	1		124	63	2	59		
	10	1		9	4		5		
	2			15	11		4		
3	8			108	73	1	33	1	
2	42			89	53	7	29		
	4			7	2		5		
1	11			13	8		5		
	16			27	19	1	7		
1	11			42	24	6	12		
1	62			131	61	1	68		1
1	27			54	25	1	28		
	2			6	3		2		1
	16			35	13		22		
	3			5	2		3		
	14			31	18		13		
2	30			75	38	2	34		1
	1								
1	6			31	24		6		1
1	23			44	14	2	28		
1	9			32	16		16		
1	9			32	16		16		
5	187	2		330	179	4	144		3
3	30			65	42		23		
	5			13	4	1	7		1
1	90	2		166	85	2	77		2

2-B-10 续表 21

行业	私营合伙	私营有限责任公司	私营股份有限公司	其他企业	港澳台商投资	与港澳台商合资经营
体育用品制造	28	1048	6	3	41	15
玩具制造	62	985	7	12	49	21
游艺器材及娱乐用品制造	3	355	1	3	10	1
石油加工、炼焦和核燃料加工业	2	245	2		13	7
精炼石油产品制造	2	240	2		13	7
炼焦		3				
核燃料加工		2				
化学原料和化学制品制造业	240	5339	53	28	277	142
基础化学原料制造	34	749	8	4	58	38
肥料制造	5	179		3	3	1
农药制造	1	53	4	1	5	3
涂料、油墨、颜料及类似产品制造	82	1320	10	6	63	35
合成材料制造	22	638	9	3	44	18
专用化学产品制造	67	1699	14	6	74	36
炸药、火工及焰火产品制造	2	14	1			
日用化学产品制造	27	687	7	5	30	11
医药制造业	11	720	14	11	53	32
化学药品原料药制造	6	148	4	3	21	14
化学药品制剂制造		58	3		4	1
中药饮片加工		54	1	6	4	1
中成药生产		46		1	7	5
兽用药品制造		48	1		1	1
生物药品制造		123	3		7	4
卫生材料及医药用品制造	5	243	2	1	9	6
化学纤维制造业	46	938	6	4	75	44
纤维素纤维原料及纤维制造	2	86	2	1	4	2
合成纤维制造	44	852	4	3	71	42
橡胶和塑料制品业	1885	14559	59	140	335	172

单位：个

与港澳台商合作经营	港澳台商独资	港澳台商投资股份有限公司	其他港澳台投资	外商投资	中外合资经营	中外合作经营	外资企业	外商投资股份有限公司	其他外商投资
	26			51	32		19		
1	27			31	15	1	15		
	9			4	1		3		
1	4	1		5	2		2	1	
1	4	1		5	2		2	1	
6	127	2		324	166	3	149	4	2
3	17			60	29	1	28	2	
	2			5	3		2		
	2			6	4		2		
2	26			65	46		18		1
	26			61	29		30	2	
	37	1		83	41		42		
				1	1				
1	17	1		43	13	2	27		1
	21			86	56		29	1	
	7			18	13		5		
	3			13	9		4		
	3			7	3		4		
	2			9	8		1		
				3	3				
	3			19	12		6	1	
	3			17	8		9		
	28	3		39	21		18		
	2			6	4		2		
	26	3		33	17		16		
5	154	3	1	334	164	6	158	2	4

2-B-10 续表 22

行业	私营合伙	私营有限责任公司	私营股份有限公司	其他企业	港澳台商投资	与港澳台商合资经营
橡胶制品业	259	1784	9	13	28	15
塑料制品业	1626	12775	50	127	307	157
非金属矿物制品业	485	7201	58	103	148	84
水泥、石灰和石膏制造	15	335	3	5	4	1
石膏、水泥制品及类似制品制造	129	1484	14	20	40	21
砖瓦、石材等建筑材料制造	216	1773	17	48	24	15
玻璃制造	8	272	2	2	5	4
玻璃制品制造	39	1680	9	9	36	19
玻璃纤维和玻璃纤维增强塑料制品制造	10	263	4	3	12	5
陶瓷制品制造	15	502	2	9	14	10
耐火材料制品制造	26	424	3	2	5	2
石墨及其他非金属矿物制品制造	27	468	4	5	8	7
黑色金属冶炼和压延加工业	289	2214	11	22	75	46
炼铁	2	14				
炼钢	3	30			3	3
黑色金属铸造	136	644	4	14	13	9
钢压延加工	148	1483	7	7	59	34
铁合金冶炼		43		1		
有色金属冶炼和压延加工业	138	1898	20	14	63	34
常用有色金属冶炼	10	181			6	4
贵金属冶炼	4	13			1	1
稀有稀土金属冶炼		14			3	3
有色金属合金制造	8	190	4	1	8	4
有色金属铸造	35	174	1	2	5	2
有色金属压延加工	81	1326	15	11	40	20
金属制品业	1536	16938	74	167	351	156
结构性金属制品制造	132	3379	17	25	43	16

单位：个

与港澳台商合作经营	港澳台商独资	港澳台商投资股份有限公司	其他港澳台投资	外商投资	中外合资经营	中外合作经营	外资企业	外商投资股份有限公司	其他外商投资
	13			55	24		31		
5	141	3	1	279	140	6	127	2	4
2	60	1	1	133	78	2	52		1
	3			3	2		1		
2	17			15	10		5		
	8	1		16	8		8		
	1			5	3		2		
	16		1	38	19	1	17		1
	7			18	9		9		
	4			19	12		7		
	3			11	9	1	1		
	1			8	6		2		
	29			51	28		23		
				1	1				
	4			19	10		9		
	25			29	16		13		
				2	1		1		
	28	1		58	25	1	31		1
	2			9	3		6		
	4			10	5		5		
	3			2	1				1
	19	1		37	16	1	20		
2	190	1	2	390	191	2	192	3	2
	27			43	23		19		1

2-B-10 续表 23

行业	私营合伙	私营有限责任公司	私营股份有限公司	其他企业	港澳台商投资	与港澳台商合资经营
金属工具制造	201	2709	6	26	60	30
集装箱及金属包装容器制造	21	437	5	3	15	6
金属丝绳及其制品制造	41	437	4	3	15	9
建筑、安全用金属制品制造	526	4454	12	55	106	48
金属表面处理及热处理加工	262	1175	5	14	29	14
搪瓷制品制造	5	212	1	2	6	3
金属制日用品制造	138	2359	13	18	51	19
其他金属制品制造	210	1776	11	21	26	11
通用设备制造业	2359	25370	118	169	600	299
锅炉及原动设备制造	14	440	3	1	20	11
金属加工机械制造	169	2713	12	18	64	22
物料搬运设备制造	49	983	9	1	46	15
泵、阀门、压缩机及类似机械制造	385	6632	25	20	124	70
轴承、齿轮和传动部件制造	382	2929	14	14	89	52
烘炉、风机、衡器、包装等设备制造	118	3134	23	19	87	41
文化、办公用机械制造	8	298	3	1	13	6
通用零部件制造	1190	7507	27	90	142	76
其他通用设备制造业	44	734	2	5	15	6
专用设备制造业	832	11276	60	77	356	150
采矿、冶金、建筑专用设备制造	25	731	5	1	24	14
化工、木材、非金属加工专用设备制造	403	4093	19	47	129	49
食品、饮料、烟草及饲料生产专用设备制造	11	363	3	2	12	4
印刷、制药、日化及日用品生产专用设备制造	38	900	3	7	19	11
纺织、服装和皮革加工专用设备制造	242	1864	8	7	74	29
电子和电工机械专用设备制造	22	598	5	2	12	3
农、林、牧、渔专用机械制造	35	519	5	6	19	6
医疗仪器设备及器械制造	21	664	4	3	25	14
环保、社会公共服务及其他专用设备制造	35	1544	8	2	42	20

单位：个

与港澳台商合作经营	港澳台商独资	港澳台商投资股份有限公司	其他港澳台投资	外商投资	中外合资经营	中外合作经营	外资企业	外商投资股份有限公司	其他外商投资
	30			78	46		32		
	9			16	8		7	1	
	6			9	3		5	1	
	56	1	1	117	55	1	60		1
1	14			26	11	1	14		
	3			4	3		1		
	31		1	53	28		24	1	
1	14			44	14		30		
10	287	3	1	714	361	7	339	2	5
2	7			16	11		5		
	42			77	24		52		1
	31			45	22		23		
	52	2		162	84	4	73		1
2	33	1	1	126	80	1	45		
3	43			102	52	2	48		
	7			12	4		7	1	
3	63			158	79		77	1	1
	9			16	5		9		2
6	192	6	2	409	185	2	215	4	3
	10			19	4		15		
	77	2	1	146	64		80		2
2	6			16	8		8		
	8			27	13		14		
1	41	2	1	49	18		30	1	
1	8			23	13		10		
1	10	2		21	10		10		1
1	10			52	31	2	17	2	
	22			56	24		31	1	

2-B-10 续表 24

行业	私营合伙	私营有限责任公司	私营股份有限公司	其他企业	港澳台商投资	与港澳台商合资经营
汽车制造业	652	8080	34	21	232	96
汽车整车制造	2	50			6	3
改装汽车制造		15			1	1
低速载货汽车制造		1				
电车制造		9			1	
汽车车身、挂车制造	1	24			4	2
汽车零部件及配件制造	649	7981	34	21	220	90
铁路、船舶、航空航天和其他运输设备制造业	179	2738	10	10	51	27
铁路运输设备制造	2	68			2	2
城市轨道交通设备制造		7				
船舶及相关装置制造	35	788	3	2	8	4
航空、航天器及设备制造	1	22	2		1	
摩托车制造	78	775	3	3	6	2
自行车制造	56	906		4	29	18
非公路休闲车及零配件制造	3	115	2	1	1	
潜水救捞及其他未列明运输设备制造	4	57			4	1
电气机械和器材制造业	1038	21670	138	95	637	310
电机制造	136	2110	13	4	60	35
输配电及控制设备制造	338	8230	53	20	155	80
电线、电缆、光缆及电工器材制造	83	1920	16	10	77	35
电池制造	9	318	8	1	31	12
家用电力器具制造	259	3908	21	39	121	51
非电力家用器具制造	16	763	5	5	15	7
照明器具制造	169	3788	20	12	166	81
其他电气机械及器材制造	28	633	2	4	12	9
计算机、通信和其他电子设备制造业	220	6154	42	23	281	130

单位：个

与港澳台商合作经营	港澳台商独资	港澳台商投资股份有限公司	其他港澳台投资	外商投资	中外合资经营	中外合作经营	外资企业	外商投资股份有限公司	其他外商投资
2	130	3	1	330	163	7	160		
	3			7	1		6		
				3	2		1		
	1								
	2			3			3		
2	124	3	1	317	160	7	150		
4	20			74	39	1	33		1
				2	2				
	4			19	10		9		
	1			1			1		
	4			14	7		6		1
2	9			29	16	1	12		
	1			8	3		5		
2	1			1	1				
8	308	10	1	557	305	13	233	4	2
	24	1		64	33	1	28		2
3	71		1	151	95	3	51	2	
2	40			61	29	3	28	1	
	17	2		17	5		12		
3	63	4		98	55	1	41	1	
	8			17	7		10		
	82	3		128	72	5	51		
	3			21	9		12		
3	145	3		272	116	3	153		

2-B-10 续表 25

行业	私营合伙	私营有限责任公司	私营股份有限公司	其他企业	港澳台商投资	与港澳台商合资经营
计算机制造	5	209	2		15	2
通信设备制造	17	496	5	1	26	6
广播电视设备制造	17	280	2	1	17	10
雷达及配套设备制造		9			1	1
视听设备制造	24	355	2	1	31	10
电子器件制造	21	807	4	6	59	33
电子元件制造	125	3508	22	10	113	59
其他电子设备制造	11	490	5	4	19	9
仪器仪表制造业	250	3317	19	16	99	45
通用仪器仪表制造	109	1628	15	3	46	25
专用仪器仪表制造	21	460	3	2	17	6
钟表与计时仪器制造	9	84		1	4	3
光学仪器及眼镜制造	91	994		9	30	11
其他仪器仪表制造业	20	151	1	1	2	
其他制造业	960	2516	21	31	62	24
日用杂品制造	930	2011	17	13	54	20
煤制品制造	3	20		2		
核辐射加工	1	2	1			
其他未列明制造业	26	483	3	16	8	4
废弃资源综合利用业	36	518	4	5	14	5
金属废料和碎屑加工处理	7	249	3	2	10	4
非金属废料和碎屑加工处理	29	269	1	3	4	1
金属制品、机械和设备修理业	58	870	2	14	7	4
金属制品修理		25		1	1	
通用设备修理	5	115	1	2	2	1
专用设备修理	1	69		5		
铁路、船舶、航空航天等运输设备修理	45	549		5	1	1

单位：个

与港澳台商合作经营	港澳台商独资	港澳台商投资股份有限公司	其他港澳台投资	外商投资	中外合资经营	中外合作经营	外资企业	外商投资股份有限公司	其他外商投资
	12	1		20	10		10		
1	19			29	11	1	17		
	6	1		14	4		10		
				1	1				
	21			27	15		12		
1	25			52	21		31		
1	52	1		102	48	2	52		
	10			27	6		21		
2	52			128	66	2	59		1
2	19			51	32		19		
	11			18	4		13		1
	1			3	2		1		
	19			53	28	2	23		
	2			3			3		
	37	1		49	27	1	20	1	
	33	1		37	21	1	15		
				1			1		
	4			11	6		4	1	
	9			29	18	1	10		
	6			26	16	1	9		
	3			3	2		1		
	3			12	8		4		
	1								
	1			1	1				
				2	2				
				7	4		3		

2-B-10 续表 26

行业	私营合伙	私营有限责任公司	私营股份有限公司	其他企业	港澳台商投资	与港澳台商合资经营
电气设备修理	5	42	1		2	1
仪器仪表修理		7			1	1
其他机械和设备修理业	2	63		1		
电力、热力、燃气及水生产和供应业	**594**	**1049**	**12**	**39**	**61**	**34**
电力、热力生产和供应业	503	598	10	34	34	21
电力生产	500	554	10	34	30	18
电力供应	2	11				
热力生产和供应	1	33			4	3
燃气生产和供应业	30	130		1	18	9
燃气生产和供应业	30	130		1	18	9
水的生产和供应业	61	321	2	4	9	4
自来水生产和供应	19	98		3	3	1
污水处理及其再生利用	4	168	1		6	3
其他水的处理、利用与分配	38	55	1	1		
建筑业	**71**	**18255**	**103**	**21**	**27**	**17**
房屋建筑业	7	2298	18	5	7	4
房屋建筑业	7	2298	18	5	7	4
土木工程建筑业	10	3748	27	6	7	5
铁路、道路、隧道和桥梁工程建筑	3	1522	15	2	2	1
水利和内河港口工程建筑	1	294	2	1	2	2
海洋工程建筑		19	1		1	1
工矿工程建筑		141				
架线和管道工程建筑		402	2	1		
其他土木工程建筑	6	1370	7	2	2	1
建筑安装业	17	2910	9	2	5	3
电气安装	6	917	5	1	1	1
管道和设备安装	6	794	3	1	1	
其他建筑安装业	5	1199	1		3	2

单位：个

与港澳台商合作经营	港澳台商独资	港澳台商投资股份有限公司	其他港澳台投资	外商投资	中外合资经营	中外合作经营	外资企业	外商投资股份有限公司	其他外商投资
	1								
				2	1		1		
7	**20**			**87**	**52**	**5**	**28**	**1**	**1**
5	8			37	22	4	11		
5	7			33	18	4	11		
				1	1				
	1			3	3				
1	8			24	17		6	1	
1	8			24	17		6	1	
1	4			26	13	1	11		1
1	1			4	2	1	1		
	3			21	10		10		1
				1	1				
1	**9**			**36**	**11**	**2**	**20**		**3**
	3			3			3		
	3			3			3		
1	1			10	4	1	5		
1				2			2		
				1	1				
				1			1		
				3	1	1	1		
				1	1				
	1			2	1		1		
	2			13	3		9		1
				3	1		1		1
	1			5	1		4		
	1			5	1		4		

2-B-10 续表 27

行业	私营合伙	私营有限责任公司	私营股份有限公司	其他企业	港澳台商投资	与港澳台商合资经营
建筑装饰和其他建筑业	37	9299	49	8	8	5
建筑装饰业	22	7052	42	3	8	5
工程准备活动	12	1737	5	5		
提供施工设备服务	2	134				
其他未列明建筑业	1	376	2			
批发和零售业	**2095**	**180764**	**1069**	**7966**	**920**	**180**
批发业	686	139107	781	6435	824	151
农、林、牧产品批发	37	2189	12	2007	11	2
食品、饮料及烟草制品批发	98	8841	59	3536	27	10
纺织、服装及家庭用品批发	111	42186	195	232	331	51
文化、体育用品及器材批发	28	6068	26	48	54	15
医药及医疗器材批发	12	2439	10	102	13	6
矿产品、建材及化工产品批发	221	35546	224	217	104	21
机械设备、五金产品及电子产品批发	87	28623	142	137	127	27
贸易经纪与代理	27	8107	49	84	135	17
其他批发业	65	5108	64	72	22	2
零售业	1409	41657	288	1531	96	29
综合零售	44	1461	17	39	16	5
食品、饮料及烟草制品专门零售	43	3787	30	952	10	2
纺织、服装及日用品专门零售	66	7139	44	66	18	5
文化、体育用品及器材专门零售	29	2749	17	32	10	2
医药及医疗器材专门零售	881	2533	15	161	1	1
汽车、摩托车、燃料及零配件专门零售	88	5465	51	21	10	2
家用电器及电子产品专门零售	39	6378	35	48	7	3
五金、家具及室内装饰材料专门零售	91	5459	31	108	10	5
货摊、无店铺及其他零售业	128	6686	48	104	14	4

单位：个

与港澳台商合作经营	港澳台商独资	港澳台商投资股份有限公司	其他港澳台投资	外商投资	中外合资经营	中外合作经营	外资企业	外商投资股份有限公司	其他外商投资
	3			10	4	1	3		2
	3			8	4	1	3		
				1					1
				1					1
10	**495**	**9**	**226**	**2405**	**389**	**31**	**1098**	**35**	**852**
7	444	7	215	2242	336	31	1023	34	818
1	8			8	1		7		
	16		1	78	35		41		2
5	163	3	109	931	105	6	402	19	399
	23	1	15	143	20	1	65	2	55
	7			20	10		9		1
	82	1		141	38	1	92		10
	82		18	349	73	3	194	2	77
1	44	2	71	512	41	19	197	10	245
	19		1	60	13	1	16	1	29
3	51	2	11	163	53		75	1	34
	9		2	22	5		7		10
1	6		1	22	7		14		1
	10		3	28	13		14		1
1	7			10	4		5		1
				11	5		5		1
	6	2		14	6		7		1
1	3			7	2		3		2
	5			17	4		9		4
	5		5	32	7		11	1	13

2-B-10 续表 28

行业	私营合伙	私营有限责任公司	私营股份有限公司	其他企业	港澳台商投资	与港澳台商合资经营
交通运输、仓储和邮政业	**445**	**11873**	**99**	**53**	**83**	**48**
道路运输业	176	6063	48	27	20	9
城市公共交通运输	3	224	3	4	2	1
公路旅客运输	4	218	1		1	1
道路货物运输	146	5321	39	15	11	5
道路运输辅助活动	23	300	5	8	6	2
水上运输业	1	769	3	1	7	7
水上旅客运输		39				
水上货物运输		542	3			
水上运输辅助活动	1	188		1	7	7
航空运输业		19			1	1
航空客货运输		1				
通用航空服务		10				
航空运输辅助活动		8			1	1
管道运输业		1				
管道运输业		1				
装卸搬运和运输代理业	260	3749	35	18	23	14
装卸搬运	102	422	5	6	4	3
运输代理业	158	3327	30	12	19	11
仓储业	7	441	4	5	32	17
谷物、棉花等农产品仓储	1	27	1	5		
其他仓储业	6	414	3		32	17
邮政业	1	831	9	2		
邮政基本服务		2		1		
快递服务	1	829	9	1		
住宿和餐饮业	**606**	**5863**	**75**	**178**	**81**	**25**
住宿业	341	2137	32	81	34	12

单位：个

与港澳台商合作经营	港澳台商独资	港澳台商投资股份有限公司	其他港澳台投资	外商投资	中外合资经营	中外合作经营	外资企业	外商投资股份有限公司	其他外商投资
2	**31**	**2**		**84**	**32**	**3**	**45**	**1**	**3**
2	9			21	11		9		1
	1			2			1		1
1	5			14	7		7		
1	3			5	4		1		
				5	3	2			
				5	3	2			
				2			2		
				1			1		
				1			1		
	8	1		20	5	1	11	1	2
	1			7	2	1	4		
	7	1		13	3		7	1	2
	14	1		36	13		23		
				1			1		
	14	1		35	13		22		
3	**51**		**2**	**122**	**28**	**1**	**87**	**2**	**4**
2	19		1	38	14	1	22	1	

2-B-10 续表 29

行业	私营合伙	私营有限责任公司	私营股份有限公司	其他企业	港澳台商投资	与港澳台商合资经营
旅游饭店	40	722	15	7	21	9
一般旅馆	280	1328	17	59	13	3
其他住宿业	21	87		15		
餐饮业	265	3726	43	97	47	13
正餐服务	202	2816	35	67	39	11
快餐服务	18	294		8	3	
饮料及冷饮服务	29	254	4	8	3	1
其他餐饮业	16	362	4	14	2	1
信息传输、软件和信息技术服务业	**38**	**13840**	**74**	**15**	**116**	**32**
电信、广播电视和卫星传输服务	4	293	2	6	2	
电信	3	262	2	5	2	
广播电视传输服务	1	31		1		
互联网和相关服务	7	1147	15		8	
互联网接入及相关服务	1	155	1			
互联网信息服务	6	827	13		4	
其他互联网服务		165	1		4	
软件和信息技术服务业	27	12400	57	9	106	32
软件开发	10	8871	38	2	75	26
信息系统集成服务	2	1114	5	1	7	1
信息技术咨询服务	9	1431	12	3	15	2
数据处理和存储服务	1	226			1	
集成电路设计		147			1	1
其他信息技术服务业	5	611	2	3	7	2
房地产业	**956**	**11139**	**99**	**93**	**211**	**80**
房地产业	956	11139	99	93	211	80
房地产开发经营	2	3233	53	2	170	68
物业管理	7	3423	19	9	18	4
房地产中介服务	938	4090	21	75	14	6
其他房地产业	9	393	6	7	9	2

单位：个

与港澳台商合作经营	港澳台商独资	港澳台商投资股份有限公司	其他港澳台投资	外商投资	中外合资经营	中外合作经营	外资企业	外商投资股份有限公司	其他外商投资
1	11			21	6		15		
1	8		1	17	8	1	7	1	
1	32		1	84	14		65	1	4
1	26		1	64	9		50	1	4
	3			4	1		3		
	2			10	3		7		
	1			6	1		5		
	83		**1**	**266**	**76**	**2**	**182**	**2**	**4**
	2			3	1		2		
	2			2			2		
				1	1				
	8			6	2		4		
				1			1		
	4			5	2		3		
	4								
	73		1	257	73	2	176	2	4
	48		1	204	61	1	137	2	3
	6			14	6	1	7		
	13			21	4		16		1
	1			2			2		
				11	1		10		
	5			5	1		4		
3	**123**	**5**		**175**	**85**	**3**	**81**	**4**	**2**
3	123	5		175	85	3	81	4	2
	98	4		116	66	2	45	3	
3	11			36	12	1	22	1	
	8			18	5		11		2
	6	1		5	2		3		

2-B-10 续表 30

行业	私营合伙	私营有限责任公司	私营股份有限公司	其他企业	港澳台商投资	与港澳台商合资经营
租赁和商务服务业	**1689**	**42218**	**347**	**2301**	**227**	**53**
租赁业	41	2847	26	45	9	3
机械设备租赁	36	2746	25	44	8	3
文化及日用品出租	5	101	1	1	1	
商务服务业	1648	39371	321	2256	218	50
企业管理服务	514	6402	97	1984	63	17
法律服务	214	97	6	80	1	
咨询与调查	669	13163	78	53	106	17
广告业	35	9615	45	17	3	1
知识产权服务	47	627		1		
人力资源服务	99	1541	10	64	1	
旅行社及相关服务	10	2084	33	5	9	2
安全保护服务		302	1	1		
其他商务服务业	60	5540	51	51	35	13
科学研究和技术服务业	**180**	**15563**	**85**	**1334**	**131**	**30**
研究和试验发展	25	1869	12	27	34	13
自然科学研究和试验发展	1	78	1	4	2	
工程和技术研究和试验发展	11	1360	4	7	23	9
农业科学研究和试验发展	3	225	6	11	2	1
医学研究和试验发展	8	194	1	5	7	3
社会人文科学研究	2	12				
专业技术服务业	116	9872	51	53	54	6
气象服务		6				
地震服务		2				
海洋服务		17				

单位：个

与港澳台商合作经营	港澳台商独资	港澳台商投资股份有限公司	其他港澳台投资	外商投资	中外合资经营	中外合作经营	外资企业	外商投资股份有限公司	其他外商投资
3	**166**	**3**	**2**	**356**	**99**	**5**	**227**	**7**	**18**
	6			15	9		5	1	
	5			15	9		5	1	
	1								
3	160	3	2	341	90	5	222	6	18
2	42	1	1	95	31	3	56	1	4
	1								
	88	1		170	35		121	5	9
	1	1		8	2	1	5		
				2			2		
	1			3	1		1		1
1	5		1	14	5	1	7		1
				3	1		1		1
	22			46	15		29		2
2	**95**	**1**	**3**	**315**	**141**	**4**	**163**	**5**	**2**
1	18	1	1	93	49	1	40	3	
	2			3	1		2		
1	11	1	1	47	27		19	1	
	1			5	2	1	2		
	4			38	19		17	2	
	47		1	124	44	1	76	1	2
				2	2				

2-B-10 续表 31

行业	私营合伙	私营有限责任公司	私营股份有限公司	其他企业	港澳台商投资	与港澳台商合资经营
测绘服务	9	230	3			
质检技术服务	13	683	2	5	6	1
环境与生态监测	3	186			1	1
地质勘查		48	1			
工程技术	35	5122	30	11	15	1
其他专业技术服务业	56	3578	15	37	32	3
科技推广和应用服务业	39	3822	22	1254	43	11
技术推广服务	30	3063	17	1245	32	9
科技中介服务	7	398	2	6	10	1
其他科技推广和应用服务业	2	361	3	3	1	1
水利、环境和公共设施管理业	**22**	**2485**	**22**	**25**	**20**	**9**
水利管理业	1	92	2	3	2	
防洪除涝设施管理		14				
水资源管理		22	1		1	
天然水收集与分配		7		1		
水文服务		3			1	
其他水利管理业	1	46	1	2		
生态保护和环境治理业	6	333	1	7	2	1
生态保护		29		4		
环境治理业	6	304	1	3	2	1
公共设施管理业	15	2060	19	15	16	8
市政设施管理	2	240	3	1	3	1
环境卫生管理	3	282	1			
城乡市容管理		47		1		
绿化管理	4	1006	10	5		
公园和游览景区管理	6	485	5	8	13	7

单位：个

与港澳台商合作经营	港澳台商独资	港澳台商投资股份有限公司	其他港澳台投资	外商投资	中外合资经营	中外合作经营	外资企业	外商投资股份有限公司	其他外商投资
	5			16	6		10		
				1	1				
	14			31	8	1	20		2
	28		1	74	27		46	1	
1	30		1	98	48	2	47	1	
1	22			77	43	2	31	1	
	8		1	15	5		10		
				6			6		
	11			**26**	**12**		**13**		**1**
	2								
	1								
	1								
	1			5	4		1		
	1			5	4		1		
	8			21	8		12		1
	2			3	2		1		
				1			1		
				4	1		2		1
	6			13	5		8		

2-B-10 续表 32

行　业	私营合伙	私营有限责任公司	私营股份有限公司	其他企业	港澳台商投　资	与港澳台商合资经　营
居民服务、修理和其他服务业	**422**	**6834**	**42**	**121**	**12**	**4**
居民服务业	203	2201	15	69	4	2
家庭服务	4	563		9	1	1
托儿所服务	2	9		1		
洗染服务	15	159	1			
理发及美容服务	46	368	2	10		
洗浴服务	41	124	6	7		
保健服务	49	221	2	14	1	
婚姻服务	33	360	2	4		
殡葬服务	3	63	1	15	2	1
其他居民服务业	10	334	1	9		
机动车、电子产品和日用产品修理业	199	2921	13	43	6	2
汽车、摩托车修理与维护	185	2041	8	34	6	2
计算机和办公设备维修	5	371	1	2		
家用电器修理	7	404	3	4		
其他日用产品修理业	2	105	1	3		
其他服务业	20	1712	14	9	2	
清洁服务	10	1359	9	2	1	
其他未列明服务业	10	353	5	7	1	
卫生和社会工作	**6**	**34**		**3**	**2**	
社会工作	6	34		3	2	
提供住宿社会工作	1	19			1	
不提供住宿社会工作	5	15		3	1	
文化、体育和娱乐业	**865**	**4056**	**33**	**105**	**23**	**15**
新闻和出版业	1	33		2		
新闻业		4		1		
出版业	1	29		1		
广播、电视、电影和影视录音制作业	5	929	14	4	4	2

单位：个

与港澳台商合作经营	港澳台商独资	港澳台商投资股份有限公司	其他港澳台投资	外商投资	中外合资经营	中外合作经营	外资企业	外商投资股份有限公司	其他外商投资
1	**7**			**33**	**11**		**18**		**4**
1	1			13	3		7		3
				2	1		1		
				9	2		4		3
	1			1			1		
1									
				1			1		
	4			16	6		9		1
	4			12	5		6		1
				2			2		
				2	1		1		
	2			4	2		2		
	1			1	1				
	1			3	1		2		
	2								
	2								
	1								
	1								
	7		**1**	**25**	**13**	**1**	**11**		
				1			1		
				1			1		
	2			3	2		1		

2-B-10 续表 33

行业	私营合伙	私营有限责任公司	私营股份有限公司	其他企业	港澳台商投资	与港澳台商合资经营
广播		9				
电视		43	1			
电影和影视节目制作	1	678	12	1	3	1
电影和影视节目发行		20				
电影放映	4	166	1	3	1	1
录音制作		13				
文化艺术业	20	753	3	6	2	
文艺创作与表演	15	268		2	1	
艺术表演场馆		10				
图书馆与档案馆	3	17				
文物及非物质文化遗产保护	2	16		1		
博物馆		19				
烈士陵园、纪念馆						
群众文化活动		85		3		
其他文化艺术业		338	3		1	
体育	43	593	3	24	10	7
体育组织		4				
体育场馆	3	10				
休闲健身活动	40	469	1	24	10	7
其他体育		110	2			
娱乐业	796	1748	13	69	7	6
室内娱乐活动	792	1390	9	65	3	3
游乐园	3	47		2	3	2
彩票活动						
文化、娱乐、体育经纪代理		166	3		1	1
其他娱乐业	1	145	1	2		

单位：个

与港澳台商合作经营	港澳台商独资	港澳台商投资股份有限公司	其他港澳台投资	外商投资	中外合资经营	中外合作经营	外资企业	外商投资股份有限公司	其他外商投资
	2			1			1		
				2	2				
	2			1			1		
	1								
	1			1			1		
	2		1	7	2		5		
	2		1	7	2		5		
	1			13	9	1	3		
				5	3	1	1		
	1			2			2		
				1	1				
				5	5				

2-B-11 按行业中类、登记注册类型分组的

行业	从业人员期末人数	内资	国有	集体	股份合作企业	联营企业
总计	**13146386**	**12238446**	**101143**	**111920**	**178578**	**3775**
农、林、牧、渔业	**18441**	**18312**	**280**	**383**	**48**	**3**
农业	691	691	46		7	
谷物种植	44	44				
蔬菜、食用菌及园艺作物种植	252	252	22			
水果种植	166	166	24		7	
坚果、含油果、香料和饮料作物种植	106	106				
中药材种植	120	120				
其他农业	3	3				
林业	20	20				
林木育种和育苗	20	20				
畜牧业	259	207	5	6		
牲畜饲养	135	90	3			
家禽饲养	40	33	2			
其他畜牧业	84	84		6		
渔业	257	257				
水产养殖	257	257				
农、林、牧、渔服务业	17214	17137	229	377	41	3
农业服务业	14915	14844	74	316	33	
林业服务业	1068	1062	53	43		3
畜牧服务业	730	730	72	11		
渔业服务业	501	501	30	7	8	
采矿业	**26938**	**26187**	**295**	**1289**	**150**	**5**
煤炭开采和洗选业	211	211				
烟煤和无烟煤开采洗选	159	159				
褐煤开采洗选	29	29				
其他煤炭采选	23	23				

小微企业法人单位从业人数

单位：人

				有限责任公司			股份有限公司	私营企业	
国有联营	集体联营	国有与集体联营	其他联营		国有独资公司	其他有限责任公司			私营独资
664	**1133**	**626**	**1352**	**1366848**	**84065**	**1282783**	**95674**	**10249032**	**1426323**
			3	**453**	**128**	**325**	**56**	**4627**	**881**
				92		92		352	38
								5	
				80		80		85	28
								65	5
								92	5
				12		12		102	
								3	
								19	7
								19	7
								133	22
								66	17
								10	5
								57	
								239	139
								239	139
			3	361	128	233	56	3884	675
				300	125	175	56	2915	528
			3	35	3	32		486	26
				3		3		205	39
				23		23		278	82
			5	**3326**	**352**	**2974**	**256**	**20729**	**3791**
				1		1	1	204	25
								154	20
				1		1		28	
							1	22	5

2-B-11 续表 1

行 业	从业人员期末人数	内 资	国 有	集 体	股份合作企 业	联营企业
黑色金属矿采选业	832	731	70	31		
铁矿采选	831	730	70	31		
其他黑色金属矿采选	1	1				
有色金属矿采选业	2779	2779	31	25	64	
常用有色金属矿采选	1629	1629	1	25	64	
贵金属矿采选	186	186	30			
稀有稀土金属矿采选	964	964				
非金属矿采选业	22757	22107	170	1228	86	5
土砂石开采	21015	20365	170	1063	80	5
化学矿开采	78	78		3		
采盐	333	333		126		
石棉及其他非金属矿采选	1331	1331		36	6	
开采辅助活动	42	42		5		
石油和天然气开采辅助活动	8	8				
其他开采辅助活动	34	34		5		
其他采矿业	317	317	24			
其他采矿业	317	317	24			
制造业	**8284943**	**7454533**	**6676**	**26849**	**158483**	**870**
农副食品加工业	116826	109304	836	469	2625	8
谷物磨制	3938	3787	83	54	99	
饲料加工	13156	12542	49	46	147	
植物油加工	3929	3676	32	7	25	
制糖业	470	470				
屠宰及肉类加工	15740	14561	371	82	293	
水产品加工	39312	35884	2	208	1818	
蔬菜、水果和坚果加工	29733	28565	1	35	218	
其他农副食品加工	10548	9819	298	37	25	8
食品制造业	57773	48235	108	225	727	14

单位：人

国有联营	集体联营	国有与集体联营	其他联营	有限责任公司	国有独资公司	其他有限责任公司	股份有限公司	私营企业	私营独资
				168		168		462	
				168		168		461	
								1	
				532	1	531	183	1938	116
				485	1	484	183	865	115
								156	
				47		47		917	1
			5	2624	351	2273	72	17796	3623
			5	2504	351	2153	67	16350	3475
								75	39
								207	
				120		120	5	1164	109
								37	
								8	
								29	
				1		1		292	27
				1		1		292	27
101	**348**	**40**	**381**	**566906**	**7557**	**559349**	**58000**	**6608150**	**1154490**
2			6	11191	396	10795	2155	84613	12885
				440	4	436	200	2684	601
				2012		2012	642	9594	551
				100		100	349	2683	221
								312	107
				2847	392	2455	249	10636	1052
				3074		3074	542	29930	2703
				1907		1907	172	20549	5481
2			6	811		811	1	8225	2169
			14	5188	8	5180	474	40669	4729

2-B-11 续表 2

行　业	从业人员期末人数	内 资	国 有	集 体	股份合作企业	联营企业
焙烤食品制造	12236	11002	4	23	88	
糖果、巧克力及蜜饯制造	4820	3989		56	46	
方便食品制造	9481	7994	10		53	
乳制品制造	1576	1403	66	10	6	
罐头食品制造	7491	5939		44	163	14
调味品、发酵制品制造	5282	4282	3	62	32	
其他食品制造	16887	13626	25	30	339	
酒、饮料和精制茶制造业	46564	41275	569	383	856	96
酒的制造	12625	10515	6	159	625	96
饮料制造	11025	8313	117	19	93	
精制茶加工	22914	22447	446	205	138	
烟草制品业	2862	2635			54	
卷烟制造	2551	2551				
其他烟草制品制造	311	84			54	
纺织业	735720	648125	10	1229	5745	1
棉纺织及印染精加工	266052	235045	2	633	1651	
毛纺织及染整精加工	36875	32483		65	678	
麻纺织及染整精加工	2771	2066		1	16	
丝绢纺织及印染精加工	48109	42725	3	151	495	
化纤织造及印染精加工	69673	63807		39	341	
针织或钩针编织物及其制品制造	147008	127884		143	716	1
家用纺织制成品制造	92520	80847	5	100	459	
非家用纺织制成品制造	72712	63268		97	1389	
纺织服装、服饰业	763651	644617	282	937	4960	39
机织服装制造	436056	364790	235	737	2236	3
针织或钩针编织服装制造	202214	168826	47	70	1716	36
服饰制造	125381	111001		130	1008	
皮革、毛皮、羽毛及其制品和制鞋业	500829	467986	39	303	12083	

单位：人

国有联营	集体联营	国有与集体联营	其他联营	有限责任公司	国有独资公司	其他有限责任公司	股份有限公司	私营企业	私营独资
				1004		1004	28	9824	1815
				267		267		3610	319
				684		684	7	6712	604
				118		118		1203	52
			14	520		520		5038	739
				841		841		3329	336
				1754	8	1746	439	10953	864
96				4397	166	4231	424	29133	7013
96				1641	150	1491	159	7767	1180
				1274	16	1258	200	6553	963
				1482		1482	65	14813	4870
				2551	2551			30	
				2551	2551				
								30	
1				31743	187	31556	2488	606091	84242
				14234		14234	358	218029	30751
				1253		1253	450	29926	3488
				47		47		1987	166
				2716	66	2650	402	38904	5469
				1610		1610	48	61700	8711
1				5489	121	5368	376	121007	12604
				2528		2528	472	77177	11797
				3866		3866	382	57361	11256
			39	21358	663	20695	1449	614219	127260
			3	13780	403	13377	446	346746	74823
			36	4980	1	4979	574	161053	26658
				2598	259	2339	429	106420	25779
				24971	1	24970	373	429254	90301

2-B-11 续表 3

行业	从业人员期末人数	内资	国有	集体	股份合作企业	联营企业
皮革鞣制加工	16410	13281		40	1104	
皮革制品制造	118319	103702	17	28	969	
毛皮鞣制及制品加工	14339	12851		23	5	
羽毛(绒)加工及制品制造	9500	5870			3	
制鞋业	342261	332282	22	212	10002	
木材加工和木、竹、藤、棕、草制品业	129146	118834	36	473	710	18
木材加工	16164	15674	36	167	84	5
人造板制造	24587	20928		43	42	
木制品制造	54136	50625		188	339	13
竹、藤、棕、草等制品制造	34259	31607		75	245	
家具制造业	155420	136193		175	892	
木质家具制造	82408	74461		166	449	
竹、藤家具制造	4028	3549				
金属家具制造	40745	34491			347	
塑料家具制造	6111	5415			61	
其他家具制造	22128	18277		9	35	
造纸和纸制品业	179348	166663		473	4100	181
纸浆制造	315	312				
造纸	60126	54003		113	666	
纸制品制造	118907	112348		360	3434	181
印刷和记录媒介复制业	173737	168055	246	1087	6648	1
印刷	165199	159886	226	1030	6366	1
装订及印刷相关服务	8215	7846	20	57	282	
记录媒介复制	323	323				
文教、工美、体育和娱乐用品制造业	379899	339305	24	659	5143	8
文教办公用品制造	68756	60487	4	94	405	
乐器制造	4830	3454		6	40	
工艺美术品制造	208223	190510	19	426	4038	8

单位：人

国有联营	集体联营	国有与集体联营	其他联营	有限责任公司	国有独资公司	其他有限责任公司	股份有限公司	私营企业	私营独资
				1027		1027	1	11085	946
				5273	1	5272	267	96984	17009
				153		153	41	12608	2782
				758		758		5109	943
				17760		17760	64	303468	68621
	18			4025		4025	259	112139	31725
	5			175		175	31	14984	6525
				1791		1791	10	19027	4017
	13			1246		1246	29	48643	10737
				813		813	189	29485	10446
				7524		7524	733	126216	20680
				5063		5063	733	67636	11317
								3509	678
				932		932		33082	5726
				647		647		4707	542
				882		882		17282	2417
		1	180	12398		12398	605	148622	30104
				13		13		299	98
				4925		4925	257	48020	4082
		1	180	7460		7460	348	100303	25924
1				13419	67	13352	579	145732	32705
1				13114	67	13047	574	138260	30561
				242		242	5	7212	2101
				63		63		260	43
	8			13499	212	13287	813	317720	72891
				2159	12	2147	49	57472	11357
				60		60		3348	351
	8			8168	200	7968	509	176427	45516

2-B-11 续表 4

行　业	从业人员期末人数	内　资				
			国　有	集　体	股份合作企　业	联营企业
体育用品制造	38733	32952	1	56	136	
玩具制造	47923	41937		77	443	
游艺器材及娱乐用品制造	11434	9965			81	
石油加工、炼焦和核燃料加工业	5989	5180		3	142	
精炼石油产品制造	5920	5111		3	142	
炼焦	48	48				
核燃料加工	21	21				
化学原料和化学制品制造业	207008	171142	464	648	3588	15
基础化学原料制造	38962	31014		166	771	
肥料制造	3871	3635	194	30	27	
农药制造	6305	5524	29	38	341	
涂料、油墨、颜料及类似产品制造	42191	35574		62	815	8
合成材料制造	35623	27521		69	447	
专用化学产品制造	53778	45690	226	244	908	5
炸药、火工及焰火产品制造	1529	1528			45	
日用化学产品制造	24749	20656	15	39	234	2
医药制造业	58197	47846	60	10	727	
化学药品原料药制造	17177	13206			307	
化学药品制剂制造	8053	6642	60		65	
中药饮片加工	3595	3178		10	29	
中成药生产	5599	4840				
兽用药品制造	2597	2391			129	
生物药品制造	8538	6289			36	
卫生材料及医药用品制造	12638	11300			161	
化学纤维制造业	55011	45206	158		303	
纤维素纤维原料及纤维制造	3604	2613	131			
合成纤维制造	51407	42593	27		303	
橡胶和塑料制品业	535196	492769	111	1175	14765	33

单位：人

国有联营	集体联营	国有与集体联营	其他联营	有限责任公司	国有独资公司	其他有限责任公司	股份有限公司	私营企业	私营独资
				802		802	174	31754	4200
				1591		1591	65	39609	10603
				719		719	16	9110	864
				1064		1064		3971	340
				1064		1064		3902	340
								48	
								21	
	9	6		25318	362	24956	4100	136795	15506
				4945		4945	969	24077	2601
				431		431	5	2932	438
				1698		1698	256	3160	26
	2	6		4763		4763	332	29564	4048
				4644	173	4471	571	21777	1634
	5			6045	120	5925	1575	36673	5057
				1097	20	1077		386	63
	2			1695	49	1646	392	18226	1639
				13325	6	13319	2044	31631	1049
				4168		4168	446	8282	78
				2706		2706	787	3024	80
				1208		1208		1893	108
				1609		1609	274	2951	102
				671		671		1591	106
				2130		2130	482	3641	60
				833	6	827	55	10249	515
				4324	110	4214	458	39923	3634
				17		17		2435	281
				4307	110	4197	458	37488	3353
	9		24	35028	79	34949	2598	437697	94288

2-B-11 续表 5

行业	从业人员期末人数	内资	国有	集体	股份合作企业	联营企业
橡胶制品业	69107	64675	110	313	2566	
塑料制品业	466089	428094	1	862	12199	33
非金属矿物制品业	307091	287408	352	7639	7768	140
水泥、石灰和石膏制造	23901	23295	124	369	30	16
石膏、水泥制品及类似制品制造	80434	75142	35	666	459	
砖瓦、石材等建筑材料制造	78183	75514	190	5975	5980	124
玻璃制造	10964	10259		4	28	
玻璃制品制造	54459	49619		45	258	
玻璃纤维和玻璃纤维增强塑料制品制造	12102	10114		52	221	
陶瓷制品制造	17873	16329	3	127	175	
耐火材料制品制造	15558	14257		353	478	
石墨及其他非金属矿物制品制造	13617	12879		48	139	
黑色金属冶炼和压延加工业	135797	125418	1	881	6414	10
炼铁	786	724			71	
炼钢	2068	1382	1			
黑色金属铸造	54007	51568		502	4499	
钢压延加工	77256	70090		379	1807	10
铁合金冶炼	1680	1654			37	
有色金属冶炼和压延加工业	90356	83381		237	1700	
常用有色金属冶炼	7321	6330		42	281	
贵金属冶炼	849	756				
稀有稀土金属冶炼	592	429				
有色金属合金制造	10020	9309			100	
有色金属铸造	7235	6647		6	89	
有色金属压延加工	64339	59910		189	1230	
金属制品业	613399	569665	115	2297	12890	19
结构性金属制品制造	100944	95234		262	642	

单位：人

国有联营	集体联营	国有与集体联营	其他联营	有限责任公司	国有独资公司	其他有限责任公司	股份有限公司	私营企业	私营独资
				3591		3591	161	57877	11264
	9		24	31437	79	31358	2437	379820	83024
1	123		16	36007	1485	34522	2954	231557	39029
			16	7268	656	6612	764	14711	1517
				16255	809	15446	294	57280	5587
1	123			3804	20	3784	152	58660	18097
				1174		1174		9029	585
				3425		3425	1058	44789	4439
				321		321	307	9178	1856
				1750		1750	290	13918	2034
				886		886	55	12483	2221
				1124		1124	34	11509	2693
	10			10722		10722	8123	99094	15474
								653	264
								1381	298
				4583		4583	210	41634	9552
	10			6089		6089	7913	53860	5321
				50		50		1566	39
				10627		10627	972	69788	10463
				608		608	6	5393	793
				285		285		471	14
				53		53		376	4
				1477		1477	209	7520	565
				670		670		5876	2127
				7534		7534	757	50152	6960
	17		2	29618	556	29062	1671	521826	106130
				4261	510	3751	83	89872	9110

2-B-11 续表 6

行业	从业人员期末人数	内资	国有	集体	股份合作企业	联营企业
金属工具制造	96286	87829	8	196	713	16
集装箱及金属包装容器制造	21090	18089	75	196	390	
金属丝绳及其制品制造	16901	15655		4	240	
建筑、安全用金属制品制造	153253	141550		521	3356	2
金属表面处理及热处理加工	71554	69128	10	744	5444	1
搪瓷制品制造	6799	6250			23	
金属制日用品制造	82824	76154		180	679	
其他金属制品制造	63748	59776	22	194	1403	
通用设备制造业	910743	828914	1063	2671	22310	128
锅炉及原动设备制造	22427	19705	436	40	423	65
金属加工机械制造	77213	70413	1	546	1625	32
物料搬运设备制造	48362	42533	3	61	648	
泵、阀门、压缩机及类似机械制造	240625	219375	115	698	7583	
轴承、齿轮和传动部件制造	145609	131334	228	284	2620	
烘炉、风机、衡器、包装等设备制造	109708	98246	223	99	2207	1
文化、办公用机械制造	13935	12303	3	10	127	1
通用零部件制造	237054	220181	54	865	6507	27
其他通用设备制造业	15810	14824		68	570	2
专用设备制造业	378463	336917	385	768	8344	48
采矿、冶金、建筑专用设备制造	27323	25183	166	15	886	
化工、木材、非金属加工专用设备制造	136701	118133	45	119	2687	
食品、饮料、烟草及饲料生产专用设备制造	11192	10131		74	800	
印刷、制药、日化及日用品生产专用设备制造	26043	23880		142	660	
纺织、服装和皮革加工专用设备制造	72868	67936		52	1863	47
电子和电工机械专用设备制造	13855	12750	21	38	197	
农、林、牧、渔专用机械制造	21844	19527	4	62	455	
医疗仪器设备及器械制造	24850	21148		141	395	
环保、社会公共服务及其他专用设备制造	43787	38229	149	125	401	1

单位：人

国有联营	集体联营	国有与集体联营	其他联营	有限责任公司	国有独资公司	其他有限责任公司	股份有限公司	私营企业	私营独资
	16			3359		3359	295	82994	19969
				2191		2191	23	15195	1491
				1978		1978	20	13398	3074
			2	7063	46	7017	416	129773	29465
	1			3458		3458	314	59022	17147
				71		71		6151	1074
				2602		2602	129	72452	10901
				4635		4635	391	52969	13899
	69	32	27	62524	176	62348	5466	733291	136823
	65			2405	52	2353	133	16200	1927
		32		3130		3130	948	64016	11491
				3820		3820	303	37596	4504
				27221	17	27204	1699	181801	22410
				9830	1	9829	359	117919	20836
	1			6475	106	6369	1242	87780	11890
			1	1688		1688		10468	939
	3		24	7307		7307	742	204033	61043
			2	648		648	40	13478	1783
	47	1		26297	5	26292	3018	297480	45970
				2763		2763	7	21345	2535
				6073	5	6068	784	108061	21029
				471		471	93	8681	1177
				2263		2263	88	20684	1853
	47			5461		5461	451	59990	11670
				720		720	143	11629	1180
				2272		2272	70	16591	2154
				1422		1422	930	18255	1589
		1		4852		4852	452	32244	2783

2-B-11 续表 7

行业	从业人员期末人数	内资	国有	集体	股份合作企业	联营企业
汽车制造业	357658	319253	1	155	8831	26
汽车整车制造	4593	3778			27	
改装汽车制造	1764	1281				
低速载货汽车制造	145	145				
电车制造	203	198				
汽车车身、挂车制造	1197	764			3	
汽车零部件及配件制造	349756	313087	1	155	8801	26
铁路、船舶、航空航天和其他运输设备制造业	120254	111764	651	363	3167	
铁路运输设备制造	3364	3328	43	80	171	
城市轨道交通设备制造	168	168				
船舶及相关装置制造	30874	28435	608	75	627	
航空、航天器及设备制造	1345	1337		1	35	
摩托车制造	44672	43842		32	2121	
自行车制造	33747	29264		175	206	
非公路休闲车及零配件制造	3738	3527			5	
潜水救捞及其他未列明运输设备制造	2346	1863			2	
电气机械和器材制造业	741737	666347	198	2098	11786	18
电机制造	95773	87091	20	212	1410	
输配电及控制设备制造	241673	223916	73	1313	5170	3
电线、电缆、光缆及电工器材制造	76372	65297		194	1560	15
电池制造	16035	13019	63	40	312	
家用电力器具制造	130554	116696	30	231	1016	
非电力家用器具制造	18232	16913		1	19	
照明器具制造	148690	130295	12	100	1903	
其他电气机械及器材制造	14408	13120		7	396	
计算机、通信和其他电子设备制造业	237640	203787	200	455	2539	

单位：人

国有联营	集体联营	国有与集体联营	其他联营	有限责任公司	国有独资公司	其他有限责任公司	股份有限公司	私营企业	私营独资
	8		18	35904	287	35617	1664	272483	41398
				832	261	571	114	2805	
				597		597		684	12
				144		144		1	
				5		5		193	4
								761	25
	8		18	34326	26	34300	1550	268039	41357
				12365		12365	309	94820	11816
				482		482	3	2549	187
				64		64		104	
				2700		2700		24420	1720
				415		415		886	147
				7012		7012	90	34550	5901
				1661		1661	216	26963	3260
				31		31		3487	258
								1861	343
	18			66787		66787	8844	575896	63401
				10302		10302	1037	73988	10064
	3			30484		30484	4221	182526	16477
	15			9716		9716	621	53131	6156
				1065		1065	378	11160	456
				6969		6969	1115	107082	11788
				803		803	51	16014	1810
				7089		7089	1293	119790	15520
				359		359	128	12205	1130
				21840	215	21625	3724	174753	19504

2-B-11 续表 8

行业	从业人员期末人数	内资	国有	集体	股份合作企业	联营企业
计算机制造	8873	6932		12	9	
通信设备制造	22239	19814		12	228	
广播电视设备制造	12670	10617			202	
雷达及配套设备制造	289	138				
视听设备制造	18480	15273		33	59	
电子器件制造	34392	26426		70	445	
电子元件制造	127825	114124	187	328	1563	
其他电子设备制造	12872	10463	13		33	
仪器仪表制造业	148110	136340	265	505	6406	57
通用仪器仪表制造	68082	61961	99	192	2857	
专用仪器仪表制造	18701	17416	55	127	737	57
钟表与计时仪器制造	4303	3646	1	25	147	
光学仪器及眼镜制造	52113	48695	110	2	2487	
其他仪器仪表制造业	4911	4622		159	178	
其他制造业	92044	86592	28	167	1374	
日用杂品制造	79928	74967	15	114	1258	
煤制品制造	547	541			11	
核辐射加工	83	83				
其他未列明制造业	11486	11001	13	53	105	
废弃资源综合利用业	20593	18405	96	28	238	
金属废料和碎屑加工处理	14203	12227	91	11	108	
非金属废料和碎屑加工处理	6390	6178	5	17	130	
金属制品、机械和设备修理业	27882	26972	378	336	648	10
金属制品修理	307	295		7	15	
通用设备修理	1669	1617	21	2		
专用设备修理	1129	1033	303	16	11	
铁路、船舶、航空航天等运输设备修理	21945	21224	54	267	587	

单位：人

国有联营	集体联营	国有与集体联营	其他联营	有限责任公司	国有独资公司	其他有限责任公司	股份有限公司	私营企业	私营独资
				1297	206	1091	484	5130	227
				2928		2928	239	16360	1128
				702		702	82	9630	1175
								138	
				1214		1214	323	13636	3305
				3014	9	3005	1573	21263	1069
				12153		12153	837	98907	11862
				532		532	186	9689	738
	2		55	13838		13838	683	114406	18427
				7858		7858	462	50462	5971
	2		55	2847		2847	140	13447	1667
				189		189	3	3268	516
				2816		2816	77	43078	9295
				128		128	1	4151	978
				4895	18	4877	697	79267	12963
				4326		4326	572	68620	10625
				140		140	5	379	113
								83	5
				429	18	411	120	10185	2220
				2820	7	2813	210	14979	1668
				2120	7	2113	202	9675	595
				700		700	8	5304	1073
	10			1339		1339	113	24055	2072
								270	38
				218		218		1353	163
				27		27		655	232
				701		701	110	19464	1374

2-B-11 续表 9

行业	从业人员期末人数	内资				
			国有	集体	股份合作企业	联营企业
电气设备修理	1405	1403		36	13	
仪器仪表修理	73	52				
其他机械和设备修理业	1354	1348		8	22	10
电力、热力、燃气及水生产和供应业	**80336**	**71196**	**8147**	**6897**	**1948**	**203**
电力、热力生产和供应业	44412	38701	5043	3288	1390	114
电力生产	37462	32759	3067	2944	1382	98
电力供应	2822	2755	1928	344	8	16
热力生产和供应	4128	3187	48			
燃气生产和供应业	8225	5714	412	162	24	
燃气生产和供应业	8225	5714	412	162	24	
水的生产和供应业	27699	26781	2692	3447	534	89
自来水生产和供应	18451	18183	2430	3315	67	89
污水处理及其再生利用	7197	6557	262	98	5	
其他水的处理、利用与分配	2051	2041		34	462	
建筑业	**1232991**	**1231265**	**3007**	**8025**	**1054**	**497**
房屋建筑业	605978	605633	451	3096	108	487
房屋建筑业	605978	605633	451	3096	108	487
土木工程建筑业	267165	266760	2194	2420	507	
铁路、道路、隧道和桥梁工程建筑	152847	152790	181	1090	470	
水利和内河港口工程建筑	25498	25473	1451	529	14	
海洋工程建筑	352	348				
工矿工程建筑	9451	9359	17	28	20	
架线和管道工程建筑	18308	18304	213	460		
其他土木工程建筑	60709	60486	332	313	3	
建筑安装业	90768	90089	171	1687	205	
电气安装	33281	33231	10	357	1	
管道和设备安装	21202	21048	135	647	73	
其他建筑安装业	36285	35810	26	683	131	

单位：人

国有联营	集体联营	国有与集体联营	其他联营	有限责任公司	国有独资公司	其他有限责任公司	股份有限公司	私营企业	私营独资
				195		195	3	1156	84
								52	5
	10			198		198		1105	176
67	**110**	**15**	**11**	**31335**	**9532**	**21803**	**680**	**21820**	**2260**
13	80	10	11	14389	2239	12150	362	13963	1321
	80	7	11	12075	2238	9837	239	12802	1321
13		3		388	1	387	5	66	
				1926		1926	118	1095	
				2729	172	2557	138	2248	144
				2729	172	2557	138	2248	144
54	30	5		14217	7121	7096	180	5609	795
54	30	5		10417	5825	4592	180	1673	322
				3630	1296	2334		2562	66
				170		170		1374	407
	11		**486**	**290720**	**3252**	**287468**	**6045**	**921774**	**3334**
	11		476	163772	74	163698	3339	434358	619
	11		476	163772	74	163698	3339	434358	619
				46274	2813	43461	1268	214017	624
				24868	1439	23429	639	125522	153
				5612	377	5235	305	17561	195
				170	92	78		178	
				3296	70	3226		5998	31
				6065	656	5409	139	11424	86
				6263	179	6084	185	53334	159
				20247	188	20059	590	67184	553
				11717	52	11665	162	20982	101
				2304		2304	168	17718	304
				6226	136	6090	260	28484	148

2-B-11 续表 10

行业	从业人员期末人数	内资	国有	集体	股份合作企业	联营企业
建筑装饰和其他建筑业	269080	268783	191	822	234	10
建筑装饰业	156987	156704	48	643	126	10
工程准备活动	48483	48477	74	139	47	
提供施工设备服务	12059	12059				
其他未列明建筑业	51551	51543	69	40	61	
批发和零售业	**1384817**	**1357277**	**5374**	**9581**	**6305**	**581**
批发业	1021405	998336	3930	5700	4192	133
农、林、牧产品批发	40871	40701	484	273	216	2
食品、饮料及烟草制品批发	110793	109764	1202	472	286	
纺织、服装及家庭用品批发	280397	271692	180	604	323	51
文化、体育用品及器材批发	45730	44299	156	222	143	
医药及医疗器材批发	23430	23046	287	84	96	
矿产品、建材及化工产品批发	240381	238713	1056	3269	1876	67
机械设备、五金产品及电子产品批发	194066	188240	350	517	1071	12
贸易经纪与代理	50584	47291	59	53	25	
其他批发业	35153	34590	156	206	156	1
零售业	363412	358941	1444	3881	2113	448
综合零售	20230	19685	175	1090	274	49
食品、饮料及烟草制品专门零售	41098	40832	521	631	110	41
纺织、服装及日用品专门零售	48195	47735	59	526	99	12
文化、体育用品及器材专门零售	20313	20120	223	208	144	4
医药及医疗器材专门零售	42177	42088	184	381	380	24
汽车、摩托车、燃料及零配件专门零售	59547	57411	147	582	616	266
家用电器及电子产品专门零售	47024	46944	44	54	126	10
五金、家具及室内装饰材料专门零售	43219	42990	20	199	243	
货摊、无店铺及其他零售业	41609	41136	71	210	121	42

单位：人

国有联营	集体联营	国有与集体联营	其他联营	有限责任公司	国有独资公司	其他有限责任公司	股份有限公司	私营企业	私营独资
			10	60427	177	60250	848	206215	1538
			10	24828	38	24790	848	130178	698
				3721	123	3598		44483	737
				6317		6317		5742	16
				25561	16	25545		25812	87
93	**94**	**194**	**200**	**80557**	**4935**	**75622**	**4772**	**1189933**	**128733**
19	12	43	59	54763	3133	51630	3339	875632	58025
	1		1	2027	400	1627	304	20122	5497
				6766	1594	5172	349	71438	9443
	4	10	37	10857	131	10726	647	258257	12144
				2081	45	2036	54	41412	5738
				1555	18	1537	168	19913	662
15	6	33	13	16765	609	16156	1104	213872	12747
4			8	10593	87	10506	429	174799	6632
				2031	120	1911	196	44310	1035
	1			2088	129	1959	88	31509	4127
74	82	151	141	25794	1802	23992	1433	314301	70708
19	27		3	2233	19	2214	111	15602	3574
	20		21	2044	142	1902	138	30207	9976
4	3	5		2065	15	2050	170	44590	9137
		4		2145	840	1305	114	17162	2491
	6		18	1528	23	1505	63	38787	20796
51	1	142	72	9607	438	9169	520	45537	3451
	6		4	3015	184	2831	166	43330	3756
				1119		1119	104	40890	12437
	19		23	2038	141	1897	47	38196	5090

2-B-11 续表 11

行业	从业人员期末人数	内资	国有	集体	股份合作企业	联营企业
交通运输、仓储和邮政业	**298209**	**292844**	**8932**	**9724**	**2638**	**397**
道路运输业	157577	156133	5776	2858	1360	251
城市公共交通运输	21311	21294	755	295	252	
公路旅客运输	23596	23549	1989	545	24	70
道路货物运输	96354	95525	202	755	922	6
道路运输辅助活动	16316	15765	2830	1263	162	175
水上运输业	35657	34710	1676	761	61	
水上旅客运输	3905	3905	622	408	8	
水上货物运输	24252	24252	595	273	6	
水上运输辅助活动	7500	6553	459	80	47	
航空运输业	994	990				
航空客货运输	102	102				
通用航空服务	206	204				
航空运输辅助活动	686	684				
管道运输业	161	161		54		
管道运输业	161	161		54		
装卸搬运和运输代理业	70767	69120	320	5720	1152	85
装卸搬运	18968	18223	117	4817	448	85
运输代理业	51799	50897	203	903	704	
仓储业	14284	12961	985	175	61	56
谷物、棉花等农产品仓储	3350	3348	740	5	9	1
其他仓储业	10934	9613	245	170	52	55
邮政业	18769	18769	175	156	4	5
邮政基本服务	905	905	175	151	1	5
快递服务	17864	17864		5	3	
住宿和餐饮业	**233592**	**228653**	**5613**	**2856**	**1827**	**119**
住宿业	92693	90083	4992	2175	1118	45

单位：人

国有联营	集体联营	国有与集体联营	其他联营	有限责任公司	国有独资公司	其他有限责任公司	股份有限公司	私营企业	私营独资
1	**121**	**244**	**31**	**69071**	**13477**	**55594**	**4106**	**197648**	**6848**
	76	175		41307	7887	33420	2485	101937	3710
				12920	3827	9093	137	6891	50
	70			10469	1311	9158	1028	9424	54
	6			10831	549	10282	1298	81432	3024
		175		7087	2200	4887	22	4190	582
				9660	1678	7982	545	21999	84
				2003	714	1289	203	661	
				5094	129	4965	342	17942	33
				2563	835	1728		3396	51
				820	381	439	10	160	
				97	4	93		5	
				102		102	10	92	
				621	377	244		63	
				106		106		1	
				106		106		1	
	35	20	30	9873	1267	8606	694	51162	2770
	35	20	30	2460	106	2354	64	10169	498
				7413	1161	6252	630	40993	2272
	6	49	1	5688	2243	3445	196	5769	119
	1			2225	1969	256	17	320	4
	5	49	1	3463	274	3189	179	5449	115
1	4			1617	21	1596	176	16620	165
1	4			378	21	357	175	8	
				1239		1239	1	16612	165
	63	**41**	**15**	**28599**	**1661**	**26938**	**1220**	**186592**	**56363**
	4	41		14948	868	14080	831	65337	16300

2-B-11 续表 12

行 业	从业人员期末人数	内 资	国 有	集 体	股份合作企 业	联营企业
旅游饭店	47316	45354	3433	1245	298	41
一般旅馆	42777	42129	1485	914	811	4
其他住宿业	2600	2600	74	16	9	
餐饮业	140899	138570	621	681	709	74
正餐服务	118039	115963	521	416	522	74
快餐服务	8708	8647	33	47	78	
饮料及冷饮服务	6405	6310	1	101	28	
其他餐饮业	7747	7650	66	117	81	
信息传输、软件和信息技术服务业	**138970**	**132641**	**630**	**1101**	**113**	**2**
电信、广播电视和卫星传输服务	6783	6744	504	765		1
电信	4922	4884	235	513		
广播电视传输服务	1861	1860	269	252		1
互联网和相关服务	11891	11652	10	108	1	
互联网接入及相关服务	1432	1409		43		
互联网信息服务	8797	8619	10	65		
其他互联网服务	1662	1624			1	
软件和信息技术服务业	120296	114245	116	228	112	1
软件开发	87498	82439	70	79	39	
信息系统集成服务	11906	11512	3	19	57	
信息技术咨询服务	11303	11060	33	9	6	
数据处理和存储服务	2684	2676			5	
集成电路设计	1791	1661				1
其他信息技术服务业	5114	4897	10	121	5	
房地产业	**253546**	**245247**	**2953**	**1221**	**365**	**182**
房地产业	253546	245247	2953	1221	365	182
房地产开发经营	82056	76125	1212	188	45	61
物业管理	129556	127872	1230	655	29	120
房地产中介服务	35528	35035	165	180	184	1
其他房地产业	6406	6215	346	198	107	

单位：人

国有联营	集体联营	国有与集体联营	其他联营	有限责任公司	国有独资公司	其他有限责任公司	股份有限公司	私营企业	私营独资
		41		11466	589	10877	585	28102	2677
	4			3312	279	3033	229	35015	12877
				170		170	17	2220	746
	59		15	13651	793	12858	389	121255	40063
	59		15	12328	709	11619	348	100769	32688
				571	84	487	15	7840	2423
				226		226	22	5863	2411
				526		526	4	6783	2541
	1	**1**		**19338**	**1252**	**18086**	**1163**	**110240**	**841**
	1			1741	654	1087	213	3493	109
				706	274	432	212	3200	98
	1			1035	380	655	1	293	11
				2037	425	1612	143	9353	181
				281		281	5	1080	9
				1528	360	1168	131	6885	167
				228	65	163	7	1388	5
		1		15560	173	15387	807	97394	551
				11274	116	11158	584	70385	419
				1951	20	1931	161	9320	24
				1061		1061	51	9888	59
				600	1	599		2071	1
		1		168		168		1492	4
				506	36	470	11	4238	44
119		**42**	**21**	**73214**	**3908**	**69306**	**4285**	**162621**	**2811**
119		42	21	73214	3908	69306	4285	162621	2811
		41	20	28747	1202	27545	1214	44630	39
119		1		40796	1828	38968	2967	81928	280
			1	2129	172	1957	104	32069	2420
				1542	706	836		3994	72

2-B-11 续表 13

行 业	从业人员期末人数	内 资	国 有	集 体	股份合作企业	联营企业
租赁和商务服务业	**749789**	**743723**	**46927**	**35948**	**2691**	**667**
租赁业	20268	19847	80	402	47	13
机械设备租赁	18483	18107	77	371	47	13
文化及日用品出租	1785	1740	3	31		
商务服务业	729521	723876	46847	35546	2644	654
企业管理服务	119298	117543	2478	17302	871	156
法律服务	7855	7846	30	121	89	35
咨询与调查	107879	105561	657	1151	284	110
广告业	65382	65272	308	131	205	6
知识产权服务	4873	4861	18	28	3	
人力资源服务	231964	231805	3413	1328	80	3
旅行社及相关服务	32211	31957	704	236	279	98
安全保护服务	85186	85120	37229	8549	448	
其他商务服务业	74873	73911	2010	6700	385	246
科学研究和技术服务业	**195416**	**190059**	**7817**	**3383**	**1033**	**158**
研究和试验发展	17708	16215	165	136	226	3
自然科学研究和试验发展	711	635	24	1	38	
工程和技术研究和试验发展	11934	11033	32	90	111	
农业科学研究和试验发展	2283	2251	9	45	28	
医学研究和试验发展	2520	2036	4		49	3
社会人文科学研究	260	260	96			
专业技术服务业	135114	132483	7126	2297	766	150
气象服务	314	314	42	17		
地震服务	6	6				
海洋服务	386	311	38			

单位：人

国有联营	集体联营	国有与集体联营	其他联营	有限责任公司	国有独资公司	其他有限责任公司	股份有限公司	私营企业	私营独资
156	**329**	**25**	**157**	**142360**	**28964**	**113396**	**11271**	**488571**	**7436**
3			10	3532	68	3464	178	15339	920
3			10	2550	32	2518	178	14616	895
				982	36	946		723	25
153	329	25	147	138828	28896	109932	11093	473232	6516
35	102	11	8	32787	11583	21204	3791	47857	399
	29		6	224		224	65	6192	662
22	4	3	81	12044	698	11346	764	90183	1379
	1		5	7975	776	7199	321	56263	1688
				279	52	227	51	4480	69
	3			37852	348	37504	3958	184441	716
67	24		7	7452	832	6620	266	22848	290
				23297	12919	10378	607	14980	14
29	166	11	40	16918	1688	15230	1270	45988	1299
127	**1**	**23**	**7**	**30740**	**2742**	**27998**	**2439**	**134522**	**3240**
			3	2206	101	2105	213	13104	360
				62	5	57		500	16
				1441	30	1411	140	9193	150
				363	22	341	40	1677	105
			3	285		285	33	1625	84
				55	44	11		109	5
127		19	4	23630	2515	21115	1773	96410	2348
				90	5	85		165	
								6	
				138	5	133		135	3

2-B-11 续表 14

行业	从业人员期末人数	内资				
			国有	集体	股份合作企业	联营企业
测绘服务	6369	6369	1349	618	71	
质检技术服务	15417	14838	893	526	284	19
环境与生态监测	2616	2590	84	50		
地质勘查	1321	1321	404	15		5
工程技术	77823	77170	4080	813	251	106
其他专业技术服务业	30862	29564	236	258	160	20
科技推广和应用服务业	42594	41361	526	950	41	5
技术推广服务	37128	36115	476	923	32	2
科技中介服务	2981	2793	42	26	8	3
其他科技推广和应用服务业	2485	2453	8	1	1	
水利、环境和公共设施管理业	**46383**	**45777**	**1522**	**1424**	**92**	**17**
水利管理业	3373	3362	672	253	3	17
防洪除涝设施管理	374	374	14	3		
水资源管理	887	886	108	117		
天然水收集与分配	873	873	378	62		9
水文服务	39	29	7			
其他水利管理业	1200	1200	165	71	3	8
生态保护和环境治理业	5326	5186	131	3	53	
生态保护	577	577	77	1		
环境治理业	4749	4609	54	2	53	
公共设施管理业	37684	37229	719	1168	36	
市政设施管理	4847	4774	303	172		
环境卫生管理	5581	5575	55	490		
城乡市容管理	636	636		27		
绿化管理	14521	14439	142	171	23	
公园和游览景区管理	12099	11805	219	308	13	

单位：人

国有联营	集体联营	国有与集体联营	其他联营	有限责任公司	国有独资公司	其他有限责任公司	股份有限公司	私营企业	私营独资
				812	90	722	78	3441	1
		15	4	3790	463	3327	248	8989	135
				386	152	234	43	2027	2
5				362	126	236		535	12
102		4		15691	1555	14136	1172	54971	599
20				2361	119	2242	232	26141	1596
	1	4		4904	126	4778	453	25008	532
	1	1		4249	103	4146	344	20647	417
		3		465	16	449	23	2201	25
				190	7	183	86	2160	90
	8		**9**	**14269**	**3779**	**10490**	**391**	**27894**	**963**
	8		9	1565	734	831	24	814	107
				229	125	104		128	1
				375	245	130		286	48
			9	352	148	204		70	
				3		3		19	
	8			606	216	390	24	311	58
				1239	186	1053	4	3703	104
				110	24	86		372	60
				1129	162	967	4	3331	44
				11465	2859	8606	363	23377	752
				2143	807	1336	22	2133	63
				670	28	642	15	4345	304
				240	73	167		362	1
				3320	311	3009	70	10681	208
				5092	1640	3452	256	5856	176

2-B-11 续表 15

行　　业	从业人员期末人数	内　资	国　有	集　体	股份合作企　　业	联营企业
居民服务、修理和其他服务业	**110087**	**109621**	**766**	**2396**	**1215**	**59**
居民服务业	40897	40702	410	1371	160	34
家庭服务	5546	5479		36	6	
托儿所服务	66	66				
洗染服务	3329	3319		1	1	
理发及美容服务	7338	7279		103	38	5
洗浴服务	7245	7245		7	45	
保健服务	9532	9518			32	
婚姻服务	2055	2055	9		11	
殡葬服务	2798	2771	365	1095	13	29
其他居民服务业	2988	2970	36	129	14	
机动车、电子产品和日用产品修理业	48715	48453	336	585	1015	25
汽车、摩托车修理与维护	41268	41055	330	456	917	19
计算机和办公设备维修	2440	2421		4	29	
家用电器修理	4004	3974	6	63	64	6
其他日用产品修理业	1003	1003		62	5	
其他服务业	20475	20466	20	440	40	
清洁服务	17439	17437	10	297	39	
其他未列明服务业	3036	3029	10	143	1	
卫生和社会工作	**688**	**675**	**134**	**74**	**64**	**1**
社会工作	688	675	134	74	64	1
提供住宿社会工作	356	354	92	38	40	
不提供住宿社会工作	332	321	42	36	24	1
文化、体育和娱乐业	**91240**	**90436**	**2070**	**769**	**552**	**14**
新闻和出版业	2418	2415	574	23		
新闻业	79	79	16			
出版业	2339	2336	558	23		
广播、电视、电影和影视录音制作业	16351	16094	1110	110	3	1

单位：人

国有联营	集体联营	国有与集体联营	其他联营	有限责任公司	国有独资公司	其他有限责任公司	股份有限公司	私营企业	私营独资
	43		**16**	**6784**	**861**	**5923**	**405**	**97018**	**25104**
	18		16	2865	305	2560	69	35182	12476
				484		484	18	4847	246
								40	
				306		306		3011	590
			5	280		280	43	6770	2980
				372		372		6749	3319
				208	4	204		9045	4851
				154		154	7	1861	149
	18		11	492	186	306		692	106
				569	115	454	1	2167	235
	25			2760	147	2613	274	43156	11675
	19			2202	105	2097	145	36717	11019
				195	42	153	102	2088	83
	6			348		348	1	3463	419
				15		15	26	888	154
				1159	409	750	62	18680	953
				902	359	543	8	16164	754
				257	50	207	54	2516	199
			1	**53**	**6**	**47**	**8**	**327**	**72**
			1	53	6	47	8	327	72
				30	6	24	8	146	51
			1	23		23		181	21
	4	**1**	**9**	**9123**	**1659**	**7464**	**577**	**76566**	**29156**
				1414	529	885		385	46
				29		29		33	3
				1385	529	856		352	43
	1			3129	449	2680	243	11476	863

2-B-11 续表 16

行业	从业人员期末人数	内资	国有	集体	股份合作企业	联营企业
广播	207	207	24			
电视	896	896	112			1
电影和影视节目制作	8041	7942	17	3	3	
电影和影视节目发行	360	360	38			
电影放映	6736	6578	919	107		
录音制作	111	111				
文化艺术业	8947	8932	242	292	55	1
文艺创作与表演	5018	5014	43	111	41	1
艺术表演场馆	620	620	83	1		
图书馆与档案馆	343	343	43	121		
文物及非物质文化遗产保护	263	263		5	14	
博物馆	207	207	1	36		
烈士陵园、纪念馆	11	11				
群众文化活动	620	620	58	13		
其他文化艺术业	1865	1854	14	5		
体育	8314	7983	66	140	6	
体育组织	136	136	6			
体育场馆	455	455	14	100		
休闲健身活动	6815	6484	46	40	6	
其他体育	908	908				
娱乐业	55210	55012	78	204	488	12
室内娱乐活动	51354	51286	35	107	488	5
游乐园	1098	1063				
彩票活动	61	61	17	39		
文化、娱乐、体育经纪代理	1057	1048	13	4		3
其他娱乐业	1640	1554	13	54		4

单位：人

国有联营	集体联营	国有与集体联营	其他联营	有限责任公司	国有独资公司	其他有限责任公司	股份有限公司	私营企业	私营独资
				106		106	10	67	
	1			309	36	273	75	399	3
				533	61	472	47	7338	830
				57	12	45	85	180	
				2095	340	1755	26	3410	26
				29		29		82	4
		1		1667	538	1129	32	6541	2071
		1		850	322	528		3956	1849
				350	157	193	21	165	38
				6		6		173	28
				69	30	39		125	
				22		22		148	6
								11	11
				148	21	127		361	59
				222	8	214	11	1602	80
				793	132	661	52	6797	972
				99	23	76	11	20	
				91	91			250	28
				509	15	494	37	5717	931
				94	3	91	4	810	13
	3		9	2120	11	2109	250	51367	25204
	3		2	1637		1637	236	48321	24909
				173	3	170	5	882	42
				5		5			
			3	132	8	124	2	894	15
			4	173		173	7	1270	238

2-B-11 续表 17

行业	私营合伙	私营有限责任公司	私营股份有限公司	其他企业	港澳台商投资	与港澳台商合资经营
总计	**251878**	**8492618**	**78213**	**131476**	**442925**	**238335**
农、林、牧、渔业	**162**	**3558**	**26**	**12462**	**14**	
农业		314		194		
谷物种植		5		39		
蔬菜、食用菌及园艺作物种植		57		65		
水果种植		60		70		
坚果、含油果、香料和饮料作物种植		87		14		
中药材种植		102		6		
其他农业		3				
林业		12		1		
林木育种和育苗		12		1		
畜牧业		111		63		
牲畜饲养		49		21		
家禽饲养		5		21		
其他畜牧业		57		21		
渔业	5	95		18		
水产养殖	5	95		18		
农、林、牧、渔服务业	157	3026	26	12186	14	
农业服务业	110	2251	26	11150	9	
林业服务业		460		442	5	
畜牧服务业	15	151		439		
渔业服务业	32	164		155		
采矿业	**1358**	**15440**	**140**	**137**	**223**	**222**
煤炭开采和洗选业		179		5		
烟煤和无烟煤开采洗选		134		5		
褐煤开采洗选		28				
其他煤炭采选		17				

单位：人

与港澳台商合作经营	港澳台商独资	港澳台商投资股份有限公司	其他港澳台投资	外商投资	中外合资经营	中外合作经营	外资企业	外商投资股份有限公司	其他外商投资
6543	**189751**	**6588**	**1708**	**465015**	**243509**	**6351**	**207308**	**2888**	**4959**
	14			**115**	**66**		**49**		
				52	52				
				45	45				
				7	7				
	14			63	14		49		
	9			62	13		49		
	5			1	1				
		1		**528**	**86**		**434**	**8**	

2-B-11 续表 18

行　业	私营合伙	私营有限责任公司	私营股份有限公司	其他企业	港澳台商投资	与港澳台商合资经营
黑色金属矿采选业		462				
铁矿采选		461				
其他黑色金属矿采选		1				
有色金属矿采选业	40	1703	79	6		
常用有色金属矿采选	39	711		6		
贵金属矿采选		156				
稀有稀土金属矿采选	1	836	79			
非金属矿采选业	1304	12808	61	126	223	222
土砂石开采	1283	11531	61	126	223	222
化学矿开采		36				
采盐		207				
石棉及其他非金属矿采选	21	1034				
开采辅助活动	3	34				
石油和天然气开采辅助活动		8				
其他开采辅助活动	3	26				
其他采矿业	11	254				
其他采矿业	11	254				
制造业	**191919**	**5214868**	**46873**	**28599**	**413482**	**226369**
农副食品加工业	1588	69326	814	7407	2529	1354
谷物磨制	75	2001	7	227	143	143
饲料加工	125	8511	407	52	292	118
植物油加工	25	2338	99	480	51	50
制糖业	5	200		158		
屠宰及肉类加工	197	9383	4	83	584	238
水产品加工	871	26120	236	310	1209	597
蔬菜、水果和坚果加工	101	14906	61	5683	190	158
其他农副食品加工	189	5867		414	60	50
食品制造业	605	34709	626	830	3512	2226

单位：人

与港澳台商合作经营	港澳台商独资	港澳台商投资股份有限公司	其他港澳台投资	外商投资	中外合资经营	中外合作经营	外资企业	外商投资股份有限公司	其他外商投资
				101			101		
				101			101		
		1		427	86		333	8	
		1		427	86		333	8	
5483	**174802**	**6199**	**629**	**416928**	**225057**	**5634**	**182885**	**2249**	**1103**
	1175			4993	2449	215	2066	258	5
				8		3			5
	174			322	107		215		
	1			202	75		127		
	346			595	372		223		
	612			2219	1334	211	674		
	32			978	398	1	321	258	
	10			669	163		506		
	1286			6026	2993	181	2852		

2-B-11 续表 19

行业	私营合伙	私营有限责任公司	私营股份有限公司	其他企业	港澳台商投资	与港澳台商合资经营
焙烤食品制造	115	7873	21	31	643	208
糖果、巧克力及蜜饯制造	48	3243		10	185	120
方便食品制造	50	5932	126	528	885	835
乳制品制造	5	1146			23	
罐头食品制造	132	4167		160	335	275
调味品、发酵制品制造	12	2981		15	560	141
其他食品制造	243	9367	479	86	881	647
酒、饮料和精制茶制造业	649	21289	182	5417	1623	655
酒的制造	192	6285	110	62	691	240
饮料制造	123	5450	17	57	578	196
精制茶加工	334	9554	55	5298	354	219
烟草制品业		30			227	227
卷烟制造						
其他烟草制品制造		30			227	227
纺织业	8312	510603	2934	818	53285	29182
棉纺织及印染精加工	3220	182952	1106	138	20124	11663
毛纺织及染整精加工	694	25575	169	111	3386	1994
麻纺织及染整精加工	15	1806		15	564	260
丝绢纺织及印染精加工	381	33037	17	54	3736	2730
化纤织造及印染精加工	574	51798	617	69	3358	1497
针织或钩针编织物及其制品制造	1149	106679	575	152	10896	5749
家用纺织制成品制造	1090	64231	59	106	6151	2332
非家用纺织制成品制造	1189	44525	391	173	5070	2957
纺织服装、服饰业	7773	477064	2122	1373	59785	31800
机织服装制造	3910	267047	966	607	34916	17257
针织或钩针编织服装制造	2527	130811	1057	350	17153	9475
服饰制造	1336	79206	99	416	7716	5068
皮革、毛皮、羽毛及其制品和制鞋业	9096	328518	1339	963	11436	7905

单位：人

与港澳台商合作经营	港澳台商独资	港澳台商投资股份有限公司	其他港澳台投资	外商投资	中外合资经营	中外合作经营	外资企业	外商投资股份有限公司	其他外商投资
	435			591	77		514		
	65			646	41		605		
	50			602	188	155	259		
	23			150	15		135		
	60			1217	906		311		
	419			440	368	25	47		
	234			2380	1398	1	981		
	968			3666	2068		1496		102
	451			1419	285		1134		
	382			2134	1710		322		102
	135			113	73		40		
540	22024	1539		34310	20630	271	13055	354	
148	8246	67		10883	6690	69	3936	188	
108	1284			1006	513		493		
	304			141	116		25		
98	908			1648	1199	1	432	16	
	745	1116		2508	2004	104	400		
160	4987			8228	4863	97	3268		
	3463	356		5522	2858		2514	150	
26	2087			4374	2387		1987		
313	26975	429	268	59249	34625	199	23984	382	59
160	16808	429	262	36350	20770	62	15305	197	16
153	7525			16235	9370	73	6584	185	23
	2642		6	6664	4485	64	2095		20
22	3446	63		21407	13930	133	7219	125	

2-B-11 续表 20

行业	私营合伙	私营有限责任公司	私营股份有限公司	其他企业	港澳台商投资	与港澳台商合资经营
皮革鞣制加工	476	9610	53	24	1648	1588
皮革制品制造	1349	78313	313	164	5297	3026
毛皮鞣制及制品加工	109	9707	10	21	948	409
羽毛(绒)加工及制品制造	81	4084	1		1056	1048
制鞋业	7081	226804	962	754	2487	1834
木材加工和木、竹、藤、棕、草制品业	2257	77811	346	1174	4694	2960
木材加工	354	7933	172	192	294	132
人造板制造	552	14441	17	15	2259	1777
木制品制造	821	36986	99	167	1331	680
竹、藤、棕、草等制品制造	530	18451	58	800	810	371
家具制造业	2016	102945	575	653	10216	5141
木质家具制造	881	55329	109	414	4713	2584
竹、藤家具制造	67	2764		40	274	193
金属家具制造	386	26651	319	130	3291	1811
塑料家具制造	284	3881			230	
其他家具制造	398	14320	147	69	1708	553
造纸和纸制品业	5640	112118	760	284	7244	5464
纸浆制造		201			3	
造纸	1022	42519	397	22	3913	3374
纸制品制造	4618	69398	363	262	3328	2090
印刷和记录媒介复制业	5628	107061	338	343	3086	2309
印刷	5330	102032	337	315	2717	1940
装订及印刷相关服务	298	4812	1	28	369	369
记录媒介复制		217				
文教、工美、体育和娱乐用品制造业	9958	233286	1585	1439	20336	11071
文教办公用品制造	957	44865	293	304	3582	2506
乐器制造	178	2819			537	340
工艺美术品制造	7723	122516	672	915	8643	5108

单位：人

与港澳台商合作经营	港澳台商独资	港澳台商投资股份有限公司	其他港澳台投资	外商投资	中外合资经营	中外合作经营	外资企业	外商投资股份有限公司	其他外商投资
	60			1481	1287		194		
	2220	51		9320	5503	132	3685		
	527	12		540	263		277		
	8			2574	1833		741		
22	631			7492	5044	1	2322	125	
142	1592			5618	4220	352	1046		
	162			196	49		147		
140	342			1400	973		427		
	651			2180	1937	5	238		
2	437			1842	1261	347	234		
22	5053			9011	3677	35	5298		1
22	2107			3234	1512	35	1687		
	81			205	76		128		1
	1480			2963	884		2079		
	230			466	159		307		
	1155			2143	1046		1097		
145	1635			5441	2542	229	2418		252
	3								
144	395			2210	1729		229		252
1	1237			3231	813	229	2189		
5	772			2596	1700		896		
5	772			2596	1700		896		
209	8827	229		20258	11257	245	8708		48
145	931			4687	2942		1745		
	197			839	254	160	397		28
4	3302	229		9070	4842	84	4124		20

2-B-11 续表 21

行　业	私营合伙	私营有限责任公司	私营股份有限公司	其他企业	港澳台商投资	与港澳台商合资经营
体育用品制造	390	27031	133	29	2752	1216
玩具制造	676	27901	429	152	3779	1743
游艺器材及娱乐用品制造	34	8154	58	39	1043	158
石油加工、炼焦和核燃料加工业	18	3581	32		391	244
精炼石油产品制造	18	3512	32		391	244
炼焦		48				
核燃料加工		21				
化学原料和化学制品制造业	2431	116000	2858	214	15808	8778
基础化学原料制造	430	20588	458	86	3701	2249
肥料制造	22	2472		16	21	14
农药制造	10	2441	683	2	214	155
涂料、油墨、颜料及类似产品制造	793	24334	389	30	3628	2265
合成材料制造	443	19057	643	13	3565	1572
专用化学产品制造	454	30671	491	14	3152	1946
炸药、火工及焰火产品制造	30	268	25			
日用化学产品制造	249	16169	169	53	1527	577
医药制造业	230	28773	1579	49	4116	2633
化学药品原料药制造	104	7714	386	3	2204	1830
化学药品制剂制造		2321	623		381	3
中药饮片加工		1778	7	38	127	49
中成药生产		2849		6	187	132
兽用药品制造		1460	25		16	16
生物药品制造		3410	171		827	381
卫生材料及医药用品制造	126	9241	367	2	374	222
化学纤维制造业	534	35602	153	40	6923	4156
纤维素纤维原料及纤维制造	31	2119	4	30	425	260
合成纤维制造	503	33483	149	10	6498	3896
橡胶和塑料制品业	21492	319486	2431	1362	21923	12424

单位：人

与港澳台商合作经营	港澳台商独资	港澳台商投资股份有限公司	其他港澳台投资	外商投资	中外合资经营	中外合作经营	外资企业	外商投资股份有限公司	其他外商投资
	1536			3029	2036		993		
60	1976			2207	1181	1	1025		
	885			426	2		424		
8	56	83		418	72		299	47	
8	56	83		418	72		299	47	
580	6439	11		20058	10185	413	9183	263	14
309	1143			4247	1953	241	1899	154	
	7			215	210		5		
	59			567	481		86		
231	1132			2989	2239		738		12
	1993			4537	1847		2581	109	
	1196	10		4936	2778		2158		
				1	1				
40	909	1		2566	676	172	1716		2
	1483			6235	4480		1745	10	
	374			1767	1350		417		
	378			1030	740		290		
	78			290	91		199		
	55			572	538		34		
				190	190				
	446			1422	1068		344	10	
	152			964	503		461		
	2158	609		2882	1551		1331		
	165			566	530		36		
	1993	609		2316	1021		1295		
376	8836	191	96	20504	10297	530	9378	287	12

2-B-11 续表 22

行业	私营合伙	私营有限责任公司	私营股份有限公司	其他企业	港澳台商投资	与港澳台商合资经营
橡胶制品业	3267	42681	665	57	1297	774
塑料制品业	18225	276805	1766	1305	20626	11650
非金属矿物制品业	7228	182797	2503	991	10277	6453
水泥、石灰和石膏制造	139	12882	173	13	292	20
石膏、水泥制品及类似制品制造	1086	49898	709	153	3729	2392
砖瓦、石材等建筑材料制造	4398	35254	911	629	1048	589
玻璃制造	66	8375	3	24	384	383
玻璃制品制造	593	39519	238	44	2542	1490
玻璃纤维和玻璃纤维增强塑料制品制造	168	6966	188	35	802	399
陶瓷制品制造	273	11597	14	66	613	500
耐火材料制品制造	265	9868	129	2	410	237
石墨及其他非金属矿物制品制造	240	8438	138	25	457	443
黑色金属冶炼和压延加工业	5083	77524	1013	173	6340	4569
炼铁	12	377				
炼钢	301	782			686	686
黑色金属铸造	2874	28693	515	140	738	599
钢压延加工	1896	46145	498	32	4916	3284
铁合金冶炼		1527		1		
有色金属冶炼和压延加工业	2461	55679	1185	57	3687	2089
常用有色金属冶炼	218	4382			364	272
贵金属冶炼	83	374			93	93
稀有稀土金属冶炼		372			163	163
有色金属合金制造	86	6578	291	3	166	116
有色金属铸造	450	3293	6	6	520	241
有色金属压延加工	1624	40680	888	48	2381	1204
金属制品业	21323	391180	3193	1229	23470	11362
结构性金属制品制造	1602	78896	264	114	3056	1535

单位：人

与港澳台商合作经营	港澳台商独资	港澳台商投资股份有限公司	其他港澳台投资	外商投资	中外合资经营	中外合作经营	外资企业	外商投资股份有限公司	其他外商投资
	523			3135	1340		1795		
376	8313	191	96	17369	8957	530	7583	287	12
233	3384	17	190	9406	5975	226	3163		42
	272			314	305		9		
233	1104			1563	1109		454		
	442	17		1621	703		918		
	1			321	280		41		
	862		190	2298	1209	138	909		42
	403			1186	606		580		
	113			931	730		201		
	173			891	786	88	17		
	14			281	247		34		
	1771			4039	2191		1848		
				62	62				
	139			1701	755		946		
	1632			2250	1371		879		
				26	3		23		
	1544	54		3288	934	1	2297		56
	92			627	41		586		
	50			545	130		415		
	279			68	12				56
	1123	54		2048	751	1	1296		
216	11595	244	53	20264	10693	371	9183	8	9
	1521			2654	1594		1056		4

2-B-11 续表 23

行　业	私营合伙	私营有限责任公司	私营股份有限公司	其他企业	港澳台商投资	与港澳台商合资经营
金属工具制造	2252	60702	71	248	3827	2282
集装箱及金属包装容器制造	227	13208	269	19	2157	665
金属丝绳及其制品制造	445	9825	54	15	1042	564
建筑、安全用金属制品制造	6256	93795	257	419	5949	2732
金属表面处理及热处理加工	5805	35504	566	135	1320	554
搪瓷制品制造	182	4892	3	5	336	284
金属制日用品制造	1819	58941	791	112	3756	1823
其他金属制品制造	2735	35417	918	162	2027	923
通用设备制造业	28787	562536	5145	1461	36697	19770
锅炉及原动设备制造	398	13825	50	3	1855	818
金属加工机械制造	2232	49891	402	115	2922	1100
物料搬运设备制造	653	31581	858	102	2747	737
泵、阀门、压缩机及类似机械制造	5787	152490	1114	258	9675	5867
轴承、齿轮和传动部件制造	5259	91623	201	94	5753	3467
烘炉、风机、衡器、包装等设备制造	1149	73322	1419	219	5373	2833
文化、办公用机械制造	104	9023	402	6	920	606
通用零部件制造	12711	129697	582	646	6944	4173
其他通用设备制造业	494	11084	117	18	508	169
专用设备制造业	10006	238326	3178	577	19579	8973
采矿、冶金、建筑专用设备制造	412	18186	212	1	899	610
化工、木材、非金属加工专用设备制造	4362	81881	789	364	8504	3798
食品、饮料、烟草及饲料生产专用设备制造	78	7319	107	12	595	347
印刷、制药、日化及日用品生产专用设备制造	518	18269	44	43	1179	828
纺织、服装和皮革加工专用设备制造	3120	43984	1216	72	3258	1361
电子和电工机械专用设备制造	244	10098	107	2	436	123
农、林、牧、渔专用机械制造	716	13359	362	73	1187	223
医疗仪器设备及器械制造	129	16487	50	5	1304	373
环保、社会公共服务及其他专用设备制造	427	28743	291	5	2217	1310

单位：人

与港澳台商合作经营	港澳台商独资	港澳台商投资股份有限公司	其他港澳台投资	外商投资	中外合资经营	中外合作经营	外资企业	外商投资股份有限公司	其他外商投资
	1545			4630	2844		1786		
	1492			844	533		305	6	
	478			204	6		197	1	
	2921	244	52	5754	2264	228	3257		5
46	720			1106	577	143	386		
	52			213	200		13		
	1932		1	2914	1846		1067	1	
170	934			1945	829		1116		
723	16118	82	4	45132	23517	322	20845	265	183
341	696			867	462		405		
	1822			3878	630		3239		9
	2010			3082	1885		1197		
	3781	27		11575	6428	270	4787		90
189	2038	55	4	8522	5260	24	3238		
13	2527			6089	3064	28	2997		
	314			712	331		227	154	
180	2591			9929	5364		4442	111	12
	339			478	93		313		72
539	9621	443	3	21967	9094	95	12692	33	53
	289			1241	127		1114		
	4492	213	1	10064	4606		5440		18
144	104			466	217		249		
	351			984	443		541		
28	1740	127	2	1674	513		1159	2	
35	278			669	319		350		
253	608	103		1130	243		852		35
79	852			2398	1072	95	1212	19	
	907			3341	1554		1775	12	

2-B-11 续表 24

行业	私营合伙	私营有限责任公司	私营股份有限公司	其他企业	港澳台商投资	与港澳台商合资经营
汽车制造业	10008	219261	1816	189	15176	7693
汽车整车制造	2	2803			545	392
改装汽车制造		672			88	88
低速载货汽车制造		1				
电车制造		189			5	
汽车车身、挂车制造	15	721			235	207
汽车零部件及配件制造	9991	214875	1816	189	14303	7006
铁路、船舶、航空航天和其他运输设备制造业	2782	79726	496	89	3203	1523
铁路运输设备制造	37	2325			24	24
城市轨道交通设备制造		104				
船舶及相关装置制造	677	21951	72	5	531	314
航空、航天器及设备制造	25	394	320		5	
摩托车制造	1204	27426	19	37	213	7
自行车制造	639	23064		43	2015	1012
非公路休闲车及零配件制造	41	3103	85	4	15	
潜水救捞及其他未列明运输设备制造	159	1359			400	166
电气机械和器材制造业	12454	495193	4848	720	41636	21758
电机制造	1682	61497	745	122	4512	2408
输配电及控制设备制造	3780	161021	1248	126	9840	6779
电线、电缆、光缆及电工器材制造	1033	45113	829	60	5755	2642
电池制造	69	9939	696	1	1754	931
家用电力器具制造	3273	91319	702	253	7109	2810
非电力家用器具制造	169	13911	124	25	534	382
照明器具制造	2203	101577	490	108	11759	5493
其他电气机械及器材制造	245	10816	14	25	373	313
计算机、通信和其他电子设备制造业	2836	150416	1997	276	17033	8383

单位：人

与港澳台商合作经营	港澳台商独资	港澳台商投资股份有限公司	其他港澳台投资	外商投资	中外合资经营	中外合作经营	外资企业	外商投资股份有限公司	其他外商投资
182	6974	320	7	23229	12109	504	10616		
	153			270	130		140		
				395	246		149		
	5								
	28			198			198		
182	6788	320	7	22366	11733	504	10129		
451	1229			5287	2224	255	2806		2
				12	12				
	217			1908	355		1553		
	5			3			3		
	206			617	297		318		2
249	754			2468	1411	255	802		
	15			196	66		130		
202	32			83	83				
414	17995	1461	8	33754	18560	666	14305	216	7
	2008	96		4170	2133	142	1888		7
72	2981		8	7917	5267	76	2428	146	
122	2991			5320	2419	78	2754	69	
	678	145		1262	494		768		
220	3867	212		6749	3468	2	3278	1	
	152			785	277		508		
	5258	1008		6636	4197	368	2071		
	60			915	305		610		
213	8014	423		16820	6175	138	10507		

2-B-11 续表 25

行业						
					港澳台商投资	与港澳台商合资经营
	私营合伙	私营有限责任公司	私营股份有限公司	其他企业		
计算机制造	69	4829	5		805	44
通信设备制造	239	14769	224	47	1085	564
广播电视设备制造	246	7999	210	1	1268	560
雷达及配套设备制造		138			145	145
视听设备制造	299	10013	19	8	1446	223
电子器件制造	188	19619	387	61	4739	2987
电子元件制造	1601	84451	993	149	6580	3435
其他电子设备制造	194	8598	159	10	965	425
仪器仪表制造业	3484	90468	2027	180	5290	3093
通用仪器仪表制造	1235	41449	1807	31	2802	1920
专用仪器仪表制造	252	11320	208	6	614	376
钟表与计时仪器制造	199	2553		13	487	368
光学仪器及眼镜制造	1604	32179		125	1287	429
其他仪器仪表制造业	194	2967	12	5	100	
其他制造业	6149	59528	627	164	2765	1507
日用杂品制造	5935	51662	398	62	2547	1387
煤制品制造	7	259		6		
核辐射加工	2	6	70			
其他未列明制造业	205	7601	159	96	218	120
废弃资源综合利用业	334	12814	163	34	817	312
金属废料和碎屑加工处理	55	8872	153	20	628	311
非金属废料和碎屑加工处理	279	3942	10	14	189	1
金属制品、机械和设备修理业	757	21218	8	93	378	355
金属制品修理		232		3	12	
通用设备修理	11	1174	5	23	45	35
专用设备修理	15	408		21		
铁路、船舶、航空航天等运输设备修理	686	17404		41	298	298

单位：人

与港澳台商合作经营	港澳台商独资	港澳台商投资股份有限公司	其他港澳台投资	外商投资	中外合资经营	中外合作经营	外资企业	外商投资股份有限公司	其他外商投资
	491	270		1136	358		778		
100	421			1340	570	36	734		
	598	110		785	200		585		
				6	6				
	1223			1761	815		946		
6	1746			3227	1026		2201		
107	2995	43		7121	2860	102	4159		
	540			1444	340		1104		
150	2047			6480	3901	15	2306		258
150	732			3319	2401		918		
	238			671	93		320		258
	119			170	168		2		
	858			2131	1239	15	877		
	100			189			189		
	1257	1		2687	1531	231	924	1	
	1159	1		2414	1434	231	749		
				6			6		
	98			267	97		169	1	
	505			1371	959	7	405		
	317			1348	946	7	395		
	188			23	13		10		
	23			532	518		14		
	12								
	10			7	7				
				96	96				
				423	412		11		

2-B-11 续表 26

行业	私营合伙	私营有限责任公司	私营股份有限公司	其他企业	港澳台商投资	与港澳台商合资经营
电气设备修理	21	1048	3		2	1
仪器仪表修理		47			21	21
其他机械和设备修理业	24	905		5		
电力、热力、燃气及水生产和供应业	**3769**	**15683**	**108**	**166**	**3854**	**2491**
电力、热力生产和供应业	2932	9609	101	152	2934	1987
电力生产	2920	8460	101	152	2482	1615
电力供应	11	55				
热力生产和供应	1	1094			452	372
燃气生产和供应业	191	1913		1	705	391
燃气生产和供应业	191	1913		1	705	391
水的生产和供应业	646	4161	7	13	215	113
自来水生产和供应	173	1178		12	50	1
污水处理及其再生利用	45	2449	2		165	112
其他水的处理、利用与分配	428	534	5	1		
建筑业	**1553**	**908722**	**8165**	**143**	**814**	**445**
房屋建筑业	869	430541	2329	22	334	160
房屋建筑业	869	430541	2329	22	334	160
土木工程建筑业	65	211844	1484	80	149	56
铁路、道路、隧道和桥梁工程建筑	27	124318	1024	20	12	1
水利和内河港口工程建筑	15	17333	18	1	21	21
海洋工程建筑		152	26		1	1
工矿工程建筑		5967				
架线和管道工程建筑		11146	192	3		
其他土木工程建筑	23	52928	224	56	115	33
建筑安装业	286	65648	697	5	120	67
电气安装	225	20393	263	2	44	44
管道和设备安装	42	17255	117	3	13	
其他建筑安装业	19	28000	317		63	23

单位：人

与港澳台商合作经营	港澳台商独资	港澳台商投资股份有限公司	其他港澳台投资	外商投资	中外合资经营	中外合作经营	外资企业	外商投资股份有限公司	其他外商投资
	1								
				6	3		3		
463	**900**			**5286**	**3659**	**306**	**1234**	**75**	**12**
407	540			2777	1956	215	606		
407	460			2221	1400	215	606		
				67	67				
	80			489	489				
22	292			1806	1366		365	75	
22	292			1806	1366		365	75	
34	68			703	337	91	263		12
34	15			218	94	91	33		
	53			475	233		230		12
				10	10				
11	**358**			**912**	**487**	**25**	**383**		**17**
	174			11			11		
	174			11			11		
11	82			256	78	20	158		
11				45			45		
				4	4				
				3			3		
				92	66	20	6		
				4	4				
	82			108	4		104		
	53			559	346		210		3
				6	1		2		3
	13			141	4		137		
	40			412	341		71		

2-B-11 续表 27

行业	私营合伙	私营有限责任公司	私营股份有限公司	其他企业	港澳台商投资	与港澳台商合资经营
建筑装饰和其他建筑业	333	200689	3655	36	211	162
建筑装饰业	264	127973	1243	23	211	162
工程准备活动	48	41292	2406	13		
提供施工设备服务	20	5706				
其他未列明建筑业	1	25718	6			
批发和零售业	**9364**	**1044782**	**7054**	**60174**	**8126**	**2272**
批发业	3332	809352	4923	50647	7003	1863
农、林、牧产品批发	176	14365	84	17273	127	30
食品、饮料及烟草制品批发	803	60578	614	29251	345	116
纺织、服装及家庭用品批发	437	244371	1305	773	2589	619
文化、体育用品及器材批发	97	35439	138	231	403	151
医药及医疗器材批发	40	18997	214	943	253	192
矿产品、建材及化工产品批发	996	198902	1227	704	699	145
机械设备、五金产品及电子产品批发	385	167004	778	469	1285	554
贸易经纪与代理	125	42919	231	617	1077	45
其他批发业	273	26777	332	386	225	11
零售业	6032	235430	2131	9527	1123	409
综合零售	354	11551	123	151	357	65
食品、饮料及烟草制品专门零售	153	19875	203	7140	92	40
纺织、服装及日用品专门零售	246	34914	293	214	171	81
文化、体育用品及器材专门零售	90	14516	65	120	122	22
医药及医疗器材专门零售	3155	14785	51	741	2	2
汽车、摩托车、燃料及零配件专门零售	549	40952	585	136	120	27
家用电器及电子产品专门零售	255	38985	334	199	37	24
五金、家具及室内装饰材料专门零售	486	27813	154	415	65	36
货摊、无店铺及其他零售业	744	32039	323	411	157	112

单位：人

与港澳台商合作经营	港澳台商独资	港澳台商投资股份有限公司	其他港澳台投资	外商投资	中外合资经营	中外合作经营	外资企业	外商投资股份有限公司	其他外商投资
	49			86	63	5	4		14
	49			72	63	5	4		
				6					6
				8					8
135	**4675**	**116**	**928**	**19414**	**4888**	**158**	**10648**	**143**	**3577**
127	4054	67	892	16066	2535	158	9808	140	3425
75	22			43	1		42		
	226		3	684	295		379		10
49	1447	46	428	6116	811	73	3502	88	1642
	159	5	88	1028	107	5	608	6	302
	61			131	81		49		1
	542	12		969	262	4	676		27
	665		66	4541	712	16	3480	4	329
3	722	4	303	2216	179	57	968	35	977
	210		4	338	87	3	104	7	137
8	621	49	36	3348	2353		840	3	152
	287		5	188	77		66		45
3	46		3	174	48		123		3
	84		6	289	133		153		3
2	98			71	26		41		4
				87	51		27		9
	44	49		2016	1855		157		4
3	10			43	8		25		10
	29			164	33		107		24
	23		22	316	122		141	3	50

2-B-11 续表 28

行业	私营合伙	私营有限责任公司	私营股份有限公司	其他企业	港澳台商投资	与港澳台商合资经营
交通运输、仓储和邮政业	**3160**	**185323**	**2317**	**328**	**2962**	**1976**
道路运输业	1274	95392	1561	159	889	326
城市公共交通运输	6	6460	375	44	6	
公路旅客运输	35	9323	12		47	47
道路货物运输	1144	76197	1067	79	449	208
道路运输辅助活动	89	3412	107	36	387	71
水上运输业	11	21720	184	8	564	564
水上旅客运输		661				
水上货物运输		17725	184			
水上运输辅助活动	11	3334		8	564	564
航空运输业		160			1	1
航空客货运输		5				
通用航空服务		92				
航空运输辅助活动		63			1	1
管道运输业		1				
管道运输业		1				
装卸搬运和运输代理业	1848	46080	464	114	831	608
装卸搬运	1062	8479	130	63	156	140
运输代理业	786	37601	334	51	675	468
仓储业	25	5595	30	31	677	477
谷物、棉花等农产品仓储	1	299	16	31		
其他仓储业	24	5296	14		677	477
邮政业	2	16375	78	16		
邮政基本服务		8		12		
快递服务	2	16367	78	4		
住宿和餐饮业	**10260**	**117918**	**2051**	**1827**	**2122**	**754**
住宿业	4303	43612	1122	637	1226	540

单位：人

与港澳台商合作经营	港澳台商独资	港澳台商投资股份有限公司	其他港澳台投资	外商投资	中外合资经营	中外合作经营	外资企业	外商投资股份有限公司	其他外商投资
3	**891**	**92**		**2403**	**1662**	**20**	**687**	**23**	**11**
3	560			555	427		122		6
	6			11			5		6
1	240			380	275		105		
2	314			164	152		12		
				383	368	15			
				383	368	15			
				3			3		
				2			2		
				1			1		
	145	78		816	463	5	320	23	5
	16			589	306	5	278		
	129	78		227	157		42	23	5
	186	14		646	404		242		
				2			2		
	186	14		644	404		240		
173	**1121**		**74**	**2817**	**795**	**20**	**1879**	**62**	**61**
165	509		12	1384	401	20	935	28	

2-B-11 续表 29

行 业	私营合伙	私营有限责任公司	私营股份有限公司	其他企业	港澳台商投资	与港澳台商合资经营
旅游饭店	1145	23543	737	184	1000	519
一般旅馆	2953	18800	385	359	226	21
其他住宿业	205	1269		94		
餐饮业	5957	74306	929	1190	896	214
正餐服务	4756	62563	762	985	812	202
快餐服务	297	5120		63	44	
饮料及冷饮服务	480	2856	116	69	21	1
其他餐饮业	424	3767	51	73	19	11
信息传输、软件和信息技术服务业	**242**	**108611**	**546**	**54**	**1923**	**465**
电信、广播电视和卫星传输服务	14	3325	45	27	8	
电信	13	3044	45	18	8	
广播电视传输服务	1	281		9		
互联网和相关服务	14	9053	105		86	
互联网接入及相关服务	1	1069	1			
互联网信息服务	13	6603	102		48	
其他互联网服务		1381	2		38	
软件和信息技术服务业	214	96233	396	27	1829	465
软件开发	142	69536	288	8	1373	429
信息系统集成服务	32	9217	47	1	177	4
信息技术咨询服务	19	9760	50	12	122	3
数据处理和存储服务	1	2069			1	
集成电路设计		1488			2	2
其他信息技术服务业	20	4163	11	6	154	27
房地产业	**3090**	**155129**	**1591**	**406**	**4701**	**2038**
房地产业	3090	155129	1591	406	4701	2038
房地产开发经营	2	43783	806	28	3826	1628
物业管理	25	81171	452	147	682	345
房地产中介服务	3025	26394	230	203	102	59
其他房地产业	38	3781	103	28	91	6

单位：人

与港澳台商合作经营	港澳台商独资	港澳台商投资股份有限公司	其他港澳台投资	外商投资	中外合资经营	中外合作经营	外资企业	外商投资股份有限公司	其他外商投资
75	406			962	114		848		
90	103		12	422	287	20	87	28	
8	612		62	1433	394		944	34	61
8	540		62	1264	352		817	34	61
	44			17	7		10		
	20			74	33		41		
	8			78	2		76		
	1457		**1**	**4406**	**1465**	**7**	**2846**	**59**	**29**
	8			31	1		30		
	8			30			30		
				1	1				
	86			153	64		89		
				23			23		
	48			130	64		66		
	38								
	1363		1	4222	1400	7	2727	59	29
	943		1	3686	1207	3	2395	59	22
	173			217	124	4	89		
	119			121	24		90		7
	1			7			7		
				128	1		127		
	127			63	44		19		
240	**2300**	**123**		**3598**	**1552**	**71**	**1852**	**117**	**6**
240	2300	123		3598	1552	71	1852	117	6
	2081	117		2105	1016	21	967	101	
240	97			1002	268	50	668	16	
	43			391	195		190		6
	79	6		100	73		27		

2-B-11 续表 30

行业	私营合伙	私营有限责任公司	私营股份有限公司	其他企业	港澳台商投资	与港澳台商合资经营
租赁和商务服务业	**13344**	**461263**	**6528**	**15288**	**2585**	**494**
租赁业	132	14159	128	256	128	71
机械设备租赁	95	13500	126	255	83	71
文化及日用品出租	37	659	2	1	45	
商务服务业	13212	447104	6400	15032	2457	423
企业管理服务	1910	43997	1551	12301	677	84
法律服务	4496	860	174	1090	9	
咨询与调查	5376	82910	518	368	984	79
广告业	198	54135	242	63	33	7
知识产权服务	481	3930		2		
人力资源服务	264	180876	2585	730	123	
旅行社及相关服务	104	21593	861	74	58	9
安全保护服务		14964	2	10		
其他商务服务业	383	43839	467	394	573	244
科学研究和技术服务业	**1278**	**128659**	**1345**	**9967**	**1287**	**290**
研究和试验发展	91	12583	70	162	306	137
自然科学研究和试验发展	4	479	1	10	64	
工程和技术研究和试验发展	29	8990	24	26	190	96
农业科学研究和试验发展	4	1525	43	89	9	8
医学研究和试验发展	43	1496	2	37	43	33
社会人文科学研究	11	93				
专业技术服务业	930	92067	1065	331	730	62
气象服务		165				
地震服务		6				
海洋服务		132				

单位：人

与港澳台商合作经营	港澳台商独资	港澳台商投资股份有限公司	其他港澳台投资	外商投资	中外合资经营	中外合作经营	外资企业	外商投资股份有限公司	其他外商投资
5	**2025**	**55**	**6**	**3481**	**1391**	**45**	**1846**	**87**	**112**
	57			293	194		62	37	
	12			293	194		62	37	
	45								
5	1968	55	6	3188	1197	45	1784	50	112
4	552	35	2	1078	427	21	610	10	10
	9								
	902	3		1334	436		820	40	38
	9	17		77	6	3	68		
				12			12		
	123			36	10		19		7
1	44		4	196	105	21	54		16
				66	56		2		8
	329			389	157		199		33
4	**972**	**2**	**19**	**4070**	**1821**	**62**	**2118**	**65**	**4**
2	163	2	2	1187	641	2	487	57	
	64			12	6		6		
2	88	2	2	711	391		316	4	
	1			23	19	2	2		
	10			441	225		163	53	
	652		16	1901	644	10	1237	6	4
				75	75				

2-B-11 续表 31

行业	私营合伙	私营有限责任公司	私营股份有限公司	其他企业	港澳台商投资	与港澳台商合资经营
测绘服务	74	3355	11			
质检技术服务	160	8666	28	89	202	42
环境与生态监测	8	2017			2	2
地质勘查		521	2			
工程技术	426	53127	819	86	214	13
其他专业技术服务业	262	24078	205	156	312	5
科技推广和应用服务业	257	24009	210	9474	251	91
技术推广服务	194	19847	189	9442	177	73
科技中介服务	49	2121	6	25	71	15
其他科技推广和应用服务业	14	2041	15	7	3	3
水利、环境和公共设施管理业	**133**	**26555**	**243**	**168**	**284**	**200**
水利管理业	7	695	5	14	11	
防洪除涝设施管理		127				
水资源管理		237	1		1	
天然水收集与分配		70		2		
水文服务		19			10	
其他水利管理业	7	242	4	12		
生态保护和环境治理业	63	3535	1	53	66	64
生态保护		312		17		
环境治理业	63	3223	1	36	66	64
公共设施管理业	63	22325	237	101	207	136
市政设施管理	2	2059	9	1	62	56
环境卫生管理	16	4009	16			
城乡市容管理		361		7		
绿化管理	17	10265	191	32		
公园和游览景区管理	28	5631	21	61	145	80

单位：人

与港澳台商合作经营	港澳台商独资	港澳台商投资股份有限公司	其他港澳台投资	外商投资	中外合资经营	中外合作经营	外资企业	外商投资股份有限公司	其他外商投资
	160			377	131		246		
				24	24				
	201			439	73	10	352		4
	291		16	986	341		639	6	
2	157		1	982	536	50	394	2	
2	102			836	493	50	291	2	
	55		1	117	43		74		
				29			29		
	84			**322**	**139**		**175**		**8**
	11								
	1								
	10								
	2			74	70		4		
	2			74	70		4		
	71			248	69		171		8
	6			11	8		3		
				6			6		
				82	1		73		8
	65			149	60		89		

2-B-11 续表 32

行业	私营合伙	私营有限责任公司	私营股份有限公司	其他企业	港澳台商投资	与港澳台商合资经营
居民服务、修理和其他服务业	**5070**	**66185**	**659**	**978**	**140**	**84**
居民服务业	2956	19469	281	611	104	68
家庭服务	36	4565		88	67	67
托儿所服务	12	28		26		
洗染服务	273	2145	3			
理发及美容服务	603	3166	21	40		
洗浴服务	867	2347	216	72		
保健服务	957	3207	30	233	10	
婚姻服务	120	1588	4	13		
殡葬服务	21	561	4	85	27	1
其他居民服务业	67	1862	3	54		
机动车、电子产品和日用产品修理业	1928	29359	194	302	34	16
汽车、摩托车修理与维护	1869	23673	156	269	34	16
计算机和办公设备维修	16	1986	3	3		
家用电器修理	37	2980	27	23		
其他日用产品修理业	6	720	8	7		
其他服务业	186	17357	184	65	2	
清洁服务	126	15124	160	17	1	
其他未列明服务业	60	2233	24	48	1	
卫生和社会工作	**27**	**228**		**14**	**13**	
社会工作	27	228		14	13	
提供住宿社会工作	1	94			2	
不提供住宿社会工作	26	134		14	11	
文化、体育和娱乐业	**7149**	**39694**	**567**	**765**	**395**	**235**
新闻和出版业	3	336		19		
新闻业		30		1		
出版业	3	306		18		
广播、电视、电影和影视录音制作业	56	10314	243	22	60	56

单位：人

与港澳台商合作经营	港澳台商独资	港澳台商投资股份有限公司	其他港澳台投资	外商投资	中外合资经营	中外合作经营	外资企业	外商投资股份有限公司	其他外商投资
26	**30**			**326**	**177**		**130**		**19**
26	10			91	43		34		14
				10	8		2		
				59	35		10		14
	10			4			4		
26									
				18			18		
	18			228	132		91		5
	18			179	112		62		5
				19			19		
				30	20		10		
	2			7	2		5		
	1			1	1				
	1			6	1		5		
	13								
	13								
	2								
	11								
	109		**51**	**409**	**264**	**3**	**142**		
				3			3		
				3			3		
	4			197	103		94		

2-B-11 续表 33

行业	私营合伙	私营有限责任公司	私营股份有限公司	其他企业	港澳台商投资	与港澳台商合资经营
广播		67				
电视		373	23			
电影和影视节目制作	2	6309	197	1	5	1
电影和影视节目发行		180				
电影放映	54	3307	23	21	55	55
录音制作		78				
文化艺术业	316	4143	11	102	7	
文艺创作与表演	293	1814		12	4	
艺术表演场馆		127				
图书馆与档案馆	12	133				
文物及非物质文化遗产保护	11	114		50		
博物馆		142				
烈士陵园、纪念馆						
群众文化活动		302		40		
其他文化艺术业		1511	11		3	
体育	355	5379	91	129	270	140
体育组织		20				
体育场馆	39	183				
休闲健身活动	316	4469	1	129	270	140
其他体育		707	90			
娱乐业	6419	19522	222	493	58	39
室内娱乐活动	6369	16847	196	457	18	18
游乐园	42	798		3	33	14
彩票活动						
文化、娱乐、体育经纪代理		854	25		7	7
其他娱乐业	8	1023	1	33		

单位：人

与港澳台商合作经营	港澳台商独资	港澳台商投资股份有限公司	其他港澳台投资	外商投资	中外合资经营	中外合作经营	外资企业	外商投资股份有限公司	其他外商投资
	4			94			94		
				103	103				
	7			8			8		
	4								
	3			8			8		
	79		51	61	37		24		
	79		51	61	37		24		
	19			140	124	3	13		
				50	36	3	11		
	19			2			2		
				2	2				
				86	86				

2-B-12 按行业中类、控股情况分组的小微企业法人单位数

单位：个

行业	单位数	国有控股	集体控股	私人控股	港澳台商控股	外商控股	其他
总计	**807048**	**8709**	**17877**	**757567**	**5815**	**7337**	**9743**
农、林、牧、渔业	**2744**	**45**	**177**	**2262**	**2**	**2**	**256**
农业	41	2	1	37			1
谷物种植	3			2			1
蔬菜、食用菌及园艺作物种植	11	1		10			
水果种植	10	1		9			
坚果、含油果、香料和饮料作物种植	10		1	9			
中药材种植	6			6			
其他农业	1			1			
林业	4			4			
林木育种和育苗	4			4			
畜牧业	23	2	1	19			1
牲畜饲养	12	1		11			
家禽饲养	6	1		5			
其他畜牧业	5		1	3			1
渔业	14			14			
水产养殖	14			14			
农、林、牧、渔服务业	2662	41	175	2188	2	2	254
农业服务业	2335	26	163	1917	2	2	225
林业服务业	126	10	6	98			12
畜牧服务业	121	2	3	103			13
渔业服务业	80	3	3	70			4
采矿业	**1257**	**21**	**55**	**1158**	**4**	**7**	**12**
煤炭开采和洗选业	20			19			1
烟煤和无烟煤开采洗选	9			8			1
褐煤开采洗选	5			5			
其他煤炭采选	6			6			
黑色金属矿采选业	22	2	1	17		2	

2-B-12　续表 1　　　　单位：个

行　　业	单位数	国有控股	集体控股	私人控股	港澳台商控股	外商控股	其　他
铁矿采选	21	2	1	16		2	
其他黑色金属矿采选	1			1			
有色金属矿采选业	69	3	2	62			2
常用有色金属矿采选	42	2	2	37			1
贵金属矿采选	5	1		4			
稀有稀土金属矿采选	22			21			1
非金属矿采选业	1110	14	51	1027	4	5	9
土砂石开采	1009	14	41	936	4	5	9
化学矿开采	6		1	5			
采盐	9		7	2			
石棉及其他非金属矿采选	86		2	84			
开采辅助活动	8		1	7			
石油和天然气开采辅助活动	3			3			
其他开采辅助活动	5		1	4			
其他采矿业	28	2		26			
其他采矿业	28	2		26			
制造业	**360058**	**604**	**4475**	**344040**	**4367**	**4322**	**2250**
农副食品加工业	5423	55	139	4994	36	50	149
谷物磨制	289	6	9	260			14
饲料加工	434	4	7	406	5	4	8
植物油加工	262	1	11	227	1	4	18
制糖业	38		2	34			2
屠宰及肉类加工	668	33	20	590	9	5	11
水产品加工	1554	7	48	1455	11	14	19
蔬菜、水果和坚果加工	1541	1	32	1428	7	13	60
其他农副食品加工	637	3	10	594	3	10	17
食品制造业	2397	16	41	2196	41	68	35
焙烤食品制造	690	1	5	653	11	13	7
糖果、巧克力及蜜饯制造	185		4	169	4	8	

2-B-12 续表 2

单位：个

行业	单位数	国有控股	集体控股	私人控股	港澳台商控股	外商控股	其他
方便食品制造	359	3	3	332	7	6	8
乳制品制造	42	2	1	36	1	2	
罐头食品制造	222	1	10	194	2	9	6
调味品、发酵制品制造	221	1	5	202	5	5	3
其他食品制造	678	8	13	610	11	25	11
酒、饮料和精制茶制造业	2656	31	99	2378	17	28	103
酒的制造	525	11	30	469	6	6	3
饮料制造	666	8	9	620	5	18	6
精制茶加工	1465	12	60	1289	6	4	94
烟草制品业	5	2		3			
卷烟制造	2	2					
其他烟草制品制造	3			3			
纺织业	29648	22	185	28500	479	330	132
棉纺织及印染精加工	8969	3	48	8627	145	103	43
毛纺织及染整精加工	1138	2	17	1060	40	14	5
麻纺织及染整精加工	88		1	77	8	2	
丝绢纺织及印染精加工	1464	7	14	1383	39	14	7
化纤织造及印染精加工	3600		14	3517	30	29	10
针织或钩针编织物及其制品制造	6380	5	32	6157	96	60	30
家用纺织制成品制造	4587	2	20	4402	72	71	20
非家用纺织制成品制造	3422	3	39	3277	49	37	17
纺织服装、服饰业	25905	21	156	24496	545	558	129
机织服装制造	13895	14	85	13049	327	355	65
针织或钩针编织服装制造	6230	5	47	5888	143	120	27
服饰制造	5780	2	24	5559	75	83	37
皮革、毛皮、羽毛及其制品和制鞋业	15288	4	94	14849	99	163	79
皮革鞣制加工	554		8	529	7	10	
皮革制品制造	4205	2	13	4044	47	81	18
毛皮鞣制及制品加工	1102		1	1075	16	8	2

2-B-12 续表 3 单位：个

行 业	单位数	国有控股	集体控股	私人控股	港澳台商控股	外商控股	其 他
羽毛(绒)加工及制品制造	311		1	293	7	8	2
制鞋业	9116	2	71	8908	22	56	57
木材加工和木、竹、藤、棕、草制品业	6218	6	75	5959	64	51	63
木材加工	1201	5	24	1147	7	6	12
人造板制造	765		8	723	24	8	2
木制品制造	2665	1	22	2585	24	12	21
竹、藤、棕、草等制品制造	1587		21	1504	9	25	28
家具制造业	5340	1	23	5090	93	93	40
木质家具制造	3192		16	3066	43	35	32
竹、藤家具制造	163			155	3	5	
金属家具制造	1078		5	1018	25	27	3
塑料家具制造	181			173	2	5	1
其他家具制造	726	1	2	678	20	21	4
造纸和纸制品业	9693	2	88	9452	52	42	57
纸浆制造	24			23	1		
造纸	1823	2	31	1756	14	6	14
纸制品制造	7846		57	7673	37	36	43
印刷和记录媒介复制业	10053	38	210	9711	23	21	50
印刷	9318	36	190	9002	22	20	48
装订及印刷相关服务	718	1	20	693	1	1	2
记录媒介复制	17	1		16			
文教、工美、体育和娱乐用品制造业	18524	10	116	17809	251	216	122
文教办公用品制造	3142	2	19	3011	52	39	19
乐器制造	181		3	159	7	10	2
工艺美术品制造	11267	7	77	10868	119	112	84
体育用品制造	1497	1	8	1420	34	28	6
玩具制造	1974		9	1902	32	22	9
游艺器材及娱乐用品制造	463			449	7	5	2
石油加工、炼焦和核燃料加工业	340	3	4	317	10	4	2

2-B-12 续表 4

单位：个

行　业	单位数	国有控股	集体控股	私人控股	港澳台商控股	外商控股	其　他
精炼石油产品制造	335	3	4	312	10	4	2
炼焦	3			3			
核燃料加工	2			2			
化学原料和化学制品制造业	8712	51	141	8036	191	230	63
基础化学原料制造	1260	8	31	1137	35	40	9
肥料制造	253	2	5	240	2	3	1
农药制造	98	5	4	81	3	3	2
涂料、油墨、颜料及类似产品制造	2215	3	28	2088	41	41	14
合成材料制造	1027	9	18	917	31	42	10
专用化学产品制造	2779	17	45	2575	52	66	24
炸药、火工及焰火产品制造	29	4	1	24			
日用化学产品制造	1051	3	9	974	27	35	3
医药制造业	1188	10	27	1027	39	54	31
化学药品原料药制造	275	2	7	231	17	11	7
化学药品制剂制造	114	2	4	88	4	9	7
中药饮片加工	108	2	5	88	3	5	5
中成药生产	87	3	4	71	4	4	1
兽用药品制造	66			61		2	3
生物药品制造	193		5	166	4	11	7
卫生材料及医药用品制造	345	1	2	322	7	12	1
化学纤维制造业	1431	6	4	1341	49	22	9
纤维素纤维原料及纤维制造	131	2		123	4	2	
合成纤维制造	1300	4	4	1218	45	20	9
橡胶和塑料制品业	29163	12	289	28254	229	235	144
橡胶制品业	3536	3	46	3409	23	39	16
塑料制品业	25627	9	243	24845	206	196	128
非金属矿物制品业	12916	90	415	12117	98	81	115
水泥、石灰和石膏制造	666	31	26	594	2	2	11
石膏、水泥制品及类似制品制造	2892	41	91	2699	27	9	25

2-B-12　续表 5　　　　单位：个

行　业	单位数	国有控股	集体控股	私人控股	港澳台商控股	外商控股	其　他
砖瓦、石材等建筑材料制造	3865	14	224	3569	15	8	35
玻璃制造	355		4	343	4	1	3
玻璃制品制造	2256		4	2182	25	28	17
玻璃纤维和玻璃纤维增强塑料制品制造	463		8	428	11	13	3
陶瓷制品制造	798	1	10	758	6	10	13
耐火材料制品制造	754	3	37	704	4	4	2
石墨及其他非金属矿物制品制造	867		11	840	4	6	6
黑色金属冶炼和压延加工业	4129	14	178	3827	52	28	30
炼铁	39		1	38			
炼钢	58	2		54	1		1
黑色金属铸造	1579	2	83	1462	9	11	12
钢压延加工	2397	9	94	2220	42	16	16
铁合金冶炼	56	1		53		1	1
有色金属冶炼和压延加工业	3445	6	56	3270	45	39	29
常用有色金属冶炼	322		12	298	3	6	3
贵金属冶炼	25			24			1
稀有稀土金属冶炼	21			18	2		1
有色金属合金制造	304	2	2	281	8	7	4
有色金属铸造	407		5	394	5	1	2
有色金属压延加工	2366	4	37	2255	27	25	18
金属制品业	30630	23	316	29602	248	272	169
结构性金属制品制造	4884	4	31	4760	34	23	32
金属工具制造	5052	3	29	4899	43	54	24
集装箱及金属包装容器制造	680	5	9	636	12	11	7
金属丝绳及其制品制造	906		13	874	8	6	5
建筑、安全用金属制品制造	8660	4	94	8360	69	85	48
金属表面处理及热处理加工	2727	1	68	2602	20	21	15
搪瓷制品制造	325		1	316	4	1	3
金属制日用品制造	3831	1	26	3714	35	41	14
其他金属制品制造	3565	5	45	3441	23	30	21

2-B-12 续表 6 单位：个

行　　业	单位数	国有控股	集体控股	私人控股	港澳台商控股	外商控股	其　他
通用设备制造业	45764	39	663	43943	420	484	215
锅炉及原动设备制造	712	6	12	665	15	8	6
金属加工机械制造	4564	2	65	4357	58	60	22
物料搬运设备制造	1565	1	17	1464	37	37	9
泵、阀门、压缩机及类似机械制造	10339	8	233	9876	75	113	34
轴承、齿轮和传动部件制造	5350	9	46	5122	57	82	34
烘炉、风机、衡器、包装等设备制造	4795	7	50	4591	59	67	21
文化、办公用机械制造	436	1	5	410	10	9	1
通用零部件制造	16945	3	217	16454	97	96	78
其他通用设备制造业	1058	2	18	1004	12	12	10
专用设备制造业	19013	32	254	18056	268	290	113
采矿、冶金、建筑专用设备制造	1170	4	24	1096	23	16	7
化工、木材、非金属加工专用设备制造	7675	6	59	7350	108	103	49
食品、饮料、烟草及饲料生产专用设备制造	620		33	567	8	12	
印刷、制药、日化及日用品生产专用设备制造	1277	1	32	1203	10	18	13
纺织、服装和皮革加工专用设备制造	3500		34	3359	54	42	11
电子和电工机械专用设备制造	814	3	9	771	9	14	8
农、林、牧、渔专用机械制造	889	5	13	834	15	19	3
医疗仪器设备及器械制造	985		26	910	13	28	8
环保、社会公共服务及其他专用设备制造	2083	13	24	1966	28	38	14
汽车制造业	13696	8	128	13110	191	214	45
汽车整车制造	73	2		61	6	4	
改装汽车制造	25	1		22		2	
低速载货汽车制造	2			2			
电车制造	12			12			
汽车车身、挂车制造	36		1	29	3	3	
汽车零部件及配件制造	13548	5	127	12984	182	205	45
铁路、船舶、航空航天和其他运输设备制造业	4369	13	58	4193	39	49	17

2-B-12　续表 7

单位：个

行　业	单位数	国有控股	集体控股	私人控股	港澳台商控股	外商控股	其他
铁路运输设备制造	107	2	8	92	1	3	1
城市轨道交通设备制造	8			8			
船舶及相关装置制造	1093	8	15	1041	8	15	6
航空、航天器及设备制造	34		1	31	1	1	
摩托车制造	1495	3	24	1450	5	8	5
自行车制造	1382		8	1331	22	17	4
非公路休闲车及零配件制造	167		1	161		5	
潜水救捞及其他未列明运输设备制造	83		1	79	2		1
电气机械和器材制造业	31930	26	395	30538	444	356	171
电机制造	3360	3	39	3221	37	46	14
输配电及控制设备制造	11626	9	226	11142	105	87	57
电线、电缆、光缆及电工器材制造	3099	4	48	2931	54	43	19
电池制造	458	1	6	414	20	12	5
家用电力器具制造	5763	3	32	5524	88	65	51
非电力家用器具制造	1000		4	970	12	11	3
照明器具制造	5744	5	33	5489	119	81	17
其他电气机械及器材制造	880	1	7	847	9	11	5
计算机、通信和其他电子设备制造业	9148	25	90	8582	211	188	52
计算机制造	310	4	4	272	13	16	1
通信设备制造	729	3	10	663	22	22	9
广播电视设备制造	471	1	4	444	12	9	1
雷达及配套设备制造	11			10		1	
视听设备制造	675	1	6	621	25	19	3
电子器件制造	1183	8	17	1071	44	35	8
电子元件制造	5117	6	47	4893	83	65	23
其他电子设备制造	652	2	2	608	12	21	7
仪器仪表制造业	5713	13	103	5395	73	94	35
通用仪器仪表制造	2651	5	56	2506	32	38	14
专用仪器仪表制造	736	3	18	678	12	17	8

2-B-12 续表 8

单位：个

行　业	单位数	国有控股	集体控股	私人控股	港澳台商控股	外商控股	其他
钟表与计时仪器制造	152	1	6	139	3	2	1
光学仪器及眼镜制造	1851	4	16	1762	24	34	11
其他仪器仪表制造业	323		7	310	2	3	1
其他制造业	5087	8	58	4913	44	30	34
日用杂品制造	4102	3	50	3969	39	23	18
煤制品制造	55	2		51			2
核辐射加工	5			5			
其他未列明制造业	925	3	8	888	5	7	14
废弃资源综合利用业	913	7	12	851	10	25	8
金属废料和碎屑加工处理	413	3	2	375	6	24	3
非金属废料和碎屑加工处理	500	4	10	476	4	1	5
金属制品、机械和设备修理业	1321	10	58	1231	6	7	9
金属制品修理	37		1	35	1		
通用设备修理	170	3	1	162	3		1
专用设备修理	152	4	11	136			1
铁路、船舶、航空航天等运输设备修理	770	2	36	723		6	3
电气设备修理	77	1	4	69	1		2
仪器仪表修理	11			10	1		
其他机械和设备修理业	104		5	96		1	2
电力、热力、燃气及水生产和供应业	**4204**	**504**	**992**	**2545**	**39**	**54**	**70**
电力、热力生产和供应业	2745	258	679	1718	20	24	46
电力生产	2615	226	657	1652	17	21	42
电力供应	53	15	19	16		1	2
热力生产和供应	77	17	3	50	3	2	2
燃气生产和供应业	305	34	13	221	13	16	8
燃气生产和供应业	305	34	13	221	13	16	8
水的生产和供应业	1154	212	300	606	6	14	16
自来水生产和供应	604	145	260	183	2	2	12
污水处理及其再生利用	324	64	21	219	4	12	4
其他水的处理、利用与分配	226	3	19	204			

2-B-12　续表 9　　单位：个

行　业	单位数	国有控股	集体控股	私人控股	港澳台商控股	外商控股	其　他
建筑业	**20941**	**280**	**316**	**20140**	**20**	**20**	**165**
房屋建筑业	2777	28	69	2635	6	3	36
房屋建筑业	2777	28	69	2635	6	3	36
土木工程建筑业	4524	175	104	4187	6	7	45
铁路、道路、隧道和桥梁工程建筑	1832	62	40	1710	1	2	17
水利和内河港口工程建筑	412	41	16	348	1	1	5
海洋工程建筑	29	3		24	2		
工矿工程建筑	170	2	3	160		2	3
架线和管道工程建筑	510	38	25	441		1	5
其他土木工程建筑	1571	29	20	1504	2	1	15
建筑安装业	3351	37	62	3218	3	6	25
电气安装	1064	12	24	1015	1		12
管道和设备安装	937	13	22	894	1	3	4
其他建筑安装业	1350	12	16	1309	1	3	9
建筑装饰和其他建筑业	10289	40	81	10100	5	4	59
建筑装饰业	7617	19	46	7504	5	4	39
工程准备活动	2075	10	24	2028			13
提供施工设备服务	155		1	149			5
其他未列明建筑业	442	11	10	419			2
批发和零售业	**247318**	**1218**	**2916**	**236938**	**619**	**1996**	**3631**
批发业	175094	749	1982	167222	558	1890	2693
农、林、牧产品批发	5487	72	273	4644	9	6	483
食品、饮料及烟草制品批发	15736	169	390	14206	21	50	900
纺织、服装及家庭用品批发	49313	63	138	47644	208	827	433
文化、体育用品及器材批发	8464	29	34	8171	36	118	76
医药及医疗器材批发	2921	20	28	2804	10	13	46
矿产品、建材及化工产品批发	43454	251	822	41853	85	99	344
机械设备、五金产品及电子产品批发	32873	80	164	32013	96	277	243

2-B-12 续表 10

单位：个

行业	单位数	国有控股	集体控股	私人控股	港澳台商控股	外商控股	其他
贸易经纪与代理	9709	32	26	9036	76	449	90
其他批发业	7137	33	107	6851	17	51	78
零售业	72224	469	934	69716	61	106	938
综合零售	3001	34	193	2698	11	18	47
食品、饮料及烟草制品专门零售	9145	66	207	8566	8	14	284
纺织、服装及日用品专门零售	10719	25	98	10474	10	21	91
文化、体育用品及器材专门零售	3885	83	65	3672	9	3	53
医药及医疗器材专门零售	10760	31	115	10529		2	83
汽车、摩托车、燃料及零配件专门零售	7467	195	120	7032	8	6	106
家用电器及电子产品专门零售	7945	10	27	7824	3	5	76
五金、家具及室内装饰材料专门零售	10530	7	56	10337	4	13	113
货摊、无店铺及其他零售业	8772	18	53	8584	8	24	85
交通运输、仓储和邮政业	**16320**	**699**	**673**	**14641**	**61**	**56**	**190**
道路运输业	8245	302	366	7456	16	13	92
城市公共交通运输	422	63	46	297	1		15
公路旅客运输	448	62	65	304	1		16
道路货物运输	6611	39	98	6411	8	10	45
道路运输辅助活动	764	138	157	444	6	3	16
水上运输业	1029	95	43	870	2	1	18
水上旅客运输	81	19	11	49			2
水上货物运输	662	32	13	606			11
水上运输辅助活动	286	44	19	215	2	1	5
航空运输业	37	11	2	20		2	2
航空客货运输	3	2		1			
通用航空服务	18	2	2	12		1	1
航空运输辅助活动	16	7		7		1	1
管道运输业	3	1	1	1			
管道运输业	3	1	1	1			
装卸搬运和运输代理业	5257	115	208	4847	14	14	59

2-B-12　续表 11　　　　单位：个

行　　业	单位数	国有控股	集体控股	私人控股	港澳台商控股	外商控股	其　他
装卸搬运	842	17	134	672	2	4	13
运输代理业	4415	98	74	4175	12	10	46
仓储业	818	157	38	555	29	26	13
谷物、棉花等农产品仓储	134	89	6	38		1	
其他仓储业	684	68	32	517	29	25	13
邮政业	931	18	15	892			6
邮政基本服务	28	11	13	2			2
快递服务	903	7	2	890			4
住宿和餐饮业	**13274**	**249**	**297**	**12320**	**71**	**86**	**251**
住宿业	5729	201	195	5180	26	25	102
旅游饭店	1268	112	53	1025	16	15	47
一般旅馆	4200	84	137	3912	10	10	47
其他住宿业	261	5	5	243			8
餐饮业	7545	48	102	7140	45	61	149
正餐服务	5720	40	73	5414	36	44	113
快餐服务	566	4	6	539	3	4	10
饮料及冷饮服务	561	1	5	529	3	8	15
其他餐饮业	698	3	18	658	3	5	11
信息传输、软件和信息技术服务业	**15813**	**162**	**76**	**15117**	**95**	**205**	**158**
电信、广播电视和卫星传输服务	465	61	21	369		2	12
电信	378	22	16	331		2	7
广播电视传输服务	87	39	5	38			5
互联网和相关服务	1331	19	6	1287	6	5	8
互联网接入及相关服务	173	4	1	167		1	
互联网信息服务	967	13	3	936	4	4	7
其他互联网服务	191	2	2	184	2		1
软件和信息技术服务业	14017	82	49	13461	89	198	138
软件开发	10005	43	24	9628	63	159	88
信息系统集成服务	1237	14	8	1187	6	10	12

2-B-12 续表 12

单位：个

行业	单位数	国有控股	集体控股	私人控股	港澳台商控股	外商控股	其他
信息技术咨询服务	1650	13	10	1572	15	13	27
数据处理和存储服务	256	4		246	1	2	3
集成电路设计	167	2	1	153		10	1
其他信息技术服务业	702	6	6	675	4	4	7
房地产业	**17354**	**670**	**426**	**15368**	**185**	**111**	**594**
房地产业	17354	670	426	15368	185	111	594
房地产开发经营	5574	305	154	4561	155	80	319
物业管理	4564	215	208	3979	15	18	129
房地产中介服务	6566	30	26	6361	8	11	130
其他房地产业	650	120	38	467	7	2	16
租赁和商务服务业	**59888**	**2543**	**6128**	**49493**	**189**	**237**	**1298**
租赁业	3466	36	31	3346	6	10	37
机械设备租赁	3333	28	27	3228	6	10	34
文化及日用品出租	133	8	4	118			3
商务服务业	56422	2507	6097	46147	183	227	1261
企业管理服务	15092	1517	4649	8119	52	65	690
法律服务	538	6	22	485	1		24
咨询与调查	15977	163	193	15201	88	124	208
广告业	10789	132	47	10519	3	1	87
知识产权服务	752	11	5	730		1	5
人力资源服务	2079	82	129	1827	2	1	38
旅行社及相关服务	2697	148	93	2394	8	5	49
安全保护服务	447	87	17	332		1	10
其他商务服务业	8051	361	942	6540	29	29	150
科学研究和技术服务业	**21062**	**809**	**657**	**18789**	**118**	**189**	**500**
研究和试验发展	2449	47	40	2209	29	59	65
自然科学研究和试验发展	113	5	2	95	2	2	7
工程和技术研究和试验发展	1660	22	18	1534	18	29	39
农业科学研究和试验发展	335	13	17	294	1	2	8

2-B-12　续表 13

单位：个

行　业	单位数						
		国有控股	集体控股	私人控股	港澳台商控股	外商控股	其　他
医学研究和试验发展	319	3	2	269	8	26	11
社会人文科学研究	22	4	1	17			
专业技术服务业	12473	599	302	11271	56	74	171
气象服务	36	15	6	13			2
地震服务	2			2			
海洋服务	29	4	2	21	2		
测绘服务	355	54	36	262			3
质检技术服务	1032	122	58	815	7	10	20
环境与生态监测	227	14	6	205	1		1
地质勘查	87	21	4	58	1		3
工程技术	6312	338	135	5722	12	19	86
其他专业技术服务业	4393	31	55	4173	33	45	56
科技推广和应用服务业	6140	163	315	5309	33	56	264
技术推广服务	5192	129	302	4442	25	43	251
科技中介服务	528	29	10	465	7	10	7
其他科技推广和应用服务业	420	5	3	402	1	3	6
水利、环境和公共设施管理业	**3745**	**477**	**228**	**2939**	**16**	**14**	**71**
水利管理业	265	99	32	124	1		9
防洪除涝设施管理	35	16	3	16			
水资源管理	69	27	7	32	1		2
天然水收集与分配	43	22	7	10			4
水文服务	6	1	1	4			
其他水利管理业	112	33	14	62			3
生态保护和环境治理业	461	31	15	404	2	2	7
生态保护	55	13	2	39			1
环境治理业	406	18	13	365	2	2	6
公共设施管理业	3019	347	181	2411	13	12	55
市政设施管理	482	142	47	270	3	2	18
环境卫生管理	371	15	28	324		1	3

2-B-12 续表 14

单位：个

行业	单位数	国有控股	集体控股	私人控股	港澳台商控股	外商控股	其他
城乡市容管理	73	11	9	52			1
绿化管理	1276	57	30	1174		2	13
公园和游览景区管理	817	122	67	591	10	7	20
居民服务、修理和其他服务业	**11214**	**123**	**293**	**10633**	**9**	**20**	**136**
居民服务业	4037	52	145	3752	3	9	76
家庭服务	668	3	6	649	1		9
托儿所服务	12			12			
洗染服务	244	1	2	240		1	
理发及美容服务	814		7	784		6	17
洗浴服务	447		3	438			6
保健服务	658	2		643	1	1	11
婚姻服务	469	2	1	461			5
殡葬服务	239	32	99	92	1		15
其他居民服务业	486	12	27	433		1	13
机动车、电子产品和日用产品修理业	5148	41	98	4953	4	8	44
汽车、摩托车修理与维护	3988	32	72	3838	4	5	37
计算机和办公设备维修	434	3	2	426		2	1
家用电器修理	562	6	18	531		1	6
其他日用产品修理业	164		6	158			
其他服务业	2029	30	50	1928	2	3	16
清洁服务	1550	14	28	1499	1		8
其他未列明服务业	479	16	22	429	1	3	8
卫生和社会工作	**97**	**13**	**15**	**63**	**2**		**4**
社会工作	97	13	15	63	2		4
提供住宿社会工作	46	7	6	31	1		1
不提供住宿社会工作	51	6	9	32	1		3
文化、体育和娱乐业	**11759**	**292**	**153**	**11121**	**18**	**18**	**157**
新闻和出版业	130	64	9	48			9
新闻业	11	3		7			1
出版业	119	61	9	41			8

2-B-12　续表 15

单位：个

行　　业	单位数	国有控股	集体控股	私人控股	港澳台商控　股	外商控股	其　他
广播、电视、电影和影视录音制作业	1328	114	26	1162	4	2	20
广播	14	2		12			
电视	71	13	3	52			3
电影和影视节目制作	878	15	6	847	3	1	6
电影和影视节目发行	35	11		24			
电影放映	314	72	17	212	1	1	11
录音制作	16	1		15			
文化艺术业	1093	77	48	940	3	1	24
文艺创作与表演	423	30	12	371	1		9
艺术表演场馆	33	14	2	17			
图书馆与档案馆	52	9	18	25			
文物及非物质文化遗产保护	34	8	4	21			1
博物馆	29	2	3	23			1
烈士陵园、纪念馆	1			1			
群众文化活动	124	7	7	104			6
其他文化艺术业	397	7	2	378	2	1	7
体育	1008	17	24	928	9	6	24
体育组织	11	4	1	6			
体育场馆	28	2	6	20			
休闲健身活动	837	9	16	776	9	6	21
其他体育	132	2	1	126			3
娱乐业	8200	20	46	8043	2	9	80
室内娱乐活动	7707	7	31	7595		4	70
游乐园	75	1		66	1	2	5
彩票活动	3	1	1	1			
文化、娱乐、体育经纪代理	200	9	4	184	1		2
其他娱乐业	215	2	10	197		3	3

2-B-13 按行业中类、控股情况分组的小微企业法人单位从业人数

单位：人

行业	从业人员期末人数	国有控股	集体控股	私人控股	港澳台商控股	外商控股	其他
总计	**13146386**	**385369**	**283904**	**11674442**	**306326**	**308411**	**187934**
农、林、牧、渔业	**18441**	**436**	**1117**	**15407**	**9**	**51**	**1421**
农业	691	46	6	624			15
谷物种植	44			29			15
蔬菜、食用菌及园艺作物种植	252	22		230			
水果种植	166	24		142			
坚果、含油果、香料和饮料作物种植	106		6	100			
中药材种植	120			120			
其他农业	3			3			
林业	20			20			
林木育种和育苗	20			20			
畜牧业	259	5	6	242			6
牲畜饲养	135	3		132			
家禽饲养	40	2		38			
其他畜牧业	84		6	72			6
渔业	257			257			
水产养殖	257			257			
农、林、牧、渔服务业	17214	385	1105	14264	9	51	1400
农业服务业	14915	224	1029	12327	9	51	1275
林业服务业	1068	59	51	907			51
畜牧服务业	730	72	14	593			51
渔业服务业	501	30	11	437			23
采矿业	**26938**	**1567**	**1443**	**23050**	**197**	**481**	**200**
煤炭开采和洗选业	211			206			5
烟煤和无烟煤开采洗选	159			154			5
褐煤开采洗选	29			29			
其他煤炭采选	23			23			
黑色金属矿采选业	832	238	31	462		101	

2-B-13 续表 1 单位：人

行 业	从业人员期末人数	国有控股	集体控股	私人控股	港澳台商控股	外商控股	其他
铁矿采选	831	238	31	461		101	
其他黑色金属矿采选	1			1			
有色金属矿采选业	2779	32	25	2690			32
常用有色金属矿采选	1629	2	25	1596			6
贵金属矿采选	186	30		156			
稀有稀土金属矿采选	964			938			26
非金属矿采选业	22757	1273	1382	19362	197	380	163
土砂石开采	21015	1273	1217	17785	197	380	163
化学矿开采	78		3	75			
采盐	333		126	207			
石棉及其他非金属矿采选	1331		36	1295			
开采辅助活动	42		5	37			
石油和天然气开采辅助活动	8			8			
其他开采辅助活动	34		5	29			
其他采矿业	317	24		293			
其他采矿业	317	24		293			
制造业	**8284943**	**55193**	**106608**	**7487278**	**283968**	**276198**	**75698**
农副食品加工业	116826	2809	2056	105236	1327	3494	1904
谷物磨制	3938	214	128	3474			122
饲料加工	13156	168	64	12206	175	322	221
植物油加工	3929	32	102	3538	1	174	82
制糖业	470		115	351			4
屠宰及肉类加工	15740	1481	165	13258	369	349	118
水产品加工	39312	613	841	35387	663	1380	428
蔬菜、水果和坚果加工	29733	1	268	27990	69	611	794
其他农副食品加工	10548	300	373	9032	50	658	135
食品制造业	57773	964	650	47627	2833	4408	1291
焙烤食品制造	12236	4	30	10879	645	587	91
糖果、巧克力及蜜饯制造	4820		69	3961	185	605	

2-B-13 续表 2 单位：人

行业	从业人员期末人数	国有控股	集体控股	私人控股	港澳台商控股	外商控股	其他
方便食品制造	9481	165	34	8206	700	301	75
乳制品制造	1576	66	10	1327	23	150	
罐头食品制造	7491	79	150	6089	256	576	341
调味品、发酵制品制造	5282	3	180	4082	500	410	107
其他食品制造	16887	647	177	13083	524	1779	677
酒、饮料和精制茶制造业	46564	1711	1762	37888	1325	2732	1146
酒的制造	12625	1102	663	9032	680	1134	14
饮料制造	11025	163	178	8542	381	1515	246
精制茶加工	22914	446	921	20314	264	83	886
烟草制品业	2862	2551		311			
卷烟制造	2551	2551					
其他烟草制品制造	311			311			
纺织业	735720	1051	7128	662767	36353	22950	5471
棉纺织及印染精加工	266052	11	2361	240481	13066	7692	2441
毛纺织及染整精加工	36875	130	801	32578	2260	830	276
麻纺织及染整精加工	2771		1	2216	523	31	
丝绢纺织及印染精加工	48109	72	851	43659	2180	1068	279
化纤织造及印染精加工	69673		422	65292	2646	1157	156
针织或钩针编织物及其制品制造	147008	409	1576	131340	7604	5123	956
家用纺织制成品制造	92520	85	413	82145	4935	4149	793
非家用纺织制成品制造	72712	344	703	65056	3139	2900	570
纺织服装、服饰业	763651	1402	6203	674370	38582	38154	4940
机织服装制造	436056	1000	3729	379963	23504	24758	3102
针织或钩针编织服装制造	202214	50	1888	177503	11425	10118	1230
服饰制造	125381	352	586	116904	3653	3278	608
皮革、毛皮、羽毛及其制品和制鞋业	500829	249	2230	474943	7383	12245	3779
皮革鞣制加工	16410		84	15023	578	725	
皮革制品制造	118319	18	166	107314	3697	5757	1367
毛皮鞣制及制品加工	14339		23	12972	883	421	40

2-B-13 续表 3

单位：人

行 业	从业人员期末人数	国有控股	集体控股	私人控股	港澳台商控股	外商控股	其 他
羽毛(绒)加工及制品制造	9500		3	6959	727	1421	390
制鞋业	342261	231	1954	332675	1498	3921	1982
木材加工和木、竹、藤、棕、草制品业	129146	123	1399	121145	3364	2539	576
木材加工	16164	36	172	15546	195	151	64
人造板制造	24587		640	21740	1473	724	10
木制品制造	54136	87	276	51737	1268	635	133
竹、藤、棕、草等制品制造	34259		311	32122	428	1029	369
家具制造业	155420	1	426	139151	7725	6571	1546
木质家具制造	82408		214	75710	3485	1794	1205
竹、藤家具制造	4028			3657	99	272	
金属家具制造	40745		196	35503	2410	2454	182
塑料家具制造	6111			5337	227	457	90
其他家具制造	22128	1	16	18944	1504	1594	69
造纸和纸制品业	179348	282	2116	168068	3709	3069	2104
纸浆制造	315			312	3		
造纸	60126	282	867	56100	1298	214	1365
纸制品制造	118907		1249	111656	2408	2855	739
印刷和记录媒介复制业	173737	1857	3198	163481	2140	1414	1647
印刷	165199	1774	2952	155429	2007	1401	1636
装订及印刷相关服务	8215	20	246	7792	133	13	11
记录媒介复制	323	63		260			
文教、工美、体育和娱乐用品制造业	379899	357	1979	347209	13836	13250	3268
文教办公用品制造	68756	16	188	62248	2528	3128	648
乐器制造	4830		6	3670	313	781	60
工艺美术品制造	208223	340	1494	193570	5579	5687	1553
体育用品制造	38733	1	106	34460	2189	1676	301
玩具制造	47923		185	43295	2440	1456	547
游艺器材及娱乐用品制造	11434			9966	787	522	159
石油加工、炼焦和核燃料加工业	5989	268	111	4901	285	366	58

2-B-13 续表 4 单位：人

行业	从业人员期末人数	国有控股	集体控股	私人控股	港澳台商控股	外商控股	其他
精炼石油产品制造	5920	268	111	4832	285	366	58
炼焦	48			48			
核燃料加工	21			21			
化学原料和化学制品制造业	207008	5190	4573	168784	11352	13493	3616
基础化学原料制造	38962	1388	1300	30624	2399	2636	615
肥料制造	3871	194	104	3448	7	30	88
农药制造	6305	745	68	4716	286	326	164
涂料、油墨、颜料及类似产品制造	42191	54	1442	36399	2151	1668	477
合成材料制造	35623	1123	693	27249	2913	3025	620
专用化学产品制造	53778	997	839	44496	2133	3722	1591
炸药、火工及焰火产品制造	1529	608	45	876			
日用化学产品制造	24749	81	82	20976	1463	2086	61
医药制造业	58197	1000	1393	44896	3299	4281	3328
化学药品原料药制造	17177	183	297	13277	1883	1005	532
化学药品制剂制造	8053	279	299	5420	354	899	802
中药饮片加工	3595	247	137	2579	78	285	269
中成药生产	5599	285	462	4362	77	412	1
兽用药品制造	2597			2057		126	414
生物药品制造	8538		162	5608	664	841	1263
卫生材料及医药用品制造	12638	6	36	11593	243	713	47
化学纤维制造业	55011	1201	125	46913	4731	1527	514
纤维素纤维原料及纤维制造	3604	312		2831	425	36	
合成纤维制造	51407	889	125	44082	4306	1491	514
橡胶和塑料制品业	535196	828	6322	495762	14876	13997	3411
橡胶制品业	69107	128	1220	64243	1069	2225	222
塑料制品业	466089	700	5102	431519	13807	11772	3189
非金属矿物制品业	307091	9414	11132	270272	6412	5739	4122
水泥、石灰和石膏制造	23901	4695	382	18214	14	267	329
石膏、水泥制品及类似制品制造	80434	4040	2473	69252	2424	904	1341

2-B-13　续表 5　　单位：人

行　　业	从业人员期末人数	国有控股	集体控股	私人控股	港澳台商控股	外商控股	其　他
砖瓦、石材等建筑材料制造	78183	605	6651	68091	756	998	1082
玻璃制造	10964		383	10165	102	40	274
玻璃制品制造	54459		208	50511	1504	1858	378
玻璃纤维和玻璃纤维增强塑料制品制造	12102		63	10431	790	784	34
陶瓷制品制造	17873	3	128	16819	365	217	341
耐火材料制品制造	15558	71	410	13927	364	551	235
石墨及其他非金属矿物制品制造	13617		434	12862	93	120	108
黑色金属冶炼和压延加工业	135797	8834	4664	114420	4046	2302	1531
炼铁	786		31	755			
炼钢	2068	411		1381	271		5
黑色金属铸造	54007	256	2396	49056	452	1109	738
钢压延加工	77256	8117	2237	61622	3323	1170	787
铁合金冶炼	1680	50		1606		23	1
有色金属冶炼和压延加工业	90356	526	956	83380	2349	1975	1170
常用有色金属冶炼	7321		294	6208	114	211	494
贵金属冶炼	849			801			48
稀有稀土金属冶炼	592			379	161		52
有色金属合金制造	10020	145	22	9107	166	486	94
有色金属铸造	7235		25	6614	520	56	20
有色金属压延加工	64339	381	615	60271	1388	1222	462
金属制品业	613399	1980	6469	569985	17118	13507	4340
结构性金属制品制造	100944	564	522	95549	2119	1223	967
金属工具制造	96286	8	313	89577	2767	3058	563
集装箱及金属包装容器制造	21090	595	366	17346	1836	400	547
金属丝绳及其制品制造	16901		187	15915	500	199	100
建筑、安全用金属制品制造	153253	284	1409	142020	4332	4344	864
金属表面处理及热处理加工	71554	10	2081	67260	1117	755	331
搪瓷制品制造	6799		70	6575	145	2	7
金属制日用品制造	82824	65	465	77012	2568	2373	341
其他金属制品制造	63748	454	1056	58731	1734	1153	620

2-B-13 续表 6

单位：人

行　业	从业人员期末人数	国有控股	集体控股	私人控股	港澳台商控股	外商控股	其　他
通用设备制造业	910743	3269	13199	831917	24495	31297	6566
锅炉及原动设备制造	22427	620	339	19184	1268	760	256
金属加工机械制造	77213	10	934	69597	2708	3471	493
物料搬运设备制造	48362	3	970	42247	2353	2332	457
泵、阀门、压缩机及类似机械制造	240625	939	4560	219706	5814	8095	1511
轴承、齿轮和传动部件制造	145609	589	1202	132311	3838	5496	2173
烘炉、风机、衡器、包装等设备制造	109708	969	928	99711	3579	3926	595
文化、办公用机械制造	13935	3	32	12742	592	438	128
通用零部件制造	237054	54	3721	222043	3962	6380	894
其他通用设备制造业	15810	82	513	14376	381	399	59
专用设备制造业	378463	1744	5122	337872	14477	16349	2899
采矿、冶金、建筑专用设备制造	27323	454	244	24444	782	1276	123
化工、木材、非金属加工专用设备制造	136701	95	996	119610	7304	6989	1707
食品、饮料、烟草及饲料生产专用设备制造	11192		423	10310	116	343	
印刷、制药、日化及日用品生产专用设备制造	26043	121	620	23847	551	805	99
纺织、服装和皮革加工专用设备制造	72868		693	67946	2489	1497	243
电子和电工机械专用设备制造	13855	64	122	12812	185	508	164
农、林、牧、渔专用机械制造	21844	344	147	19344	882	1080	47
医疗仪器设备及器械制造	24850		786	21720	849	1434	61
环保、社会公共服务及其他专用设备制造	43787	666	1091	37839	1319	2417	455
汽车制造业	357658	973	4240	323844	11390	14552	2659
汽车整车制造	4593	408		3762	287	136	
改装汽车制造	1764	241		1369		154	
低速载货汽车制造	145			145			
电车制造	203			203			
汽车车身、挂车制造	1197		3	762	234	198	
汽车零部件及配件制造	349756	324	4237	317603	10869	14064	2659
铁路、船舶、航空航天和其他运输设备制造业	120254	1127	1269	110590	2363	3869	1036

2-B-13　续表 7　　单位：人

行　业	从业人员期末人数	国有控股	集体控股	私人控股	港澳台商控　股	外商控股	其　他
铁路运输设备制造	3364	147	230	2801	10	26	150
城市轨道交通设备制造	168			168			
船舶及相关装置制造	30874	853	259	27275	531	1806	150
航空、航天器及设备制造	1345		1	1336	5	3	
摩托车制造	44672	127	560	42703	107	589	586
自行车制造	33747		216	30625	1512	1327	67
非公路休闲车及零配件制造	3738		1	3619		118	
潜水救捞及其他未列明运输设备制造	2346		2	2063	198		83
电气机械和器材制造业	741737	1206	10179	670831	29768	22213	7540
电机制造	95773	113	1015	87859	2976	2993	817
输配电及控制设备制造	241673	446	6158	220507	6820	4605	3137
电线、电缆、光缆及电工器材制造	76372	261	1218	65702	4387	3947	857
电池制造	16035	63	216	13827	981	561	387
家用电力器具制造	130554	230	723	118531	5024	4581	1465
非电力家用器具制造	18232		51	17345	267	520	49
照明器具制造	148690	70	750	133602	9050	4444	774
其他电气机械及器材制造	14408	23	48	13458	263	562	54
计算机、通信和其他电子设备制造业	237640	2452	2441	205867	12328	12282	2270
计算机制造	8873	404	33	6712	737	897	90
通信设备制造	22239	325	506	19116	978	819	495
广播电视设备制造	12670	82	21	10964	1026	555	22
雷达及配套设备制造	289			283		6	
视听设备制造	18480	130	56	15649	1292	1224	129
电子器件制造	34392	909	480	26132	3416	2796	659
电子元件制造	127825	587	1331	116040	4274	4887	706
其他电子设备制造	12872	15	14	10971	605	1098	169
仪器仪表制造业	148110	542	2840	134876	3697	4554	1601
通用仪器仪表制造	68082	206	1579	61254	1850	2299	894
专用仪器仪表制造	18701	89	496	16835	262	789	230

2-B-13 续表 8

单位：人

行业	从业人员期末人数	国有控股	集体控股	私人控股	港澳台商控股	外商控股	其他
钟表与计时仪器制造	4303	1	195	3679	348	67	13
光学仪器及眼镜制造	52113	246	341	48720	1137	1210	459
其他仪器仪表制造业	4911		229	4388	100	189	5
其他制造业	92044	283	1272	86442	1598	1390	1059
日用杂品制造	79928	112	1194	75088	1511	1166	857
煤制品制造	547	140		401			6
核辐射加工	83			83			
其他未列明制造业	11486	31	78	10870	87	224	196
废弃资源综合利用业	20593	449	53	17870	721	1262	238
金属废料和碎屑加工处理	14203	117	11	12117	523	1261	174
非金属废料和碎屑加工处理	6390	332	42	5753	198	1	64
金属制品、机械和设备修理业	27882	550	1101	25660	86	417	68
金属制品修理	307		7	288	12		
通用设备修理	1669	93	2	1502	52		20
专用设备修理	1129	303	34	790			2
铁路、船舶、航空航天等运输设备修理	21945	104	688	20710		414	29
电气设备修理	1405	50	146	1198	1		10
仪器仪表修理	73			52	21		
其他机械和设备修理业	1354		224	1120		3	7
电力、热力、燃气及水生产和供应业	**80336**	**32485**	**9979**	**30348**	**2477**	**3274**	**1773**
电力、热力生产和供应业	44412	14617	5333	19723	1880	2008	851
电力生产	37462	11458	4813	17420	1429	1605	737
电力供应	2822	2245	393	98		67	19
热力生产和供应	4128	914	127	2205	451	336	95
燃气生产和供应业	8225	2382	353	3546	455	943	546
燃气生产和供应业	8225	2382	353	3546	455	943	546
水的生产和供应业	27699	15486	4293	7079	142	323	376
自来水生产和供应	18451	12161	3789	1999	49	98	355
污水处理及其再生利用	7197	3242	360	3256	93	225	21
其他水的处理、利用与分配	2051	83	144	1824			

2-B-13　续表 9

单位：人

行　业	从业人员期末人数	国有控股	集体控股	私人控股	港澳台商控股	外商控股	其　他
建筑业	**1232991**	**42211**	**23136**	**1143871**	**783**	**179**	**22811**
房屋建筑业	605978	12871	9716	579195	306	11	3879
房屋建筑业	605978	12871	9716	579195	306	11	3879
土木工程建筑业	267165	8724	7677	246170	211	61	4322
铁路、道路、隧道和桥梁工程建筑	152847	2895	2071	145658	1	26	2196
水利和内河港口工程建筑	25498	2685	1465	19622	20	1	1705
海洋工程建筑	352	92		256	4		
工矿工程建筑	9451	87	294	8953		26	91
架线和管道工程建筑	18308	1859	2720	13640		4	85
其他土木工程建筑	60709	1106	1127	58041	186	4	245
建筑安装业	90768	1669	3152	77407	97	100	8343
电气安装	33281	784	1163	23659	44		7631
管道和设备安装	21202	422	814	19844	13	82	27
其他建筑安装业	36285	463	1175	33904	40	18	685
建筑装饰和其他建筑业	269080	18947	2591	241099	169	7	6267
建筑装饰业	156987	640	2114	152411	169	7	1646
工程准备活动	48483	209	320	47625			329
提供施工设备服务	12059		2	7778			4279
其他未列明建筑业	51551	18098	155	33285			13
批发和零售业	**1384817**	**21123**	**22681**	**1297420**	**5564**	**14190**	**23839**
批发业	1021405	12107	15778	958111	4713	13153	17543
农、林、牧产品批发	40871	1153	2237	34139	34	31	3277
食品、饮料及烟草制品批发	110793	3320	4062	96388	330	398	6295
纺织、服装及家庭用品批发	280397	1126	1404	268654	1492	5416	2305
文化、体育用品及器材批发	45730	513	278	43303	341	791	504
医药及医疗器材批发	23430	434	202	22137	87	70	500
矿产品、建材及化工产品批发	240381	4001	5478	227388	563	744	2207
机械设备、五金产品及电子产品批发	194066	917	1529	185926	810	3476	1408

2-B-13 续表 10 单位：人

行业	从业人员期末人数	国有控股	集体控股	私人控股	港澳台商控股	外商控股	其他
贸易经纪与代理	50584	272	166	46934	860	1947	405
其他批发业	35153	371	422	33242	196	280	642
零售业	363412	9016	6903	339309	851	1037	6296
综合零售	20230	455	1533	17200	294	121	627
食品、饮料及烟草制品专门零售	41098	989	1422	36908	86	119	1574
纺织、服装及日用品专门零售	48195	144	734	46543	82	229	463
文化、体育用品及器材专门零售	20313	1523	366	17924	109	14	377
医药及医疗器材专门零售	42177	504	512	40789		15	357
汽车、摩托车、燃料及零配件专门零售	59547	4670	1423	51609	111	157	1577
家用电器及电子产品专门零售	47024	282	190	46006	10	19	517
五金、家具及室内装饰材料专门零售	43219	40	345	42269	17	123	425
货摊、无店铺及其他零售业	41609	409	378	40061	142	240	379
交通运输、仓储和邮政业	**298209**	**42926**	**18864**	**225812**	**1780**	**1382**	**7445**
道路运输业	157577	22501	9277	119409	765	358	5267
城市公共交通运输	21311	6440	2193	9651	6		3021
公路旅客运输	23596	6225	3401	12954	62		954
道路货物运输	96354	1507	2036	91406	311	221	873
道路运输辅助活动	16316	8329	1647	5398	386	137	419
水上运输业	35657	7773	1294	25556	15	76	943
水上旅客运输	3905	2270	465	979			191
水上货物运输	24252	2383	562	20815			492
水上运输辅助活动	7500	3120	267	3762	15	76	260
航空运输业	994	748	16	216		3	11
航空客货运输	102	97		5			
通用航空服务	206	25	16	153		2	10
航空运输辅助活动	686	626		58		1	1
管道运输业	161	106	54	1			
管道运输业	161	106	54	1			
装卸搬运和运输代理业	70767	5926	7229	55882	389	419	922

单位：人

2-B-13 续表 11

行 业	从业人员期末人数	国有控股	集体控股	私人控股	港澳台商控股	外商控股	其 他
装卸搬运	18968	1038	5455	11876	56	337	206
运输代理业	51799	4888	1774	44006	333	82	716
仓储业	14284	5191	565	7156	611	526	235
谷物、棉花等农产品仓储	3350	2927	49	372		2	
其他仓储业	10934	2264	516	6784	611	524	235
邮政业	18769	681	429	17592			67
邮政基本服务	905	481	413	8			3
快递服务	17864	200	16	17584			64
住宿和餐饮业	**233592**	**10765**	**6174**	**205012**	**1879**	**1775**	**7987**
住宿业	92693	8441	4474	74158	863	809	3948
旅游饭店	47316	6341	3003	33743	654	524	3051
一般旅馆	42777	1937	1445	38048	209	285	853
其他住宿业	2600	163	26	2367			44
餐饮业	140899	2324	1700	130854	1016	966	4039
正餐服务	118039	1840	1376	109435	853	832	3703
快餐服务	8708	422	88	8054	44	17	83
饮料及冷饮服务	6405	1	111	6025	98	41	129
其他餐饮业	7747	61	125	7340	21	76	124
信息传输、软件和信息技术服务业	**138970**	**4631**	**1794**	**125286**	**1427**	**3335**	**2497**
电信、广播电视和卫星传输服务	6783	2135	852	3688		30	78
电信	4922	978	519	3362		30	33
广播电视传输服务	1861	1157	333	326			45
互联网和相关服务	11891	791	141	10740	54	92	73
互联网接入及相关服务	1432	167	43	1199		23	
互联网信息服务	8797	509	94	8005	48	69	72
其他互联网服务	1662	115	4	1536	6		1
软件和信息技术服务业	120296	1705	801	110858	1373	3213	2346
软件开发	87498	895	483	80395	981	2818	1926
信息系统集成服务	11906	368	109	10899	173	136	221

2-B-13 续表 12

单位：人

行业	从业人员期末人数	国有控股	集体控股	私人控股	港澳台商控股	外商控股	其他
信息技术咨询服务	11303	186	86	10679	125	87	140
数据处理和存储服务	2684	57		2587	1	7	32
集成电路设计	1791	47	1	1615		124	4
其他信息技术服务业	5114	152	122	4683	93	41	23
房地产业	**253546**	**17299**	**11388**	**204990**	**3950**	**2178**	**13741**
房地产业	253546	17299	11388	204990	3950	2178	13741
房地产开发经营	82056	4973	2144	64599	3509	1438	5393
物业管理	129556	10366	8553	102275	285	552	7525
房地产中介服务	35528	425	339	33804	67	139	754
其他房地产业	6406	1535	352	4312	89	49	69
租赁和商务服务业	**749789**	**123045**	**64322**	**537463**	**2350**	**2323**	**20286**
租赁业	20268	1768	707	17026	40	228	499
机械设备租赁	18483	809	678	16236	40	228	492
文化及日用品出租	1785	959	29	790			7
商务服务业	729521	121277	63615	520437	2310	2095	19787
企业管理服务	119298	24374	29881	58301	591	768	5383
法律服务	7855	44	216	7320	9		266
咨询与调查	107879	2590	2205	99027	867	1057	2133
广告业	65382	4411	388	59739	33	3	808
知识产权服务	4873	118	29	4696		2	28
人力资源服务	231964	23914	8119	196139	142	7	3643
旅行社及相关服务	32211	3767	1066	26496	118	26	738
安全保护服务	85186	54688	10514	15120		2	4862
其他商务服务业	74873	7371	11197	53599	550	230	1926
科学研究和技术服务业	**195416**	**16345**	**8049**	**161165**	**1227**	**2318**	**6312**
研究和试验发展	17708	639	367	15272	271	789	370
自然科学研究和试验发展	711	31	25	568	64	6	17
工程和技术研究和试验发展	11934	292	200	10570	157	482	233
农业科学研究和试验发展	2283	96	120	2011	1	2	53

2-B-13　续表 13

单位：人

行　业	从业人员期末人数	国有控股	集体控股	私人控股	港澳台商控股	外商控股	其　他
医学研究和试验发展	2520	80	15	2010	49	299	67
社会人文科学研究	260	140	7	113			
专业技术服务业	135114	14175	5319	110564	773	1132	3151
气象服务	314	71	21	202			20
地震服务	6			6			
海洋服务	386	131	4	176	75		
测绘服务	6369	1626	849	3848			46
质检技术服务	15417	2686	1106	10672	207	307	439
环境与生态监测	2616	325	98	2190	2		1
地质勘查	1321	575	65	615	21		45
工程技术	77823	8213	2765	64237	203	223	2182
其他专业技术服务业	30862	548	411	28618	265	602	418
科技推广和应用服务业	42594	1531	2363	35329	183	397	2791
技术推广服务	37128	1279	2268	30446	136	344	2655
科技中介服务	2981	219	92	2523	44	47	56
其他科技推广和应用服务业	2485	33	3	2360	3	6	80
水利、环境和公共设施管理业	**46383**	**8990**	**3405**	**32609**	**245**	**177**	**957**
水利管理业	3373	1730	423	1108	1		111
防洪除涝设施管理	374	225	14	135			
水资源管理	887	442	123	303	1		18
天然水收集与分配	873	602	93	122			56
水文服务	39	7	3	29			
其他水利管理业	1200	454	190	519			37
生态保护和环境治理业	5326	548	198	4301	66	46	167
生态保护	577	107	11	441			18
环境治理业	4749	441	187	3860	66	46	149
公共设施管理业	37684	6712	2784	27200	178	131	679
市政设施管理	4847	1950	440	2153	62	10	232
环境卫生管理	5581	182	622	4759		6	12

2-B-13 续表 14

单位：人

行业	从业人员期末人数	国有控股	集体控股	私人控股	港澳台商控股	外商控股	其他
城乡市容管理	636	135	41	453			7
绿化管理	14521	1063	579	12671		73	135
公园和游览景区管理	12099	3382	1102	7164	116	42	293
居民服务、修理和其他服务业	**110087**	**2268**	**3530**	**102709**	**99**	**193**	**1288**
居民服务业	40897	995	1679	37409	78	62	674
家庭服务	5546	28	53	5331	67		67
托儿所服务	66			66			
洗染服务	3329	15	68	3244		2	
理发及美容服务	7338		110	7094		38	96
洗浴服务	7245		45	7153			47
保健服务	9532	4		9395	10	4	119
婚姻服务	2055	12	2	2017			24
殡葬服务	2798	700	1209	806	1		82
其他居民服务业	2988	236	192	2303		18	239
机动车、电子产品和日用产品修理业	48715	750	1197	46185	19	125	439
汽车、摩托车修理与维护	41268	603	949	39233	19	96	368
计算机和办公设备维修	2440	86	4	2329		19	2
家用电器修理	4004	61	177	3687		10	69
其他日用产品修理业	1003		67	936			
其他服务业	20475	523	654	19115	2	6	175
清洁服务	17439	403	486	16425	1		124
其他未列明服务业	3036	120	168	2690	1	6	51
卫生和社会工作	**688**	**135**	**84**	**422**	**13**		**34**
社会工作	688	135	84	422	13		34
提供住宿社会工作	356	98	38	194	2		24
不提供住宿社会工作	332	37	46	228	11		10
文化、体育和娱乐业	**91240**	**5950**	**1330**	**81600**	**358**	**357**	**1645**
新闻和出版业	2418	1649	69	510			190
新闻业	79	17		46			16
出版业	2339	1632	69	464			174

2-B-13 续表 15

单位：人

行 业	从业人员期末人数	国有控股	集体控股	私人控股	港澳台商控股	外商控股	其 他
广播、电视、电影和影视录音制作业	16351	2707	203	12836	60	132	413
广播	207	25		182			
电视	896	300	23	548			25
电影和影视节目制作	8041	181	13	7641	5	94	107
电影和影视节目发行	360	165		195			
电影放映	6736	2023	167	4172	55	38	281
录音制作	111	13		98			
文化艺术业	8947	1213	401	7123	8	8	194
文艺创作与表演	5018	702	162	4044	4		106
艺术表演场馆	620	280	21	319			
图书馆与档案馆	343	43	131	169			
文物及非物质文化遗产保护	263	57	12	190			4
博物馆	207	7	36	163			1
烈士陵园、纪念馆	11			11			
群众文化活动	620	80	33	448			59
其他文化艺术业	1865	44	6	1779	4	8	24
体育	8314	231	267	7278	269	60	209
体育组织	136	29	11	96			
体育场馆	455	105	100	250			
休闲健身活动	6815	63	142	6088	269	60	193
其他体育	908	34	14	844			16
娱乐业	55210	150	390	53853	21	157	639
室内娱乐活动	51354	35	283	50435		38	563
游乐园	1098	3		1011	19	42	23
彩票活动	61	17	39	5			
文化、娱乐、体育经纪代理	1057	45	7	991	2		12
其他娱乐业	1640	50	61	1411		77	41

2-B-14 按行业中类、全年营业收入

行 业	单位数	50万元及以下	50-100万元	100-500万元
总 计	**807048**	**303029**	**75060**	**230221**
农、林、牧、渔业	**2744**	**2034**	**260**	**450**
农业	41	16	8	17
谷物种植	3	1		2
蔬菜、食用菌及园艺作物种植	11	4	2	5
水果种植	10	4	1	5
坚果、含油果、香料和饮料作物种植	10	3	3	4
中药材种植	6	4	1	1
其他农业	1		1	
林业	4	2		2
林木育种和育苗	4	2		2
畜牧业	23	10	3	10
牲畜饲养	12	6		6
家禽饲养	6	2	1	3
其他畜牧业	5	2	2	1
渔业	14	5	2	7
水产养殖	14	5	2	7
农、林、牧、渔服务业	2662	2001	247	414
农业服务业	2335	1768	211	356
林业服务业	126	98	11	17
畜牧服务业	121	81	13	27
渔业服务业	80	54	12	14
采矿业	**1257**	**418**	**67**	**303**
煤炭开采和洗选业	20	11	2	3
烟煤和无烟煤开采洗选	9	4	1	3
褐煤开采洗选	5	3		
其他煤炭采选	6	4	1	
黑色金属矿采选业	22	7	1	1

组距分组的小微企业法人单位数

单位：个

500-1000万元	1000-2000万元	2000-5000万元	5000万元-1亿元	1-2亿元	2亿元以上
81406	**54956**	**38201**	**13781**	**6373**	**4021**
161	**131**	**99**	**35**	**31**	**12**
1	1	1	1		
		1			
1			1		
	1				
3	4	2	2		2

2-B-14 续表 1

行业	单位数			
		50万元及以下	50-100万元	100-500万元
铁矿采选	21	6	1	1
其他黑色金属矿采选	1	1		
有色金属矿采选业	69	24	2	11
常用有色金属矿采选	42	14	2	6
贵金属矿采选	5	1		1
稀有稀土金属矿采选	22	9		4
非金属矿采选业	1110	358	60	277
土砂石开采	1009	324	53	252
化学矿开采	6	2		2
采盐	9	6	1	2
石棉及其他非金属矿采选	86	26	6	21
开采辅助活动	8	5	1	2
石油和天然气开采辅助活动	3	2	1	
其他开采辅助活动	5	3		2
其他采矿业	28	13	1	9
其他采矿业	28	13	1	9
制造业	**360058**	**90089**	**31766**	**120564**
农副食品加工业	5423	1555	417	1516
谷物磨制	289	81	16	78
饲料加工	434	105	18	77
植物油加工	262	119	25	49
制糖业	38	12	2	19
屠宰及肉类加工	668	182	52	178
水产品加工	1554	390	105	435
蔬菜、水果和坚果加工	1541	429	114	494
其他农副食品加工	637	237	85	186
食品制造业	2397	825	217	679
焙烤食品制造	690	298	75	181
糖果、巧克力及蜜饯制造	185	65	14	53

单位：个

500-1000万元	1000-2000万元	2000-5000万元	5000万元-1亿元	1-2亿元	2亿元以上
3	4	2	2		2
11	5	6	3	6	1
8	5	3	2	2	
2		1			
1		2	1	4	1
143	119	90	29	25	9
130	110	80	28	23	9
1				1	
12	9	10	1	1	
3	2				
3	2				
47576	**32772**	**22944**	**8314**	**4036**	**1997**
605	530	377	222	134	67
30	22	28	17	8	9
49	52	40	32	36	25
19	16	14	11	4	5
4			1		
95	63	54	23	15	6
194	154	126	85	50	15
168	182	90	43	18	3
46	41	25	10	3	4
218	161	152	82	46	17
60	36	22	16	2	
19	13	14	3	4	

2-B-14 续表 2

行业	单位数			
		50万元及以下	50-100万元	100-500万元
方便食品制造	359	123	21	108
乳制品制造	42	15	1	9
罐头食品制造	222	54	14	78
调味品、发酵制品制造	221	70	23	67
其他食品制造	678	200	69	183
酒、饮料和精制茶制造业	2656	953	336	813
酒的制造	525	172	55	172
饮料制造	666	294	79	174
精制茶加工	1465	487	202	467
烟草制品业	5	1		
卷烟制造	2	1		
其他烟草制品制造	3			
纺织业	29648	6502	2488	8256
棉纺织及印染精加工	8969	2033	925	2244
毛纺织及染整精加工	1138	232	64	289
麻纺织及染整精加工	88	23	8	19
丝绢纺织及印染精加工	1464	284	64	334
化纤织造及印染精加工	3600	698	193	1005
针织或钩针编织物及其制品制造	6380	1214	426	1800
家用纺织制成品制造	4587	1192	489	1382
非家用纺织制成品制造	3422	826	319	1183
纺织服装、服饰业	25905	7225	1779	7921
机织服装制造	13895	4040	896	4274
针织或钩针编织服装制造	6230	1581	398	1758
服饰制造	5780	1604	485	1889
皮革、毛皮、羽毛及其制品和制鞋业	15288	3382	1107	4989
皮革鞣制加工	554	132	25	111
皮革制品制造	4205	1179	311	1219
毛皮鞣制及制品加工	1102	313	153	367

单位：个

500-1000万元	1000-2000万元	2000-5000万元	5000万元-1亿元	1-2亿元	2亿元以上
39	30	22	6	9	1
4	1	5	1	5	1
19	16	24	11	6	
20	12	17	7	2	3
57	53	48	38	18	12
214	138	93	54	35	20
44	37	23	10	10	2
53	22	17	13	3	11
117	79	53	31	22	7
1	1				2
					1
1	1				1
4101	3498	2834	1142	581	246
1019	844	1042	466	265	131
182	152	147	43	22	7
12	9	11	4	2	
234	211	209	80	34	14
713	618	214	107	39	13
930	893	682	251	139	45
595	464	308	103	39	15
416	307	221	88	41	21
3917	2707	1761	414	150	31
2071	1320	973	233	73	15
1001	730	571	126	53	12
845	657	217	55	24	4
2353	1742	1303	309	81	22
113	89	42	18	17	7
611	453	312	88	29	3
134	60	59	10	4	2

2-B-14 续表 3

行 业	单位数			
		50万元及以下	50-100万元	100-500万元
羽毛(绒)加工及制品制造	311	99	17	52
制鞋业	9116	1659	601	3240
木材加工和木、竹、藤、棕、草制品业	6218	1592	528	2104
木材加工	1201	365	105	390
人造板制造	765	155	32	172
木制品制造	2665	628	248	1014
竹、藤、棕、草等制品制造	1587	444	143	528
家具制造业	5340	1468	403	1595
木质家具制造	3192	895	260	996
竹、藤家具制造	163	62	7	43
金属家具制造	1078	227	78	308
塑料家具制造	181	47	6	60
其他家具制造	726	237	52	188
造纸和纸制品业	9693	2181	1004	4001
纸浆制造	24	6	1	9
造纸	1823	460	132	472
纸制品制造	7846	1715	871	3520
印刷和记录媒介复制业	10053	2055	1125	4208
印刷	9318	1821	1017	3927
装订及印刷相关服务	718	229	105	278
记录媒介复制	17	5	3	3
文教、工美、体育和娱乐用品制造业	18524	5277	1761	6452
文教办公用品制造	3142	752	263	1168
乐器制造	181	44	17	55
工艺美术品制造	11267	3283	1163	4007
体育用品制造	1497	438	97	435
玩具制造	1974	599	194	663
游艺器材及娱乐用品制造	463	161	27	124
石油加工、炼焦和核燃料加工业	340	96	23	81

单位：个

500-1000万元	1000-2000万元	2000-5000万元	5000万元-1亿元	1-2亿元	2亿元以上
34	34	32	19	14	10
1461	1106	858	174	17	
867	596	322	128	52	29
180	104	43	10	4	
130	107	97	44	20	8
340	236	110	45	23	21
217	149	72	29	5	
705	550	403	154	53	9
437	343	181	52	25	3
27	10	10	3	1	
145	118	127	61	12	2
17	19	18	8	5	1
79	60	67	30	10	3
1080	580	440	213	136	58
5	1	2			
188	158	182	113	77	41
887	421	256	100	59	17
1403	751	362	105	32	12
1343	714	350	102	32	12
58	35	10	3		
2	2	2			
2334	1527	821	232	82	38
484	254	162	47	10	2
27	16	15	6	1	
1377	866	393	105	46	27
178	190	112	32	10	5
207	152	122	25	9	3
61	49	17	17	6	1
53	31	18	13	9	16

2-B-14 续表 4

行　　业	单位数			
		50万元及以下	50-100万元	100-500万元
精炼石油产品制造	335	95	22	81
炼焦	3		1	
核燃料加工	2	1		
化学原料和化学制品制造业	8712	2161	625	2352
基础化学原料制造	1260	271	64	260
肥料制造	253	78	21	79
农药制造	98	25	1	12
涂料、油墨、颜料及类似产品制造	2215	584	190	660
合成材料制造	1027	221	53	249
专用化学产品制造	2779	669	194	786
炸药、火工及焰火产品制造	29	10	1	5
日用化学产品制造	1051	303	101	301
医药制造业	1188	315	57	243
化学药品原料药制造	275	72	8	44
化学药品制剂制造	114	32	2	17
中药饮片加工	108	31	12	15
中成药生产	87	18	3	15
兽用药品制造	66	11	4	20
生物药品制造	193	67	8	40
卫生材料及医药用品制造	345	84	20	92
化学纤维制造业	1431	225	40	276
纤维素纤维原料及纤维制造	131	30	7	38
合成纤维制造	1300	195	33	238
橡胶和塑料制品业	29163	6955	2931	10720
橡胶制品业	3536	838	375	1297
塑料制品业	25627	6117	2556	9423
非金属矿物制品业	12916	3785	1004	3932
水泥、石灰和石膏制造	666	199	27	126
石膏、水泥制品及类似制品制造	2892	1100	243	638

单位：个

500-1000万元	1000-2000万元	2000-5000万元	5000万元-1亿元	1-2亿元	2亿元以上
52	29	18	13	9	16
1	1				
	1				
1136	866	753	354	250	215
195	154	143	70	54	49
32	23	13	4	3	
7	7	16	9	12	9
299	187	163	60	39	33
107	105	114	63	53	62
371	271	236	126	72	54
3	2	1	3	3	1
122	117	67	19	14	7
110	111	159	83	79	31
15	30	33	31	29	13
13	8	16	11	9	6
6	9	20	6	7	2
8	5	19	6	7	6
4	11	7	5	2	2
17	10	22	10	18	1
47	38	42	14	7	1
184	171	241	97	90	107
21	16	9	6	2	2
163	155	232	91	88	105
3935	2279	1495	519	226	103
467	274	193	65	21	6
3468	2005	1302	454	205	97
1589	1074	671	422	301	138
81	47	59	51	36	40
160	118	180	198	188	67

2-B-14 续表 5

行业	单位数			
		50万元及以下	50-100万元	100-500万元
砖瓦、石材等建筑材料制造	3865	1190	296	1272
玻璃制造	355	78	15	100
玻璃制品制造	2256	392	166	858
玻璃纤维和玻璃纤维增强塑料制品制造	463	103	31	141
陶瓷制品制造	798	261	76	227
耐火材料制品制造	754	190	69	264
石墨及其他非金属矿物制品制造	867	272	81	306
黑色金属冶炼和压延加工业	4129	762	196	1038
炼铁	39	11	1	14
炼钢	58	19	3	14
黑色金属铸造	1579	240	68	404
钢压延加工	2397	478	122	596
铁合金冶炼	56	14	2	10
有色金属冶炼和压延加工业	3445	746	209	868
常用有色金属冶炼	322	109	15	64
贵金属冶炼	25	7	2	1
稀有稀土金属冶炼	21	10	1	2
有色金属合金制造	304	66	18	66
有色金属铸造	407	85	34	158
有色金属压延加工	2366	469	139	577
金属制品业	30630	8486	2978	10325
结构性金属制品制造	4884	1473	430	1523
金属工具制造	5052	1329	515	1857
集装箱及金属包装容器制造	680	142	49	199
金属丝绳及其制品制造	906	198	70	276
建筑、安全用金属制品制造	8660	2437	913	2997
金属表面处理及热处理加工	2727	641	237	933
搪瓷制品制造	325	114	27	76
金属制日用品制造	3831	1173	353	1203
其他金属制品制造	3565	979	384	1261

单位：个

500-1000万元	1000-2000万元	2000-5000万元	5000万元-1亿元	1-2亿元	2亿元以上
553	373	115	45	16	5
67	45	31	7	7	5
419	260	87	44	20	10
46	50	62	23	4	3
108	68	38	13	5	2
71	55	54	30	17	4
84	58	45	11	8	2
646	501	491	213	147	135
8	2	3			
5	3	5	4	3	2
347	214	221	50	24	11
281	273	259	156	117	115
5	9	3	3	3	7
452	380	353	172	130	135
31	38	25	18	10	12
3	2	2	4		4
1	2	2	2		1
37	32	29	21	18	17
76	41	8	2	3	
304	265	287	125	99	101
3870	2586	1584	521	204	76
579	450	282	91	33	23
636	370	239	80	26	
106	91	60	20	8	5
135	81	82	36	19	9
1111	669	355	128	34	16
391	315	154	28	20	8
37	42	24	4	1	
484	284	208	81	42	3
391	284	180	53	21	12

2-B-14 续表 6

行　　业	单位数			
		50万元及以下	50-100万元	100-500万元
通用设备制造业	45764	11218	4532	16591
锅炉及原动设备制造	712	181	48	200
金属加工机械制造	4564	1319	490	1544
物料搬运设备制造	1565	292	119	487
泵、阀门、压缩机及类似机械制造	10339	1964	871	3787
轴承、齿轮和传动部件制造	5350	1043	429	1882
烘炉、风机、衡器、包装等设备制造	4795	1181	422	1680
文化、办公用机械制造	436	89	32	133
通用零部件制造	16945	4798	2036	6503
其他通用设备制造业	1058	351	85	375
专用设备制造业	19013	5080	1890	6636
采矿、冶金、建筑专用设备制造	1170	311	86	373
化工、木材、非金属加工专用设备制造	7675	1972	842	2905
食品、饮料、烟草及饲料生产专用设备制造	620	188	45	210
印刷、制药、日化及日用品生产专用设备制造	1277	330	127	411
纺织、服装和皮革加工专用设备制造	3500	846	376	1251
电子和电工机械专用设备制造	814	254	69	285
农、林、牧、渔专用机械制造	889	237	76	269
医疗仪器设备及器械制造	985	350	86	269
环保、社会公共服务及其他专用设备制造	2083	592	183	663
汽车制造业	13696	2888	1112	4780
汽车整车制造	73	20	1	12
改装汽车制造	25	9		1
低速载货汽车制造	2	1		
电车制造	12	5	1	2
汽车车身、挂车制造	36	9	2	8
汽车零部件及配件制造	13548	2844	1108	4757
铁路、船舶、航空航天和其他运输设备制造业	4369	1152	329	1318

单位：个

500-1000万元	1000-2000万元	2000-5000万元	5000万元-1亿元	1-2亿元	2亿元以上
5868	3806	2497	828	329	95
85	81	55	37	20	5
585	341	196	56	28	5
209	153	161	91	34	19
1513	1044	802	245	94	19
866	567	390	114	45	14
635	415	280	116	53	13
69	47	40	16	7	3
1784	1088	532	141	47	16
122	70	41	12	1	1
2352	1496	1032	312	155	60
154	102	95	24	18	7
948	535	306	100	48	19
82	38	38	17	1	1
181	117	81	20	9	1
425	308	204	48	29	13
101	57	35	7	5	1
116	90	62	23	13	3
102	81	73	16	6	2
243	168	138	57	26	13
1873	1510	984	390	120	39
2	8	9	14	4	3
2	1	2	3	5	2
					1
2	2				
7	4	4		1	1
1860	1495	969	373	110	32
569	448	346	125	61	21

2-B-14 续表 7

行业	单位数			
		50万元及以下	50-100万元	100-500万元
铁路运输设备制造	107	30	7	22
城市轨道交通设备制造	8	2	1	2
船舶及相关装置制造	1093	390	84	280
航空、航天器及设备制造	34	14	1	9
摩托车制造	1495	277	116	494
自行车制造	1382	373	93	438
非公路休闲车及零配件制造	167	45	20	46
潜水救捞及其他未列明运输设备制造	83	21	7	27
电气机械和器材制造业	31930	7489	2652	11124
电机制造	3360	692	236	1084
输配电及控制设备制造	11626	1957	1163	5016
电线、电缆、光缆及电工器材制造	3099	622	205	863
电池制造	458	166	24	81
家用电力器具制造	5763	2005	426	1630
非电力家用器具制造	1000	317	82	302
照明器具制造	5744	1469	423	1844
其他电气机械及器材制造	880	261	93	304
计算机、通信和其他电子设备制造业	9148	2354	811	2960
计算机制造	310	91	29	75
通信设备制造	729	179	41	208
广播电视设备制造	471	82	50	184
雷达及配套设备制造	11	3		1
视听设备制造	675	129	61	223
电子器件制造	1183	366	96	354
电子元件制造	5117	1277	480	1720
其他电子设备制造	652	227	54	195
仪器仪表制造业	5713	1235	517	2177
通用仪器仪表制造	2651	573	269	980
专用仪器仪表制造	736	187	77	230

单位：个

500-1000万元	1000-2000万元	2000-5000万元	5000万元-1亿元	1-2亿元	2亿元以上
14	15	10	5	2	2
2	1				
100	92	78	32	23	14
2	1	2	3	2	
237	178	128	43	19	3
184	136	104	37	15	2
20	18	15	3		
10	7	9	2		
4366	2852	2142	765	350	190
552	344	272	105	56	19
1491	901	692	231	121	54
475	345	307	133	68	81
49	42	39	26	19	12
688	485	348	120	43	18
132	87	58	13	8	1
866	579	391	132	35	5
113	69	35	5		
1217	797	663	199	100	47
38	33	24	7	7	6
118	66	68	27	13	9
69	41	31	11	1	2
6					1
112	80	42	12	10	6
120	83	111	27	23	3
677	449	354	102	40	18
77	45	33	13	6	2
766	511	331	125	42	9
301	216	183	83	37	9
92	64	55	26	5	

2-B-14 续表 8

行　业	单位数	50万元及以下	50-100万元	100-500万元
钟表与计时仪器制造	152	29	8	59
光学仪器及眼镜制造	1851	347	133	780
其他仪器仪表制造业	323	99	30	128
其他制造业	5087	1268	456	2023
日用杂品制造	4102	843	337	1749
煤制品制造	55	28	5	11
核辐射加工	5	3	1	
其他未列明制造业	925	394	113	263
废弃资源综合利用业	913	281	63	248
金属废料和碎屑加工处理	413	132	30	74
非金属废料和碎屑加工处理	500	149	33	174
金属制品、机械和设备修理业	1321	577	176	338
金属制品修理	37	20	6	6
通用设备修理	170	76	28	53
专用设备修理	152	88	22	37
铁路、船舶、航空航天等运输设备修理	770	299	97	191
电气设备修理	77	39	5	22
仪器仪表修理	11	6	2	1
其他机械和设备修理业	104	49	16	28
电力、热力、燃气及水生产和供应业	**4204**	**1507**	**574**	**1199**
电力、热力生产和供应业	2745	1116	441	760
电力生产	2615	1071	438	746
电力供应	53	23	1	7
热力生产和供应	77	22	2	7
燃气生产和供应业	305	87	22	54
燃气生产和供应业	305	87	22	54
水的生产和供应业	1154	304	111	385
自来水生产和供应	604	133	63	197
污水处理及其再生利用	324	107	18	75
其他水的处理、利用与分配	226	64	30	113

单位：个

500-1000万元	1000-2000万元	2000-5000万元	5000万元-1亿元	1-2亿元	2亿元以上
27	20	6	3		
314	189	77	11		
32	22	10	2		
614	400	238	63	21	4
544	345	214	51	18	1
4	2	2			3
	1				
66	52	22	12	3	
95	65	50	48	39	24
23	27	28	41	37	21
72	38	22	7	2	3
83	107	28	10	1	1
4		1			
7	3	3			
2	2	1			
61	93	18	9	1	1
4	4	2	1		
1	1				
4	4	3			
272	**195**	**185**	**114**	**63**	**95**
121	74	77	50	34	72
114	66	67	37	24	52
4	1	4	4	1	8
3	7	6	9	9	12
34	30	22	28	10	18
34	30	22	28	10	18
117	91	86	36	19	5
69	54	46	27	12	3
34	32	40	9	7	2
14	5				

2-B-14 续表 9

行　业	单位数			
		50万元及以下	50-100万元	100-500万元
建筑业	**20941**	**9990**	**1925**	**4250**
房屋建筑业	2777	993	163	413
房屋建筑业	2777	993	163	413
土木工程建筑业	4524	1910	320	903
铁路、道路、隧道和桥梁工程建筑	1832	718	106	342
水利和内河港口工程建筑	412	221	18	57
海洋工程建筑	29	24	1	
工矿工程建筑	170	63	17	46
架线和管道工程建筑	510	170	52	118
其他土木工程建筑	1571	714	126	340
建筑安装业	3351	1377	369	855
电气安装	1064	437	109	281
管道和设备安装	937	394	115	229
其他建筑安装业	1350	546	145	345
建筑装饰和其他建筑业	10289	5710	1073	2079
建筑装饰业	7617	3970	887	1697
工程准备活动	2075	1453	139	273
提供施工设备服务	155	90	13	20
其他未列明建筑业	442	197	34	89
批发和零售业	**247318**	**104356**	**22696**	**63776**
批发业	175094	65467	14284	45664
农、林、牧产品批发	5487	2466	503	1284
食品、饮料及烟草制品批发	15736	7524	1445	3833
纺织、服装及家庭用品批发	49313	17955	3608	12873
文化、体育用品及器材批发	8464	3028	800	2631
医药及医疗器材批发	2921	1056	311	706
矿产品、建材及化工产品批发	43454	14065	2888	10193
机械设备、五金产品及电子产品批发	32873	11737	3348	10102

单位：个

500-1000万元	1000-2000万元	2000-5000万元	5000万元-1亿元	1-2亿元	2亿元以上
1361	**1077**	**1272**	**791**	**202**	**73**
193	184	341	320	124	46
193	184	341	320	124	46
355	289	390	306	40	11
137	116	186	200	21	6
19	26	39	20	9	3
2		2			
13	13	10	4	4	
59	38	50	22	1	
125	96	103	60	5	2
277	206	204	50	10	3
90	57	69	16	4	1
73	63	51	11	1	
114	86	84	23	5	2
536	398	337	115	28	13
420	292	256	77	13	5
68	62	47	25	5	3
10	10	7	2	3	
38	34	27	11	7	5
23179	**15734**	**10758**	**3573**	**1720**	**1526**
20005	13976	9572	3124	1529	1473
563	418	182	38	19	14
1416	883	491	81	29	34
6053	4260	3098	967	308	191
1140	461	279	76	26	23
319	307	185	24	10	3
5065	4327	3386	1469	970	1091
3683	2181	1374	303	84	61

2-B-14 续表 10

行 业	单位数			
		50万元及以下	50-100万元	100-500万元
贸易经纪与代理	9709	4120	810	2535
其他批发业	7137	3516	571	1507
零售业	72224	38889	8412	18112
综合零售	3001	1751	267	698
食品、饮料及烟草制品专门零售	9145	5608	938	2081
纺织、服装及日用品专门零售	10719	6459	1136	2531
文化、体育用品及器材专门零售	3885	2180	407	907
医药及医疗器材专门零售	10760	6475	1684	2240
汽车、摩托车、燃料及零配件专门零售	7467	2760	598	1965
家用电器及电子产品专门零售	7945	3420	890	2516
五金、家具及室内装饰材料专门零售	10530	5503	1435	2879
货摊、无店铺及其他零售业	8772	4733	1057	2295
交通运输、仓储和邮政业	**16320**	**5352**	**1417**	**4944**
道路运输业	8245	2538	673	2588
城市公共交通运输	422	122	32	125
公路旅客运输	448	59	27	143
道路货物运输	6611	1992	546	2163
道路运输辅助活动	764	365	68	157
水上运输业	1029	275	42	189
水上旅客运输	81	24	6	21
水上货物运输	662	129	22	106
水上运输辅助活动	286	122	14	62
航空运输业	37	20	2	8
航空客货运输	3	1		1
通用航空服务	18	10	1	5
航空运输辅助活动	16	9	1	2
管道运输业	3	1		
管道运输业	3	1		
装卸搬运和运输代理业	5257	1905	523	1583

单位：个

500-1000万元	1000-2000万元	2000-5000万元	5000万元-1亿元	1-2亿元	2亿元以上
1183	663	281	69	30	18
583	476	296	97	53	38
3174	1758	1186	449	191	53
142	91	39	6	5	2
277	141	82	14	3	1
347	158	73	7	5	3
196	112	62	13	6	2
212	92	42	9	5	1
627	472	526	332	153	34
581	313	178	37	8	2
405	207	81	10	5	5
387	172	103	21	1	3
1701	**1246**	**1078**	**352**	**126**	**104**
981	721	531	149	37	27
63	43	29	8		
76	59	60	19	4	1
781	576	400	113	25	15
61	43	42	9	8	11
116	118	181	65	26	17
12	6	6	5	1	
80	97	145	51	19	13
24	15	30	9	6	4
2	1	3	1		
1					
	1	1			
1		2	1		
		1		1	
		1		1	
447	308	292	111	48	40

2-B-14 续表 11

行　　业	单位数	50万元及以下	50-100万元	100-500万元
装卸搬运	842	393	111	248
运输代理业	4415	1512	412	1335
仓储业	818	302	48	214
谷物、棉花等农产品仓储	134	39	9	18
其他仓储业	684	263	39	196
邮政业	931	311	129	362
邮政基本服务	28	13	2	8
快递服务	903	298	127	354
住宿和餐饮业	**13274**	**5183**	**1710**	**4649**
住宿业	5729	2387	791	1894
旅游饭店	1268	311	102	435
一般旅馆	4200	1927	651	1398
其他住宿业	261	149	38	61
餐饮业	7545	2796	919	2755
正餐服务	5720	1871	656	2221
快餐服务	566	245	77	200
饮料及冷饮服务	561	290	96	160
其他餐饮业	698	390	90	174
信息传输、软件和信息技术服务业	**15813**	**9752**	**1576**	**3117**
电信、广播电视和卫星传输服务	465	202	53	125
电信	378	171	42	105
广播电视传输服务	87	31	11	20
互联网和相关服务	1331	800	151	283
互联网接入及相关服务	173	106	19	33
互联网信息服务	967	572	114	210
其他互联网服务	191	122	18	40
软件和信息技术服务业	14017	8750	1372	2709
软件开发	10005	6316	995	1858
信息系统集成服务	1237	665	113	278

单位：个

500-1000万元	1000-2000万元	2000-5000万元	5000万元-1亿元	1-2亿元	2亿元以上
45	23	15	3	4	
402	285	277	108	44	40
82	67	54	20	11	20
15	17	15	7	4	10
67	50	39	13	7	10
73	31	16	6	3	
2	2		1		
71	29	16	5	3	
978	**657**	**93**	**3**	**1**	
339	286	29	2	1	
184	213	21	2		
148	67	8		1	
7	6				
639	371	64	1		
578	335	58	1		
22	20	2			
10	4	1			
29	12	3			
646	**416**	**222**	**55**	**16**	**13**
48	23	8	5		1
35	15	6	3		1
13	8	2	2		
49	17	20	9	1	1
6	5	4			
35	12	14	9		1
8		2		1	
549	376	194	41	15	11
379	278	136	28	8	7
86	54	31	6	3	1

2-B-14 续表 12

行　业	单位数			
		50万元及以下	50-100万元	100-500万元
信息技术咨询服务	1650	1085	164	312
数据处理和存储服务	256	157	24	54
集成电路设计	167	84	17	46
其他信息技术服务业	702	443	59	161
房地产业	**17354**	**11277**	**1317**	**3266**
房地产业	17354	11277	1317	3266
房地产开发经营	5574	4010	228	708
物业管理	4564	2102	568	1338
房地产中介服务	6566	4811	461	1059
其他房地产业	650	354	60	161
租赁和商务服务业	**59888**	**36388**	**5969**	**12331**
租赁业	3466	2243	422	641
机械设备租赁	3333	2164	405	611
文化及日用品出租	133	79	17	30
商务服务业	56422	34145	5547	11690
企业管理服务	15092	9751	1151	2620
法律服务	538	158	86	189
咨询与调查	15977	11389	1290	2614
广告业	10789	5840	1550	2781
知识产权服务	752	432	105	176
人力资源服务	2079	1152	218	397
旅行社及相关服务	2697	823	221	951
安全保护服务	447	162	35	111
其他商务服务业	8051	4438	891	1851
科学研究和技术服务业	**21062**	**11735**	**2230**	**4959**
研究和试验发展	2449	1549	218	467
自然科学研究和试验发展	113	64	12	24
工程和技术研究和试验发展	1660	1014	153	337
农业科学研究和试验发展	335	225	31	53

单位：个

500-1000万元	1000-2000万元	2000-5000万元	5000万元-1亿元	1-2亿元	2亿元以上
44	23	14	5	2	1
12	3	2	1	2	1
7	6	7			
21	12	4	1		1
892	**332**	**181**	**56**	**11**	**22**
892	332	181	56	11	22
373	109	93	34	9	10
329	160	55	8	1	3
151	54	23	7		
39	9	10	7	1	9
2474	**1295**	**809**	**342**	**126**	**154**
86	39	20	9	4	2
82	37	20	8	4	2
4	2		1		
2388	1256	789	333	122	152
650	388	266	126	49	91
44	43	15	2	1	
397	165	92	21	5	4
340	155	74	28	14	7
27	10	2			
97	66	66	36	21	26
361	169	95	48	16	13
35	27	44	29	3	1
437	233	135	43	13	10
1060	**647**	**332**	**75**	**12**	**12**
120	48	34	13		
5	5	3			
88	34	26	8		
15	7	1	3		

2-B-14 续表 13

行业	单位数			
		50万元及以下	50-100万元	100-500万元
医学研究和试验发展	319	232	22	47
社会人文科学研究	22	14		6
专业技术服务业	12473	6275	1384	3307
气象服务	36	12	9	8
地震服务	2	2		
海洋服务	29	14	3	6
测绘服务	355	76	45	159
质检技术服务	1032	384	138	357
环境与生态监测	227	110	14	72
地质勘查	87	36	7	22
工程技术	6312	2965	678	1718
其他专业技术服务业	4393	2676	490	965
科技推广和应用服务业	6140	3911	628	1185
技术推广服务	5192	3286	538	1002
科技中介服务	528	341	52	109
其他科技推广和应用服务业	420	284	38	74
水利、环境和公共设施管理业	**3745**	**1865**	**380**	**929**
水利管理业	265	137	26	62
防洪除涝设施管理	35	24	2	6
水资源管理	69	31	9	17
天然水收集与分配	43	16	5	11
水文服务	6	4		2
其他水利管理业	112	62	10	26
生态保护和环境治理业	461	236	39	99
生态保护	55	35	5	7
环境治理业	406	201	34	92
公共设施管理业	3019	1492	315	768
市政设施管理	482	280	35	100
环境卫生管理	371	179	47	112

单位：个

500-1000万元	1000-2000万元	2000-5000万元	5000万元-1亿元	1-2亿元	2亿元以上
11	2	3	2		
1		1			
730	481	238	45	8	5
2	3	2			
3	3				
36	27	11	1		
75	51	23	3	1	
19	10	2			
8	6	6	2		
431	310	166	34	7	3
156	71	28	5		2
210	118	60	17	4	7
181	106	55	13	4	7
13	8	3	2		
16	4	2	2		
291	**154**	**80**	**30**	**13**	**3**
19	13	4	4		
2			1		
8	3		1		
4	5	2			
5	5	2	2		
42	25	12	7	1	
5	1	1	1		
37	24	11	6	1	
230	116	64	19	12	3
33	15	12	4	2	1
18	8	7			

2-B-14 续表 14

行业	单位数			
		50万元及以下	50-100万元	100-500万元
城乡市容管理	73	36	11	18
绿化管理	1276	540	138	350
公园和游览景区管理	817	457	84	188
居民服务、修理和其他服务业	**11214**	**5783**	**1527**	**3259**
居民服务业	4037	2402	465	974
家庭服务	668	502	46	111
托儿所服务	12	10	1	1
洗染服务	244	106	36	79
理发及美容服务	814	468	111	210
洗浴服务	447	216	58	144
保健服务	658	303	108	211
婚姻服务	469	356	41	69
殡葬服务	239	100	17	74
其他居民服务业	486	341	47	75
机动车、电子产品和日用产品修理业	5148	2169	806	1808
汽车、摩托车修理与维护	3988	1482	655	1549
计算机和办公设备维修	434	247	65	100
家用电器修理	562	325	68	133
其他日用产品修理业	164	115	18	26
其他服务业	2029	1212	256	477
清洁服务	1550	899	204	386
其他未列明服务业	479	313	52	91
卫生和社会工作	**97**	**74**	**9**	**9**
社会工作	97	74	9	9
提供住宿社会工作	46	34	3	6
不提供住宿社会工作	51	40	6	3
文化、体育和娱乐业	**11759**	**7226**	**1637**	**2216**
新闻和出版业	130	42	8	37
新闻业	11	5		6
出版业	119	37	8	31

单位：个

500-1000万元	1000-2000万元	2000-5000万元	5000万元-1亿元	1-2亿元	2亿元以上
7			1		
119	68	37	12	10	2
53	25	8	2		
463	**135**	**36**	**9**	**2**	
148	35	8	5		
7	2				
19	4				
22	3				
24	5				
29	7				
3					
30	10	6	2		
14	4	2	3		
255	85	21	3	1	
212	74	14	2		
16	4	2			
23	7	5	1		
4				1	
60	15	7	1	1	
45	11	4		1	
15	4	3	1		
3		**2**			
3		2			
2		1			
1		1			
349	**165**	**110**	**32**	**14**	**10**
10	9	12	7	3	2
10	9	12	7	3	2

2-B-14 续表 15

行 业	单位数	50万元及以下	50-100万元	100-500万元
广播、电视、电影和影视录音制作业	1328	695	92	266
广播	14	6	2	2
电视	71	27	2	13
电影和影视节目制作	878	539	56	153
电影和影视节目发行	35	18	4	8
电影放映	314	93	27	89
录音制作	16	12	1	1
文化艺术业	1093	743	118	191
文艺创作与表演	423	255	53	96
艺术表演场馆	33	12	4	11
图书馆与档案馆	52	27	9	14
文物及非物质文化遗产保护	34	22	3	8
博物馆	29	22	2	3
烈士陵园、纪念馆	1			1
群众文化活动	124	96	11	15
其他文化艺术业	397	309	36	43
体育	1008	656	114	194
体育组织	11	2	2	1
体育场馆	28	14		10
休闲健身活动	837	541	102	165
其他体育	132	99	10	18
娱乐业	8200	5090	1305	1528
室内娱乐活动	7707	4768	1250	1441
游乐园	75	39	12	17
彩票活动	3	1		2
文化、娱乐、体育经纪代理	200	137	18	32
其他娱乐业	215	145	25	36

单位：个

500-1000万元	1000-2000万元	2000-5000万元	5000万元-1亿元	1-2亿元	2亿元以上
83	73	79	21	11	8
3	1				
4	4	11	3	5	2
34	29	43	12	6	6
1	2		2		
40	36	25	4		
1	1				
26	11	3	1		
11	7	1			
5		1			
1	1				
1					
1		1			
1	1				
6	2		1		
29	11	3	1		
1	2	2	1		
3	1				
22	6	1			
3	2				
201	61	13	2		
182	54	11	1		
6		1			
6	5	1	1		
7	2				

2-B-15 按行业中类、资产总计

行　业	单位数			
		50万元及以下	50-100万元	100-500万元
总　计	**807048**	**315123**	**115458**	**204066**
农、林、牧、渔业	**2744**	**1780**	**350**	**490**
农业	41	9	3	20
谷物种植	3	2		1
蔬菜、食用菌及园艺作物种植	11	1	1	7
水果种植	10	2	1	5
坚果、含油果、香料和饮料作物种植	10	2	1	5
中药材种植	6	2		1
其他农业	1			1
林业	4	2		1
林木育种和育苗	4	2		1
畜牧业	23	7	3	7
牲畜饲养	12	4	1	3
家禽饲养	6	2	1	2
其他畜牧业	5	1	1	2
渔业	14	4	4	3
水产养殖	14	4	4	3
农、林、牧、渔服务业	2662	1758	340	459
农业服务业	2335	1549	301	395
林业服务业	126	83	14	21
畜牧服务业	121	76	16	26
渔业服务业	80	50	9	17
采矿业	**1257**	**331**	**101**	**334**
煤炭开采和洗选业	20	9	2	4
烟煤和无烟煤开采洗选	9	4	2	1
褐煤开采洗选	5	2		2
其他煤炭采选	6	3		1
黑色金属矿采选业	22	4		6

组距分组的小微企业法人单位数

单位：个

500-1000万元	1000-5000万元	5000万元-1亿元	1-3亿元	3-5亿元	5亿元以上
63286	**76983**	**15548**	**11047**	**2209**	**3328**
62	**51**	**8**	**1**		**2**
3	6				
1	1				
	2				
1	1				
1	2				
1					
1					
3	3				
1	3				
1					
1					
2	1				
2	1				
53	41	8	1		2
48	32	7	1		2
1	6	1			
2	1				
2	2				
162	**226**	**55**	**37**	**7**	**4**
2	2		1		
	1		1		
	1				
2					
2	7	2	1		

2-B-15 续表 1

行业	单位数			
		50万元及以下	50-100万元	100-500万元
铁矿采选	21	3		6
其他黑色金属矿采选	1	1		
有色金属矿采选业	69	15	6	13
常用有色金属矿采选	42	10	6	7
贵金属矿采选	5			1
稀有稀土金属矿采选	22	5		5
非金属矿采选业	1110	287	90	304
土砂石开采	1009	261	85	272
化学矿开采	6	3		
采盐	9	3	1	4
石棉及其他非金属矿采选	86	20	4	28
开采辅助活动	8	5		1
石油和天然气开采辅助活动	3	2		
其他开采辅助活动	5	3		1
其他采矿业	28	11	3	6
其他采矿业	28	11	3	6
制造业	**360058**	**107181**	**50941**	**107791**
农副食品加工业	5423	1626	630	1497
谷物磨制	289	85	36	75
饲料加工	434	89	44	99
植物油加工	262	108	31	52
制糖业	38	17	6	10
屠宰及肉类加工	668	178	86	180
水产品加工	1554	369	154	446
蔬菜、水果和坚果加工	1541	507	179	480
其他农副食品加工	637	273	94	155
食品制造业	2397	796	275	622
焙烤食品制造	690	336	83	153
糖果、巧克力及蜜饯制造	185	51	26	52

单位：个

500-1000万元	1000-5000万元	5000万元-1亿元	1-3亿元	3-5亿元	5亿元以上
2	7	2	1		
7	15	5	8		
5	7	2	5		
1	2	1			
1	6	2	3		
148	196	47	27	7	4
133	178	44	25	7	4
1	1		1		
1					
13	17	3	1		
1	1				
	1				
1					
2	5	1			
2	5	1			
34052	**44312**	**9025**	**5544**	**684**	**528**
558	816	169	106	14	7
28	47	7	10	1	
47	102	30	18	4	1
22	35	5	7	1	1
3	2				
72	120	17	14	1	
192	272	77	39	3	2
156	178	25	12	1	3
38	60	8	6	3	
231	318	83	60	5	7
46	55	12	5		
21	25	6	3	1	

2-B-15 续表 2

行业	单位数			
		50万元及以下	50-100万元	100-500万元
方便食品制造	359	129	40	95
乳制品制造	42	12	2	8
罐头食品制造	222	40	21	77
调味品、发酵制品制造	221	62	35	56
其他食品制造	678	166	68	181
酒、饮料和精制茶制造业	2656	968	407	710
酒的制造	525	133	85	149
饮料制造	666	242	121	172
精制茶加工	1465	593	201	389
烟草制品业	5	1	1	
卷烟制造	2	1		
其他烟草制品制造	3		1	
纺织业	29648	7564	3826	8551
棉纺织及印染精加工	8969	2496	1014	2201
毛纺织及染整精加工	1138	231	125	304
麻纺织及染整精加工	88	26	6	18
丝绢纺织及印染精加工	1464	241	142	453
化纤织造及印染精加工	3600	662	395	1293
针织或钩针编织物及其制品制造	6380	1319	865	1989
家用纺织制成品制造	4587	1510	784	1264
非家用纺织制成品制造	3422	1079	495	1029
纺织服装、服饰业	25905	8244	3394	7689
机织服装制造	13895	4576	1763	4114
针织或钩针编织服装制造	6230	1726	748	1828
服饰制造	5780	1942	883	1747
皮革、毛皮、羽毛及其制品和制鞋业	15288	5580	2349	4225
皮革鞣制加工	554	150	92	150
皮革制品制造	4205	1488	576	1192
毛皮鞣制及制品加工	1102	419	189	298

单位：个

500-1000万元	1000-5000万元	5000万元-1亿元	1-3亿元	3-5亿元	5亿元以上
39	37	10	7		2
4	9	2	5		
21	48	8	5	1	1
26	29	5	6		2
74	115	40	29	3	2
218	235	52	53	7	6
52	65	22	16	1	2
46	51	9	20	2	3
120	119	21	17	4	1
	1		1		1
					1
	1		1		
3150	4754	1050	661	65	27
856	1590	451	318	30	13
152	228	56	37	5	
5	22	7	4		
194	342	51	35	3	3
530	594	76	41	6	3
741	1075	244	135	10	2
385	510	86	40	4	4
287	393	79	51	7	2
2726	3201	452	171	17	11
1446	1636	262	84	9	5
748	989	133	47	6	5
532	576	57	40	2	1
1256	1597	195	70	11	5
49	78	15	16	2	2
365	499	60	21	3	1
78	102	7	9		

2-B-15 续表 3

行业	单位数			
		50万元及以下	50-100万元	100-500万元
羽毛(绒)加工及制品制造	311	71	25	65
制鞋业	9116	3452	1467	2520
木材加工和木、竹、藤、棕、草制品业	6218	1979	888	1963
木材加工	1201	450	193	384
人造板制造	765	161	73	240
木制品制造	2665	827	419	833
竹、藤、棕、草等制品制造	1587	541	203	506
家具制造业	5340	1607	695	1489
木质家具制造	3192	950	453	964
竹、藤家具制造	163	75	14	32
金属家具制造	1078	278	109	286
塑料家具制造	181	49	26	44
其他家具制造	726	255	93	163
造纸和纸制品业	9693	2995	1328	3390
纸浆制造	24	7	3	8
造纸	1823	500	190	431
纸制品制造	7846	2488	1135	2951
印刷和记录媒介复制业	10053	2263	1483	4204
印刷	9318	2000	1320	3995
装订及印刷相关服务	718	257	162	205
记录媒介复制	17	6	1	4
文教、工美、体育和娱乐用品制造业	18524	6630	2826	5421
文教办公用品制造	3142	908	460	1065
乐器制造	181	40	25	61
工艺美术品制造	11267	4364	1806	3190
体育用品制造	1497	459	188	392
玩具制造	1974	704	301	578
游艺器材及娱乐用品制造	463	155	46	135
石油加工、炼焦和核燃料加工业	340	77	41	95

单位：个

500-1000万元	1000-5000万元	5000万元-1亿元	1-3亿元	3-5亿元	5亿元以上
28	74	31	10	6	1
736	844	82	14		1
592	618	121	52	5	
95	67	11	1		
92	136	40	21	2	
249	256	53	25	3	
156	159	17	5		
522	768	172	78	6	3
333	381	68	38	3	2
16	20	4	1	1	
100	228	54	22		1
18	28	11	5		
55	111	35	12	2	
671	867	228	181	22	11
2	3	1			
159	310	108	96	20	9
510	554	119	85	2	2
880	1000	145	66	6	6
829	960	138	64	6	6
50	36	7	1		
1	4		1		
1530	1730	245	119	13	10
302	347	44	14	1	1
18	25	9	3		
858	841	121	69	9	9
136	263	38	19	2	
162	198	22	9		
54	56	11	5	1	
34	52	18	11	4	8

2-B-15 续表 4

行业	单位数	50万元及以下	50-100万元	100-500万元
精炼石油产品制造	335	76	40	93
炼焦	3		1	1
核燃料加工	2	1		1
化学原料和化学制品制造业	8712	2092	911	2442
基础化学原料制造	1260	230	85	323
肥料制造	253	54	23	87
农药制造	98	15	4	16
涂料、油墨、颜料及类似产品制造	2215	603	258	669
合成材料制造	1027	207	87	273
专用化学产品制造	2779	665	308	762
炸药、火工及焰火产品制造	29	10	1	9
日用化学产品制造	1051	308	145	303
医药制造业	1188	195	100	222
化学药品原料药制造	275	42	12	46
化学药品制剂制造	114	16	5	10
中药饮片加工	108	23	10	20
中成药生产	87	11	4	8
兽用药品制造	66	6	7	14
生物药品制造	193	36	22	35
卫生材料及医药用品制造	345	61	40	89
化学纤维制造业	1431	195	91	363
纤维素纤维原料及纤维制造	131	29	11	31
合成纤维制造	1300	166	80	332
橡胶和塑料制品业	29163	8938	4632	9231
橡胶制品业	3536	1016	595	1124
塑料制品业	25627	7922	4037	8107
非金属矿物制品业	12916	3947	1563	3665
水泥、石灰和石膏制造	666	178	59	133
石膏、水泥制品及类似制品制造	2892	1064	285	558

单位：个

500-1000万元	1000-5000万元	5000万元-1亿元	1-3亿元	3-5亿元	5亿元以上
33	52	18	11	4	8
1					
962	1458	386	331	58	72
152	270	89	68	15	28
40	42	3	4		
8	27	9	15	3	1
253	305	62	54	8	3
86	196	66	69	18	25
332	466	116	106	12	12
1	2	4	2		
90	150	37	13	2	3
119	295	113	119	14	11
22	64	36	43	6	4
13	30	17	17	3	3
6	30	10	9		
10	21	14	15	1	3
9	21	3	5	1	
17	46	16	17	3	1
42	83	17	13		
189	322	86	131	24	30
19	33	4	2	1	1
170	289	82	129	23	29
2547	2914	512	326	32	31
314	372	73	33	4	5
2233	2542	439	293	28	26
1210	1574	473	408	44	32
58	119	50	50	11	8
172	323	223	240	18	9

2-B-15 续表 5

行 业	单位数			
		50万元及以下	50-100万元	100-500万元
砖瓦、石材等建筑材料制造	3865	1177	451	1281
玻璃制造	355	73	27	106
玻璃制品制造	2256	539	354	803
玻璃纤维和玻璃纤维增强塑料制品制造	463	90	56	131
陶瓷制品制造	798	284	107	214
耐火材料制品制造	754	211	103	209
石墨及其他非金属矿物制品制造	867	331	121	230
黑色金属冶炼和压延加工业	4129	781	352	1206
炼铁	39	13	5	11
炼钢	58	20	2	19
黑色金属铸造	1579	283	129	512
钢压延加工	2397	454	213	650
铁合金冶炼	56	11	3	14
有色金属冶炼和压延加工业	3445	765	383	949
常用有色金属冶炼	322	86	33	76
贵金属冶炼	25	5	1	6
稀有稀土金属冶炼	21	7		1
有色金属合金制造	304	58	29	86
有色金属铸造	407	100	70	136
有色金属压延加工	2366	509	250	644
金属制品业	30630	9758	4544	9170
结构性金属制品制造	4884	1478	682	1383
金属工具制造	5052	1653	830	1535
集装箱及金属包装容器制造	680	149	66	207
金属丝绳及其制品制造	906	234	134	273
建筑、安全用金属制品制造	8660	3008	1345	2638
金属表面处理及热处理加工	2727	759	369	853
搪瓷制品制造	325	117	37	99
金属制日用品制造	3831	1283	538	1061
其他金属制品制造	3565	1077	543	1121

单位：个

500-1000万元	1000-5000万元	5000万元-1亿元	1-3亿元	3-5亿元	5亿元以上
428	426	64	35	1	2
41	73	18	7	4	6
224	254	43	33	3	3
58	100	16	7	2	3
84	83	19	5	1	1
78	108	23	21	1	
67	88	17	10	3	
524	798	239	168	41	20
4	4	1	1		
2	7	4	2	1	1
241	322	56	31	4	1
270	456	171	130	36	17
7	9	7	4		1
370	615	171	138	23	31
42	47	18	14	1	5
2	3	3	3		2
2	6	3	2		
31	54	21	15	6	4
51	42	4	4		
242	463	122	100	16	20
2871	3385	572	272	30	28
500	644	123	56	10	8
428	491	76	36	2	1
79	124	34	16	2	3
106	120	19	16	3	1
719	778	111	49	6	6
308	353	61	19	4	1
35	30	6	1		
366	453	85	40	2	3
330	392	57	39	1	5

2-B-15 续表 6

行业	单位数			
		50万元及以下	50-100万元	100-500万元
通用设备制造业	45764	13215	7045	14362
锅炉及原动设备制造	712	152	85	187
金属加工机械制造	4564	1426	702	1413
物料搬运设备制造	1565	280	185	440
泵、阀门、压缩机及类似机械制造	10339	2640	1583	3196
轴承、齿轮和传动部件制造	5350	1205	695	1761
烘炉、风机、衡器、包装等设备制造	4795	1350	691	1463
文化、办公用机械制造	436	99	56	133
通用零部件制造	16945	5734	2898	5420
其他通用设备制造业	1058	329	150	349
专用设备制造业	19013	5713	2706	5618
采矿、冶金、建筑专用设备制造	1170	283	160	322
化工、木材、非金属加工专用设备制造	7675	2551	1154	2275
食品、饮料、烟草及饲料生产专用设备制造	620	191	91	164
印刷、制药、日化及日用品生产专用设备制造	1277	396	183	372
纺织、服装和皮革加工专用设备制造	3500	979	517	1070
电子和电工机械专用设备制造	814	246	111	263
农、林、牧、渔专用机械制造	889	247	104	242
医疗仪器设备及器械制造	985	278	104	297
环保、社会公共服务及其他专用设备制造	2083	542	282	613
汽车制造业	13696	3805	1836	4059
汽车整车制造	73	12	2	13
改装汽车制造	25	6		2
低速载货汽车制造	2	1		
电车制造	12	2	1	4
汽车车身、挂车制造	36	10	4	3
汽车零部件及配件制造	13548	3774	1829	4037
铁路、船舶、航空航天和其他运输设备制造业	4369	1184	509	1260

单位：个

500-1000万元	1000-5000万元	5000万元-1亿元	1-3亿元	3-5亿元	5亿元以上
4354	5168	962	569	56	33
81	124	36	38	3	6
429	453	81	53	5	2
179	319	79	70	9	4
1122	1401	255	129	9	4
593	818	172	93	8	5
455	606	131	83	8	8
36	78	20	12	2	
1366	1261	169	86	9	2
93	108	19	5	3	2
1807	2358	498	259	37	17
142	187	38	30	5	3
652	788	148	91	10	6
65	86	17	5	1	
107	177	30	12		
333	450	103	37	8	3
73	91	14	16		
124	121	36	13	2	
101	154	35	13	2	1
210	304	77	42	9	4
1342	1935	448	230	23	18
4	12	11	12	2	5
1	6	2	8		
				1	
	4	1			
4	9	4	2		
1333	1904	430	208	20	13
472	635	166	108	16	19

2-B-15 续表 7

行　业	单位数			
		50万元及以下	50-100万元	100-500万元
铁路运输设备制造	107	19	7	27
城市轨道交通设备制造	8	3		2
船舶及相关装置制造	1093	323	119	272
航空、航天器及设备制造	34	7		13
摩托车制造	1495	392	181	444
自行车制造	1382	376	176	431
非公路休闲车及零配件制造	167	45	18	43
潜水救捞及其他未列明运输设备制造	83	19	8	28
电气机械和器材制造业	31930	9456	4878	8865
电机制造	3360	859	459	1037
输配电及控制设备制造	11626	3763	2211	2827
电线、电缆、光缆及电工器材制造	3099	699	385	921
电池制造	458	89	33	84
家用电力器具制造	5763	1963	746	1622
非电力家用器具制造	1000	240	146	310
照明器具制造	5744	1563	753	1811
其他电气机械及器材制造	880	280	145	253
计算机、通信和其他电子设备制造业	9148	2697	1246	2515
计算机制造	310	75	32	81
通信设备制造	729	154	72	192
广播电视设备制造	471	123	81	150
雷达及配套设备制造	11	5		3
视听设备制造	675	191	86	208
电子器件制造	1183	316	144	314
电子元件制造	5117	1607	730	1408
其他电子设备制造	652	226	101	159
仪器仪表制造业	5713	1655	928	1681
通用仪器仪表制造	2651	732	420	726
专用仪器仪表制造	736	180	102	219

单位：个

500-1000万元	1000-5000万元	5000万元-1亿元	1-3亿元	3-5亿元	5亿元以上
10	32	6	3	1	2
3					
91	162	47	51	11	17
2	4	4	3	1	
180	221	47	28	2	
149	176	53	20	1	
23	29	6	3		
14	11	3			
2945	4184	936	536	76	54
326	480	120	68	7	4
937	1329	314	198	30	17
328	511	123	94	24	14
54	113	40	36	3	6
506	700	148	68	2	8
112	150	31	11		
596	801	148	57	10	5
86	100	12	4		
895	1309	267	180	23	16
35	64	6	15	2	
79	145	47	35	1	4
44	59	9	4	1	
	2				1
66	93	15	10	3	3
116	203	56	28	5	1
499	664	118	77	8	6
56	79	16	11	3	1
503	697	156	84	4	5
240	371	99	58	2	3
63	131	26	12	2	1

2-B-15 续表 8

行　业	单位数	50万元及以下	50-100万元	100-500万元
钟表与计时仪器制造	152	31	23	47
光学仪器及眼镜制造	1851	585	328	597
其他仪器仪表制造业	323	127	55	92
其他制造业	5087	1500	749	1796
日用杂品制造	4102	1014	609	1584
煤制品制造	55	31	6	6
核辐射加工	5	2		2
其他未列明制造业	925	453	134	204
废弃资源综合利用业	913	300	115	229
金属废料和碎屑加工处理	413	134	39	69
非金属废料和碎屑加工处理	500	166	76	160
金属制品、机械和设备修理业	1321	655	210	302
金属制品修理	37	22	4	6
通用设备修理	170	86	31	36
专用设备修理	152	90	20	36
铁路、船舶、航空航天等运输设备修理	770	346	134	183
电气设备修理	77	44	6	15
仪器仪表修理	11	9	1	
其他机械和设备修理业	104	58	14	26
电力、热力、燃气及水生产和供应业	**4204**	**868**	**462**	**1286**
电力、热力生产和供应业	2745	597	353	899
电力生产	2615	565	346	884
电力供应	53	17	5	10
热力生产和供应	77	15	2	5
燃气生产和供应业	305	75	12	73
燃气生产和供应业	305	75	12	73
水的生产和供应业	1154	196	97	314
自来水生产和供应	604	95	38	158
污水处理及其再生利用	324	52	18	57
其他水的处理、利用与分配	226	49	41	99

单位：个

500-1000万元	1000-5000万元	5000万元-1亿元	1-3亿元	3-5亿元	5亿元以上
23	24	2	2		
154	149	25	12		1
23	22	4			
440	508	68	20	2	4
385	437	54	14	2	3
3	6		2		1
		1			
52	65	13	4		
74	129	32	27	5	2
33	93	23	17	3	2
41	36	9	10	2	
60	71	10	9	1	3
3	2				
7	10				
1	5				
40	47	8	8	1	3
5	5	1	1		
1					
3	2	1			
447	**595**	**137**	**206**	**89**	**114**
300	320	65	101	48	62
294	294	57	82	39	54
3	9		4	2	3
3	17	8	15	7	5
20	59	24	27	5	10
20	59	24	27	5	10
127	216	48	78	36	42
71	132	23	39	22	26
35	71	24	37	14	16
21	13	1	2		

2-B-15 续表 9

行业	单位数			
		50万元及以下	50-100万元	100-500万元
建筑业	**20941**	**7899**	**2789**	**4225**
房屋建筑业	2777	623	213	415
房屋建筑业	2777	623	213	415
土木工程建筑业	4524	1137	420	936
铁路、道路、隧道和桥梁工程建筑	1832	358	135	329
水利和内河港口工程建筑	412	112	39	52
海洋工程建筑	29	9		2
工矿工程建筑	170	37	27	50
架线和管道工程建筑	510	136	54	134
其他土木工程建筑	1571	485	165	369
建筑安装业	3351	1054	515	913
电气安装	1064	348	157	267
管道和设备安装	937	300	159	256
其他建筑安装业	1350	406	199	390
建筑装饰和其他建筑业	10289	5085	1641	1961
建筑装饰业	7617	3598	1347	1472
工程准备活动	2075	1275	223	328
提供施工设备服务	155	59	18	38
其他未列明建筑业	442	153	53	123
批发和零售业	**247318**	**116221**	**37654**	**57636**
批发业	175094	69576	28090	46612
农、林、牧产品批发	5487	2408	735	1518
食品、饮料及烟草制品批发	15736	8129	2276	3584
纺织、服装及家庭用品批发	49313	19358	8696	13277
文化、体育用品及器材批发	8464	3851	1334	2205
医药及医疗器材批发	2921	1009	509	872
矿产品、建材及化工产品批发	43454	14063	5732	11838
机械设备、五金产品及电子产品批发	32873	12554	6259	9609

单位：个

500-1000万元	1000-5000万元	5000万元-1亿元	1-3亿元	3-5亿元	5亿元以上
2069	**3354**	**409**	**131**	**37**	**28**
423	933	123	33	10	4
423	933	123	33	10	4
641	1162	133	56	18	21
307	596	63	26	8	10
68	111	11	11	4	4
4	7	1		1	5
14	35	6		1	
41	119	18	5	2	1
207	294	34	14	2	1
339	448	63	15	3	1
118	148	22	3	1	
90	109	18	4	1	
131	191	23	8	1	1
666	811	90	27	6	2
524	588	67	18	2	1
87	133	17	8	3	1
14	26				
41	64	6	1	1	
15957	**15242**	**2427**	**1547**	**280**	**354**
13583	13086	2121	1423	267	336
404	350	42	23	4	3
831	727	111	53	10	15
3860	3307	486	235	49	45
597	378	58	28	2	11
243	248	22	15	1	2
4289	5239	1055	865	161	212
2216	1854	211	117	24	29

2-B-15 续表 10

行 业	单位数	50万元及以下	50-100万元	100-500万元
贸易经纪与代理	9709	4606	1539	2217
其他批发业	7137	3598	1010	1492
零售业	72224	46645	9564	11024
综合零售	3001	1830	362	523
食品、饮料及烟草制品专门零售	9145	6644	1022	1121
纺织、服装及日用品专门零售	10719	7591	1444	1277
文化、体育用品及器材专门零售	3885	2233	605	714
医药及医疗器材专门零售	10760	8566	1030	914
汽车、摩托车、燃料及零配件专门零售	7467	3055	997	1718
家用电器及电子产品专门零售	7945	4129	1294	1829
五金、家具及室内装饰材料专门零售	10530	6620	1597	1767
货摊、无店铺及其他零售业	8772	5977	1213	1161
交通运输、仓储和邮政业	**16320**	**5586**	**2200**	**3926**
道路运输业	8245	2584	1207	2281
城市公共交通运输	422	60	40	130
公路旅客运输	448	59	42	134
道路货物运输	6611	2162	1037	1887
道路运输辅助活动	764	303	88	130
水上运输业	1029	160	54	142
水上旅客运输	81	14	6	16
水上货物运输	662	68	28	80
水上运输辅助活动	286	78	20	46
航空运输业	37	11	3	7
航空客货运输	3		1	
通用航空服务	18	6	2	4
航空运输辅助活动	16	5		3
管道运输业	3	1		
管道运输业	3	1		
装卸搬运和运输代理业	5257	2268	597	1130

单位：个

500-1000万元	1000-5000万元	5000万元-1亿元	1-3亿元	3-5亿元	5亿元以上
661	550	70	52	5	9
482	433	66	35	11	10
2374	2156	306	124	13	18
142	114	17	10	1	2
184	153	11	8	2	
212	152	31	10	2	
145	148	31	6		3
155	87	6	2		
661	842	141	46	3	4
343	302	26	15	1	6
305	198	23	15	2	3
227	160	20	12	2	
1909	**1717**	**401**	**374**	**89**	**118**
927	935	146	97	24	44
67	103	11	7	1	3
57	113	25	15	2	1
750	634	80	49	7	5
53	85	30	26	14	35
91	232	133	152	30	35
12	23	5	5		
55	167	103	117	20	24
24	42	25	30	10	11
4	5	3		3	1
	2				
1	2	2		1	
3	1	1		2	1
	1			1	
	1			1	
776	341	61	55	11	18

2-B-15 续表 11

行　业	单位数			
		50万元及以下	50-100万元	100-500万元
装卸搬运	842	503	99	147
运输代理业	4415	1765	498	983
仓储业	818	154	58	184
谷物、棉花等农产品仓储	134	25	7	21
其他仓储业	684	129	51	163
邮政业	931	408	281	182
邮政基本服务	28	10	5	5
快递服务	903	398	276	177
住宿和餐饮业	**13274**	**5924**	**2011**	**3404**
住宿业	5729	2314	842	1487
旅游饭店	1268	209	112	330
一般旅馆	4200	1969	693	1098
其他住宿业	261	136	37	59
餐饮业	7545	3610	1169	1917
正餐服务	5720	2474	892	1594
快餐服务	566	342	97	102
饮料及冷饮服务	561	351	85	96
其他餐饮业	698	443	95	125
信息传输、软件和信息技术服务业	**15813**	**7717**	**2634**	**3364**
电信、广播电视和卫星传输服务	465	201	53	114
电信	378	178	42	93
广播电视传输服务	87	23	11	21
互联网和相关服务	1331	724	221	238
互联网接入及相关服务	173	96	26	35
互联网信息服务	967	524	163	167
其他互联网服务	191	104	32	36
软件和信息技术服务业	14017	6792	2360	3012
软件开发	10005	4712	1717	2207
信息系统集成服务	1237	571	176	297

单位：个

500-1000万元	1000-5000万元	5000万元-1亿元	1-3亿元	3-5亿元	5亿元以上
38	29	12	8	2	4
738	312	49	47	9	14
82	178	56	67	20	19
8	29	15	21	2	6
74	149	41	46	18	13
29	25	2	3		1
4	3				1
25	22	2	3		
874	**847**	**125**	**68**	**14**	**7**
429	495	94	49	12	7
171	321	70	38	11	6
246	158	23	11	1	1
12	16	1			
445	352	31	19	2	
388	324	27	19	2	
16	9				
19	8	2			
22	11	2			
943	**863**	**134**	**110**	**20**	**28**
35	44	10	6	1	1
30	27	3	3	1	1
5	17	7	3		
70	55	13	8		2
8	4	4			
52	45	8	6		2
10	6	1	2		
838	764	111	96	19	25
606	573	75	79	17	19
90	80	16	6		1

2-B-15 续表 12

行业	单位数	50万元及以下	50-100万元	100-500万元
信息技术咨询服务	1650	910	299	288
数据处理和存储服务	256	135	45	45
集成电路设计	167	60	21	53
其他信息技术服务业	702	404	102	122
房地产业	**17354**	**7384**	**1664**	**1974**
房地产业	17354	7384	1664	1974
房地产开发经营	5574	342	55	180
物业管理	4564	1889	916	1070
房地产中介服务	6566	4934	625	628
其他房地产业	650	219	68	96
租赁和商务服务业	**59888**	**29962**	**7190**	**9805**
租赁业	3466	1908	488	667
机械设备租赁	3333	1844	467	644
文化及日用品出租	133	64	21	23
商务服务业	56422	28054	6702	9138
企业管理服务	15092	4473	999	2220
法律服务	538	269	73	139
咨询与调查	15977	10190	1731	2138
广告业	10789	6419	1980	1852
知识产权服务	752	543	89	99
人力资源服务	2079	1018	329	506
旅行社及相关服务	2697	1145	523	632
安全保护服务	447	123	40	118
其他商务服务业	8051	3874	938	1434
科学研究和技术服务业	**21062**	**9384**	**3355**	**4944**
研究和试验发展	2449	901	339	660
自然科学研究和试验发展	113	41	14	30
工程和技术研究和试验发展	1660	601	235	457
农业科学研究和试验发展	335	122	45	90

单位：个

500-1000万元	1000-5000万元	5000万元-1亿元	1-3亿元	3-5亿元	5亿元以上
78	57	11	5		2
14	9	4	2	1	1
12	19	1	1		
38	26	4	3	1	2
806	**1836**	**820**	**1292**	**507**	**1071**
806	1836	820	1292	507	1071
304	1341	702	1177	476	997
308	259	50	49	5	18
151	152	36	24	8	8
43	84	32	42	18	48
3419	**5245**	**1556**	**1413**	**388**	**910**
185	148	32	24	5	9
175	137	31	23	5	7
10	11	1	1		2
3234	5097	1524	1389	383	901
1513	2916	932	970	297	772
29	25	1	1		1
657	815	210	149	26	61
265	214	33	19	5	2
14	4	1	1	1	
108	101	12	5		
155	190	21	16	6	9
62	97	7			
431	735	307	228	48	56
1518	**1442**	**193**	**130**	**41**	**55**
244	235	32	29	4	5
10	15	1	2		
167	151	20	21	4	4
34	38	3	2		1

2-B-15 续表 13

行业	单位数	50万元及以下	50-100万元	100-500万元
医学研究和试验发展	319	130	39	77
社会人文科学研究	22	7	6	6
专业技术服务业	12473	5609	2015	2901
气象服务	36	12	9	10
地震服务	2	2		
海洋服务	29	7	7	7
测绘服务	355	95	67	119
质检技术服务	1032	332	166	319
环境与生态监测	227	85	33	68
地质勘查	87	26	8	26
工程技术	6312	2550	1008	1551
其他专业技术服务业	4393	2500	717	801
科技推广和应用服务业	6140	2874	1001	1383
技术推广服务	5192	2352	841	1222
科技中介服务	528	295	84	86
其他科技推广和应用服务业	420	227	76	75
水利、环境和公共设施管理业	**3745**	**1247**	**411**	**945**
水利管理业	265	93	21	62
防洪除涝设施管理	35	15	3	7
水资源管理	69	20	2	16
天然水收集与分配	43	11	4	8
水文服务	6	3		1
其他水利管理业	112	44	12	30
生态保护和环境治理业	461	166	65	105
生态保护	55	20	8	10
环境治理业	406	146	57	95
公共设施管理业	3019	988	325	778
市政设施管理	482	151	43	83
环境卫生管理	371	173	67	103

单位：个

500-1000万元	1000-5000万元	5000万元-1亿元	1-3亿元	3-5亿元	5亿元以上
32	30	7	4		
1	1	1			
892	827	94	68	25	42
1	3		1		
2	5		1		
28	44	1	1		
112	93	6	2	1	1
20	18	1	1	1	
11	14	1	1		
542	489	69	44	20	39
176	161	16	17	3	2
382	380	67	33	12	8
345	336	53	27	10	6
18	25	10	6	2	2
19	19	4			
282	**499**	**115**	**114**	**40**	**92**
15	26	15	16	3	14
	3	1	3		3
7	9	4	4	2	5
3	5	2	6	1	3
	1	1			
5	8	7	3		3
30	65	9	16	3	2
2	12	1		1	1
28	53	8	16	2	1
237	408	91	82	34	76
33	48	26	30	16	52
11	10	5	1		1

2-B-15 续表 14

行业	单位数	50万元及以下	50-100万元	100-500万元
城乡市容管理	73	27	12	14
绿化管理	1276	433	131	372
公园和游览景区管理	817	204	72	206
居民服务、修理和其他服务业	**11214**	**6758**	**1790**	**2019**
居民服务业	4037	2787	490	543
家庭服务	668	535	68	53
托儿所服务	12	8		3
洗染服务	244	115	38	72
理发及美容服务	814	612	98	85
洗浴服务	447	228	75	104
保健服务	658	434	107	92
婚姻服务	469	393	39	32
殡葬服务	239	101	22	47
其他居民服务业	486	361	43	55
机动车、电子产品和日用产品修理业	5148	2715	993	1108
汽车、摩托车修理与维护	3988	1976	822	909
计算机和办公设备维修	434	262	74	81
家用电器修理	562	361	75	99
其他日用产品修理业	164	116	22	19
其他服务业	2029	1256	307	368
清洁服务	1550	972	244	286
其他未列明服务业	479	284	63	82
卫生和社会工作	**97**	**52**	**7**	**19**
社会工作	97	52	7	19
提供住宿社会工作	46	19	4	11
不提供住宿社会工作	51	33	3	8
文化、体育和娱乐业	**11759**	**6829**	**1899**	**1904**
新闻和出版业	130	38	14	35
新闻业	11	5	3	3
出版业	119	33	11	32

单位：个

500-1000万元	1000-5000万元	5000万元-1亿元	1-3亿元	3-5亿元	5亿元以上
3	7	2	2	3	3
101	179	31	22	4	3
89	164	27	27	11	17
351	**238**	**35**	**16**	**5**	**2**
108	87	9	8	4	1
5	7				
	1				
14	5				
15	4				
23	14	1	2		
15	8		1	1	
4	1				
23	38	5	3		
9	9	3	2	3	1
193	112	20	6		1
167	91	17	5		1
6	9	1	1		
17	8	2			
3	4				
50	39	6	2	1	
29	17	2			
21	22	4	2	1	
4	**8**	**2**	**4**		**1**
4	8	2	4		1
2	6	2	1		1
2	2		3		
431	**508**	**106**	**60**	**8**	**14**
6	18	11	7		1
6	18	11	7		1

2-B-15 续表 15

行　　业	单位数			
		50万元及以下	50-100万元	100-500万元
广播、电视、电影和影视录音制作业	1328	362	85	312
广播	14	4	2	5
电视	71	14	3	12
电影和影视节目制作	878	257	50	230
电影和影视节目发行	35	8	4	10
电影放映	314	67	25	55
录音制作	16	12	1	
文化艺术业	1093	644	167	180
文艺创作与表演	423	253	69	72
艺术表演场馆	33	10	3	10
图书馆与档案馆	52	33	9	9
文物及非物质文化遗产保护	34	12	4	5
博物馆	29	8	4	10
烈士陵园、纪念馆	1			1
群众文化活动	124	85	21	10
其他文化艺术业	397	243	57	63
体育	1008	615	129	152
体育组织	11	2		2
体育场馆	28	9	4	5
休闲健身活动	837	516	114	127
其他体育	132	88	11	18
娱乐业	8200	5170	1504	1225
室内娱乐活动	7707	4939	1440	1108
游乐园	75	21	6	22
彩票活动	3	3		
文化、娱乐、体育经纪代理	200	116	29	38
其他娱乐业	215	91	29	57

单位：个

500-1000万元	1000-5000万元	5000万元-1亿元	1-3亿元	3-5亿元	5亿元以上
179	284	59	33	6	8
1	1	1			
5	18	4	13	1	1
102	165	45	18	5	6
5	6	2			
66	91	7	2		1
	3				
44	41	8	8		1
14	11	1	3		
6	3	1			
	1				
4	5		4		
2	3	2			
3	4	1			
15	14	3	1		1
45	44	12	7	1	3
2	1	1	1		2
5	3	1	1		
37	32	7	2	1	1
1	8	3	3		
157	121	16	5	1	1
132	82	5	1		
3	11	8	2	1	1
7	9	1			
15	19	2	2		

2-B-16 按行业中类、从业人数

行业	单位数	7人及以下	8-19人	20-49人
总计	**807048**	**479240**	**178895**	**93875**
农、林、牧、渔业	**2744**	**2098**	**503**	**123**
农业	41	17	11	10
谷物种植	3	1	1	1
蔬菜、食用菌及园艺作物种植	11	4	2	3
水果种植	10	4	1	5
坚果、含油果、香料和饮料作物种植	10	5	4	1
中药材种植	6	2	3	
其他农业	1	1		
林业	4	3	1	
林木育种和育苗	4	3	1	
畜牧业	23	13	7	3
牲畜饲养	12	7	3	2
家禽饲养	6	4	2	
其他畜牧业	5	2	2	1
渔业	14	6	6	1
水产养殖	14	6	6	1
农、林、牧、渔服务业	2662	2059	478	109
农业服务业	2335	1814	414	95
林业服务业	126	89	28	6
畜牧服务业	121	93	24	3
渔业服务业	80	63	12	5
采矿业	**1257**	**500**	**362**	**253**
煤炭开采和洗选业	20	15	3	
烟煤和无烟煤开采洗选	9	6	1	
褐煤开采洗选	5	4	1	
其他煤炭采选	6	5	1	
黑色金属矿采选业	22	7	1	6

组距分组的小微企业法人单位数

单位：个

50-99人	100-299人	300-499人	500-999人	1000-2999人	3000-4999人	5000人及以上
33818	**19991**	**629**	**366**	**175**	**25**	**34**
15	**5**					
3						
2						
1						
	1					
	1					
12	4					
9	3					
2	1					
1						
92	**50**					
2						
2						
6	2					

2-B-16 续表 1

行业	单位数			
		7人及以下	8-19人	20-49人
铁矿采选	21	6	1	6
其他黑色金属矿采选	1	1		
有色金属矿采选业	69	23	12	16
常用有色金属矿采选	42	13	10	10
贵金属矿采选	5	1	1	1
稀有稀土金属矿采选	22	9	1	5
非金属矿采选业	1110	432	338	228
土砂石开采	1009	389	309	203
化学矿开采	6	3	1	2
采盐	9	4	1	3
石棉及其他非金属矿采选	86	36	27	20
开采辅助活动	8	7		1
石油和天然气开采辅助活动	3	3		
其他开采辅助活动	5	4		1
其他采矿业	28	16	8	2
其他采矿业	28	16	8	2
制造业	**360058**	**149940**	**99480**	**66797**
农副食品加工业	5423	2237	1592	1009
谷物磨制	289	135	97	43
饲料加工	434	141	119	105
植物油加工	262	146	59	37
制糖业	38	24	7	5
屠宰及肉类加工	668	265	181	133
水产品加工	1554	593	458	286
蔬菜、水果和坚果加工	1541	612	488	308
其他农副食品加工	637	321	183	92
食品制造业	2397	1025	661	392
焙烤食品制造	690	341	196	93
糖果、巧克力及蜜饯制造	185	73	50	35

单位：个

50-99人	100-299人	300-499人	500-999人	1000-2999人	3000-4999人	5000人及以上
6	2					
8	10					
4	5					
2						
2	5					
74	38					
72	36					
	1					
2	1					
2						
2						
26818	**16954**	**43**	**20**	**5**		**1**
344	240	1				
11	3					
31	38					
17	3					
2						
58	31					
116	100	1				
83	50					
26	15					
179	138	2				
37	23					
15	12					

2-B-16 续表 2

行业	单位数			
		7人及以下	8-19人	20-49人
方便食品制造	359	145	106	60
乳制品制造	42	17	6	9
罐头食品制造	222	75	55	41
调味品、发酵制品制造	221	103	56	35
其他食品制造	678	271	192	119
酒、饮料和精制茶制造业	2656	1331	791	332
酒的制造	525	226	154	85
饮料制造	666	343	201	73
精制茶加工	1465	762	436	174
烟草制品业	5	1		1
卷烟制造	2	1		
其他烟草制品制造	3			1
纺织业	29648	12032	8259	5424
棉纺织及印染精加工	8969	3791	2177	1479
毛纺织及染整精加工	1138	355	272	275
麻纺织及染整精加工	88	31	26	10
丝绢纺织及印染精加工	1464	434	358	369
化纤织造及印染精加工	3600	1330	1255	730
针织或钩针编织物及其制品制造	6380	2514	1976	1156
家用纺织制成品制造	4587	2056	1250	824
非家用纺织制成品制造	3422	1521	945	581
纺织服装、服饰业	25905	8708	6549	6113
机织服装制造	13895	4479	3461	3374
针织或钩针编织服装制造	6230	2048	1429	1451
服饰制造	5780	2181	1659	1288
皮革、毛皮、羽毛及其制品和制鞋业	15288	4662	3805	3769
皮革鞣制加工	554	181	130	161
皮革制品制造	4205	1497	1076	959
毛皮鞣制及制品加工	1102	631	304	119

单位：个

50-99人	100-299人	300-499人	500-999人	1000-2999人	3000-4999人	5000人及以上
25	22	1				
3	7					
31	19	1				
12	15					
56	40					
114	86	2				
32	27	1				
29	20					
53	39	1				
1	1			1		
				1		
1	1					
2276	1649	4	3	1		
771	748	1	2			
147	88	1				
15	6					
199	104					
196	86	2	1			
412	322					
295	162					
241	133			1		
2710	1820	5				
1445	1135	1				
799	500	3				
466	185	1				
1786	1259	6	1			
45	37					
418	253	1	1			
32	16					

2-B-16 续表 3

行 业	单位数			
		7人及以下	8-19人	20-49人
羽毛(绒)加工及制品制造	311	137	79	48
制鞋业	9116	2216	2216	2482
木材加工和木、竹、藤、棕、草制品业	6218	2331	1911	1355
木材加工	1201	554	371	240
人造板制造	765	212	200	199
木制品制造	2665	1029	861	517
竹、藤、棕、草等制品制造	1587	536	479	399
家具制造业	5340	1965	1364	1121
木质家具制造	3192	1179	902	686
竹、藤家具制造	163	63	38	37
金属家具制造	1078	352	227	232
塑料家具制造	181	63	46	34
其他家具制造	726	308	151	132
造纸和纸制品业	9693	4742	2846	1275
纸浆制造	24	10	10	3
造纸	1823	790	389	277
纸制品制造	7846	3942	2447	995
印刷和记录媒介复制业	10053	4235	3317	1815
印刷	9318	3814	3121	1721
装订及印刷相关服务	718	413	192	91
记录媒介复制	17	8	4	3
文教、工美、体育和娱乐用品制造业	18524	7814	5329	3482
文教办公用品制造	3142	1159	999	625
乐器制造	181	64	50	44
工艺美术品制造	11267	5040	3263	1987
体育用品制造	1497	583	359	346
玩具制造	1974	772	553	382
游艺器材及娱乐用品制造	463	196	105	98
石油加工、炼焦和核燃料加工业	340	160	107	54

单位：个

50-99人	100-299人	300-499人	500-999人	1000-2999人	3000-4999人	5000人及以上
15	32					
1276	921	5				
416	205					
28	8					
93	61					
162	96					
133	40					
484	406					
233	192					
16	9					
143	124					
22	16					
70	65					
494	335		1			
1						
199	168					
294	167		1			
464	221	1				
449	212	1				
13	9					
2						
1251	648					
247	112					
11	12					
676	301					
120	89					
161	106					
36	28					
12	5	1	1			

2-B-16 续表 4

行 业	单位数			
		7人及以下	8-19人	20-49人
精炼石油产品制造	335	158	106	52
炼焦	3	1	1	1
核燃料加工	2	1		1
化学原料和化学制品制造业	8712	3853	2243	1505
基础化学原料制造	1260	463	325	237
肥料制造	253	117	83	39
农药制造	98	27	17	17
涂料、油墨、颜料及类似产品制造	2215	1057	623	341
合成材料制造	1027	380	232	199
专用化学产品制造	2779	1332	717	460
炸药、火工及焰火产品制造	29	11	4	6
日用化学产品制造	1051	466	242	206
医药制造业	1188	382	215	235
化学药品原料药制造	275	98	27	48
化学药品制剂制造	114	32	15	19
中药饮片加工	108	50	16	21
中成药生产	87	25	11	16
兽用药品制造	66	14	18	16
生物药品制造	193	65	38	39
卫生材料及医药用品制造	345	98	90	76
化学纤维制造业	1431	403	410	300
纤维素纤维原料及纤维制造	131	51	32	30
合成纤维制造	1300	352	378	270
橡胶和塑料制品业	29163	13729	8357	4650
橡胶制品业	3536	1610	1004	592
塑料制品业	25627	12119	7353	4058
非金属矿物制品业	12916	5454	3319	2326
水泥、石灰和石膏制造	666	267	152	107
石膏、水泥制品及类似制品制造	2892	1420	575	323

单位：个

50-99人	100-299人	300-499人	500-999人	1000-2999人	3000-4999人	5000人及以上
12	5	1	1			
639	471		1			
142	92		1			
10	4					
13	24					
111	83					
108	108					
171	99					
3	5					
81	56					
160	194	1		1		
38	63			1		
17	31					
10	11					
14	21					
11	7					
23	27	1				
47	34					
154	162	1	1			
9	9					
145	153	1	1			
1520	907					
208	122					
1312	785					
1213	603			1		
73	66			1		
349	225					

2-B-16 续表 5

行业	单位数			
		7人及以下	8-19人	20-49人
砖瓦、石材等建筑材料制造	3865	1720	922	757
玻璃制造	355	110	84	92
玻璃制品制造	2256	663	765	556
玻璃纤维和玻璃纤维增强塑料制品制造	463	150	151	83
陶瓷制品制造	798	351	205	152
耐火材料制品制造	754	325	227	124
石墨及其他非金属矿物制品制造	867	448	238	132
黑色金属冶炼和压延加工业	4129	1311	1055	1002
炼铁	39	14	14	7
炼钢	58	27	10	11
黑色金属铸造	1579	389	400	476
钢压延加工	2397	858	620	499
铁合金冶炼	56	23	11	9
有色金属冶炼和压延加工业	3445	1271	932	710
常用有色金属冶炼	322	144	76	58
贵金属冶炼	25	10	3	6
稀有稀土金属冶炼	21	13	1	2
有色金属合金制造	304	105	76	57
有色金属铸造	407	164	117	100
有色金属压延加工	2366	835	659	487
金属制品业	30630	13691	8515	5353
结构性金属制品制造	4884	2284	1248	840
金属工具制造	5052	2232	1516	858
集装箱及金属包装容器制造	680	236	173	141
金属丝绳及其制品制造	906	412	262	156
建筑、安全用金属制品制造	8660	4019	2462	1461
金属表面处理及热处理加工	2727	965	730	614
搪瓷制品制造	325	153	78	55
金属制日用品制造	3831	1749	991	653
其他金属制品制造	3565	1641	1055	575

单位：个

50-99人	100-299人	300-499人	500-999人	1000-2999人	3000-4999人	5000人及以上
371	95					
49	20					
182	90					
59	20					
58	32					
43	35					
29	20					
465	292	3				1
3	1					
5	4	1				
191	123					
257	160	2				1
9	4					
348	183	1				
31	12	1				
4	2					
3	2					
42	24					
17	9					
251	134					
1965	1100	5	1			
313	199					
281	164	1				
82	47		1			
45	31					
496	221	1				
263	153	2				
26	13					
256	182					
203	90	1				

2-B-16 续表 6

行 业	单位数			
		7人及以下	8-19人	20-49人
通用设备制造业	45764	20120	13278	7923
锅炉及原动设备制造	712	269	178	139
金属加工机械制造	4564	2196	1291	710
物料搬运设备制造	1565	543	411	337
泵、阀门、压缩机及类似机械制造	10339	4065	2954	2031
轴承、齿轮和传动部件制造	5350	1767	1550	1231
烘炉、风机、衡器、包装等设备制造	4795	1957	1400	882
文化、办公用机械制造	436	142	112	90
通用零部件制造	16945	8647	5078	2347
其他通用设备制造业	1058	534	304	156
专用设备制造业	19013	8699	5255	3187
采矿、冶金、建筑专用设备制造	1170	485	335	196
化工、木材、非金属加工专用设备制造	7675	3740	2159	1185
食品、饮料、烟草及饲料生产专用设备制造	620	277	183	105
印刷、制药、日化及日用品生产专用设备制造	1277	549	345	244
纺织、服装和皮革加工专用设备制造	3500	1525	1005	583
电子和电工机械专用设备制造	814	376	228	145
农、林、牧、渔专用机械制造	889	378	219	167
医疗仪器设备及器械制造	985	421	237	190
环保、社会公共服务及其他专用设备制造	2083	948	544	372
汽车制造业	13696	5056	3765	2804
汽车整车制造	73	20	10	15
改装汽车制造	25	6	3	4
低速载货汽车制造	2	1		
电车制造	12	6	3	1
汽车车身、挂车制造	36	13	8	10
汽车零部件及配件制造	13548	5010	3741	2774
铁路、船舶、航空航天和其他运输设备制造业	4369	1661	1126	902

单位：个

50-99人	100-299人	300-499人	500-999人	1000-2999人	3000-4999人	5000人及以上
2851	1589	2	1			
64	62					
266	101					
148	126					
807	482					
482	318	1	1			
340	215	1				
57	35					
645	228					
42	22					
1177	693		2			
95	59					
354	236		1			
39	16					
95	44					
267	119		1			
46	19					
76	49					
74	63					
131	88					
1311	759	1				
6	22					
4	8					
	1					
2						
2	3					
1297	725	1				
394	283	2		1		

2-B-16 续表 7

行业	单位数	7人及以下	8-19人	20-49人
铁路运输设备制造	107	35	27	26
城市轨道交通设备制造	8	1	4	2
船舶及相关装置制造	1093	481	245	201
航空、航天器及设备制造	34	16	4	6
摩托车制造	1495	486	401	345
自行车制造	1382	544	385	271
非公路休闲车及零配件制造	167	70	38	34
潜水救捞及其他未列明运输设备制造	83	28	22	17
电气机械和器材制造业	31930	13511	8774	5676
电机制造	3360	1280	857	713
输配电及控制设备制造	11626	5102	3531	1781
电线、电缆、光缆及电工器材制造	3099	1196	856	634
电池制造	458	200	78	74
家用电力器具制造	5763	2675	1420	962
非电力家用器具制造	1000	504	254	152
照明器具制造	5744	2125	1536	1219
其他电气机械及器材制造	880	429	242	141
计算机、通信和其他电子设备制造业	9148	3692	2460	1715
计算机制造	310	128	75	59
通信设备制造	729	272	186	141
广播电视设备制造	471	148	146	107
雷达及配套设备制造	11	4	2	4
视听设备制造	675	221	201	158
电子器件制造	1183	514	292	187
电子元件制造	5117	2083	1392	965
其他电子设备制造	652	322	166	94
仪器仪表制造业	5713	2043	1575	1257
通用仪器仪表制造	2651	1091	740	453
专用仪器仪表制造	736	288	207	131

单位：个

50-99人	100-299人	300-499人	500-999人	1000-2999人	3000-4999人	5000人及以上
11	8					
1						
89	74	2		1		
2	6					
154	109					
107	75					
19	6					
11	5					
2382	1583	1	3			
278	231		1			
721	490	1				
254	159					
54	52					
411	294		1			
53	37					
559	304		1			
52	16					
726	553	1	1			
21	27					
73	57					
43	27					
	1					
55	40					
97	92		1			
394	282	1				
43	27					
540	297	1				
207	160					
70	40					

2-B-16 续表 8

行 业	单位数			
		7人及以下	8-19人	20-49人
钟表与计时仪器制造	152	42	50	32
光学仪器及眼镜制造	1851	461	478	602
其他仪器仪表制造业	323	161	100	39
其他制造业	5087	2663	1131	814
日用杂品制造	4102	2051	917	710
煤制品制造	55	41	5	8
核辐射加工	5	4		
其他未列明制造业	925	567	209	96
废弃资源综合利用业	913	462	230	106
金属废料和碎屑加工处理	413	199	64	52
非金属废料和碎屑加工处理	500	263	166	54
金属制品、机械和设备修理业	1321	696	309	190
金属制品修理	37	24	10	2
通用设备修理	170	125	30	10
专用设备修理	152	119	27	4
铁路、船舶、航空航天等运输设备修理	770	310	194	161
电气设备修理	77	50	15	4
仪器仪表修理	11	7	3	1
其他机械和设备修理业	104	61	30	8
电力、热力、燃气及水生产和供应业	**4204**	**2384**	**1014**	**418**
电力、热力生产和供应业	2745	1799	577	166
电力生产	2615	1747	554	154
电力供应	53	20	13	7
热力生产和供应	77	32	10	5
燃气生产和供应业	305	120	75	61
燃气生产和供应业	305	120	75	61
水的生产和供应业	1154	465	362	191
自来水生产和供应	604	202	199	107
污水处理及其再生利用	324	138	85	62
其他水的处理、利用与分配	226	125	78	22

单位：个

50-99人	100-299人	300-499人	500-999人	1000-2999人	3000-4999人	5000人及以上
19	9					
228	81	1				
16	7					
319	160					
281	143					
	1					
1						
37	16					
60	55					
50	48					
10	7					
63	57	2	4			
1						
2	3					
1	1					
52	47	2	4			
5	3					
2	3					
199	**187**	**1**		**1**		
92	110			1		
75	84			1		
4	9					
13	17					
33	15	1				
33	15	1				
74	62					
47	49					
26	13					
1						

2-B-16 续表 9

行业	单位数			
		7人及以下	8-19人	20-49人
建筑业	**20941**	**12251**	**3823**	**1757**
房屋建筑业	2777	1100	373	245
房屋建筑业	2777	1100	373	245
土木工程建筑业	4524	2201	903	455
铁路、道路、隧道和桥梁工程建筑	1832	792	327	177
水利和内河港口工程建筑	412	214	77	32
海洋工程建筑	29	18	5	3
工矿工程建筑	170	72	39	25
架线和管道工程建筑	510	226	121	70
其他土木工程建筑	1571	879	334	148
建筑安装业	3351	1845	736	401
电气安装	1064	616	206	125
管道和设备安装	937	518	221	103
其他建筑安装业	1350	711	309	173
建筑装饰和其他建筑业	10289	7105	1811	656
建筑装饰业	7617	5187	1423	489
工程准备活动	2075	1588	262	113
提供施工设备服务	155	88	32	15
其他未列明建筑业	442	242	94	39
批发和零售业	**247318**	**200251**	**37795**	**8209**
批发业	175094	139041	29579	5526
农、林、牧产品批发	5487	3944	1192	276
食品、饮料及烟草制品批发	15736	11815	2942	783
纺织、服装及家庭用品批发	49313	39780	7823	1435
文化、体育用品及器材批发	8464	6989	1187	248
医药及医疗器材批发	2921	1981	700	216
矿产品、建材及化工产品批发	43454	34563	7780	973
机械设备、五金产品及电子产品批发	32873	26046	5489	1199

单位：个

50-99人	100-299人	300-499人	500-999人	1000-2999人	3000-4999人	5000人及以上
1062	**1158**	**459**	**278**	**111**	**16**	**26**
225	344	209	175	76	11	19
225	344	209	175	76	11	19
331	394	158	65	14	2	1
150	224	111	39	11	1	
34	28	17	8	2		
3						
15	12	1	5	1		
39	46	5	3			
90	84	24	10		1	1
192	134	32	5	5		1
63	44	6	1	2		1
48	36	9	2			
81	54	17	2	3		
314	286	60	33	16	3	5
240	206	45	19	6		2
46	49	6	5	4	1	1
4	9	2	2	2	1	
24	22	7	7	4	1	2
810	**237**	**10**	**2**	**4**		
720	213	10	2	3		
50	24	1				
144	51	1				
219	52	2	2			
32	7	1				
14	10					
106	29	1		2		
104	31	3		1		

2-B-16 续表 10

行业	单位数			
		7人及以下	8-19人	20-49人
贸易经纪与代理	9709	7920	1528	233
其他批发业	7137	6003	938	163
零售业	72224	61210	8216	2683
综合零售	3001	2349	440	187
食品、饮料及烟草制品专门零售	9145	7947	910	259
纺织、服装及日用品专门零售	10719	9320	1095	287
文化、体育用品及器材专门零售	3885	3222	479	182
医药及医疗器材专门零售	10760	9994	588	173
汽车、摩托车、燃料及零配件专门零售	7467	5324	1366	768
家用电器及电子产品专门零售	7945	6221	1338	380
五金、家具及室内装饰材料专门零售	10530	9354	990	177
货摊、无店铺及其他零售业	8772	7479	1010	270
交通运输、仓储和邮政业	**16320**	**8629**	**4064**	**2280**
道路运输业	8245	4329	2049	1166
城市公共交通运输	422	168	99	57
公路旅客运输	448	89	83	126
道路货物运输	6611	3617	1734	892
道路运输辅助活动	764	455	133	91
水上运输业	1029	345	200	253
水上旅客运输	81	19	24	15
水上货物运输	662	176	122	196
水上运输辅助活动	286	150	54	42
航空运输业	37	21	7	4
航空客货运输	3	2		
通用航空服务	18	10	5	2
航空运输辅助活动	16	9	2	2
管道运输业	3	1		
管道运输业	3	1		
装卸搬运和运输代理业	5257	3196	1299	505

单位：个

50-99人	100-299人	300-499人	500-999人	1000-2999人	3000-4999人	5000人及以上
24	3	1				
27	6					
90	24			1		
14	11					
24	5					
15	2					
2						
4	1					
7	1			1		
5	1					
7	2					
12	1					
813	**512**	**19**	**1**	**2**		
402	285	12		2		
41	48	7		2		
78	70	2				
238	128	2				
45	39	1				
147	82	2				
12	10	1				
117	50	1				
18	22					
2	3					
1						
1						
	3					
1	1					
1	1					
143	109	4	1			

2-B-16 续表 11

行业	单位数			
		7人及以下	8-19人	20-49人
装卸搬运	842	447	192	99
运输代理业	4415	2749	1107	406
仓储业	818	377	197	172
谷物、棉花等农产品仓储	134	40	31	45
其他仓储业	684	337	166	127
邮政业	931	360	312	180
邮政基本服务	28	15	5	3
快递服务	903	345	307	177
住宿和餐饮业	**13274**	**5935**	**3879**	**2314**
住宿业	5729	2950	1555	755
旅游饭店	1268	303	310	294
一般旅馆	4200	2492	1175	431
其他住宿业	261	155	70	30
餐饮业	7545	2985	2324	1559
正餐服务	5720	2003	1812	1297
快餐服务	566	255	181	104
饮料及冷饮服务	561	299	172	76
其他餐饮业	698	428	159	82
信息传输、软件和信息技术服务业	**15813**	**11012**	**3117**	**1273**
电信、广播电视和卫星传输服务	465	279	94	52
电信	378	237	72	40
广播电视传输服务	87	42	22	12
互联网和相关服务	1331	921	265	105
互联网接入及相关服务	173	120	36	15
互联网信息服务	967	669	189	79
其他互联网服务	191	132	40	11
软件和信息技术服务业	14017	9812	2758	1116
软件开发	10005	6974	1976	806
信息系统集成服务	1237	824	262	117

单位：个

50-99人	100-299人	300-499人	500-999人	1000-2999人	3000-4999人	5000人及以上
53	46	4	1			
90	63					
69	3					
18						
51	3					
49	29	1				
2	3					
47	26	1				
899	**240**	**7**				
346	120	3				
251	107	3				
89	13					
6						
553	120	4				
499	106	3				
19	6	1				
10	4					
25	4					
381	**26**	**1**	**3**			
32	8					
25	4					
7	4					
38	2					
2						
28	2					
8						
311	16	1	3			
233	13		3			
31	2	1				

2-B-16 续表 12

行业	单位数			
		7人及以下	8-19人	20-49人
信息技术咨询服务	1650	1228	306	96
数据处理和存储服务	256	161	54	31
集成电路设计	167	98	42	22
其他信息技术服务业	702	527	118	44
房地产业	**17354**	**9889**	**4098**	**2384**
房地产业	17354	9889	4098	2384
房地产开发经营	5574	2055	2136	1200
物业管理	4564	2008	987	837
房地产中介服务	6566	5450	797	259
其他房地产业	650	376	178	88
租赁和商务服务业	**59888**	**44500**	**10761**	**3314**
租赁业	3466	2874	432	127
机械设备租赁	3333	2778	410	114
文化及日用品出租	133	96	22	13
商务服务业	56422	41626	10329	3187
企业管理服务	15092	11022	2934	864
法律服务	538	236	180	97
咨询与调查	15977	12593	2392	780
广告业	10789	8567	1832	320
知识产权服务	752	581	128	35
人力资源服务	2079	1395	307	166
旅行社及相关服务	2697	1517	836	246
安全保护服务	447	198	74	36
其他商务服务业	8051	5517	1646	643
科学研究和技术服务业	**21062**	**13964**	**4552**	**1947**
研究和试验发展	2449	1776	465	173
自然科学研究和试验发展	113	81	24	7
工程和技术研究和试验发展	1660	1205	317	117
农业科学研究和试验发展	335	253	58	19

单位：个

50-99人	100-299人	300-499人	500-999人	1000-2999人	3000-4999人	5000人及以上
20						
10						
5						
12	1					
624	**347**	**10**	**1**	**1**		
624	347	10	1	1		
155	25	2	1			
401	322	8		1		
60						
8						
831	**275**	**79**	**61**	**51**	**9**	**7**
24	8		1			
24	7					
	1		1			
807	267	79	60	51	9	7
215	44	7	5	1		
22	3					
151	50	10	1			
51	17		1	1		
8						
57	62	30	19	29	7	7
67	30		1			
20	33	31	33	20	2	
216	28	1				
599						
35						
1						
21						
5						

2-B-16 续表 13

行业	单位数			
		7人及以下	8-19人	20-49人
医学研究和试验发展	319	222	63	27
社会人文科学研究	22	15	3	3
专业技术服务业	12473	7694	2872	1406
气象服务	36	27	7	1
地震服务	2	2		
海洋服务	29	19	4	4
测绘服务	355	113	137	82
质检技术服务	1032	437	336	208
环境与生态监测	227	127	54	42
地质勘查	87	39	23	18
工程技术	6312	3702	1457	798
其他专业技术服务业	4393	3228	854	253
科技推广和应用服务业	6140	4494	1215	368
技术推广服务	5192	3752	1053	331
科技中介服务	528	424	79	23
其他科技推广和应用服务业	420	318	83	14
水利、环境和公共设施管理业	**3745**	**2134**	**887**	**519**
水利管理业	265	149	54	48
防洪除涝设施管理	35	22	6	5
水资源管理	69	40	13	13
天然水收集与分配	43	19	7	12
水文服务	6	4	2	
其他水利管理业	112	64	26	18
生态保护和环境治理业	461	276	108	55
生态保护	55	34	14	3
环境治理业	406	242	94	52
公共设施管理业	3019	1709	725	416
市政设施管理	482	299	109	57
环境卫生管理	371	208	68	59

单位：个

50-99人	100-299人	300-499人	500-999人	1000-2999人	3000-4999人	5000人及以上
7						
1						
501						
1						
2						
23						
51						
4						
7						
355						
58						
63						
56						
2						
5						
205						
14						
2						
3						
5						
4						
22						
4						
18						
169						
17						
36						

2-B-16 续表 14

行 业	单位数			
		7人及以下	8-19人	20-49人
城乡市容管理	73	41	24	7
绿化管理	1276	722	338	166
公园和游览景区管理	817	439	186	127
居民服务、修理和其他服务业	**11214**	**6693**	**3009**	**1260**
居民服务业	4037	2486	922	507
家庭服务	668	485	106	53
托儿所服务	12	10	1	1
洗染服务	244	132	55	41
理发及美容服务	814	490	237	75
洗浴服务	447	179	131	104
保健服务	658	275	194	165
婚姻服务	469	402	60	6
殡葬服务	239	130	69	33
其他居民服务业	486	383	69	29
机动车、电子产品和日用产品修理业	5148	2888	1675	525
汽车、摩托车修理与维护	3988	1982	1499	458
计算机和办公设备维修	434	349	67	15
家用电器修理	562	425	88	44
其他日用产品修理业	164	132	21	8
其他服务业	2029	1319	412	228
清洁服务	1550	951	339	192
其他未列明服务业	479	368	73	36
卫生和社会工作	**97**	**71**	**17**	**8**
社会工作	97	71	17	8
提供住宿社会工作	46	34	7	4
不提供住宿社会工作	51	37	10	4
文化、体育和娱乐业	**11759**	**8989**	**1534**	**1019**
新闻和出版业	130	61	27	25
新闻业	11	6	5	
出版业	119	55	22	25

单位：个

50-99人	100-299人	300-499人	500-999人	1000-2999人	3000-4999人	5000人及以上
1						
50						
65						
252						
122						
24						
16						
12						
33						
24						
1						
7						
5						
60						
49						
3						
5						
3						
70						
68						
2						
1						
1						
1						
217						
17						
17						

2-B-16 续表 15

行　　业	单位数	7人及以下	8-19人	20-49人
广播、电视、电影和影视录音制作业	1328	771	204	298
广播	14	6	5	2
电视	71	42	14	12
电影和影视节目制作	878	595	112	147
电影和影视节目发行	35	20	11	3
电影放映	314	95	60	133
录音制作	16	13	2	1
文化艺术业	1093	778	198	98
文艺创作与表演	423	259	84	66
艺术表演场馆	33	13	7	10
图书馆与档案馆	52	37	11	4
文物及非物质文化遗产保护	34	21	10	2
博物馆	29	20	6	3
烈士陵园、纪念馆	1		1	
群众文化活动	124	102	16	6
其他文化艺术业	397	326	63	7
体育	1008	690	216	80
体育组织	11	7	3	
体育场馆	28	13	9	4
休闲健身活动	837	566	183	73
其他体育	132	104	21	3
娱乐业	8200	6689	889	518
室内娱乐活动	7707	6343	794	477
游乐园	75	36	22	11
彩票活动	3	1	1	1
文化、娱乐、体育经纪代理	200	155	35	9
其他娱乐业	215	154	37	20

单位：个

50-99人	100-299人	300-499人	500-999人	1000-2999人	3000-4999人	5000人及以上
55						
1						
3						
24						
1						
26						
19						
14						
3						
1						
1						
22						
1						
2						
15						
4						
104						
93						
6						
1						
4						

2-B-17 按地区、营业状态分组的小微企业法人单位数

单位：个

地 区	单位数	营业	停业(歇业)	筹建	当年关闭	当年破产	其他
全 省	**807048**	**648204**	**79785**	**42683**	**29753**	**1082**	**5541**
杭州市	**181335**	**143305**	**20057**	**9248**	**8123**	**189**	**413**
上城区	8449	6685	1108	417	236	1	2
下城区	12848	11221	933	529	143	1	21
江干区	17629	14911	1292	878	508	3	37
拱墅区	16177	12483	1714	1008	948	6	18
西湖区	25329	17557	3854	825	3049	7	37
滨江区	9348	8557	496	131	152	7	5
萧山区	34489	26847	3763	2051	1750	76	2
余杭区	22901	18432	2441	1642	342	16	28
桐庐县	6676	5053	835	470	278	15	25
淳安县	3037	2506	224	206	67	7	27
建德市	5228	4235	531	242	172	21	27
富阳市	11013	8496	1629	461	262	9	156
临安市	8211	6322	1237	388	216	20	28
宁波市	**144591**	**111196**	**15084**	**11120**	**6368**	**130**	**693**
海曙区	10962	9120	764	248	824		6
江东区	11642	8813	593	1749	362	2	123
江北区	8703	6009	1060	760	858	16	
北仑区	13315	11092	872	914	377	6	54
镇海区	8490	6279	536	1498	136	11	30
鄞州区	30794	23911	2712	2411	1627	19	114
象山县	7419	5063	1621	523	178	9	25
宁海县	7545	5966	764	518	115	11	171
余姚市	16680	13766	1517	978	351	7	61
慈溪市	22439	15642	4179	1102	1399	42	75
奉化市	6602	5535	466	419	141	7	34
温州市	**114340**	**91084**	**15684**	**3417**	**2645**	**221**	**1289**
鹿城区	16694	12278	3470	40	599	79	228
龙湾区	13011	8781	2474	499	548	26	683
瓯海区	9402	7948	1099	168	126	5	56
洞头县	1143	931	146	57	3		6
永嘉县	9316	7032	1522	605	140	3	14
平阳县	7137	5652	913	272	191	19	90

2-B-17　续表 1　　　　单位：个

地　区	单位数						
		营业	停业(歇业)	筹建	当年关闭	当年破产	其他
苍南县	12982	10883	1345	301	365	17	71
文成县	1235	1018	128	46	30	7	6
泰顺县	1517	1241	143	67	54	3	9
瑞安市	19759	15189	3148	1030	338	13	41
乐清市	22144	20131	1296	332	251	49	85
嘉兴市	**66172**	**56212**	**3457**	**3626**	**2562**	**44**	**271**
南湖区	10526	9122	601	558	218	9	18
秀洲区	7135	6246	228	275	225	2	159
嘉善县	9241	7747	554	422	477	8	33
海盐县	6258	5256	204	476	308	3	11
海宁市	12998	11284	607	628	446	7	26
平湖市	9113	7244	684	633	533	11	8
桐乡市	10901	9313	579	634	355	4	16
湖州市	**29260**	**24145**	**2101**	**1365**	**1019**	**97**	**533**
吴兴区	8473	7356	561	257	208	44	47
南浔区	4677	3896	382	213	145	8	33
德清县	5127	4491	239	222	144	9	22
长兴县	6878	5008	700	417	339	15	399
安吉县	4105	3394	219	256	183	21	32
绍兴市	**81073**	**70484**	**5936**	**2183**	**2256**	**93**	**121**
越城区	13091	11495	768	386	411	16	15
绍兴县	23786	21462	1470	629	189	31	5
新昌县	5025	4522	203	227	62	4	7
诸暨市	18204	16304	478	307	1091	24	
上虞市	11337	9696	1158	236	170	12	65
嵊州市	9630	7005	1859	398	333	6	29
金华市	**79819**	**64655**	**7779**	**4234**	**1708**	**141**	**1302**
婺城区	8921	6633	1207	403	503	17	158
金东区	3617	2873	207	319	55	4	159
武义县	4742	3989	339	262	57	5	90
浦江县	3977	3319	274	124	125	12	123
磐安县	2481	2021	153	162	118	6	21
兰溪市	5392	4062	538	153	133	9	497
义乌市	28208	25400	1593	708	356	59	92
东阳市	7839	5777	1241	517	221	6	77
永康市	14642	10581	2227	1586	140	23	85

2-B-17 续表 2　　单位：个

地　区	单位数						
		营业	停业(歇业)	筹建	当年关闭	当年破产	其他
衢州市	**16504**	**12725**	**2061**	**929**	**580**	**60**	**149**
柯城区	4393	3536	450	251	94	4	58
衢江区	2606	1697	592	154	107	22	34
常山县	2285	1767	229	136	124	3	26
开化县	1661	1194	259	176	18	7	7
龙游县	2426	2040	166	110	75	17	18
江山市	3133	2491	365	102	162	7	6
舟山市	**11657**	**8609**	**1490**	**674**	**856**	**21**	**7**
定海区	6550	4588	1019	309	617	11	6
普陀区	3086	2420	260	237	166	2	1
岱山县	1471	1137	167	95	64	8	
嵊泗县	550	464	44	33	9		
台州市	**66059**	**53070**	**4506**	**4674**	**3071**	**56**	**682**
椒江区	8747	6438	795	1021	447	5	41
黄岩区	7449	5998	692	566	179	13	1
路桥区	8375	6186	568	1049	566	2	4
玉环县	9386	8434	661	148	118	5	20
三门县	3379	2418	298	423	229	11	
天台县	3375	2778	126	148	214	7	102
仙居县	2793	2237	272	161	119	2	2
温岭市	15122	12633	722	661	597	3	506
临海市	7433	5948	372	497	602	8	6
丽水市	**16238**	**12719**	**1630**	**1213**	**565**	**30**	**81**
莲都区	4304	2987	452	610	236	9	10
青田县	2549	1834	356	106	214	12	27
缙云县	2486	2044	292	105	34	5	6
遂昌县	1187	993	105	64	15		10
松阳县	1119	947	88	42	32	4	6
云和县	1109	971	69	53	9		7
庆元县	1047	814	159	58	6		10
景宁县	798	703	48	34	10		3
龙泉市	1639	1426	61	141	9		2

2-B-18 按地区、营业状态分组的小微企业法人单位从业人数

单位：人

地 区	从业人员期末人数	营业	停业(歇业)	筹建	当年关闭	当年破产	其他
全 省	**13146386**	**12466818**	**305533**	**216022**	**122632**	**8756**	**26625**
杭州市	**2720383**	**2581769**	**65216**	**41463**	**28641**	**1393**	**1901**
上城区	106020	100662	2543	2250	525	4	36
下城区	142346	135388	3734	2404	603	1	216
江干区	305743	295909	4312	3810	1546	5	161
拱墅区	228215	215495	5051	4549	2981	54	85
西湖区	299985	275829	12520	2454	9020	10	152
滨江区	144647	140370	2961	739	537	30	10
萧山区	528711	500339	12944	9332	5832	250	14
余杭区	373652	358429	7104	6573	697	450	399
桐庐县	99850	94616	2235	2218	591	53	137
淳安县	45059	42833	665	1202	265	7	87
建德市	82680	74715	2157	1709	3815	177	107
富阳市	219864	209735	5831	3089	727	65	417
临安市	143611	137449	3159	1134	1502	287	80
宁波市	**2612019**	**2485133**	**43829**	**58273**	**19005**	**947**	**4832**
海曙区	109994	105893	2536	568	978		19
江东区	146339	132689	3631	7643	1680	2	694
江北区	166806	159964	2454	3009	1353	26	
北仑区	251249	243180	2604	4454	784	23	204
镇海区	202607	185548	2003	13666	853	345	192
鄞州区	595210	564760	8339	12745	7367	99	1900
象山县	124389	119079	3132	1524	530	11	113
宁海县	151083	145918	1755	2711	311	33	355
余姚市	321592	308905	5580	4942	1524	106	535
慈溪市	399095	379596	10303	5178	3040	266	712
奉化市	143655	139601	1492	1833	585	36	108
温州市	**1803423**	**1677887**	**85506**	**11126**	**20021**	**1789**	**7094**
鹿城区	275658	224563	37365	226	10399	879	2226
龙湾区	208372	192781	9621	1506	1771	190	2503
瓯海区	193734	184449	7585	731	457	14	498
洞头县	13793	13170	365	200	2		56
永嘉县	130953	125290	3640	1531	395	3	94
平阳县	116027	110283	3301	1134	923	21	365

2-B-18 续表 1 单位：人

地　区	从业人员期末人数	营业	停业(歇业)	筹建	当年关闭	当年破产	其他
苍南县	155134	144343	6537	1697	1997	100	460
文成县	17549	16806	428	173	44	73	25
泰顺县	27067	25900	248	548	288	18	65
瑞安市	326717	312157	9850	2440	1974	156	140
乐清市	338419	328145	6566	940	1771	335	662
嘉兴市	**1091994**	**1049309**	**11038**	**21237**	**8748**	**424**	**1238**
南湖区	153596	147605	1844	3011	902	122	112
秀洲区	128686	125251	722	1256	837	7	613
嘉善县	155806	149119	2259	2380	1776	89	183
海盐县	113524	107373	468	4887	716	44	36
海宁市	213529	205876	2045	3259	2198	24	127
平湖市	155677	149929	1636	3093	910	75	34
桐乡市	171176	164156	2064	3351	1409	63	133
湖州市	**568458**	**538869**	**11765**	**10255**	**5442**	**540**	**1587**
吴兴区	156327	148928	4587	1582	824	200	206
南浔区	90861	87624	1065	1328	688	39	117
德清县	124308	118269	2156	1805	1660	205	213
长兴县	113113	104095	2793	3758	1597	43	827
安吉县	83849	79953	1164	1782	673	53	224
绍兴市	**1178094**	**1135192**	**22302**	**11381**	**7432**	**660**	**1127**
越城区	189211	181278	3680	2828	1233	40	152
绍兴县	312940	305216	4220	2208	857	391	48
新昌县	87971	85161	658	1723	385	13	31
诸暨市	259511	253482	1533	1641	2809	46	
上虞市	188639	177101	8403	1844	391	157	743
嵊州市	139822	132954	3808	1137	1757	13	153
金华市	**1220266**	**1161288**	**26145**	**19005**	**7119**	**1027**	**5682**
婺城区	130286	123220	3309	2070	1046	49	592
金东区	68948	66148	702	1220	271	13	594
武义县	109667	105263	1273	1845	328	428	530
浦江县	90245	85992	1072	721	1409	21	1030
磐安县	51057	48321	807	1109	460	110	250
兰溪市	90946	86747	1341	621	1130	43	1064
义乌市	320448	307378	7710	3334	1260	100	666
东阳市	166017	159272	3860	1820	575	15	475
永康市	192652	178947	6071	6265	640	248	481

2-B-18 续表 2

单位：人

地 区	从业人员期末人数						
		营业	停业(歇业)	筹建	当年关闭	当年破产	其他
衢州市	**276546**	**259740**	**6653**	**6121**	**2038**	**1026**	**968**
柯城区	62296	58710	889	2354	128	5	210
衢江区	42303	38004	2426	914	460	185	314
常山县	40354	38542	690	658	350	3	111
开化县	24616	22865	857	818	39	18	19
龙游县	50651	47405	555	1054	579	757	301
江山市	56326	54214	1236	323	482	58	13
舟山市	**192240**	**179763**	**5738**	**4207**	**2294**	**68**	**170**
定海区	93517	86896	3413	1731	1310	14	153
普陀区	57955	54577	1211	1631	473	46	17
岱山县	31813	29892	910	589	414	8	
嵊泗县	8955	8398	204	256	97		
台州市	**1162442**	**1094624**	**20391**	**27472**	**18374**	**169**	**1412**
椒江区	133069	124379	1902	5622	1018	6	142
黄岩区	122797	115955	2699	3101	979	20	43
路桥区	133107	116972	4679	8804	2632	6	14
玉环县	201556	197998	1927	526	956	18	131
三门县	53298	48071	932	3543	717	35	
天台县	52367	49796	595	960	754	18	244
仙居县	60435	57902	1147	1020	359	4	3
温岭市	253388	237345	3997	2368	8837	27	814
临海市	152425	146206	2513	1528	2122	35	21
丽水市	**320521**	**303244**	**6950**	**5482**	**3518**	**713**	**614**
莲都区	76515	71413	1404	2361	945	332	60
青田县	48793	43796	2530	616	1399	337	115
缙云县	52672	51101	682	356	393	10	130
遂昌县	21321	20461	366	334	91		69
松阳县	25677	24210	696	262	387	34	88
云和县	23061	22297	306	328	64		66
庆元县	22633	21893	366	271	45		58
景宁县	14845	14409	188	224	16		8
龙泉市	35004	33664	412	730	178		20

2-B-19 按地区、开业时间

地　　区	1949年及以前	1950-1952年	1953-1957年	1958-1962年	1963-1965年	1966-1970年	1971-1975年
全　省	**93**	**203**	**267**	**224**	**95**	**217**	**378**
杭州市	**14**	**24**	**26**	**39**	**17**	**36**	**57**
上城区	2		3	5	4	1	
下城区	2	3		2	1	1	2
江干区	2		4	2		2	3
拱墅区		2	3	3	3	2	2
西湖区	5	2	3	6		6	6
滨江区			1	1	1		1
萧山区	1	3	3	8	2	6	14
余杭区		5	1	4	3	7	10
桐庐县				1		3	8
淳安县		2		2		1	2
建德市		1	1	3	2	6	3
富阳市	2	1	4	1	1		5
临安市		5	3	1		1	1
宁波市	**14**	**25**	**29**	**22**	**16**	**36**	**83**
海曙区	1	2	4	5			4
江东区	1	1		2	1	1	4
江北区		2	2	3	5	3	11
北仑区				1	2	3	12
镇海区	2	1	2	2	2	1	9
鄞州区	3	4	4	3	3	8	16
象山县	2		1	1		2	2
宁海县		1	2	2		4	1
余姚市		9	7	1	3	8	13
慈溪市	4	3	5	2		3	9
奉化市	1	2	2			3	2
温州市	**23**	**37**	**83**	**50**	**24**	**35**	**57**
鹿城区	3	4	14	11	11	12	23
龙湾区	5	7	13	5		4	4
瓯海区	2	2	6	4	1	2	2
洞头县			5	1		1	3
永嘉县	2	4	10	4	2	2	4
平阳县	1	3	2		3	1	2

分组的小微企业法人单位数

单位：个

1976–1980年	1981–1985年	1986–1990年	1991–1995年	1996–2000年	1978年	1992年	1997年
1149	**3508**	**5429**	**19519**	**55629**	**228**	**3093**	**7310**
215	**548**	**741**	**3025**	**12246**	**40**	**494**	**1669**
14	47	50	219	605	1	52	62
14	39	63	260	925	2	35	129
5	23	43	250	859		47	84
12	31	39	169	703	2	33	82
17	35	81	311	1298	3	55	149
2	7	11	116	468	2	22	48
46	89	99	495	2891	9	48	554
26	88	106	395	1609	5	67	160
15	26	57	135	595	3	31	72
11	29	17	51	201	2	13	32
17	37	25	152	513	2	24	42
8	28	69	283	925	2	39	161
28	69	81	189	654	7	28	94
205	**518**	**933**	**4142**	**10614**	**27**	**588**	**1206**
8	24	30	173	554	2	40	50
5	20	34	158	482		27	59
13	49	72	265	704		46	80
7	24	49	381	811		59	97
18	26	86	300	745	3	41	95
49	120	181	920	1632	6	97	202
8	24	53	236	579	2	35	68
13	43	57	226	602		42	68
42	69	128	504	1687	6	80	210
26	97	187	801	2268	2	91	227
16	22	56	178	550	6	30	50
145	**1015**	**1368**	**4632**	**8840**	**20**	**780**	**1224**
27	236	293	819	1525	5	135	218
14	135	141	641	1180	2	123	139
12	107	134	529	851	4	83	146
3	14	15	75	87	1	7	11
11	67	111	352	715	2	56	119
5	59	60	213	403	1	46	52

2-B-19 续表 1

地　　区	1949年及以前	1950-1952年	1953-1957年	1958-1962年	1963-1965年	1966-1970年	1971-1975年
苍南县		2	2	1		4	3
文成县	2		6	2	2		2
泰顺县		2	3	5		2	3
瑞安市	5	5	9	10	1	5	7
乐清市	3	8	13	7	4	2	4
嘉兴市	**8**	**31**	**24**	**33**	**11**	**26**	**24**
南湖区	2	3	2	17		5	6
秀洲区		5	6	5		1	
嘉善县		5	4	4	1		3
海盐县	2		2	4	2	4	5
海宁市	3	9	7	1	3	5	4
平湖市		2	2	2	2	3	
桐乡市	1	7	1		3	8	6
湖州市	**4**	**8**	**12**	**10**	**4**	**6**	**18**
吴兴区		1	2	3			5
南浔区		6	1	3	1	3	3
德清县	2	1	6	3	2	1	5
长兴县			2	1	1	2	2
安吉县	2		1				3
绍兴市	**5**	**34**	**23**	**24**	**4**	**15**	**43**
越城区		1	2	8		3	7
绍兴县	1	2	5	2		1	7
新昌县		3	1	6		3	6
诸暨市	2	3	1	1	2	2	7
上虞市	1	17	4	2	2	3	3
嵊州市	1	8	10	5		3	13
金华市	**8**	**11**	**11**	**12**	**2**	**17**	**19**
婺城区	2		3	6		3	2
金东区					1	1	1
武义县						3	4
浦江县			1			1	2
磐安县			1				
兰溪市		1	1	1	1	3	1
义乌市	2	7	2	1		3	3
东阳市	1	2	1	3		3	4
永康市	3	1	2	1			2

单位：个

1976—1980年	1981—1985年	1986—1990年	1991—1995年	1996—2000年	1978年	1992年	1997年
10	51	100	363	641		68	101
7	12	11	30	79	1	8	4
3	8	15	33	118	1	6	23
28	151	286	804	1357		134	187
25	175	202	773	1884	3	114	224
109	**339**	**334**	**941**	**4157**	**26**	**146**	**479**
27	45	60	159	665	9	24	75
7	40	37	107	440	1	21	56
12	35	23	121	546	1	15	67
19	47	51	140	478	5	20	57
15	50	59	132	877	3	21	110
13	25	43	133	636	4	15	69
16	97	61	149	515	3	30	45
56	**116**	**147**	**506**	**1898**	**17**	**91**	**209**
21	29	32	157	475	9	27	53
11	18	38	83	395	2	14	44
11	17	25	97	405	1	20	47
10	33	37	111	393	4	18	40
3	19	15	58	230	1	12	25
126	**244**	**404**	**1236**	**4748**	**21**	**218**	**799**
20	42	44	206	898	6	35	68
20	26	39	148	950	6	28	65
17	46	33	125	331	1	24	27
15	30	131	331	1217	2	57	489
16	33	77	190	680	1	26	88
38	67	80	236	672	5	48	62
55	**127**	**300**	**1273**	**4467**	**13**	**173**	**554**
9	18	44	236	645	1	22	100
4	7	9	74	237	1	11	29
6	17	15	53	229	1	10	17
5	11	12	54	214	1	8	33
2	10	8	34	133	2	1	16
7	8	26	127	421	1	21	44
6	12	45	235	1054	1	21	125
10	19	57	163	673	5	28	71
6	25	84	297	861		51	119

2-B-19 续表 2

地　区	1949年及以前	1950-1952年	1953-1957年	1958-1962年	1963-1965年	1966-1970年	1971-1975年
衢州市	**3**	**6**	**6**	**4**	**3**	**6**	**11**
柯城区	2			2	1		1
衢江区	1					3	2
常山县			1	1	1	1	
开化县		5	2			2	3
龙游县							1
江山市		1	3	1	1		4
舟山市		**11**	**8**	**3**	**6**	**2**	**12**
定海区		3	1		4		4
普陀区		5	3		2		2
岱山县		2	3	2		2	1
嵊泗县		1	1	1			5
台州市	**12**	**9**	**34**	**24**	**6**	**30**	**40**
椒江区	2	1	4	4		7	5
黄岩区	2	1	14	4	2	3	5
路桥区		1	3	2		2	4
玉环县						2	8
三门县		2	1	2	2		1
天台县	1	1	2	3	1	3	6
仙居县			3	3		3	1
温岭市	3		3		1	2	4
临海市	4	3	4	6		8	6
丽水市	**2**	**7**	**11**	**3**	**2**	**8**	**14**
莲都区			1		1		1
青田县		1	3	1			6
缙云县			4	1		4	1
遂昌县	1	3	1		1	2	1
松阳县		1				2	
云和县							2
庆元县				1			1
景宁县							1
龙泉市	1	2	2				1

单位：个

1976–1980年	1981–1985年	1986–1990年	1991–1995年	1996–2000年	1978年	1992年	1997年
29	**56**	**70**	**246**	**1027**	**8**	**40**	**104**
5	7	17	56	298	1	14	25
2	7	9	31	147		5	17
2	3	11	31	107	1	4	13
7	18	14	37	129	4	8	7
2	7	4	38	144		3	19
11	14	15	53	202	2	6	23
46	**91**	**81**	**338**	**868**	**11**	**45**	**118**
20	46	30	172	481	5	26	67
14	28	28	83	209	4	10	30
5	14	13	58	121	1	3	14
7	3	10	25	57	1	6	7
108	**376**	**967**	**2854**	**5608**	**22**	**469**	**786**
11	45	119	463	655	3	69	89
17	38	120	346	639	3	47	89
9	47	82	269	686	1	42	96
15	112	145	393	868	1	75	124
7	21	33	87	168		13	15
13	11	42	107	210	3	19	30
13	11	35	118	301	4	18	40
14	58	295	715	1558	6	121	223
9	33	96	356	523	1	65	80
55	**78**	**84**	**326**	**1156**	**23**	**49**	**162**
5	7	18	74	291		6	42
5	8	8	39	183	1	9	25
13	13	28	66	193	5	11	30
6	8	5	35	97	3	7	12
8	12	6	32	83	3	3	15
6	3	6	10	79	3		13
7	7	1	18	73	6	3	8
2	12	6	22	62	1	5	8
3	8	6	30	95	1	5	9

2-B-19 续表 3

地　区	2000年	2001年	2002年	2003年	2004年	2005年	2006年
全　省	**18524**	**21066**	**26766**	**31146**	**29627**	**32226**	**41083**
杭州市	**4198**	**4817**	**6143**	**7516**	**7564**	**8019**	**9350**
上城区	215	253	273	411	395	404	398
下城区	286	381	500	640	801	675	650
江干区	350	390	471	600	665	661	808
拱墅区	268	333	455	643	702	802	820
西湖区	492	518	654	941	981	1005	1214
滨江区	198	213	242	290	296	332	416
萧山区	822	997	1588	1490	1394	1684	2081
余杭区	494	604	672	829	801	845	1190
桐庐县	191	244	291	326	315	301	312
淳安县	62	85	88	108	137	133	173
建德市	240	202	178	233	189	260	255
富阳市	330	349	454	654	527	542	584
临安市	250	248	277	351	361	375	449
宁波市	**3690**	**4247**	**5306**	**5879**	**5707**	**6005**	**7955**
海曙区	207	245	278	452	424	401	657
江东区	155	219	309	443	383	347	567
江北区	262	308	376	380	370	344	453
北仑区	292	381	396	501	446	403	635
镇海区	254	342	385	478	403	362	476
鄞州区	587	635	1043	929	1045	1229	1642
象山县	182	195	243	287	281	329	440
宁海县	162	187	214	315	337	374	383
余姚市	582	693	818	783	762	882	998
慈溪市	797	842	985	1012	938	1034	1282
奉化市	210	200	259	299	318	300	422
温州市	**2502**	**2749**	**3300**	**3901**	**3386**	**3785**	**4720**
鹿城区	418	473	581	706	545	689	744
龙湾区	343	465	440	431	421	460	535
瓯海区	244	269	300	363	304	264	372
洞头县	24	23	30	32	37	39	44
永嘉县	197	204	252	298	327	319	379
平阳县	125	146	182	295	209	219	294

单位：个

2007年	2008年	2009年	2010年	2011年	2012年	2013年
41643	**41406**	**54523**	**71574**	**84934**	**85290**	**155824**
9321	**9819**	**13565**	**17260**	**18949**	**18870**	**32649**
431	441	631	674	877	853	1448
599	696	1023	1176	1268	1114	1988
727	833	1428	1784	1963	1953	4143
846	919	1513	1888	1794	1713	2772
1195	1296	1903	2500	2787	3160	5389
368	508	713	954	1249	1211	1947
2055	1917	2329	3114	3619	3280	5145
1211	1275	1557	2396	2508	2468	4168
292	343	392	579	635	577	1168
182	157	204	203	268	351	577
315	314	465	490	422	412	723
568	635	743	807	853	945	1999
532	485	664	695	706	833	1182
8213	**8172**	**10041**	**13009**	**15768**	**15159**	**21685**
630	700	824	1122	1335	1316	1772
646	658	885	1104	1584	1454	2308
514	723	648	660	813	773	1203
578	606	828	1457	1671	1633	2440
404	445	385	502	796	857	1164
1831	1749	2252	2980	3718	3550	5193
414	382	429	599	765	735	1395
418	377	486	652	761	783	1293
984	892	1217	1477	1471	1416	1718
1388	1248	1621	1810	2179	2109	2427
406	392	466	646	675	533	772
4902	**4917**	**6558**	**9029**	**12084**	**11765**	**26829**
754	716	965	1414	1537	1628	2961
562	550	745	804	1412	1446	2574
361	339	436	654	1164	921	2000
53	47	53	77	125	109	267
414	418	462	748	966	1070	2150
295	281	455	545	800	834	1817

2-B-19 续表 4

地 区	2000年	2001年	2002年	2003年	2004年	2005年	2006年
苍南县	161	177	306	298	276	317	501
文成县	19	27	30	29	28	44	59
泰顺县	31	41	39	36	33	39	48
瑞安市	350	310	409	631	456	564	654
乐清市	590	614	731	782	750	831	1090
嘉兴市	**1579**	**1870**	**2458**	**2693**	**2715**	**2858**	**4174**
南湖区	242	308	356	413	352	381	592
秀洲区	172	169	275	294	306	284	399
嘉善县	233	259	331	410	428	422	694
海盐县	176	224	254	243	272	316	443
海宁市	299	359	481	542	534	597	764
平湖市	239	291	368	374	330	415	608
桐乡市	218	260	393	417	493	443	674
湖州市	**724**	**906**	**988**	**1087**	**1042**	**1120**	**1323**
吴兴区	192	254	239	243	219	243	301
南浔区	121	139	172	187	144	204	205
德清县	151	224	260	284	311	276	326
长兴县	171	175	189	252	242	215	305
安吉县	89	114	128	121	126	182	186
绍兴市	**1830**	**1817**	**2512**	**3150**	**2828**	**3456**	**4372**
越城区	370	338	429	574	590	705	843
绍兴县	508	345	529	742	609	1021	1374
新昌县	125	126	183	241	236	217	294
诸暨市	316	428	540	669	534	555	689
上虞市	256	327	505	532	461	535	669
嵊州市	255	253	326	392	398	423	503
金华市	**1383**	**1606**	**2075**	**2546**	**2371**	**2693**	**3648**
婺城区	177	214	290	404	351	392	481
金东区	65	83	100	162	149	121	234
武义县	94	147	148	145	164	201	282
浦江县	74	58	94	172	111	126	161
磐安县	33	41	51	69	73	104	137
兰溪市	148	147	192	220	147	160	259
义乌市	333	364	492	566	592	761	1029
东阳市	195	252	294	349	311	273	375
永康市	264	300	414	459	473	555	690

单位：个

2007年	2008年	2009年	2010年	2011年	2012年	2013年
552	558	780	1275	1545	1415	3799
38	38	56	63	163	75	429
55	49	68	129	150	166	469
724	786	1012	1236	1650	1719	6916
1094	1135	1526	2084	2572	2382	3447
4293	**3687**	**4491**	**5842**	**6744**	**6563**	**11485**
628	552	852	1007	1170	1056	1850
382	351	506	637	809	770	1294
685	685	603	867	1048	872	1155
449	374	446	556	525	638	753
755	615	805	978	1242	1386	2656
667	489	590	772	943	695	1653
727	621	689	1025	1007	1146	2124
1494	**1538**	**1970**	**2595**	**2893**	**3048**	**6324**
357	450	430	647	917	899	2508
232	261	319	426	410	450	966
324	259	285	411	442	468	643
339	343	618	743	677	693	1474
242	225	318	368	447	538	733
4461	**4158**	**5734**	**7577**	**7978**	**8186**	**17832**
932	722	897	1149	1240	1290	2125
1332	1313	1919	2578	2614	2913	5287
306	242	354	472	486	509	783
666	671	1064	1364	1547	1476	6252
712	650	824	1106	1179	1117	1647
513	560	676	908	912	881	1738
3399	**3411**	**4888**	**7404**	**9893**	**10257**	**18995**
448	516	620	894	1024	1093	1207
163	180	246	318	391	435	637
228	225	341	318	614	643	936
143	172	173	223	489	370	1370
133	133	223	252	322	340	403
263	270	434	814	539	583	755
941	955	1326	2314	3581	4270	9599
330	314	501	752	839	748	1516
750	646	1024	1519	2094	1775	2572

2-B-19 续表 5

地 区	2000年	2001年	2002年	2003年	2004年	2005年	2006年
衢州市	**353**	**450**	**484**	**616**	**554**	**570**	**917**
柯城区	121	117	130	168	150	185	241
衢江区	53	46	79	108	83	85	131
常山县	35	54	67	66	46	70	148
开化县	46	64	48	61	52	42	94
龙游县	35	69	74	84	90	81	129
江山市	63	100	86	129	133	107	174
舟山市	**248**	**330**	**410**	**437**	**497**	**472**	**655**
定海区	151	206	225	236	280	239	341
普陀区	52	84	112	120	124	134	188
岱山县	26	29	46	58	65	76	98
嵊泗县	19	11	27	23	28	23	28
台州市	**1593**	**1817**	**2541**	**2687**	**2365**	**2624**	**3276**
椒江区	186	195	267	274	274	305	349
黄岩区	175	208	272	293	227	286	401
路桥区	224	228	356	350	291	356	467
玉环县	247	329	422	469	471	461	562
三门县	54	35	122	118	121	152	144
天台县	62	74	116	109	77	99	155
仙居县	105	110	140	150	115	131	136
温岭市	374	481	585	651	558	558	768
临海市	166	157	261	273	231	276	294
丽水市	**424**	**457**	**549**	**634**	**598**	**624**	**693**
莲都区	102	136	143	154	150	135	183
青田县	76	61	73	108	95	115	139
缙云县	59	90	102	117	116	99	109
遂昌县	43	29	32	50	30	47	34
松阳县	26	27	40	41	43	52	51
云和县	31	34	35	54	48	50	46
庆元县	34	29	40	32	43	42	35
景宁县	14	21	33	31	25	33	42
龙泉市	39	30	51	47	48	51	54

单位：个

2007年	2008年	2009年	2010年	2011年	2012年	2013年
931	**1064**	**1558**	**1597**	**1770**	**1827**	**2614**
248	278	309	376	465	564	769
138	190	339	291	258	289	341
119	132	223	184	276	250	487
79	68	126	172	153	179	271
160	149	205	248	277	253	405
187	247	356	326	341	292	341
644	**732**	**807**	**881**	**1142**	**1219**	**1880**
341	395	455	509	713	775	1033
184	195	215	237	296	292	500
88	128	111	107	98	106	233
31	14	26	28	35	46	114
3155	**3081**	**3938**	**5099**	**6098**	**6640**	**12010**
420	379	413	592	869	1086	2008
395	394	528	687	638	698	1205
416	423	547	608	842	714	1669
527	461	484	667	776	901	1291
165	185	214	312	329	370	675
114	144	162	287	354	369	912
115	163	219	252	208	234	323
711	619	947	1110	1297	1528	2277
292	313	424	584	785	740	1650
830	**827**	**973**	**1281**	**1615**	**1756**	**3521**
215	190	257	343	391	580	956
144	112	135	108	301	258	623
101	80	163	223	267	245	445
45	81	65	87	112	92	314
59	87	62	101	87	102	222
66	71	78	108	124	121	159
54	54	67	81	112	137	208
45	36	49	92	79	63	142
101	116	97	138	142	158	452

2-B-20 按地区、开业时间分组的

地区	1949年及以前	1950-1952年	1953-1957年	1958-1962年	1963-1965年	1966-1970年	1971-1975年
全省	**4391**	**4194**	**8680**	**8808**	**3955**	**13846**	**16792**
杭州市	**456**	**383**	**1327**	**2635**	**317**	**1523**	**2666**
上城区	20		122	218	11	63	
下城区	279	56		16	6	3	98
江干区	51		79	3		150	59
拱墅区		11	537	193	29	16	177
西湖区	61	120	73	621		160	345
滨江区			16	24	36		87
萧山区	43	3	69	405	52	318	952
余杭区		73	14	535	21	234	378
桐庐县				20		305	178
淳安县		31		245		3	40
建德市		29	22	277	152	268	96
富阳市	2	5	257	74	10		247
临安市		55	138	4		3	9
宁波市	**300**	**899**	**921**	**605**	**1067**	**1427**	**4023**
海曙区	93	120	171	53			65
江东区	5	221		18	3	96	476
江北区		29	5	132	184	17	874
北仑区				15	76	63	730
镇海区	28	1	23	63	96	1	366
鄞州区	14	128	139	171	100	405	432
象山县	41		63	8		178	60
宁海县		1	28	45		198	27
余姚市		339	169	97	608	159	328
慈溪市	117	36	29	3		31	374
奉化市	2	24	294			279	291
温州市	**351**	**983**	**3017**	**1516**	**823**	**772**	**1302**
鹿城区	118	41	250	692	302	148	483
龙湾区	29	330	637	24		161	91
瓯海区	21	22	128	110	1	40	2
洞头县			35	10		15	68
永嘉县	10	40	761	49	62	145	70
平阳县	45	54	160		166	14	194

小微企业法人单位从业人数

单位：人

1976-1980年	1981-1985年	1986-1990年	1991-1995年	1996-2000年	1978年	1992年	1997年
41031	**100085**	**167378**	**640996**	**1646253**	**8790**	**94213**	**237335**
6587	**13818**	**25132**	**96846**	**327167**	**1318**	**14024**	**52488**
524	1066	1098	5440	11045	47	1438	1016
314	931	3899	5035	16914	10	787	1887
88	801	853	9321	18685		1083	2533
456	903	667	5117	29861	230	1176	2067
363	1049	1944	9586	29117	112	590	3327
85	374	560	6616	12399	85	1119	1527
1887	2583	4397	18376	88113	327	1555	20377
905	2803	4155	14620	47832	120	2352	7526
189	277	1049	3559	14796	50	615	2219
108	489	696	1010	4379	23	463	916
940	530	794	5441	10407	18	1187	1112
107	558	2787	7532	25647	4	980	5110
621	1454	2233	5193	17972	292	679	2871
6789	**16768**	**27938**	**130525**	**311081**	**1064**	**17473**	**43397**
76	667	477	4898	8965	19	1632	1065
330	401	1604	5683	10004		497	1459
1036	984	1397	7363	14941		1639	2383
112	584	2708	12405	26824		1762	3143
300	727	2754	7299	20875	121	924	3378
1170	5235	4787	30033	52790	135	1796	7003
338	2103	751	6914	18315	4	877	3615
354	1758	1738	11375	19307		2570	3417
1351	1678	4732	14696	51542	227	2313	5918
1070	1802	4535	23759	66683	411	2651	10350
652	829	2455	6100	20835	147	812	1666
2951	**27416**	**40398**	**141971**	**275865**	**418**	**23742**	**44330**
522	4487	6617	21584	40382	169	3761	6039
256	3308	3280	20370	39881	28	5098	4813
74	1997	3463	15349	29947	31	1459	4983
22	171	856	1884	1480	5	53	253
204	1819	2500	10210	19284	83	1140	3600
239	1837	1249	6990	15849	3	1234	3478

2-B-20 续表 1

地　　区	1949年及以前	1950-1952年	1953-1957年	1958-1962年	1963-1965年	1966-1970年	1971-1975年
苍南县		18	194	6		71	16
文成县	20		92	181	24		9
泰顺县		85	49	108		113	69
瑞安市	87	95	157	79	72	55	47
乐清市	21	298	554	257	196	10	253
嘉兴市	**478**	**344**	**935**	**726**	**522**	**1322**	**1499**
南湖区	104	25	74	81		65	187
秀洲区		52	204	49		183	
嘉善县		40	31	277	192		114
海盐县	7		116	275	24	83	47
海宁市	350	114	312	7	87	297	754
平湖市		52	185	37	191	17	
桐乡市	17	61	13		28	677	397
湖州市	**53**	**460**	**125**	**470**	**92**	**869**	**1059**
吴兴区		378	28	294			472
南浔区		37	3	30	12	224	389
德清县	9	45	12	13	70	230	43
长兴县			54	133	10	415	71
安吉县	44		28				84
绍兴市	**135**	**529**	**408**	**1009**	**61**	**968**	**2213**
越城区		7	24	558		59	524
绍兴县	2	17	197	20		1	247
新昌县		131	19	339		154	706
诸暨市	5	31	5	3	13	74	476
上虞市	85	276	68	23	48	263	39
嵊州市	43	67	95	66		417	221
金华市	**87**	**136**	**407**	**996**	**17**	**911**	**948**
婺城区	7		17	613		53	19
金东区					15	2	45
武义县						98	150
浦江县			2			105	137
磐安县			1				
兰溪市		7	46	3	2	396	6
义乌市	20	120	226	50		8	48
东阳市	2	5	36	330		249	522
永康市	58	4	79				21

单位：人

1976–1980年	1981–1985年	1986–1990年	1991–1995年	1996–2000年	1978年	1992年	1997年
96	2209	2540	10451	15767		1951	3445
276	98	115	567	1659	3	109	196
30	167	591	1052	2631	19	133	644
446	5106	9903	30458	47602		5509	6792
786	6217	9284	23056	61383	77	3295	10087
5580	**7879**	**15652**	**34518**	**131011**	**993**	**4685**	**16955**
1082	1969	2294	5138	16109	294	363	1868
346	615	1659	4959	16285	4	953	2037
1016	849	628	4519	13521	34	611	2452
887	1292	2760	4620	14943	267	691	2061
1031	909	993	3884	31600	262	754	3801
519	729	3082	6384	24637	103	530	2738
699	1516	4236	5014	13916	29	783	1998
2982	**3964**	**3939**	**19213**	**58346**	**1125**	**2237**	**7071**
784	884	1157	7311	14182	338	734	1465
337	1120	610	2557	13817	8	337	1415
1068	749	1298	4454	14012	188	561	2396
782	730	588	2489	8610	586	224	1126
11	481	286	2402	7725	5	381	669
5776	**6671**	**12790**	**45369**	**139267**	**749**	**8385**	**16917**
1278	1689	2202	7840	25954	105	786	2254
1649	919	2220	6780	33903	469	1929	2822
854	1639	477	6397	12812	2	2435	1968
525	459	3458	11911	28583	85	1546	4223
355	1151	3115	7051	20768	21	891	3271
1115	814	1318	5390	17247	67	798	2379
2502	**3458**	**8922**	**47721**	**154575**	**589**	**5525**	**20965**
573	528	943	8560	15482	80	711	2958
67	433	177	1800	7816	16	191	957
117	310	193	1596	8144	16	495	754
59	237	487	1620	9670	44	258	1935
88	403	82	1477	5193	88	10	461
515	122	514	3062	10654	200	524	895
571	527	2441	11173	48238	50	452	6560
360	462	2642	6167	22471	95	637	2059
152	436	1443	12266	26907		2247	4386

2-B-20 续表 2

地　区	1949年及以前	1950-1952年	1953-1957年	1958-1962年	1963-1965年	1966-1970年	1971-1975年
衢州市	**260**	**69**	**28**	**84**	**156**	**216**	**176**
柯城区	259			80			3
衢江区	1					113	4
常山县			6	1	66	5	
开化县		46	10			98	132
龙游县							3
江山市		23	12	3	90		34
舟山市		**231**	**305**	**10**	**86**	**34**	**406**
定海区		31	11		35		141
普陀区		176	247		51		79
岱山县		14	33	9		34	66
嵊泗县		10	14	1			120
台州市	**1978**	**69**	**791**	**719**	**332**	**5282**	**2197**
椒江区	147	1	43	237		931	93
黄岩区	23	6	225	63	127	568	179
路桥区		8	109	9		332	234
玉环县						235	132
三门县		37	36	5	17		1133
天台县	46	12	7	33	3	1868	113
仙居县			88	232		162	8
温岭市	1629		62		185	891	217
临海市	133	5	221	140		295	88
丽水市	**293**	**91**	**416**	**38**	**482**	**522**	**303**
莲都区			36		243		7
青田县		16	164	25			161
缙云县			152	2		287	25
遂昌县	7	23	12		239	19	3
松阳县		25				216	
云和县							8
庆元县				11			90
景宁县							7
龙泉市	286	27	52				2

单位：人

1976-1980年	1981-1985年	1986-1990年	1991-1995年	1996-2000年	1978年	1992年	1997年
1668	**2087**	**1687**	**6438**	**26905**	**586**	**1545**	**3097**
1199	882	196	1827	7203	372	607	618
34	75	171	737	3388		43	378
15	141	131	1218	3780	3	457	287
40	385	144	420	2901	22	112	41
6	311	134	1133	4063		300	832
374	293	911	1103	5570	189	26	941
1197	**2175**	**3731**	**10747**	**22210**	**525**	**1153**	**2612**
693	1027	2095	5988	12549	316	764	1515
250	846	720	2127	6330	40	170	712
199	244	614	2159	2350	159	16	158
55	58	302	473	981	10	203	227
3562	**14541**	**24807**	**96107**	**162070**	**774**	**14321**	**24798**
490	830	2515	10253	17478	104	2018	2520
282	1198	3335	13833	16730	134	915	2722
375	1065	1599	9213	19991	4	1525	3414
466	5758	5101	16930	32811	12	2612	5184
321	1347	1139	2350	5273		296	720
340	358	1411	4396	5287	25	582	687
216	342	1651	5744	10114	61	643	1617
585	1845	5446	20236	39399	391	3597	5628
487	1798	2610	13152	14987	43	2133	2306
1437	**1308**	**2382**	**11541**	**37756**	**649**	**1123**	**4705**
198	148	788	2089	11479		195	1342
326	246	428	835	5107	235	96	627
343	193	472	4363	5555	28	309	889
104	68	23	1019	2477	88	172	418
250	218	118	860	1772	188	19	427
146	33	237	273	3226	64		522
41	64	23	662	2771	38	123	164
13	235	43	565	1272	3	107	124
16	103	250	875	4097	5	102	192

2-B-20 续表 3

地　　区	2000年	2001年	2002年	2003年	2004年	2005年	2006年
全　省	**512623**	**550856**	**684215**	**783063**	**723253**	**686274**	**867786**
杭州市	**107519**	**108018**	**128399**	**166560**	**186993**	**158858**	**209580**
上城区	4766	4225	4559	5939	7354	6731	10378
下城区	5237	6011	6413	8696	9925	7243	6524
江干区	5917	8808	8627	9624	27066	25499	27378
拱墅区	13643	4657	6060	18773	21732	9101	13699
西湖区	10825	8227	10449	15987	35104	21456	23104
滨江区	4908	6230	5187	6645	4817	9197	15056
萧山区	24129	26082	35130	32756	28472	30314	40778
余杭区	13265	17007	19115	26000	17387	15981	22496
桐庐县	4852	5892	6565	6632	5858	5152	6363
淳安县	1280	2604	1906	2589	3305	2213	2781
建德市	3682	3876	4098	4586	5240	4657	3785
富阳市	8135	7421	13808	19603	12565	13245	28197
临安市	6880	6978	6482	8730	8168	8069	9041
宁波市	**101493**	**121362**	**151818**	**155388**	**136144**	**141993**	**201924**
海曙区	3249	3475	3254	5754	7294	7178	16384
江东区	2699	4307	4673	9458	5035	6029	6672
江北区	5680	10642	7951	6582	6757	11769	27909
北仑区	9533	16777	17244	19799	13114	10295	16076
镇海区	6196	11379	27041	15071	11683	11542	23791
鄞州区	18942	20514	28026	26086	25391	28143	37093
象山县	5108	5032	6385	6246	7694	6137	7543
宁海县	4982	6081	5759	9915	8295	8158	9864
余姚市	16104	18015	20323	20531	18498	24001	23022
慈溪市	21436	18820	22726	26766	22714	20739	24121
奉化市	7564	6320	8436	9180	9669	8002	9449
温州市	**69732**	**69170**	**79927**	**86902**	**70674**	**70754**	**81259**
鹿城区	10786	10453	12423	13833	9725	11115	10103
龙湾区	7619	9417	12460	9395	9671	8324	8974
瓯海区	8813	10095	9170	9480	7915	7416	9317
洞头县	158	368	347	531	412	841	761
永嘉县	4825	4431	5871	6677	7318	5299	5761
平阳县	4498	3887	4507	8240	5066	5349	6100

单位：人

2007年	2008年	2009年	2010年	2011年	2012年	2013年
750395	**721427**	**841194**	**1029665**	**944296**	**817380**	**1070814**
166868	**162387**	**185580**	**230091**	**190145**	**169175**	**176675**
4138	5659	5861	5629	14641	5232	6051
7810	7143	9941	11210	9850	14752	9185
17493	15738	25981	49028	18539	22871	18972
13007	19667	24318	20867	13769	11086	13476
13175	17360	19329	23748	25328	20533	22669
10053	8413	9662	14189	10966	11148	12757
36001	26287	30126	37833	32928	26177	28077
27271	29574	23332	27946	28561	22822	24101
5725	5594	5828	7379	6384	4670	7133
2733	1963	2323	2668	3146	5317	4216
4784	4943	6014	5983	4808	5163	5720
13843	11225	11626	12786	13004	10516	14718
10835	8821	11239	10825	8221	8888	9600
150400	**170722**	**179968**	**193213**	**197840**	**160563**	**142487**
5585	8508	5907	7846	8162	7691	7370
8885	18274	10193	10788	18125	14407	10596
7884	10965	10943	10521	11343	10339	6220
12561	11106	14008	21441	22077	18331	14036
9339	9047	7492	10018	13231	8986	8257
34539	59908	61533	50645	47284	40231	40115
6693	4761	6527	11351	11312	7537	8350
9222	5570	10210	14052	10984	9038	9072
17051	15472	19629	21831	18689	16339	12152
29022	18287	24318	25242	26823	21300	19100
9619	8824	9208	9478	9810	6364	7219
80485	**74363**	**94508**	**133644**	**134470**	**112456**	**216954**
11594	10033	15236	25104	24025	18087	28294
10395	8281	9288	9463	14124	12133	18047
7320	6566	9863	15574	15729	14040	20090
653	490	466	772	1305	922	1378
6107	7180	5851	9571	8689	8714	14262
4518	5683	6626	9372	8399	8226	13190

2-B-20 续表 4

地　区	2000年	2001年	2002年	2003年	2004年	2005年	2006年
苍南县	2957	3503	5436	6218	5164	5421	8066
文成县	552	286	1096	699	441	621	611
泰顺县	339	461	393	581	563	768	726
瑞安市	11957	9954	12232	16053	10953	11372	14559
乐清市	17228	16315	15992	15195	13446	14228	16281
嘉兴市	**45568**	**50405**	**70039**	**74613**	**65740**	**66064**	**80481**
南湖区	4960	6779	8519	9664	6369	10379	11473
秀洲区	5567	4488	9825	10064	8279	10944	8409
嘉善县	5234	6929	10285	11071	10165	8614	12982
海盐县	5394	4967	6478	5865	6105	6239	8351
海宁市	9417	11313	15946	14725	14566	12255	14445
平湖市	9329	8792	8098	9721	8249	8905	10746
桐乡市	5667	7137	10888	13503	12007	8728	14075
湖州市	**19187**	**24570**	**30516**	**31994**	**29637**	**29353**	**32345**
吴兴区	4446	6829	6893	6369	6124	6646	7223
南浔区	4413	4256	6414	5932	3234	4036	3961
德清县	4645	5999	7708	9857	10161	9126	7677
长兴县	2945	4169	5529	7106	6007	4863	7703
安吉县	2738	3317	3972	2730	4111	4682	5781
绍兴市	**54026**	**48235**	**69279**	**86526**	**72268**	**66121**	**75536**
越城区	9466	9169	11923	13574	18836	10286	9684
绍兴县	17955	11413	16124	18125	16133	17587	25120
新昌县	3583	3280	4580	6664	4470	4537	5307
诸暨市	10175	10098	13544	24035	13756	11874	14250
上虞市	7734	8888	15159	14796	11885	13113	12199
嵊州市	5113	5387	7949	9332	7188	8724	8976
金华市	**42253**	**47611**	**59981**	**76218**	**59044**	**57643**	**73593**
婺城区	3390	5467	5773	15081	7395	5900	6388
金东区	1304	2309	2921	4816	4101	2819	5858
武义县	3411	6320	7094	6511	6553	7346	8980
浦江县	3132	2175	4904	6699	3471	3729	5518
磐安县	494	1358	1204	1567	2426	2845	2979
兰溪市	3914	3347	5244	5878	2968	3715	6885
义乌市	13159	12325	16611	15793	13779	11394	15244
东阳市	6544	6334	7266	11742	7693	10424	8344
永康市	6905	7976	8964	8131	10658	9471	13397

单位：人

2007年	2008年	2009年	2010年	2011年	2012年	2013年
8722	7591	8965	14790	12456	10691	26533
451	445	1217	722	1835	661	5389
1436	422	1686	3355	4465	2417	4886
13610	12680	16080	20454	17942	16874	59813
15679	14992	19230	24467	25501	19691	25072
72582	**60930**	**66611**	**76971**	**74853**	**60048**	**70627**
11403	8266	9917	13632	12190	8423	9358
7109	5552	7382	10022	9087	5662	7492
13081	12120	10129	11427	10553	7574	9501
9308	5906	5912	7349	7874	8329	5755
11851	10257	11653	12705	13132	12654	16894
9554	5998	9325	10108	12509	8335	9156
10276	12831	12293	11728	9508	9071	12471
33849	**27698**	**36201**	**47948**	**39625**	**37511**	**74457**
6540	6444	6688	9466	12466	11453	37501
5093	4422	4877	6983	5716	5278	11523
8366	6131	8061	8633	6263	6782	7300
7083	5323	9987	15215	8136	7099	10735
6767	5378	6588	7651	7044	6899	7398
69950	**61975**	**75137**	**88558**	**78563**	**72647**	**96597**
11425	8864	9171	12174	11962	11041	10574
18982	17982	25577	25997	22597	23394	27935
5704	3625	4928	6254	4665	5022	5095
13001	13436	15882	18386	18232	13711	33714
12126	10007	11004	13153	11938	10618	9803
8712	8061	8575	12594	9169	8861	9476
61369	**56312**	**80211**	**109974**	**97229**	**90622**	**128511**
6055	6321	6449	12977	8615	9003	7924
3514	3443	3912	8309	5386	5722	5326
8050	6116	8936	7853	9273	8144	7833
4906	4074	6129	4586	6722	4110	20817
2739	3421	6364	5214	4592	4423	4638
4663	5351	5043	13682	6263	6602	5855
11751	11553	15617	25693	28449	29851	48735
7410	6581	16002	16675	12292	9617	12305
12281	9452	11759	14985	15637	13150	15078

2-B-20 续表 5

地　　区	2000年	2001年	2002年	2003年	2004年	2005年	2006年
衢州市	**8506**	**10490**	**10583**	**16484**	**13227**	**11444**	**20293**
柯城区	2455	1366	2409	3205	3352	2519	4010
衢江区	1108	985	2012	3713	2192	1970	2788
常山县	1242	1495	1177	2241	1168	1217	2313
开化县	1376	1000	1209	1035	1668	472	2434
龙游县	943	3063	1564	2241	2171	3297	2908
江山市	1382	2581	2212	4049	2676	1969	5840
舟山市	**5616**	**10105**	**7859**	**8657**	**10061**	**10512**	**12109**
定海区	3859	5303	3902	4080	5190	4111	5354
普陀区	1139	2926	2728	2963	2168	3327	3760
岱山县	453	900	788	1276	1672	2763	2520
嵊泗县	165	976	441	338	1031	311	475
台州市	**41196**	**49784**	**62171**	**61833**	**61813**	**53881**	**62657**
椒江区	4869	5329	6203	4993	6280	8380	7351
黄岩区	4939	5197	6516	6049	5660	5537	6831
路桥区	5178	4606	6348	6761	9448	6618	8417
玉环县	9364	11939	13419	12381	12498	10085	12139
三门县	1060	779	2311	2116	1968	3244	2439
天台县	1639	3138	3934	2318	2149	1862	1977
仙居县	2329	4027	3210	4019	3075	2625	2498
温岭市	7908	10472	11454	12681	14893	10244	13137
临海市	3910	4297	8776	10515	5842	5286	7868
丽水市	**17527**	**11106**	**13643**	**17888**	**17652**	**19651**	**18009**
莲都区	6248	1917	2283	3664	5279	4485	5252
青田县	2629	1206	2333	2448	2913	1859	1926
缙云县	2047	2738	2361	3504	3105	3238	3303
遂昌县	964	1003	673	1643	706	864	1225
松阳县	268	514	978	938	1048	5212	1053
云和县	1459	1452	1301	1659	1225	833	1076
庆元县	1669	762	1871	1087	1091	1076	1186
景宁县	146	323	570	737	629	901	1532
龙泉市	2097	1191	1273	2208	1656	1183	1456

单位：人

2007年	2008年	2009年	2010年	2011年	2012年	2013年
18402	**20472**	**24854**	**24569**	**23217**	**17611**	**24826**
4149	3757	5150	3980	5241	5409	6074
3549	3092	3481	4444	3001	2648	3847
3047	4269	2572	3366	4365	2620	5120
1141	1129	2480	2543	1975	1440	1842
3755	3485	6015	4510	4740	3074	4068
2761	4740	5156	5726	3895	2420	3875
12529	**10523**	**15195**	**11271**	**13340**	**10835**	**17492**
5323	3950	7282	5757	6468	5545	8355
5018	3119	4764	3283	3721	3543	5595
1733	3272	2788	1859	2822	1281	2372
455	182	361	372	329	466	1170
60071	**56803**	**63692**	**85121**	**72100**	**64881**	**91308**
7878	7394	6346	11554	9348	8132	10863
7699	6312	6786	9901	6111	4736	8772
7072	6029	8100	9163	8484	6499	12617
10071	9056	8189	9949	10027	9328	10876
3315	3157	4143	5640	3250	3095	4552
1811	2157	2273	3213	3964	3718	5975
1978	3988	4078	4350	3167	2465	2383
11990	11363	15249	17297	16495	15375	20665
8257	7347	8528	14054	11254	11533	14605
23890	**19242**	**19237**	**28305**	**22914**	**21031**	**30880**
6742	3777	4924	8875	3993	4587	5477
2948	2130	2424	3080	3696	4366	10005
3113	2546	3837	3841	3454	3029	3204
1053	1074	1225	2355	1535	1276	2672
1632	2943	957	1671	1627	1643	2000
1314	1130	1397	2047	2951	1633	1101
2156	1478	1486	1353	1390	1472	2550
2476	693	369	1471	1661	599	745
2456	3471	2618	3612	2607	2426	3126

2-B-21 按地区、登记注册类型

地　区	单位数	内　资	国　有	集　体	股份合作企　业	联营企业	国有联营
全　省	**807048**	**788446**	**2525**	**9576**	**11621**	**300**	**31**
杭州市	**181335**	**177624**	**654**	**1792**	**450**	**64**	**3**
上城区	8449	8287	78	150	13	2	1
下城区	12848	12683	99	81	24	4	
江干区	17629	17207	61	176	27	6	
拱墅区	16177	15987	65	58	38	6	1
西湖区	25329	24981	163	158	77	11	
滨江区	9348	8986	19	24	5	1	
萧山区	34489	33591	36	515	55	20	
余杭区	22901	22352	22	175	183	3	
桐庐县	6676	6503	12	44	2	1	
淳安县	3037	2979	26	79	2	2	
建德市	5228	5182	40	134	5		
富阳市	11013	10810	19	103	15	6	1
临安市	8211	8076	14	95	4	2	
宁波市	**144591**	**139503**	**319**	**1260**	**1222**	**36**	**4**
海曙区	10962	10804	45	59	235		
江东区	11642	11428	31	37	163	6	1
江北区	8703	8374	31	78	194	4	
北仑区	13315	12392	24	60	19	5	1
镇海区	8490	7994	27	135	35	4	
鄞州区	30794	29664	32	160	110	4	1
象山县	7419	7232	39	92	67	1	
宁海县	7545	7318	21	63	48	3	
余姚市	16680	16050	14	239	178	4	1
慈溪市	22439	21835	41	242	166	4	
奉化市	6602	6412	14	95	7	1	
温州市	**114340**	**113475**	**438**	**1614**	**5295**	**62**	**7**
鹿城区	16694	16514	154	340	865	30	3
龙湾区	13011	12764	14	149	631	5	
瓯海区	9402	9308	17	157	662	1	
洞头县	1143	1128	8	35	71		
永嘉县	9316	9254	49	70	487	4	
平阳县	7137	7087	24	66	306	2	

分组的小微企业法人单位数

单位：个

集体联营	国有与集体联营	其他联营	有限责任公司	国有独资公司	其他有限责任公司	股份有限公司	私营企业	私营独资
140	**40**	**89**	**36339**	**2591**	**33748**	**2450**	**708665**	**161197**
37	**20**	**4**	**11013**	**394**	**10619**	**712**	**160408**	**16058**
	1		951	70	881	46	7044	301
1	3		1163	39	1124	58	11236	185
2	3	1	1276	15	1261	50	15589	597
1	4		946	19	927	92	14771	244
3	7	1	2330	45	2285	160	21995	945
1			802	13	789	61	8058	283
19		1	1050	30	1020	77	31455	4258
3			889	32	857	42	20868	1604
1			251	29	222	16	5970	1645
2			383	43	340	17	2194	552
			196	9	187	14	4138	1324
3	2		370	19	351	49	9863	2087
1		1	406	31	375	30	7227	2033
17	**1**	**14**	**4506**	**376**	**4130**	**467**	**129858**	**30579**
			425	18	407	27	9992	443
3		2	485	17	468	49	10624	1284
2	1	1	310	24	286	29	7656	1779
2		2	532	36	496	45	11646	1828
1		3	352	19	333	28	7382	2026
1		2	919	50	869	116	28166	8129
1			319	86	233	19	6484	2144
1		2	187	35	152	25	6703	2205
3			448	29	419	65	14830	3499
2		2	388	49	339	47	20412	4556
1			141	13	128	17	5963	2686
32	**4**	**19**	**5393**	**296**	**5097**	**372**	**98348**	**24762**
14	2	11	1029	57	972	149	13610	2353
3		2	441	37	404	47	11285	1884
		1	339	18	321	2	7871	2025
			56	24	32		931	305
3	1		331	18	313	8	8172	1916
2			673	29	644	22	5837	1623

2-B-21 续表 1

地　区	单位数	内　资					
			国　有	集　体	股份合作企　业	联营企业	
							国有联营
苍南县	12982	12935	25	80	514	8	2
文成县	1235	1227	33	45	40		
泰顺县	1517	1516	26	28	30	1	
瑞安市	19759	19688	17	503	933	2	2
乐清市	22144	22054	71	141	756	9	
嘉兴市	**66172**	**63547**	**139**	**896**	**538**	**16**	**2**
南湖区	10526	10213	34	97	199	3	
秀洲区	7135	6724	5	64	102		
嘉善县	9241	8748	16	207	12	3	1
海盐县	6258	6102	30	74	101	4	
海宁市	12998	12571	22	285	38	3	
平湖市	9113	8724	15	55	4	2	1
桐乡市	10901	10465	17	114	82	1	
湖州市	**29260**	**28184**	**134**	**506**	**80**	**6**	**1**
吴兴区	8473	8209	55	86	22	3	1
南浔区	4677	4535	14	89	5		
德清县	5127	4768	32	118	11	1	
长兴县	6878	6709	14	151	35	2	
安吉县	4105	3963	19	62	7		
绍兴市	**81073**	**78987**	**136**	**1400**	**66**	**41**	**3**
越城区	13091	12697	28	195	9	4	1
绍兴县	23786	23209	11	130	3	2	
新昌县	5025	4945	16	101	10	17	
诸暨市	18204	17874	22	655	23	2	
上虞市	11337	10941	28	75	2	11	1
嵊州市	9630	9321	31	244	19	5	1
金华市	**79819**	**77588**	**188**	**533**	**80**	**46**	**2**
婺城区	8921	8757	56	76	8	5	
金东区	3617	3574	7	36	1	2	
武义县	4742	4703	20	74	3	1	
浦江县	3977	3904	24	40	2	4	1
磐安县	2481	2449	7	21	1	3	
兰溪市	5392	5318	13	57	8	11	1
义乌市	28208	26629	11	48	50	14	
东阳市	7839	7676	20	95			
永康市	14642	14578	30	86	7	6	

单位：个

集体联营	国有与集体联营	其他联营	有限责任公司	国有独资公司	其他有限责任公司	股份有限公司	私营企业	私营独资
2	1	3	424	19	405	40	11677	3729
			83	35	48	3	945	463
		1	78	24	54	8	1312	721
			484	16	468	18	17482	6864
8		1	1455	19	1436	75	19226	2879
7	**3**	**4**	**2508**	**314**	**2194**	**219**	**57926**	**14273**
1	1	1	531	33	498	30	9148	1370
			316	35	281	28	6072	635
1		1	336	48	288	60	7851	2124
2	2		237	57	180	16	5437	1974
2		1	333	36	297	17	11726	2844
		1	435	59	376	7	8146	3630
1			320	46	274	61	9546	1696
1	**2**	**2**	**1023**	**64**	**959**	**28**	**25864**	**8712**
	1	1	380	20	360	9	7582	2528
			94	4	90	2	4285	1772
		1	273	25	248	10	4284	962
1	1		174	4	170	4	6065	1841
			102	11	91	3	3648	1609
20	**7**	**11**	**3594**	**226**	**3368**	**203**	**71002**	**19468**
1	1	1	1318	49	1269	71	10821	2020
2			558	41	517	32	21872	3322
12	2	3	187	42	145	26	4218	1253
2			595	14	581	14	16127	7390
1	2	7	735	31	704	32	9759	3034
2	2		201	49	152	28	8205	2449
19	**1**	**24**	**2658**	**185**	**2473**	**233**	**71092**	**20544**
		5	512	33	479	53	7813	1388
2			122	14	108	9	3229	1185
1			93	23	70	10	4052	980
2		1	126	23	103	17	3519	471
2		1	182	10	172	4	2041	986
6		4	259	23	236	41	4269	1666
1		13	889	14	875	55	24925	7473
			254	20	234	14	7248	2149
5	1		221	25	196	30	13996	4246

2-B-21 续表 2

地 区	单位数	内 资	国 有	集 体	股份合作企 业	联营企业	国有联营
衢州市	**16504**	**16378**	**99**	**156**	**41**	**8**	**2**
柯城区	4393	4374	26	19	11	3	
衢江区	2606	2573	9	13	9	1	
常山县	2285	2273	9	29	3		
开化县	1661	1654	15	28			
龙游县	2426	2407	16	10	2	1	
江山市	3133	3097	24	57	16	3	2
舟山市	**11657**	**11564**	**99**	**257**	**34**	**4**	
定海区	6550	6504	39	116	2	1	
普陀区	3086	3063	26	66	20	2	
岱山县	1471	1452	16	52	8		
嵊泗县	550	545	18	23	4	1	
台州市	**66059**	**65491**	**183**	**946**	**3776**	**9**	**2**
椒江区	8747	8676	38	173	590	1	
黄岩区	7449	7395	20	156	618		
路桥区	8375	8314	9	145	299	2	
玉环县	9386	9309	14	93	654	1	
三门县	3379	3352	6	61	110		
天台县	3375	3347	14	41	66	2	1
仙居县	2793	2735	17	37	19		
温岭市	15122	15030	19	139	1024		
临海市	7433	7333	46	101	396	3	1
丽水市	**16238**	**16105**	**136**	**216**	**39**	**8**	**5**
莲都区	4304	4254	21	42	10	2	1
青田县	2549	2519	18	19	8		
缙云县	2486	2475	10	54	4		
遂昌县	1187	1170	14	26	9	1	
松阳县	1119	1117	10	14	1		
云和县	1109	1105	11	9	2	3	3
庆元县	1047	1043	19	12		2	1
景宁县	798	794	17	21	4		
龙泉市	1639	1628	16	19	1		

单位：个

集体联营	国有与集体联营	其他联营	有限责任公司	国有独资公司	其他有限责任公司	股份有限公司	私营企业	私营独资
		6	**674**	**111**	**563**	**78**	**13121**	**2963**
		3	207	21	186	34	3760	565
		1	74	14	60	15	1853	478
			91	17	74	4	1670	495
			73	24	49	4	1312	409
		1	159	15	144	13	1953	574
		1	70	20	50	8	2573	442
1	**1**	**2**	**855**	**107**	**748**	**11**	**10294**	**1977**
1			429	45	384	5	5910	876
	1	1	264	32	232	3	2679	607
			94	13	81	1	1277	341
		1	68	17	51	2	428	153
3	**1**	**3**	**3349**	**295**	**3054**	**70**	**56810**	**18179**
		1	780	46	734	14	7069	1360
			296	11	285	6	6277	2030
	1	1	576	27	549	8	7258	2200
1			709	34	675	13	7706	2292
			82	39	43	2	3090	962
		1	138	27	111	6	3066	1170
			121	33	88	3	2534	1023
			357	35	322	10	13354	5051
2			290	43	247	8	6456	2091
3			**766**	**223**	**543**	**57**	**13942**	**3682**
1			209	30	179	19	3864	624
			69	27	42	6	2278	703
			68	23	45	8	2247	523
1			124	23	101	5	896	269
			48	25	23		909	348
			59	26	33	3	848	364
1			48	14	34	2	912	195
			55	18	37	2	639	168
			86	37	49	12	1349	488

2-B-21 续表 3

地区	私营合伙	私营有限责任公司	私营股份有限公司	其他企业	港澳台商投资	与港澳台商合资经营	与港澳台商合作经营
全省	**22858**	**521490**	**3120**	**16970**	**8186**	**3673**	**111**
杭州市	**1187**	**142523**	**640**	**2531**	**1535**	**643**	**20**
上城区	68	6655	20	3	58	15	1
下城区	54	10939	58	18	68	13	1
江干区	63	14894	35	22	154	47	3
拱墅区	47	14386	94	11	73	17	
西湖区	197	20724	129	87	144	38	1
滨江区	48	7682	45	16	112	38	
萧山区	219	26902	76	383	430	225	1
余杭区	209	19021	34	170	211	74	5
桐庐县	29	4279	17	207	103	69	2
淳安县	33	1592	17	276	26	7	
建德市	47	2739	28	655	26	21	
富阳市	112	7619	45	385	76	49	
临安市	61	5091	42	298	54	30	6
宁波市	**7218**	**91551**	**510**	**1835**	**2425**	**1028**	**37**
海曙区	69	9450	30	21	62	26	
江东区	74	9207	59	33	81	34	3
江北区	120	5716	41	72	145	51	1
北仑区	410	9356	52	61	445	165	1
镇海区	691	4631	34	31	246	108	4
鄞州区	1169	18779	89	157	512	204	7
象山县	295	4024	21	211	84	51	3
宁海县	405	4070	23	268	110	58	
余姚市	1870	9395	66	272	352	156	5
慈溪市	1913	13873	70	535	316	133	9
奉化市	202	3050	25	174	72	42	4
温州市	**5126**	**68059**	**401**	**1953**	**282**	**180**	**9**
鹿城区	473	10681	103	337	40	24	2
龙湾区	434	8899	68	192	95	56	3
瓯海区	407	5438	1	259	18	6	
洞头县	51	573	2	27	8	5	
永嘉县	452	5785	19	133	28	24	
平阳县	382	3810	22	157	23	17	

单位：个

港澳台商独资	港澳台商投资股份有限公司	其他港澳台投资	外商投资	中外合资经营	中外合作经营	外资企业	外商投资股份有限公司	其他外商投资
4086	**70**	**246**	**10416**	**4348**	**142**	**4913**	**87**	**926**
855	**12**	**5**	**2176**	**920**	**35**	**1177**	**15**	**29**
41	1		104	32		68	1	3
52	2		97	31	2	61	1	2
104			268	86	2	174	4	2
55		1	117	38	2	76		1
104	1		204	56	3	137	3	5
69	2	3	250	93	4	149	2	2
203		1	468	211	2	246	3	6
129	3		338	147	6	181		4
32			70	53	1	16		
18	1		32	16		16		
4	1		20	15	1	4		
27			127	88	2	35	1	1
17	1		81	54	10	14		3
1322	**32**	**6**	**2663**	**1204**	**32**	**1396**	**16**	**15**
35		1	96	32	1	63		
42	2		133	37	1	92	1	2
92	1		184	80	3	101		
275	4		478	160	8	301	4	5
132	1	1	250	84	1	163	1	1
293	6	2	618	277	6	334		1
27	3		103	76	1	24	1	1
51	1		117	72	1	44		
188	3		278	139	3	130	3	3
163	9	2	288	166	7	107	6	2
24	2		118	81		37		
88	**2**	**3**	**583**	**348**	**7**	**209**	**6**	**13**
11	1	2	140	72		55	4	9
36			152	91	3	56		2
11	1		76	36		39		1
3			7	5		2		
4			34	22		12		
6			27	25		2		

2-B-21 续表 4

地区	私营合伙	私营有限责任公司	私营股份有限公司	其他企业	港澳台商投资	与港澳台商合资经营	与港澳台商合作经营
苍南县	1311	6596	41	167	27	24	
文成县	40	438	4	78	1		1
泰顺县	114	471	6	33			
瑞安市	569	10032	17	249	11	5	2
乐清市	893	15336	118	321	31	19	1
嘉兴市	**2342**	**40807**	**504**	**1305**	**1208**	**447**	**7**
南湖区	350	7416	12	171	129	48	3
秀洲区	55	5349	33	137	152	56	1
嘉善县	1392	3954	381	263	213	51	1
海盐县	94	3352	17	203	82	40	
海宁市	102	8768	12	147	216	88	
平湖市	102	4391	23	60	157	68	
桐乡市	247	7577	26	324	259	96	2
湖州市	**539**	**16545**	**68**	**543**	**538**	**263**	**4**
吴兴区	80	4948	26	72	117	50	
南浔区	33	2473	7	46	81	42	
德清县	99	3210	13	39	207	128	4
长兴县	191	4015	18	264	68	18	
安吉县	136	1899	4	122	65	25	
绍兴市	**374**	**50867**	**293**	**2545**	**1165**	**655**	**17**
越城区	57	8675	69	251	213	94	2
绍兴县	35	18389	126	601	297	135	3
新昌县	55	2893	17	370	36	26	
诸暨市	122	8612	3	436	192	131	8
上虞市	29	6657	39	299	241	143	
嵊州市	76	5641	39	588	186	126	4
金华市	**1032**	**49066**	**450**	**2758**	**629**	**205**	**5**
婺城区	166	6188	71	234	79	42	
金东区	50	1982	12	168	25	11	
武义县	28	3024	20	450	19	7	
浦江县	89	2949	10	172	36	14	
磐安县	44	1001	10	190	15	7	
兰溪市	40	2543	20	660	42	22	1
义乌市	449	16762	241	637	348	69	4
东阳市	32	5044	23	45	37	16	
永康市	134	9573	43	202	28	17	

单位：个

港澳台商独资	港澳台商投资股份有限公司	其他港澳台投资	外商投资	中外合资经营	中外合作经营	外资企业	外商投资股份有限公司	其他外商投资
3			20	13	2	4		1
			7	4		3		
			1			1		
4			60	33	1	24	2	
10		1	59	47	1	11		
749	**3**	**2**	**1417**	**516**	**11**	**879**	**8**	**3**
77		1	184	62	2	117	3	
94	1		259	69	5	184	1	
158	2	1	280	64		212	2	2
42			74	26	2	46		
128			211	122	1	88		
89			232	87		143	2	
161			177	86	1	89		1
270	**1**		**538**	**295**	**9**	**231**	**3**	
67			147	62	2	81	2	
39			61	43	1	17		
74	1		152	108	1	43		
50			101	42		58	1	
40			77	40	5	32		
464	**11**	**18**	**921**	**458**	**10**	**446**	**4**	**3**
114	2	1	181	67	2	110	1	1
141	2	16	280	83	2	192	2	1
10			44	34	2	8		
51	2		138	95	2	41		
96	1	1	155	106	2	47		
52	4		123	73		48	1	1
201	**7**	**211**	**1602**	**274**	**30**	**414**	**29**	**855**
33	3	1	85	41	1	41	1	1
14			18	10		8		
12			20	13		6		1
21		1	37	21	1	13		2
8			17	14		3		
18	1		32	19		11	1	1
64	2	209	1231	102	26	270	27	806
21			126	31	2	49		44
10	1		36	23		13		

2-B-21 续表 5

地　区	私营合伙	私营有限责任公司	私营股份有限公司	其他企业	港澳台商投资	与港澳台商合资经营	与港澳台商合作经营
衢州市	**246**	**9832**	**80**	**2201**	**64**	**36**	**4**
柯城区	41	3113	41	314	5	2	
衢江区	37	1324	14	599	16	6	2
常山县	54	1116	5	467	6	5	1
开化县	36	861	6	222	4	2	
龙游县	23	1348	8	253	11	5	
江山市	55	2070	6	346	22	16	1
舟山市	**286**	**8028**	**3**	**10**	**38**	**24**	
定海区	131	4901	2	2	18	10	
普陀区	62	2009	1	3	13	8	
岱山县	62	874		4	5	4	
嵊泗县	31	244		1	2	2	
台州市	**3857**	**34704**	**70**	**348**	**261**	**169**	**6**
椒江区	330	5369	10	11	33	23	
黄岩区	334	3905	8	22	22	11	2
路桥区	539	4508	11	17	18	13	
玉环县	570	4828	16	119	33	24	
三门县	94	2031	3	1	11	4	3
天台县	89	1804	3	14	16	11	
仙居县	412	1094	5	4	30	27	1
温岭市	1143	7150	10	127	36	22	
临海市	346	4015	4	33	62	34	
丽水市	**651**	**9508**	**101**	**941**	**41**	**23**	**2**
莲都区	131	3067	42	87	17	10	1
青田县	90	1463	22	121	5	2	
缙云县	160	1559	5	84	6	5	
遂昌县	44	575	8	95	5	2	
松阳县	52	507	2	135	1		
云和县	60	419	5	170	2		1
庆元县	10	704	3	48	3	3	
景宁县	67	400	4	56	1	1	
龙泉市	37	814	10	145	1		

单位：个

港澳台商独资	港澳台商投资股份有限公司	其他港澳台投资	外商投资	中外合资经营	中外合作经营	外资企业	外商投资股份有限公司	其他外商投资
24			**62**	**44**		**14**	**2**	**2**
3			14	10		3		1
8			17	12		4		1
			6	5		1		
2			3	3				
6			8	4		2	2	
5			14	10		4		
14			**55**	**28**	**3**	**23**		**1**
8			28	15	2	10		1
5			10	8	1	1		
1			14	4		10		
			3	1		2		
84	**2**		**307**	**223**	**5**	**77**	**2**	
9	1		38	20		17	1	
9			32	24		8		
4	1		43	32	1	10		
9			44	36	2	5	1	
4			16	9		7		
5			12	8	1	3		
2			28	22		6		
14			56	48		8		
28			38	24	1	13		
15		**1**	**92**	**38**		**47**	**2**	**5**
5		1	33	11		18	2	2
3			25	5		20		
1			5	5				
3			12	5		6		1
1			1			1		
1			2	1				1
			1			1		
			3	2		1		
1			10	9				1

2-B-22 按地区、登记注册类型分组的

地区	从业人员期末人数	内资	国有	集体	股份合作企业	联营企业	国有联营
全省	**13146386**	**12238446**	**101143**	**111920**	**178578**	**3775**	**664**
杭州市	**2720383**	**2556892**	**26764**	**19283**	**7053**	**516**	**68**
上城区	106020	103273	2525	2324	85	65	62
下城区	142346	139026	4763	1569	249	80	
江干区	305743	283651	2163	2939	397	56	
拱墅区	228215	222372	1849	980	648	66	5
西湖区	299985	292816	8219	1693	776	130	
滨江区	144647	132784	711	238	38	20	
萧山区	528711	477367	1923	1884	956	26	
余杭区	373652	347740	432	1594	3100	7	
桐庐县	99850	90574	329	568	44	5	
淳安县	45059	43703	661	704	24	10	
建德市	82680	80645	2892	1429	64		
富阳市	219864	205198	161	2278	591	48	1
临安市	143611	137743	136	1083	81	3	
宁波市	**2612019**	**2324197**	**14734**	**13826**	**17706**	**304**	**35**
海曙区	109994	104749	1590	738	1508		
江东区	146339	138471	2884	248	1236	46	16
江北区	166806	151261	329	677	3315	43	
北仑区	251249	194047	2339	791	563	42	5
镇海区	202607	175258	602	1190	719	37	
鄞州区	595210	532899	1720	2546	2272	23	13
象山县	124389	113746	723	892	1341	11	
宁海县	151083	135300	1574	780	780	11	
余姚市	321592	280040	784	2597	3270	63	1
慈溪市	399095	367550	795	2239	2603	23	
奉化市	143655	130876	1394	1128	99	5	
温州市	**1803423**	**1766707**	**17633**	**27780**	**79159**	**655**	**127**
鹿城区	275658	269798	4863	5333	15190	208	35
龙湾区	208372	196690	2237	2009	7747	51	
瓯海区	193734	189651	530	1398	9595	15	
洞头县	13793	13005	345	524	645		
永嘉县	130953	128890	2368	791	5455	38	
平阳县	116027	112224	702	2074	5159	6	

小微企业法人单位从业人数

单位：人

集体联营	国有与集体联营	其他联营	有限责任公司	国有独资公司	其他有限责任公司	股份有限公司	私营企业	私营独资
1133	**626**	**1352**	**1366848**	**84065**	**1282783**	**95674**	**10249032**	**1426323**
162	**205**	**81**	**427342**	**16922**	**410420**	**33517**	**2022363**	**143639**
	3		33724	4015	29709	870	63662	860
65	15		25542	1280	24262	1164	105575	892
6	47	3	67666	1387	66279	4388	205955	3544
1	60		39601	606	38995	8573	170472	1431
11	46	73	86630	1680	84950	2626	192120	3988
20			28349	570	27779	4504	98747	2564
23		3	43163	1658	41505	2987	424735	37580
7			38575	880	37695	3256	299502	12160
5			5739	747	4992	669	81804	16585
10			7441	1285	6156	437	31654	5374
			5557	503	5054	849	63625	12276
13	34		25316	604	24712	1771	171671	24614
1		2	20039	1707	18332	1423	112841	21771
138	**20**	**111**	**181600**	**13903**	**167697**	**19057**	**2064548**	**294453**
			11466	2269	9197	971	88394	1827
16		14	13037	744	12293	2008	118808	5938
4	20	19	11914	832	11082	1116	133486	12557
7		30	17305	1159	16146	1599	171045	18763
15		22	48226	1426	46800	1142	123188	19480
4		6	30070	1114	28956	5273	489691	91551
11			9660	3391	6269	395	99575	16967
2		9	6497	1045	5452	541	123359	18359
62			14857	939	13918	3721	252561	35537
12		11	12931	765	12166	2000	343255	40867
5			5637	219	5418	291	121186	32607
357	**34**	**137**	**197283**	**9459**	**187824**	**8754**	**1421019**	**197643**
89	15	69	25354	2858	22496	2041	213999	22693
20		31	15732	699	15033	926	166708	10768
		15	11682	203	11479	1	164914	18474
			2194	631	1563		8971	1427
23	15		18070	595	17475	618	100871	10737
6			25732	1342	24390	318	77180	11489

2-B-22 续表 1

地区	从业人员期末人数	内资					
			国有	集体	股份合作企业	联营企业	
							国有联营
苍南县	155134	153049	949	1360	6253	170	62
文成县	17549	17448	288	588	275		
泰顺县	27067	27066	724	470	441	1	
瑞安市	326717	324125	1612	7724	17372	30	30
乐清市	338419	334761	3015	5509	11027	136	
嘉兴市	**1091994**	**943244**	**7086**	**8706**	**11274**	**340**	**21**
南湖区	153596	138191	1330	742	4645	185	
秀洲区	128686	105949	442	396	2058		
嘉善县	155806	124000	580	1831	403	33	20
海盐县	113524	102161	820	1960	2383	58	
海宁市	213529	188617	420	2584	291	61	
平湖市	155677	134369	169	459	271	2	1
桐乡市	171176	149957	3325	734	1223	1	
湖州市	**568458**	**503588**	**3705**	**6406**	**1318**	**205**	**84**
吴兴区	156327	142083	1739	685	572	103	84
南浔区	90861	80880	186	526	79		
德清县	124308	101481	882	2079	411	3	
长兴县	113113	104124	415	1945	185	99	
安吉县	83849	75020	483	1171	71		
绍兴市	**1178094**	**1070444**	**4285**	**12067**	**1421**	**364**	**100**
越城区	189211	164937	831	2259	272	115	96
绍兴县	312940	286970	860	1781	10	3	
新昌县	87971	83962	277	870	228	77	
诸暨市	259511	241107	202	4256	685	31	
上虞市	188639	168775	1781	732	71	92	2
嵊州市	139822	124693	334	2169	155	46	2
金华市	**1220266**	**1174816**	**8386**	**8101**	**1123**	**885**	**44**
婺城区	130286	121214	1838	1500	97	50	
金东区	68948	67474	137	917	30	4	
武义县	109667	107357	264	750	14	2	
浦江县	90245	85216	848	793	4	39	9
磐安县	51057	49099	459	159	9	42	
兰溪市	90946	87078	471	435	137	128	35
义乌市	320448	305767	1070	458	758	545	
东阳市	166017	162630	1595	1659			
永康市	192652	188981	1704	1430	74	75	

单位：人

集体联营	国有与集体联营	其他联营	有限责任公司	国有独资公司	其他有限责任公司	股份有限公司	私营企业	私营独资
87	4	17	17812	440	17372	816	124249	24703
			2728	914	1814	27	12869	6359
		1	4716	846	3870	48	20320	7491
			24307	273	24034	1498	269701	58942
132		4	48956	658	48298	2461	261237	24560
82	**51**	**186**	**73403**	**10317**	**63086**	**7056**	**825021**	**115167**
1	4	180	18383	2501	15882	2182	109027	9226
			7971	771	7200	1300	93093	5188
9		4	10415	1657	8758	500	107279	18584
11	47		7228	856	6372	508	87778	18445
60		1	11409	581	10828	687	171850	21130
		1	11856	3024	8832	589	120811	30475
1			6141	927	5214	1290	135183	12119
50	**57**	**14**	**33121**	**1469**	**31652**	**3271**	**450129**	**99942**
	8	11	14441	413	14028	1293	122410	36487
			2372	51	2321	229	77068	20176
		3	8828	672	8156	969	87838	10503
50	49		4877	156	4721	537	93507	13387
			2603	177	2426	243	69306	19389
106	**68**	**90**	**88353**	**5207**	**83146**	**5978**	**940858**	**140425**
1	8	10	27803	1639	26164	1169	130549	12397
3			13997	765	13232	860	266218	23730
53	12	12	5657	845	4812	1484	71551	11209
31			20782	540	20242	492	211911	48978
7	15	68	16237	755	15482	1228	146741	24413
11	33		3877	663	3214	745	113888	19698
211	**3**	**627**	**87979**	**5738**	**82241**	**6466**	**1041251**	**185088**
		50	19488	1489	17999	1608	94962	11747
4			3707	150	3557	619	60675	13581
2			2500	572	1928	87	99708	8661
25		5	3482	688	2794	450	78340	7656
40		2	6764	342	6422	297	38984	13560
64		29	15016	411	14605	1176	65054	17023
4		541	15974	565	15409	1324	282710	46450
			16856	670	16186	311	141956	23684
72	3		4192	851	3341	594	178862	42726

2-B-22 续表 2

地　区	从业人员期末人数	内　资					
			国　有	集　体	股份合作企　业	联营企业	
							国有联营
衢州市	**276546**	**269245**	**4489**	**1443**	**515**	**44**	**12**
柯城区	62296	60788	1363	339	134	8	
衢江区	42303	40606	106	44	147	14	
常山县	40354	39662	460	142	41		
开化县	24616	24312	685	147			
龙游县	50651	49272	1346	168	29	6	
江山市	56326	54605	529	603	164	16	12
舟山市	**192240**	**187180**	**2736**	**4104**	**543**	**29**	
定海区	93517	91803	961	2060	59	1	
普陀区	57955	56623	544	1143	276	24	
岱山县	31813	29868	784	723	153		
嵊泗县	8955	8886	447	178	55	4	
台州市	**1162442**	**1126990**	**7634**	**8363**	**58060**	**253**	**8**
椒江区	133069	129857	1215	1323	7409	1	
黄岩区	122797	120549	718	1128	9376		
路桥区	133107	130070	506	1292	4905	230	
玉环县	201556	193992	228	1280	11248	4	
三门县	53298	52099	346	418	1383		
天台县	52367	50430	1427	350	1078	6	3
仙居县	60435	55828	681	276	286		
温岭市	253388	247279	1856	743	15390		
临海市	152425	146886	657	1553	6985	12	5
丽水市	**320521**	**315143**	**3691**	**1841**	**406**	**180**	**165**
莲都区	76515	75141	418	377	128	31	22
青田县	48793	47823	783	201	76		
缙云县	52672	51839	400	326	21		
遂昌县	21321	20378	154	219	59	3	
松阳县	25677	25573	93	108	30		
云和县	23061	22876	313	84	7	24	24
庆元县	22633	22483	450	98		122	119
景宁县	14845	14700	219	196	20		
龙泉市	35004	34330	861	232	65		

单位：人

集体联营	国有与集体联营	其他联营	有限责任公司			股份有限公司	私营企业	
				国有独资公司	其他有限责任公司			私营独资
		32	**26644**	**3397**	**23247**	**2515**	**215597**	**26871**
		8	8095	884	7211	411	45765	3764
		14	2138	341	1797	1044	32955	4984
			4643	519	4124	9	30147	4543
			2495	411	2084	72	19298	2774
		6	6614	595	6019	885	38782	4753
		4	2659	647	2012	94	48650	6053
1	**13**	**15**	**27941**	**3371**	**24570**	**1401**	**150369**	**14496**
1			14725	1214	13511	346	73640	6174
	13	11	8418	1341	7077	227	45966	3810
			2437	221	2216	68	25685	3293
		4	2361	595	1766	760	5078	1219
11	**175**	**59**	**197662**	**8707**	**188955**	**4968**	**847249**	**174803**
		1	37837	1444	36393	556	81443	8011
			25454	152	25302	252	83337	20864
	175	55	27449	499	26950	1167	94368	21319
4			51028	1096	49932	867	128134	24577
			4050	1248	2802	531	45367	5728
		3	5701	932	4769	347	41418	8516
			5244	931	4313	135	49172	15661
			19632	1017	18615	347	208624	49686
7			21267	1388	19879	766	115386	20441
15			**25520**	**5575**	**19945**	**2691**	**270628**	**33796**
9			6403	825	5578	998	66185	3317
			2275	1001	1274	101	42943	9306
			1826	505	1321	872	47154	4829
3			4066	753	3313	256	14339	1982
			1500	623	877		21323	3397
			2573	509	2064	26	18460	4808
3			965	300	665	33	20452	1762
			2939	357	2582	45	10983	767
			2973	702	2271	360	28789	3628

2-B-22 续表 3

地区	私营合伙	私营有限责任公司	私营股份有限公司	其他企业	港澳台商投资	与港澳台商合资经营	与港澳台商合作经营
全省	**251878**	**8492618**	**78213**	**131476**	**442925**	**238335**	**6543**
杭州市	**11718**	**1851297**	**15709**	**20054**	**70103**	**41696**	**615**
上城区	399	62214	189	18	988	426	24
下城区	558	103283	842	84	1574	179	20
江干区	396	201429	586	87	6870	3362	49
拱墅区	468	167968	605	183	2333	1324	
西湖区	1710	184719	1703	622	2873	1198	8
滨江区	456	95093	634	177	4173	1926	
萧山区	2545	381037	3573	1693	25512	15988	2
余杭区	2201	283640	1501	1274	10409	4529	378
桐庐县	231	64884	104	1416	5592	4957	30
淳安县	283	25689	308	2772	324	48	
建德市	521	50209	619	6229	1025	863	
富阳市	1216	141811	4030	3362	6248	5414	
临安市	734	89321	1015	2137	2182	1482	104
宁波市	**81356**	**1669188**	**19551**	**12422**	**150107**	**71398**	**2828**
海曙区	671	84990	906	82	1550	830	
江东区	761	110794	1315	204	5324	2687	221
江北区	1352	118227	1350	381	7769	3323	6
北仑区	3631	146939	1712	363	31042	13738	1
镇海区	7594	95010	1104	154	13785	6880	632
鄞州区	14700	379069	4371	1304	30362	14229	547
象山县	2786	78952	870	1149	3687	2529	203
宁海县	5000	98992	1008	1758	7882	4653	
余姚市	20163	193385	3476	2187	24839	11533	609
慈溪市	21741	277938	2709	3704	18694	7822	400
奉化市	2957	84892	730	1136	5173	3174	209
温州市	**46378**	**1168932**	**8066**	**14424**	**13097**	**9692**	**245**
鹿城区	5939	183774	1593	2810	1341	830	93
龙湾区	4165	150026	1749	1280	4245	3133	118
瓯海区	3969	141971	500	1516	896	317	
洞头县	307	7179	58	326	736	585	
永嘉县	1961	87355	818	679	1057	850	
平阳县	4421	61116	154	1053	1951	1578	

单位：人

港澳台商独　资	港澳台商投资股份有限公司	其他港澳台投资	外商投资	中外合资经　营	中外合作经　营	外资企业	外商投资股份有限公　司	其他外商投　资
189751	**6588**	**1708**	**465015**	**243509**	**6351**	**207308**	**2888**	**4959**
27136	**598**	**58**	**93388**	**48549**	**1224**	**42223**	**942**	**450**
503	35		1759	880		840	34	5
1319	56		1746	591	78	1034	37	6
3459			15222	5361	21	9348	476	16
958		51	3510	1419	14	2076		1
1654	13		4296	1189	73	2970	35	29
1932	310	5	7690	3436	112	4074	59	9
9520		2	25832	13899	10	11560	293	70
5433	69		15503	7534	403	7526		40
605			3684	2838	181	665		
274	2		1032	850		182		
107	55		1010	847	138	25		
834			8418	6462	12	1684	8	252
538	58		3686	3243	182	239		22
72767	**2980**	**134**	**137715**	**67169**	**2427**	**67073**	**546**	**500**
658		62	3695	3006	1	688		
1638	778		2544	964	36	1533	3	8
4439	1		7776	4369	221	3186		
16931	372		26160	7514	238	17778	270	360
6256	14	3	13564	4736	171	8520	47	90
14968	605	13	31949	15659	453	15830		7
952	3		6956	5540	143	1242	25	6
3193	36		7901	5611	143	2147		
12360	337		16713	8322	117	8076	181	17
9591	825	56	12851	5961	904	5954	20	12
1781	9		7606	5487		2119		
3116	**19**	**25**	**23619**	**16091**	**61**	**7358**	**48**	**61**
388	13	17	4519	3168		1275	37	39
994			7437	4901	29	2493		14
573	6		3187	1793		1390		4
151			52	49		3		
207			1006	607		399		
373			1852	1812		40		

2-B-22 续表 4

地　区	私营合伙	私营有限责任公司	私营股份有限公司	其他企业	港澳台商投资	与港澳台商合资经营	与港澳台商合作经营
苍南县	9067	89910	569	1440	1270	1259	
文成县	238	6171	101	673	1		1
泰顺县	838	11891	100	346			
瑞安市	5513	204668	578	1881	345	268	21
乐清市	9960	224871	1846	2420	1255	872	12
嘉兴市	**21193**	**681249**	**7412**	**10358**	**67027**	**29818**	**779**
南湖区	3714	95864	223	1697	6402	2883	488
秀洲区	854	85483	1568	689	7926	3611	145
嘉善县	10271	75558	2866	2959	14509	4112	1
海盐县	1405	67201	727	1426	6589	3662	
海宁市	1018	149403	299	1315	12694	6572	
平湖市	966	88151	1219	212	7248	3850	
桐乡市	2965	119589	510	2060	11659	5128	145
湖州市	**6452**	**339646**	**4089**	**5433**	**32834**	**17477**	**385**
吴兴区	864	83993	1066	840	6385	2790	
南浔区	363	55940	589	420	5943	3478	
德清县	1277	74948	1110	471	13822	8696	385
长兴县	2283	76723	1114	2559	2929	643	
安吉县	1665	48042	210	1143	3755	1870	
绍兴市	**4017**	**792032**	**4384**	**17118**	**64198**	**39133**	**1063**
越城区	620	116644	888	1939	13153	5814	28
绍兴县	247	240974	1267	3241	17199	9853	259
新昌县	541	58848	953	3818	1926	1538	
诸暨市	1481	161374	78	2748	10628	7173	756
上虞市	379	121357	592	1893	11271	7368	
嵊州市	749	92835	606	3479	10021	7387	20
金华市	**10776**	**836796**	**8591**	**20625**	**20204**	**11006**	**55**
婺城区	1905	80321	989	1671	4749	2504	
金东区	713	46085	296	1385	944	550	
武义县	321	90203	523	4032	448	253	
浦江县	1017	69503	164	1260	2535	1337	
磐安县	654	24296	474	2385	874	420	
兰溪市	456	46782	793	4661	1804	857	11
义乌市	3738	229223	3299	2928	6077	3574	44
东阳市	355	116585	1332	253	989	423	
永康市	1617	133798	721	2050	1784	1088	

单位：人

港澳台商独资	港澳台商投资股份有限公司	其他港澳台投资	外商投资	中外合资经营	中外合作经营	外资企业	外商投资股份有限公司	其他外商投资
11			815	522	10	279		4
			100	91		9		
			1			1		
56			2247	1277	1	958	11	
363		8	2403	1871	21	511		
36357	**70**	**3**	**81723**	**33585**	**591**	**47159**	**295**	**93**
3029		2	9003	3568	123	5309	3	
4164	6		14811	3387	292	10947	185	
10331	64	1	17297	5760		11460	7	70
2927			4774	2186	3	2585		
6122			12218	8836	100	3282		
3398			14060	5489		8471	100	
6386			9560	4359	73	5105		23
14922	**50**		**32036**	**18152**	**435**	**13384**	**65**	
3595			7859	3487	109	4201	62	
2465			4038	3200	5	833		
4691	50		9005	6625	1	2379		
2286			6060	2079		3978	3	
1885			5074	2761	320	1993		
21875	**1989**	**138**	**43452**	**26646**	**659**	**15696**	**429**	**22**
7079	231	1	11121	4424	101	6325	258	13
6192	854	41	8771	4809	257	3542	155	8
388			2083	1815	93	175		
2361	338		7776	5988	201	1587		
3806	1	96	8593	5695	7	2891		
2049	565		5108	3915		1176	16	1
7159	**637**	**1347**	**25246**	**13428**	**592**	**7314**	**250**	**3662**
1661	394	190	4323	2830	1	1473	16	3
394			530	259		271		
195			1862	1413		448		1
1197		1	2494	1351	231	861		51
454			1084	915		169		
935	1		2064	1543		395	125	1
1297	6	1156	8604	2113	84	2802	109	3496
566			2398	1407	276	605		110
460	236		1887	1597		290		

2-B-22 续表 5

地区	私营合伙	私营有限责任公司	私营股份有限公司	其他企业	港澳台商投资	与港澳台商合资经营	与港澳台商合作经营
衢州市	**2772**	**183339**	**2615**	**17998**	**2834**	**1599**	**37**
柯城区	350	40810	841	4673	153	42	
衢江区	297	27146	528	4158	606	26	2
常山县	622	24942	40	4220	231	199	32
开化县	272	15939	313	1615	256	172	
龙游县	233	32991	805	1442	507	301	
江山市	998	41511	88	1890	1081	859	3
舟山市	**2643**	**133135**	**95**	**57**	**1746**	**1082**	
定海区	1259	66159	48	11	723	358	
普陀区	487	41622	47	25	816	593	
岱山县	640	21752		18	166	90	
嵊泗县	257	3602		3	41	41	
台州市	**57415**	**609408**	**5623**	**2801**	**18599**	**14102**	**319**
椒江区	3732	68428	1272	73	2099	1762	
黄岩区	4253	57825	395	284	1213	550	152
路桥区	6951	65378	720	153	1090	740	
玉环县	9570	92845	1142	1203	3579	3006	
三门县	937	38519	183	4	407	318	27
天台县	2024	30774	104	103	1108	1098	
仙居县	7307	25312	892	34	2442	2245	140
温岭市	17327	140751	860	687	2903	2109	
临海市	5314	89576	55	260	3758	2274	
丽水市	**7158**	**227596**	**2078**	**10186**	**2176**	**1332**	**217**
莲都区	963	60864	1041	601	547	373	157
青田县	919	32301	417	1444	202	35	
缙云县	2428	39846	51	1240	500	490	
遂昌县	378	11955	24	1282	377	285	
松阳县	777	17134	15	2519	99		
云和县	504	13107	41	1389	62		60
庆元县	95	18546	49	363	148	148	
景宁县	639	9517	60	298	1	1	
龙泉市	455	24326	380	1050	240		

单位：人

港澳台商独资	港澳台商投资股份有限公司	其他港澳台投资	外商投资	中外合资经营	中外合作经营	外资企业	外商投资股份有限公司	其他外商投资
1198			**4467**	**2663**		**1519**	**272**	**13**
111			1355	649		698		8
578			1091	750		336		5
			461	410		51		
84			48	48				
206			872	514		86	272	
219			640	292		348		
664			**3314**	**1436**	**114**	**1763**		**1**
365			991	548	99	343		1
223			516	500	15	1		
76			1779	385		1394		
			28	3		25		
3933	**245**		**16853**	**13803**	**248**	**2785**	**17**	
336	1		1113	637		460	16	
511			1035	708		327		
106	244		1947	1764	7	176		
573			3985	3569	16	399	1	
62			792	535		257		
10			829	637	145	47		
57			2165	1857		308		
794			3206	3075		131		
1484			1781	1021	80	680		
624		**3**	**3202**	**1987**		**1034**	**24**	**157**
14		3	827	380		412	24	11
167			768	295		473		
10			333	333				
92			566	428		110		28
99			5			5		
2			123	21				102
			2			2		
			144	112		32		
240			434	418				16

2-B-23 按地区、控股情况分组的小微企业法人单位数

单位：个

地 区	单位数	国有控股	集体控股	私人控股	港澳台商控股	外商控股	其 他
全 省	**807048**	**8709**	**17877**	**757567**	**5815**	**7337**	**9743**
杭州市	**181335**	**2104**	**3194**	**170844**	**1183**	**1521**	**2489**
上城区	8449	307	220	7548	52	84	238
下城区	12848	309	187	12065	52	86	149
江干区	17629	168	281	16517	110	235	318
拱墅区	16177	155	116	15622	53	92	139
西湖区	25329	377	335	23963	124	162	368
滨江区	9348	86	81	8828	94	167	92
萧山区	34489	151	700	32818	329	299	192
余杭区	22901	151	412	21482	205	251	400
桐庐县	6676	58	79	6388	58	35	58
淳安县	3037	115	123	2669	23	21	86
建德市	5228	71	278	4664	14	8	193
富阳市	11013	80	221	10455	47	47	163
临安市	8211	76	161	7825	22	34	93
宁波市	**144591**	**1181**	**2072**	**136615**	**1811**	**1767**	**1145**
海曙区	10962	120	186	10491	50	62	53
江东区	11642	90	99	11222	64	83	84
江北区	8703	103	154	8160	117	120	49
北仑区	13315	167	117	12208	365	355	103
镇海区	8490	112	189	7775	170	191	53
鄞州区	30794	145	257	29406	367	419	200
象山县	7419	144	163	6911	54	41	106
宁海县	7545	81	89	7142	77	75	81
余姚市	16680	72	353	15683	250	171	151
慈溪市	22439	108	330	21340	255	205	201
奉化市	6602	39	135	6277	42	45	64
温州市	**114340**	**1026**	**4201**	**107250**	**166**	**350**	**1347**
鹿城区	16694	309	462	15333	23	93	474
龙湾区	13011	84	642	12009	60	89	127
瓯海区	9402	59	256	8882	16	55	134
洞头县	1143	47	60	1015	6	3	12
永嘉县	9316	88	371	8774	12	21	50
平阳县	7137	69	123	6847	14	9	75

2-B-23 续表 1

单位：个

地 区	单位数	国有控股	集体控股	私人控股	港澳台商控股	外商控股	其 他
苍南县	12982	58	278	12507	12	7	120
文成县	1235	80	94	1041	1	5	14
泰顺县	1517	58	40	1403		1	15
瑞安市	19759	61	1330	18217	5	37	109
乐清市	22144	113	545	21222	17	30	217
嘉兴市	**66172**	**930**	**1710**	**61081**	**934**	**1066**	**451**
南湖区	10526	169	189	9844	93	148	83
秀洲区	7135	95	174	6424	127	211	104
嘉善县	9241	93	305	8372	190	228	53
海盐县	6258	140	185	5743	60	53	77
海宁市	12998	136	397	12149	150	125	41
平湖市	9113	164	148	8488	116	174	23
桐乡市	10901	133	312	10061	198	127	70
湖州市	**29260**	**481**	**741**	**26765**	**407**	**356**	**510**
吴兴区	8473	168	163	7763	95	99	185
南浔区	4677	66	111	4389	60	31	20
德清县	5127	117	165	4500	149	99	97
长兴县	6878	72	190	6340	56	76	144
安吉县	4105	58	112	3773	47	51	64
绍兴市	**81073**	**603**	**2162**	**76120**	**696**	**598**	**894**
越城区	13091	169	376	11980	143	141	282
绍兴县	23786	93	446	22714	170	203	160
新昌县	5025	87	147	4718	18	18	37
诸暨市	18204	62	710	17232	123	69	8
上虞市	11337	90	145	10651	148	101	202
嵊州市	9630	102	338	8825	94	66	205
金华市	**79819**	**581**	**988**	**74925**	**358**	**1375**	**1592**
婺城区	8921	150	122	8363	63	60	163
金东区	3617	39	54	3458	18	13	35
武义县	4742	54	114	4373	10	12	179
浦江县	3977	57	61	3738	22	17	82
磐安县	2481	23	33	2337	5	7	76
兰溪市	5392	50	214	4664	34	19	411
义乌市	28208	67	82	26216	161	1113	569
东阳市	7839	49	171	7459	25	113	22
永康市	14642	92	137	14317	20	21	55

2-B-23 续表 2

单位：个

地 区	单位数	国有控股	集体控股	私人控股	港澳台商控股	外商控股	其 他
衢州市	**16504**	**292**	**277**	**15196**	**36**	**32**	**671**
柯城区	4393	79	50	4113	4	8	139
衢江区	2606	31	30	2208	12	6	319
常山县	2285	33	48	2161	3	3	37
开化县	1661	45	37	1522	2	2	53
龙游县	2426	47	23	2246	5	6	99
江山市	3133	57	89	2946	10	7	24
舟山市	**11657**	**410**	**473**	**10603**	**22**	**40**	**109**
定海区	6550	159	216	6080	10	19	66
普陀区	3086	129	134	2782	9	6	26
岱山县	1471	75	78	1300	2	12	4
嵊泗县	550	47	45	441	1	3	13
台州市	**66059**	**662**	**1704**	**63158**	**180**	**179**	**176**
椒江区	8747	136	364	8154	23	37	33
黄岩区	7449	41	204	7162	18	16	8
路桥区	8375	56	205	8033	12	35	34
玉环县	9386	66	226	9014	19	23	38
三门县	3379	51	63	3242	8	10	5
天台县	3375	57	65	3220	13	7	13
仙居县	2793	61	51	2653	11	12	5
温岭市	15122	76	378	14624	23	17	4
临海市	7433	118	148	7056	53	22	36
丽水市	**16238**	**439**	**355**	**15010**	**22**	**53**	**359**
莲都区	4304	78	83	4077	7	20	39
青田县	2549	46	27	2384	4	18	70
缙云县	2486	39	70	2355	3	4	15
遂昌县	1187	44	42	1043	5	6	47
松阳县	1119	44	16	1050		1	8
云和县	1109	42	24	960	1	2	80
庆元县	1047	44	14	963			26
景宁县	798	40	45	691		1	21
龙泉市	1639	62	34	1487	2	1	53

2-B-24 按地区、控股情况分组的小微企业法人单位从业人数

单位：人

地 区	从业人员期末人数	国有控股	集体控股	私人控股	港澳台商控股	外商控股	其 他
全 省	**13146386**	**385369**	**283904**	**11674442**	**306326**	**308411**	**187934**
杭州市	**2720383**	**109055**	**50624**	**2383871**	**46859**	**60920**	**69054**
上城区	106020	12893	3846	75181	736	1454	11910
下城区	142346	12036	4997	120050	1387	1556	2320
江干区	305743	18557	6290	252994	5108	13317	9477
拱墅区	228215	14034	2965	202802	1134	2606	4674
西湖区	299985	15113	4981	262345	2086	3376	12084
滨江区	144647	6633	1986	122564	3608	5018	4838
萧山区	528711	9041	6003	474472	17541	16069	5585
余杭区	373652	5810	7294	333479	9161	10728	7180
桐庐县	99850	1793	1487	92024	2065	1890	591
淳安县	45059	3217	1576	37771	299	727	1469
建德市	82680	4162	2968	72747	306	231	2266
富阳市	219864	2644	3616	204095	2311	2943	4255
临安市	143611	3122	2615	133347	1117	1005	2405
宁波市	**2612019**	**82488**	**43162**	**2264806**	**110218**	**92052**	**19293**
海曙区	109994	7590	3093	96748	1113	483	967
江东区	146339	5511	2885	132018	3209	1575	1141
江北区	166806	3517	6043	145375	5876	5042	953
北仑区	251249	8476	4450	189485	24622	21901	2315
镇海区	202607	36783	4819	140620	8749	10332	1304
鄞州区	595210	5263	7971	533573	21571	21533	5299
象山县	124389	4598	2770	112329	1925	2169	598
宁海县	151083	3273	1026	135205	5998	4342	1239
余姚市	321592	2985	4663	280204	18430	11706	3604
慈溪市	399095	2195	3578	366158	15793	9967	1404
奉化市	143655	2297	1864	133091	2932	3002	469
温州市	**1803423**	**38711**	**67336**	**1656150**	**7453**	**13199**	**20574**
鹿城区	275658	12082	7063	247285	974	2493	5761
龙湾区	208372	4473	8839	185597	2232	4092	3139
瓯海区	193734	1490	2601	185274	903	2116	1350
洞头县	13793	2185	1290	9739	451	11	117
永嘉县	130953	3495	5129	120267	414	868	780
平阳县	116027	2307	3532	107638	1202	670	678

2-B-24 续表 1

单位：人

地区	从业人员期末人数	国有控股	集体控股	私人控股	港澳台商控股	外商控股	其他
苍南县	155134	1927	4174	146691	559	283	1500
文成县	17549	1526	1106	14728	1	39	149
泰顺县	27067	1848	804	24318		1	96
瑞安市	326717	3186	22437	297581	57	1083	2373
乐清市	338419	4192	10361	317032	660	1543	4631
嘉兴市	**1091994**	**32013**	**20233**	**916092**	**49928**	**62684**	**11044**
南湖区	153596	9015	2794	127648	4227	7468	2444
秀洲区	128686	3256	1948	102535	6396	12217	2334
嘉善县	155806	3082	3505	120720	12987	14541	971
海盐县	113524	2979	2886	98329	4803	3487	1040
海宁市	213529	2726	4552	187971	8734	7676	1870
平湖市	155677	4883	1433	133317	5012	10117	915
桐乡市	171176	6072	3115	145572	7769	7178	1470
湖州市	**568458**	**15357**	**13129**	**479817**	**24856**	**20973**	**14326**
吴兴区	156327	5262	3889	127140	5654	5281	9101
南浔区	90861	1244	1216	82016	3995	1656	734
德清县	124308	4141	3460	98798	10064	5418	2427
长兴县	113113	3239	2704	97692	2860	5051	1567
安吉县	83849	1471	1860	74171	2283	3567	497
绍兴市	**1178094**	**17912**	**29480**	**1054615**	**39185**	**27259**	**9643**
越城区	189211	6602	10045	150901	9247	8967	3449
绍兴县	312940	3333	5392	285016	10989	5745	2465
新昌县	87971	1814	2190	81660	1028	669	610
诸暨市	259511	1136	6496	241503	6077	3995	304
上虞市	188639	3583	1913	169623	6188	5369	1963
嵊州市	139822	1444	3444	125912	5656	2514	852
金华市	**1220266**	**21936**	**20523**	**1128001**	**13125**	**15638**	**21043**
婺城区	130286	5517	3079	111654	3638	3113	3285
金东区	68948	746	1221	65354	774	452	401
武义县	109667	1574	1336	103910	182	928	1737
浦江县	90245	1724	1251	83289	1640	1045	1296
磐安县	51057	1137	449	46721	556	609	1585
兰溪市	90946	1826	2022	78431	1548	1135	5984
义乌市	320448	3786	2091	300740	2801	6291	4739
东阳市	166017	2321	6482	153790	793	1318	1313
永康市	192652	3305	2592	184112	1193	747	703

2-B-24　续表 2

单位：人

地　区	从业人员期末人数	国有控股	集体控股	私人控股	港澳台商控股	外商控股	其　他
衢州市	**276546**	**12093**	**3480**	**249097**	**2160**	**2495**	**7221**
柯城区	62296	5124	1340	52817	126	777	2112
衢江区	42303	741	342	37960	736	365	2159
常山县	40354	1158	191	38091	68	224	622
开化县	24616	1356	282	21413	104	10	1451
龙游县	50651	2389	243	46286	404	622	707
江山市	56326	1325	1082	52530	722	497	170
舟山市	**192240**	**14317**	**8348**	**163245**	**829**	**2701**	**2800**
定海区	93517	6646	4230	79407	420	763	2051
普陀区	57955	4151	2362	50381	292	247	522
岱山县	31813	2191	1122	26643	77	1663	117
嵊泗县	8955	1329	634	6814	40	28	110
台州市	**1162442**	**29023**	**22045**	**1084351**	**10760**	**8659**	**7604**
椒江区	133069	4469	5289	119868	1099	1088	1256
黄岩区	122797	1581	1881	116860	1058	527	890
路桥区	133107	1782	2815	124888	910	1575	1137
玉环县	201556	1880	3645	190091	1693	2452	1795
三门县	53298	2898	432	49084	235	405	244
天台县	52367	3111	702	47534	604	113	303
仙居县	60435	1807	650	55922	975	797	284
温岭市	253388	8051	3594	239376	1334	837	196
临海市	152425	3444	3037	140728	2852	865	1499
丽水市	**320521**	**12464**	**5544**	**294397**	**953**	**1831**	**5332**
莲都区	76515	3273	1563	70014	179	679	807
青田县	48793	1793	531	44857	207	379	1026
缙云县	52672	1051	687	50213	174	396	151
遂昌县	21321	1229	930	17715	146	212	1089
松阳县	25677	858	292	24048		5	474
云和县	23061	868	414	20773	2	123	881
庆元县	22633	1012	111	21294			216
景宁县	14845	619	502	13585		32	107
龙泉市	35004	1761	514	31898	245	5	581

2-B-25 按地区、全年营业收入组距分组的小微企业法人单位数

单位：个

地　区	单位数	50万元及以下	50-100万元	100-500万元	500-1000万元	1000-2000万元	2000-5000万元	5000万元-1亿元	1-2亿元	2亿元以上
全　省	**807048**	**303029**	**75060**	**230221**	**81406**	**54956**	**38201**	**13781**	**6373**	**4021**
杭州市	**181335**	**85756**	**15829**	**40707**	**14945**	**10687**	**7739**	**2966**	**1496**	**1210**
上城区	8449	4781	614	1516	555	394	352	107	61	69
下城区	12848	5932	1318	2962	985	725	520	176	95	135
江干区	17629	9459	1709	3547	1142	787	552	214	123	96
拱墅区	16177	7873	1364	3358	1208	909	805	324	180	156
西湖区	25329	14562	2186	4829	1515	1056	783	237	82	79
滨江区	9348	4911	1134	1729	572	394	339	126	72	71
萧山区	34489	14015	3025	8881	3083	2253	1816	763	366	287
余杭区	22901	11019	1945	5077	1791	1313	1028	405	191	132
桐庐县	6676	2761	515	1781	693	447	275	124	56	24
淳安县	3037	1492	311	724	223	121	60	46	41	19
建德市	5228	1697	492	1528	646	462	257	80	48	18
富阳市	11013	4720	653	2530	1178	966	536	212	121	97
临安市	8211	2534	563	2245	1354	860	416	152	60	27
宁波市	**144591**	**56893**	**13090**	**38776**	**13705**	**9451**	**7729**	**2761**	**1217**	**969**
海曙区	10962	6099	958	2212	641	439	403	120	39	51
江东区	11642	5862	943	2400	901	642	576	194	57	67
江北区	8703	4230	720	1903	596	482	460	175	69	68
北仑区	13315	5132	1154	2907	1176	970	931	444	256	345
镇海区	8490	3342	777	2032	705	553	601	243	122	115
鄞州区	30794	11187	3094	9045	2884	2066	1558	530	289	141
象山县	7419	3590	757	1653	552	341	353	100	54	19
宁海县	7545	2689	833	2314	738	426	357	137	39	12
余姚市	16680	4416	1359	5471	2378	1452	1060	351	126	67
慈溪市	22439	8148	1688	6757	2503	1693	1076	365	136	73
奉化市	6602	2198	807	2082	631	387	354	102	30	11
温州市	**114340**	**34958**	**11832**	**39169**	**13721**	**8229**	**4425**	**1323**	**504**	**179**
鹿城区	16694	4329	1251	5867	2616	1508	796	229	71	27
龙湾区	13011	4606	1161	3886	1376	890	677	251	116	48
瓯海区	9402	3272	1029	2957	924	596	468	113	40	3
洞头县	1143	536	134	272	73	64	40	15	6	3
永嘉县	9316	4090	1138	2518	754	462	249	69	30	6
平阳县	7137	2581	505	1769	1244	666	249	86	31	6

2-B-25　续表 1　　　　单位：个

地　区	单位数	50万元及以下	50-100万元	100-500万元	500-1000万元	1000-2000万元	2000-5000万元	5000万元-1亿元	1-2亿元	2亿元以上
苍南县	12982	4229	1846	4521	1229	671	358	87	32	9
文成县	1235	400	115	514	80	72	29	20	4	1
泰顺县	1517	509	219	579	85	62	39	18	4	2
瑞安市	19759	6939	1837	5773	2265	1865	742	223	78	37
乐清市	22144	3467	2597	10513	3075	1373	778	212	92	37
嘉兴市	**66172**	**23946**	**6297**	**18816**	**6335**	**4654**	**3955**	**1246**	**646**	**277**
南湖区	10526	4564	1021	2741	887	602	436	154	78	43
秀洲区	7135	2773	547	1726	718	591	513	165	77	25
嘉善县	9241	2800	912	3163	912	631	511	179	97	36
海盐县	6258	2005	630	1947	635	484	346	110	76	25
海宁市	12998	4279	1292	3718	1375	997	814	315	139	69
平湖市	9113	4056	953	2230	680	500	453	147	58	36
桐乡市	10901	3469	942	3291	1128	849	882	176	121	43
湖州市	**29260**	**9629**	**2497**	**8574**	**3282**	**1982**	**1703**	**858**	**446**	**289**
吴兴区	8473	2436	664	2876	1218	520	401	180	112	66
南浔区	4677	1117	405	1502	606	442	351	145	68	41
德清县	5127	1279	440	1587	606	430	383	213	112	77
长兴县	6878	3174	594	1507	500	375	341	198	101	88
安吉县	4105	1623	394	1102	352	215	227	122	53	17
绍兴市	**81073**	**24780**	**7582**	**25089**	**9548**	**6741**	**4495**	**1614**	**761**	**463**
越城区	13091	4024	1315	3971	1482	1014	826	270	132	57
绍兴县	23786	6424	1838	7421	2969	2310	1693	654	270	207
新昌县	5025	1769	555	1484	546	358	221	50	25	17
诸暨市	18204	6216	1868	5135	1973	1487	858	345	210	112
上虞市	11337	2953	1163	4057	1397	860	577	186	87	57
嵊州市	9630	3394	843	3021	1181	712	320	109	37	13
金华市	**79819**	**26434**	**7779**	**26246**	**9240**	**5382**	**2955**	**1074**	**501**	**208**
婺城区	8921	4653	827	1769	557	559	346	127	54	29
金东区	3617	1315	356	1077	362	198	210	61	31	7
武义县	4742	1588	554	1357	426	338	304	100	56	19
浦江县	3977	1053	357	1236	599	376	201	89	42	24
磐安县	2481	986	237	726	222	142	117	40	10	1
兰溪市	5392	1527	229	1503	822	784	317	111	64	35
义乌市	28208	6843	2975	11873	3984	1531	628	245	107	22
东阳市	7839	2895	485	2020	1013	778	416	147	63	22
永康市	14642	5574	1759	4685	1255	676	416	154	74	49

2-B-25 续表 2

单位：个

地 区	单位数	50万元及以下	50-100万元	100-500万元	500-1000万元	1000-2000万元	2000-5000万元	5000万元-1亿元	1-2亿元	2亿元以上
衢州市	**16504**	**7250**	**1245**	**4034**	**1400**	**1177**	**780**	**368**	**156**	**94**
柯城区	4393	1873	430	1194	361	235	162	81	34	23
衢江区	2606	1534	126	372	199	147	138	46	27	17
常山县	2285	945	185	642	237	127	102	29	12	6
开化县	1661	914	150	342	81	69	68	25	9	3
龙游县	2426	850	179	708	266	161	126	80	29	27
江山市	3133	1134	175	776	256	438	184	107	45	18
舟山市	**11657**	**5665**	**1000**	**2518**	**804**	**769**	**501**	**202**	**101**	**97**
定海区	6550	3306	511	1381	421	449	265	99	53	65
普陀区	3086	1482	309	650	205	161	144	74	35	26
岱山县	1471	668	130	310	124	134	68	21	11	5
嵊泗县	550	209	50	177	54	25	24	8	2	1
台州市	**66059**	**20492**	**6313**	**22365**	**7286**	**5070**	**3018**	**991**	**390**	**134**
椒江区	8747	4543	766	1825	578	424	352	171	62	26
黄岩区	7449	1873	664	2663	1049	691	341	122	38	8
路桥区	8375	2191	644	2958	1057	1030	295	108	63	29
玉环县	9386	2061	923	3529	1173	869	584	192	40	15
三门县	3379	1478	354	944	252	147	128	50	24	2
天台县	3375	1405	406	926	279	194	96	31	29	9
仙居县	2793	1004	285	837	310	195	118	29	11	4
温岭市	15122	3118	1571	6412	1884	1067	811	175	68	16
临海市	7433	2819	700	2271	704	453	293	113	55	25
丽水市	**16238**	**7226**	**1596**	**3927**	**1140**	**814**	**901**	**378**	**155**	**101**
莲都区	4304	2068	461	973	267	182	184	99	43	27
青田县	2549	1086	173	719	198	160	123	47	26	17
缙云县	2486	1019	267	581	209	106	187	61	30	26
遂昌县	1187	586	114	265	93	62	36	17	6	8
松阳县	1119	505	120	258	59	45	62	40	16	14
云和县	1109	466	100	350	71	51	50	19	1	1
庆元县	1047	515	73	205	82	78	55	28	9	2
景宁县	798	280	119	221	60	43	54	14	5	2
龙泉市	1639	701	169	355	101	87	150	53	19	4

2-B-26　按地区、资产总计组距分组的小微企业法人单位数

单位：个

地　区	单位数	50万元及以下	50-100万元	100-500万元	500-1000万元	1000-5000万元	5000万元-1亿元	1-3亿元	3-5亿元	5亿元以上
全　省	**807048**	**315123**	**115458**	**204066**	**63286**	**76983**	**15548**	**11047**	**2209**	**3328**
杭州市	**181335**	**69574**	**26596**	**45227**	**14224**	**17329**	**3615**	**2975**	**680**	**1115**
上城区	8449	3668	1108	1769	630	794	199	162	39	80
下城区	12848	5012	2117	3185	986	1016	207	184	49	92
江干区	17629	7598	2590	4115	1185	1368	271	272	65	165
拱墅区	16177	6092	2333	4358	1341	1495	257	174	35	92
西湖区	25329	10867	4032	5850	1697	1891	397	344	89	162
滨江区	9348	3654	1553	1962	675	953	214	196	70	71
萧山区	34489	11437	5228	9446	2986	3572	823	693	128	176
余杭区	22901	8121	3512	5844	1813	2414	535	427	84	151
桐庐县	6676	2268	906	1848	632	754	122	106	20	20
淳安县	3037	1192	357	769	278	313	59	44	13	12
建德市	5228	1951	730	1412	426	521	103	57	12	16
富阳市	11013	4394	1113	2544	965	1385	284	213	55	60
临安市	8211	3320	1017	2125	610	853	144	103	21	18
宁波市	**144591**	**54183**	**18642**	**39115**	**11952**	**14621**	**2956**	**2063**	**401**	**658**
海曙区	10962	5849	1310	2291	656	564	114	102	27	49
江东区	11642	5299	1573	2769	881	788	138	114	23	57
江北区	8703	3706	1045	2046	636	878	172	147	22	51
北仑区	13315	3889	1686	3443	1319	1889	476	377	82	154
镇海区	8490	2537	1065	2392	822	1146	273	155	35	65
鄞州区	30794	10944	4415	8961	2550	2867	504	373	81	99
象山县	7419	3160	909	1645	557	800	151	132	36	29
宁海县	7545	3033	895	1951	614	770	163	89	12	18
余姚市	16680	4670	2257	5668	1600	1841	372	203	29	40
慈溪市	22439	9049	2545	5920	1731	2303	465	312	39	75
奉化市	6602	2047	942	2029	586	775	128	59	15	21
温州市	**114340**	**53972**	**16902**	**25643**	**7272**	**7829**	**1459**	**856**	**139**	**268**
鹿城区	16694	7498	2370	4156	1170	1122	175	120	29	54
龙湾区	13011	5777	1527	2808	1035	1273	346	178	23	44
瓯海区	9402	4315	1278	2120	628	833	118	66	11	33
洞头县	1143	637	120	207	47	77	27	15	6	7
永嘉县	9316	3935	1645	2245	685	608	112	64	9	13
平阳县	7137	3397	1000	1580	468	520	86	63	10	13

2-B-26 续表 1

单位：个

地 区	单位数	50万元及以下	50-100万元	100-500万元	500-1000万元	1000-5000万元	5000万元-1亿元	1-3亿元	3-5亿元	5亿元以上
苍南县	12982	7131	1858	2709	549	547	94	59	14	21
文成县	1235	686	164	190	62	102	21	10		
泰顺县	1517	655	288	341	94	103	18	11	5	2
瑞安市	19759	11240	2211	3780	1021	1176	182	100	13	36
乐清市	22144	8701	4441	5507	1513	1468	280	170	19	45
嘉兴市	**66172**	**20656**	**8849**	**18639**	**6243**	**8413**	**1738**	**1109**	**206**	**319**
南湖区	10526	3801	1633	2788	837	1022	210	157	32	46
秀洲区	7135	1980	874	1983	788	1095	206	134	30	45
嘉善县	9241	2641	1264	2970	862	1084	264	115	17	24
海盐县	6258	1530	839	2011	687	877	157	110	15	32
海宁市	12998	3913	1616	3719	1221	1766	397	254	41	71
平湖市	9113	3429	1137	2272	723	1063	228	163	37	61
桐乡市	10901	3362	1486	2896	1125	1506	276	176	34	40
湖州市	**29260**	**9337**	**3425**	**8198**	**2827**	**3663**	**831**	**686**	**128**	**165**
吴兴区	8473	2559	951	2590	999	856	192	207	52	67
南浔区	4677	1337	642	1457	414	587	122	95	13	10
德清县	5127	1144	626	1577	546	829	206	144	20	35
长兴县	6878	2780	761	1511	525	889	192	156	30	34
安吉县	4105	1517	445	1063	343	502	119	84	13	19
绍兴市	**81073**	**27990**	**13418**	**22024**	**6456**	**7892**	**1637**	**1159**	**232**	**265**
越城区	13091	4588	2014	3518	1113	1272	272	207	39	68
绍兴县	23786	6875	4814	7093	1849	2174	493	346	74	68
新昌县	5025	1928	742	1253	391	525	96	63	8	19
诸暨市	18204	6271	2630	4813	1557	2134	394	295	62	48
上虞市	11337	4385	1654	2948	806	1061	250	158	32	43
嵊州市	9630	3943	1564	2399	740	726	132	90	17	19
金华市	**79819**	**33589**	**11983**	**19259**	**6082**	**6636**	**1231**	**781**	**126**	**132**
婺城区	8921	4521	1026	1677	615	739	178	122	17	26
金东区	3617	1263	472	939	347	460	76	45	6	9
武义县	4742	1531	679	1280	448	590	129	75	7	3
浦江县	3977	1238	566	1131	401	483	93	51	10	4
磐安县	2481	920	332	635	240	289	48	16	1	
兰溪市	5392	2033	520	1461	436	711	124	86	10	11
义乌市	28208	12244	4995	7107	1941	1494	226	136	29	36
东阳市	7839	3127	914	1837	717	881	173	136	27	27
永康市	14642	6712	2479	3192	937	989	184	114	19	16

2-B-26 续表 2

单位：个

地 区	单位数	50万元及以下	50-100万元	100-500万元	500-1000万元	1000-5000万元	5000万元-1亿元	1-3亿元	3-5亿元	5亿元以上
衢州市	**16504**	**7909**	**1669**	**3286**	**1199**	**1748**	**333**	**255**	**46**	**59**
柯城区	4393	2321	489	801	254	355	69	76	11	17
衢江区	2606	1372	186	425	207	295	57	46	9	9
常山县	2285	1008	200	553	196	257	39	20	4	8
开化县	1661	931	148	282	90	165	19	13	7	6
龙游县	2426	1024	277	514	199	284	62	50	9	7
江山市	3133	1253	369	711	253	392	87	50	6	12
舟山市	**11657**	**4772**	**1319**	**2463**	**887**	**1375**	**344**	**290**	**86**	**121**
定海区	6550	2754	739	1433	477	720	164	141	44	78
普陀区	3086	1257	349	563	245	393	121	101	27	30
岱山县	1471	550	159	348	119	196	40	39	10	10
嵊泗县	550	211	72	119	46	66	19	9	5	3
台州市	**66059**	**26139**	**10664**	**16775**	**4871**	**5670**	**1030**	**634**	**115**	**161**
椒江区	8747	4348	977	1708	537	768	196	143	25	45
黄岩区	7449	2786	1129	1953	628	752	118	62	11	10
路桥区	8375	3337	1307	2163	704	646	113	71	13	21
玉环县	9386	3237	1687	2590	725	896	166	59	12	14
三门县	3379	1161	605	853	249	355	74	61	12	9
天台县	3375	1514	483	784	230	266	49	36	1	12
仙居县	2793	1178	355	675	244	261	53	19	4	4
温岭市	15122	5624	3031	4192	991	1034	143	75	15	17
临海市	7433	2954	1090	1857	563	692	118	108	22	29
丽水市	**16238**	**7002**	**1991**	**3437**	**1273**	**1807**	**374**	**239**	**50**	**65**
莲都区	4304	1882	557	826	340	463	103	93	19	21
青田县	2549	1242	310	490	193	231	41	28	6	8
缙云县	2486	893	348	640	211	280	70	27	6	11
遂昌县	1187	511	131	251	103	129	32	20	5	5
松阳县	1119	473	126	235	82	133	36	25	5	4
云和县	1109	557	125	243	60	91	14	14	1	4
庆元县	1047	462	110	215	97	136	17	8	2	
景宁县	798	390	88	150	56	86	15	7	1	5
龙泉市	1639	592	196	387	131	258	46	17	5	7

2-B-27 按地区、从业人数组距分组的小微企业法人单位数

单位：个

地 区	单位数	7人及以下	8-19人	20-49人	50-99人	100-299人	300-499人	500-999人	1000-2999人	3000-4999人	5000人及以上
全 省	**807048**	**479240**	**178895**	**93875**	**33818**	**19991**	**629**	**366**	**175**	**25**	**34**
杭州市	**181335**	**115801**	**38758**	**17419**	**5867**	**3178**	**148**	**70**	**56**	**14**	**24**
上城区	8449	6023	1487	632	204	78	10	9	5		1
下城区	12848	8561	2884	971	339	79	9	3	1		1
江干区	17629	12657	3058	1241	392	234	14	8	10	6	9
拱墅区	16177	11972	2770	1002	268	116	20	11	9	3	6
西湖区	25329	17706	4900	1948	561	178	12	9	9	3	3
滨江区	9348	5398	2525	961	325	126	4	4	3		2
萧山区	34489	21523	7207	3463	1316	941	27	7	3	2	
余杭区	22901	13523	5187	2639	945	572	22	7	5		1
桐庐县	6676	3786	1677	797	259	148	8	1			
淳安县	3037	1782	731	346	108	66	3	1			
建德市	5228	2632	1537	748	203	102	4	1	1		
富阳市	11013	6131	2478	1512	555	309	13	5	9		1
临安市	8211	4107	2317	1159	392	229	2	4	1		
宁波市	**144591**	**82851**	**32532**	**17751**	**6945**	**4271**	**121**	**72**	**36**	**4**	**8**
海曙区	10962	8137	1934	652	151	73	6	4	4		1
江东区	11642	8022	2500	753	228	104	17	10	5	2	1
江北区	8703	5517	1782	856	305	218	10	4	9		2
北仑区	13315	7324	3129	1709	681	439	20	8	5		
镇海区	8490	4568	2043	1063	441	351	13	8		1	2
鄞州区	30794	16546	7500	4058	1719	943	14	9	2	1	2
象山县	7419	4555	1405	882	349	209	8	7	4		
宁海县	7545	4156	1539	1084	464	290	4	4	4		
余姚市	16680	8469	4178	2449	939	628	10	6	1		
慈溪市	22439	12313	4949	3235	1207	709	14	10	2		
奉化市	6602	3244	1573	1010	461	307	5	2			
温州市	**114340**	**64110**	**27986**	**14547**	**4828**	**2740**	**83**	**34**	**11**	**1**	
鹿城区	16694	8959	4526	2088	703	386	25	4	3		
龙湾区	13011	8083	2497	1466	544	410	6	2	3		
瓯海区	9402	4731	2170	1509	581	394	12	5			
洞头县	1143	770	221	103	29	19	1				
永嘉县	9316	5769	1818	1139	385	199	4	2			
平阳县	7137	3983	1670	1011	298	160	8	7			

2-B-27 续表 1

单位：个

地 区	单位数	7人及以下	8-19人	20-49人	50-99人	100-299人	300-499人	500-999人	1000-2999人	3000-4999人	5000人及以上
苍南县	12982	7831	3391	1305	297	144	8	6			
文成县	1235	798	222	129	59	25	2				
泰顺县	1517	917	349	146	55	40	6	3	1		
瑞安市	19759	11203	4193	2751	1069	526	9	5	3		
乐清市	22144	11066	6929	2900	808	437	2		1	1	
嘉兴市	**66172**	**39394**	**14385**	**7371**	**2995**	**1977**	**24**	**14**	**10**	**2**	
南湖区	10526	6547	2288	1063	372	243	6	6	1		
秀洲区	7135	4165	1541	822	360	235	8	3		1	
嘉善县	9241	5259	2153	1103	434	289	2	1			
海盐县	6258	3464	1455	825	297	214			3		
海宁市	12998	7425	3084	1504	589	393	1	2			
平湖市	9113	5829	1566	919	453	342	1	1	2		
桐乡市	10901	6705	2298	1135	490	261	6	1	4	1	
湖州市	**29260**	**14148**	**7513**	**4978**	**1614**	**980**	**11**	**13**	**3**		
吴兴区	8473	3950	2272	1638	381	222	4	5	1		
南浔区	4677	2231	1208	812	268	155	1	2			
德清县	5127	2116	1421	944	391	249	3	2	1		
长兴县	6878	3859	1636	893	297	186	3	3	1		
安吉县	4105	1992	976	691	277	168		1			
绍兴市	**81073**	**50801**	**17417**	**8159**	**2732**	**1856**	**48**	**42**	**17**		**1**
越城区	13091	8840	2422	1060	404	342	9	8	6		
绍兴县	23786	15304	5425	1931	635	464	10	13	4		
新昌县	5025	2854	1137	661	238	120	6	7	2		
诸暨市	18204	11478	3835	1896	585	396	5	5	3		1
上虞市	11337	6678	2455	1339	508	340	11	5	1		
嵊州市	9630	5647	2143	1272	362	194	7	4	1		
金华市	**79819**	**49694**	**15965**	**8902**	**3235**	**1886**	**71**	**54**	**10**	**1**	**1**
婺城区	8921	5813	1652	912	337	193	7	6			1
金东区	3617	1822	917	564	195	114	3	1	1		
武义县	4742	2282	1086	766	368	236	3	1			
浦江县	3977	1743	1048	737	297	141	5	5	1		
磐安县	2481	1185	684	386	147	67	6	6			
兰溪市	5392	3048	1277	684	223	149	6	4	1		
义乌市	28208	20726	4307	1926	726	497	18	6	2		
东阳市	7839	4219	1675	1238	437	220	20	25	4	1	
永康市	14642	8856	3319	1689	505	269	3		1		

2-B-27 续表 2 单位：个

地 区	单位数	7人及以下	8-19人	20-49人	50-99人	100-299人	300-499人	500-999人	1000-2999人	3000-4999人	5000人及以上
衢州市	**16504**	**10186**	**3108**	**1947**	**764**	**454**	**23**	**18**	**4**		
柯城区	4393	3022	742	383	140	89	9	7	1		
衢江区	2606	1584	486	324	135	74	2	1			
常山县	2285	1284	511	300	117	68	3	1	1		
开化县	1661	1106	278	168	67	37	2	3			
龙游县	2426	1344	524	326	126	97	4	4	1		
江山市	3133	1846	567	446	179	89	3	2	1		
舟山市	**11657**	**6967**	**2410**	**1464**	**476**	**310**	**18**	**8**	**4**		
定海区	6550	4125	1317	751	217	125	10	2	3		
普陀区	3086	1805	614	389	153	118	3	4			
岱山县	1471	757	306	253	89	60	5		1		
嵊泗县	550	280	173	71	17	7		2			
台州市	**66059**	**35987**	**15691**	**9080**	**3400**	**1801**	**46**	**33**	**19**	**2**	
椒江区	8747	5492	1670	959	389	225	8	3	1		
黄岩区	7449	4099	1793	1038	345	165	3	4	2		
路桥区	8375	4448	2336	1065	333	184	5	2	1	1	
玉环县	9386	4118	2709	1539	614	402	4				
三门县	3379	2200	607	345	128	88	6	2	3		
天台县	3375	2078	687	398	138	68		4	2		
仙居县	2793	1399	624	429	242	92	4	3			
温岭市	15122	8325	3555	2126	769	323	7	13	3	1	
临海市	7433	3828	1710	1181	442	254	9	2	7		
丽水市	**16238**	**9301**	**3130**	**2257**	**962**	**538**	**36**	**8**	**5**	**1**	
莲都区	4304	2837	687	442	187	134	14	1	1	1	
青田县	2549	1406	426	481	150	82	4				
缙云县	2486	1365	523	327	168	98	4		1		
遂昌县	1187	696	244	152	54	36	5				
松阳县	1119	623	228	155	72	37	2		2		
云和县	1109	523	307	177	57	42		3			
庆元县	1047	584	165	163	96	34	3	2			
景宁县	798	458	167	112	44	13	2	1	1		
龙泉市	1639	809	383	248	134	62	2	1			

2-B-28　按登记注册类型、营业状态分组的小微企业法人单位数

单位：个

登记注册类型	单位数	营业	停业(歇业)	筹建	当年关闭	当年破产	其他
总　计	**807048**	**648204**	**79785**	**42683**	**29753**	**1082**	**5541**
内　资	**788446**	**633307**	**78036**	**41436**	**29209**	**1040**	**5418**
国　有	2525	2072	325	19	76	6	27
集　体	9576	7708	1448	45	278	6	91
股份合作企业	11621	9319	1804	43	334	5	116
联营企业	300	233	44	2	14	1	6
国有联营	31	26	3	1	1		
集体联营	140	112	16		9	1	2
国有与集体联营	40	31	7		2		
其他联营	89	64	18	1	2		4
有限责任公司	36339	29154	3408	2238	1224	54	261
国有独资公司	2591	2144	242	143	30	1	31
其他有限责任公司	33748	27010	3166	2095	1194	53	230
股份有限公司	2450	1780	290	248	101	5	26
私营企业	708665	569469	68600	38291	26742	944	4619
私营独资	161197	137064	13117	4801	5020	158	1037
私营合伙	22858	18965	2268	704	745	14	162
私营有限责任公司	521490	411125	52919	32513	20780	768	3385
私营股份有限公司	3120	2315	296	273	197	4	35
其他企业	16970	13572	2117	550	440	19	272
港澳台商投资	**8186**	**6452**	**822**	**594**	**237**	**23**	**58**
与港澳台商合资经营	3673	3014	350	174	100	11	24
与港澳台商合作经营	111	86	18	1	3	2	1
港澳台商独资	4086	3069	437	407	130	10	33
港澳台商投资股份有限公司	70	57	4	6	3		
其他港澳台投资	246	226	13	6	1		
外商投资	**10416**	**8445**	**927**	**653**	**307**	**19**	**65**
中外合资经营	4348	3532	421	218	130	9	38
中外合作经营	142	120	11	5	6		
外资企业	4913	3893	465	358	163	8	26
外商投资股份有限公司	87	66	11	8	1	1	
其他外商投资	926	834	19	64	7	1	1

2-B-29 按登记注册类型、营业状态分组的小微企业法人单位从业人数

单位：人

登记注册类型	从业人员期末人数						
		营业	停业(歇业)	筹建	当年关闭	当年破产	其他
总　计	**13146386**	**12466818**	**305533**	**216022**	**122632**	**8756**	**26625**
内　资	**12238446**	**11588963**	**293787**	**203694**	**118778**	**8011**	**25213**
国　有	101143	95249	3262	81	2027	110	414
集　体	111920	103456	6449	217	1264	8	526
股份合作企业	178578	167125	8547	126	2423	23	334
联营企业	3775	3559	141	6	35	3	31
国有联营	664	655	3	5	1		
集体联营	1133	1045	44		30	3	11
国有与集体联营	626	614	10		2		
其他联营	1352	1245	84	1	2		20
有限责任公司	1366848	1315563	18489	18373	11601	314	2508
国有独资公司	84065	80918	1354	1053	370	1	369
其他有限责任公司	1282783	1234645	17135	17320	11231	313	2139
股份有限公司	95674	91734	1448	1357	941	70	124
私营企业	10249032	9695035	247084	180822	98996	7415	19680
私营独资	1426323	1343932	42737	17832	17500	762	3560
私营合伙	251878	236032	7342	4138	3666	47	653
私营有限责任公司	8492618	8040586	195581	157641	76986	6600	15224
私营股份有限公司	78213	74485	1424	1211	844	6	243
其他企业	131476	117242	8367	2712	1491	68	1596
港澳台商投资	**442925**	**427936**	**6961**	**5776**	**1574**	**297**	**381**
与港澳台商合资经营	238335	231506	3418	2518	523	107	263
与港澳台商合作经营	6543	6389	20	2	49	82	1
港澳台商独资	189751	182551	2775	3218	982	108	117
港澳台商投资股份有限公司	6588	5853	703	13	19		
其他港澳台投资	1708	1637	45	25	1		
外商投资	**465015**	**449919**	**4785**	**6552**	**2280**	**448**	**1031**
中外合资经营	243509	237047	2068	2323	1142	437	492
中外合作经营	6351	5735	302	64	250		
外资企业	207308	199834	2297	3756	877	9	535
外商投资股份有限公司	2888	2645	52	189	1	1	
其他外商投资	4959	4658	66	220	10	1	4

2-B-30　按登记注册类型、全年营业收入组距分组的小微企业法人单位数

单位：个

登记注册类型	单位数	50万元及以下	50-100万元	100-500万元	500-1000万元	1000-2000万元	2000-5000万元	5000万元-1亿元	1-2亿元	2亿元以上
总　计	**807048**	**303029**	**75060**	**230221**	**81406**	**54956**	**38201**	**13781**	**6373**	**4021**
内　资	**788446**	**298248**	**74350**	**227045**	**79248**	**52850**	**35411**	**12324**	**5506**	**3464**
国　有	2525	819	235	710	263	216	158	72	20	32
集　体	9576	4956	1050	2379	551	352	203	54	24	7
股份合作企业	11621	3343	1116	4166	1593	989	327	64	19	4
联营企业	300	134	28	77	16	15	20	7	3	
国有联营	31	8	2	8		6	4	2	1	
集体联营	140	75	20	33	5	3	4			
国有与集体联营	40	13	1	8	6	3	4	3	2	
其他联营	89	38	5	28	5	3	8	2		
有限责任公司	36339	13578	2031	6690	3005	2829	4248	1956	1040	962
国有独资公司	2591	1102	131	447	199	219	234	123	62	74
其他有限责任公司	33748	12476	1900	6243	2806	2610	4014	1833	978	888
股份有限公司	2450	1032	150	406	181	141	238	123	92	87
私营企业	708665	265385	67902	208130	72684	47787	30081	10021	4304	2371
私营独资	161197	63171	21125	55912	13502	5539	1560	299	66	23
私营合伙	22858	7413	2623	9006	2346	981	397	74	15	3
私营有限责任公司	521490	193577	43932	142545	56576	41047	27833	9529	4161	2290
私营股份有限公司	3120	1224	222	667	260	220	291	119	62	55
其他企业	16970	9001	1838	4487	955	521	136	27	4	1
港澳台商投资	**8186**	**2167**	**275**	**1205**	**819**	**927**	**1338**	**717**	**443**	**295**
与港澳台商合资经营	3673	851	92	454	353	442	685	373	251	172
与港澳台商合作经营	111	29	6	13	10	12	15	11	8	7
港澳台商独资	4086	1238	161	617	383	453	622	327	176	109
港澳台商投资股份有限公司	70	16	3	9	7	2	14	4	8	7
其他港澳台投资	246	33	13	112	66	18	2	2		
外商投资	**10416**	**2614**	**435**	**1971**	**1339**	**1179**	**1452**	**740**	**424**	**262**
中外合资经营	4348	1060	147	635	480	509	759	392	221	145
中外合作经营	142	32	6	36	17	12	15	6	14	4
外资企业	4913	1351	202	924	556	582	670	335	186	107
外商投资股份有限公司	87	34	4	13	14	5	5	6	2	4
其他外商投资	926	137	76	363	272	71	3	1	1	2

2-B-31 按登记注册类型、资产总计组距分组的小微企业法人单位数

单位：个

登记注册类型	单位数	50万元及以下	50-100万元	100-500万元	500-1000万元	1000-5000万元	5000万元-1亿元	1-3亿元	3-5亿元	5亿元以上
总　计	**807048**	**315123**	**115458**	**204066**	**63286**	**76983**	**15548**	**11047**	**2209**	**3328**
内　资	**788446**	**312173**	**114351**	**200932**	**61382**	**71907**	**13496**	**9342**	**1911**	**2952**
国　有	2525	632	221	648	243	505	118	87	32	39
集　体	9576	4157	981	2131	800	1104	202	132	33	36
股份合作企业	11621	4220	1633	3623	1105	907	83	39	6	5
联营企业	300	141	29	79	17	26	6	1	1	
国有联营	31	12	4	6	1	6	2			
集体联营	140	74	13	36	7	9	1			
国有与集体联营	40	8	4	15	5	6	1		1	
其他联营	89	47	8	22	4	5	2	1		
有限责任公司	36339	7893	2967	6410	3377	8108	2577	2620	753	1634
国有独资公司	2591	286	101	309	185	529	207	323	144	507
其他有限责任公司	33748	7607	2866	6101	3192	7579	2370	2297	609	1127
股份有限公司	2450	790	239	388	179	372	173	175	51	83
私营企业	708665	285021	105827	184010	54888	60199	10274	6262	1032	1152
私营独资	161197	88261	24451	37693	6859	3645	230	48	6	4
私营合伙	22858	9638	3571	7087	1422	937	124	56	9	14
私营有限责任公司	521490	186046	77441	138663	46332	55117	9783	6023	990	1095
私营股份有限公司	3120	1076	364	567	275	500	137	135	27	39
其他企业	16970	9319	2454	3643	773	686	63	26	3	3
港澳台商投资	**8186**	**1059**	**361**	**1137**	**816**	**2433**	**1087**	**903**	**183**	**207**
与港澳台商合资经营	3673	415	95	443	363	1175	538	444	102	98
与港澳台商合作经营	111	19	7	17	4	29	16	10	3	6
港澳台商独资	4086	519	201	605	425	1201	527	440	71	97
港澳台商投资股份有限公司	70	18	1	4	1	21	5	8	6	6
其他港澳台投资	246	88	57	68	23	7	1	1	1	
外商投资	**10416**	**1891**	**746**	**1997**	**1088**	**2643**	**965**	**802**	**115**	**169**
中外合资经营	4348	552	181	741	472	1372	504	387	57	82
中外合作经营	142	38	7	22	12	30	16	9	2	6
外资企业	4913	892	343	959	540	1213	437	396	55	78
外商投资股份有限公司	87	28	9	13	5	14	7	9		2
其他外商投资	926	381	206	262	59	14	1	1	1	1

2-B-32　按登记注册类型、从业人数组距分组的小微企业法人单位数

单位：个

登记注册类型	单位数	7人及以下	8-19人	20-49人	50-99人	100-299人	300-499人	500-999人	1000-2999人	3000-4999人	5000人及以上
总　计	**807048**	**479240**	**178895**	**93875**	**33818**	**19991**	**629**	**366**	**175**	**25**	**34**
内　资	**788446**	**472285**	**176216**	**90852**	**31162**	**16728**	**615**	**358**	**171**	**25**	**34**
国　有	2525	1073	637	453	214	106	12	15	14	1	
集　体	9576	6491	1889	816	259	109	3	6	2	1	
股份合作企业	11621	5710	3154	2028	567	160	2				
联营企业	300	192	67	25	12	3	1				
国有联营	31	14	8	4	4	1					
集体联营	140	102	23	9	6						
国有与集体联营	40	19	12	8		1					
其他联营	89	57	24	4	2	1	1				
有限责任公司	36339	16746	7439	5529	3408	2972	111	71	43	4	16
国有独资公司	2591	1075	602	511	246	136	11	5	5		
其他有限责任公司	33748	15671	6837	5018	3162	2836	100	66	38	4	16
股份有限公司	2450	1283	425	286	207	235	3	7	2	1	1
私营企业	708665	428812	158733	80825	26335	13076	480	259	110	18	17
私营独资	161197	106383	37148	14577	2535	552	2				
私营合伙	22858	13107	6404	2665	548	133		1			
私营有限责任公司	521490	307563	114601	63199	23048	12213	469	254	108	18	17
私营股份有限公司	3120	1759	580	384	204	178	9	4	2		
其他企业	16970	11978	3872	890	160	67	3				
港澳台商投资	**8186**	**2753**	**1122**	**1387**	**1288**	**1623**	**7**	**5**	**1**		
与港澳台商合资经营	3673	983	416	690	672	905	5	1	1		
与港澳台商合作经营	111	43	7	19	14	28					
港澳台商独资	4086	1485	672	671	585	669	2	2			
港澳台商投资股份有限公司	70	20	9	7	13	19		2			
其他港澳台投资	246	222	18		4	2					
外商投资	**10416**	**4202**	**1557**	**1636**	**1368**	**1640**	**7**	**3**	**3**		
中外合资经营	4348	1288	608	809	741	897	3	1	1		
中外合作经营	142	64	12	22	21	23					
外资企业	4913	1971	842	788	599	705	4	2	2		
外商投资股份有限公司	87	51	12	8	4	12					
其他外商投资	926	828	83	9	3	3					

2-B-33 按行业中类、地区

行业	合计	杭州市	宁波市	温州市
总 计	**1390176333**	**433842624**	**305918486**	**103186639**
农、林、牧、渔业	**519919**	**51372**	**85684**	**69026**
农业	17530	1890	7355	1302
谷物种植	572		547	25
蔬菜、食用菌及园艺作物种植	3575	363	1067	
水果种植	3652	16	1124	546
坚果、含油果、香料和饮料作物种植	3728	1000	716	430
中药材种植	5891	511	3789	301
其他农业	112		112	
林业	992		600	
林木育种和育苗	992		600	
畜牧业	11710	2749	3146	1518
牲畜饲养	8865	2490	2646	420
家禽饲养	1060	259		123
其他畜牧业	1785		500	975
渔业	3957	100	141	1860
水产养殖	3957	100	141	1860
农、林、牧、渔服务业	485729	46633	74441	64346
农业服务业	438708	43600	66795	60317
林业服务业	27732	1065	3303	2484
畜牧服务业	10590	1210	1506	759
渔业服务业	8699	759	2838	786
采矿业	**2434160**	**734782**	**148663**	**73175**
煤炭开采和洗选业	22913	4881	173	
烟煤和无烟煤开采洗选	18217	2579	173	
褐煤开采洗选	3284	1010		
其他煤炭采选	1412	1292		
黑色金属矿采选业	50304	4840	2400	920

分组的小微企业资产总计

单位：万元

嘉兴市	湖州市	绍兴市	金华市	衢州市	舟山市	台州市	丽水市
128707410	**62383423**	**116984754**	**74281059**	**25640915**	**36116883**	**77963723**	**25150419**
22167	**29529**	**96196**	**31977**	**30893**	**3322**	**10894**	**88859**
1634		364	1290	210	1369	1244	873
1634		361		150			
					1369	100	498
		3		60		1144	375
			1290				
			392				
			392				
982		74	310	1971	60	600	300
982			300	1966	60		
		74		5		600	
			10				300
1026			100	30	700		
1026			100	30	700		
18526	29529	95758	29885	28682	1194	9050	87686
18119	19473	88954	23695	23716	580	8149	85309
…	9412	2247	4742	2896	6	14	1565
235	310	2755	1008	1989		20	798
171	333	1803	440	81	608	866	14
96064	**417430**	**128079**	**153929**	**87359**	**267729**	**70088**	**256861**
15335			50	200			2274
15335			50	80			
							2274
				120			
		19110	925	199		230	21681

2-B-33 续表 1

行业	合计	杭州市	宁波市	温州市
铁矿采选	50304	4840	2400	920
其他黑色金属矿采选	…			
有色金属矿采选业	214119	59998		3752
常用有色金属矿采选	113826	58698		
贵金属矿采选	13952			
稀有稀土金属矿采选	86341	1300		3752
非金属矿采选业	2123709	659313	144874	68253
土砂石开采	2011891	647836	144522	63253
化学矿开采	13692	30		1079
采盐	2182	450	306	
石棉及其他非金属矿采选	95944	10997	46	3921
开采辅助活动	2019	553	216	
石油和天然气开采辅助活动	1150			
其他开采辅助活动	869	553	216	
其他采矿业	21097	5199	1000	250
其他采矿业	21097	5199	1000	250
制造业	**399313725**	**78028816**	**79541027**	**38316830**
农副食品加工业	6951806	1251467	1156069	583139
谷物磨制	392533	134062	46651	18780
饲料加工	1164504	149670	41101	74299
植物油加工	347811	35461	25085	5096
制糖业	11309	3416	796	241
屠宰及肉类加工	771125	183794	42886	166397
水产品加工	2447750	96899	706222	202010
蔬菜、水果和坚果加工	1346047	531307	239377	48499
其他农副食品加工	470727	116858	53949	67817
食品制造业	3421075	996121	396882	161368
焙烤食品制造	353811	79473	43828	41052
糖果、巧克力及蜜饯制造	225595	124861	14001	6600

单位：万元

嘉兴市	湖州市	绍兴市	金华市	衢州市	舟山市	台州市	丽水市
		19110	925	199		230	21681
		…					
		14123	5886	11948		14828	103585
		13683		11928		11832	17686
		440	5886			2996	4630
				20			81269
80728	417430	94847	143851	72917	266579	54981	119935
80728	414725	77598	95682	63680	266065	54019	103784
			11783				800
					514	912	
	2705	17249	36387	9237		50	15352
			50		1150	50	
					1150		
			50			50	
			3167	2095			9386
			3167	2095			9386
42064097	**21836123**	**46349093**	**37135235**	**10861727**	**7843876**	**28334737**	**9002163**
563493	379082	617685	376767	368231	1037983	400136	217755
49872	42990	22670	12838	38238	19531	2080	4820
269250	128588	268267	40161	164869	1424	6409	20465
37513	69004	42970	18622	41203	8839	17895	46124
154			5570	312		820	
58566	68965	21906	161326	30382	7746	17569	11586
17587	21818	71253	1684	9809	992473	326463	1532
71012	24441	150680	95075	69168	611	19830	96046
59537	23276	39939	41491	14251	7358	9071	37182
459376	370349	165997	455860	155004	62738	133576	63805
47257	41792	15382	20380	24671	15095	7281	17599
23032	10125	10037	22975	770		13004	189

2-B-33 续表 2

行　业	合　计	杭州市	宁波市	温州市
方便食品制造	467307	222421	17406	20100
乳制品制造	111010	27750	30685	21053
罐头食品制造	369878	90820	99596	654
调味品、发酵制品制造	366022	78507	20336	29793
其他食品制造	1527452	372289	171029	42116
酒、饮料和精制茶制造业	3035976	922658	362619	189292
酒的制造	902378	94930	168826	104638
饮料制造	1004815	552798	52200	51354
精制茶加工	1128782	274930	141593	33300
烟草制品业	2262522	2262422		
卷烟制造	2242234	2242234		
其他烟草制品制造	20288	20188		
纺织业	39593566	6738505	2729844	1143369
棉纺织及印染精加工	15901822	3906856	981119	467569
毛纺织及染整精加工	1867507	164326	541394	37132
麻纺织及染整精加工	169755	15355	27710	135
丝绢纺织及印染精加工	2342995	525693	8929	2721
化纤织造及印染精加工	4697166	413948	216969	8809
针织或钩针编织物及其制品制造	7933458	291737	363163	120501
家用纺织制成品制造	3556717	772943	265679	204833
非家用纺织制成品制造	3124144	647647	324879	301669
纺织服装、服饰业	18345261	2914292	3262765	1381841
机织服装制造	9635274	1851144	1137041	1176470
针织或钩针编织服装制造	5405753	606949	1880510	90625
服饰制造	3304235	456198	245214	114746
皮革、毛皮、羽毛及其制品和制鞋业	8880043	1234352	453182	3241400
皮革鞣制加工	838852	48325	12332	425692
皮革制品制造	2620036	286590	94302	412389
毛皮鞣制及制品加工	586672	11212	123752	5227

单位：万元

嘉兴市	湖州市	绍兴市	金华市	衢州市	舟山市	台州市	丽水市
51672	39984	31408	41538	19974	13738	4110	4955
392			30533	500		62	34
21755	16161	9010	58366	30420	10327	22138	10632
8000	130840	32876	42882	5920	4865	1105	10898
307267	131447	67284	239185	72748	18713	85876	19497
132896	232175	575691	201096	128161	37677	110648	143061
25912	81649	232777	38590	29390	34553	62712	28402
99046	55022	32802	29183	38079	2949	35851	55532
7938	95505	310113	133323	60692	176	12085	59128
				100			
				100			
7876787	3537822	12387708	3727371	339302	186186	690374	236297
2791075	957906	4442030	2006326	219699	11005	115322	2915
552209	240209	210099	81665	67	9247	30657	500
63244	52193	4882	2047	300	100	3789	
549739	667036	577731	5198	4306	814	794	34
1049464	821496	1953203	132738	7480	3170	89838	50
1933746	315312	4246189	562338	50138	9057	39574	1703
614767	249951	703108	504077	18199	150832	65861	6467
322543	233720	250465	432980	39113	1961	344539	224628
3058105	1331978	2946975	2862602	167808	35210	325546	58140
1351593	1040462	1379054	1338094	140564	24318	156204	40331
1315292	134688	514711	711390	14756	5982	123862	6987
391220	156828	1053210	813118	12489	4910	45480	10823
2053888	319969	300357	353678	52166	6876	682745	181430
181501	119038	6332	7933	5537	172	26464	5528
1252044	120434	70251	282990	12759	315	56297	31664
391123	44610	4685	799	5087		15	162

2-B-33 续表 3

行业	合计	杭州市	宁波市	温州市
羽毛(绒)加工及制品制造	861030	623261	18352	1179
制鞋业	3973453	264965	204444	2396913
木材加工和木、竹、藤、棕、草制品业	4241358	510323	276240	76377
木材加工	430274	51114	35934	7997
人造板制造	1149179	76786	50935	11556
木制品制造	1853424	291327	79723	38399
竹、藤、棕、草等制品制造	808481	91096	109648	18425
家具制造业	5505129	827595	858775	213207
木质家具制造	2711258	424596	367959	162228
竹、藤家具制造	141231	19135	58971	20
金属家具制造	1501523	250626	218285	26797
塑料家具制造	245760	11945	94957	771
其他家具制造	905357	121293	118603	23391
造纸和纸制品业	9822042	3985983	1196700	499447
纸浆制造	16453	4564	2925	185
造纸	4885588	2736038	444108	187599
纸制品制造	4920001	1245382	749667	311663
印刷和记录媒介复制业	6874264	1359953	1481115	1258592
印刷	6601403	1308962	1459901	1194523
装订及印刷相关服务	235183	45527	19207	64059
记录媒介复制	37678	5465	2007	10
文教、工美、体育和娱乐用品制造业	11966347	1597689	1995288	824876
文教办公用品制造	1911477	219470	743178	297714
乐器制造	197730	62231	67821	1459
工艺美术品制造	7033925	835860	508712	292572
体育用品制造	1408963	356963	350658	89155
玩具制造	1022621	53455	280602	50362
游艺器材及娱乐用品制造	391630	69709	44317	93614
石油加工、炼焦和核燃料加工业	2243110	106842	1016735	111392

单位：万元

嘉兴市	湖州市	绍兴市	金华市	衢州市	舟山市	台州市	丽水市
58362		116187	4780	8830			30080
170857	35887	102902	57177	19953	6389	599970	113997
579047	1311099	194617	296696	374632	35118	191493	395716
117937	133610	4763	21247	27594	2234	8699	19144
328624	276569	16054	31817	145655	25100	78557	107526
132144	664688	137590	206403	161242	5893	53061	82954
341	236232	36209	37229	40141	1891	51177	186092
929616	859375	246679	825358	104499	111065	443360	85601
423982	307396	155556	412599	82336	110885	198163	65558
789	6987	15185	22517	1350		10184	6093
204760	306727	22473	311913	15394	180	139705	4664
1281	55020	3200	11087	4569		62832	98
298804	183245	50265	67242	850		32477	9188
980997	405255	605334	731646	670877	18018	550615	177169
220			5479	2720			360
335524	172071	194141	186967	518078	6999	60390	43674
645254	233184	411193	539201	150079	11019	490225	133135
601899	263233	455501	950129	98165	32482	317662	55532
581425	257772	412690	891131	96083	31900	313812	53205
20474	5461	16649	56166	881	582	3851	2327
		26162	2832	1202			
424295	258952	1737335	3399353	240340	36343	984892	466983
50406	50739	49720	364968	31491	146	20442	83202
11431	21207	230	30184			3122	45
142952	109387	1502773	2393370	173677	2431	869589	202601
60916	61924	53730	373654	22367	10011	15249	14337
156086	5961	55265	161657	11201	23755	63073	161203
2504	9734	75616	75519	1603		13417	5595
219723	54567	72051	29832	7662	604884	18802	620

2-B-33 续表 4

行 业	合 计	杭州市	宁波市	温州市
精炼石油产品制造	2241248	105481	1016235	111392
炼焦	1362	1362		
核燃料加工	500		500	
化学原料和化学制品制造业	24628754	4566580	6687506	1676634
基础化学原料制造	6360736	781996	1861001	45776
肥料制造	240189	68106	21323	26337
农药制造	643672	132956	31378	159801
涂料、油墨、颜料及类似产品制造	3011763	716105	301891	173957
合成材料制造	7190448	912142	3156313	965747
专用化学产品制造	5826199	1363256	1184921	275884
炸药、火工及焰火产品制造	78498	2899	3589	629
日用化学产品制造	1277249	589120	127090	28502
医药制造业	5466604	1833118	371176	148895
化学药品原料药制造	1717667	193474	124683	30785
化学药品制剂制造	1303960	826230	33918	31649
中药饮片加工	291465	91690	31445	10309
中成药生产	664953	286344	16439	19230
兽用药品制造	183652	63884	26747	858
生物药品制造	735646	252491	97583	49057
卫生材料及医药用品制造	569262	119004	40361	7006
化学纤维制造业	7264895	2192117	1101351	31447
纤维素纤维原料及纤维制造	303444	24731	190250	9325
合成纤维制造	6961451	2167386	911101	22122
橡胶和塑料制品业	23682042	3854199	5306432	2954153
橡胶制品业	3131377	456927	917710	228752
塑料制品业	20550665	3397272	4388722	2725401
非金属矿物制品业	20314313	5720557	2814817	930679
水泥、石灰和石膏制造	2606541	884737	423423	19593
石膏、水泥制品及类似制品制造	8076053	2385062	1433130	605565

单位：万元

嘉兴市	湖州市	绍兴市	金华市	衢州市	舟山市	台州市	丽水市
219723	54567	72051	29832	7662	604884	18802	620
4230306	1121093	2022844	1391295	1494843	107316	941785	388552
1630404	169656	444691	340515	811326	49477	194067	31826
34191	16837	27341	14041	22476	439	5092	4005
26827	156572	72414	53274	4900		5549	
343100	208925	553221	338972	81172	28873	231097	34449
1119035	206299	296359	90725	106029	3190	200069	134539
970933	323589	555282	256133	461370	18792	247867	168173
	9822	16749	22975		5409	7024	9402
105814	29395	56788	274660	7568	1134	51019	6158
253421	347119	776055	556256	176543	44340	845854	113828
45761	37925	351987	184064	65154	11932	658523	13379
40012	44456	73432	159170	49565		21626	23902
25254	33641	12568	55449	27057	1500	2533	20
25273	21954	78202	34635	15510	756	112341	54268
5972	11314	38389	16810	915	8120	7314	3328
63398	141829	21418	38719	9300	22033	35990	3829
47750	55999	200059	67409	9041		7528	15103
468121	535870	2401128	340008	47770	94115	46681	6288
22059	6039	18185	26307	5000		1549	…
446062	529831	2382943	313701	42770	94115	45131	6288
2363769	727043	1860246	2058257	416255	76953	3553387	511346
249051	72534	99192	136543	34316	23215	894903	18234
2114718	654509	1761054	1921714	381940	53738	2658484	493112
2230356	2192362	2217097	1892066	570214	465705	923640	356819
328242	221303	220132	212365	163053	24860	84612	24222
1002741	540759	640542	473729	133842	353443	434728	72513

2-B-33 续表 5

行　业	合　计	杭州市	宁波市	温州市
砖瓦、石材等建筑材料制造	2788647	576305	418882	163180
玻璃制造	1579123	406229	73594	15352
玻璃制品制造	2108309	668639	138469	38427
玻璃纤维和玻璃纤维增强塑料制品制造	925945	468374	62866	18074
陶瓷制品制造	644002	132110	96399	45831
耐火材料制品制造	876443	105322	65913	4616
石墨及其他非金属矿物制品制造	709249	93779	102139	20042
黑色金属冶炼和压延加工业	10008180	1534616	2454807	1158895
炼铁	39427	29804	7223	507
炼钢	200576	37697	13403	14163
黑色金属铸造	2119910	417844	592688	200375
钢压延加工	7464018	993731	1818050	942643
铁合金冶炼	184250	55539	23443	1207
有色金属冶炼和压延加工业	9139117	1182274	1960982	737246
常用有色金属冶炼	1115339	299430	287404	39004
贵金属冶炼	269965	31558	7230	12
稀有稀土金属冶炼	95193	25968	66342	660
有色金属合金制造	1086445	48186	350265	122010
有色金属铸造	266363	21872	100602	6922
有色金属压延加工	6305812	755260	1149139	568639
金属制品业	24303323	4974822	4830752	1941751
结构性金属制品制造	5125901	1413044	666570	139296
金属工具制造	3074378	646509	585593	236442
集装箱及金属包装容器制造	1198374	445868	144751	46326
金属丝绳及其制品制造	1016353	275669	196130	68048
建筑、安全用金属制品制造	5267270	524950	1107453	685965
金属表面处理及热处理加工	2150685	401728	594467	329351
搪瓷制品制造	188432	42725	37870	12769
金属制日用品制造	3317038	354043	895718	138533
其他金属制品制造	2964893	870286	602199	285022

单位：万元

嘉兴市	湖州市	绍兴市	金华市	衢州市	舟山市	台州市	丽水市
228132	456134	303229	193942	121817	58901	184502	83623
121469	166545	697302	30879	16477	16948	31614	2714
210774	74787	143360	649278	64375	2240	86582	31378
202358	53954	14172	71614	10880	194	16695	6762
9990	41636	29565	112398	45355	3601	58221	68897
52109	538952	52930	19361	5578	1033	9129	21500
74542	98293	115866	128499	8838	4484	17557	45211
957151	886485	705834	646967	185986	35644	515285	926511
		10	1510	73		300	
190		88126	1250	364	250	328	44806
108258	258959	142776	64872	47220	26797	214380	45741
771205	621279	473278	572061	138330	8297	299691	825452
77499	6247	1644	7273		300	586	10512
388103	390200	1325918	1745572	685898	6835	548531	167557
44350		97787	136007	179537	100	20232	11488
		195491		23925		11749	
600				1600		5	18
25603	69304	25836	355632	6360		43260	39988
12835	1345	3927	62937		20	47492	8411
304716	319551	1002876	1190995	474476	6715	425793	107653
1760593	882394	2341596	4728038	361449	84157	1523650	874121
335278	291844	347564	1249258	145183	24214	69011	444637
172091	19108	179932	924741	8134	9560	140510	151759
84346	31027	276719	104306	19122	4153	39233	2522
58695	59232	74214	96360	1718	51	117467	68769
436880	144375	1151798	514247	101116	13161	523478	63846
249607	89724	87830	141024	23445	14765	175429	43314
8352	11952	25456	19903	35		28999	371
197234	31667	95793	1403771	33311	3231	98900	64836
218110	203465	102289	274427	29384	15022	330622	34068

2-B-33 续表 6

行　业	合　计	杭州市	宁波市	温州市
通用设备制造业	40553031	6884983	9508446	5093208
锅炉及原动设备制造	1918005	684024	385581	40717
金属加工机械制造	3401804	653274	832525	273540
物料搬运设备制造	3299173	995757	525386	124577
泵、阀门、压缩机及类似机械制造	9330564	761448	2096787	2699578
轴承、齿轮和传动部件制造	6519180	1421168	1707892	522363
烘炉、风机、衡器、包装等设备制造	5409654	1040784	777078	404699
文化、办公用机械制造	633008	159193	181983	163772
通用零部件制造	8205081	1055127	2786657	756768
其他通用设备制造业	1836563	114209	214556	107194
专用设备制造业	19714418	3032432	4838612	1736586
采矿、冶金、建筑专用设备制造	2106845	302786	199487	201593
化工、木材、非金属加工专用设备制造	6442559	767024	2954831	369962
食品、饮料、烟草及饲料生产专用设备制造	527359	71812	142950	122391
印刷、制药、日化及日用品生产专用设备制造	967491	190902	65983	391137
纺织、服装和皮革加工专用设备制造	3408820	341299	471347	189980
电子和电工机械专用设备制造	687902	183119	150883	88692
农、林、牧、渔专用机械制造	993809	152820	167022	22162
医疗仪器设备及器械制造	1085272	310167	359387	110373
环保、社会公共服务及其他专用设备制造	3494361	712502	326722	240296
汽车制造业	18866037	5499072	4758927	1619350
汽车整车制造	857302	209397	74739	15885
改装汽车制造	172953	116439	38800	
低速载货汽车制造	34121	34121		
电车制造	15964	943	9755	
汽车车身、挂车制造	80975	14189	21737	
汽车零部件及配件制造	17704722	5123983	4613895	1603465
铁路、船舶、航空航天和其他运输设备制造业	7329753	563894	1189766	561773

单位：万元

嘉兴市	湖州市	绍兴市	金华市	衢州市	舟山市	台州市	丽水市
3574508	1460738	4892927	3329731	550750	408291	3748499	1100949
115947	159060	108878	156408	24873	125451	75738	41327
384674	68809	417062	285118	31958	12366	303461	139017
491496	436003	341888	151519	16513	63992	134602	17440
379365	106175	237396	187445	126687	43899	2081488	610295
314997	246135	1195152	337894	224538	23598	395558	129884
367794	215057	1229300	899923	16633	52798	318266	87322
14253	44608	54097	2452		20	12629	
1467985	141183	1243053	150301	97988	52053	404674	49291
37998	43707	66101	1158671	11558	34114	22082	26373
1460317	648785	2622158	919308	298091	864857	2149334	1143938
339051	110446	217521	90021	74886	481249	78710	11095
382505	127611	200118	242548	50582	265604	968077	113696
34161	2806	87191	12646	6191	20280	22308	4623
109799	24332	45442	65796	26758	4261	32271	10810
206395	124197	1088733	150385	9043	67051	608765	151625
60160	27789	85979	72046	2041	3073	4349	9769
20072	56337	118319	91639	30545	1429	261563	71900
66908	37416	68412	32810	7975	14729	65838	11258
241267	137852	710443	161416	90069	7180	107451	759162
988854	666760	1075822	1112125	149562	100293	2434915	460359
6511		33136	271067			242170	4396
1379	12225			4111			
			1547	2314		1405	
2327	22280		8113	20		3157	9152
978637	632255	1042686	831398	143117	100293	2188182	446811
157736	97157	110358	695890	46464	1732136	2086962	87616

2-B-33 续表 7

行　业	合　计	杭州市	宁波市	温州市
铁路运输设备制造	382927	49823	46836	71371
城市轨道交通设备制造	2160	591	1307	
船舶及相关装置制造	3604720	83238	475531	146571
航空、航天器及设备制造	126195	48268	18622	433
摩托车制造	1587200	33115	194238	309529
自行车制造	1373645	309818	381024	32419
非公路休闲车及零配件制造	190908	30290	55392	336
潜水救捞及其他未列明运输设备制造	61998	8750	16815	1114
电气机械和器材制造业	39559880	6889804	10156425	6875416
电机制造	4349107	474755	996988	539822
输配电及控制设备制造	14406978	1840416	2476027	4803687
电线、电缆、光缆及电工器材制造	6489486	2018313	1211875	848489
电池制造	1709761	263785	370835	48724
家用电力器具制造	5329830	548469	3087592	286231
非电力家用器具制造	886340	54939	176234	30652
照明器具制造	5890778	1596111	1708951	230959
其他电气机械及器材制造	497600	93016	127922	86851
计算机、通信和其他电子设备制造业	11995279	2906719	4200535	1190033
计算机制造	577595	305472	120161	31612
通信设备制造	1825768	1065344	504540	63732
广播电视设备制造	374656	103437	105777	5344
雷达及配套设备制造	235132	353	232912	1828
视听设备制造	946122	77933	584714	16591
电子器件制造	1792987	452483	465076	119417
电子元件制造	5470867	731453	2094481	924505
其他电子设备制造	772152	170243	92874	27005
仪器仪表制造业	5501493	1205237	1298098	1428687
通用仪器仪表制造	3165972	790428	780217	589997
专用仪器仪表制造	1056302	278921	276664	310792

单位：万元

嘉兴市	湖州市	绍兴市	金华市	衢州市	舟山市	台州市	丽水市
9247	1057	18164	6783	21954		157693	
111							150
39494	30587	36634	27897	1551	1731183	1031842	193
2889			41002			14980	
31208	6249	13085	257900	17284		685819	38774
61723	57246	37592	254837	4922	953	191192	41916
	2018	4486	93751	37		4008	590
13064		396	13721	716		1429	5994
3285737	1946237	2397409	1878709	2775549	128639	2662182	563772
187408	259973	444943	568143	20952	38796	707929	109398
1278655	330414	380630	316035	2325430	41910	416087	197688
304028	584183	249753	295275	227055	14254	642505	93755
251106	510063	70455	101791	5602	419	30797	56184
321741	84453	469054	318837	20230	23938	130526	38760
348798	6164	128124	99326	10591	242	28239	3031
564068	159768	601827	161420	161897	7062	643586	55128
29934	11219	52624	17883	3792	2017	62513	9828
1123424	400078	798396	879614	122052	39468	292078	42882
87658		9299	14763	1005	626	7000	
96566	13779	46166	2142	520	12323	18827	1829
81766	5068	24251	4997	24258	5449	14310	
38							
78522	10576	115600	58650	80	3010	447	
228797	81693	220599	90701	44668	4107	70069	15378
468187	211322	262957	541244	43269	12711	161045	19693
81889	77641	119524	167116	8253	1243	20380	5983
302572	142333	183033	150875	60101	30458	613136	86961
235516	132521	111049	85584	31824	22941	332219	53676
44361	2357	43206	43599	4630	1880	30427	19465

2-B-33 续表 8

行业	合计	杭州市	宁波市	温州市
钟表与计时仪器制造	116870	12297	56940	14305
光学仪器及眼镜制造	1043448	97262	142217	494956
其他仪器仪表制造业	118902	26328	42061	18637
其他制造业	5672498	213503	2375250	511592
日用杂品制造	4379362	108822	2286075	470570
煤制品制造	878850	1517	15548	542
核辐射加工	6714	305	6308	
其他未列明制造业	407573	102860	67319	40480
废弃资源综合利用业	1344413	216655	356451	18714
金属废料和碎屑加工处理	907183	152822	300305	14070
非金属废料和碎屑加工处理	437229	63833	56146	4644
金属制品、机械和设备修理业	827196	50032	144482	17470
金属制品修理	10548	464	7042	96
通用设备修理	39632	18708	9371	2155
专用设备修理	24742	5548	3817	840
铁路、船舶、航空航天等运输设备修理	694682	15540	113908	13593
电气设备修理	36840	7148	4269	145
仪器仪表修理	1167		1082	
其他机械和设备修理业	19586	2623	4992	641
电力、热力、燃气及水生产和供应业	**38850487**	**3622371**	**4643547**	**3280461**
电力、热力生产和供应业	26735691	1787066	2947961	2452128
电力生产	25146632	1263989	2641976	2306880
电力供应	460466	68689	2063	140126
热力生产和供应	1128594	454388	303921	5121
燃气生产和供应业	2961964	965528	334295	101187
燃气生产和供应业	2961964	965528	334295	101187
水的生产和供应业	9152833	869776	1361292	727146
自来水生产和供应	6161466	510311	931940	441317
污水处理及其再生利用	2878385	358678	424291	280980
其他水的处理、利用与分配	112982	787	5061	4849

单位：万元

嘉兴市	湖州市	绍兴市	金华市	衢州市	舟山市	台州市	丽水市
2041	3806	700	5026	16019	192	2701	2844
17049	2827	25691	7280	7629	78	239534	8925
3606	823	2387	9387		5367	8256	2050
469515	22269	264907	547599	156786	835545	205643	69890
431639	14447	255316	434246	135711	240	198982	43315
25994		1707	727	1056	830349	1411	
102							
11781	7822	7883	112626	20019	4956	5251	26575
158148	29399	33649	47426	56220	59384	361066	7301
29010	138	15687	3805	22351	50888	315858	2249
129139	29260	17962	43621	33869	8496	45208	5052
11345	15943	13783	5111	247	525160	32259	11364
977		668				301	1000
2250	1720	1816	444		2400	769	
5524	540	1594	3228	201	2143	1246	61
1579	6448	256			513780	29576	
207	7051	1288	118		6207	104	10303
42					10	33	
766	184	8162	1321	46	620	231	
9890443	**3663924**	**2240650**	**849929**	**804910**	**765901**	**7057513**	**2030840**
8115385	1196513	1190006	380930	667515	124773	5975958	1897456
7884128	1041362	1189476	340385	562299	124773	5894948	1896414
158669		529	24464	36061		28821	1042
72589	155150		16080	69155		52189	
446139	143442	228446	87378	25752	514672	95457	19668
446139	143442	228446	87378	25752	514672	95457	19668
1328919	2323969	822198	381621	111643	126456	986098	113716
683773	2124468	340565	268069	78832	68582	613198	100414
619970	199501	479198	110811	32711	25270	333673	13302
25176		2435	2741	100	32605	39227	

2-B-33 续表 9

行　　业	合　计	杭州市	宁波市	温州市
建筑业	**21928089**	**5707871**	**3679388**	**1682583**
房屋建筑业	5223002	1388113	1003597	508002
房屋建筑业	5223002	1388113	1003597	508002
土木工程建筑业	9978235	2000353	1297550	655091
铁路、道路、隧道和桥梁工程建筑	5039510	922889	345952	282937
水利和内河港口工程建筑	1571708	150086	199622	37209
海洋工程建筑	556580	560	199845	105103
工矿工程建筑	197125	32421	12725	36719
架线和管道工程建筑	969302	475102	130136	73121
其他土木工程建筑	1644010	419295	409270	120003
建筑安装业	2377796	772396	448756	197136
电气安装	709895	273421	123728	52830
管道和设备安装	604727	220187	99890	86142
其他建筑安装业	1063174	278788	225138	58163
建筑装饰和其他建筑业	4349057	1547009	929485	322354
建筑装饰业	3070037	1128882	742434	248093
工程准备活动	912545	282399	128945	65083
提供施工设备服务	77250	29023	13627	1741
其他未列明建筑业	289225	106704	44479	7437
批发和零售业	**164307248**	**55878651**	**43342285**	**11898107**
批发业	146055878	50519645	40352089	10314916
农、林、牧产品批发	2550508	987760	198294	207767
食品、饮料及烟草制品批发	6622017	2310275	1870144	444119
纺织、服装及家庭用品批发	28845623	8672747	4764410	1907843
文化、体育用品及器材批发	4060596	944112	1506164	341409
医药及医疗器材批发	1589475	908012	220712	86177
矿产品、建材及化工产品批发	75064042	25067646	25497932	4804121
机械设备、五金产品及电子产品批发	17034911	8595766	3960546	1095356

单位：万元

嘉兴市	湖州市	绍兴市	金华市	衢州市	舟山市	台州市	丽水市
927799	**1457068**	**1909378**	**1816826**	**419402**	**743220**	**2887025**	**697528**
145501	229596	403686	708086	135889	151367	290383	258781
145501	229596	403686	708086	135889	151367	290383	258781
432412	768191	855316	732629	188474	433728	2267276	347214
167511	543372	641190	373791	118555	43667	1374395	225252
121279	39938	25610	41245	16040	249200	666305	25174
48003					109212	93857	
2258	1399	21726	63542	8000	5297	11838	1200
23716	58564	32991	28800	24077	7041	56559	59195
69644	124919	133798	225252	21802	19311	64323	36393
144574	208828	262668	123840	16079	38341	119450	45728
35311	18758	75145	20991	3140	22575	58884	25114
36296	36999	58305	34448	6226	1712	17163	7359
72967	153072	129218	68401	6713	14054	43402	13256
205313	250452	387708	252271	78960	119785	209916	45805
145686	113620	233454	219428	52337	41475	109072	35557
19696	86536	112857	20896	13841	77150	97484	7658
4116	6202	15949	2669	2806	829	115	174
35815	44094	25449	9278	9976	331	3245	2416
10529128	**5504888**	**15019650**	**7571459**	**2222492**	**4752333**	**6056433**	**1531821**
9603478	4731852	13478032	5760652	1790268	4466692	3997605	1040649
350581	199271	241790	180532	109405	3790	31733	39586
408395	171320	372789	339977	147980	223779	184500	148738
2064641	712952	8586928	1540127	59583	57917	387950	90526
109760	11833	405445	606975	3922	13470	85807	31699
39593	89048	79497	56539	25061	4443	68811	11582
5531181	2997927	2747325	1431467	1118451	3498110	2008847	361034
742737	159703	497197	594254	153778	586374	502982	146217

2-B-33 续表 10

行 业	合 计	杭州市	宁波市	温州市
贸易经纪与代理	5515402	1226482	1535892	1090622
其他批发业	4773305	1806844	797995	337503
零售业	18251370	5359005	2990196	1583190
综合零售	2101564	258959	101571	81576
食品、饮料及烟草制品专门零售	1178818	372818	200886	105262
纺织、服装及日用品专门零售	1465468	490353	235147	174540
文化、体育用品及器材专门零售	1497416	337806	593970	100100
医药及医疗器材专门零售	758317	177467	134544	87992
汽车、摩托车、燃料及零配件专门零售	5346203	1541229	902369	530256
家用电器及电子产品专门零售	2633454	1267388	198179	297617
五金、家具及室内装饰材料专门零售	1939647	594946	359600	114039
货摊、无店铺及其他零售业	1330483	318039	263929	91807
交通运输、仓储和邮政业	**50903880**	**12269640**	**17046068**	**2384130**
道路运输业	26877046	9056369	8196418	1037502
城市公共交通运输	8933233	4862072	3827499	45344
公路旅客运输	883480	203016	133132	109695
道路货物运输	4454297	1549352	1024888	207949
道路运输辅助活动	12606036	2441929	3210899	674514
水上运输业	10511505	731574	4035510	939736
水上旅客运输	180505	25511	15522	12996
水上货物运输	6837187	658319	2579566	260039
水上运输辅助活动	3493812	47744	1440421	666701
航空运输业	636459	488745	688	3710
航空客货运输	3461	67		
通用航空服务	66247	11247	688	526
航空运输辅助活动	566751	477431	…	3185
管道运输业	45291	45291		
管道运输业	45291	45291		
装卸搬运和运输代理业	5092578	675129	2269054	222065

单位：万元

嘉兴市	湖州市	绍兴市	金华市	衢州市	舟山市	台州市	丽水市
90670	107266	273920	740639	50426	47172	274989	77325
265920	282533	273141	270141	121661	31637	451986	133943
925650	773036	1541618	1810808	432225	285642	2058828	491172
96745	54639	46446	102902	20024	16068	1283759	38872
65030	64450	143581	86137	31057	29955	39438	40204
91481	43341	154421	160555	15194	27507	43818	29111
65015	65333	85479	98599	30986	19390	49990	50749
33403	35313	71080	90686	15987	8106	78885	24854
340434	275344	473940	580760	204148	61143	307134	129445
104971	76419	194509	170841	65570	74103	134477	49379
68748	114161	286998	210261	20782	27930	67146	75037
59824	44036	85164	310065	28477	21441	54182	53519
2666933	**3138130**	**1018599**	**896623**	**851327**	**7920572**	**2273738**	**438122**
1107022	2650459	587533	362239	765200	1678695	1089524	346085
25478	7151	22895	29204	6319	17829	65545	23897
12703	67711	11387	80507	19560	25454	177322	42994
320535	196388	229247	163475	112060	401594	160666	88144
748305	2379210	324004	89054	627261	1233818	685991	191050
515307	118736	11638	4466	53	3350294	802962	1229
3172	606	120	322	48	103389	18720	100
191664	85633	11087	3475	5	2386780	659756	863
320471	32497	432	669		860125	124486	266
43260	1000		53903	200	44953		
			1016		2378		
			52386	200	1200		
43260	1000		500		41375		
280898	67009	332156	328087	8225	647605	240539	21810

2-B-33 续表 11

行　业	合　计	杭州市	宁波市	温州市
装卸搬运	914839	102366	213562	35505
运输代理业	4177739	572762	2055492	186560
仓储业	7367625	1002550	2530401	172387
谷物、棉花等农产品仓储	1170532	318091	106185	97731
其他仓储业	6197093	684459	2424216	74656
邮政业	373375	269983	13996	8730
邮政基本服务	185777	178704	265	194
快递服务	187598	91278	13731	8536
住宿和餐饮业	**6414806**	**1920077**	**1197441**	**552865**
住宿业	4212848	1297183	808059	318121
旅游饭店	2850564	826503	549964	160791
一般旅馆	1293233	449897	238722	146968
其他住宿业	69051	20783	19372	10361
餐饮业	2201958	622894	389382	234743
正餐服务	1964355	562247	336150	204326
快餐服务	66439	27304	7383	6320
饮料及冷饮服务	74646	21097	19916	6520
其他餐饮业	96519	12247	25932	17577
信息传输、软件和信息技术服务业	**11146124**	**8361008**	**1588289**	**133828**
电信、广播电视和卫星传输服务	634288	471766	25548	15255
电信	511346	461026	8320	5697
广播电视传输服务	122942	10740	17228	9559
互联网和相关服务	868960	659507	86848	9973
互联网接入及相关服务	51762	36960	6075	1156
互联网信息服务	733930	555935	79386	8055
其他互联网服务	83267	66613	1387	762
软件和信息技术服务业	9642875	7229734	1475893	108600
软件开发	7304609	6022617	730615	67035
信息系统集成服务	662274	480490	89185	11101

单位：万元

嘉兴市	湖州市	绍兴市	金华市	衢州市	舟山市	台州市	丽水市
38446	16209	11525	7882	1492	445837	41927	86
242452	50800	320631	320205	6733	201768	198612	21724
699996	294371	72676	128672	75215	2198055	130916	62387
131191	107115	30748	87172	55232	87972	87707	61387
568805	187256	41927	41500	19982	2110083	43209	1000
20450	6555	14595	19256	2434	970	9797	6610
		3576	1999			51	989
20450	6555	11019	17257	2434	970	9746	5622
428525	**351216**	**388165**	**486469**	**111315**	**420532**	**303199**	**255002**
223264	237622	236069	324689	63980	343888	164299	195675
165634	186111	180121	189449	57937	286574	98037	149442
52669	46956	53259	130786	5118	57314	66262	45283
4962	4555	2690	4454	924			950
205261	113595	152095	161780	47335	76645	138900	59327
185547	95893	142276	142412	46375	74744	121416	52968
3609	2072	5907	8334	120	1348	2181	1860
8520	4162	983	3966	40	187	7102	2152
7585	11466	2930	7068	800	366	8200	2347
229476	**118489**	**262918**	**180677**	**41431**	**82438**	**69707**	**77861**
3704	6829	23381	5814	29061	10075	25248	17607
1275	5216	12214	3473	2869	627	6233	4397
2429	1613	11167	2341	26192	9449	19015	13210
26968	4531	26703	34290	1088	1564	8084	9403
449	1617	1932	2836	306	100	5	326
25709	2914	18665	26011	754	409	7296	8796
810		6105	5443	28	1056	783	281
198805	107129	212834	140573	11282	70799	36375	50851
121233	83748	66823	85896	8850	62330	17657	37806
33437	5617	15608	6106	1274	5492	8678	5286

2-B-33 续表 12

行业	合计	杭州市	宁波市	温州市
信息技术咨询服务	1035186	329127	614417	16623
数据处理和存储服务	192324	137837	8707	2257
集成电路设计	84861	50633	11950	255
其他信息技术服务业	363622	209030	21020	11329
房地产业	**206563562**	**71909615**	**36886454**	**24985536**
房地产业	206563562	71909615	36886454	24985536
房地产开发经营	185427200	67302963	28490978	24562409
物业管理	4230945	1948533	733219	185882
房地产中介服务	2402227	886936	835988	178761
其他房地产业	14503189	1771183	6826268	58485
租赁和商务服务业	**432449313**	**175744542**	**112613509**	**17464870**
租赁业	3548967	2254511	811958	56845
机械设备租赁	3178972	2247064	540583	53623
文化及日用品出租	369996	7447	271375	3222
商务服务业	428900345	173490031	111801551	17408025
企业管理服务	387662168	155586865	103805454	15331695
法律服务	217301	124865	15763	37078
咨询与调查	18298404	8196744	4832108	840894
广告业	2136473	995322	367753	124605
知识产权服务	120057	86346	7680	12705
人力资源服务	591124	197951	171213	20702
旅行社及相关服务	2753483	1202343	310184	94757
安全保护服务	337184	95620	47889	29675
其他商务服务业	16784152	7003977	2243507	915914
科学研究和技术服务业	**20584124**	**9430169**	**2226546**	**1489978**
研究和试验发展	2348049	884039	551063	58374
自然科学研究和试验发展	82289	25698	20155	3691
工程和技术研究和试验发展	1649855	658168	295320	42191
农业科学研究和试验发展	377957	61592	218729	6303

单位：万元

嘉兴市	湖州市	绍兴市	金华市	衢州市	舟山市	台州市	丽水市
15249	8471	22851	21559	346	714	3856	1973
21678	181	18868	1260	243		1099	194
3330	5682	1498	6935	342	884	2321	1030
3877	3430	87188	18817	227	1378	2764	4564
14595181	**9293194**	**16192828**	**12071443**	**2236933**	**4997755**	**10676771**	**2717852**
14595181	9293194	16192828	12071443	2236933	4997755	10676771	2717852
11593265	8677172	14166284	11301491	2218891	4771366	9834980	2507401
278375	177026	336634	271475	10671	46549	80258	162322
103066	62132	92563	182476	3346	2247	37218	17494
2620476	376864	1597347	316001	4024	177592	724315	30635
39748384	**9412654**	**28598576**	**10183302**	**7239290**	**6852390**	**19003820**	**5587975**
88667	27490	41121	110774	14582	77610	43177	22233
82680	26475	39956	43520	14514	72702	38568	19286
5987	1015	1165	67254	68	4908	4608	2946
39659717	9385164	28557455	10072528	7224708	6774780	18960644	5565743
37574074	8356601	25161414	8342120	6741266	6171500	15471679	5119502
6073	2951	16569	9202	2060	133	2327	279
343836	235695	1154417	569666	185381	103271	1727755	108637
198747	94840	79792	134302	14222	28741	82139	16010
3274	694	1403	4451	1414	94	1804	193
40146	12270	57522	13524	20707	20243	29674	7171
63367	143192	446101	145279	81553	57539	41717	167452
46550	15427	25650	28597	9342	8952	19955	9527
1383652	523494	1614588	825386	168762	384308	1583594	136970
2549139	**620392**	**1167847**	**472160**	**317324**	**810553**	**544335**	**955682**
106185	102028	269431	39456	71843	13009	211070	41551
14873	4255	4413	7027	1441	357		380
60665	56449	231891	21335	64624	6192	208895	4125
9388	3311	24575	9156	5778	1140	2040	35944

2-B-33 续表 13

行　业	合　计	杭州市	宁波市	温州市
医学研究和试验发展	222440	138201	7577	5799
社会人文科学研究	15508	380	9283	390
专业技术服务业	13662548	5772475	1254045	1371879
气象服务	36988	4003	30444	559
地震服务	13	10		
海洋服务	34588	12327	1875	591
测绘服务	164455	39966	33179	13676
质检技术服务	587523	187184	231466	23758
环境与生态监测	145810	52706	53771	5751
地质勘查	69054	37288	6859	517
工程技术	11192612	4729754	593426	1265019
其他专业技术服务业	1431505	709237	303027	62007
科技推广和应用服务业	4573527	2773656	421438	59725
技术推广服务	3516714	2314066	327973	45356
科技中介服务	938812	385482	89269	7003
其他科技推广和应用服务业	118001	74108	4195	7366
水利、环境和公共设施管理业	**24913504**	**6219039**	**2063747**	**320078**
水利管理业	4390904	2816605	97454	37165
防洪除涝设施管理	2642648	2318373	100	300
水资源管理	964643	314880	61160	12412
天然水收集与分配	463115	139398	26736	17023
水文服务	14561			
其他水利管理业	305937	43954	9459	7430
生态保护和环境治理业	1052538	455824	197511	49012
生态保护	368908	288063	13105	1295
环境治理业	683630	167760	184407	47717
公共设施管理业	19470062	2946611	1768781	233901
市政设施管理	12684511	582400	788716	76731
环境卫生管理	164379	75889	24465	7493

单位：万元

嘉兴市	湖州市	绍兴市	金华市	衢州市	舟山市	台州市	丽水市
21259	37957	6949	1487		1972	135	1103
	55	1603	450		3348		
2190085	359953	750650	284728	164387	455693	239689	818964
1209		109	485	20		6	154
4							
434			60		698	18602	
11399	13238	15858	15288	7471	2715	7154	4512
31759	14036	30963	16095	2852	16704	28279	4426
19854	891	7700	1074	609	600	2825	28
1075	1376	4906	10786	145		821	5281
2086472	313325	591102	157047	141069	423168	113282	778948
37878	17088	100010	83893	12222	11809	68719	25615
252869	158411	147766	147975	81093	341851	93576	95167
207920	138808	125151	126378	80396	20492	38013	92161
35096	19603	14218	16001	188	316872	55056	23
9852		8397	5597	509	4487	507	2983
4185623	**6243320**	**3062905**	**512446**	**342019**	**327392**	**341263**	**1295673**
237982	159156	350051	94219	108501	140431	10717	338623
7398	17172	20302	412	4		1935	276652
93662	123084	234768	62470	53533	7	1225	7442
54030	13183	15034	21412	774	138770	1183	35573
4613		9649		299			
78279	5717	70297	9925	53892	1654	6374	18956
76953	20055	162798	19443	4355	5538	54494	6554
3302	8061	48655	2334	1453	62	495	2083
73650	11995	114143	17109	2902	5476	53999	4471
3870689	6064108	2550056	398783	229162	181423	276052	950495
3469235	5118508	1660892	180974	140485	86176	81395	499000
2392	1818	8377	1589	10073	279	30569	1435

2-B-33 续表 14

行 业	合 计	杭州市	宁波市	温州市
城乡市容管理	1717976	1183479	24152	10142
绿化管理	1486568	509596	184696	37216
公园和游览景区管理	3416627	595247	746752	102319
居民服务、修理和其他服务业	**2395214**	**693573**	**416906**	**284039**
居民服务业	862634	225102	182958	117410
家庭服务	37986	16946	3792	2006
托儿所服务	5284	185	14	146
洗染服务	39018	12572	10613	6047
理发及美容服务	52674	20671	6880	8618
洗浴服务	115219	22187	22180	6038
保健服务	121815	13274	58822	10126
婚姻服务	17479	6791	2493	1862
殡葬服务	173513	69520	30653	12585
其他居民服务业	299646	62957	47510	69981
机动车、电子产品和日用产品修理业	1165744	339649	181073	96311
汽车、摩托车修理与维护	1006723	269207	144153	78894
计算机和办公设备维修	66935	25815	17859	11651
家用电器修理	71140	31654	16095	3754
其他日用产品修理业	20945	12972	2967	2011
其他服务业	366837	128822	52875	70319
清洁服务	159485	48999	17048	9004
其他未列明服务业	207351	79823	35826	61315
卫生和社会工作	**1453506**	**1371565**	**32777**	**12402**
社会工作	1453506	1371565	32777	12402
提供住宿社会工作	1403212	1368345	6128	10344
不提供住宿社会工作	50294	3220	26649	2058
文化、体育和娱乐业	**5998673**	**1899533**	**406156**	**238731**
新闻和出版业	971321	861307	25290	12967
新闻业	966	456		157
出版业	970355	860851	25290	12810

单位：万元

嘉兴市	湖州市	绍兴市	金华市	衢州市	舟山市	台州市	丽水市
40	101045	8390	678	38712	22	50	351266
110172	233234	225400	52778	12452	40557	64410	16058
288850	609503	646998	162764	27440	54389	99628	82736
130960	**55769**	**145428**	**113682**	**22781**	**270203**	**144163**	**117709**
63541	19604	43367	35158	2213	17656	57532	98093
6944	562	1033	2555	157	302	2008	1680
8		4920			10		
453	450	1645	3679	854	1362	1264	80
231	743	3066	5288	53	678	6139	306
34604	9025	5989	6745	25	585	7229	611
4663	1124	3867	8661	520	1362	18760	636
183	83	372	3410	195	1258	762	70
10185	7439	12567	1220	241	11969	14733	2401
6269	177	9907	3601	167	129	6638	92309
53297	33297	79187	54157	12552	233284	67575	15361
44123	28578	73389	47825	10460	232465	64249	13381
856	1919	3087	3036	1134	233	1156	190
7511	2792	1857	2426	611	587	2121	1731
808	8	854	870	347		49	59
14122	2868	22875	24367	8016	19263	19056	4255
6705	2667	18413	13862	6994	17988	14669	3135
7417	200	4462	10505	1022	1275	4387	1120
1146	**13282**	**255**	**14**	**3573**	**4**	**18253**	**236**
1146	13282	255	14	3573	4	18253	236
327	12054	180	14	3559		2025	236
819	1228	75		13	4	16228	
642343	**228015**	**404187**	**1804887**	**48139**	**58661**	**171783**	**96238**
1557	1097	49767	18432	224	108	177	395
			129	224			
1557	1097	49767	18303		108	177	395

2-B-33 续表 15

行业	合计	杭州市	宁波市	温州市
广播、电视、电影和影视录音制作业	2677321	506090	114477	50842
广播	14297	1289	500	584
电视	430562	108725	1005	80
电影和影视节目制作	1816455	221121	52826	6845
电影和影视节目发行	26941	21064	2540	143
电影放映	382310	148592	56183	43180
录音制作	6756	5299	1423	10
文化艺术业	459776	150429	39883	9468
文艺创作与表演	105288	45794	20362	2037
艺术表演场馆	23648	724	2944	655
图书馆与档案馆	7883	5192	395	684
文物及非物质文化遗产保护	85328	24656	2133	163
博物馆	30913	8263	5641	726
烈士陵园、纪念馆	234			
群众文化活动	20349	11714	1038	4025
其他文化艺术业	186134	54085	7368	1177
体育	691809	134914	39193	18846
体育组织	191101	7530	2225	973
体育场馆	41937	9446	1045	2634
休闲健身活动	365393	89439	27424	14117
其他体育	93377	28499	8498	1123
娱乐业	1198445	246792	187314	146608
室内娱乐活动	755436	159286	108332	111562
游乐园	273170	33317	42981	8853
彩票活动	13			3
文化、娱乐、体育经纪代理	44506	9000	13152	1982
其他娱乐业	125321	45191	22849	24208

单位：万元

嘉兴市	湖州市	绍兴市	金华市	衢州市	舟山市	台州市	丽水市
282934	9910	45641	1584514	21543	13171	34475	13725
			11903	10		11	
20549	749	1679	279552	15433	1739		1050
243062	733	23032	1266102	549		1144	1043
109		1160				1488	437
19206	8428	19771	26957	5551	11415	31832	11196
8					17		
69532	20184	29238	91578	3355	1761	25848	18501
16423	5764	7187	1551	510	203	1227	4230
11229		2232	159			5187	518
781	107	412	160			131	20
29580		7803	998	983		19012	
1	350	4608	9916		1388	20	
			234				
121	1625	1328	284		148	60	5
11397	12338	5669	78277	1862	22	211	13728
232148	45885	170389	4619	1240	21091	13308	10177
62879		117492				3	
3015	1	21745	56			3996	
144619	43598	15520	4482	1240	10639	9187	5129
21634	2286	15632	81		10453	123	5049
56173	150940	109152	105744	21778	22530	97975	53439
41831	40279	68098	65669	20828	18632	88587	32333
1800	94787	32700	37249	528	486	774	19695
		10					
10712	4632	2064	1909	110	1	242	702
1830	11242	6281	915	312	3411	8373	709

2-B-34 按行业中类、地区分组的

行　业	合　计	杭州市	宁波市	温州市
总　计	**728639101**	**170925979**	**162926793**	**71281103**
农、林、牧、渔业	**143980**	**13521**	**20593**	**19589**
农业	4661	643	947	1330
谷物种植	324		324	
蔬菜、食用菌及园艺作物种植	1249	120	283	
水果种植	1166	38	125	451
坚果、含油果、香料和饮料作物种植	1355	400	142	470
中药材种植	502	85	8	409
其他农业	66		66	
林业	606		285	
林木育种和育苗	606		285	
畜牧业	3098	139	243	485
牲畜饲养	1557	112	213	54
家禽饲养	1140	26		220
其他畜牧业	401		30	211
渔业	2360		836	706
水产养殖	2360		836	706
农、林、牧、渔服务业	133255	12740	18283	17068
农业服务业	113443	11739	16029	14530
林业服务业	6214	556	237	716
畜牧服务业	8784	100	1325	975
渔业服务业	4813	345	692	847
采矿业	**1881378**	**314158**	**93908**	**48178**
煤炭开采和洗选业	14719	2720	421	
烟煤和无烟煤开采洗选	5143	203	421	
褐煤开采洗选	7536	536		
其他煤炭采选	2041	1981		
黑色金属矿采选业	108090	5973	5889	100
铁矿采选	108090	5973	5889	100

小微企业全年营业收入

单位：万元

嘉兴市	湖州市	绍兴市	金华市	衢州市	舟山市	台州市	丽水市
60850720	**42084653**	**78268183**	**52937937**	**15716995**	**13089020**	**45676036**	**14881682**
5878	**7290**	**31779**	**17524**	**19700**	**955**	**4041**	**3110**
221		502		266	146	195	411
221		487		138			
					146	45	361
		15		128		150	50
			321				
			321				
490		420	180	417	244	380	100
490			120	324	244		
		420		93		380	
			60				100
598			65	26	130		
598			65	26	130		
4569	7290	30857	16958	18991	434	3466	2599
3999	4998	27287	13914	16670	80	2383	1815
8	717	707	1885	725	34	20	608
534	885	2276	995	1508		30	156
27	690	587	165	88	320	1032	19
41653	**729208**	**120997**	**111023**	**68285**	**74367**	**37706**	**241894**
4348			150	81			6999
4348			150	21			
							6999
				60			
		53214	1290	480			41143
		53214	1290	480			41143

2-B-34 续表 1

行　业	合　计	杭州市	宁波市	温州市
有色金属矿采选业	170450	53852		2900
常用有色金属矿采选	68721	53398		
贵金属矿采选	4370			
稀有稀土金属矿采选	97359	454		2900
非金属矿采选业	1579556	250907	86973	44742
土砂石开采	1489751	241506	86873	39940
化学矿开采	11540	300		10
采盐	790		73	
石棉及其他非金属矿采选	77475	9101	28	4792
开采辅助活动	646	385	175	
石油和天然气开采辅助活动	86			
其他开采辅助活动	560	385	175	
其他采矿业	7917	321	450	436
其他采矿业	7917	321	450	436
制造业	**386810663**	**68710480**	**69917326**	**44318767**
农副食品加工业	9008353	1439454	1028954	717227
谷物磨制	750283	228540	98498	26625
饲料加工	1970761	179159	48775	129351
植物油加工	578329	38125	38902	11620
制糖业	13459	5584	34	1090
屠宰及肉类加工	1033930	178558	20288	216089
水产品加工	2677628	99032	568135	224787
蔬菜、水果和坚果加工	1447629	547922	185275	64251
其他农副食品加工	536333	162534	69047	43415
食品制造业	2950660	839171	262661	190993
焙烤食品制造	343398	78569	47776	60957
糖果、巧克力及蜜饯制造	168159	80807	6770	7787
方便食品制造	366694	131714	10274	30850

单位：万元

嘉兴市	湖州市	绍兴市	金华市	衢州市	舟山市	台州市	丽水市
		6049	800	1776		2835	102237
		5539		1776		160	7847
		510	800			2675	385
							94005
37304	729208	61733	106708	64249	74281	34870	88579
37304	728045	54294	68987	56262	74044	34329	68166
			10980				250
					237	480	
	1163	7439	26741	7987		61	20163
					86		
					86		
			2075	1700			2935
			2075	1700			2935
39911090	**26074767**	**46033466**	**34298460**	**9971929**	**5246368**	**31625657**	**10702354**
1220418	813373	612862	401142	671651	1226444	551348	325481
85373	146031	63372	27685	51778	12154	2848	7380
720956	220826	170844	42778	420126	1147	11619	25181
69462	250032	57326	10711	53625	2316	13609	32601
307			5461	802		181	
202090	111507	15749	169090	34062	4372	65533	16592
22313	34858	74412	3243	9587	1203820	434002	3438
72267	28225	171035	97311	88724	1371	15942	175308
47651	21894	60125	44863	12948	1264	7613	64981
315528	331183	173929	397253	183742	52091	130172	73937
31055	28472	12596	25513	24502	9410	12299	12251
6231	12437	18641	24633	1740		9014	100
52201	34606	21522	40614	26453	3040	5079	10341

2-B-34 续表 2

行 业	合 计	杭州市	宁波市	温州市
乳制品制造	124810	39821	17576	30838
罐头食品制造	296982	86028	55093	322
调味品、发酵制品制造	323756	56154	15409	19045
其他食品制造	1326860	366079	109763	41194
酒、饮料和精制茶制造业	2489523	668696	274246	141041
酒的制造	521253	48839	125798	34241
饮料制造	737923	366938	28713	59910
精制茶加工	1230348	252920	119736	46891
烟草制品业	3926900	3926120		
卷烟制造	3901273	3901273		
其他烟草制品制造	25626	24846		
纺织业	42748713	6995457	2373884	1340308
棉纺织及印染精加工	16873727	3850615	689980	525533
毛纺织及染整精加工	1772926	163719	523039	18115
麻纺织及染整精加工	111519	3915	14259	1341
丝绢纺织及印染精加工	2597873	458455	18708	7226
化纤织造及印染精加工	4053527	543174	148433	14930
针织或钩针编织物及其制品制造	9721066	308431	281054	152590
家用纺织制成品制造	4112608	984641	292444	206420
非家用纺织制成品制造	3505468	682505	405968	414154
纺织服装、服饰业	20200331	3203857	3898313	1602921
机织服装制造	10701988	1904221	1203394	1268180
针织或钩针编织服装制造	5833776	650637	2336149	185995
服饰制造	3664567	648999	358770	148746
皮革、毛皮、羽毛及其制品和制鞋业	13289636	1336673	316331	5998190
皮革鞣制加工	905332	41833	18540	518258
皮革制品制造	3419393	334430	132529	678049
毛皮鞣制及制品加工	618385	25393	27136	15742
羽毛(绒)加工及制品制造	853283	554398	16863	595
制鞋业	7493243	380618	121264	4785546

单位：万元

嘉兴市	湖州市	绍兴市	金华市	衢州市	舟山市	台州市	丽水市
62			36376			112	25
4173	26619	5928	16565	46036	17439	19420	19359
9149	128869	21144	42257	7236	5132	2165	17197
212658	100180	94098	211296	77775	17070	82083	14664
131233	207472	511744	164518	138392	25780	59735	166665
14322	62203	121060	29656	21320	21152	29462	13200
101315	45644	11573	24996	41784	2992	25802	28257
15596	99625	379111	109866	75288	1636	4471	125208
				780			
				780			
8094946	5263861	13188398	3825997	421347	152759	736302	355453
2947967	1291880	5130664	1961977	297940	36352	133856	6962
567249	241665	138942	76371	83	12633	29754	1355
37634	37969	5390	4996	500	6	5510	
509559	1314385	273945	6613	8090		632	260
1110526	1443363	556542	113883	13687	4037	104821	130
2081596	368673	5845241	599704	45648	1404	34488	2236
499215	260623	991576	654249	18369	96918	97807	10346
341200	305303	246099	408204	37029	1409	329433	334163
2960638	1756938	3099606	3111609	148105	30856	329922	57567
1505017	1386512	1519418	1563818	114238	17979	183817	35394
1030474	154565	642860	717133	14269	8970	83515	9208
425147	215861	937327	830658	19597	3907	62591	12964
2352124	381267	378459	579802	71931	5075	1587422	282362
160030	108846	7963	8474	8951	121	23781	8535
1430585	135747	68158	473742	24292	460	79527	61873
488446	48628	5823	2030	3579		30	1580
88103		161615	6994	7677			17038
184960	88046	134900	88562	27431	4494	1484084	193337

2-B-34 续表 3

行业	合计	杭州市	宁波市	温州市
木材加工和木、竹、藤、棕、草制品业	5609742	587057	264368	115086
木材加工	636146	87810	24051	13330
人造板制造	1408016	140913	35712	10158
木制品制造	2532468	269408	84980	57996
竹、藤、棕、草等制品制造	1033112	88926	119624	33601
家具制造业	5058670	685287	687103	206787
木质家具制造	2432509	331639	231072	150452
竹、藤家具制造	108597	15059	36350	811
金属家具制造	1387025	202297	240438	26144
塑料家具制造	260091	14788	91876	3201
其他家具制造	870449	121504	87368	26179
造纸和纸制品业	9121654	3206427	927173	648376
纸浆制造	12660	4268	2566	320
造纸	4205660	1979766	337855	213817
纸制品制造	4903334	1222392	586753	434239
印刷和记录媒介复制业	5850562	832480	1061570	1461375
印刷	5622411	797199	1040482	1385155
装订及印刷相关服务	219133	32939	20293	76050
记录媒介复制	9019	2342	796	170
文教、工美、体育和娱乐用品制造业	12232823	1643342	2098606	1056986
文教办公用品制造	2043469	344294	725793	293186
乐器制造	172373	32611	69581	3156
工艺美术品制造	6869909	828594	587139	489437
体育用品制造	1367865	311355	273234	119354
玩具制造	1349923	50941	364084	58615
游艺器材及娱乐用品制造	429284	75547	78776	93238
石油加工、炼焦和核燃料加工业	1694575	131952	317448	325353
精炼石油产品制造	1691478	129998	316305	325353

单位：万元

嘉兴市	湖州市	绍兴市	金华市	衢州市	舟山市	台州市	丽水市
768817	2055785	239753	318971	616641	10158	158956	474151
146170	225018	7126	26623	68113	1259	6971	29676
456068	378647	7592	13161	235755	1111	43020	85879
165062	1114270	178792	220885	266314	5788	55147	113825
1517	337850	46243	58303	46459	2000	53819	244771
652884	1020833	213692	836285	123886	41788	454214	135911
250912	348585	138294	506761	109992	41423	243937	79442
1407	7843	15429	10807	1171		12327	7392
157682	370508	22402	246192	8312	365	84546	28138
2312	53080	2264	9139	3711		79571	150
240571	240817	35303	63385	700		33833	20789
1003809	492996	556446	655999	716005	16332	678300	219793
524			2684	1410			888
379731	223335	186663	159221	567484	6353	85764	65671
623553	269661	369783	494094	147111	9979	592535	153233
491347	205625	414005	825504	101752	33931	366943	56029
483035	203816	396798	772269	100414	33359	356030	53854
8312	1809	14814	51235	21	572	10914	2174
		2392	2000	1318			
460963	300893	1692685	2760573	222201	36449	1305585	654540
42981	53310	64467	314184	35546	409	24803	144496
8117	42560	759	12755			2794	40
120796	135326	1434437	1751093	126316	1192	1162138	233442
54013	55195	77634	377054	52192	6782	24095	16957
234477	7160	68025	208440	7446	28066	71024	251645
579	7342	47363	97047	700		20730	7960
294598	34763	77230	53783	7180	441101	10603	564
294598	34763	77230	53783	7180	441101	10603	564

2-B-34 续表 4

行业	合计	杭州市	宁波市	温州市
炼焦	1954	1954		
核燃料加工	1144		1144	
化学原料和化学制品制造业	25206330	5048341	7252605	1404867
基础化学原料制造	6417553	771636	2166919	52824
肥料制造	195296	51851	16245	16126
农药制造	647912	140446	41875	153350
涂料、油墨、颜料及类似产品制造	3243609	746218	299681	189578
合成材料制造	7844001	1422420	3668478	737366
专用化学产品制造	5656413	1539620	920883	228094
炸药、火工及焰火产品制造	90912	1056	6722	10815
日用化学产品制造	1110634	375093	131802	16713
医药制造业	3938997	1210731	271031	94481
化学药品原料药制造	1200493	91054	81512	20283
化学药品制剂制造	920020	614044	22047	9052
中药饮片加工	273201	70408	41432	17102
中成药生产	452591	203622	8164	1400
兽用药品制造	163675	32832	6285	2367
生物药品制造	464953	141681	61492	36195
卫生材料及医药用品制造	464063	57090	50100	8081
化学纤维制造业	7734365	2306349	1060027	41596
纤维素纤维原料及纤维制造	266469	22999	162857	12478
合成纤维制造	7467895	2283350	897170	29119
橡胶和塑料制品业	23830072	3328504	5003916	3326390
橡胶制品业	2554384	296628	528423	237010
塑料制品业	21275689	3031876	4475493	3089380
非金属矿物制品业	17501336	4495184	2505005	1071087
水泥、石灰和石膏制造	2725387	744899	483945	16266
石膏、水泥制品及类似制品制造	7015300	2028631	1251528	682139
砖瓦、石材等建筑材料制造	2341056	469297	295036	173371

单位：万元

嘉兴市	湖州市	绍兴市	金华市	衢州市	舟山市	台州市	丽水市
3811842	1442483	1992710	1250108	1520447	70339	946363	466224
1618585	210458	422115	217227	780220	16565	147847	13157
23822	11701	19256	18768	30893		4394	2240
27683	155111	45624	67243	5286		11294	
374581	299463	592998	302651	141522	26450	219819	50646
847935	295018	181695	120637	124325	2274	257438	186415
825517	410699	637226	200309	426906	18644	246710	201805
	10120	14467	27173		5007	5483	10068
93719	49911	79328	296101	11296	1400	53378	1892
178580	269238	732738	324270	98708	22624	598104	138492
48874	38907	327594	70823	26559	11155	472697	11036
20476	40890	32621	79835	26711		11464	62882
36313	25855	16862	40649	20934		3536	110
12869	25504	74682	18281	8259	396	54764	44651
2809	15527	70298	21103	300	4316	5748	2089
34406	74227	17055	36892	8126	6757	43844	4278
22833	48328	193626	56687	7821		6052	13446
591958	334577	2796094	272314	55237	206590	56892	12730
22288	2753	20701	20162	1140		1092	…
569670	331824	2775393	252153	54097	206590	55800	12730
2385642	859807	1708434	2044043	373741	81236	4107230	611129
164284	49755	112859	159619	61018	21898	883114	39776
2221357	810052	1595575	1884424	312723	59338	3224117	571353
2076962	2105865	1402972	1832620	518383	259846	836462	396950
428594	310182	213144	212444	156809	20418	112141	26546
960362	457772	577075	313136	128037	185240	351120	80261
179368	341587	241327	217512	119761	40743	190152	72900

2-B-34 续表 5

行业	合计	杭州市	宁波市	温州市
玻璃制造	575072	207056	46309	11891
玻璃制品制造	2115728	502125	145391	64794
玻璃纤维和玻璃纤维增强塑料制品制造	664605	193857	79017	18792
陶瓷制品制造	567135	162129	77618	71115
耐火材料制品制造	898469	88796	44610	7048
石墨及其他非金属矿物制品制造	598585	98393	81550	25672
黑色金属冶炼和压延加工业	12663163	1905066	2636131	1273623
炼铁	23168	9309	9834	720
炼钢	259930	22737	17750	29203
黑色金属铸造	2308208	399337	571691	258459
钢压延加工	9780234	1390258	2011834	983601
铁合金冶炼	291623	83425	25023	1641
有色金属冶炼和压延加工业	13299184	1480944	2454706	974479
常用有色金属冶炼	1167757	463236	193177	64889
贵金属冶炼	796485	54667	8272	13
稀有稀土金属冶炼	76338	14232	60305	1782
有色金属合金制造	1285195	103398	408576	90844
有色金属铸造	225258	14396	81313	14421
有色金属压延加工	9748151	831016	1703061	802530
金属制品业	24883390	4577042	4799351	2536700
结构性金属制品制造	4797659	1034689	538302	180318
金属工具制造	3123207	703503	621001	240241
集装箱及金属包装容器制造	947541	407034	115479	50797
金属丝绳及其制品制造	1431866	393751	297514	108945
建筑、安全用金属制品制造	5851626	360041	1166336	989941
金属表面处理及热处理加工	2430655	553102	602439	392794
搪瓷制品制造	227069	52609	30146	20638
金属制日用品制造	3077176	107616	905982	212867
其他金属制品制造	2996590	964697	522152	340159

单位：万元

嘉兴市	湖州市	绍兴市	金华市	衢州市	舟山市	台州市	丽水市
50955	71097	127471	16863	14162	3865	24891	512
186098	101790	82287	833645	49116		79855	70627
182323	75865	18918	46746	19471	173	15617	13826
11522	39630	30255	57834	18367	1352	42488	54824
42206	602704	56352	14190	9273	1902	6073	25315
35534	105237	56144	120250	3388	6155	14123	52139
1302373	1264730	920991	945182	307668	11614	539449	1556337
		130	1650	530		996	
47		103984	1182	1317	388	338	82984
154920	293936	117783	80457	47305	7904	301275	75142
1027049	951529	696016	857787	258517	3322	235285	1365036
120357	19265	3078	4106			1554	33175
551126	707443	2887570	2030870	944579	6176	951537	309755
58330		93826	220293	25176	10	40762	8059
		712043		4198		17292	
							19
24619	96735	26549	416037	21339		71499	25598
7370	2140	5788	51034		26	46483	2286
460806	608568	2049365	1343506	893866	6140	775500	273793
1706456	976782	2194168	4467172	386209	88075	1902045	1249389
224194	386294	309722	1126151	181789	12511	73306	730384
143745	20316	122681	919212	9722	5993	183689	153104
60819	18271	124918	85146	32128	2097	44876	5977
68043	103490	79320	97012	1609	…	196989	85193
467202	151007	1218198	512771	107886	39610	743902	94731
349558	64779	75708	140987	14552	18227	179414	39095
11950	12863	38077	17241	32		41706	1807
168625	39099	93711	1336915	22286	2235	110815	77025
212321	180663	131831	231737	16206	7403	327348	62072

2-B-34 续表 6

行业	合计	杭州市	宁波市	温州市
通用设备制造业	35396500	5428876	7822382	5118400
锅炉及原动设备制造	1228021	525097	155283	25886
金属加工机械制造	2894068	471378	590319	289771
物料搬运设备制造	2790313	892120	489935	109479
泵、阀门、压缩机及类似机械制造	9541573	616825	1651811	2608609
轴承、齿轮和传动部件制造	5108640	877058	1316190	327888
烘炉、风机、衡器、包装等设备制造	4389579	847223	659908	399933
文化、办公用机械制造	570099	125726	162656	182491
通用零部件制造	8341488	960488	2672207	1070120
其他通用设备制造业	532720	112961	124074	104223
专用设备制造业	14761100	2176350	3449655	1730775
采矿、冶金、建筑专用设备制造	1309567	178064	134111	213459
化工、木材、非金属加工专用设备制造	5005998	504429	2034961	372331
食品、饮料、烟草及饲料生产专用设备制造	442613	62988	114411	116131
印刷、制药、日化及日用品生产专用设备制造	921415	169803	46594	462225
纺织、服装和皮革加工专用设备制造	2792762	288645	360276	173369
电子和电工机械专用设备制造	476153	127793	86387	83570
农、林、牧、渔专用机械制造	899447	117406	186258	20778
医疗仪器设备及器械制造	733194	215620	232167	61177
环保、社会公共服务及其他专用设备制造	2179952	511601	254490	227734
汽车制造业	13620854	1761431	3667732	2169428
汽车整车制造	372658	81019	50879	520
改装汽车制造	175555	111183	26401	
低速载货汽车制造	68929	68929		
电车制造	4533	1051	1390	
汽车车身、挂车制造	78728	5975	6674	
汽车零部件及配件制造	12920451	1493274	3582389	2168908
铁路、船舶、航空航天和其他运输设备制造业	4997829	491584	791024	472738
铁路运输设备制造	179369	12445	29136	36841

单位：万元

嘉兴市	湖州市	绍兴市	金华市	衢州市	舟山市	台州市	丽水市
3052502	1372949	3881388	1932132	499881	146507	4842452	1299032
94230	80844	105890	110239	17358	8371	53753	51069
290500	61911	370762	259845	36264	7512	355154	160654
360000	496050	180622	100941	14156	9230	114636	23143
250759	109406	231853	163819	114282	26585	3040852	726772
310957	264518	980343	306121	184297	17462	372057	151750
196270	192178	725466	822103	17793	27635	370179	130889
8782	33221	36201	5651			15371	
1509310	106265	1184804	133066	103575	47637	500214	53802
31693	28555	65448	30346	12156	2075	20235	953
877129	513900	2171571	808362	275666	453357	1937560	366775
161737	72316	174812	46247	62516	162943	96522	6841
247801	111402	185293	228022	33441	242651	942243	103424
22764	2906	59097	9014	6922	23019	21744	3617
64698	17214	35723	60834	22229	3416	26500	12178
121676	100492	1000852	166142	13674	6955	435458	125223
31416	17205	53206	56556	2635	2505	9169	5713
16601	53172	82949	103534	25452	2005	262762	28530
48675	30465	44660	25993	7785	7133	54701	4817
161762	108730	534980	112021	101012	2728	88462	76433
511347	478911	990826	659278	148743	58239	2584851	590067
		7308	83460			144344	5129
722	5219			32030			
			1279	688		125	
1174	38479		3803	150		2549	19925
509451	435214	983518	570737	115875	58239	2437833	565014
101024	58992	85300	511399	60380	791485	1535132	98771
9998	704	13286	5463	20254		51243	

2-B-34 续表 7

行 业	合 计	杭州市	宁波市	温州市
城市轨道交通设备制造	3184	1554	1186	
船舶及相关装置制造	1706483	74417	224186	62635
航空、航天器及设备制造	62974	11592	23026	131
摩托车制造	1583244	45089	159173	344612
自行车制造	1281060	315719	322099	25541
非公路休闲车及零配件制造	117402	20455	15653	786
潜水救捞及其他未列明运输设备制造	64113	10313	16565	2191
电气机械和器材制造业	34265909	5158238	9439029	7223834
电机制造	4138711	341468	913393	452792
输配电及控制设备制造	11010706	1300527	1917792	5183593
电线、电缆、光缆及电工器材制造	7258633	1929170	1423611	910714
电池制造	1179803	29887	271615	20283
家用电力器具制造	4904928	518049	2996931	251290
非电力家用器具制造	707582	39441	153831	19614
照明器具制造	4661887	933645	1653195	279356
其他电气机械及器材制造	403659	66053	108661	106190
计算机、通信和其他电子设备制造业	9643339	2216644	2937098	1220970
计算机制造	454411	185233	115202	25141
通信设备制造	1276279	614860	305557	66710
广播电视设备制造	461739	112781	97308	12299
雷达及配套设备制造	123401	1506	119797	1449
视听设备制造	846726	55833	457341	9717
电子器件制造	1239101	376923	308817	118019
电子元件制造	4728397	784414	1421282	951194
其他电子设备制造	513284	85095	111794	36442
仪器仪表制造业	4649000	884519	1013505	1201648
通用仪器仪表制造	2734686	626254	634268	560671
专用仪器仪表制造	658650	194975	229026	80206
钟表与计时仪器制造	105427	13141	37472	22145

单位：万元

嘉兴市	湖州市	绍兴市	金华市	衢州市	舟山市	台州市	丽水市
144							300
22500	20241	32505	6033	487	790340	472802	336
766			12149			15309	
17697	4951	10771	194191	28469		714773	63518
36143	32097	21920	208017	10640	1145	274863	32876
	1000	6317	68825			4344	21
13776		499	16721	530		1797	1721
2173061	2274527	1852150	1713258	1068069	139725	2667014	557005
123919	288663	442552	490982	26060	48704	895922	114256
604784	291121	261693	287237	557604	56458	393894	156003
446345	942781	167802	352204	322029	10460	605927	147590
156662	507939	60916	68135	2845		14728	46794
228052	75671	323523	282119	14519	17511	154357	42907
263154	2291	105231	76871	11209	133	35300	505
334946	155156	447906	148804	128967	4911	531730	43272
15198	10906	42528	6906	4835	1548	35156	5678
962092	373505	634431	730582	105062	131994	251511	79450
93437		12923	17572		71	4832	
221781	5765	23733	2259		9653	18605	7357
76754	8640	32229	6928	20838	83100	10862	
649							
76702	23687	147434	46574	41	28899	499	
123870	56730	99450	66820	29404	2165	38068	18834
342869	203463	245585	555350	42526	7555	145101	29059
26029	75219	73077	35079	12253	551	33545	24200
268999	109566	141593	155333	51922	22170	693270	106476
214564	104082	89728	93657	29781	11675	294829	75178
35044	872	34700	27805	4426	2593	28292	20711
1073	3377	1021	15445	8812	46	2321	573

2-B-34 续表 8

行 业	合 计	杭州市	宁波市	温州市
光学仪器及眼镜制造	1022401	29165	78099	504620
其他仪器仪表制造业	127836	20984	34641	34007
其他制造业	3296741	222778	422030	589073
日用杂品制造	2601277	142852	332671	519733
煤制品制造	314493	2432	36410	1429
核辐射加工	2041	81	1876	
其他未列明制造业	378931	77413	51073	67910
废弃资源综合利用业	2419970	496517	799038	41699
金属废料和碎屑加工处理	1991099	437486	754542	32342
非金属废料和碎屑加工处理	428871	59032	44497	9357
金属制品、机械和设备修理业	520442	25410	82402	22337
金属制品修理	8413	340	5180	150
通用设备修理	35469	10074	11510	3622
专用设备修理	21671	6679	3357	2333
铁路、船舶、航空航天等运输设备修理	390915	499	41696	12749
电气设备修理	30371	5096	11003	920
仪器仪表修理	2845		1867	
其他机械和设备修理业	30759	2721	7789	2562
电力、热力、燃气及水生产和供应业	**15097357**	**2521339**	**2946750**	**1737749**
电力、热力生产和供应业	10916766	837850	2210591	1486412
电力生产	9295282	597232	1945756	1148149
电力供应	991011	61019	7194	334334
热力生产和供应	630473	179600	257641	3929
燃气生产和供应业	2936991	1560273	527804	114603
燃气生产和供应业	2936991	1560273	527804	114603
水的生产和供应业	1243600	123215	208356	136734
自来水生产和供应	765052	42711	166798	85519
污水处理及其再生利用	434879	79713	40345	47134
其他水的处理、利用与分配	43669	792	1212	4082

单位：万元

嘉兴市	湖州市	绍兴市	金华市	衢州市	舟山市	台州市	丽水市
15153	913	12199	10166	8903		353334	9848
3165	322	3945	8259		7855	14494	165
430404	31023	418367	639687	91106	242677	161086	48511
389833	21430	404208	511779	85706	1010	150829	41227
29439		1307	1258	957	240122	1138	
84							
11047	9593	12853	126650	4443	1545	9119	7284
174555	27926	46348	47511	39903	123898	614034	8540
25263	488	23560	7186	9690	120909	575640	3993
149293	27438	22788	40325	30213	2989	38394	4546
7733	7553	17006	2904	2612	317053	31163	4269
893		563				807	480
1190	868	2182	635		4456	932	
3373	274	2581	1556	458	102	889	70
1062	3286	1693			304097	25834	
341	3107	1447	265		4112	360	3719
26					33	919	
848	19	8541	448	2154	4253	1423	
3392693	**862150**	**896083**	**299286**	**213983**	**58183**	**1811697**	**357442**
2947975	635609	555223	155763	169243	22040	1568067	327993
2489838	597574	554505	125622	82466	22040	1406544	325555
404137		718	25499	33131		122540	2439
53999	38035		4642	53645		38983	
243900	141453	203464	53489	27437	8987	47033	8549
243900	141453	203464	53489	27437	8987	47033	8549
200818	85089	137397	90035	17304	27156	196597	20899
94445	52768	69673	66456	11825	10015	145841	19001
105542	32321	66075	21944	5279	5894	28735	1899
831		1650	1634	200	11247	22021	

2-B-34 续表 9

行业	合计	杭州市	宁波市	温州市
建筑业	**18647190**	**6281736**	**2705962**	**1626111**
房屋建筑业	7299286	2603207	814828	435827
房屋建筑业	7299286	2603207	814828	435827
土木工程建筑业	5017970	1233989	627190	621435
铁路、道路、隧道和桥梁工程建筑	2736607	692098	268338	360135
水利和内河港口工程建筑	514255	37915	106823	59951
海洋工程建筑	6991		2358	3063
工矿工程建筑	148159	21713	10853	49796
架线和管道工程建筑	438030	106633	62362	54934
其他土木工程建筑	1173927	375629	176456	93557
建筑安装业	2042261	713409	430680	185765
电气安装	705314	309125	82900	66711
管道和设备安装	480288	155765	116437	63289
其他建筑安装业	856659	248519	231343	55765
建筑装饰和其他建筑业	4287674	1731132	833264	383084
建筑装饰业	2912455	1043206	544927	343543
工程准备活动	731201	384745	101531	30361
提供施工设备服务	106935	61069	9716	874
其他未列明建筑业	537082	242111	177090	8306
批发和零售业	**241980652**	**68931508**	**71980357**	**18428541**
批发业	220252669	64002177	68739574	15114866
农、林、牧产品批发	3180496	1203712	212438	223015
食品、饮料及烟草制品批发	7612652	2114848	1534776	870408
纺织、服装及家庭用品批发	43923460	8955113	6594813	3283508
文化、体育用品及器材批发	5650338	1474580	1750698	526402
医药及医疗器材批发	2188045	1160823	255416	298113
矿产品、建材及化工产品批发	126248186	39867868	51626243	6762518
机械设备、五金产品及电子产品批发	18775257	7038335	4275590	2165051
贸易经纪与代理	5169194	645689	1632317	520721
其他批发业	7505042	1541210	857284	465131

单位：万元

嘉兴市	湖州市	绍兴市	金华市	衢州市	舟山市	台州市	丽水市
947442	**486607**	**1838874**	**1806662**	**637327**	**293704**	**1262875**	**759891**
323382	198038	762153	924819	213849	86659	561478	375047
323382	198038	762153	924819	213849	86659	561478	375047
266437	126493	560182	545215	297110	104049	375379	260491
139432	44098	346573	271117	229147	38759	209279	137630
49100	16064	46121	48161	31768	36052	66264	16036
					1570		
2095	3163	25941	10629	5524	13949	2786	1711
24996	7287	37654	30021	11030	5860	37007	60248
50814	55880	103892	185287	19641	7859	60043	44868
141347	60827	212123	71175	15351	40220	135235	36129
30576	17316	57878	14660	1539	28253	77792	18564
35608	8468	57513	10859	8651	1471	17642	4586
75164	35043	96733	45656	5162	10495	39801	12978
216275	101249	304416	265454	111017	62777	190782	88224
145813	76255	197732	236605	76252	34955	134461	78706
13024	17482	61707	14726	21961	27452	50635	7578
2033	3554	18852	3415	7096	245	41	40
55405	3958	26125	10709	5708	125	5646	1900
12972452	**11915268**	**25720144**	**12641448**	**3702960**	**5334070**	**8311270**	**2042633**
11764476	10962880	23167905	10005047	3175344	5046806	6778841	1494752
505797	173772	321650	277871	168980	3909	39802	49551
429435	321183	635268	627129	191033	391699	320945	175926
3179745	1586253	16554512	2628454	84687	44524	890757	121094
186448	29848	275265	1119882	18983	36586	166037	65608
57874	52612	136073	83579	31305	2991	95703	13556
5748961	5953672	3841785	2196136	2201162	3953341	3482749	613752
1153153	318268	819131	1113197	239711	521250	996524	135048
111320	139410	210689	1338011	56568	52092	325879	136498
391741	2387862	373532	620788	182916	40414	460445	183719

2-B-34 续表 10

行业	合计	杭州市	宁波市	温州市
零售业	21727983	4929331	3240783	3313674
综合零售	731313	164131	103447	90529
食品、饮料及烟草制品专门零售	1430093	284923	144445	228703
纺织、服装及日用品专门零售	1673879	351909	163092	403600
文化、体育用品及器材专门零售	1035358	221234	106135	218120
医药及医疗器材专门零售	1304202	266553	150117	259752
汽车、摩托车、燃料及零配件专门零售	8926282	2105673	1534830	1183651
家用电器及电子产品专门零售	2601435	637390	295577	457657
五金、家具及室内装饰材料专门零售	2094760	618630	343702	265389
货摊、无店铺及其他零售业	1930660	278889	399438	206274
交通运输、仓储和邮政业	**17209816**	**3850168**	**7235018**	**997168**
道路运输业	6838481	2207930	1913970	502412
城市公共交通运输	283628	59262	44995	42424
公路旅客运输	557586	152402	96364	90810
道路货物运输	5008684	1731173	1453076	322250
道路运输辅助活动	988583	265093	319534	46927
水上运输业	2301234	148129	845332	136726
水上旅客运输	91289	9611	1803	7456
水上货物运输	1714650	132310	567365	108883
水上运输辅助活动	495295	6207	276163	20387
航空运输业	23892	12385	…	4097
航空客货运输	1176	1		
通用航空服务	5558	2829		333
航空运输辅助活动	17158	9555	…	3763
管道运输业	16375	16375		
管道运输业	16375	16375		
装卸搬运和运输代理业	6012622	1092337	3700183	276340
装卸搬运	261277	26466	69808	41323
运输代理业	5751345	1065872	3630376	235017

单位：万元

嘉兴市	湖州市	绍兴市	金华市	衢州市	舟山市	台州市	丽水市
1207976	952388	2552239	2636401	527616	287264	1532429	547881
33235	40275	70660	92890	23273	8336	39856	64682
74030	58999	317741	125045	33506	29197	90419	43084
102388	50068	237121	200932	23982	20377	99675	20736
50467	75367	150012	86443	21468	22995	50081	33035
72456	60170	112135	152654	17124	16192	148903	48145
501904	364697	1087304	991758	282791	58550	651289	163834
174992	111139	245855	229293	73199	68510	226088	81736
98490	139213	222641	165154	31785	34316	127865	47574
100013	52459	108770	592232	20487	28789	98253	45054
817649	**501976**	**445555**	**618086**	**344014**	**1378628**	**838238**	**183316**
408877	253081	232465	216461	291253	280967	389698	141370
21290	5199	19842	18630	5259	10492	49283	6952
6141	9497	17422	43512	27972	22738	66141	24586
302275	223873	158903	123607	233048	182219	199732	78527
79171	14512	36298	30711	24973	65518	74542	31305
86980	59971	26987	5398	34	770525	220683	469
5771	115		269	29	60773	5390	72
22940	54778	26381	4040	5	588252	209429	267
58270	5078	606	1089		121501	5864	130
			3183	190	4038		
			848		327		
			2206	190			
			129		3711		
124567	58526	142541	297693	12865	169502	133287	4779
16625	8079	12703	9366	2678	62826	10518	885
107942	50447	129838	288327	10187	106676	122769	3895

2-B-34 续表 11

行业	合计	杭州市	宁波市	温州市
仓储业	1701392	268372	749059	46292
谷物、棉花等农产品仓储	552953	99508	100585	32015
其他仓储业	1148440	168863	648474	14277
邮政业	315819	104640	26474	31302
邮政基本服务	13030	10211	766	78
快递服务	302789	94430	25708	31224
住宿和餐饮业	**3184790**	**996883**	**491389**	**489655**
住宿业	1286026	409432	193821	174074
旅游饭店	637955	213417	95106	52086
一般旅馆	617991	190703	92645	115515
其他住宿业	30080	5312	6070	6473
餐饮业	1898764	587451	297568	315581
正餐服务	1638240	514373	259489	265807
快餐服务	102747	38760	11345	12316
饮料及冷饮服务	60829	20124	10606	10397
其他餐饮业	96948	14193	16127	27062
信息传输、软件和信息技术服务业	**4360745**	**3205645**	**450706**	**166302**
电信、广播电视和卫星传输服务	194561	102182	13666	12523
电信	150926	97935	8229	7985
广播电视传输服务	43634	4247	5437	4538
互联网和相关服务	673642	544075	43621	19324
互联网接入及相关服务	35310	23038	2584	2349
互联网信息服务	600239	492751	40229	15671
其他互联网服务	38092	28286	808	1303
软件和信息技术服务业	3492543	2559389	393418	134456
软件开发	2404114	1839608	265528	82029
信息系统集成服务	503785	342087	72146	19228
信息技术咨询服务	318958	203133	37679	16544

单位：万元

嘉兴市	湖州市	绍兴市	金华市	衢州市	舟山市	台州市	丽水市
169479	124397	19859	44555	35598	151794	69069	22919
113072	46836	9120	26200	33839	21279	47580	22919
56407	77561	10740	18355	1758	130515	21490	
27746	6002	23703	50796	4075	1802	25500	13779
		1556	213			152	54
27746	6002	22147	50583	4075	1802	25348	13725
176290	**143235**	**193328**	**240126**	**46887**	**86586**	**230920**	**89491**
62807	59276	75018	118048	20341	50236	77987	44986
32938	37190	51223	37054	16115	35028	36825	30972
26273	20315	22523	76077	3936	15208	41162	13634
3596	1771	1271	4917	289			380
113483	83959	118310	122078	26547	36351	152933	44505
95003	72740	109311	94674	25727	34246	129233	37636
5900	3134	4020	14820	49	1789	7205	3409
3078	2195	1253	5137	54	79	6214	1693
9501	5890	3726	7446	717	236	10281	1768
106326	**57854**	**119218**	**130219**	**26341**	**18681**	**48207**	**31245**
4041	7912	15253	5474	13266	2346	11234	6664
1655	6293	9249	3110	2100	1380	9212	3779
2386	1619	6004	2364	11166	966	2022	2885
8937	3231	12821	29266	1286	1524	4706	4850
547	1054	3866	1006	198	80	68	521
7779	2177	7295	25801	838	400	3216	4083
611		1660	2460	250	1044	1422	246
93347	46711	91145	95479	11789	14811	32267	19731
35414	37677	51296	56296	7753	5248	13379	9887
26458	2703	15137	4717	1578	8555	7260	3916
19147	2374	8497	21161	1102	223	8348	750

2-B-34 续表 12

行　业	合　计	杭州市	宁波市	温州市
数据处理和存储服务	100623	75976	2545	5171
集成电路设计	46749	33324	5031	455
其他信息技术服务业	118314	65260	10489	11029
房地产业	**4226397**	**1026846**	**809962**	**370458**
房地产业	4226397	1026846	809962	370458
房地产开发经营	1655212	223866	194515	100313
物业管理	1315956	597024	186888	94123
房地产中介服务	610923	169357	85108	162146
其他房地产业	644306	36599	343451	13877
租赁和商务服务业	**24248483**	**10941449**	**4814685**	**2008040**
租赁业	606385	326477	93426	50503
机械设备租赁	586633	317222	90768	48426
文化及日用品出租	19751	9256	2658	2077
商务服务业	23642098	10614972	4721259	1957537
企业管理服务	11714010	5903807	1905076	813923
法律服务	214163	87982	26126	40987
咨询与调查	1894009	749895	362116	284430
广告业	2310692	1249537	288832	217553
知识产权服务	90687	31050	13660	25329
人力资源服务	2322107	511092	1287246	105567
旅行社及相关服务	2018956	984456	301754	166735
安全保护服务	485712	138765	81131	66532
其他商务服务业	2591760	958388	455319	236481
科学研究和技术服务业	**5465947**	**2694617**	**814355**	**393996**
研究和试验发展	484320	165145	109304	32506
自然科学研究和试验发展	25328	3716	8377	1871
工程和技术研究和试验发展	346529	114714	78265	23985
农业科学研究和试验发展	60800	22190	7264	1909
医学研究和试验发展	46243	23974	15191	3566
社会人文科学研究	5419	551	207	1175

单位：万元

嘉兴市	湖州市	绍兴市	金华市	衢州市	舟山市	台州市	丽水市
7818	623	5323	2298	655		32	183
1569	1447	2299	1282	413	111	702	114
2941	1887	8592	9725	289	674	2545	4882
507577	**198572**	**516866**	**298243**	**175565**	**70305**	**189003**	**63000**
507577	198572	516866	298243	175565	70305	189003	63000
232621	149557	292973	151482	161394	52949	73919	21622
105549	37027	132472	71890	8288	13454	53289	15952
36165	10839	36459	70999	4913	2884	21255	10798
133243	1149	54962	3871	969	1018	40540	14627
1302192	**704278**	**1469562**	**1299458**	**353331**	**349356**	**804895**	**201237**
22447	6041	18272	40790	4167	9989	18517	15756
21548	6036	17727	38011	4092	9772	18312	14720
899	5	545	2779	75	217	206	1036
1279745	698237	1451290	1258668	349164	339367	786378	185481
658720	444657	689672	644798	231429	127575	247195	47159
7772	4484	19510	20017	4314	159	2484	330
66594	40842	124384	121909	23991	16143	79179	24528
136309	41310	102665	118860	17375	26269	93422	18560
2848	1022	2368	8614	838	558	4064	337
57396	51748	99838	40135	13335	44973	81485	29293
106777	52407	92452	105329	24096	72910	77279	34762
53052	18838	26422	31326	12966	17761	23509	15412
190277	42929	293980	167682	20821	33021	177761	15101
262262	**141422**	**446821**	**290216**	**80219**	**89216**	**146888**	**105935**
25641	10037	107975	19060	4923	1307	3440	4982
2815	1059	6595	641	254			
19798	7754	82537	11385	3908	1025	2931	227
1875	235	14974	6311	761	262	409	4610
1153	983	408	723			100	145
	6	3460			20		

2-B-34 续表 13

行　业	合　计	杭州市	宁波市	温州市
专业技术服务业	3478247	1555238	548146	314908
气象服务	15239	6656	5925	351
地震服务	32			
海洋服务	8842	6060	623	1145
测绘服务	147561	44820	25489	16131
质检技术服务	335467	98534	93848	29851
环境与生态监测	55377	23388	5845	7124
地质勘查	49602	25799	2197	681
工程技术	2160312	1016447	300499	200208
其他专业技术服务业	705815	333536	113718	59416
科技推广和应用服务业	1503380	974234	156906	46581
技术推广服务	1370783	906094	141278	34080
科技中介服务	74871	32266	8091	6664
其他科技推广和应用服务业	57727	35873	7536	5837
水利、环境和公共设施管理业	**1492784**	**474540**	**186282**	**110531**
水利管理业	92457	11873	9516	4637
防洪除涝设施管理	11715	61	10	220
水资源管理	21197	3694	3493	1494
天然水收集与分配	19288	664	3047	1971
水文服务	411			
其他水利管理业	39847	7454	2966	952
生态保护和环境治理业	195417	78227	29373	23686
生态保护	18943	2080	6288	3024
环境治理业	176475	76147	23086	20661
公共设施管理业	1204910	384441	147392	82209
市政设施管理	253259	45005	20339	11048
环境卫生管理	76652	15879	12052	16384
城乡市容管理	17363	1730	4075	8507
绿化管理	692981	281657	83352	33428
公园和游览景区管理	164655	40170	27574	12842

单位：万元

嘉兴市	湖州市	绍兴市	金华市	衢州市	舟山市	台州市	丽水市
185969	96490	267473	159551	51690	86926	116425	95431
218		35	1089	336		28	600
32							
200			81		464	270	
8731	7695	16887	9406	5049	1895	5076	6382
25128	8226	36003	8267	2162	11159	19493	2795
7258	1894	5545	1213	428	258	2375	50
1723	2180	5395	10404	150		599	474
110790	63932	155897	90735	40353	39513	65180	76759
31890	12563	47710	38357	3212	33637	23404	8371
50652	34894	71374	111605	23606	984	27023	5522
39393	33115	65363	104047	23168	885	17918	5442
9836	1780	2333	4590	134	45	9101	30
1423		3677	2968	304	54	4	50
105190	**163298**	**174397**	**104237**	**27065**	**31582**	**79594**	**36066**
16674	11183	14878	16282	2169	795	1207	3244
623	8890	466	878			438	130
1005	119	1736	8734	137	37	256	491
3918	2174	2347	2642	731	758	264	772
		225		187			
11128		10105	4028	1115		249	1850
16418	7666	13221	4994	6823	3553	3615	7842
	114	437	916	5689	40	271	85
16418	7552	12784	4079	1134	3513	3344	7757
72099	144450	146298	82960	18074	27234	74773	24981
11868	107915	15174	22529	5096	1814	2145	10324
2389	1825	7002	3175	1131	415	15336	1065
858	800	634	292	129	27	178	134
51591	27366	104061	33954	8071	20251	42894	6355
5393	6544	19426	23010	3647	4727	14219	7103

2-B-34 续表 14

行业	合计	杭州市	宁波市	温州市
居民服务、修理和其他服务业	**1626589**	**425514**	**251255**	**300271**
居民服务业	486304	101678	82501	104104
家庭服务	39169	14457	7965	3992
托儿所服务	371	15	20	304
洗染服务	42887	12437	10832	7757
理发及美容服务	75055	18459	5944	19718
洗浴服务	65405	9050	14879	12126
保健服务	91303	9504	11913	27383
婚姻服务	22383	6060	1249	6587
殡葬服务	83774	23449	19375	11573
其他居民服务业	65957	8247	10325	14663
机动车、电子产品和日用产品修理业	896178	264883	133762	149844
汽车、摩托车修理与维护	730439	187456	107275	128659
计算机和办公设备维修	54308	24189	5722	9918
家用电器修理	89530	39509	19106	9334
其他日用产品修理业	21900	13729	1659	1933
其他服务业	244107	58954	34992	46323
清洁服务	183187	46728	25008	30806
其他未列明服务业	60920	12225	9983	15517
卫生和社会工作	**10980**	**4530**	**966**	**1729**
社会工作	10980	4530	966	1729
提供住宿社会工作	4744	305	635	1404
不提供住宿社会工作	6235	4225	331	326
文化、体育和娱乐业	**2251351**	**533042**	**207279**	**264016**
新闻和出版业	208250	155254	7359	9013
新闻业	1465	716		316
出版业	206785	154538	7359	8698

单位：万元

嘉兴市	湖州市	绍兴市	金华市	衢州市	舟山市	台州市	丽水市
87273	**48654**	**125804**	**152991**	**27438**	**36140**	**147093**	**24155**
18954	12917	32598	50693	2615	8197	63784	8263
2379	1133	872	2608	373	455	3887	1049
		30			2		
418	494	2678	3557	816	1681	1993	223
801	594	2553	11346	153	847	14166	475
5373	5752	4029	3892	200	105	8926	1074
3230	2152	3460	16233	210	635	15645	938
404	128	440	5134	121	400	1756	103
4529	2628	8233	2299	512	3636	6798	740
1820	35	10302	5623	231	436	10613	3661
54962	32445	74176	74761	14238	17304	68812	10990
45083	27051	65750	65615	12253	16429	64614	10254
1521	3396	4448	2623	537	216	1527	212
7002	1996	3185	5002	778	658	2631	329
1357	2	793	1521	671		40	195
13357	3292	19030	27537	10584	10639	14496	4902
10853	2959	16106	20376	5308	9343	12134	3564
2503	333	2924	7161	5276	1296	2362	1338
87	**2243**	**657**		**212**	**...**	**553**	**1**
87	2243	657		212	...	553	1
40	2167	21		171			1
47	76	636		41	...	553	
214668	**47831**	**134631**	**629958**	**21737**	**20878**	**137399**	**39912**
430	547	24554	9759	264	126	257	686
			169	264			
430	547	24554	9590		126	257	686

2-B-34 续表 15

行业	合计	杭州市	宁波市	温州市
广播、电视、电影和影视录音制作业	1016328	191595	46257	39582
广播	4052	36		1654
电视	203653	43244	3	441
电影和影视节目制作	574128	61777	9916	2187
电影和影视节目发行	21548	19486	1190	448
电影放映	209988	64971	34291	34840
录音制作	2959	2080	856	12
文化艺术业	112471	33747	22091	13807
文艺创作与表演	50950	16362	7866	5642
艺术表演场馆	9230	944	4481	333
图书馆与档案馆	5916	2180	321	1448
文物及非物质文化遗产保护	3308	800	557	50
博物馆	5980	431	424	563
烈士陵园、纪念馆	340			
群众文化活动	7576	2031	132	3090
其他文化艺术业	29171	10998	8309	2682
体育	108600	29931	16637	19826
体育组织	18279	4428	3493	117
体育场馆	6087	1200	420	1609
休闲健身活动	73519	19635	11988	17508
其他体育	10716	4668	736	592
娱乐业	805702	122515	114934	181788
室内娱乐活动	742838	109750	105408	169452
游乐园	12931	1274	441	1874
彩票活动	347			127
文化、娱乐、体育经纪代理	30141	6312	6586	5836
其他娱乐业	19445	5180	2500	4500

单位：万元

嘉兴市	湖州市	绍兴市	金华市	衢州市	舟山市	台州市	丽水市
150875	8163	27703	525396	3610	4194	13058	5894
			2260	100		2	
2303		423	156157	246	37		800
134194	425	6559	356221	360		331	2158
		241				35	147
14369	7738	20480	10758	2905	4157	12690	2789
10					1		
6446	2808	11918	8561	128	636	5419	6909
3283	1916	4909	1491	52	521	3871	5037
1130		967	304			565	506
772	222	390	260			226	97
902		473	261	4		262	
	91	450	4000		6	15	
			340				
139	367	1195	330		80	195	17
219	213	3534	1575	73	29	286	1253
17736	3745	7148	3521	816	1246	6233	1761
10234						7	
891	1		28			1937	
5490	3699	4733	3101	816	934	4049	1566
1121	45	2415	392		311	240	195
39181	32567	63307	82721	16918	14676	112432	24662
32140	26996	57223	77430	16742	14300	110775	22623
90	562	3030	3589	14	64	889	1104
		220					
6691	1434	1510	933	30		138	672
260	3575	1324	769	132	312	629	264

2-B-35 按行业中类、登记注册

行业	合计	内资	国有	集体	股份合作企业	联营企业
总计	**1390176333**	**1267308832**	**13785489**	**13910041**	**8364344**	**181540**
农、林、牧、渔业	**519919**	**507774**	**9442**	**26560**	**3373**	**65**
农业	17530	17530	1263		396	
谷物种植	572	572				
蔬菜、食用菌及园艺作物种植	3575	3575	249			
水果种植	3652	3652	1014		396	
坚果、含油果、香料和饮料作物种植	3728	3728				
中药材种植	5891	5891				
其他农业	112	112				
林业	992	992				
林木育种和育苗	992	992				
畜牧业	11710	8961	5	500		
牲畜饲养	8865	6374				
家禽饲养	1060	802	5			
其他畜牧业	1785	1785		500		
渔业	3957	3957				
水产养殖	3957	3957				
农、林、牧、渔服务业	485729	476334	8174	26060	2977	65
农业服务业	438708	429312	2251	25541	2917	
林业服务业	27732	27732	5194	11		65
畜牧服务业	10590	10590	460	20		
渔业服务业	8699	8699	268	488	61	
采矿业	**2434160**	**2327363**	**15839**	**34268**	**4492**	**79**
煤炭开采和洗选业	22913	22913				
烟煤和无烟煤开采洗选	18217	18217				
褐煤开采洗选	3284	3284				
其他煤炭采选	1412	1412				

类型分组的小微企业资产总计

单位：万元

国有联营	集体联营	国有与集体联营	其他联营	有限责任公司	国有独资公司	其他有限责任公司	股份有限公司	私营企业	私营独资
30725	**40040**	**65833**	**44942**	**596843666**	**210717481**	**386126185**	**36049967**	**593620475**	**28567332**
			65	**150034**	**107860**	**42174**	**674**	**186699**	**5509**
				1564		1564		12369	662
								25	
				1529		1529		1298	246
								1835	100
								3293	316
				35		35		5806	
								112	
								992	392
								992	392
								7723	483
								5824	360
								723	123
								1175	
								3580	169
								3580	169
			65	148470	107860	40610	674	162036	3803
				138728	107860	30868	674	144770	2735
			65	9160		9160		9104	147
				31		31		4482	283
				551		551		3680	637
			79	**588150**	**36419**	**551732**	**10905**	**1666028**	**129011**
				500		500		22334	373
								18139	253
				500		500		2784	
								1412	120

2-B-35 续表 1

行业	合计	内资	国有	集体	股份合作企业	联营企业
黑色金属矿采选业	50304	47904	1636	2080		
铁矿采选	50304	47904	1636	2080		
其他黑色金属矿采选	…	…				
有色金属矿采选业	214119	214119	4000	1797	2000	
常用有色金属矿采选	113826	113826		1797	2000	
贵金属矿采选	13952	13952	4000			
稀有稀土金属矿采选	86341	86341				
非金属矿采选业	2123709	2019312	10053	30191	2492	79
土砂石开采	2011891	1907495	10053	26295	2442	79
化学矿开采	13692	13692		1079		
采盐	2182	2182		820		
石棉及其他非金属矿采选	95944	95944		1997	50	
开采辅助活动	2019	2019		200		
石油和天然气开采辅助活动	1150	1150				
其他开采辅助活动	869	869		200		
其他采矿业	21097	21097	150			
其他采矿业	21097	21097	150			
制造业	**399313725**	**324538008**	**546289**	**903998**	**7027235**	**30261**
农副食品加工业	6951806	6040169	26850	16817	80834	250
谷物磨制	392533	356621	3864	3522	13180	
饲料加工	1164504	1099729	647	116	3535	
植物油加工	347811	312589	158	156	207	
制糖业	11309	11309				
屠宰及肉类加工	771125	648920	7926	1408	8442	
水产品加工	2447750	2012028	12291	2973	52688	
蔬菜、水果和坚果加工	1346047	1246701	991	7819	2358	
其他农副食品加工	470727	352272	973	822	425	250
食品制造业	3421075	2314592	15807	4437	31350	135

单位：万元

国有联营	集体联营	国有与集体联营	其他联营	有限责任公司	国有独资公司	其他有限责任公司	股份有限公司	私营企业	私营独资
				19110		19110		25079	
				19110		19110		25079	
								…	
				41951		41951	5859	158506	5740
				41632		41632	5859	62532	5572
								9952	
				319		319		86022	168
			79	521611	36419	485192	5046	1442322	122328
			79	516289	36419	479871	5026	1339792	107570
								12613	11783
								1362	
				5321		5321	20	88555	2975
								1819	
								1150	
								669	
				4979		4979		15968	570
				4979		4979		15968	570
6399	**16436**	**425**	**7002**	**47159774**	**3206741**	**43953033**	**6679762**	**261843370**	**23433906**
100			150	658304	43675	614629	220082	4950309	306291
				86450	24878	61572	14253	229698	21761
				126827		126827	71693	895727	13064
				19245		19245	74652	212574	3603
								10503	1609
				109782	18797	90985	12999	504633	29533
				163055		163055	35440	1741402	70909
				127073		127073	11044	1036452	113604
100			150	25872		25872		319320	52209
			135	353672	2062	351610	39739	1860077	85242

2-B-35 续表 2

行业	合计	内资	国有	集体	股份合作企业	联营企业
焙烤食品制造	353811	278744		17	1330	
糖果、巧克力及蜜饯制造	225595	129737		349	1890	
方便食品制造	467307	255754	1950		2275	
乳制品制造	111010	89409	13529	145	10	
罐头食品制造	369878	292024		2110	2597	135
调味品、发酵制品制造	366022	240767	3	1683	496	
其他食品制造	1527452	1028156	325	134	22752	
酒、饮料和精制茶制造业	3035976	2085787	92848	8759	21618	6249
酒的制造	902378	605516	7174	3431	16754	6249
饮料制造	1004815	399710	5808	78	1621	
精制茶加工	1128782	1080561	79866	5250	3243	
烟草制品业	2262522	2243709			1375	
卷烟制造	2242234	2242234				
其他烟草制品制造	20288	1475			1375	
纺织业	39593566	31246583	917	118665	194839	
棉纺织及印染精加工	15901822	13166089		82266	78161	
毛纺织及染整精加工	1867507	1370155		1157	14686	
麻纺织及染整精加工	169755	101263			527	
丝绢纺织及印染精加工	2342995	1880029	809	3521	18228	
化纤织造及印染精加工	4697166	3134415		1615	13697	
针织或钩针编织物及其制品制造	7933458	6473810		26137	25562	
家用纺织制成品制造	3556717	2673336	108	2466	7512	
非家用纺织制成品制造	3124144	2447485		1503	36466	
纺织服装、服饰业	18345261	13910038	46977	27522	99081	411
机织服装制造	9635274	7041396	39821	19530	31881	10
针织或钩针编织服装制造	5405753	4171354	7157	1022	52740	401
服饰制造	3304235	2697288		6970	14461	
皮革、毛皮、羽毛及其制品和制鞋业	8880043	7401111	1479	2879	164241	

单位：万元

国有联营	集体联营	国有与集体联营	其他联营	有限责任公司	国有独资公司	其他有限责任公司	股份有限公司	私营企业	私营独资
				29641		29641	62	247388	21209
				13052		13052		113717	6829
				20245		20245	1	227640	15376
				3409		3409		72315	1961
			135	39474		39474		245470	13303
				93455		93455		144795	6255
				154396	2062	152334	39676	808752	20309
6249				337190	3310	333880	49137	1522557	163866
6249				81674	2642	79031	25924	463435	37178
				83541	668	82873	17033	291191	12758
				171976		171976	6180	767931	113930
				2242234	2242234			100	
				2242234	2242234				
								100	
				1909269	19095	1890174	204842	28803080	2079368
				775869		775869	30278	12195872	884356
				79953		79953	27377	1244062	80284
				7314		7314		93383	6686
				129482	9208	120274	67109	1660568	124297
				102534		102534	6972	3008445	262243
				267928	9887	258040	19700	6130201	341592
				257470		257470	15264	2388754	170582
				288719		288719	38142	2081795	209327
			411	1318428	230588	1087840	111183	12290766	1641784
			10	564220	58871	505349	71865	6306597	905766
			401	578609	113888	464721	16853	3511609	351948
				175598	57829	117770	22465	2472559	384071
				505422		505422	32821	6689398	685447

2-B-35 续表 3

行业	合计	内资				
			国有	集体	股份合作企业	联营企业
皮革鞣制加工	838852	596584		147	38132	
皮革制品制造	2620036	2068895	1479	445	23031	
毛皮鞣制及制品加工	586672	513145		874	54	
羽毛(绒)加工及制品制造	861030	529935			10	
制鞋业	3973453	3692553		1413	103014	
木材加工和木、竹、藤、棕、草制品业	4241358	3646725	1143	6880	14905	159
木材加工	430274	391310	1143	1819	3623	85
人造板制造	1149179	945729		1178	460	
木制品制造	1853424	1597236		3084	6766	74
竹、藤、棕、草等制品制造	808481	712451		799	4056	
家具制造业	5505129	4142030		3926	15167	
木质家具制造	2711258	2154835		3906	8177	
竹、藤家具制造	141231	79071				
金属家具制造	1501523	1151760			5504	
塑料家具制造	245760	215481			1418	
其他家具制造	905357	540884		20	68	
造纸和纸制品业	9822042	8420824		11538	137391	4231
纸浆制造	16453	12791				
造纸	4885588	4116160		2770	32240	
纸制品制造	4920001	4291873		8768	105151	4231
印刷和记录媒介复制业	6874264	6295529	18935	22226	155952	
印刷	6601403	6042826	15175	21960	149712	
装订及印刷相关服务	235183	215025	3760	266	6240	
记录媒介复制	37678	37678				
文教、工美、体育和娱乐用品制造业	11966347	9844205	3216	12526	102084	112
文教办公用品制造	1911477	1565318	217	842	9015	
乐器制造	197730	132081		1965	678	
工艺美术品制造	7033925	5916259	2999	7111	75196	112

单位：万元

国有联营	集体联营	国有与集体联营	其他联营	有限责任公司	国有独资公司	其他有限责任公司	股份有限公司	私营企业	私营独资
				49963		49963		508314	10926
				152655		152655	32051	1858185	180047
				6070		6070	442	505690	42494
				28753		28753		501172	59640
				267981		267981	328	3316037	392340
	159			184197		184197	72575	3350475	475912
	85			2575		2575	42	380211	94178
				106843		106843	66373	770805	70747
	74			37137		37137	147	1548660	165086
				37641		37641	6012	650800	145901
				255397		255397	30255	3832538	295551
				164780		164780	30255	1945095	168742
								77061	8524
				29895		29895		1116328	81348
				35823		35823		178240	14555
				24899		24899		515814	22383
		75	4156	888353		888353	62212	7312396	700888
				15		15		12776	6608
				472923		472923	19162	3588997	147266
		75	4156	415414		415414	43050	3710623	547015
				655666	6768	648898	52985	5385093	779330
				640762	6768	633994	52750	5157850	738536
				9924		9924	235	194545	38527
				4980		4980		32698	2267
	112			599667	32480	567188	25765	9083472	1235752
				90746	5000	85746	1692	1460316	165808
				8499		8499		120939	5793
	112			416395	27480	388915	16779	5385515	799907

2-B-35 续表 4

行　业	合 计	内 资	国 有	集 体	股份合作企 业	联营企业
体育用品制造	1408963	1081293		922	2164	
玩具制造	1022621	824766		1685	13786	
游艺器材及娱乐用品制造	391630	324489			1245	
石油加工、炼焦和核燃料加工业	2243110	1939693		35	11307	
精炼石油产品制造	2241248	1937832		35	11307	
炼焦	1362	1362				
核燃料加工	500	500				
化学原料和化学制品制造业	24628754	14912112	18585	20537	168202	523
基础化学原料制造	6360736	3055931		6492	28778	
肥料制造	240189	206542	3000	405	674	
农药制造	643672	581807	379	1440	36754	
涂料、油墨、颜料及类似产品制造	3011763	2146190		1465	31974	75
合成材料制造	7190448	3507993		1149	29552	
专用化学产品制造	5826199	4397032	14878	9084	33353	127
炸药、火工及焰火产品制造	78498	78498			420	
日用化学产品制造	1277249	938119	327	502	6698	321
医药制造业	5466604	3740709	1109	154	31359	
化学药品原料药制造	1717667	1278220			14455	
化学药品制剂制造	1303960	562579	1109		2908	
中药饮片加工	291465	237720		154	268	
中成药生产	664953	520746				
兽用药品制造	183652	172268			7766	
生物药品制造	735646	491200			681	
卫生材料及医药用品制造	569262	477976			5281	
化学纤维制造业	7264895	5156628	4678		19994	
纤维素纤维原料及纤维制造	303444	139161	4244			
合成纤维制造	6961451	5017467	434		19994	
橡胶和塑料制品业	23682042	19714534	109612	30368	502145	684

单位：万元

国有联营	集体联营	国有与集体联营	其他联营	有限责任公司	国有独资公司	其他有限责任公司	股份有限公司	私营企业	私营独资
				21733		21733	5594	1050718	118522
				28918		28918	1200	776667	128687
				33378		33378	500	289317	17036
				1201056		1201056		727295	16148
				1201056		1201056		725434	16148
								1362	
								500	
	473	50		3085168	73333	3011834	783202	10832456	511067
				743872		743872	212162	2063160	105650
				39045		39045	638	162287	17670
				155418		155418	33644	354163	1112
	25	50		376417		376417	53648	1682497	105835
				674326	42456	631870	100816	2702119	45452
	127			950928	29757	921172	322777	3065705	204735
				61289	60	61229		16789	841
	321			83874	1061	82813	59518	785737	29772
				1344727	125	1344602	177691	2184611	25100
				439238		439238	31921	792607	1403
				242636		242636	55355	260571	1436
				82695		82695		153744	1631
				301277		301277	16288	202980	4553
				62372		62372		102129	2571
				174462		174462	62199	253859	3395
				42046	125	41921	11928	418722	10111
				707526	11510	696015	64970	4359025	109825
				119		119		134713	5639
				707407	11510	695897	64970	4224312	104186
	424		260	2155374	11724	2143650	249849	16655321	2017236

2-B-35 续表 5

行业	合计	内资	国有	集体	股份合作企业	联营企业
橡胶制品业	3131377	2520609	109612	11709	69509	
塑料制品业	20550665	17193925		18659	432636	684
非金属矿物制品业	20314313	17500051	20945	95236	152645	2696
水泥、石灰和石膏制造	2606541	2505927	11590	16600	2405	670
石膏、水泥制品及类似制品制造	8076053	7370827	690	13468	7554	
砖瓦、石材等建筑材料制造	2788647	2535411	8623	46487	109010	2026
玻璃制造	1579123	930356		450	863	
玻璃制品制造	2108309	1612969		1745	3915	
玻璃纤维和玻璃纤维增强塑料制品制造	925945	641192		782	8536	
陶瓷制品制造	644002	543604	41	3076	4592	
耐火材料制品制造	876443	745499		10013	12160	
石墨及其他非金属矿物制品制造	709249	614266		2616	3611	
黑色金属冶炼和压延加工业	10008180	8311826	…	35369	175292	7200
炼铁	39427	22370			1380	
炼钢	200576	112050	…			
黑色金属铸造	2119910	1964239		7428	91492	
钢压延加工	7464018	6042684		27941	79893	7200
铁合金冶炼	184250	170483			2527	
有色金属冶炼和压延加工业	9139117	7770463		10816	70316	
常用有色金属冶炼	1115339	831713		522	14169	
贵金属冶炼	269965	246978				
稀有稀土金属冶炼	95193	61777				
有色金属合金制造	1086445	988612			4518	
有色金属铸造	266363	242743		70	3046	
有色金属压延加工	6305812	5398639		10225	48584	
金属制品业	24303323	21591267	7776	106739	249884	258
结构性金属制品制造	5125901	4738349		2925	10334	

单位：万元

国有联营	集体联营	国有与集体联营	其他联营	有限责任公司	国有独资公司	其他有限责任公司	股份有限公司	私营企业	私营独资
				223692		223692	8827	2096626	254919
	424		260	1931681	11724	1919958	241022	14558695	1762317
50	1976		670	4446700	285349	4161352	419794	12349320	771737
			670	1204029	90735	1113293	175783	1094768	34723
				2158437	194448	1963989	33031	5155589	126212
50	1976			304933	165	304768	56782	2003409	304309
				328122		328122		600708	8337
				173420		173420	60019	1372149	77070
				52253		52253	21352	556201	49501
				103001		103001	62161	369056	33146
				49383		49383	125	673819	76579
				73123		73123	10541	523620	61860
	7200			1287577		1287577	39341	6764613	406576
								20990	5181
								112050	7398
				270999		270999	6481	1585784	217606
	7200			1006929		1006929	32860	4887482	175138
				9649		9649		158307	1252
				1223457		1223457	224236	6239795	273619
				112837		112837	30	704156	15041
				105371		105371		141607	255
				5378		5378		56400	23
				128370		128370	44774	810650	22159
				38176		38176		201342	47524
				833325		833325	179432	4325640	188617
	248		10	1958199	149583	1808617	111036	19141652	2010641
				415780	148114	267667	4970	4303306	182031

2-B-35 续表 6

行业	合计	内资	国有	集体	股份合作企业	联营企业
金属工具制造	3074378	2617520	2518	3305	9300	248
集装箱及金属包装容器制造	1198374	936449	1115	4176	21231	
金属丝绳及其制品制造	1016353	949963		305	9670	
建筑、安全用金属制品制造	5267270	4601133		10011	73821	10
金属表面处理及热处理加工	2150685	2018618	20	15345	79987	
搪瓷制品制造	188432	158404			1722	
金属制日用品制造	3317038	2898940		6138	15096	
其他金属制品制造	2964893	2671892	4123	64534	28723	
通用设备制造业	40553031	33596014	27186	72814	557800	5020
锅炉及原动设备制造	1918005	1480333	3407	2540	13713	1606
金属加工机械制造	3401804	2697676	234	9592	35962	300
物料搬运设备制造	3299173	2554244	4500	685	20207	
泵、阀门、压缩机及类似机械制造	9330564	7806677	3192	14669	190587	
轴承、齿轮和传动部件制造	6519180	5474099	2327	5249	80512	
烘炉、风机、衡器、包装等设备制造	5409654	4382466	12358	1326	56956	
文化、办公用机械制造	633008	486158	36	101	3776	33
通用零部件制造	8205081	6959124	1132	37060	143977	3070
其他通用设备制造业	1836563	1755238		1592	12111	11
专用设备制造业	19714418	15921868	59207	56177	240208	1017
采矿、冶金、建筑专用设备制造	2106845	1716365	19153	639	38244	
化工、木材、非金属加工专用设备制造	6442559	4831965	175	2742	77312	
食品、饮料、烟草及饲料生产专用设备制造	527359	442763		2358	26843	
印刷、制药、日化及日用品生产专用设备制造	967491	776500		2026	11447	
纺织、服装和皮革加工专用设备制造	3408820	2903200		36006	49591	1017
电子和电工机械专用设备制造	687902	556426	24193	221	3107	
农、林、牧、渔专用机械制造	993809	878781	10	942	13185	
医疗仪器设备及器械制造	1085272	843850		9390	7494	
环保、社会公共服务及其他专用设备制造	3494361	2972017	15676	1854	12985	

单位：万元

国有联营	集体联营	国有与集体联营	其他联营	有限责任公司	国有独资公司	其他有限责任公司	股份有限公司	私营企业	私营独资
	248			135647		135647	36843	2426753	352523
				190894		190894	550	718066	33359
				260140		260140	100	679529	66116
			10	423098	1469	421629	32851	4055973	458979
				137513		137513	8453	1774926	325926
				2135		2135		154504	17246
				67393		67393	6617	2802217	264783
				325598		325598	20652	2226380	309677
	4320	300	400	3921237	47462	3873774	593760	28392727	2822574
	1606			307886	13552	294333	28668	1122508	45769
		300		215381		215381	57342	2377633	231502
				291617		291617	23996	2211657	115450
				1290643	21879	1268765	137406	6164491	449862
				835554		835554	28571	4520779	478569
				466004	12031	453972	257036	3583520	216094
			33	106943		106943		375110	14175
	2714		356	356313		356313	42511	6365069	1238297
			11	50895		50895	18230	1671960	32856
	1017			1985695	1728	1983967	482120	13089505	1003503
				492732		492732	340	1165246	57857
				401950	1728	400222	158520	4186156	434125
				17043		17043	14605	381525	28414
				118420		118420	10991	633066	32216
	1017			313252		313252	105808	2395852	233411
				59212		59212	10036	459657	21399
				119489		119489	1966	743048	101974
				79615		79615	71976	675350	30171
				383981		383981	107879	2449604	63936

2-B-35 续表 7

行业	合计					
		内资				
			国有	集体	股份合作企业	联营企业
汽车制造业	18866037	15513486	1009	3248	3137000	340
汽车整车制造	857302	753625			5396	
改装汽车制造	172953	120648				
低速载货汽车制造	34121	34121				
电车制造	15964	8235				
汽车车身、挂车制造	80975	48836				
汽车零部件及配件制造	17704722	14548022	1009	3248	3131604	340
铁路、船舶、航空航天和其他运输设备制造业	7329753	6657343	62909	11243	96704	
铁路运输设备制造	382927	376059	2121	822	7913	
城市轨道交通设备制造	2160	2160				
船舶及相关装置制造	3604720	3356723	60789	3395	28246	
航空、航天器及设备制造	126195	125745		133	479	
摩托车制造	1587200	1529395		590	51361	
自行车制造	1373645	1066286		6304	8300	
非公路休闲车及零配件制造	190908	153954			52	
潜水救捞及其他未列明运输设备制造	61998	47021			353	
电气机械和器材制造业	39559880	33743606	5194	199771	340419	62
电机制造	4349107	3782787	201	3375	39249	
输配电及控制设备制造	14406978	12951210	1373	103054	140630	10
电线、电缆、光缆及电工器材制造	6489486	5503519		13170	47001	52
电池制造	1709761	1210621	1949	1667	9428	
家用电力器具制造	5329830	4428217	1536	63966	41159	
非电力家用器具制造	886340	788668			1736	
照明器具制造	5890778	4651453	134	14386	49126	
其他电气机械及器材制造	497600	427130		153	12091	
计算机、通信和其他电子设备制造业	11995279	9062371	899	10630	52692	

单位：万元

国有联营	集体联营	国有与集体联营	其他联营	有限责任公司	国有独资公司	其他有限责任公司	股份有限公司	私营企业	私营独资
	30		310	2142373	8839	2133534	471511	9753497	832407
				350042	4396	345645	3683	394504	
				63081		63081		57566	188
				34121		34121			
				1280		1280		6955	59
								48836	106
	30		310	1693849	4442	1689407	467828	9245637	832054
				1402694		1402694	35697	5044403	216522
				61161		61161	2800	301243	8187
								2160	
				829627		829627		2434666	35880
				47838		47838		77295	3356
				380291		380291	9614	1086530	103003
				67356		67356	23283	958380	51080
				16421		16421		137461	5906
								46668	9110
	62			6181225	12304	6168921	1144578	25860003	3027006
				793493		793493	197052	2747848	206108
	10			2342062		2342062	657957	9704888	2061280
	52			1992788		1992788	81934	3367045	181121
				148171		148171	31854	1017521	12453
				401331		401331	94244	3822033	245327
				30912		30912	2430	752796	56064
				446774	12304	434470	71571	4066727	247947
				25694		25694	7535	381145	16708
				1796138	17427	1778710	742070	6452132	366455

2-B-35 续表 8

行业	合计	内资	国有	集体	股份合作企业	联营企业
计算机制造	577595	374492		268	240	
通信设备制造	1825768	1452618		720	6394	
广播电视设备制造	374656	281138			2474	
雷达及配套设备制造	235132	2219				
视听设备制造	946122	771431		450	1660	
电子器件制造	1792987	1121183		2388	7767	
电子元件制造	5470867	4495436	642	6806	33885	
其他电子设备制造	772152	563855	257		272	
仪器仪表制造业	5501493	4696042	11511	8826	150782	710
通用仪器仪表制造	3165972	2676375	2906	3409	90390	
专用仪器仪表制造	1056302	948037	1337	929	20003	710
钟表与计时仪器制造	116870	87902	192	303	4170	
光学仪器及眼镜制造	1043448	873011	7076	5	32996	
其他仪器仪表制造业	118902	110717		4181	3223	
其他制造业	5672498	5379071	458	1636	29318	
日用杂品制造	4379362	4131222	150	1305	25031	
煤制品制造	878850	878842			67	
核辐射加工	6714	6714				
其他未列明制造业	407573	362292	308	330	4220	
废弃资源综合利用业	1344413	1158278	1535	167	6742	
金属废料和碎屑加工处理	907183	738105	1430	110	3439	
非金属废料和碎屑加工处理	437229	420173	105	57	3303	
金属制品、机械和设备修理业	827196	581344	5503	4059	15586	205
金属制品修理	10548	7160		50	25	
通用设备修理	39632	37408	840	4		
专用设备修理	24742	19418	769	486	179	
铁路、船舶、航空航天等运输设备修理	694682	460948	3893	2275	15080	

单位：万元

国有联营	集体联营	国有与集体联营	其他联营	有限责任公司	国有独资公司	其他有限责任公司	股份有限公司	私营企业	私营独资
				89559	13359	76200	80929	203497	3446
				485745		485745	25631	930425	26434
				37513		37513	8928	232224	13364
								2219	
				193682		193682	121092	454527	81014
				208163	4069	204094	24044	877802	17048
				657651		657651	426686	3366718	212655
				123824		123824	54761	384720	12494
	210		500	1071101		1071101	147677	3303789	268413
				530768		530768	144456	1904385	111662
	210		500	375122		375122	2821	546925	48074
				16736		16736	3	66477	15002
				142956		142956	397	688253	80017
				5519		5519		97749	13657
				1043596	7072	1036523	29964	4271982	228027
				158186	6876	151310	23678	3922261	194530
				856343		856343	200	22226	2530
								6714	5
				29066	196	28870	6086	320781	30962
				238380	74	238306	57104	854221	32621
				139239	74	139165	57089	536768	11485
				99141		99141	15	317452	21136
	205			59757		59757	3569	486762	45000
								7060	1709
				8676		8676		27288	1344
				890		890		16415	2697
				35703		35703	3469	395946	32295

2-B-35 续表 9

行业	合计	内资	国有	集体	股份合作企业	联营企业
电气设备修理	36840	36790		1063	199	
仪器仪表修理	1167	224				
其他机械和设备修理业	19586	19397		180	104	205
电力、热力、燃气及水生产和供应业	**38850487**	**33469616**	**1563418**	**455955**	**88264**	**8713**
电力、热力生产和供应业	26735691	22269685	1072397	123983	71539	4332
电力生产	25146632	20908627	740992	110685	71045	4056
电力供应	460466	439469	312298	13298	494	276
热力生产和供应	1128594	921590	19106			
燃气生产和供应业	2961964	2458314	73667	10347	635	
燃气生产和供应业	2961964	2458314	73667	10347	635	
水的生产和供应业	9152833	8741617	417355	321625	16090	4381
自来水生产和供应	6161466	6099225	342381	296804	4408	4381
污水处理及其再生利用	2878385	2529761	74974	24048	300	
其他水的处理、利用与分配	112982	112632		773	11382	
建筑业	**21928089**	**21356300**	**216041**	**235764**	**24017**	**2459**
房屋建筑业	5223002	5039192	11438	51488	8320	2218
房屋建筑业	5223002	5039192	11438	51488	8320	2218
土木工程建筑业	9978235	9650979	192646	106112	3987	
铁路、道路、隧道和桥梁工程建筑	5039510	4807894	59626	37027	3816	
水利和内河港口工程建筑	1571708	1541816	100698	20141	69	
海洋工程建筑	556580	510286				
工矿工程建筑	197125	184285	304	170	60	
架线和管道工程建筑	969302	969041	15103	32694		
其他土木工程建筑	1644010	1637657	16914	16080	42	
建筑安装业	2377796	2327676	3622	58339	1907	
电气安装	709895	706077	205	27916	486	
管道和设备安装	604727	582467	2711	19244	382	
其他建筑安装业	1063174	1039132	706	11179	1040	

单位：万元

国有联营	集体联营	国有与集体联营	其他联营	有限责任公司	国有独资公司	其他有限责任公司	股份有限公司	私营企业	私营独资
				11728		11728	100	23701	3479
								224	15
	205			2760		2760		16128	3460
2353	**5696**	**576**	**89**	**26370250**	**4196741**	**22173509**	**942616**	**4033725**	**118474**
265	3902	76	89	18319687	1504967	16814721	112187	2559352	77459
	3902	65	89	17559120	1504967	16054154	85597	2330923	77459
265		11		110983		110983	15	2104	
				649584		649584	26575	226325	
				1098555	162800	935756	535511	739598	3734
				1098555	162800	935756	535511	739598	3734
2087	1794	500		6952007	2528975	4423032	294918	734775	37280
2087	1794	500		4975575	1913701	3061874	294918	180328	19604
				1922220	615274	1306947		508218	2922
				54212		54212		46229	14754
	191		**2268**	**5482475**	**1755446**	**3727029**	**117565**	**15269067**	**58564**
	191		2027	1084387	262090	822297	24525	3856732	18573
	191		2027	1084387	262090	822297	24525	3856732	18573
				3213916	1346916	1867000	33300	6100963	10415
				1480672	731910	748762	9356	3217382	2157
				286714	161736	124978	3764	1130429	3907
				290812	150726	140086		219474	
				84737	46015	38722		99013	1334
				629613	81074	548539	13508	278123	844
				441367	175455	265913	6673	1156541	2173
				545479	126476	419003	11619	1706703	6150
				135359	1143	134216	3750	538360	1287
				97641		97641	1630	460853	2364
				312479	125333	187146	6238	707490	2499

2-B-35 续表 10

行业	合计	内资	国有	集体	股份合作企业	联营企业
建筑装饰和其他建筑业	4349057	4338453	8334	19825	9803	241
建筑装饰业	3070037	3059517	6845	16533	1542	241
工程准备活动	912545	912471	91	792	7711	
提供施工设备服务	77250	77250				
其他未列明建筑业	289225	289215	1398	2500	550	
批发和零售业	**164307248**	**155886909**	**544671**	**956772**	**307531**	**27277**
批发业	146055878	139302161	471645	762716	228124	13776
农、林、牧产品批发	2550508	2429654	50265	25781	7638	5
食品、饮料及烟草制品批发	6622017	6286267	76421	34892	5436	
纺织、服装及家庭用品批发	28845623	27503850	13281	122973	31131	815
文化、体育用品及器材批发	4060596	3783799	12828	134543	4467	
医药及医疗器材批发	1589475	1535219	11607	1337	6999	
矿产品、建材及化工产品批发	75064042	71751200	203817	266804	123309	6055
机械设备、五金产品及电子产品批发	17034911	16378007	62109	103677	41706	6891
贸易经纪与代理	5515402	5379457	29020	14015	1436	
其他批发业	4773305	4254707	12297	58693	6002	10
零售业	18251370	16584748	73026	194056	79407	13501
综合零售	2101564	744325	3313	54856	22655	338
食品、饮料及烟草制品专门零售	1178818	1146378	17701	54326	3292	187
纺织、服装及日用品专门零售	1465468	1416986	4130	8804	1525	237
文化、体育用品及器材专门零售	1497416	1476842	18340	7461	6374	120
医药及医疗器材专门零售	758317	755318	6730	5727	4794	336
汽车、摩托车、燃料及零配件专门零售	5346203	5244554	6020	47499	22571	10707
家用电器及电子产品专门零售	2633454	2625185	665	1392	5969	88
五金、家具及室内装饰材料专门零售	1939647	1890794	1695	6502	7061	
货摊、无店铺及其他零售业	1330483	1284366	14433	7488	5166	1489

单位：万元

国有联营	集体联营	国有与集体联营	其他联营	有限责任公司	国有独资公司	其他有限责任公司	股份有限公司	私营企业	私营独资
			241	638694	19965	618730	48121	3604669	23427
			241	301521	127	301395	48121	2676188	14191
				272513	19540	252973		631125	7804
				14732		14732		62519	335
				49928	298	49631		234838	1097
13450	**1838**	**7515**	**4474**	**25877768**	**1178104**	**24699664**	**1636138**	**125312981**	**3007835**
11824	160	1418	374	22948038	1003793	21944245	1441962	112390254	1960283
	5			479186	57445	421741	13460	1417838	151673
				1454002	345948	1108055	208988	4005346	117513
	126	599	91	3242779	46455	3196324	294243	23775064	633563
				586782	9771	577011	4230	3034318	300355
				308103	313	307790	15083	1166809	23794
5159	19	820	57	12911117	387134	12523983	815807	57411149	402175
6665			226	2954258	74065	2880193	73094	13121887	196901
				341284	51819	289465	11760	4965076	14834
	10			670527	30844	639683	5297	3492768	119476
1626	1678	6097	4100	2929730	174311	2755419	194176	12922727	1047552
18	320			95288	64	95224	6890	559600	55683
	133		55	137453	8966	128487	12660	810867	122910
18	10	208		104711	4526	100186	2715	1292088	111031
		120		251256	110957	140300	19948	1169253	65514
	103		233	83281	3125	80156	2242	641703	222093
1590	50	5768	3299	1289353	27297	1262056	32256	3833101	128727
	77		11	605328	10301	595028	17303	1991236	74739
				203353		203353	41562	1626685	190406
	986		503	159706	9075	150631	58600	998194	76448

2-B-35 续表 11

行业	合计	内资	国有	集体	股份合作企业	联营企业
交通运输、仓储和邮政业	**50903880**	**48572802**	**1164979**	**227213**	**38783**	**42806**
道路运输业	26877046	26255286	169307	160411	22932	38182
城市公共交通运输	8933233	8926017	22370	15065	9097	
公路旅客运输	883480	879075	69488	21760	950	402
道路货物运输	4454297	4205455	8253	10768	7827	94
道路运输辅助活动	12606036	12244740	69196	112819	5058	37685
水上运输业	10511505	10047967	59685	21027	48	
水上旅客运输	180505	180505	16999	13561	18	
水上货物运输	6837187	6837187	24608	1468	28	
水上运输辅助活动	3493812	3030275	18079	5997	2	
航空运输业	636459	636459				
航空客货运输	3461	3461				
通用航空服务	66247	66247				
航空运输辅助活动	566751	566751				
管道运输业	45291	45291		2704		
管道运输业	45291	45291		2704		
装卸搬运和运输代理业	5092578	4888755	59301	16255	13812	2677
装卸搬运	914839	809211	2412	6992	2176	2677
运输代理业	4177739	4079544	56889	9263	11636	
仓储业	7367625	6325667	703187	24486	1961	1561
谷物、棉花等农产品仓储	1170532	1168932	695442	800	115	13
其他仓储业	6197093	5156735	7745	23686	1846	1548
邮政业	373375	373375	173498	2330	30	386
邮政基本服务	185777	185777	173498	2320		386
快递服务	187598	187598		10	30	
住宿和餐饮业	**6414806**	**5741845**	**160115**	**83070**	**42060**	**1165**
住宿业	4212848	3644222	140483	72666	36917	402

单位：万元

国有联营	集体联营	国有与集体联营	其他联营	有限责任公司	国有独资公司	其他有限责任公司	股份有限公司	私营企业	私营独资
	1089	**39843**	**1874**	**31107015**	**11183819**	**19923195**	**922715**	**15063786**	**90579**
	497	37685		20404857	7079829	13325028	109475	5345453	61325
				8650794	3784259	4866535	12419	215146	3271
	402			513230	90186	423045	45838	227406	267
	94			756012	38254	717758	50849	3368601	42331
		37685		10484820	3167129	7317691	369	1534300	15455
				3772953	1458912	2314042	709525	5484723	2275
				104135	37286	66849	1171	44622	
				1973511	349665	1623846	178113	4659460	749
				1695308	1071961	623347	530242	780642	1527
				627223	516571	110652	1200	8037	
				3394	2378	1016		67	
				59534		59534	1200	5513	
				564294	514193	50101		2457	
				42587		42587			
				42587		42587			
	3	903	1771	1508101	228958	1279142	64367	3223822	21266
	3	903	1771	570406	1468	568938	33597	190912	4374
				937695	227490	710205	30769	3032910	16892
	204	1255	103	4721134	1896341	2824793	38090	834841	4862
	13			446391	396829	49561	10	25755	114
	191	1255	103	4274743	1499512	2775231	38080	809086	4747
	386			30160	3209	26951	58	166911	852
	386			8617	3209	5408	8	949	
				21543		21543	50	165962	852
	293	**372**	**500**	**1075330**	**73155**	**1002174**	**58051**	**4292631**	**700266**
	30	372		806190	32660	773530	53346	2522359	342320

2-B-35 续表 12

行业	合计	内资				
			国有	集体	股份合作企业	联营企业
旅游饭店	2850564	2393178	95011	46594	18695	372
一般旅馆	1293233	1181993	42635	25742	18140	30
其他住宿业	69051	69051	2837	330	82	
餐饮业	2201958	2097623	19632	10404	5143	763
正餐服务	1964355	1867226	18931	3117	3946	763
快餐服务	66439	65311	430	75	926	
饮料及冷饮服务	74646	73596		6914	96	
其他餐饮业	96519	91490	271	297	174	
信息传输、软件和信息技术服务业	**11146124**	**8973988**	**41371**	**34125**	**2055**	**271**
电信、广播电视和卫星传输服务	634288	633947	28188	16584		
电信	511346	511020	7929	4168		
广播电视传输服务	122942	122927	20259	12416		
互联网和相关服务	868960	823325	904	4204		
互联网接入及相关服务	51762	44870		897		
互联网信息服务	733930	730737	904	3307		
其他互联网服务	83267	47718				
软件和信息技术服务业	9642875	7516716	12280	13337	2055	271
软件开发	7304609	5492261	11397	9445	513	
信息系统集成服务	662274	615510	46	223	905	
信息技术咨询服务	1035186	950434	782	741	78	
数据处理和存储服务	192324	146442			229	
集成电路设计	84861	73892				271
其他信息技术服务业	363622	238178	55	2927	329	
房地产业	**206563562**	**186261837**	**1594442**	**624077**	**27943**	**21517**
房地产业	206563562	186261837	1594442	624077	27943	21517
房地产开发经营	185427200	166063391	1338454	253798	25311	21488
物业管理	4230945	3818233	86355	63787	69	29
房地产中介服务	2402227	2144665	17499	6047	476	
其他房地产业	14503189	14235547	152133	300445	2087	

单位：万元

国有联营	集体联营	国有与集体联营	其他联营	有限责任公司	国有独资公司	其他有限责任公司	股份有限公司	私营企业	私营独资
		372		709607	22117	687490	47428	1468899	98261
	30			93592	10543	83049	5854	991179	230212
				2991		2991	65	62281	13847
	263		500	269139	40495	228644	4705	1770272	357946
	263		500	250391	39242	211149	4371	1570183	312715
				4900	1253	3647	18	58572	12236
				1957		1957	216	63174	16127
				11891		11891	100	78342	16868
		271		**2147535**	**194040**	**1953496**	**415922**	**6331662**	**20491**
				143610	33172	110438	297923	147074	252
				72369	11957	60413	290791	135195	231
				71241	21216	50025	7132	11880	20
				252291	24980	227311	2849	563078	1122
				13707		13707	50	30216	64
				216516	5876	210640	2784	507226	1034
				22068	19103	2965	15	25635	25
		271		1751635	135887	1615747	115150	5621510	19117
				1311852	104886	1206966	69803	4089220	15548
				130650	3718	126932	42410	441275	207
				130504		130504	2018	816278	2898
				106009	8000	98009		40203	
		271		18117		18117		55504	61
				54502	19283	35220	919	179029	402
29		**13464**	**8024**	**106102607**	**14049453**	**92053154**	**2001352**	**75848778**	**59970**
29		13464	8024	106102607	14049453	92053154	2001352	75848778	59970
		13464	8024	93974575	8775524	85199051	1967687	68450365	40951
29				1731722	158472	1573250	31528	1904402	6058
				608345	208949	399397	2136	1508922	12624
				9787963	4906507	4881456		3985088	337

2-B-35 续表 13

行业	合计	内资	国有	集体	股份合作企业	联营企业
租赁和商务服务业	**432449313**	**426093029**	**5896926**	**9951008**	**698689**	**35970**
租赁业	3548967	2985422	140139	22012	630	250
机械设备租赁	3178972	2635343	132894	16931	630	250
文化及日用品出租	369996	350078	7246	5081		
商务服务业	428900345	423107607	5756786	9928997	698060	35720
企业管理服务	387662168	384301772	5365951	9478259	583616	7033
法律服务	217301	216932	134	2787	991	111
咨询与调查	18298404	17003173	62060	69499	15202	5610
广告业	2136473	2122323	23396	2103	43209	44
知识产权服务	120057	119821	50	413	76	
人力资源服务	591124	588956	13926	34174	146	1
旅行社及相关服务	2753483	2625336	13346	5765	4808	1543
安全保护服务	337184	333633	113277	23707	2860	
其他商务服务业	16784152	15795661	164645	312289	47153	21378
科学研究和技术服务业	**20584124**	**19372581**	**864012**	**155787**	**66425**	**5897**
研究和试验发展	2348049	1982981	15059	16264	22300	942
自然科学研究和试验发展	82289	80511	3130	26	13132	
工程和技术研究和试验发展	1649855	1375378	863	7417	7413	
农业科学研究和试验发展	377957	376188	1806	8821	1378	
医学研究和试验发展	222440	135396	67		377	942
社会人文科学研究	15508	15508	9193			
专业技术服务业	13662548	13186258	802618	99187	41676	4953
气象服务	36988	36988	29461	203		
地震服务	13	13				
海洋服务	34588	28993	3650			

单位：万元

国有联营	集体联营	国有与集体联营	其他联营	有限责任公司	国有独资公司	其他有限责任公司	股份有限公司	私营企业	私营独资
4816	**9847**	**2184**	**19122**	**319163451**	**160811336**	**158352115**	**22720068**	**65080567**	**213615**
150			100	797155	2144	795011	52593	1967420	22630
150			100	545465	1137	544329	52593	1882258	22398
				251690	1007	250683		85162	232
4666	9847	2184	19022	318366295	160809192	157557104	22667475	63113147	190985
100	4192	2118	623	302595201	156921915	145673286	20305665	43554060	105295
	89		22	2863		2863	850	109164	8215
3	201	8	5398	6023316	1646936	4376380	1575036	9235743	22655
	34		10	428716	94695	334021	62010	1562152	24592
				70297	45564	24733	1762	47173	365
	1			165883	9528	156355	16870	355240	1981
1420	54		69	1497891	1009347	488545	4718	1096197	7127
				82741	28529	54213	566	110481	173
3144	5276	58	12900	7499387	1052679	6446708	699999	7042937	20582
3679	**3**	**1182**	**1033**	**10703701**	**5376445**	**5327256**	**286469**	**7109112**	**44393**
			942	526668	72573	454096	35330	1353396	6294
				5818	86	5732		48031	225
				418630	40503	378126	17791	922224	3892
				73345	31500	41845	3826	285746	1566
			942	27877		27877	13714	92080	597
				998	483	515		5316	15
3679		1182	92	8677572	4752377	3925195	111536	3442198	24497
				4665	169	4496		2658	
								13	
				23202	18302	4900		2142	10

2-B-35 续表 14

行　业	合　计	内　资	国　有	集　体	股份合作企业	联营企业
测绘服务	164455	164455	51018	13134	4044	
质检技术服务	587523	451279	35399	16835	8306	217
环境与生态监测	145810	145111	3168	512		
地质勘查	69054	69054	13827	68		
工程技术	11192612	11091331	654691	54256	5419	3788
其他专业技术服务业	1431505	1199032	11404	14179	23908	948
科技推广和应用服务业	4573527	4203342	46335	40335	2449	3
技术推广服务	3516714	3175506	42681	39353	1758	3
科技中介服务	938812	909935	3559	941	91	
其他科技推广和应用服务业	118001	117901	95	41	600	
水利、环境和公共设施管理业	**24913504**	**24658245**	**951618**	**109068**	**1815**	**51**
水利管理业	4390904	4375135	54819	7866	30	51
防洪除涝设施管理	2642648	2642648	393	…		
水资源管理	964643	958474	9423	6555		
天然水收集与分配	463115	463115	28513	769		11
水文服务	14561	4961	49			
其他水利管理业	305937	305937	16440	542	30	40
生态保护和环境治理业	1052538	1004737	13291	2	585	
生态保护	368908	368908	4795			
环境治理业	683630	635829	8496	2	585	
公共设施管理业	19470062	19278372	883508	101200	1200	
市政设施管理	12684511	12639335	859411	53032		
环境卫生管理	164379	164364	707	2882		
城乡市容管理	1717976	1717976		158		
绿化管理	1486568	1473630	6478	5254	683	
公园和游览景区管理	3416627	3283067	16912	39873	517	

单位：万元

国有联营	集体联营	国有与集体联营	其他联营	有限责任公司	国有独资公司	其他有限责任公司	股份有限公司	私营企业	私营独资
				29808	1943	27865	1601	64850	…
		125	92	179784	32952	146832	8213	202007	3409
				22982	10135	12847	513	117936	81
				34476	15318	19158		20684	85
2730		1057		8175874	4634908	3540966	56254	2136353	7087
948				206781	38650	168131	44955	895555	13825
	3	…		1499461	551496	947965	139603	2313518	13602
	3	…		994418	237519	756899	129465	1806796	12329
				490976	309100	181876	124	413673	816
				14067	4877	9190	10014	93050	456
	40		**11**	**18264695**	**7286626**	**10978070**	**145235**	**5182853**	**32515**
	40		11	4208416	1607543	2600873	4300	99553	1310
				2639312	538369	2100943		2943	
				915039	783867	131172		27457	876
			11	432553	156901	275652		1268	
				4613		4613		299	
	40			216899	128406	88493	4300	67586	434
				671724	456920	214803	120	318300	6327
				337159	331817	5341		26716	5862
				334565	125103	209462	120	291583	465
				13384556	5222162	8162394	140815	4765000	24878
				9082605	3549128	5533477	65876	2578411	8978
				100704	1120	99585	210	59860	2907
				1649693	1069591	580103		68070	
				528022	36215	491807	27873	904788	6477
				2023531	566109	1457422	46855	1153871	6517

2-B-35 续表 15

行业	合计	内资	国有	集体	股份合作企业	联营企业
居民服务、修理和其他服务业	**2395214**	**2346152**	**70249**	**88753**	**15579**	**4813**
居民服务业	862634	857325	51402	73998	746	4430
家庭服务	37986	37826		183	28	
托儿所服务	5284	5284				
洗染服务	39018	38935		443		
理发及美容服务	52674	51439		1283	172	40
洗浴服务	115219	115219		40	43	
保健服务	121815	121683			112	
婚姻服务	17479	17479	210		68	
殡葬服务	173513	169931	18258	71219	20	4390
其他居民服务业	299646	299528	32934	829	304	
机动车、电子产品和日用产品修理业	1165744	1122154	16855	7459	14534	383
汽车、摩托车修理与维护	1006723	964663	16708	6462	11980	376
计算机和办公设备维修	66935	66515		12	1649	
家用电器修理	71140	70031	147	433	819	7
其他日用产品修理业	20945	20945		553	87	
其他服务业	366837	366674	1992	7296	299	
清洁服务	159485	159485	879	848	299	
其他未列明服务业	207351	207188	1114	6448		
卫生和社会工作	**1453506**	**1450506**	**4314**	**1527**	**9430**	
社会工作	1453506	1450506	4314	1527	9430	
提供住宿社会工作	1403212	1403212	3685	496	8885	
不提供住宿社会工作	50294	47294	629	1030	545	
文化、体育和娱乐业	**5998673**	**5751877**	**141763**	**22098**	**6652**	**196**
新闻和出版业	971321	971321	46189	1207		
新闻业	966	966	456			
出版业	970355	970355	45733	1207		
广播、电视、电影和影视录音制作业	2677321	2659386	81836	1159	300	

单位：万元

国有联营	集体联营	国有与集体联营	其他联营	有限责任公司	国有独资公司	其他有限责任公司	股份有限公司	私营企业	私营独资
	4568		**245**	**428226**	**183378**	**244848**	**28126**	**1696493**	**277299**
	4185		245	266955	138690	128265	260	451105	149178
				6692		6692	120	28104	498
								5154	
				3248		3248		35244	6980
			40	2517		2517	62	47270	15993
				9596		9596		104039	51615
				6659	1118	5541		114163	70455
				1505		1505	75	15615	469
	4185		205	40512	4007	36505		32642	1379
				196224	133565	62660	3	68874	1789
	383			81823	5483	76340	5671	993253	116597
	376			63748	424	63323	5138	858260	112454
				13012	5059	7953	499	51342	681
	7			4452		4452		64066	2645
				611		611	33	19585	817
				79449	39205	40244	22195	252135	11524
				24629	2748	21882	264	132525	3842
				54819	36457	18362	21931	119610	7682
				28768	**6000**	**22768**		**1406402**	**3287**
				28768	6000	22768		1406402	3287
				18008	6000	12008		1372138	1547
				10760		10760		34264	1740
	40		**156**	**2193886**	**1071918**	**1121968**	**84369**	**3296320**	**371619**
				914686	810424	104262		9028	408
				245		245		266	
				914442	810424	104018		8763	408
				597929	33248	564682	47089	1930320	10329

2-B-35 续表 16

行业	合计	内资				
			国有	集体	股份合作企业	联营企业
广播	14297	14297	239			
电视	430562	430562	17953			
电影和影视节目制作	1816455	1810722	277	3	300	
电影和影视节目发行	26941	26941	2562			
电影放映	382310	370108	60806	1156		
录音制作	6756	6756				
文化艺术业	459776	459314	6726	14682	1149	
文艺创作与表演	105288	105139	761	3547	203	
艺术表演场馆	23648	23648	2489	…		
图书馆与档案馆	7883	7883	583	5880		
文物及非物质文化遗产保护	85328	85328		5000	945	
博物馆	30913	30913	78	126		
烈士陵园、纪念馆	234	234				
群众文化活动	20349	20349	2760	106		
其他文化艺术业	186134	185821	55	22		
体育	691809	528180	1279	2863	100	
体育组织	191101	191101	973			
体育场馆	41937	41937	156	1944		
休闲健身活动	365393	201765	150	919	100	
其他体育	93377	93377				
娱乐业	1198445	1133675	5733	2188	5104	196
室内娱乐活动	755436	750554	3335	843	5104	55
游乐园	273170	225030				
彩票活动	13	13		10		
文化、娱乐、体育经纪代理	44506	44422	398	330		108
其他娱乐业	125321	113656	2000	1005		34

单位：万元

国有联营	集体联营	国有与集体联营	其他联营	有限责任公司	国有独资公司	其他有限责任公司	股份有限公司	私营企业	私营独资
				9852		9852		4206	
				184450		184450	33975	194184	
				218711	6193	212518	2920	1588512	9735
				2843	6	2837	8201	13336	
				176820	27049	149772	1994	128580	584
				5254		5254		1503	10
				238726	50733	187993	10010	187645	14491
				50096	21524	28572		50515	3446
				9640	7585	2054	10000	1519	372
				344		344		1075	253
				44890	20547	24342		34268	
				779		779		29929	284
								234	234
				11836	1011	10825		5511	798
				121142	65	121077	10	64592	9104
				263020	176645	86374	797	259203	8315
				177683	169424	8259	381	12064	
				2242	2242			37596	846
				42617	4978	37639	404	156655	7300
				40477	…	40477	12	52889	169
	40		156	179524	868	178656	26473	910123	338077
	40		15	46088		46088	21309	670118	333796
				100686	103	100583	5001	119333	1312
				3		3			
			108	5095	765	4330	17	38474	799
			34	27652		27652	146	82198	2170

2-B-35 续表 17

行业	私营合伙	私营有限责任公司	私营股份有限公司	其他企业	港澳台商投资	与港澳台商合资经营
总计	**9150654**	**543268021**	**12634468**	**4553309**	**65767450**	**31867857**
农、林、牧、渔业	**2916**	**175609**	**2665**	**130926**	**6025**	
农业		11707		1938		
谷物种植		25		547		
蔬菜、食用菌及园艺作物种植		1052		498		
水果种植		1735		408		
坚果、含油果、香料和饮料作物种植		2977		435		
中药材种植		5806		50		
其他农业		112				
林业		600				
林木育种和育苗		600				
畜牧业		7240		734		
牲畜饲养		5464		550		
家禽饲养		600		74		
其他畜牧业		1175		110		
渔业	549	2861		377		
水产养殖	549	2861		377		
农、林、牧、渔服务业	2367	153201	2665	127877	6025	
农业服务业	2287	137083	2665	114431	6025	
林业服务业		8957		4198		
畜牧服务业	65	4134		5597		
渔业服务业	16	3027		3650		
采矿业	**64911**	**1467999**	**4106**	**7602**	**31649**	**31649**
煤炭开采和洗选业		21961		79		
烟煤和无烟煤开采洗选		17885		79		
褐煤开采洗选		2784				
其他煤炭采选		1292				

单位：万元

与港澳台商合作经营	港澳台商独资	港澳台商投资股份有限公司	其他港澳台投资	外商投资	中外合资经营	中外合作经营	外资企业	外商投资股份有限公司	其他外商投资
1120166	**31467638**	**1204189**	**107599**	**57100052**	**29401390**	**982406**	**25852941**	**588672**	**274643**
	6025			**6120**	**5749**		**371**		
				2749	2749				
				2490	2490				
				259	259				
	6025			3371	3000		371		
	6025			3371	3000		371		
				75147	**6467**		**67083**	**1597**	

2-B-35 续表 18

行业	私营合伙	私营有限责任公司	私营股份有限公司	其他企业	港澳台商投资	与港澳台商合资经营
黑色金属矿采选业		25079				
铁矿采选		25079				
其他黑色金属矿采选		…				
有色金属矿采选业	680	149434	2652	5		
常用有色金属矿采选	660	56300		5		
贵金属矿采选		9952				
稀有稀土金属矿采选	20	83182	2652			
非金属矿采选业	63431	1255108	1454	7519	31649	31649
土砂石开采	60001	1170766	1454	7519	31649	31649
化学矿开采		830				
采盐		1362				
石棉及其他非金属矿采选	3430	82150				
开采辅助活动	50	1769				
石油和天然气开采辅助活动		1150				
其他开采辅助活动	50	619				
其他采矿业	750	14648				
其他采矿业	750	14648				
制造业	**4034311**	**229784861**	**4590293**	**347318**	**39778877**	**22111374**
农副食品加工业	40329	4508300	95390	86723	455288	326380
谷物磨制	972	206764	200	5655	35882	35882
饲料加工	3735	820332	58596	1185	27857	6499
植物油加工	170	202040	6761	5595	22576	12160
制糖业	10	8884		806		
屠宰及肉类加工	3385	471595	120	3730	76048	14025
水产品加工	28281	1622329	19883	4180	266595	232855
蔬菜、水果和坚果加工	1780	911239	9829	60963	12690	11470
其他农副食品加工	1996	265115		4609	13640	13490
食品制造业	19178	1674921	80737	9375	334218	181666

单位：万元

				外商投资					
与港澳台商合作经营	港澳台商独资	港澳台商投资股份有限公司	其他港澳台投资		中外合资经营	中外合作经营	外资企业	外商投资股份有限公司	其他外商投资
				2400			2400		
				2400			2400		
				72747	6467		64683	1597	
				72747	6467		64683	1597	
694458	**16289069**	**619936**	**64041**	**34996841**	**17297094**	**488226**	**16768921**	**311797**	**130803**
	128908			456349	236727	22524	179650	17430	17
				29		12			17
	21359			36917	1641		35276		
	10416			12647	11464		1183		
	62023			46157	22370		23788		
	33741			169127	121312	22512	25302		
	1220			86656	57834		11391	17430	
	150			104815	22106		82710		
	152552			772265	253165	8668	510431		

2-B-35 续表 19

行业	私营合伙	私营有限责任公司	私营股份有限公司	其他企业	港澳台商投资	与港澳台商合资经营
焙烤食品制造	1219	223959	1000	307	21391	5967
糖果、巧克力及蜜饯制造	1145	105743		730	12559	4650
方便食品制造	711	209406	2147	3643	101240	100007
乳制品制造	382	69972			7354	
罐头食品制造	1097	231071		2239	4246	3036
调味品、发酵制品制造	95	138445		336	93427	7658
其他食品制造	14528	696324	77590	2121	94001	60349
酒、饮料和精制茶制造业	22393	1325353	10945	47428	231138	58833
酒的制造	4866	412396	8996	874	140908	9365
饮料制造	1170	277025	238	438	50441	18026
精制茶加工	16357	635932	1711	46116	39789	31442
烟草制品业		100			18812	18812
卷烟制造						
其他烟草制品制造		100			18812	18812
纺织业	283476	26229081	211155	14972	5587191	3631183
棉纺织及印染精加工	127271	11057950	126294	3644	1711742	1090216
毛纺织及染整精加工	17424	1135706	10648	2920	370145	162494
麻纺织及染整精加工	320	86377		40	46792	25544
丝绢纺织及印染精加工	12253	1523627	391	312	318006	249901
化纤织造及印染精加工	27246	2704135	14820	1152	1378612	1258652
针织或钩针编织物及其制品制造	60529	5692379	35700	4282	971449	544056
家用纺织制成品制造	12046	2205324	801	1763	428637	131694
非家用纺织制成品制造	26386	1823582	22500	859	361809	168626
纺织服装、服饰业	109003	10441520	98458	15671	2452722	1110402
机织服装制造	51466	5286205	63161	7474	1357931	539103
针织或钩针编织服装制造	34274	3091087	34301	2963	784839	395615
服饰制造	23262	2064229	997	5235	309951	175684
皮革、毛皮、羽毛及其制品和制鞋业	115517	5842700	45734	4871	704793	523292

单位：万元

与港澳台商合作经营	港澳台商独资	港澳台商投资股份有限公司	其他港澳台投资	外商投资	中外合资经营	中外合作经营	外资企业	外商投资股份有限公司	其他外商投资
	15424			53676	2601		51075		
	7909			83299	35836		47463		
	1234			110312	8702	7173	94437		
	7354			14247			14247		
	1210			73608	38495		35113		
	85769			31827	29224	995	1608		
	33653			405295	138306	500	266489		
	172305			719051	529835		164696		24519
	131544			155954	6432		149522		
	32415			554664	517424		12722		24519
	8347			8432	5980		2453		
88399	1819715	47894		2759793	1629174	12497	1094119	24003	
4734	611820	4972		1023992	696465	4808	309301	13418	
2905	204747			127207	46227		80981		
	21248			21700	3575		18125		
3896	64210			144961	56603	5	84917	3437	
	91674	28286		184140	114228	7565	62347		
8506	418887			488199	283545	120	204534		
	282306	14637		454744	292014		155582	7148	
68359	124824			314850	136518		178332		
17024	1310481	9030	5785	1982502	1190138	7600	776562	6121	2080
11407	792659	9030	5733	1235946	692839	3740	535824	2848	695
5617	383607			449560	276771	2888	165258	3274	1369
	134215		52	296996	220528	972	75480		15
376	157750	23374		774139	467020	7057	293683	6379	

2-B-35 续表 20

行业	私营合伙	私营有限责任公司	私营股份有限公司	其他企业	港澳台商投资	与港澳台商合资经营
皮革鞣制加工	15205	481130	1053	28	141668	141302
皮革制品制造	17839	1649446	10854	1048	243842	127843
毛皮鞣制及制品加工	1898	461278	20	15	52621	15666
羽毛(绒)加工及制品制造	9794	431738			181130	177961
制鞋业	70781	2819109	33808	3781	85532	60519
木材加工和木、竹、藤、棕、草制品业	44204	2827221	3137	16392	326983	195842
木材加工	9104	275526	1403	1811	29381	18797
人造板制造	11405	688232	420	70	129558	86340
木制品制造	13574	1369174	826	1368	130717	79160
竹、藤、棕、草等制品制造	10122	494288	488	13143	37327	11545
家具制造业	31265	3419418	86303	4748	755640	407138
木质家具制造	10930	1721847	43576	2624	326296	186871
竹、藤家具制造	354	68183		2010	56521	37096
金属家具制造	7411	995629	31940	32	160994	97542
塑料家具制造	2939	160746			11590	
其他家具制造	9631	473013	10787	82	200240	85630
造纸和纸制品业	125795	6418624	67089	4703	823443	623872
纸浆制造		6169			3661	
造纸	33367	3360438	47926	68	520871	471019
纸制品制造	92427	3052017	19164	4635	298911	152853
印刷和记录媒介复制业	121369	4456529	27866	4672	349281	278254
印刷	117834	4273615	27866	4616	329123	258096
装订及印刷相关服务	3535	152483		56	20158	20158
记录媒介复制		30431				
文教、工美、体育和娱乐用品制造业	131827	7661611	54281	17363	1232013	648923
文教办公用品制造	14647	1272283	7579	2491	181019	122226
乐器制造	2815	112331			27732	12196
工艺美术品制造	99378	4450972	35258	12151	627744	368842

单位：万元

与港澳台商合作经营	港澳台商独资	港澳台商投资股份有限公司	其他港澳台投资	外商投资	中外合资经营	中外合作经营	外资企业	外商投资股份有限公司	其他外商投资
	366			100600	81543		19057		
	115625	374		307299	174063	7057	126179		
	13955	23000		20906	10275		10631		
	3169			149965	82868		67098		
376	24637			195368	118271		70718	6379	
12164	118976			267650	210026	5134	52490		
	10584			9583	2411		7171		
5292	37926			73893	42554		31339		
	51557			125471	117891	390	7189		
6873	18909			58704	47169	4744	6790		
24	348479			607459	244320	322	362813		5
24	139402			230127	98234	322	131571		
	19425			5639	2540		3094		5
	63452			188770	41713		147057		
	11590			18690	1983		16707		
	114610			164234	99850		64384		
9755	189816			577774	225024	21049	280815		50886
	3661								
9755	40097			248557	173952		23718		50886
	146058			329217	51071	21049	257097		
31	70996			229454	198172		31282		
31	70996			229454	198172		31282		
19188	467052	96850		890129	499488	14282	375835		524
18150	40643			165140	92453		72687		
	15536			37917	10027	10593	16918		378
181	161870	96850		489923	275334	3689	210755		145

2-B-35 续表 21

行业	私营合伙	私营有限责任公司	私营股份有限公司	其他企业	港澳台商投资	与港澳台商合资经营
体育用品制造	6111	921066	5019	161	193563	72339
玩具制造	8317	634649	5014	2510	142009	66880
游艺器材及娱乐用品制造	559	270311	1412	49	59946	6440
石油加工、炼焦和核燃料加工业	2004	693117	16027		111238	61358
精炼石油产品制造	2004	691255	16027		111238	61358
炼焦		1362				
核燃料加工		500				
化学原料和化学制品制造业	75301	9907864	338224	3440	3636765	1431168
基础化学原料制造	23019	1901513	32979	1467	1562600	620097
肥料制造	505	144112		494	6784	3519
农药制造		231507	121544	10	16776	12626
涂料、油墨、颜料及类似产品制造	19321	1516764	40577	115	455323	210226
合成材料制造	10472	2568921	77275	32	1035014	305186
专用化学产品制造	16363	2787913	56693	180	473828	253977
炸药、火工及焰火产品制造	335	13545	2068			
日用化学产品制造	5287	743590	7089	1142	86440	25538
医药制造业	14526	2031096	113889	1059	458037	283615
化学药品原料药制造	10910	737001	43292		232278	198627
化学药品制剂制造		229383	29753		60116	12000
中药饮片加工		151988	125	859	7832	1686
中成药生产		198427		200	68062	23574
兽用药品制造		97633	1925		500	500
生物药品制造		226250	24214		61174	32447
卫生材料及医药用品制造	3616	390415	14580		28076	14781
化学纤维制造业	16772	4207613	24816	435	1614390	903188
纤维素纤维原料及纤维制造	1591	125983	1500	85	55087	48608
合成纤维制造	15181	4081629	23316	350	1559303	854580
橡胶和塑料制品业	445937	14046453	145696	11181	2383596	1426659

单位：万元

与港澳台商合作经营	港澳台商独资	港澳台商投资股份有限公司	其他港澳台投资	外商投资	中外合资经营	中外合作经营	外资企业	外商投资股份有限公司	其他外商投资
	121224			134108	89033		45075		
856	74273			55846	32341		23505		
	53507			7194	300		6894		
350	16986	32543		192178	53530		135717	2931	
350	16986	32543		192178	53530		135717	2931	
282736	1920085	2777		6079878	2034881	60879	3795044	188774	300
265215	677289			1742204	553427	57262	956598	174917	
	3264			26864	21662		5202		
	4151			45088	30337		14751		
17461	227636			410251	326434		83516		300
	729829			2647440	470847		2162736	13857	
	217075	2777		955340	524267		431072		
60	60842			252690	107906	3617	141167		
	174423			1267858	1061380		202578	3900	
	33651			207169	151896		55273		
	48116			681265	636750		44515		
	6146			45913	9828		36084		
	44488			76146	73895		2251		
				10884	10884				
	28727			183271	150885		28486	3900	
	13295			63211	27242		35969		
	593929	117273		493877	230353		263524		
	6479			109196	102327		6869		
	587450	117273		384681	128026		256655		
12241	863395	76882	4418	1583913	795224	149421	629753	8784	731

2-B-35 续表 22

行业	私营合伙	私营有限责任公司	私营股份有限公司	其他企业	港澳台商投资	与港澳台商合资经营
橡胶制品业	58061	1732675	50971	635	367428	187830
塑料制品业	387876	12313777	94725	10547	2016167	1238829
非金属矿物制品业	141818	11231185	204580	12715	1818395	1354416
水泥、石灰和石膏制造	4827	1034232	20985	83	49096	300
石膏、水泥制品及类似制品制造	24280	4925861	79235	2058	527776	348535
砖瓦、石材等建筑材料制造	83304	1572082	43715	4141	80100	40994
玻璃制造	634	591682	55	213	617744	617744
玻璃制品制造	7875	1259701	27504	1721	331764	210405
玻璃纤维和玻璃纤维增强塑料制品制造	5095	496979	4626	2068	48840	18773
陶瓷制品制造	5586	329903	421	1676	41444	26047
耐火材料制品制造	3844	580325	13072		58734	28846
石墨及其他非金属矿物制品制造	6373	440420	14967	755	62898	62772
黑色金属冶炼和压延加工业	122493	6128802	106742	2435	1188032	911690
炼铁	45	15764				
炼钢	10600	94052			88526	88526
黑色金属铸造	58168	1278825	31184	2056	76378	73876
钢压延加工	53680	4583106	75558	379	1023128	749288
铁合金冶炼		157055				
有色金属冶炼和压延加工业	78792	5701793	185591	1844	927409	567879
常用有色金属冶炼	6738	682377			90721	80173
贵金属冶炼	4240	137112			22986	22986
稀有稀土金属冶炼		56377			33416	33416
有色金属合金制造	1808	711448	75236	300	10630	3139
有色金属铸造	14557	139162	100	110	18936	14130
有色金属压延加工	51451	3975317	110256	1434	750719	414035
金属制品业	421353	16474435	235223	15723	1587137	753967
结构性金属制品制造	32583	4072601	16091	1034	239079	130399

单位：万元

与港澳台商合作经营	港澳台商独资	港澳台商投资股份有限公司	其他港澳台投资	外商投资	中外合资经营	中外合作经营	外资企业	外商投资股份有限公司	其他外商投资
	179598			243339	56986		186354		
12241	683796	76882	4418	1340573	738238	149421	443400	8784	731
21341	407637	2741	32260	995868	508464	11957	475362		86
	48796			51518	50527		991		
21341	157899			177450	135306		42145		
	36365	2741		173137	70187		102950		
				31023	6253		24770		
	89100		32260	163576	68730	9116	85645		86
	30067			235913	50442		185472		
	15397			58955	39813		19142		
	29888			72211	69257	2841	113		
	126			32085	17950		14135		
	276342			508322	242991		265330		
				17057	17057				
	2502			79292	19166		60126		
	273840			398205	199135		199071		
				13767	7634		6134		
	356373	3157		441245	71325		365533		4387
	10548			192905	1266		191639		
	7491			87203	15629		71574		
	4806			4683	296				4387
	333527	3157		156453	54134		102320		
14476	806050	10994	1651	1124919	536804	11739	575800	512	64
	108681			148473	83469		64940		63

2-B-35 续表 23

行业	私营合伙	私营有限责任公司	私营股份有限公司	其他企业	港澳台商投资	与港澳台商合资经营
金属工具制造	51556	2020830	1843	2906	211572	105814
集装箱及金属包装容器制造	3208	675910	5588	418	166730	46435
金属丝绳及其制品制造	8582	601885	2946	219	59405	11986
建筑、安全用金属制品制造	118913	3469685	8395	5369	384088	191690
金属表面处理及热处理加工	101461	1282701	64838	2373	80733	19945
搪瓷制品制造	4493	129964	2800	43	22468	18337
金属制日用品制造	55145	2449069	33220	1479	228846	110591
其他金属制品制造	45410	1771790	99503	1880	194215	118769
通用设备制造业	570444	24561691	438019	25469	3241159	1560379
锅炉及原动设备制造	6716	1062686	7337	5	258157	123926
金属加工机械制造	46272	2079121	20737	1232	300614	91823
物料搬运设备制造	15674	1963513	117021	1581	408215	109697
泵、阀门、压缩机及类似机械制造	118627	5529193	66809	5689	633778	374817
轴承、齿轮和传动部件制造	101875	3927805	12530	1106	395678	200748
烘炉、风机、衡器、包装等设备制造	19850	3197632	149944	5266	517886	236849
文化、办公用机械制造	788	341436	18711	158	100501	52669
通用零部件制造	249817	4836185	40771	9992	581608	361594
其他通用设备制造业	10826	1624120	4159	440	44722	8256
专用设备制造业	236718	11481713	367571	7938	1918091	886332
采矿、冶金、建筑专用设备制造	12636	1066715	28038	11	141096	64669
化工、木材、非金属加工专用设备制造	119518	3460055	172457	5109	810043	354339
食品、饮料、烟草及饲料生产专用设备制造	1464	346396	5251	389	52471	15644
印刷、制药、日化及日用品生产专用设备制造	8659	586811	5380	550	92469	57509
纺织、服装和皮革加工专用设备制造	64746	2021867	75829	1674	351069	155266
电子和电工机械专用设备制造	3205	418137	16917		47146	11149
农、林、牧、渔专用机械制造	14565	612182	14327	141	66933	22756
医疗仪器设备及器械制造	2026	637667	5486	25	91970	30716
环保、社会公共服务及其他专用设备制造	9898	2331884	43886	38	264894	174284

单位：万元

与港澳台商合作经营	港澳台商独资	港澳台商投资股份有限公司	其他港澳台投资	外商投资	中外合资经营	中外合作经营	外资企业	外商投资股份有限公司	其他外商投资
	105759			245285	155670		89615		
	120295			95195	63174		31508	512	
	47419			6986			6986		
	179822	10994	1583	282048	99516	5876	176654		1
559	60228			51335	14321	5862	31152		
	4130			7560	7551		9		
	118187		68	189252	77956		111296		
13917	61529			98786	35147		63639		
74365	1603881	2504	30	3715858	1924867	13779	1757108	11832	8272
61726	72505			179516	144614		34902		
	208791			403514	65329		338171		13
	298518			336714	184965		151749		
	258957	4		890109	544836	11280	328093		5900
3688	188712	2500	30	649403	402179	207	247016		
50	280986			509302	219050	2291	287961		
	47833			46349	21380		14434	10534	
8902	211112			664349	335170		326707	1298	1175
	36466			36602	7342		28075		1185
27662	931121	55787	17188	1874459	700595	4878	1129097	34907	4982
	76427			249384	8014		241370		
	409400	46304		800551	361082		437446		2023
18373	18454			32125	16556		15569		
	34960			98522	29871		68651		
1731	169202	7682	17188	154551	59844		74707	20000	
20	35977			84330	65004		19326		
7250	35127	1801		48096	11202		33935		2958
289	60965			149452	56985	4878	73803	13786	
	90610			257449	92037		164291	1121	

2-B-35 续表 24

行业	私营合伙	私营有限责任公司	私营股份有限公司	其他企业	港澳台商投资	与港澳台商合资经营
汽车制造业	205690	8582461	132939	4507	1248412	582436
汽车整车制造		394504			54018	37490
改装汽车制造		57379			17846	17846
低速载货汽车制造						
电车制造		6896			7729	
汽车车身、挂车制造	95	48635			22648	14468
汽车零部件及配件制造	205594	8075048	132939	4507	1146170	512631
铁路、船舶、航空航天和其他运输设备制造业	62284	4706140	59456	3694	400555	241700
铁路运输设备制造	442	292614			5451	5451
城市轨道交通设备制造		2160				
船舶及相关装置制造	18490	2358082	22214	…	167413	124688
航空、航天器及设备制造	360	39813	33766			
摩托车制造	21787	960751	988	1010	21372	500
自行车制造	16646	890654		2664	194869	108888
非公路休闲车及零配件制造	841	128226	2488	20	2417	
潜水救捞及其他未列明运输设备制造	3718	33840			9033	2174
电气机械和器材制造业	231324	21451448	1150224	12354	3397481	1768421
电机制造	29482	2483459	28800	1571	300449	175901
输配电及控制设备制造	70533	7410989	162086	1235	861219	532178
电线、电缆、光缆及电工器材制造	23710	2974469	187746	1528	499440	217591
电池制造	4155	880663	120250	30	343923	161337
家用电力器具制造	62477	3466769	47460	3950	549164	267833
非电力家用器具制造	3448	671821	21464	794	55071	34783
照明器具制造	32686	3203846	582248	2735	757557	351225
其他电气机械及器材制造	4836	359432	169	512	30658	27572
计算机、通信和其他电子设备制造业	44684	5900753	140240	7809	1754926	905064

单位：万元

与港澳台商合作经营	港澳台商独资	港澳台商投资股份有限公司	其他港澳台投资	外商投资	中外合资经营	中外合作经营	外资企业	外商投资股份有限公司	其他外商投资
9350	627318	29307		2104140	1064075	51169	988896		
	16528			49659	11502		38157		
				34459	18938		15522		
	7729								
	8179			9491			9491		
9350	594882	29307		2010530	1033635	51169	925726		
12452	146403			271855	148598	10330	112727		200
				1416	1416				
	42725			80584	62918		17666		
				450			450		
	20872			36434	18365		17869		200
5920	80061			112490	54012	10330	48148		
	2417			34537	5943		28594		
6531	327			5944	5944				
16491	1549351	60510	2709	2418793	1314969	52334	1045178	6223	90
	122102	2446		265871	128638	29940	107203		90
3280	323052		2709	594550	299609	9367	281767	3807	
7715	274134			486527	319579	1667	162864	2416	
	164366	18220		155217	73551		81666		
5496	267937	7898		352448	162740		189708		
	20287			42601	5727		36874		
	374386	31946		481768	314674	11361	155734		
	3086			39812	10450		29362		
71857	729693	48312		1177982	452151	10888	714944		

2-B-35 续表 25

行业						
					港澳台商投资	与港澳台商合资经营
	私营合伙	私营有限责任公司	私营股份有限公司	其他企业		
计算机制造	1516	194547	3989		65456	4522
通信设备制造	5397	888257	10337	3702	180344	102201
广播电视设备制造	2501	212859	3500		77477	10411
雷达及配套设备制造		2219			230665	230665
视听设备制造	4334	369128	50	20	92861	16134
电子器件制造	2345	804387	54021	1020	448136	245826
电子元件制造	26519	3065266	62278	3047	537160	219001
其他电子设备制造	2072	364091	6064	20	122828	76303
仪器仪表制造业	52399	2860187	122790	1647	382629	222145
通用仪器仪表制造	23898	1659124	109701	62	253185	165150
专用仪器仪表制造	5380	480482	12989	190	46479	9833
钟表与计时仪器制造	1644	49831		20	24066	20259
光学仪器及眼镜制造	17175	591060		1330	56918	26903
其他仪器仪表制造业	4302	79690	100	45	1982	
其他制造业	247177	3770062	26717	2117	210371	99619
日用杂品制造	244998	3468481	14252	611	180179	81315
煤制品制造	28	19668		6		
核辐射加工	15	402	6293			
其他未列明制造业	2136	281511	6172	1500	30192	18304
废弃资源综合利用业	7443	813789	368	130	83327	6259
金属废料和碎屑加工处理	2583	522363	338	30	68088	6239
非金属废料和碎屑加工处理	4860	291426	30	100	15239	20
金属制品、机械和设备修理业	12797	428878	86	5905	145407	140483
金属制品修理		5350		25	3388	
通用设备修理	393	25468	83	600	2159	623
专用设备修理	30	13688		678		
铁路、船舶、航空航天等运输设备修理	11761	351890		4582	138867	138867

单位：万元

与港澳台商合作经营	港澳台商独资	港澳台商投资股份有限公司	其他港澳台投资	外商投资	中外合资经营	中外合作经营	外资企业	外商投资股份有限公司	其他外商投资
	18675	42259		137647	65944		71704		
1450	76693			192806	50279	6399	136128		
	64415	2651		16041	3163		12878		
				2247	2247				
	76727			81830	50908		30923		
1781	200529			223668	97343		126326		
68627	246130	3403		438272	157948	4489	275835		
	46525			85470	24320		61150		
4177	156306			422823	241738	1387	146039		33660
4177	83858			236412	173711		62701		
	36646			61787	5901		22226		33660
	3806			4902	4370		533		
	30014			113519	57756	1387	54377		
	1982			6202			6202		
	110752			83057	45798	8252	29006		
	98864			67960	41904	8252	17804		
				8			8		
	11888			15089	3894		11194		
	77068			102808	86475	2080	14252		
	61849			100990	86325	2080	12585		
	15219			1817	150		1667		
	4924			100445	99788		657		
	3388								
	1536			65	65				
				5324	5324				
				94867	94236		630		

2-B-35 续表 26

行业	私营合伙	私营有限责任公司	私营股份有限公司	其他企业	港澳台商投资	与港澳台商合资经营
电气设备修理	156	20063	3		50	50
仪器仪表修理		209			943	943
其他机械和设备修理业	458	12210		20		
电力、热力、燃气及水生产和供应业	**227713**	**3677129**	**10409**	**6674**	**1752337**	**1087249**
电力、热力生产和供应业	206534	2266580	8779	6208	1452390	893507
电力生产	206339	2038346	8779	6208	1329407	827797
电力供应	195	1909				
热力生产和供应		226325			122983	65710
燃气生产和供应业	4915	730948			172820	91453
燃气生产和供应业	4915	730948			172820	91453
水的生产和供应业	16264	679600	1630	466	127126	102290
自来水生产和供应	5498	155226		430	9950	
污水处理及其再生利用	1713	502583	1000		117176	102290
其他水的处理、利用与分配	9053	21791	630	36		
建筑业	**9537**	**15076816**	**124150**	**8913**	**227496**	**123769**
房屋建筑业	1361	3794649	42149	85	180777	98936
房屋建筑业	1361	3794649	42149	85	180777	98936
土木工程建筑业	1622	6036382	52544	55	21163	8992
铁路、道路、隧道和桥梁工程建筑	135	3182606	32485	15	9316	
水利和内河港口工程建筑	16	1121978	4528		8348	8348
海洋工程建筑		216454	3020			
工矿工程建筑		97679				
架线和管道工程建筑		272730	4550			
其他土木工程建筑	1471	1144935	7962	40	3500	644
建筑安装业	3387	1688772	8394	7	19390	11250
电气安装	2446	530144	4483	2	3121	3121
管道和设备安装	819	455758	1913	5	54	
其他建筑安装业	123	702870	1998		16216	8130

单位：万元

与港澳台商合作经营	港澳台商独资	港澳台商投资股份有限公司	其他港澳台投资	外商投资	中外合资经营	中外合作经营	外资企业	外商投资股份有限公司	其他外商投资
				189	162		27		
157811	**507277**			**3628535**	**2925842**	**158911**	**543283**		**500**
146671	412212			3013616	2593940	150077	269599		
146671	354939			2908598	2488922	150077	269599		
				20997	20997				
	57274			84021	84021				
2528	78839			330830	234795		96034		
2528	78839			330830	234795		96034		
8611	16225			284089	97107	8833	177649		500
8611	1339			52291	25999	8833	17459		
	14886			231448	70758		160190		500
				350	350				
9316	**94412**			**344292**	**40333**	**4924**	**298451**		**584**
	81841			3032			3032		
	81841			3032			3032		
9316	2856			306093	30271	4844	270977		
9316				222300			222300		
				21545	21545				
				46293			46293		
				12840	5968	4844	2028		
				261	261				
	2856			2853	2498		356		
	8140			30729	6808		23421		500
				697	150		47		500
	54			22206	310		21896		
	8086			7826	6348		1478		

2-B-35 续表 27

行业	私营合伙	私营有限责任公司	私营股份有限公司	其他企业	港澳台商投资	与港澳台商合资经营
建筑装饰和其他建筑业	3167	3557012	21063	8766	6166	4590
建筑装饰业	2469	2640069	19459	8526	6166	4590
工程准备活动	678	621085	1558	240		
提供施工设备服务	15	62168				
其他未列明建筑业	5	233690	46			
批发和零售业	**198372**	**120821088**	**1285686**	**1223771**	**4762421**	**902905**
批发业	104396	109163795	1161780	1045646	3345332	773927
农、林、牧产品批发	6435	1213586	46145	435480	116914	23437
食品、饮料及烟草制品批发	13170	3725410	149252	501182	171895	18429
纺织、服装及家庭用品批发	26209	23017353	97939	23563	767105	98755
文化、体育用品及器材批发	3300	2719119	11544	6631	177937	18744
医药及医疗器材批发	187	1130117	12712	25282	44944	8520
矿产品、建材及化工产品批发	35959	56395183	577831	13143	1402254	449102
机械设备、五金产品及电子产品批发	9454	12851187	64345	14386	312797	154198
贸易经纪与代理	1803	4781510	166929	16865	51847	1903
其他批发业	7878	3330331	35083	9114	299638	839
零售业	93975	11657293	123906	178125	1417089	128978
综合零售	4377	496177	3363	1385	1309470	54314
食品、饮料及烟草制品专门零售	2837	665862	19259	109891	23856	23210
纺织、服装及日用品专门零售	4442	1162709	13906	2776	17366	15455
文化、体育用品及器材专门零售	3013	1098798	1927	4089	10084	6490
医药及医疗器材专门零售	27177	391111	1322	10505	15	15
汽车、摩托车、燃料及零配件专门零售	27579	3642378	34417	3047	25442	7523
家用电器及电子产品专门零售	6725	1879013	30758	3204	1419	661
五金、家具及室内装饰材料专门零售	10354	1422306	3618	3937	9048	7784
货摊、无店铺及其他零售业	7470	898939	15337	39291	20389	13526

单位：万元

与港澳台商合作经营	港澳台商独资	港澳台商投资股份有限公司	其他港澳台投资	外商投资	中外合资经营	中外合作经营	外资企业	外商投资股份有限公司	其他外商投资
	1576			4438	3254	80	1021		84
	1576			4354	3254	80	1021		
				74					74
				10					10
5354	**3686769**	**125133**	**42260**	**3657918**	**2083416**	**4208**	**1431939**	**6487**	**131868**
5011	2404422	120449	41523	3408385	2005531	4208	1265956	4487	128203
2609	90869			3939	12		3927		
	153366		100	163855	31867		131838		150
2335	521332	120196	24486	574668	55998	2021	440171	2587	73891
	157471	150	1572	98860	6381	20	85308	110	7041
	36424			9311	6424		2878		10
	953090	61		1910588	1586042	25	322133		2387
	154546		4053	344107	113002	1017	218394		11695
67	38542	42	11294	84097	5134	976	47070	1580	29338
	298782		17	218959	200671	150	14237	210	3691
343	1282347	4684	737	249533	77886		165982	2000	3665
	1255067		90	47769	32956		13453		1361
32	585		28	8584	2620		5964		
	1798		113	31117	13071		17996		50
250	3344			10490	716		9735		40
				2984	2744		220		20
	13235	4684		76208	4640		71518		50
61	697			6849	1040		5343		467
	1264			39804	9416		30011		377
	6356		507	25727	10684		11744	2000	1300

2-B-35 续表 28

行业	私营合伙	私营有限责任公司	私营股份有限公司	其他企业	港澳台商投资	与港澳台商合资经营
交通运输、仓储和邮政业	**215198**	**13403917**	**1354092**	**5503**	**1123606**	**757722**
道路运输业	12723	3998726	1272679	4668	251235	33905
城市公共交通运输	30	210214	1631	1125	6364	4749
公路旅客运输	405	220993	5742		4406	4406
道路货物运输	10704	3212995	102571	3051	55675	15815
道路运输辅助活动	1585	354525	1162735	492	184791	8936
水上运输业	115	5461122	21211	5	290582	290582
水上旅客运输		44622				
水上货物运输		4637501	21211			
水上运输辅助活动	115	779000		5	290582	290582
航空运输业		8037				
航空客货运输		67				
通用航空服务		5513				
航空运输辅助活动		2457				
管道运输业						
管道运输业						
装卸搬运和运输代理业	201513	2944943	56101	420	108975	94856
装卸搬运	2623	182003	1912	38	68398	60586
运输代理业	198889	2762940	54189	381	40576	34270
仓储业	843	825560	3576	407	472814	338379
谷物、棉花等农产品仓储		24787	853	407		
其他仓储业	843	800773	2723		472814	338379
邮政业	5	165529	526	3		
邮政基本服务		949				
快递服务	5	164580	526	3		
住宿和餐饮业	**150925**	**3285100**	**156341**	**29424**	**419850**	**117917**
住宿业	73635	1963153	143251	11858	387289	98631

单位：万元

与港澳台商合作经营	港澳台商独资	港澳台商投资股份有限公司	其他港澳台投资	外商投资	中外合资经营	中外合作经营	外资企业	外商投资股份有限公司	其他外商投资
26846	**334455**	**4584**		**1207472**	**757106**	**29038**	**420974**		**355**
26846	190484			370525	331706		38534		285
	1615			852			567		285
10888	28972			193168	155331		37837		
15958	159897			176505	176375		130		
				172955	143967	28988			
				172955	143967	28988			
				…			…		
				…			…		
	11663	2456		94848	81244	50	13484		70
	7812			37229	27960	50	9219		
	3851	2456		57619	53284		4265		70
	132307	2128		569144	200188		368956		
				1600			1600		
	132307	2128		567544	200188		367356		
42865	**258196**		**872**	**253112**	**45991**	**5850**	**198851**	**1213**	**1207**
42773	245808		76	181338	28165	5850	146572	751	

2-B-35 续表 29

行业	私营合伙	私营有限责任公司	私营股份有限公司	其他企业	港澳台商投资	与港澳台商合资经营
旅游饭店	20985	1285952	63701	6572	300683	81721
一般旅馆	48785	632633	79549	4822	86606	16910
其他住宿业	3866	44568		465		
餐饮业	77289	1321946	13090	17565	32561	19286
正餐服务	63024	1182913	11531	15523	31664	19101
快餐服务	1558	44777		390	560	
饮料及冷饮服务	6675	39177	1196	1238	155	15
其他餐饮业	6032	55079	364	414	182	170
信息传输、软件和信息技术服务业	**39687**	**6235557**	**35927**	**1045**	**826455**	**167708**
电信、广播电视和卫星传输服务	288	145427	1108	568	129	
电信	238	133618	1108	568	129	
广播电视传输服务	50	11809				
互联网和相关服务	80	556909	4966		36153	
互联网接入及相关服务		30141	11			
互联网信息服务	80	501158	4954		604	
其他互联网服务		25610	1		35549	
软件和信息技术服务业	39318	5533221	29853	477	790173	167708
软件开发	1247	4048949	23476	30	557225	148168
信息系统集成服务	50	437323	3695		37626	553
信息技术咨询服务	37596	773857	1927	32	73048	10
数据处理和存储服务		40203			85	
集成电路设计		55443			4316	4316
其他信息技术服务业	426	177446	755	415	117873	14661
房地产业	**58278**	**74399553**	**1330977**	**41122**	**13955537**	**5811104**
房地产业	58278	74399553	1330977	41122	13955537	5811104
房地产开发经营	32799	67318473	1058142	31712	13530577	5731508
物业管理	604	1892192	5548	340	212241	2159
房地产中介服务	24193	1362397	109708	1240	136743	77364
其他房地产业	682	3826490	157579	7830	75976	73

单位：万元

与港澳台商合作经营	港澳台商独资	港澳台商投资股份有限公司	其他港澳台投资	外商投资	中外合资经营	中外合作经营	外资企业	外商投资股份有限公司	其他外商投资
992	217970			156703	15213		141490		
41781	27839		76	24635	12952	5850	5082	751	
92	12388		795	71774	17825		52279	463	1207
92	11675		795	65465	17261		46534	463	1207
	560			567	500		67		
	140			895	14		881		
	13			4847	50		4797		
	658747			**1345680**	**364217**	**424**	**979313**	**1094**	**632**
	129			212	15		197		
	129			197			197		
				15	15				
	36153			9482	441		9041		
				6892			6892		
	604			2590	441		2149		
	35549								
	622465			1335986	363761	424	970075	1094	632
	409057			1255123	351217	14	902327	1094	471
	37073			9138	7775	410	953		
	73038			11704	913		10630		161
	85			45797			45797		
				6653			6653		
	103213			7571	3855		3715		
13582	**7692576**	**438276**		**6346187**	**3061794**	**259705**	**3000729**	**23910**	**50**
13582	7692576	438276		6346187	3061794	259705	3000729	23910	50
	7395793	403276		5833232	2692791	255842	2860743	23856	
13582	196500			200471	141799	3863	54756	53	
	59380			120819	41569		79200		50
	40903	35000		191666	185636		6030		

2-B-35 续表 30

行业	私营合伙	私营有限责任公司	私营股份有限公司	其他企业	港澳台商投资	与港澳台商合资经营
租赁和商务服务业	**3976923**	**57879095**	**3010933**	**2546350**	**2126474**	**400957**
租赁业	1432	1911319	32039	5222	110477	59904
机械设备租赁	1370	1826502	31988	4322	90560	59904
文化及日用品出租	62	84817	51	900	19918	
商务服务业	3975492	55967777	2978894	2541128	2015997	341052
企业管理服务	1571993	39142661	2734112	2411987	962824	182921
法律服务	84982	12983	2983	100034	369	
咨询与调查	2297205	6845305	70578	16708	236914	37548
广告业	1701	1532158	3701	694	3885	36
知识产权服务	4307	42500		50		
人力资源服务	895	341138	11226	2714	1699	
旅行社及相关服务	816	1069202	19053	1067	106359	1159
安全保护服务		110308		1		
其他商务服务业	13593	6871521	137241	7874	703947	119389
科学研究和技术服务业	**23086**	**6908272**	**133362**	**181178**	**524741**	**168152**
研究和试验发展	816	1344131	2154	13021	140007	109308
自然科学研究和试验发展	19	47783	5	10374	1520	
工程和技术研究和试验发展	388	916953	990	1041	118521	106141
农业科学研究和试验发展	47	282984	1149	1266	270	270
医学研究和试验发展	230	91243	10	340	19697	2897
社会人文科学研究	132	5169				
专业技术服务业	14188	3300529	102984	6518	170422	9632
气象服务		2658				
地震服务		13				
海洋服务		2132				

单位：万元

与港澳台商合作经营	港澳台商独资	港澳台商投资股份有限公司	其他港澳台投资	外商投资	中外合资经营	中外合作经营	外资企业	外商投资股份有限公司	其他外商投资
33190	**1676027**	**16261**	**40**	**4229810**	**2327502**	**27247**	**1660831**	**206666**	**7565**
	50573			453068	122007		170962	160099	
	30655			453068	122007		170962	160099	
	19918								
33190	1625454	16261	40	3776742	2205495	27247	1489868	46567	7565
28190	736939	14765	10	2397572	1935528	26460	411444	24045	95
	369								
	197908	1459		1058316	57881		971879	22521	6035
	3811	37		10265	66		10198		
				236			236		
	1699			470	120		330		20
5000	100171		30	21788	16827	787	4125		50
				3550	3200		5		345
	584558			284544	191873		91651		1020
134869	**221614**		**106**	**686801**	**305053**	**3825**	**341055**	**35909**	**959**
300	30399			225060	145052	781	51787	27439	
	1520			258	172		86		
300	12080			155956	120310		35645		
				1499	593	781	125		
	16800			67347	23977		15931	27439	
	160714		76	305868	65879	240	238787	2	959
				5594	5594				

2-B-35 续表 31

行业	私营合伙	私营有限责任公司	私营股份有限公司	其他企业	港澳台商投资	与港澳台商合资经营
测绘服务	2469	62313	69			
质检技术服务	1884	196385	329	519	16563	2056
环境与生态监测	56	117798			55	55
地质勘查		20578	20			
工程技术	7377	2027976	93913	4697	51177	317
其他专业技术服务业	2403	870675	8652	1301	102627	7205
科技推广和应用服务业	8081	2263612	28224	161638	214312	49211
技术推广服务	7718	1767563	19186	161032	211487	47359
科技中介服务	298	408581	3977	573	2824	1852
其他科技推广和应用服务业	65	87467	5061	34		
水利、环境和公共设施管理业	**3690**	**4854670**	**291979**	**2909**	**137943**	**119768**
水利管理业	50	82416	15777	100	15769	
防洪除涝设施管理		2943				
水资源管理		12804	13777		6169	
天然水收集与分配		1268				
水文服务		299			9600	
其他水利管理业	50	65102	2000	100		
生态保护和环境治理业	2089	309884		716	36392	36372
生态保护		20854		238		
环境治理业	2089	289030		478	36392	36372
公共设施管理业	1551	4462369	276201	2093	85783	83396
市政设施管理		2569364	70		32712	32609
环境卫生管理	23	56682	248			
城乡市容管理		68070		55		
绿化管理	175	877110	21026	532		
公园和游览景区管理	1353	891144	254858	1506	53071	50787

单位：万元

与港澳台商合作经营	港澳台商独资	港澳台商投资股份有限公司	其他港澳台投资	外商投资	中外合资经营	中外合作经营	外资企业	外商投资股份有限公司	其他外商投资
	14507			119681	5818		113863		
				643	643				
	50861			50103	28207	240	20698		959
	95346		76	129846	25617		104227	2	
134569	30501		30	155873	94121	2804	50481	8467	
134569	29559			129721	71821	2804	46629	8467	
	942		30	26052	22300		3752		
				100			100		
	18176			**117315**	**37517**		**79799**		**…**
	15769								
	6169								
	9600								
	20			11409	9609		1800		
	20			11409	9609		1800		
	2386			105907	27908		77999		…
	102			12464	12384		80		
				15			15		
				12938	2204		10734		…
	2284			80490	13320		67169		

2-B-35 续表 32

行业	私营合伙	私营有限责任公司	私营股份有限公司	其他企业	港澳台商投资	与港澳台商合资经营
居民服务、修理和其他服务业	**49100**	**1363490**	**6605**	**13913**	**9252**	**3972**
居民服务业	24287	274654	2986	8430	3745	1866
家庭服务	148	27458		2699	160	160
托儿所服务	4520	634		130		
洗染服务	2429	25750	84			
理发及美容服务	4261	26987	28	95		
洗浴服务	7374	42767	2283	1501		
保健服务	3371	40287	50	750	3	
婚姻服务	583	14542	20	7		
殡葬服务	1029	29734	500	2891	3582	1706
其他居民服务业	570	66494	21	358		
机动车、电子产品和日用产品修理业	21972	852372	2312	2175	5507	2106
汽车、摩托车修理与维护	21192	722983	1631	1991	5507	2106
计算机和办公设备维修	291	50332	37	…		
家用电器修理	457	60398	566	107		
其他日用产品修理业	32	18658	78	76		
其他服务业	2841	236464	1306	3308		
清洁服务	1576	126150	957	41		
其他未列明服务业	1265	110314	350	3267		
卫生和社会工作	**731**	**1402384**		**65**	**3000**	
社会工作	731	1402384		65	3000	
提供住宿社会工作	631	1369960				
不提供住宿社会工作	100	32424		65	3000	
文化、体育和娱乐业	**95276**	**2532481**	**296944**	**6593**	**81785**	**63613**
新闻和出版业	4	8617		212		
新闻业		266		…		
出版业	4	8351		212		
广播、电视、电影和影视录音制作业	3876	1623777	292339	753	9361	3761

单位：万元

与港澳台商合作经营	港澳台商独资	港澳台商投资股份有限公司	其他港澳台投资	外商投资	中外合资经营	中外合作经营	外资企业	外商投资股份有限公司	其他外商投资
1876	**3404**			**39810**	**9406**		**30284**		**120**
1876	3			1564	998		516		49
				83	48		34		
				1235	950		235		49
	3			129			129		
1876									
				118			118		
	3401			38083	8390		29623		70
	3401			36553	7933		28550		70
				420			420		
				1109	456		653		
				163	18		145		
				163	18		145		
	3000								
	3000								
	3000								
	17891		**282**	**165010**	**133903**	**50**	**31058**		
	5600			8574	8441		133		

2-B-35 续表 33

行业	私营合伙	私营有限责任公司	私营股份有限公司	其他企业	港澳台商投资	与港澳台商合资经营
广播		4206				
电视		192684	1500			
电影和影视节目制作	2358	1289449	286969		5600	
电影和影视节目发行		13336				
电影放映	1517	122609	3869	753	3761	3761
录音制作		1493				
文化艺术业	703	172269	182	376	197	
文艺创作与表演	410	46659		17	149	
艺术表演场馆		1147				
图书馆与档案馆	162	660				
文物及非物质文化遗产保护	130	34138		224		
博物馆		29645				
烈士陵园、纪念馆						
群众文化活动		4714		135		
其他文化艺术业		55306	182		48	
体育	5289	245350	250	919	45899	41653
体育组织		12064				
体育场馆	1726	35024				
休闲健身活动	3563	145793		919	45899	41653
其他体育		52470	250			
娱乐业	85405	482469	4173	4333	26328	18199
室内娱乐活动	84917	248362	3042	3703	2480	2480
游乐园	458	117564		10	23809	15680
彩票活动						
文化、娱乐、体育经纪代理		36544	1131		39	39
其他娱乐业	30	79999		620		

单位：万元

与港澳台商合作经营	港澳台商独资	港澳台商投资股份有限公司	其他港澳台投资	外商投资	中外合资经营	中外合作经营	外资企业	外商投资股份有限公司	其他外商投资
	5600			133			133		
				8441	8441				
	197			264			264		
	149								
	48			264			264		
	3965		282	117729	111652		6077		
	3965		282	117729	111652		6077		
	8129			38443	13809	50	24583		
				2402	2099	50	253		
	8129			24331			24331		
				45	45				
				11665	11665				

2-B-36 按行业中类、登记注册类型

行业	合计	内资	国有	集体	股份合作企业	联营企业
总计	**728639101**	**657746550**	**3906525**	**3243142**	**5516655**	**203883**
农、林、牧、渔业	**143980**	**143474**	**1648**	**3323**	**1476**	**360**
农业	4661	4661	197		381	
谷物种植	324	324				
蔬菜、食用菌及园艺作物种植	1249	1249	84			
水果种植	1166	1166	113		381	
坚果、含油果、香料和饮料作物种植	1355	1355				
中药材种植	502	502				
其他农业	66	66				
林业	606	606				
林木育种和育苗	606	606				
畜牧业	3098	2959	93	30		
牲畜饲养	1557	1445				
家禽饲养	1140	1113	93			
其他畜牧业	401	401		30		
渔业	2360	2360				
水产养殖	2360	2360				
农、林、牧、渔服务业	133255	132888	1357	3293	1095	360
农业服务业	113443	113076	194	3172	794	
林业服务业	6214	6214	410	74		360
畜牧服务业	8784	8784	529	47		
渔业服务业	4813	4813	224		301	
采矿业	**1881378**	**1799599**	**10479**	**150538**	**4524**	**29**
煤炭开采和洗选业	14719	14719				
烟煤和无烟煤开采洗选	5143	5143				
褐煤开采洗选	7536	7536				
其他煤炭采选	2041	2041				

分组的小微企业全年营业收入

单位：万元

国有联营	集体联营	国有与集体联营	其他联营	有限责任公司	国有独资公司	其他有限责任公司	股份有限公司	私营企业	私营独资
51632	**29190**	**67908**	**55152**	**114646129**	**12311410**	**102334719**	**9928141**	**516851119**	**41869691**
			360	**3873**	**1637**	**2237**	**11**	**40777**	**6357**
				214		214		2388	184
				214		214		240	57
								453	45
								1177	82
								452	
								66	
								606	321
								606	321
								2293	584
								1382	364
								600	220
								311	
								1473	50
								1473	50
			360	3660	1637	2023	11	34017	5218
				2698	1637	1061	11	25922	3420
			360	250		250		3300	137
				485		485		2515	828
				227		227		2280	833
			29	**307102**	**14651**	**292451**	**9900**	**1300498**	**186174**
								14599	502
								5023	442
								7536	
								2041	60

2-B-36 续表 1

行业	合计	内资				
			国有	集体	股份合作企业	联营企业
黑色金属矿采选业	108090	102200	3551	948		
铁矿采选	108090	102200	3551	948		
有色金属矿采选业	170450	170450	385	1152	1975	
常用有色金属矿采选	68721	68721		1152	1975	
贵金属矿采选	4370	4370	385			
稀有稀土金属矿采选	97359	97359				
非金属矿采选业	1579556	1503667	6107	148308	2549	29
土砂石开采	1489751	1413862	6107	146960	2488	29
化学矿开采	11540	11540		10		
采盐	790	790		310		
石棉及其他非金属矿采选	77475	77475		1029	61	
开采辅助活动	646	646		130		
石油和天然气开采辅助活动	86	86				
其他开采辅助活动	560	560		130		
其他采矿业	7917	7917	436			
其他采矿业	7917	7917	436			
制造业	**386810663**	**329568759**	**264095**	**676246**	**4711852**	**21251**
农副食品加工业	9008353	8134471	18190	17262	136758	124
谷物磨制	750283	645064	6504	3102	16775	
饲料加工	1970761	1856876	1050	194	9065	
植物油加工	578329	496477		326	673	
制糖业	13459	13459				
屠宰及肉类加工	1033930	951070	7781	9609	7829	
水产品加工	2677628	2391834	5	2890	96881	
蔬菜、水果和坚果加工	1447629	1374711		749	4819	
其他农副食品加工	536333	404979	2851	393	715	124
食品制造业	2950660	2191727	26364	1937	26172	220
焙烤食品制造	343398	303590		284	2985	

单位：万元

国有联营	集体联营	国有与集体联营	其他联营	有限责任公司	国有独资公司	其他有限责任公司	股份有限公司	私营企业	私营独资
				53214		53214		44487	
				53214		53214		44487	
				6300		6300	7234	153347	4857
				6054		6054	7234	52248	4857
								3985	
				246		246		97113	
			29	247588	14651	232937	2666	1080068	179694
			29	242686	14651	228035	2663	996578	165734
								11530	10980
								480	
				4902		4902	3	71479	2979
								516	
								86	
								430	
								7481	1121
								7481	1121
1270	**10461**	**666**	**8853**	**44164765**	**4576745**	**39588019**	**4584396**	**274612473**	**33039380**
16			108	1065354	28262	1037092	451747	6312187	539995
				103218		103218	23547	489318	37618
				256406		256406	175367	1413630	42272
				56512		56512	197999	236833	4999
								11907	3086
				298416	28262	270153	13929	611295	34357
				214923		214923	18550	2054150	81883
				89290		89290	22355	1149672	254313
16			108	46590		46590		345381	81467
			220	396301	5132	391169	23804	1703829	97596
				35976		35976	85	263705	29472

2-B-36 续表 2

行业	合计	内资	国有	集体	股份合作企业	联营企业
糖果、巧克力及蜜饯制造	168159	119742		139	1226	
方便食品制造	366694	267378	763		5883	
乳制品制造	124810	116576	24818	375	182	
罐头食品制造	296982	216028		710	2148	220
调味品、发酵制品制造	323756	222248	42	269	750	
其他食品制造	1326860	946166	742	160	12997	
酒、饮料和精制茶制造业	2489523	1815239	15941	4713	19529	1254
酒的制造	521253	351331	3115	2928	13866	1254
饮料制造	737923	272051	2244	66	1510	
精制茶加工	1230348	1191856	10582	1720	4154	
烟草制品业	3926900	3903445			1392	
卷烟制造	3901273	3901273				
其他烟草制品制造	25626	2172			1392	
纺织业	42748713	37354384	75	36622	170263	
棉纺织及印染精加工	16873727	14922848		19009	61606	
毛纺织及染整精加工	1772926	1305481		997	15143	
麻纺织及染整精加工	111519	83907		24	115	
丝绢纺织及印染精加工	2597873	2305664		4680	9639	
化纤织造及印染精加工	4053527	3757854		2038	12707	
针织或钩针编织物及其制品制造	9721066	8468508		5547	21417	
家用纺织制成品制造	4112608	3532985	75	3087	10383	
非家用纺织制成品制造	3505468	2977135		1240	39254	
纺织服装、服饰业	20200331	16625734	10784	13260	91915	1072
机织服装制造	10701988	8793686	8808	7607	37586	20
针织或钩针编织服装制造	5833776	4660769	1976	2446	34461	1052
服饰制造	3664567	3171278		3206	19868	
皮革、毛皮、羽毛及其制品和制鞋业	13289636	12001587	3030	7849	304701	
皮革鞣制加工	905332	695270		1407	61337	

单位：万元

国有联营	集体联营	国有与集体联营	其他联营	有限责任公司	国有独资公司	其他有限责任公司	股份有限公司	私营企业	私营独资
				8170		8170		109958	6172
				36226		36226	130	218684	13882
				13773		13773		77428	2835
			220	35598		35598		173714	16328
				87574		87574		133175	9090
				178984	5132	173851	23589	727167	19816
1254				261553	3210	258343	26666	1421123	247198
1254				46056	2121	43935	4877	277465	36791
				81936	1089	80847	14960	170754	13812
				133561		133561	6829	972903	196595
				3901273	3901273			780	
				3901273	3901273				
								780	
				1872768	8884	1863884	154516	35100725	3442786
				851388		851388	29050	13959023	1468840
				59033		59033	16683	1211801	126750
				4856		4856		78518	4475
				138507	4601	133906	13595	2137337	219557
				93481		93481	3892	3643898	407871
				278992	4283	274709	21339	8138614	510449
				208024		208024	15680	3291749	373092
				238488		238488	54277	2639783	331753
			1072	957008	74926	882082	111562	15415090	2651957
			20	566294	29335	536959	36510	8128333	1398680
			1052	272213	21312	250901	17929	4323862	617238
				118501	24279	94221	57123	2962895	636039
				707018		707018	9265	10953802	1781044
				66415		66415		565141	25571

2-B-36 续表 3

行业	合计	内资	国有	集体	股份合作企业	联营企业
皮革制品制造	3419393	2946531	3030	77	30659	
毛皮鞣制及制品加工	618385	568485		824	35	
羽毛(绒)加工及制品制造	853283	569788			10	
制鞋业	7493243	7221513	...	5541	212660	
木材加工和木、竹、藤、棕、草制品业	5609742	4837236	610	12047	18867	522
木材加工	636146	609973	610	3568	3012	280
人造板制造	1408016	1093953		2048	453	
木制品制造	2532468	2204534		5051	5921	242
竹、藤、棕、草等制品制造	1033112	928775		1381	9480	
家具制造业	5058670	4221765		3549	20312	
木质家具制造	2432509	2183997		3449	9109	
竹、藤家具制造	108597	87421				
金属家具制造	1387025	1099991			8926	
塑料家具制造	260091	223322			1972	
其他家具制造	870449	627033		100	305	
造纸和纸制品业	9121654	8201434		14128	137761	3691
纸浆制造	12660	12660				
造纸	4205660	3651520		3512	41002	
纸制品制造	4903334	4537254		10616	96759	3691
印刷和记录媒介复制业	5850562	5469566	10578	21734	173371	
印刷	5622411	5249221	8578	20618	168555	
装订及印刷相关服务	219133	211326	2000	1116	4817	
记录媒介复制	9019	9019				
文教、工美、体育和娱乐用品制造业	12232823	10603047	3610	9498	112480	72
文教办公用品制造	2043469	1776391	200	378	8756	
乐器制造	172373	114633		111	631	
工艺美术品制造	6869909	6063266	3410	6475	87783	72
体育用品制造	1367865	1169421		884	2360	

单位：万元

国有联营	集体联营	国有与集体联营	其他联营	有限责任公司	国有独资公司	其他有限责任公司	股份有限公司	私营企业	私营独资
				170226		170226	7361	2732997	363691
				4054		4054	578	562945	79572
				44069		44069		525710	88361
				422255		422255	1326	6567010	1223849
	522			212843		212843	6262	4559768	911763
	280			4746		4746	285	594592	219838
				130088		130088	1303	959996	177576
	242			38901		38901	587	2149171	292628
				39108		39108	4088	856009	221721
				253501		253501	25876	3906653	554298
				142916		142916	25876	1994544	329632
								87201	9191
				29598		29598		1059667	140450
				42752		42752		178598	15315
				38235		38235		586643	59710
		6	3685	848129		848129	40445	7149747	968564
				151		151		12509	3615
				392450		392450	11192	3203003	169226
		6	3685	455527		455527	29252	3934235	795723
				585307	4564	580743	28191	4642844	895155
				575540	4564	570977	28108	4440522	833026
				7597		7597	83	195472	60430
				2169		2169		6849	1700
	72			613722	53411	560311	15102	9817200	1691196
				84465		84465	1190	1673977	280517
				4607		4607		109284	6197
	72			422044	53411	368633	9276	5513024	1039012
				25257		25257	4150	1136538	126814

2-B-36 续表 4

行业	合计	内资	国有	集体	股份合作企业	联营企业
玩具制造	1349923	1106556		1650	11385	
游艺器材及娱乐用品制造	429284	372779			1566	
石油加工、炼焦和核燃料加工业	1694575	1338204		15	14229	
精炼石油产品制造	1691478	1335107		15	14229	
炼焦	1954	1954				
核燃料加工	1144	1144				
化学原料和化学制品制造业	25206330	15459499	28291	27079	168525	229
基础化学原料制造	6417553	3241745		7272	24717	
肥料制造	195296	166833	290	590	371	
农药制造	647912	593798	800	1121	26169	
涂料、油墨、颜料及类似产品制造	3243609	2413546		3149	32249	126
合成材料制造	7844001	3864890		1307	39933	
专用化学产品制造	5656413	4243061	26704	12705	38821	63
炸药、火工及焰火产品制造	90912	90912			560	
日用化学产品制造	1110634	844714	497	936	5705	40
医药制造业	3938997	2757326	1759	123	33336	
化学药品原料药制造	1200493	866035			15760	
化学药品制剂制造	920020	381315	1759		4454	
中药饮片加工	273201	247215		123	651	
中成药生产	452591	382930				
兽用药品制造	163675	145725			7108	
生物药品制造	464953	337241			1106	
卫生材料及医药用品制造	464063	396865			4258	
化学纤维制造业	7734365	5945770	1542		31109	
纤维素纤维原料及纤维制造	266469	122536	180			
合成纤维制造	7467895	5823233	1361		31109	
橡胶和塑料制品业	23830072	21098726	2597	31820	467834	715

单位：万元

国有联营	集体联营	国有与集体联营	其他联营	有限责任公司	国有独资公司	其他有限责任公司	股份有限公司	私营企业	私营独资
				36783		36783		1054679	216525
				40565		40565	487	329698	22131
				736878		736878		587083	12887
				736878		736878		583986	12887
								1954	
								1144	
	109	120		3122193	39106	3083087	603617	11503860	908368
				709590		709590	290979	2207515	147730
				33935		33935	19	130880	17990
				176028		176028	14308	375331	4502
	6	120		480936		480936	22086	1874233	156972
				895705	21032	874672	32023	2895772	79350
	63			673974	16570	657404	213036	3277638	451189
				74989	123	74866		15363	682
	40			77037	1380	75656	31165	727129	49952
				1038193		1038193	83519	1599620	27623
				370939		370939	26112	453224	2291
				159487		159487	22964	192652	3910
				109869		109869		135816	2692
				183067		183067	8200	191643	3053
				59998		59998		78619	2350
				128368		128368	19192	188575	1644
				26464		26464	7051	359092	11682
				736935	10007	726928	53010	5121525	245407
				230		230		120775	7477
				736705	10007	726698	53010	5000750	237930
	470		245	1985506	3267	1982239	198339	18385156	2906147

2-B-36 续表 5

行　业	合　计	内　资	国　有	集　体	股份合作企　业	联营企业
橡胶制品业	2554384	2353449	2597	10254	73482	
塑料制品业	21275689	18745277		21566	394352	715
非金属矿物制品业	17501336	15912171	26306	151541	164103	3045
水泥、石灰和石膏制造	2725387	2650744	21034	15700	459	1293
石膏、水泥制品及类似制品制造	7015300	6445657	526	27682	9235	
砖瓦、石材等建筑材料制造	2341056	2185978	4728	85869	114542	1752
玻璃制造	575072	493811		175	754	
玻璃制品制造	2115728	1776761		947	5293	
玻璃纤维和玻璃纤维增强塑料制品制造	664605	506760		2109	11268	
陶瓷制品制造	567135	489513	18	2476	3911	
耐火材料制品制造	898469	816736		14803	14909	
石墨及其他非金属矿物制品制造	598585	546212		1780	3733	
黑色金属冶炼和压延加工业	12663163	10723674		37631	241720	480
炼铁	23168	18927			1049	
炼钢	259930	155746				
黑色金属铸造	2308208	2214486		11047	143500	
钢压延加工	9780234	8061806		26584	94649	480
铁合金冶炼	291623	272709			2522	
有色金属冶炼和压延加工业	13299184	11882594		9762	105109	
常用有色金属冶炼	1167757	982096		2282	23133	
贵金属冶炼	796485	744962				
稀有稀土金属冶炼	76338	67825				
有色金属合金制造	1285195	1130634			6997	
有色金属铸造	225258	209960		82	2827	
有色金属压延加工	9748151	8747117		7398	72152	
金属制品业	24883390	22360965	4314	56934	329466	249
结构性金属制品制造	4797659	4533558		6796	14775	

单位：万元

国有联营	集体联营	国有与集体联营	其他联营	有限责任公司	国有独资公司	其他有限责任公司	股份有限公司	私营企业	私营独资
				191039		191039	5774	2069219	324145
	470		245	1794468	3267	1791200	192565	16315937	2582002
	1752		1293	3699505	208722	3490783	389404	11458037	1013719
			1293	1209687	84605	1125082	205570	1196709	54790
				1796252	122297	1673956	38189	4571077	156155
	1752			222948	1820	221128	45058	1699430	366596
				135616		135616		356387	15162
				132242		132242	59322	1577473	123898
				28286		28286	25464	438231	68000
				65830		65830	15658	400692	58296
				43755		43755	144	743125	93243
				64889		64889		474913	77579
	480			1516639		1516639	54904	8868380	613915
								17878	7169
								155746	11122
				245808		245808	6232	1804868	316313
	480			1247691		1247691	48672	6642841	277507
				23141		23141		247046	1805
				2421202		2421202	296097	9048720	503162
				194766		194766	20	761896	25102
				306006		306006		438956	870
				3813		3813		64012	19
				126025		126025	47844	949769	29297
				30773		30773		176174	61489
				1759821		1759821	248233	6657913	386385
	219		30	1926606	171108	1755498	66106	19946892	2907856
				382691	170207	212483	3043	4124744	243434

2-B-36 续表 6

行 业	合 计	内 资	国 有	集 体	股份合作企业	联营企业
金属工具制造	3123207	2773968	315	4242	13920	219
集装箱及金属包装容器制造	947541	712668	970	3228	8129	
金属丝绳及其制品制造	1431866	1330992		373	17828	
建筑、安全用金属制品制造	5851626	5321857		13407	102270	30
金属表面处理及热处理加工	2430655	2334863	190	21984	111685	
搪瓷制品制造	227069	201732			120	
金属制日用品制造	3077176	2621581		3366	16153	
其他金属制品制造	2996590	2529746	2839	3536	44586	
通用设备制造业	35396500	30862167	23406	62009	671779	5510
锅炉及原动设备制造	1228021	1001325	1525	2146	9592	3962
金属加工机械制造	2894068	2428719		11701	42399	540
物料搬运设备制造	2790313	2300049	3344	873	17556	
泵、阀门、压缩机及类似机械制造	9541573	8445991	679	16168	252403	
轴承、齿轮和传动部件制造	5108640	4550306	2557	6905	78330	
烘炉、风机、衡器、包装等设备制造	4389579	3811857	14922	3273	50063	
文化、办公用机械制造	570099	457246	16	364	3022	
通用零部件制造	8341488	7384110	363	18447	203078	914
其他通用设备制造业	532720	482564		2132	15336	94
专用设备制造业	14761100	12406480	28772	13327	249502	2394
采矿、冶金、建筑专用设备制造	1309567	1066323	12177	1122	33047	
化工、木材、非金属加工专用设备制造	5005998	4001587	2435	2562	81754	
食品、饮料、烟草及饲料生产专用设备制造	442613	384108		1019	24707	
印刷、制药、日化及日用品生产专用设备制造	921415	793895		1815	14994	
纺织、服装和皮革加工专用设备制造	2792762	2517675		655	50685	2394
电子和电工机械专用设备制造	476153	437218	3831	530	8722	
农、林、牧、渔专用机械制造	899447	783022	4	790	13518	
医疗仪器设备及器械制造	733194	623520		3638	10230	
环保、社会公共服务及其他专用设备制造	2179952	1799131	10325	1194	11846	

单位：万元

国有联营	集体联营	国有与集体联营	其他联营	有限责任公司	国有独资公司	其他有限责任公司	股份有限公司	私营企业	私营独资
	219			139456		139456	18462	2591821	535307
				163434		163434	1566	534687	41283
				390626		390626	563	921125	135740
			30	357257	901	356356	17607	4821060	799299
				106598		106598	7037	2084193	425807
				2042		2042		199544	35216
				77324		77324	3232	2516717	283923
				307179		307179	14597	2153002	407847
	3962	540	1008	3495491	28047	3467444	264199	26304564	3921841
	3962			246288	17023	229265	8896	728916	52910
		540		112741		112741	60652	2198255	317386
				404739		404739	13715	1857599	140045
				1220748	300	1220448	67733	6880492	738237
				662361		662361	13402	3784021	569633
				392976	10724	382251	69339	3275964	343333
				90333		90333		363455	18996
			914	329611		329611	29370	6788070	1687776
			94	35695		35695	1092	427793	53525
	2394			1325938	1500	1324438	258888	10516952	1283206
				167574		167574	80	852324	76842
				289026	1500	287526	95198	3524527	580160
				12428		12428	7026	338517	33915
				99330		99330	2984	672974	57397
	2394			249571		249571	64415	2147756	290722
				31637		31637	5572	386927	29494
				105959		105959	1167	661451	69627
				55889		55889	58202	495487	45616
				314524		314524	24246	1436989	99434

2-B-36 续表 7

行　业	合 计	内 资	国 有	集 体	股份合作企业	联营企业
汽车制造业	13620854	11687154	2	4530	229946	380
汽车整车制造	372658	342724			1278	
改装汽车制造	175555	144483				
低速载货汽车制造	68929	68929				
电车制造	4533	3237				
汽车车身、挂车制造	78728	68878				
汽车零部件及配件制造	12920451	11058903	2	4530	228668	380
铁路、船舶、航空航天和其他运输设备制造业	4997829	4619357	38139	13561	111790	
铁路运输设备制造	179369	177486	2128	1354	5936	
城市轨道交通设备制造	3184	3184				
船舶及相关装置制造	1706483	1607831	36011	2679	40722	
航空、航天器及设备制造	62974	62603			360	
摩托车制造	1583244	1545818		950	60442	
自行车制造	1281060	1057306		8578	3939	
非公路休闲车及零配件制造	117402	109116			390	
潜水救捞及其他未列明运输设备制造	64113	56013				
电气机械和器材制造业	34265909	29917803	4830	97109	394086	93
电机制造	4138711	3636786	94	5695	51360	
输配电及控制设备制造	11010706	10105521	915	69220	166450	30
电线、电缆、光缆及电工器材制造	7258633	6298656		10231	77669	63
电池制造	1179803	874449	2637	1288	11697	
家用电力器具制造	4904928	4039553	904	6892	22000	
非电力家用器具制造	707582	659085			1225	
照明器具制造	4661887	3931215	280	3347	53810	
其他电气机械及器材制造	403659	372538		437	9875	
计算机、通信和其他电子设备制造业	9643339	7429220	807	9077	71411	

单位：万元

国有联营	集体联营	国有与集体联营	其他联营	有限责任公司	国有独资公司	其他有限责任公司	股份有限公司	私营企业	私营独资
	230		150	1666909	5129	1661781	307737	9471879	1185515
				147427	5129	142299	3806	190213	
				71089		71089		73394	728
				68929		68929			
								3237	94
								68878	432
	230		150	1379464		1379464	303931	9136157	1184261
				911234		911234	29756	3512707	328958
				24686		24686		143382	5963
								3184	
				435081		435081		1093338	37171
				11268		11268		50975	7460
				373767		373767	12438	1097087	165136
				66071		66071	17318	960603	95958
				360		360		108126	5652
								56013	11619
	93			5055020	5225	5049795	756648	23587876	1975859
				530132		530132	90220	2955609	351117
	30			1925100		1925100	469557	7470213	502104
	63			1766640		1766640	81088	4360650	306834
				65318		65318	12135	781374	20544
				429919		429919	43384	3529032	336449
				29557		29557	3405	624214	53914
				299280	5225	294055	48982	3521856	374360
				9073		9073	7878	344927	30538
				1312393	20895	1291498	217204	5814480	539640

2-B-36 续表 8

行 业	合 计	内 资	国 有	集 体	股份合作企业	联营企业
计算机制造	454411	330497		77	360	
通信设备制造	1276279	925626		86	7372	
广播电视设备制造	461739	378434			3879	
雷达及配套设备制造	123401	3604				
视听设备制造	846726	711370		652	1938	
电子器件制造	1239101	832766		1279	15404	
电子元件制造	4728397	3847056	70	6983	41547	
其他电子设备制造	513284	399867	737		910	
仪器仪表制造业	4649000	4165542	5141	9812	149436	1052
通用仪器仪表制造	2734686	2417694	1212	2708	77013	
专用仪器仪表制造	658650	598309	889	1432	18554	1052
钟表与计时仪器制造	105427	88792	46	126	3595	
光学仪器及眼镜制造	1022401	940742	2994	7	46052	
其他仪器仪表制造业	127836	120005		5539	4222	
其他制造业	3296741	3087229	1018	4075	32864	
日用杂品制造	2601277	2416118	600	3075	31038	
煤制品制造	314493	314321			58	
核辐射加工	2041	2041				
其他未列明制造业	378931	354749	418	1000	1768	
废弃资源综合利用业	2419970	2082030	1734	1282	14007	
金属废料和碎屑加工处理	1991099	1666643	1560	410	8634	
非金属废料和碎屑加工处理	428871	415387	174	872	5373	
金属制品、机械和设备修理业	520442	473214	6255	3960	18078	150
金属制品修理	8413	8297		75	275	
通用设备修理	35469	34393	570	19		
专用设备修理	21671	17329	1652	165	68	
铁路、船舶、航空航天等运输设备修理	390915	351172	4033	3289	15325	

单位：万元

国有联营	集体联营	国有与集体联营	其他联营	有限责任公司	国有独资公司	其他有限责任公司	股份有限公司	私营企业	私营独资
				82551	20826	61724	36198	211311	6841
				227795		227795	18153	671498	34996
				113525		113525	2635	258395	26816
								3604	
				126357		126357	22851	559552	97872
				145059	69	144990	23774	646669	23507
				597401		597401	62130	3136496	324439
				19706		19706	51462	326954	25169
	10		1042	618186		618186	72325	3306508	390976
				420697		420697	66564	1849214	155475
	10		1042	121087		121087	3486	451615	35847
				3272		3272		81442	12344
				69507		69507	2274	817641	163934
				3623		3623		106596	23375
				447600	3720	443880	32418	2566986	345825
				157236	3663	153573	29065	2194095	291176
				269561		269561		44694	2243
								2041	31
				20803	57	20746	3353	326155	52375
				444018	357	443662	4964	1615263	98768
				350922	357	350566	4806	1300055	49008
				93096		93096	158	315208	49760
	150			29541		29541	1826	412238	48154
								7927	1106
				6386		6386		27019	4430
				641		641		14269	4911
				12656		12656	1721	314035	30994

2-B-36 续表 9

行业	合计	内资				
			国有	集体	股份合作企业	联营企业
电气设备修理	30371	30371		387	329	
仪器仪表修理	2845	1129				
其他机械和设备修理业	30759	30523		25	2081	150
电力、热力、燃气及水生产和供应业	**15097357**	**12055821**	**1446980**	**210432**	**40160**	**3623**
电力、热力生产和供应业	10916766	8365306	1308154	95687	25812	1346
电力生产	9295282	6861116	616576	58443	25675	1073
电力供应	991011	991011	665401	37243	137	272
热力生产和供应	630473	513179	26177			
燃气生产和供应业	2936991	2511095	61927	8005	1639	
燃气生产和供应业	2936991	2511095	61927	8005	1639	
水的生产和供应业	1243600	1179420	76899	106741	12709	2278
自来水生产和供应	765052	750340	67032	102413	2711	2278
污水处理及其再生利用	434879	385611	9867	3235	100	
其他水的处理、利用与分配	43669	43469		1094	9897	
建筑业	**18647190**	**18604932**	**71478**	**200382**	**12744**	**8143**
房屋建筑业	7299286	7293254	11662	66901	1188	8121
房屋建筑业	7299286	7293254	11662	66901	1188	8121
土木工程建筑业	5017970	5005191	49920	61437	4625	
铁路、道路、隧道和桥梁工程建筑	2736607	2734566	1793	28709	4156	
水利和内河港口工程建筑	514255	512755	29520	10434	91	
海洋工程建筑	6991	6991				
工矿工程建筑	148159	144348	540	369	60	
架线和管道工程建筑	438030	437992	9074	13410		
其他土木工程建筑	1173927	1168539	8993	8515	318	
建筑安装业	2042261	2023429	3016	49568	2274	
电气安装	705314	703237	432	14678		
管道和设备安装	480288	473699	2077	10528	1211	
其他建筑安装业	856659	846493	507	24362	1062	

单位：万元

国有联营	集体联营	国有与集体联营	其他联营	有限责任公司			股份有限公司	私营企业	
					国有独资公司	其他有限责任公司			私营独资
				5864		5864	105	23686	1480
								1129	39
	150			3994		3994		24173	5195
1629	**1820**	**102**	**72**	**7946510**	**629094**	**7317415**	**1386460**	**1019241**	**53529**
242	961	71	72	6283223	277711	6005511	29828	619232	32783
	961	41	72	5637742	277711	5360031	7435	512146	32783
242		30		287634		287634	10	314	
				357847		357847	22383	106772	
				876386	10678	865709	1335439	227700	4460
				876386	10678	865709	1335439	227700	4460
1387	859	31		786901	340705	446195	21194	172309	16285
1387	859	31		509832	258114	251717	21194	44491	6633
				273317	82591	190726		99093	1057
				3752		3752		28726	8596
	29		**8113**	**3553158**	**96172**	**3456986**	**121097**	**14634943**	**58689**
	29		8092	1444268	2473	1441795	46302	5714188	9753
	29		8092	1444268	2473	1441795	46302	5714188	9753
				993119	82409	910710	39079	3856233	14985
				461705	43366	418339	11941	2226135	3349
				118973	11729	107244	8367	345370	4737
				2431	2331	100		4559	
				46438	1815	44623		96941	1878
				161784	20102	141682	13980	239744	2404
				201788	3065	198722	4791	943484	2618
				450515	5823	444692	14868	1503128	8974
				253335	4751	248584	2786	432006	2258
				67753		67753	4382	387687	3286
				129427	1072	128355	7700	683435	3431

2-B-36 续表 10

行业	合计	内资	国有	集体	股份合作企业	联营企业
建筑装饰和其他建筑业	4287674	4283059	6880	22475	4657	21
建筑装饰业	2912455	2908261	4608	18836	3113	21
工程准备活动	731201	731165	178	1320	883	
提供施工设备服务	106935	106935				
其他未列明建筑业	537082	536697	2094	2319	662	
批发和零售业	**241980652**	**234263687**	**493948**	**654457**	**529027**	**120307**
批发业	220252669	212863820	392033	354190	360528	10397
农、林、牧产品批发	3180496	2999557	20688	13080	11475	5
食品、饮料及烟草制品批发	7612652	7489994	51475	13953	20111	
纺织、服装及家庭用品批发	43923460	42894857	14228	70902	28757	976
文化、体育用品及器材批发	5650338	5168458	20595	5899	9203	
医药及医疗器材批发	2188045	2158163	16115	2650	5552	
矿产品、建材及化工产品批发	126248186	122561909	224270	163179	197784	8912
机械设备、五金产品及电子产品批发	18775257	18295986	31869	39787	77817	504
贸易经纪与代理	5169194	4868278	10754	1548	1061	
其他批发业	7505042	6426617	2038	43192	8767	
零售业	21727983	21399868	101915	300268	168499	109910
综合零售	731313	686593	5154	50435	5351	1952
食品、饮料及烟草制品专门零售	1430093	1418247	9679	12736	5807	1816
纺织、服装及日用品专门零售	1673879	1617288	3930	12974	3819	300
文化、体育用品及器材专门零售	1035358	1030903	11013	8346	5246	160
医药及医疗器材专门零售	1304202	1300355	28748	16017	12732	775
汽车、摩托车、燃料及零配件专门零售	8926282	8800485	34553	179324	104842	97837
家用电器及电子产品专门零售	2601435	2596857	637	2247	11979	94
五金、家具及室内装饰材料专门零售	2094760	2059079	1416	7277	9028	
货摊、无店铺及其他零售业	1930660	1890059	6786	10910	9695	6976

单位：万元

国有联营	集体联营	国有与集体联营	其他联营	有限责任公司	国有独资公司	其他有限责任公司	股份有限公司	私营企业	私营独资
			21	665256	5468	659788	20848	3561393	24977
			21	320635	1500	319135	20848	2538693	16684
				152769	3796	148973		575995	5487
				26561		26561		80374	150
				165291	172	165119		366331	2656
24946	**4204**	**60260**	**30897**	**37887235**	**1658942**	**36228293**	**2288153**	**190152629**	**6635916**
5568	402	3665	762	33870346	1402973	32467373	2029246	173957030	4159214
	5			396840	25453	371386	4307	1804932	174126
				1521163	222434	1298729	23021	4938380	426156
	277	605	95	3752056	42731	3709325	239008	38724395	1088770
				872782	12002	860780	4169	4237080	565783
				535117	1469	533648	8592	1561881	118860
5430	120	3060	303	24022535	1030090	22992444	1696849	96217572	1034611
138			365	1735693	40324	1695369	40728	16333796	414530
				221393	2557	218836	10188	4600759	36832
				812768	25912	786856	2386	5538234	299546
19378	3802	56595	30134	4016889	255970	3760919	258906	16195600	2476702
454	1498			97212	460	96752	3461	518642	100089
	250		1566	141917	13802	128115	5605	1101918	426253
67	35	197		108131	655	107476	2761	1479304	280732
		160		182728	54761	127967	9961	809924	115961
	40		735	117986	112	117874	8614	1101197	464948
18857		56238	22743	2892480	169199	2723281	101697	5365642	319128
	90		4	232841	3878	228963	15541	2322302	156275
				54116		54116	105596	1867059	412549
	1890		5086	189479	13103	176376	5670	1629612	200765

2-B-36 续表 11

行业	合计	内资	国有	集体	股份合作企业	联营企业
交通运输、仓储和邮政业	**17209816**	**16169093**	**504424**	**127370**	**50882**	**8213**
道路运输业	6838481	6657718	118038	68798	32354	2737
城市公共交通运输	283628	276334	19406	7851	5796	
公路旅客运输	557586	555039	44615	8417	812	509
道路货物运输	5008684	4891000	10944	13543	23393	161
道路运输辅助活动	988583	935345	43072	38987	2353	2067
水上运输业	2301234	2218785	14883	14551	1019	
水上旅客运输	91289	91289	4945	9176	16	
水上货物运输	1714650	1714650	5535	2874	164	
水上运输辅助活动	495295	412846	4403	2502	839	
航空运输业	23892	23892				
航空客货运输	1176	1176				
通用航空服务	5558	5558				
航空运输辅助活动	17158	17158				
管道运输业	16375	16375		2582		
管道运输业	16375	16375		2582		
装卸搬运和运输代理业	6012622	5693363	8994	35900	16802	1442
装卸搬运	261277	226383	1569	23274	2676	1442
运输代理业	5751345	5466980	7425	12626	14126	
仓储业	1701392	1243141	355403	2912	697	3835
谷物、棉花等农产品仓储	552953	552953	350514		137	13
其他仓储业	1148440	690188	4889	2912	560	3822
邮政业	315819	315819	7106	2628	10	199
邮政基本服务	13030	13030	7106	2599		199
快递服务	302789	302789		28	10	
住宿和餐饮业	**3184790**	**3096400**	**73619**	**42958**	**21734**	**1184**
住宿业	1286026	1229459	65664	35474	12644	430

单位：万元

国有联营	集体联营	国有与集体联营	其他联营	有限责任公司	国有独资公司	其他有限责任公司	股份有限公司	私营企业	私营独资
	4286	**3104**	**823**	**5063038**	**745946**	**4317092**	**389001**	**10014578**	**193951**
	670	2067		1998025	189740	1808286	84722	4343800	116545
				142207	34276	107932	3817	96835	571
	509			317231	32841	284390	21341	162114	847
	161			931281	38728	892553	59315	3844215	96203
		2067		607306	83895	523411	249	240636	18924
				765375	104007	661368	207770	1215184	1656
				64157	11504	52653	2534	10461	
				561969	35833	526136	62692	1081416	903
				139249	56669	82580	142544	123306	753
				19135	6491	12644		4758	
				1175	327	848		1	
				2112		2112		3446	
				15847	6164	9684		1311	
				13794		13794			
				13794		13794			
	104	517	820	1637869	312958	1324912	94000	3897007	71342
	104	517	820	63709	6088	57621	14000	119442	6591
				1574160	306870	1267291	79999	3777565	64751
	3314	519	2	593990	132500	461490	2509	282817	2191
	13			191007	111747	79260		10304	15
	3301	519	2	402983	20753	382230	2509	272513	2176
	199			34851	252	34599	...	271012	2218
	199			2974	252	2722		152	
				31876		31876	...	270859	2218
	644	**340**	**200**	**420064**	**21563**	**398501**	**19647**	**2498521**	**715007**
	90	340		219438	11730	207709	12378	878107	217640

2-B-36 续表 12

行业	合计	内资				
		内资	国有	集体	股份合作企业	联营企业
旅游饭店	637955	609299	41146	23172	3408	340
一般旅馆	617991	590080	23086	12190	9190	90
其他住宿业	30080	30080	1433	112	46	
餐饮业	1898764	1866941	7955	7484	9090	754
正餐服务	1638240	1608694	6925	4708	7178	754
快餐服务	102747	101410	291	88	1385	
饮料及冷饮服务	60829	60243		1502	143	
其他餐饮业	96948	96595	739	1186	384	
信息传输、软件和信息技术服务业	**4360745**	**3886697**	**26055**	**11597**	**1144**	
电信、广播电视和卫星传输服务	194561	194183	11197	5279		
电信	150926	150569	1498	4479		
广播电视传输服务	43634	43614	9699	800		
互联网和相关服务	673642	657439	835	528		
互联网接入及相关服务	35310	35310		254		
互联网信息服务	600239	598557	835	274		
其他互联网服务	38092	23571				
软件和信息技术服务业	3492543	3035075	14023	5790	1144	
软件开发	2404114	2017559	13211	757	301	
信息系统集成服务	503785	484721	24	183	572	
信息技术咨询服务	318958	316391	640	379	25	
数据处理和存储服务	100623	64873			245	
集成电路设计	46749	42303				
其他信息技术服务业	118314	109227	149	4471	1	
房地产业	**4226397**	**4131548**	**46930**	**19900**	**3955**	**4060**
房地产业	4226397	4131548	46930	19900	3955	4060
房地产开发经营	1655212	1597703	19850	4796	18	2763
物业管理	1315956	1290151	14649	10461	557	1297
房地产中介服务	610923	601289	4399	1308	1327	
其他房地产业	644306	642404	8032	3336	2053	

单位：万元

国有联营	集体联营	国有与集体联营	其他联营	有限责任公司	国有独资公司	其他有限责任公司	股份有限公司	私营企业	私营独资
		340		154064	8783	145280	9501	376072	29259
	90			62444	2946	59498	2624	477079	180414
				2931		2931	253	24956	7967
	554		200	200626	9834	190792	7269	1620414	497367
	554		200	183009	8558	174452	6718	1388127	418202
				6246	1276	4970	20	92981	28674
				2240		2240	527	55220	23695
				9131		9131	4	84085	26795
				1290893	**40768**	**1250125**	**69159**	**2486798**	**16334**
				52712	20674	32038	33692	90425	1987
				26531	12687	13844	33692	83491	1906
				26181	7987	18194		6934	81
				440398	2135	438263	755	214923	1447
				8988		8988		26069	41
				426732	1504	425228	535	170182	1386
				4679	631	4048	220	18672	20
				797783	17959	779824	34712	2181450	12901
				449309	8236	441073	23363	1530619	11162
				178308	9352	168955	10980	294655	58
				94887		94887	369	220092	727
				37127		37127		27501	
				10527		10527		31776	41
				27626	371	27255		76807	913
1297		**2219**	**544**	**1563140**	**196769**	**1366372**	**26777**	**2461044**	**40757**
1297		2219	544	1563140	196769	1366372	26777	2461044	40757
		2219	544	504016	27891	476125	8037	1058223	100
1297				578843	19723	559120	16104	667610	1844
				45797	2536	43261	2636	540763	38498
				434485	146619	287866		194448	315

2-B-36 续表 13

行业	合计					
		内资				
			国有	集体	股份合作企业	联营企业
租赁和商务服务业	**24248483**	**23379147**	**587752**	**978173**	**87845**	**24080**
租赁业	606385	491966	813	4591	765	213
机械设备租赁	586633	472215	812	4157	765	213
文化及日用品出租	19751	19751	…	434		
商务服务业	23642098	22887181	586939	973582	87080	23867
企业管理服务	11714010	11143871	122164	718808	37541	7501
法律服务	214163	213935	357	5918	1331	562
咨询与调查	1894009	1833791	17423	16787	4779	3116
广告业	2310692	2295358	58217	3500	15142	128
知识产权服务	90687	90654	460	300	24	
人力资源服务	2322107	2273196	26710	56721	6664	13
旅行社及相关服务	2018956	2002138	87024	10781	9477	9686
安全保护服务	485712	482550	223220	34648	2632	
其他商务服务业	2591760	2551686	51365	126120	9489	2861
科学研究和技术服务业	**5465947**	**5316029**	**257352**	**79437**	**23737**	**8156**
研究和试验发展	484320	438335	4205	2307	4885	194
自然科学研究和试验发展	25328	23259	2933	13	1165	
工程和技术研究和试验发展	346529	314559	564	1589	3315	
农业科学研究和试验发展	60800	60615	138	705	133	
医学研究和试验发展	46243	34483	25		273	194
社会人文科学研究	5419	5419	546			
专业技术服务业	3478247	3401805	241946	63359	18049	7962
气象服务	15239	15239	5321	240		
地震服务	32	32				
海洋服务	8842	6923	1840			

单位：万元

国有联营	集体联营	国 有 与 集体联营	其他联营	有限责任公 司	国有独资公 司	其他有限责任公司	股份有限公 司	私营企业	私营独资
15032	**3484**	**758**	**4806**	**10052672**	**3992968**	**6059705**	**706570**	**10501699**	**142837**
210			3	119131	611	118520	21317	342373	15573
210			3	111153	241	110912	21317	331034	15338
				7978	370	7608		11339	234
14822	3484	758	4804	9933542	3992357	5941185	685253	10159327	127264
4200	1759	585	957	6979263	3594710	3384553	418534	2489458	13028
	497		65	4892		4892	1352	173711	13542
149	5	64	2898	350109	44807	305302	21955	1413433	21264
			128	332088	78186	253902	17125	1868142	35298
				7492	2210	5283	748	81562	1176
	13			648478	117222	531256	19074	1513467	6450
9238	85		363	581570	31317	550253	9990	1287711	12942
				119216	58332	60885	2937	99838	77
1236	1124	108	393	910434	65574	844860	193537	1232005	23488
7457		**460**	**239**	**1358548**	**96530**	**1262019**	**262843**	**3158719**	**42278**
			194	57417	1398	56019	3953	361314	5117
				1826	168	1659		16640	91
				40130	100	40030	2129	266282	3120
				11656	199	11457	1344	44589	632
			194	2726		2726	480	30009	1273
				1078	931	147		3794	2
7457		460	45	842795	87417	755378	79053	2144157	30061
				6057	21	6036		3621	
								32	
				3458		3458		1624	20

2-B-36 续表 14

行业	合计	内资	国有	集体	股份合作企业	联营企业
测绘服务	147561	147561	43469	11286	4385	
质检技术服务	335467	313828	19606	11740	4952	295
环境与生态监测	55377	55055	2879	104		
地质勘查	49602	49602	21313	175		
工程技术	2160312	2142395	140853	33105	4758	6020
其他专业技术服务业	705815	671171	6665	6708	3954	1647
科技推广和应用服务业	1503380	1475888	11201	13771	803	
技术推广服务	1370783	1349143	10419	13234	720	
科技中介服务	74871	69156	696	465	83	
其他科技推广和应用服务业	57727	57589	86	72		
水利、环境和公共设施管理业	**1492784**	**1471669**	**33191**	**24650**	**1310**	**18**
水利管理业	92457	91628	17643	3084	19	18
防洪除涝设施管理	11715	11715	155	…		
水资源管理	21197	20367	1156	1570		
天然水收集与分配	19288	19288	4973	568		
水文服务	411	411	225			
其他水利管理业	39847	39847	11134	946	19	18
生态保护和环境治理业	195417	191828	1671	6	937	
生态保护	18943	18943	620			
环境治理业	176475	172886	1050	6	937	
公共设施管理业	1204910	1188213	13877	21560	354	
市政设施管理	253259	252554	7039	6982		
环境卫生管理	76652	76642	1006	6155		
城乡市容管理	17363	17363		129		
绿化管理	692981	681180	3818	4321	275	
公园和游览景区管理	164655	160474	2014	3974	79	

单位：万元

国有联营	集体联营	国有与集体联营	其他联营	有限责任公司	国有独资公司	其他有限责任公司	股份有限公司	私营企业	私营独资
				21823	784	21039	2306	64291	
		250	45	117359	10223	107136	8028	151283	1804
				6009	1957	4052	767	45296	20
				14387	6973	7414		13727	243
5810		210		616017	60960	555057	55934	1284343	7171
1647				57685	6501	51184	12017	579942	20803
				458336	7715	450622	179838	653247	7099
				433840	7650	426190	178544	554048	5793
				20030	28	20002	314	47237	905
				4466	37	4429	980	51962	401
	18			**463276**	**96189**	**367087**	**19353**	**927357**	**21428**
	18			53198	14268	38931	1292	16273	868
				9899	178	9722		1660	
				15250	6102	9148		2392	198
				12731	2850	9882		1015	
								187	
	18			15318	5138	10179	1292	11019	670
				58178	7260	50917	7	130367	6183
				5942	148	5794		12309	5954
				52236	7112	45124	7	118058	229
				351900	74661	277239	18054	780717	14377
				91166	45167	45998	147	147220	4874
				15352	697	14655	136	53992	2005
				9127	1615	7512		8039	
				155485	8314	147171	15333	501470	3737
				80771	18869	61901	2438	69996	3761

2-B-36 续表 15

行业	合计	内资	国有	集体	股份合作企业	联营企业
居民服务、修理和其他服务业	**1626589**	**1613843**	**25696**	**55099**	**17724**	**2142**
居民服务业	486304	482592	17589	40281	1959	1768
家庭服务	39169	39008		732	247	
托儿所服务	371	371				
洗染服务	42887	42476		4		
理发及美容服务	75055	74658		759	338	37
洗浴服务	65405	65405		75	18	
保健服务	91303	91245			409	
婚姻服务	22383	22383	207		261	
殡葬服务	83774	81131	9788	37394	235	1731
其他居民服务业	65957	65915	7594	1318	452	
机动车、电子产品和日用产品修理业	896178	887144	7873	10928	15685	375
汽车、摩托车修理与维护	730439	722920	7825	9531	14077	331
计算机和办公设备维修	54308	54248		13	409	
家用电器修理	89530	88077	47	740	1160	44
其他日用产品修理业	21900	21900		646	39	
其他服务业	244107	244107	234	3889	79	
清洁服务	183187	183187	228	733	79	
其他未列明服务业	60920	60920	6	3156		
卫生和社会工作	**10980**	**10940**	**785**	**515**	**606**	
社会工作	10980	10940	785	515	606	
提供住宿社会工作	4744	4744	785	324	298	
不提供住宿社会工作	6235	6196	…	191	308	
文化、体育和娱乐业	**2251351**	**2234912**	**62092**	**8065**	**7936**	**2316**
新闻和出版业	208250	208250	26892	402		
新闻业	1465	1465	716			
出版业	206785	206785	26176	402		
广播、电视、电影和影视录音制作业	1016328	1008078	29785	1156	25	2120

单位：万元

国有联营	集体联营	国有与集体联营	其他联营	有限责任公司	国有独资公司	其他有限责任公司	股份有限公司	私营企业	私营独资
	2103		**39**	**143379**	**27298**	**116081**	**10654**	**1347641**	**322249**
	1728		39	55919	13785	42134	513	359510	125287
				4496		4496	108	33080	1226
								151	
				3204		3204		39267	8428
			37	3018		3018	235	69907	34060
				3620		3620		61188	27692
				1916	46	1870		86945	47161
				1091		1091	168	20625	1764
	1728		3	15743	4944	10798		15114	1789
				22831	8795	14036	2	33234	3167
	375			65031	6326	58705	5075	776802	188549
	331			45836	1396	44440	4246	637014	181320
				10195	4931	5265	801	42826	1287
	44			8722		8722		76523	4868
				278		278	29	20438	1074
				22428	7187	15241	5066	211329	8413
				15042	6288	8753	1	166869	5217
				7387	898	6488	5065	44459	3196
				6858		**6858**		**2123**	**644**
				6858		6858		2123	644
				2017		2017		1319	524
				4841		4841		804	120
	2140		**177**	**421616**	**116137**	**305479**	**34121**	**1692077**	**394162**
				171162	85885	85276		9688	720
				412		412		337	
				170750	85885	84865		9351	720
	2120			183474	20893	162581	19430	771945	16441

2-B-36 续表 16

行业	合计	内资	国有	集体	股份合作企业	联营企业
广播	4052	4052	672			
电视	203653	203653	7073			2120
电影和影视节目制作	574128	573763	554		25	
电影和影视节目发行	21548	21548	362			
电影放映	209988	202102	21123	1156		
录音制作	2959	2959				
文化艺术业	112471	112082	3037	3162	742	
文艺创作与表演	50950	50703	404	287	247	
艺术表演场馆	9230	9230	1185	...		
图书馆与档案馆	5916	5916	646	2745		
文物及非物质文化遗产保护	3308	3308		30	495	
博物馆	5980	5980		34		
烈士陵园、纪念馆	340	340				
群众文化活动	7576	7576	787	37		
其他文化艺术业	29171	29029	14	29		
体育	108600	103654	816	1229	120	
体育组织	18279	18279	117			
体育场馆	6087	6087	100	908		
休闲健身活动	73519	68572	598	322	120	
其他体育	10716	10716				
娱乐业	805702	802849	1562	2116	7050	197
室内娱乐活动	742838	741972	410	1346	7050	34
游乐园	12931	12707				
彩票活动	347	347		220		
文化、娱乐、体育经纪代理	30141	29639	952	152		137
其他娱乐业	19445	18184	200	397		26

单位：万元

国有联营	集体联营	国有与集体联营	其他联营	有限责任公司	国有独资公司	其他有限责任公司	股份有限公司	私营企业	私营独资
				1205		1205		2174	
	2120			47234	500	46734	7983	139243	
				32854	204	32650	1927	538404	16093
				9194	55	9139	8569	3423	
				90990	20134	70856	951	87738	315
				1997		1997		962	33
				22111	6446	15666		82742	13192
				11117	2543	8574		38641	9801
				5643	3337	2307		2402	909
				339		339		2185	298
				988	313	676		1614	
				346		346		5600	32
								340	340
				416	145	271		6235	1138
				3262	108	3154		25725	673
				14349	2623	11726	2934	83328	11606
				4919	665	4254	2453	10790	
				1138	1138			3941	1048
				7295	674	6621	473	58886	10338
				996	146	850	8	9711	220
	20		177	30520	290	30230	11757	744374	352204
	20		14	25781		25781	11262	690827	346779
				196	3	193		12501	1049
				127		127			
			137	2986	287	2699	60	25353	1558
			26	1430		1430	436	15694	2818

2-B-36 续表 17

行业	私营合伙	私营有限责任公司	私营股份有限公司	其他企业	港澳台商投资	与港澳台商合资经营
总计	**7504579**	**461125682**	**6351167**	**3450957**	**33194408**	**17089779**
农、林、牧、渔业	**1506**	**32584**	**330**	**92006**		
农业		2204		1481		
谷物种植				324		
蔬菜、食用菌及园艺作物种植		183		711		
水果种植		408		219		
坚果、含油果、香料和饮料作物种植		1095		178		
中药材种植		452		50		
其他农业		66				
林业		285				
林木育种和育苗		285				
畜牧业		1709		543		
牲畜饲养		1018		63		
家禽饲养		380		420		
其他畜牧业		311		60		
渔业	157	1266		887		
水产养殖	157	1266		887		
农、林、牧、渔服务业	1349	27120	330	89095		
农业服务业	1279	20892	330	80285		
林业服务业		3163		1819		
畜牧服务业	48	1639		5209		
渔业服务业	22	1425		1781		
采矿业	**60959**	**1049039**	**4326**	**16531**	**28014**	**28014**
煤炭开采和洗选业		14097		120		
烟煤和无烟煤开采洗选		4581		120		
褐煤开采洗选		7536				
其他煤炭采选		1981				

单位：万元

与港澳台商合作经营	港澳台商独资	港澳台商投资股份有限公司	其他港澳台投资	外商投资	中外合资经营	中外合作经营	外资企业	外商投资股份有限公司	其他外商投资
1541712	**13944607**	**492194**	**126115**	**37698143**	**20718272**	**694733**	**15456093**	**307546**	**521499**
				506	**139**		**367**		
				139	139				
				112	112				
				26	26				
				367			367		
				367			367		
				53764	**4766**		**48998**		

2-B-36 续表 18

行业	私营合伙	私营有限责任公司	私营股份有限公司	其他企业	港澳台商投资	与港澳台商合资经营
黑色金属矿采选业		44487				
铁矿采选		44487				
有色金属矿采选业	1359	144430	2700	58		
常用有色金属矿采选	1359	46032		58		
贵金属矿采选		3985				
稀有稀土金属矿采选		94413	2700			
非金属矿采选业	59450	839298	1626	16352	28014	28014
土砂石开采	57350	771868	1626	16352	28014	28014
化学矿开采		550				
采盐		480				
石棉及其他非金属矿采选	2100	66400				
开采辅助活动		516				
石油和天然气开采辅助活动		86				
其他开采辅助活动		430				
其他采矿业	150	6210				
其他采矿业	150	6210				
制造业	**5867958**	**232209112**	**3496024**	**533682**	**29719802**	**16180963**
农副食品加工业	86353	5555670	130169	132849	365107	288265
谷物磨制	4720	446980		2601	105119	105119
饲料加工	12923	1253523	104913	1164	33243	5528
植物油加工	2189	220536	9109	4134	51039	51039
制糖业	110	8712		1551		
屠宰及肉类加工	18619	558309	10	2211	52971	25989
水产品加工	39699	1919275	13294	4436	105091	83569
蔬菜、水果和坚果加工	5436	887079	2844	107827	8270	7745
其他农副食品加工	2657	261257		8925	9375	9275
食品制造业	47062	1514098	45073	13099	212900	94577
焙烤食品制造	2073	229159	3000	555	15950	7636

单位：万元

与港澳台商合作经营	港澳台商独资	港澳台商投资股份有限公司	其他港澳台投资	外商投资	中外合资经营	中外合作经营	外资企业	外商投资股份有限公司	其他外商投资
				5889			5889		
				5889			5889		
				47875	4766		43109		
				47875	4766		43109		
1342443	**11731196**	**446197**	**19002**	**27522102**	**14028286**	**480251**	**12739702**	**191999**	**81864**
	76843			508774	253518	14849	231169	9202	37
				100		63			37
	27715			80642	4422		76220		
				30813	30069		745		
	26982			29889	25486		4403		
	21521			180703	140358	14786	25560		
	525			64647	47610		7836	9202	
	100			121979	5574		116405		
	118323			546032	296194	18639	231200		
	8314			23858	2471		21387		

2-B-36 续表 19

行业	私营合伙	私营有限责任公司	私营股份有限公司	其他企业	港澳台商投资	与港澳台商合资经营
糖果、巧克力及蜜饯制造	535	103251		250	20106	3446
方便食品制造	873	201710	2218	5692	22505	20347
乳制品制造	56	74537			3595	
罐头食品制造	2542	154843		3638	9210	7230
调味品、发酵制品制造	44	124041		438	74997	14122
其他食品制造	40939	626557	39855	2527	66537	41796
酒、饮料和精制茶制造业	24166	1135691	14068	64459	188632	43210
酒的制造	3218	224269	13188	1771	117556	9218
饮料制造	1383	155167	392	580	40222	11528
精制茶加工	19565	756255	488	62107	30854	22465
烟草制品业		780			23454	23454
卷烟制造						
其他烟草制品制造		780			23454	23454
纺织业	322108	31170723	165107	19414	3466679	1844799
棉纺织及印染精加工	147716	12249500	92967	2772	1272592	805680
毛纺织及染整精加工	30219	1040886	13946	1824	380516	100485
麻纺织及染整精加工	229	73815		395	25949	14749
丝绢纺织及印染精加工	12770	1903911	1100	1906	200001	139434
化纤织造及印染精加工	35241	3191969	8817	1840	143289	62260
针织或钩针编织物及其制品制造	24333	7575006	28827	2598	821543	515458
家用纺织制成品制造	29780	2886439	2438	3986	325636	85592
非家用纺织制成品制造	41821	2249197	17012	4093	297153	121142
纺织服装、服饰业	147936	12523650	91548	25043	1909230	989411
机织服装制造	61552	6621672	46430	8527	986118	474721
针织或钩针编织服装制造	59454	3604518	42652	6831	653875	344390
服饰制造	26929	2297460	2466	9686	269237	170300
皮革、毛皮、羽毛及其制品和制鞋业	227930	8905517	39311	15922	558161	463187
皮革鞣制加工	29350	506936	3284	970	123168	122369

单位：万元

与港澳台商合作经营	港澳台商独资	港澳台商投资股份有限公司	其他港澳台投资	外商投资	中外合资经营	中外合作经营	外资企业	外商投资股份有限公司	其他外商投资
	16660			28311	2062		26249		
	2158			76811	7774	17626	51411		
	3595			4639			4639		
	1980			71744	48056		23688		
	60876			26511	24114	1012	1385		
	24740			314158	211717		102441		
	145422			485653	411477		67238		6938
	108338			52366	3262		49103		
	28695			425650	401669		17043		6938
	8389			7637	6546		1092		
46461	1525810	49609		1927650	1081396	15822	792190	38243	
5928	454746	6239		678286	398621	1538	260534	17593	
7111	272920			86930	38040		48890		
	11201			1662	1662				
2789	57778			92208	66505		25353	350	
	54240	26789		152383	107398	14284	30701		
10459	295626			431015	240421		190594		
	223462	16581		253987	115798		117889	20300	
20174	155837			231180	112951		118230		
12863	894640	8311	4005	1665367	978128	6532	665512	12004	3191
8104	491052	8311	3930	922184	505401	3250	405124	7327	1082
4759	304726			519132	307052	2376	203043	4678	1984
	98862		74	224051	165675	905	57345		125
85	92570	2319		729888	500052	10155	216029	3652	
	798			86894	76536		10358		

2-B-36 续表 20

行　业	私营合伙	私营有限责任公司	私营股份有限公司	其他企业	港澳台商投资	与港澳台商合资经营
皮革制品制造	35713	2320978	12615	2182	206801	139273
毛皮鞣制及制品加工	2531	480842		50	23275	11048
羽毛(绒)加工及制品制造	3666	433682			154403	154313
制鞋业	156670	5163079	23412	12721	50515	36183
木材加工和木、竹、藤、棕、草制品业	68883	3567234	11888	26318	434522	347545
木材加工	9102	357591	8060	2882	21651	7985
人造板制造	29292	752826	301	65	184547	158588
木制品制造	19323	1834859	2362	4661	200940	170072
竹、藤、棕、草等制品制造	11165	621958	1166	18710	27384	10901
家具制造业	66830	3267871	17654	11874	427919	192442
木质家具制造	21461	1636854	6597	8103	146594	85943
竹、藤家具制造	1240	76770		220	19743	15219
金属家具制造	11289	900869	7059	1800	118346	65664
塑料家具制造	8509	154774			14066	
其他家具制造	24330	498604	3998	1750	129170	25615
造纸和纸制品业	179740	5975765	25677	7535	515324	378006
纸浆制造		8895				
造纸	43003	2982125	8648	361	341075	289631
纸制品制造	136737	2984745	17029	7174	174249	88375
印刷和记录媒介复制业	159282	3570936	17470	7541	217648	165109
印刷	153169	3436857	17470	7300	209841	157303
装订及印刷相关服务	6113	128930		241	7806	7806
记录媒介复制		5150				
文教、工美、体育和娱乐用品制造业	209650	7850292	66062	31363	837795	436150
文教办公用品制造	23263	1362725	7471	7425	110635	80265
乐器制造	4548	98540			15986	12486
工艺美术品制造	158648	4281803	33560	21183	457322	261544
体育用品制造	8143	999959	1623	232	91872	37165

单位：万元

与港澳台商合作经营	港澳台商独资	港澳台商投资股份有限公司	其他港澳台投资	外商投资	中外合资经营	中外合作经营	外资企业	外商投资股份有限公司	其他外商投资
	65534	1994		266062	164621	10155	91286		
	11901	325		26626	10789		15837		
	90			129092	87814		41278		
85	14247			221215	160292		57271	3652	
13611	73365			337984	278580	10357	49047		
	13666			4522	1239		3283		
8033	17926			129516	100680		28836		
	30868			126993	119623	311	7059		
5579	10904			76953	57038	10046	9869		
448	235028			408986	135575	1231	272174		6
448	60202			101917	46579	1231	54108		
	4524			1433	1316		111		6
	52682			168688	41216		127472		
	14066			22703	2985		19717		
	103555			114246	43479		70766		
10743	126575			404896	205217	7077	150624		41978
10743	40701			213065	157518		13568		41978
	85874			191831	47698	7077	137056		
76	52463			163348	146530		16818		
76	52463			163348	146530		16818		
6142	329725	65778		791980	458184	19131	313396		1269
4958	25412			156443	106860		49583		
	3500			41754	14163	15096	11409		1086
39	129961	65778		349321	208307	4035	136795		184
	54707			106572	80235		26337		

2-B-36 续表 21

行　　业						
	私营合伙	私营有限责任公司	私营股份有限公司	其他企业	港澳台商投　　资	与港澳台商合资经　　营
玩具制造	13527	802420	22208	2059	116734	40722
游艺器材及娱乐用品制造	1521	304846	1200	464	45246	3969
石油加工、炼焦和核燃料加工业	1853	571834	508		119827	54911
精炼石油产品制造	1853	568737	508		119827	54911
炼焦		1954				
核燃料加工		1144				
化学原料和化学制品制造业	112118	9803195	680180	5704	4195062	1419776
基础化学原料制造	32390	1802257	225138	1672	2075596	597659
肥料制造	633	112257		749	5735	1600
农药制造	132	233196	137501	40	14261	11658
涂料、油墨、颜料及类似产品制造	26751	1664537	25972	767	445918	234636
合成材料制造	20925	2578535	216961	150	1192179	300289
专用化学产品制造	23990	2740973	61486	120	428593	259278
炸药、火工及焰火产品制造	1298	13009	374			
日用化学产品制造	5999	658431	12748	2206	32780	14657
医药制造业	8500	1442890	120608	776	309669	219879
化学药品原料药制造	5533	404606	40795		199402	179618
化学药品制剂制造		117918	70823		21023	
中药饮片加工		132886	238	756	3330	1213
中成药生产		188590		20	17340	9855
兽用药品制造		76128	142		833	833
生物药品制造		184545	2386		44648	21354
卫生材料及医药用品制造	2966	338219	6225		23093	7006
化学纤维制造业	46811	4814089	15218	1649	1355943	965910
纤维素纤维原料及纤维制造	1182	112115	…	1350	48761	45798
合成纤维制造	45629	4701973	15218	299	1307182	920112
橡胶和塑料制品业	707677	14605944	165388	26759	1436550	894971

单位：万元

与港澳台商合作经营	港澳台商独资	港澳台商投资股份有限公司	其他港澳台投资	外商投资	中外合资经营	中外合作经营	外资企业	外商投资股份有限公司	其他外商投资
1145	74867			126632	48616		78016		
	41276			11259	3		11256		
100	1956	62861		236544	10544		216672	9327	
100	1956	62861		236544	10544		216672	9327	
1039777	1735368	141		5551768	2465802	20883	2997783	66726	574
1012783	465154			1100212	532452	15035	497498	55227	
	4135			22729	22729				
	2603			39853	35153		4700		
26557	184726			384144	297185		86386		574
	891891			2786931	828680		1946752	11499	
	169174	141		984759	634972		349787		
437	17686			233140	114632	5848	112660		
	89790			872002	789855		82147		
	19784			135057	111929		23128		
	21023			517682	515892		1789		
	2117			22656	6396		16259		
	7484			52322	50083		2239		
				17117	17117				
	23294			83064	58557		24507		
	16087			44106	29881		14225		
	298937	91096		432652	249162		183491		
	2963			95173	92822		2351		
	295974	91096		337480	156340		181139		
11145	483776	41471	5188	1294796	571751	200586	500721	21389	350

2-B-36 续表 22

行业	私营合伙	私营有限责任公司	私营股份有限公司	其他企业	港澳台商投资	与港澳台商合资经营
橡胶制品业	92640	1593655	58780	1084	32721	15442
塑料制品业	615037	13012289	106608	25675	1403830	879528
非金属矿物制品业	164741	10113019	166558	20230	930595	627484
水泥、石灰和石膏制造	5471	1116171	20278	293	29276	250
石膏、水泥制品及类似制品制造	29070	4329396	56456	2696	400738	265284
砖瓦、石材等建筑材料制造	86398	1192245	54190	11652	49912	24033
玻璃制造	1788	339426	10	879	54263	54263
玻璃制品制造	13886	1430528	9160	1483	240012	164692
玻璃纤维和玻璃纤维增强塑料制品制造	7733	355716	6783	1403	40417	22752
陶瓷制品制造	6364	335969	63	927	39608	34796
耐火材料制品制造	6802	637240	5840		33806	19665
石墨及其他非金属矿物制品制造	7228	376327	13779	897	42564	41749
黑色金属冶炼和压延加工业	208249	7945453	100762	3919	1359579	1076828
炼铁	34	10674				
炼钢	5964	138660			104184	104184
黑色金属铸造	90717	1376080	21758	3030	45712	42638
钢压延加工	111534	6174797	79003	889	1209683	930007
铁合金冶炼		245241				
有色金属冶炼和压延加工业	108229	8243014	194315	1705	1101671	536509
常用有色金属冶炼	10105	726689			153703	142918
贵金属冶炼	3361	434725			51523	51523
稀有稀土金属冶炼		63993			8513	8513
有色金属合金制造	2226	867924	50322		30392	6596
有色金属铸造	14054	100451	180	104	13937	7941
有色金属压延加工	78483	6049233	143812	1601	843603	319018
金属制品业	596946	16250535	191555	30398	1391525	753043
结构性金属制品制造	50219	3814277	16815	1509	154757	87761

单位：万元

与港澳台商合作经营	港澳台商独资	港澳台商投资股份有限公司	其他港澳台投资	外商投资	中外合资经营	中外合作经营	外资企业	外商投资股份有限公司	其他外商投资
	17278			168214	62747		105467		
11145	466498	41471	5188	1126582	509004	200586	395253	21389	350
15939	279909	906	6356	658570	374680	10811	272519		560
	29026			45367	44107		1260		
15939	119515			168906	136313		32593		
	24973	906		105166	38170		66995		
				26999	7825		19174		
	68964		6356	98954	36679	7017	54698		560
	17664			117428	26381		91047		
	4812			38013	33095		4918		
	14141			47927	43433	3794	700		
	815			9810	8677		1133		
	282750			579911	285392		294519		
				4241	4241				
	3074			48010	24384		23626		
	279676			508745	256767		251978		
				18915			18915		
	560043	5119		314918	70364		243485		1069
	10785			31957	1163		30794		
	23795			124169	36960		87209		
	5996			1361	292				1069
	519466	5119		157431	31949		125482		
9864	610823	14730	3064	1130901	483679	26055	620898	247	22
	66996			109345	63177		46168		

2-B-36 续表 23

行业	私营合伙	私营有限责任公司	私营股份有限公司	其他企业	港澳台商投资	与港澳台商合资经营
金属工具制造	61484	1991181	3848	5534	135374	80868
集装箱及金属包装容器制造	8553	477327	7524	654	154899	21770
金属丝绳及其制品制造	18144	763978	3263	477	94882	40921
建筑、安全用金属制品制造	182247	3825598	13916	10226	281306	112439
金属表面处理及热处理加工	146396	1489223	22767	3175	57063	19706
搪瓷制品制造	4217	160110		26	16731	15050
金属制日用品制造	57718	2145580	29496	4789	143374	75723
其他金属制品制造	67968	1583261	93927	4007	353139	298804
通用设备制造业	845884	21207397	329442	35209	2084211	1000455
锅炉及原动设备制造	11420	659559	5027		162380	62140
金属加工机械制造	68087	1778562	34220	2432	133890	34545
物料搬运设备制造	19330	1623190	75034	2222	305476	63758
泵、阀门、压缩机及类似机械制造	205936	5886454	49864	7768	507078	319706
轴承、齿轮和传动部件制造	137502	3071055	5831	2730	225515	108516
烘炉、风机、衡器、包装等设备制造	32977	2796272	103383	5320	245946	115923
文化、办公用机械制造	2601	329494	12365	57	63488	51127
通用零部件制造	353860	4706716	39718	14257	422345	240535
其他通用设备制造业	14171	356097	4001	423	18094	4204
专用设备制造业	282905	8854263	96577	10707	1069553	546193
采矿、冶金、建筑专用设备制造	13631	743755	18095		32993	18670
化工、木材、非金属加工专用设备制造	132539	2776020	35809	6084	497194	251343
食品、饮料、烟草及饲料生产专用设备制造	2356	298080	4165	412	27137	16164
印刷、制药、日化及日用品生产专用设备制造	12007	602181	1390	1799	59718	44138
纺织、服装和皮革加工专用设备制造	78423	1770591	8019	2200	181317	56783
电子和电工机械专用设备制造	5299	338067	14068		13535	8021
农、林、牧、渔专用机械制造	18041	566746	7037	132	47974	10626
医疗仪器设备及器械制造	2693	446843	335	75	45558	11963
环保、社会公共服务及其他专用设备制造	17916	1311980	7659	7	164128	128485

单位：万元

与港澳台商合作经营	港澳台商独资	港澳台商投资股份有限公司	其他港澳台投资	外商投资	中外合资经营	中外合作经营	外资企业	外商投资股份有限公司	其他外商投资
	54506			213865	121045		92820		
	133129			79974	54006		25721	247	
	53961			5993			5993		
	151073	14730	3064	248462	97713	14612	136115		22
1139	36218			38728	12102	11443	15184		
	1680			8606	8577		29		
	67651			312221	68429		243793		
8725	45610			113705	58630		55075		
62978	1018007	2628	143	2450122	1162617	13722	1242180	23794	7807
52781	47459			64316	36014		28301		
	99344			331459	44220		287177		62
	241717			184789	112206		72582		
	186545	828		588504	318097	13181	253626		3600
2901	112154	1800	143	332819	190949	93	141778		
420	129603			331776	172511	449	158816		
	12361			49364	18890		11759	18715	
6876	174934			535033	266068		262699	5079	1187
	13890			32062	3661		25442		2959
21111	480713	21537		1285067	396897	856	884839	1031	1444
	14323			210251	3221		207030		
	231268	14583		507218	225295		281544		379
6423	4550			31368	9707		21661		
	15581			67802	16791		51010		
2995	116591	4948		93770	26617		67153		
300	5214			25400	10069		15330		
9993	25349	2006		68451	7167		60219		1065
1400	32194			64116	29822	856	33438		
	35644			216693	68206		147455	1031	

2-B-36 续表 24

行业	私营合伙	私营有限责任公司	私营股份有限公司	其他企业	港澳台商投资	与港澳台商合资经营
汽车制造业	299200	7901065	86098	5771	683879	348842
汽车整车制造		190213			16653	8983
改装汽车制造		72666			9842	9842
低速载货汽车制造						
电车制造		3143			1296	
汽车车身、挂车制造	454	67991			2073	1539
汽车零部件及配件制造	298746	7567052	86098	5771	654016	328478
铁路、船舶、航空航天和其他运输设备制造业	99790	3054546	29413	2170	199629	133333
铁路运输设备制造	408	137011			1883	1883
城市轨道交通设备制造		3184				
船舶及相关装置制造	42240	1011919	2008		43258	37109
航空、航天器及设备制造	985	18200	24329			
摩托车制造	29288	902451	212	1133	5742	95
自行车制造	20853	843791		797	142338	90991
非公路休闲车及零配件制造	1300	98310	2864	240		
潜水救捞及其他未列明运输设备制造	4715	39679			6409	3255
电气机械和器材制造业	395011	20707248	509757	22140	2559913	1542277
电机制造	55180	2515996	33317	3676	233192	146187
输配电及控制设备制造	137262	6753101	77746	4037	545221	402275
电线、电缆、光缆及电工器材制造	36753	3753180	263883	2315	539278	238833
电池制造	2838	695499	62492		194529	126817
家用电力器具制造	89813	3050568	52202	7422	577587	379592
非电力家用器具制造	5118	560051	5131	683	24329	19478
照明器具制造	61332	3071401	14764	3659	434705	218820
其他电气机械及器材制造	6715	307452	222	348	11072	10276
计算机、通信和其他电子设备制造业	66309	5145854	62677	3847	1257466	551140

单位：万元

与港澳台商合作经营	港澳台商独资	港澳台商投资股份有限公司	其他港澳台投资	外商投资	中外合资经营	中外合作经营	外资企业	外商投资股份有限公司	其他外商投资
6545	312692	15799		1249821	567857	28105	653858		
	7669			13281	5611		7670		
				21230	14468		6762		
	1296								
	534			7777			7777		
6545	303193	15799		1207533	547778	28105	631649		
14042	52253			178843	94038	10368	74437		
	6148			55394	31169		24225		
				371			371		
	5648			31684	15597		16087		
11067	40279			81416	41444	10368	29604		
				8287	4136		4150		
2975	178			1691	1691				
31091	953043	33256	246	1788194	1034806	51645	695226	6384	132
	83973	3032		268733	133267	12756	122578		132
1944	140757		246	359964	247931	960	108419	2654	
15433	285013			420698	272981	3321	140665	3731	
	55910	11802		110825	45574		65251		
13714	172141	12139		287789	120993		166796		
	4852			24167	6968		17199		
	209601	6283		295968	201553	34607	59808		
	796			20049	5539		14510		
35822	639866	30638		956653	368038	6006	582609		

2-B-36 续表 25

行业	私营合伙	私营有限责任公司	私营股份有限公司	其他企业	港澳台商投资	与港澳台商合资经营
计算机制造	1691	202425	355		38858	913
通信设备制造	6041	624912	5549	720	256540	60698
广播电视设备制造	3611	222776	5192		64342	13564
雷达及配套设备制造		3604			118976	118976
视听设备制造	5935	455287	457	20	52145	7441
电子器件制造	4382	606643	12138	580	266432	144208
电子元件制造	40192	2739007	32858	2428	401398	170692
其他电子设备制造	4457	291199	6128	99	58775	34648
仪器仪表制造业	86112	2731793	97627	3082	202185	113821
通用仪器仪表制造	38412	1568944	86383	286	140672	85412
专用仪器仪表制造	6360	398231	11176	192	15081	8279
钟表与计时仪器制造	3893	65205		311	14261	10884
光学仪器及眼镜制造	32414	621293		2267	29427	9246
其他仪器仪表制造业	5033	78120	68	25	2745	
其他制造业	264276	1932085	24800	2270	126422	79401
日用杂品制造	261426	1625141	16353	1010	118621	75560
煤制品制造	155	42296		8		
核辐射加工	15	134	1861			
其他未列明制造业	2680	264514	6586	1253	7801	3841
废弃资源综合利用业	11608	1504545	342	761	153604	24999
金属废料和碎屑加工处理	2339	1248379	330	255	140577	24999
非金属废料和碎屑加工处理	9269	256167	12	506	13027	
金属制品、机械和设备修理业	21798	342115	171	1166	25147	25031
金属制品修理		6822		20	116	
通用设备修理	290	22170	129	400	976	976
专用设备修理	230	9128		533		
铁路、船舶、航空航天等运输设备修理	20847	262194		113	22339	22339

单位：万元

与港澳台商合作经营	港澳台商独资	港澳台商投资股份有限公司	其他港澳台投资	外商投资	中外合资经营	中外合作经营	外资企业	外商投资股份有限公司	其他外商投资
	12014	25930		85056	32633		52423		
944	194899			94113	18650	3838	71626		
	48164	2613		18962	4152		14811		
				821	821				
	44704			83212	50790		32422		
178	122045			139903	42813		97090		
34700	193913	2094		479943	202935	2168	274840		
	24127			54642	15244		39398		
3598	84766			281273	164560	366	99862		16486
3598	51661			176320	128207		48114		
	6802			45260	3347		25427		16486
	3377			2375	2375				
	20181			52232	30631	366	21234		
	2745			5087			5087		
	47021			83091	41361	6788	34942		
	43061			66538	38174	6788	21576		
				172			172		
	3959			16381	3186		13194		
	128605			184336	130749	268	53319		
	115578			183879	130449	268	53162		
	13027			457	300		157		
	116			22081	21285		796		
	116								
				99	99				
				4342	4342				
				17404	16827		578		

2-B-36 续表 26

行业	私营合伙	私营有限责任公司	私营股份有限公司	其他企业	港澳台商投资	与港澳台商合资经营
电气设备修理	152	22011	42			
仪器仪表修理		1090			1716	1716
其他机械和设备修理业	278	18701		100		
电力、热力、燃气及水生产和供应业	**87296**	**875988**	**2428**	**2414**	**837193**	**403548**
电力、热力生产和供应业	66028	518022	2399	2024	732698	339281
电力生产	65981	410984	2399	2024	694249	301856
电力供应	47	267				
热力生产和供应		106772			38449	37424
燃气生产和供应业	7761	215479			82015	47772
燃气生产和供应业	7761	215479			82015	47772
水的生产和供应业	13506	142487	30	390	22481	16495
自来水生产和供应	4767	33091		390	2375	
污水处理及其再生利用	1885	96151			20106	16495
其他水的处理、利用与分配	6855	13245	30			
建筑业	**23397**	**14397697**	**155160**	**2987**	**16228**	**9355**
房屋建筑业	13146	5649268	42021	622	5219	4282
房屋建筑业	13146	5649268	42021	622	5219	4282
土木工程建筑业	1460	3779352	60436	777	3331	249
铁路、道路、隧道和桥梁工程建筑	207	2199373	23206	127	768	43
水利和内河港口工程建筑	125	316132	24377			
海洋工程建筑		1634	2925			
工矿工程建筑		95063				
架线和管道工程建筑		231063	6277			
其他土木工程建筑	1128	936087	3651	650	2563	206
建筑安装业	4114	1475726	14314	60	4217	2747
电气安装	2853	421092	5804		1578	1578
管道和设备安装	536	379996	3870	60	18	
其他建筑安装业	725	674638	4641		2621	1169

单位：万元

与港澳台商合作经营	港澳台商独资	港澳台商投资股份有限公司	其他港澳台投资	外商投资	中外合资经营	中外合作经营	外资企业	外商投资股份有限公司	其他外商投资
				236	17		219		
164237	**269409**			**2204343**	**1845925**	**163145**	**194973**		**300**
161221	232196			1818763	1570685	160037	88041		
161221	231171			1739917	1491840	160037	88041		
	1025			78846	78846				
801	33442			343881	254235		89646		
801	33442			343881	254235		89646		
2215	3771			41699	21005	3108	17286		300
2215	160			12337	6186	3108	3042		
	3611			29162	14619		14244		300
				200	200				
726	**6148**			**26031**	**12681**	**962**	**11467**		**920**
	937			813			813		
	937			813			813		
726	2357			9448	6132	832	2483		
726				1273			1273		
				1500	1500				
				3811	2902	832	77		
				39	39				
	2357			2825	1692		1133		
	1471			14615	5960		8155		500
				500					500
	18			6571	59		6512		
	1453			7544	5901		1643		

2-B-36 续表 27

行业	私营合伙	私营有限责任公司	私营股份有限公司	其他企业	港澳台商投资	与港澳台商合资经营
建筑装饰和其他建筑业	4677	3493351	38389	1527	3460	2077
建筑装饰业	3714	2487185	31110	1506	3460	2077
工程准备活动	948	562327	7232	21		
提供施工设备服务	15	80209				
其他未列明建筑业		363629	46			
批发和零售业	**651076**	**180975049**	**1890589**	**2137931**	**1959074**	**247823**
批发业	380918	167694077	1722820	1890049	1886746	199925
农、林、牧产品批发	19338	1601847	9622	748230	174893	541
食品、饮料及烟草制品批发	201394	4115699	195131	921891	56546	51095
纺织、服装及家庭用品批发	29575	37364684	241366	64536	348921	58338
文化、体育用品及器材批发	6951	3629539	34806	18730	317055	7168
医药及医疗器材批发	436	1427245	15340	28256	21248	8487
矿产品、建材及化工产品批发	78583	94034173	1070205	30807	600957	12070
机械设备、五金产品及电子产品批发	19128	15832688	67450	35791	149821	57197
贸易经纪与代理	12924	4532641	18363	22575	98437	3791
其他批发业	12590	5155561	70537	19233	118868	1238
零售业	270158	13280972	167768	247881	72328	47899
综合零售	10911	404575	3066	4387	1003	206
食品、饮料及烟草制品专门零售	4692	644715	26257	138770	8309	7871
纺织、服装及日用品专门零售	9057	1181435	8081	6069	10386	7149
文化、体育用品及器材专门零售	2625	686420	4917	3524	1215	5
医药及医疗器材专门零售	79805	554291	2153	14287	10	10
汽车、摩托车、燃料及零配件专门零售	104851	4864130	77533	24110	36417	22461
家用电器及电子产品专门零售	14841	2129800	21385	11216	1301	1093
五金、家具及室内装饰材料专门零售	20660	1430671	3178	14588	3516	1385
货摊、无店铺及其他零售业	22716	1384935	21197	30930	10172	7720

单位：万元

与港澳台商合作经营	港澳台商独资	港澳台商投资股份有限公司	其他港澳台投资	外商投资	中外合资经营	中外合作经营	外资企业	外商投资股份有限公司	其他外商投资
	1383			1155	589	130	16		420
	1383			735	589	130	16		
				36					36
				384					384
5660	**1577677**	**23418**	**104496**	**5757890**	**3755577**	**9854**	**1536260**	**23621**	**432580**
5336	1566706	12220	102559	5502104	3660102	9854	1390759	23621	417769
1035	173317			6045			6045		
	5402		50	66111	17727		47822		562
3055	224605	11843	51080	679682	88435	2235	378157	16237	194619
	299169	122	10596	164825	14314	300	116685	796	32729
	12761			8634	6516		2117		...
	588830	57		3085321	2563604	140	478942		42636
	84332		8292	329450	40566	66	253395		35423
1246	61273	199	31927	202479	13020	6680	81768	5189	95821
	117016		614	959557	915919	433	25828	1398	15978
323	10971	11199	1936	255787	95475		145501		14811
	676		122	43717	36683		1390		5645
30	351		58	3536	850		2488		198
	2767		470	46205	7974		37739		491
255	956			3240	329		2815		95
				3837	3695		131		11
	2757	11199		89380	5550		83212		618
39	169			3277	168		1644		1465
	2131			32165	26044		5013		1108
	1165		1287	30429	14181		11069		5180

2-B-36 续表 28

行业	私营合伙	私营有限责任公司	私营股份有限公司	其他企业	港澳台商投资	与港澳台商合资经营
交通运输、仓储和邮政业	**69280**	**9499222**	**252123**	**11588**	**266396**	**146669**
道路运输业	35677	3991162	200416	9244	84822	17865
城市公共交通运输	136	93253	2875	422	5677	5130
公路旅客运输	1056	153248	6964		2547	2547
道路货物运输	32010	3658531	57472	8148	40952	8939
道路运输辅助活动	2476	86130	133105	673	35646	1249
水上运输业	164	1204525	8838	2	37139	37139
水上旅客运输		10461				
水上货物运输		1071675	8838			
水上运输辅助活动	164	122389		2	37139	37139
航空运输业		4758				
航空客货运输		1				
通用航空服务		3446				
航空运输辅助活动		1311				
管道运输业						
管道运输业						
装卸搬运和运输代理业	33129	3751250	41287	1348	95754	60704
装卸搬运	8153	103535	1163	271	19015	19004
运输代理业	24976	3647714	40124	1077	76739	41700
仓储业	288	280123	216	978	48681	30961
谷物、棉花等农产品仓储	8	10113	168	978		
其他仓储业	280	270010	48		48681	30961
邮政业	22	267406	1366	15		
邮政基本服务		152				
快递服务	22	267253	1366	15		
住宿和餐饮业	**132865**	**1623330**	**27318**	**18673**	**47609**	**10290**
住宿业	54184	591042	15240	5324	31473	6613

单位：万元

与港澳台商合作经营	港澳台商独资	港澳台商投资股份有限公司	其他港澳台投资	外商投资	中外合资经营	中外合作经营	外资企业	外商投资股份有限公司	其他外商投资
15	**101900**	**17812**		**774327**	**340752**	**11570**	**420456**		**1549**
15	66943			95941	75609		19013		1319
	547			1617			298		1319
	32013			76732	58241		18491		
15	34382			17592	17368		224		
				45310	33743	11568			
				45310	33743	11568			
				…			…		
				…			…		
	17802	17247		223505	209662	2	13611		230
	11			15879	8350	2	7526		
	17791	17247		207626	201311		6085		230
	17155	564		409571	21738		387833		
	17155	564		409571	21738		387833		
20290	**15647**		**1382**	**40781**	**18527**	**785**	**18821**	**1361**	**1288**
20132	4504		224	25094	14669	785	8790	851	

2-B-36 续表 29

行业	私营合伙	私营有限责任公司	私营股份有限公司	其他企业	港澳台商投资	与港澳台商合资经营
旅游饭店	14460	322570	9782	1596	10109	6399
一般旅馆	37915	253292	5459	3377	21364	214
其他住宿业	1809	15180		350		
餐饮业	78681	1032288	12078	13349	16136	3677
正餐服务	63610	897160	9155	11273	14727	3518
快餐服务	3048	61259		398	1188	
饮料及冷饮服务	5164	24145	2216	610	5	3
其他餐饮业	6859	49723	707	1067	216	157
信息传输、软件和信息技术服务业	**3014**	**2455013**	**12436**	**1051**	**85312**	**15196**
电信、广播电视和卫星传输服务	356	87528	554	878	105	
电信	296	80735	554	878	105	
广播电视传输服务	60	6793				
互联网和相关服务	187	212143	1146		14716	
互联网接入及相关服务		26028				
互联网信息服务	187	167463	1146		196	
其他互联网服务		18652			14521	
软件和信息技术服务业	2471	2155342	10736	173	70491	15196
软件开发	1534	1511200	6723		51950	15020
信息系统集成服务	30	292228	2339		8088	109
信息技术咨询服务	367	217527	1471		1660	22
数据处理和存储服务		27501				
集成电路设计		31735				
其他信息技术服务业	540	75151	203	173	8793	46
房地产业	**58983**	**2347144**	**14160**	**5741**	**32613**	**11637**
房地产业	58983	2347144	14160	5741	32613	11637
房地产开发经营		1051478	6645		17903	7301
物业管理	309	661814	3643	630	10539	944
房地产中介服务	58404	441677	2184	5060	3461	3382
其他房地产业	269	192174	1689	51	710	10

单位：万元

与港澳台商合作经营	港澳台商独资	港澳台商投资股份有限公司	其他港澳台投资	外商投资	中外合资经营	中外合作经营	外资企业	外商投资股份有限公司	其他外商投资
644	3066			18547	11254		7293		
19488	1438		224	6547	3415	785	1497	851	
158	11142		1158	15687	3858		10031	510	1288
158	9893		1158	14820	3794		9228	510	1288
	1188			149	15		134		
	2			582	49		533		
	59			136			136		
	70116			**388737**	**68759**	**618**	**318427**	**669**	**264**
	105			273	20		253		
	105			253			253		
				20	20				
	14716			1487	869		618		
	196			1487	869		618		
	14521								
	55294			386977	67870	618	317557	669	264
	36930			334605	58320	18	275365	669	234
	7979			10976	9424	600	953		
	1638			908	127		751		30
				35750			35750		
				4445			4445		
	8747			294			294		
5669	**14000**	**1307**		**62236**	**42550**	**2072**	**17186**	**428**	**...**
5669	14000	1307		62236	42550	2072	17186	428	...
	9295	1307		39606	36510		2718	379	
5669	3926			15266	3945	2072	9200	49	
	79			6173	1279		4894		...
	700			1192	817		375		

2-B-36 续表 30

行业	私营合伙	私营有限责任公司	私营股份有限公司	其他企业	港澳台商投资	与港澳台商合资经营
租赁和商务服务业	**351752**	**9665181**	**341929**	**440356**	**139896**	**14842**
租赁业	1017	308728	17055	2766	7834	4226
机械设备租赁	857	297897	16941	2766	7834	4226
文化及日用品出租	160	10831	114			
商务服务业	350735	9356454	324874	437591	132063	10617
企业管理服务	55444	2260916	160070	370601	30529	3896
法律服务	138470	20862	836	25812	228	
咨询与调查	122184	1260285	9701	6188	29517	1129
广告业	2605	1824476	5763	1017	3353	63
知识产权服务	10573	69812		68		
人力资源服务	12935	1449379	44702	2070	47812	
旅行社及相关服务	1984	1204962	67823	5900	104	10
安全保护服务		99761		59		
其他商务服务业	6539	1165999	35979	25875	20519	5518
科学研究和技术服务业	**23731**	**3056648**	**36062**	**167237**	**52035**	**18046**
研究和试验发展	1530	353166	1502	4060	18471	12856
自然科学研究和试验发展	46	16499	5	682	1916	
工程和技术研究和试验发展	753	261393	1016	551	16495	12832
农业科学研究和试验发展	35	43451	471	2051	19	19
医学研究和试验发展	431	28296	10	776	42	5
社会人文科学研究	265	3527				
专业技术服务业	17165	2075033	21898	4485	29606	2472
气象服务		3621				
地震服务		32				
海洋服务		1604				

单位：万元

与港澳台商合作经营	港澳台商独资	港澳台商投资股份有限公司	其他港澳台投资	外商投资	中外合资经营	中外合作经营	外资企业	外商投资股份有限公司	其他外商投资
30	**121488**	**3460**	**76**	**729439**	**529725**	**24689**	**83301**	**89464**	**2260**
	3608			106585	13194		4920	88471	
	3608			106585	13194		4920	88471	
30	117881	3460	76	622854	516532	24689	78381	993	2260
30	23824	2779		539610	487794	23834	27733	71	178
	228								
	27921	467		30701	3607		25021	922	1150
	3077	214		11980	179		11801		
				33			33		
	47812			1099	477		570		52
	18		76	16714	14036	854	1224		600
				3162	3000		11		152
	15001			19555	7440		11988		128
	33646		**343**	**97883**	**50962**	**777**	**46065**	**5**	**73**
	5615			27513	16817	…	10696		
	1916			153	103		50		
	3663			15475	8765		6710		
				166	166	…			
	36			11719	7783		3936		
	26914		220	46836	19903	110	26744	5	73
				1919	1919				

2-B-36 续表 31

行业	私营合伙	私营有限责任公司	私营股份有限公司	其他企业	港澳台商投资	与港澳台商合资经营
测绘服务	1578	62636	78			
质检技术服务	1786	146923	770	566	14214	1857
环境与生态监测	331	44944				
地质勘查		13475	9			
工程技术	8185	1250530	18456	1366	9914	615
其他专业技术服务业	5286	551269	2585	2554	5478	
科技推广和应用服务业	5036	628449	12662	158691	3958	2718
技术推广服务	4273	531735	12247	158337	2138	1114
科技中介服务	180	45961	190	331	1820	1604
其他科技推广和应用服务业	583	50754	225	23		
水利、环境和公共设施管理业	**2861**	**878845**	**24224**	**2513**	**1707**	**524**
水利管理业	234	15172		100	829	
防洪除涝设施管理		1660				
水资源管理		2194			829	
天然水收集与分配		1015				
水文服务		187				
其他水利管理业	234	10116		100		
生态保护和环境治理业	857	123326		663		
生态保护		6355		72		
环境治理业	857	116972		591		
公共设施管理业	1770	740347	24224	1750	877	524
市政设施管理		142061	286		85	50
环境卫生管理	1215	49934	838			
城乡市容管理		8039		69		
绿化管理	274	474557	22902	478		
公园和游览景区管理	281	65756	197	1203	792	475

单位：万元

与港澳台商合作经营	港澳台商独资	港澳台商投资股份有限公司	其他港澳台投资	外商投资	中外合资经营	中外合作经营	外资企业	外商投资股份有限公司	其他外商投资
	12357			7425	4219		3207		
				322	322				
	9299			8003	3239	110	4580		73
	5258		220	29165	10203		18957	5	
	1117		123	23534	14242	667	8625		
	1024			19502	13222	667	5614		
	94		123	3894	1021		2874		
				138			138		
	1182			**19408**	**6260**		**13148**		
	829								
	829								
				3589	3589				
				3589	3589				
	353			15819	2671		13148		
	36			620			620		
				10			10		
				11801			11801		
	317			3388	2671		718		

2-B-36 续表 32

行 业	私营合伙	私营有限责任公司	私营股份有限公司	其他企业	港澳台商投资	与港澳台商合资经营
居民服务、修理和其他服务业	**61189**	**954123**	**10080**	**11508**	**3444**	**613**
居民服务业	28046	202826	3352	5051	2831	161
家庭服务	229	31626		344	161	161
托儿所服务	30	121		220		
洗染服务	3247	27568	25			
理发及美容服务	5090	30547	209	365		
洗浴服务	8593	21861	3042	505		
保健服务	7852	31867	65	1974	28	
婚姻服务	1351	17510		31		
殡葬服务	138	13187		1127	2643	
其他居民服务业	1517	28538	12	485		
机动车、电子产品和日用产品修理业	29215	555049	3989	5374	613	453
汽车、摩托车修理与维护	27673	425848	2174	4059	613	453
计算机和办公设备维修	636	40853	50	4		
家用电器修理	844	69717	1094	841		
其他日用产品修理业	61	18632	671	470		
其他服务业	3928	196248	2739	1082		
清洁服务	2040	157323	2290	235		
其他未列明服务业	1889	38926	448	847		
卫生和社会工作	**50**	**1428**		**52**	**40**	
社会工作	50	1428		52	40	
提供住宿社会工作		795				
不提供住宿社会工作	50	634		52	40	
文化、体育和娱乐业	**108661**	**1105276**	**83978**	**6688**	**5045**	**2258**
新闻和出版业	233	8735		106		
新闻业		337		…		
出版业	233	8398		106		
广播、电视、电影和影视录音制作业	1140	676148	78216	144	159	159

单位：万元

与港澳台商合作经营	港澳台商独资	港澳台商投资股份有限公司	其他港澳台投资	外商投资	中外合资经营	中外合作经营	外资企业	外商投资股份有限公司	其他外商投资
2643	**188**			**9302**	**2944**		**5956**		**401**
2643	28			881	582		120		179
				412	400		12		
				397	182		35		179
	28			31			31		
2643									
				42			42		
	161			8421	2362		5837		223
	161			6906	1826		4858		223
				61			61		
				1454	535		918		
	40								
	40								
	40								
	1971		**816**	**11394**	**10420**	**10**	**964**		
				8091	7726		365		

2-B-36 续表 33

行业	私营合伙	私营有限责任公司	私营股份有限公司	其他企业	港澳台商投资	与港澳台商合资经营
广播		2174				
电视		138742	501			
电影和影视节目制作		445356	76954			
电影和影视节目发行		3423				
电影放映	1140	85522	760	144	159	159
录音制作		929				
文化艺术业	1781	67577	192	287	247	
文艺创作与表演	1068	27772		7	247	
艺术表演场馆		1493				
图书馆与档案馆	662	1224				
文物及非物质文化遗产保护	50	1564		181		
博物馆		5568				
烈士陵园、纪念馆						
群众文化活动		5097		100		
其他文化艺术业		24859	192			
体育	3193	66590	1940	879	4186	1768
体育组织		10790				
体育场馆	810	2083				
休闲健身活动	2383	46165		879	4186	1768
其他体育		7552	1940			
娱乐业	102314	286226	3630	5273	453	330
室内娱乐活动	101365	239376	3307	5263	230	230
游乐园	750	10703		10	224	101
彩票活动						
文化、娱乐、体育经纪代理		23472	323			
其他娱乐业	200	12676				

单位：万元

与港澳台商合作经营	港澳台商独资	港澳台商投资股份有限公司	其他港澳台投资	外商投资	中外合资经营	中外合作经营	外资企业	外商投资股份有限公司	其他外商投资
				365			365		
				7726	7726				
	247			142			142		
	247								
				142			142		
	1601		816	761	567		194		
	1601		816	761	567		194		
	123			2400	2127	10	264		
				636	363	10	264		
	123								
				502	502				
				1262	1262				

2-B-37 按行业中类、控股情况分组的小微企业资产总计

单位：万元

行业	合计	国有控股	集体控股	私人控股	港澳台商控股	外商控股	其他
总计	**1390176333**	**371437444**	**38664492**	**839155236**	**51550071**	**37255500**	**52113591**
农、林、牧、渔业	**519919**	**119116**	**54707**	**324573**	**6025**	**396**	**15102**
农业	17530	1263	50	15719			498
谷物种植	572			74			498
蔬菜、食用菌及园艺作物种植	3575	249		3326			
水果种植	3652	1014		2638			
坚果、含油果、香料和饮料作物种植	3728		50	3678			
中药材种植	5891			5891			
其他农业	112			112			
林业	992			992			
林木育种和育苗	992			992			
畜牧业	11710	5	500	11195			10
牲畜饲养	8865			8865			
家禽饲养	1060	5		1055			
其他畜牧业	1785		500	1275			10
渔业	3957			3957			
水产养殖	3957			3957			
农、林、牧、渔服务业	485729	117849	54157	292709	6025	396	14593
农业服务业	438708	111916	53318	254081	6025	396	12972
林业服务业	27732	5204	324	21653			551
畜牧服务业	10590	460	28	9298			805
渔业服务业	8699	268	488	7677			266
采矿业	**2434160**	**378826**	**53748**	**1889629**	**29234**	**73863**	**8859**
煤炭开采和洗选业	22913			22834			79
烟煤和无烟煤开采洗选	18217			18139			79
褐煤开采洗选	3284			3284			
其他煤炭采选	1412			1412			
黑色金属矿采选业	50304	20745	2080	25079		2400	

2-B-37　续表 1　　　　单位：万元

行　业	合　计	国有控股	集体控股	私人控股	港澳台商控股	外商控股	其　他
铁矿采选	50304	20745	2080	25079		2400	
其他黑色金属矿采选	…			…			
有色金属矿采选业	214119	4000	1797	208148			174
常用有色金属矿采选	113826		1797	112024			5
贵金属矿采选	13952	4000		9952			
稀有稀土金属矿采选	86341			86172			169
非金属矿采选业	2123709	353931	49671	1610802	29234	71463	8607
土砂石开采	2011891	353931	45775	1502881	29234	71463	8607
化学矿开采	13692		1079	12613			
采盐	2182		820	1362			
石棉及其他非金属矿采选	95944		1997	93947			
开采辅助活动	2019		200	1819			
石油和天然气开采辅助活动	1150			1150			
其他开采辅助活动	869		200	669			
其他采矿业	21097	150		20947			
其他采矿业	21097	150		20947			
制造业	**399313725**	**9360489**	**6065595**	**321433276**	**28772807**	**23844852**	**9836706**
农副食品加工业	6951806	173079	274353	5950493	141356	266388	146137
谷物磨制	392533	51502	18703	320551			1776
饲料加工	1164504	8572	568	1083207	21449	36917	13790
植物油加工	347811	158	12740	306852	10416	12352	5293
制糖业	11309		278	11022			9
屠宰及肉类加工	771125	55753	4304	617160	63127	26527	4253
水产品加工	2447750	55029	208609	2033185	38220	55182	57525
蔬菜、水果和坚果加工	1346047	991	18807	1228717	2255	35141	60136
其他农副食品加工	470727	1073	10345	349798	5889	100267	3355
食品制造业	3421075	74973	42765	2310835	289165	627684	75651
焙烤食品制造	353811		132	285782	22279	42788	2831
糖果、巧克力及蜜饯制造	225595		477	165096	12559	47463	

2-B-37 续表 2

单位：万元

行　业	合　计	国有控股	集体控股	私人控股	港澳台商控　股	外商控股	其　他
方便食品制造	467307	9123	1535	263147	92417	100663	422
乳制品制造	111010	13529	145	75735	7354	14247	
罐头食品制造	369878	1305	13204	301178	2941	43891	7360
调味品、发酵制品制造	366022	3	12394	232733	89789	28904	2198
其他食品制造	1527452	51013	14879	987164	61826	349730	62841
酒、饮料和精制茶制造业	3035976	141953	49610	1994954	204419	599657	45383
酒的制造	902378	54664	18882	538314	140898	149522	98
饮料制造	1004815	7423	9120	475689	32415	445923	34245
精制茶加工	1128782	79866	21608	980951	31106	4212	11040
烟草制品业	2262522	2242234		20288			
卷烟制造	2242234	2242234					
其他烟草制品制造	20288			20288			
纺织业	39593566	92329	529166	32573972	4282052	1803079	312970
棉纺织及印染精加工	15901822	15644	167580	13862873	980222	719717	155786
毛纺织及染整精加工	1867507	12120	39197	1381281	292115	130515	12279
麻纺织及染整精加工	169755			108273	59207	2275	
丝绢纺织及印染精加工	2342995	10017	35428	1918739	268294	77060	33459
化纤织造及印染精加工	4697166		6724	3323735	1257184	104968	4555
针织或钩针编织物及其制品制造	7933458	13462	80096	6753574	730176	324792	31359
家用纺织制成品制造	3556717	14542	170742	2717881	393553	237618	22381
非家用纺织制成品制造	3124144	26543	29398	2507617	301300	206135	53151
纺织服装、服饰业	18345261	300057	216724	14670436	1691844	1273635	192567
机织服装制造	9635274	119137	133005	7452793	984051	845886	100403
针织或钩针编织服装制造	5405753	121044	57898	4323951	557780	263458	81621
服饰制造	3304235	59875	25820	2893692	150013	164291	10543
皮革、毛皮、羽毛及其制品和制鞋业	8880043	4639	34890	7865250	432035	473539	69690
皮革鞣制加工	838852		1742	766396	17581	53133	
皮革制品制造	2620036	1479	4109	2193765	182914	209487	28281
毛皮鞣制及制品加工	586672		874	516516	51116	18151	15

2-B-37　续表 3　　　　单位：万元

行　业	合　计	国有控股	集体控股	私人控股	港澳台商控　股	外商控股	其　他
羽毛(绒)加工及制品制造	861030		10	634672	126166	86384	13798
制鞋业	3973453	3160	28155	3753901	54259	106383	27596
木材加工和木、竹、藤、棕、草制品业	4241358	2386	43340	3792743	264325	128624	9939
木材加工	430274	1143	1904	396916	21256	8564	490
人造板制造	1149179		32234	977679	96513	42701	53
木制品制造	1853424	1243	4349	1681754	127697	35088	3292
竹、藤、棕、草等制品制造	808481		4853	736393	18859	42272	6104
家具制造业	5505129	7560	16847	4509434	477689	456898	36701
木质家具制造	2711258		4510	2306415	225698	140118	34517
竹、藤家具制造	141231			114615	20142	6474	
金属家具制造	1501523		8243	1231699	98353	162391	837
塑料家具制造	245760			214591	10590	19316	1265
其他家具制造	905357	7560	4094	642115	122906	128599	82
造纸和纸制品业	9822042	38933	161668	8687354	423270	323533	187283
纸浆制造	16453			12791	3661		
造纸	4885588	38933	91967	4443603	144269	21489	145326
纸制品制造	4920001		69701	4230960	275339	302044	41957
印刷和记录媒介复制业	6874264	107298	71626	6179121	258014	93709	164496
印刷	6601403	98559	66330	5928798	255436	88236	164044
装订及印刷相关服务	235183	3760	5296	217625	2578	5472	452
记录媒介复制	37678	4980		32698			
文教、工美、体育和娱乐用品制造业	11966347	48260	77130	10366040	777912	557528	139476
文教办公用品制造	1911477	5217	1167	1677961	97512	103215	26405
乐器制造	197730		1965	127838	12110	47318	8499
工艺美术品制造	7033925	43043	70265	6190372	361384	285385	83476
体育用品制造	1408963		1282	1155414	164057	79385	8826
玩具制造	1022621		2452	889667	90544	34130	5828
游艺器材及娱乐用品制造	391630			324788	52307	8094	6441
石油加工、炼焦和核燃料加工业	2243110	266377	6853	1401285	63309	170431	334855

2-B-37 续表 4

单位：万元

行　业	合　计	国有控股	集体控股	私人控股	港澳台商控　股	外商控股	其　他
精炼石油产品制造	2241248	266377	6853	1399424	63309	170431	334855
炼焦	1362			1362			
核燃料加工	500			500			
化学原料和化学制品制造业	24628754	858367	742877	14942564	3012304	4362084	710558
基础化学原料制造	6360736	365570	345821	2984081	1325676	1090900	248688
肥料制造	240189	3000	5566	221326	3264	5762	1271
农药制造	643672	62714	2640	516861	15955	32476	13025
涂料、油墨、颜料及类似产品制造	3011763	3391	162930	2243521	322379	250189	29353
合成材料制造	7190448	207834	86469	3649108	851316	2147917	247804
专用化学产品制造	5826199	190699	97453	4327396	404514	636055	170082
炸药、火工及焰火产品制造	78498	22708	420	55370			
日用化学产品制造	1277249	2451	41579	944900	89200	198784	335
医药制造业	5466604	64101	159622	3470986	361156	1074910	335830
化学药品原料药制造	1717667	20119	61922	1263161	181079	159667	31720
化学药品制剂制造	1303960	12189	38433	398141	57920	673306	123971
中药饮片加工	291465	17510	17362	194264	6146	45813	10369
中成药生产	664953	14158	28906	516479	46729	58682	
兽用药品制造	183652			127090		9064	47498
生物药品制造	735646		12826	487389	47554	66669	121208
卫生材料及医药用品制造	569262	125	174	484462	21727	61710	1064
化学纤维制造业	7264895	125365	4557	5605118	1180280	284463	65112
纤维素纤维原料及纤维制造	303444	92578		148910	55087	6869	
合成纤维制造	6961451	32787	4557	5456208	1125193	277594	65112
橡胶和塑料制品业	23682042	167964	176917	20485624	1720288	900531	230718
橡胶制品业	3131377	109893	50145	2386504	362185	205081	17569
塑料制品业	20550665	58070	126771	18099121	1358104	695450	213149
非金属矿物制品业	20314313	1543130	625499	15734044	1338255	667216	406169
水泥、石灰和石膏制造	2606541	787746	57658	1672519	7490	42297	38831
石膏、水泥制品及类似制品制造	8076053	628473	281907	6536233	368948	96955	163538

2-B-37 续表 5

单位：万元

行 业	合 计	国有控股	集体控股	私人控股	港澳台商控股	外商控股	其 他
砖瓦、石材等建筑材料制造	2788647	115891	105629	2344027	54902	115163	53035
玻璃制造	1579123		107585	880783	548021	236	42498
玻璃制品制造	2108309		16030	1731400	202124	126818	31936
玻璃纤维和玻璃纤维增强塑料制品制造	925945		1052	644681	48344	198690	33178
陶瓷制品制造	644002	41	3096	574306	28685	14496	23377
耐火材料制品制造	876443	10978	10632	737499	57247	50864	9223
石墨及其他非金属矿物制品制造	709249		41909	612596	22494	21697	10553
黑色金属冶炼和压延加工业	10008180	167242	299880	8342877	821788	287282	89110
炼铁	39427		593	38834			
炼钢	200576	…		112050	88126		400
黑色金属铸造	2119910	49365	74298	1869749	36553	65616	24328
钢压延加工	7464018	108228	224989	6153777	697110	215532	64382
铁合金冶炼	184250	9649		168468		6134	
有色金属冶炼和压延加工业	9139117	49135	64145	7959981	437886	230190	397780
常用有色金属冶炼	1115339		28107	848974	39868	24191	174199
贵金属冶炼	269965			264396			5568
稀有稀土金属冶炼	95193			59938	29878		5378
有色金属合金制造	1086445	7926	1140	974292	10630	84788	7671
有色金属铸造	266363		650	241607	18936	4387	783
有色金属压延加工	6305812	41210	34248	5570774	338575	116824	204181
金属制品业	24303323	381815	222802	21302688	1269603	779444	346971
结构性金属制品制造	5125901	153251	15089	4662516	168588	67869	58588
金属工具制造	3074378	2518	4914	2675414	170738	168864	51930
集装箱及金属包装容器制造	1198374	61541	17767	823125	147391	66925	81624
金属丝绳及其制品制造	1016353		11862	892818	47776	6756	57141
建筑、安全用金属制品制造	5267270	77173	35515	4602038	308084	214173	30287
金属表面处理及热处理加工	2150685	20	35685	1985838	76477	43135	9531
搪瓷制品制造	188432		2135	170450	13021	2200	627
金属制日用品制造	3317038	32860	12347	2943483	167489	143852	17007
其他金属制品制造	2964893	54452	87488	2547006	170040	65671	40236

2-B-37 续表 6

单位：万元

行　业	合　计	国有控股	集体控股	私人控股	港澳台商控　股	外商控股	其　他
通用设备制造业	40553031	317217	464224	34457798	2322154	2529866	461772
锅炉及原动设备制造	1918005	56909	16859	1558632	173713	70646	41247
金属加工机械制造	3401804	247	17198	2652890	294883	346012	90574
物料搬运设备制造	3299173	4500	50775	2595024	357690	258102	33084
泵、阀门、压缩机及类似机械制造	9330564	81463	140684	8170532	386657	482883	68345
轴承、齿轮和传动部件制造	6519180	34497	39693	5568345	312965	399706	163976
烘炉、风机、衡器、包装等设备制造	5409654	124468	40236	4426616	343933	443971	30430
文化、办公用机械制造	633008	36	566	510027	86825	26217	9337
通用零部件制造	8205081	1132	151362	7237817	324094	468452	22223
其他通用设备制造业	1836563	13965	6852	1737916	41395	33877	2558
专用设备制造业	19714418	259928	265524	15767861	1470729	1446959	503417
采矿、冶金、建筑专用设备制造	2106845	66366	7233	1398320	132220	246936	255770
化工、木材、非金属加工专用设备制造	6442559	40523	30790	4964922	702050	535008	169266
食品、饮料、烟草及饲料生产专用设备制造	527359		19272	452385	29557	26145	
印刷、制药、日化及日用品生产专用设备制造	967491	3303	10904	835173	41422	72801	3888
纺织、服装和皮革加工专用设备制造	3408820		77404	2896708	282596	112909	39203
电子和电工机械专用设备制造	687902	28483	2054	553621	35184	58454	10107
农、林、牧、渔专用机械制造	993809	36406	4744	842073	59074	48397	3116
医疗仪器设备及器械制造	1085272		31729	875055	65114	112085	1288
环保、社会公共服务及其他专用设备制造	3494361	84848	81394	2949605	123512	234224	20778
汽车制造业	18866037	140811	185302	13164554	1006806	1211598	3156967
汽车整车制造	857302	57179		715438	64933	19751	
改装汽车制造	172953	17717		138494		16743	
低速载货汽车制造	34121			34121			
电车制造	15964			15964			
汽车车身、挂车制造	80975			49562	21921	9491	
汽车零部件及配件制造	17704722	65916	185302	12210974	919951	1165613	3156967
铁路、船舶、航空航天和其他运输设备制造业	7329753	132659	50554	6332894	334829	204609	274207

2-B-37　续表 7　　　　单位：万元

行　业	合　计	国有控股	集体控股	私人控股	港澳台商控股	外商控股	其　他
铁路运输设备制造	382927	43329	10889	312386	3970	2897	9456
城市轨道交通设备制造	2160			2160			
船舶及相关装置制造	3604720	86971	13292	3055913	167413	65253	215877
航空、航天器及设备制造	126195		133	125612		450	
摩托车制造	1587200	2358	10873	1487779	8008	38485	39697
自行车制造	1373645		15014	1133253	152936	69209	3233
非公路休闲车及零配件制造	190908			162592		28316	
潜水救捞及其他未列明运输设备制造	61998		353	53199	2502		5944
电气机械和器材制造业	39559880	214682	999014	33526583	2522240	1580503	716858
电机制造	4349107	3779	75264	3764094	235615	195153	75201
输配电及控制设备制造	14406978	35372	493247	12493718	660347	430641	293653
电线、电缆、光缆及电工器材制造	6489486	14584	117549	5510143	379739	300245	167225
电池制造	1709761	1949	29431	1307649	215674	127827	27231
家用电力器具制造	5329830	129708	225706	4305689	353183	246197	69347
非电力家用器具制造	886340		6862	796924	35899	36770	9885
照明器具制造	5890778	16704	49587	4920965	609913	220301	73309
其他电气机械及器材制造	497600	12585	1367	427402	31870	23369	1008
计算机、通信和其他电子设备制造业	11995279	484422	120190	9104519	1190723	924549	170877
计算机制造	577595	19893	750	386825	58280	109131	2716
通信设备制造	1825768	237636	19025	1200479	176180	158046	34402
广播电视设备制造	374656	8928	165	279695	73162	11986	720
雷达及配套设备制造	235132			232885		2247	
视听设备制造	946122	2024	1512	768818	56862	70847	46059
电子器件制造	1792987	47807	12262	1090363	413638	181990	46928
电子元件制造	5470867	118162	86276	4556036	351905	328727	29761
其他电子设备制造	772152	49972	200	589419	60695	61575	10292
仪器仪表制造业	5501493	40208	81437	4612470	251437	349367	166574
通用仪器仪表制造	3165972	23651	46656	2610190	152594	202640	130242
专用仪器仪表制造	1056302	5696	12147	931694	36354	63496	6916

2-B-37 续表 8

单位：万元

行　业	合　计	国有控股	集体控股	私人控股	港澳台商控　股	外商控股	其　他
钟表与计时仪器制造	116870	192	12467	84765	16056	3370	20
光学仪器及眼镜制造	1043448	10669	4451	880866	44451	73659	29351
其他仪器仪表制造业	118902		5716	104956	1982	6202	45
其他制造业	5672498	869413	36540	4543364	136442	42007	44732
日用杂品制造	4379362	12566	36139	4150987	123549	30032	26088
煤制品制造	878850	856343		22501			6
核辐射加工	6714			6714			
其他未列明制造业	407573	504	401	363162	12893	11975	18638
废弃资源综合利用业	1344413	29085	10603	1080685	83890	100306	39843
金属废料和碎屑加工处理	907183	2592	110	700933	67004	100306	36239
非金属废料和碎屑加工处理	437229	26493	10493	379753	16886		3605
金属制品、机械和设备修理业	827196	14867	30937	676460	6605	94264	4064
金属制品修理	10548		50	7110	3388		
通用设备修理	39632	5586	4	31317	2224		500
专用设备修理	24742	769	997	22971			5
铁路、船舶、航空航天等运输设备修理	694682	8310	14662	573989		94236	3484
电气设备修理	36840	201	12029	24520	50		40
仪器仪表修理	1167			224	943		
其他机械和设备修理业	19586		3195	16329		27	35
电力、热力、燃气及水生产和供应业	**38850487**	**27246663**	**941935**	**8199420**	**1070229**	**906668**	**485571**
电力、热力生产和供应业	26735691	20409710	433939	4270449	939235	516603	165755
电力生产	25146632	19535535	407746	3804116	816251	437922	145061
电力供应	460466	419798	15951	2951		20997	769
热力生产和供应	1128594	454377	10242	463382	122983	57684	19925
燃气生产和供应业	2961964	1300280	42172	1082938	81089	185285	270200
燃气生产和供应业	2961964	1300280	42172	1082938	81089	185285	270200
水的生产和供应业	9152833	5536673	465825	2846034	49905	204780	49616
自来水生产和供应	6161466	3612192	379472	2069186	9950	41869	48796
污水处理及其再生利用	2878385	1895780	80428	698491	39955	162911	820
其他水的处理、利用与分配	112982	28701	5924	78357			

2-B-37 续表 9

单位：万元

行 业	合 计	国有控股	集体控股	私人控股	港澳台商控股	外商控股	其 他
建筑业	**21928089**	**3200926**	**655875**	**17219865**	**251562**	**263627**	**336234**
房屋建筑业	5223002	293459	127769	4452976	176790	3032	168976
房屋建筑业	5223002	293459	127769	4452976	176790	3032	168976
土木工程建筑业	9978235	2448149	304271	6853039	57853	238946	75978
铁路、道路、隧道和桥梁工程建筑	5039510	1144998	104482	3533913		229316	26802
水利和内河港口工程建筑	1571708	322392	55411	1167536	8348		18022
海洋工程建筑	556580	150726		359561	46293		
工矿工程建筑	197125	46320	4561	129014		6872	10358
架线和管道工程建筑	969302	532171	94105	341058		261	1708
其他土木工程建筑	1644010	251543	45712	1321957	3212	2498	19088
建筑安装业	2377796	244705	129936	1924090	11260	20622	47183
电气安装	709895	12732	72381	606897	3121		14764
管道和设备安装	604727	45437	30003	508330	54	20491	412
其他建筑安装业	1063174	186535	27552	808863	8086	131	32007
建筑装饰和其他建筑业	4349057	214614	93899	3989761	5658	1027	44097
建筑装饰业	3070037	19220	37518	2978216	5658	1027	28397
工程准备活动	912545	142569	47539	715817			6620
提供施工设备服务	77250		50	68271			8930
其他未列明建筑业	289225	52825	8792	227458			150
批发和零售业	**164307248**	**5916544**	**3582891**	**143866467**	**4055157**	**3006364**	**3879824**
批发业	146055878	5272787	3068001	128653008	2731943	2821016	3509122
农、林、牧产品批发	2550508	213815	124442	2003374	114323	1984	92568
食品、饮料及烟草制品批发	6622017	608631	148365	5315855	159047	145431	244686
纺织、服装及家庭用品批发	28845623	318535	266657	26404333	677394	538192	640512
文化、体育用品及器材批发	4060596	177728	143115	3419797	168484	87848	63624
医药及医疗器材批发	1589475	15974	13208	1347554	38668	141133	32939
矿产品、建材及化工产品批发	75064042	3052988	1838534	66490053	1026348	957855	1698264
机械设备、五金产品及电子产品批发	17034911	539016	335638	14711968	229365	662256	556669

2-B-37 续表 10 单位：万元

行　业	合　计	国有控股	集体控股	私人控股	港澳台商控　股	外商控股	其　他
贸易经纪与代理	5515402	106728	51826	5171757	42964	71925	70201
其他批发业	4773305	239372	146216	3788317	275350	214391	109659
零售业	18251370	643756	514890	15213460	1323214	185348	370702
综合零售	2101564	17247	117467	689488	1239024	28368	9970
食品、饮料及烟草制品专门零售	1178818	100700	74087	950162	23796	3224	26850
纺织、服装及日用品专门零售	1465468	11762	24339	1381404	9941	24110	13912
文化、体育用品及器材专门零售	1497416	201255	32560	1215400	10471	8829	28901
医药及医疗器材专门零售	758317	33999	7698	710011		251	6358
汽车、摩托车、燃料及零配件专门零售	5346203	209307	194910	4631005	24795	65701	220485
家用电器及电子产品专门零售	2633454	11609	10542	2581962	697	939	27705
五金、家具及室内装饰材料专门零售	1939647	18903	33080	1836469	520	32366	18309
货摊、无店铺及其他零售业	1330483	38975	20208	1217559	13970	21560	18211
交通运输、仓储和邮政业	**50903880**	**28097202**	**1468039**	**18088471**	**794315**	**907708**	**1548146**
道路运输业	26877046	17400883	1073115	6798098	218011	345989	1040950
城市公共交通运输	8933233	8079107	50211	303764	1615		498535
公路旅客运输	883480	291168	160915	400232	1529		29636
道路货物运输	4454297	124096	68602	3969818	46034	169484	76263
道路运输辅助活动	12606036	8906512	793387	2124283	168833	176505	436516
水上运输业	10511505	3754015	214986	6195805	8967	46268	291464
水上旅客运输	180505	93346	14735	64469			7955
水上货物运输	6837187	1232851	120478	5273801			210057
水上运输辅助活动	3493812	2427817	79772	857536	8967	46268	73452
航空运输业	636459	575911	43525	15823		…	1200
航空客货运输	3461	3394		67			
通用航空服务	66247	7223	43525	14299			1200
航空运输辅助活动	566751	565294		1457		…	
管道运输业	45291	42587	2704				
管道运输业	45291	42587	2704				
装卸搬运和运输代理业	5092578	1104847	71044	3674925	93551	30799	117412

2-B-37 续表 11

单位：万元

行 业	合 计	国有控股	集体控股	私人控股	港澳台商控股	外商控股	其 他
装卸搬运	914839	429923	11029	383896	61295	25639	3057
运输代理业	4177739	674925	60015	3291029	32256	5160	114354
仓储业	7367625	5033433	56552	1223810	473785	484652	95393
谷物、棉花等农产品仓储	1170532	1132353	1066	35513		1600	
其他仓储业	6197093	3901080	55486	1188297	473785	483052	95393
邮政业	373375	185526	6113	180009			1727
邮政基本服务	185777	177630	5882	949			1316
快递服务	187598	7896	231	179061			411
住宿和餐饮业	**6414806**	**359215**	**189807**	**4994075**	**406830**	**164061**	**300818**
住宿业	4212848	303231	136687	3053126	374044	105225	240534
旅游饭店	2850564	244818	99349	1906940	287656	96983	214818
一般旅馆	1293233	55080	36577	1081646	86388	8242	25300
其他住宿业	69051	3333	762	64541			416
餐饮业	2201958	55984	53119	1940948	32786	58836	60284
正餐服务	1964355	52742	44882	1729986	31421	52592	52732
快餐服务	66439	2971	991	61086	560	567	263
饮料及冷饮服务	74646		6934	64621	573	881	1638
其他餐饮业	96519	271	312	85256	233	4797	5651
信息传输、软件和信息技术服务业	**11146124**	**853381**	**398242**	**7898300**	**643331**	**1022124**	**330746**
电信、广播电视和卫星传输服务	634288	451569	18476	161030		197	3016
电信	511346	365200	4510	139898		197	1542
广播电视传输服务	122942	86369	13966	21132			1474
互联网和相关服务	868960	68360	5341	756136	28648	9141	1334
互联网接入及相关服务	51762	12413	897	31560		6892	
互联网信息服务	733930	35978	4434	689341	604	2249	1324
其他互联网服务	83267	19968	10	35235	28044		10
软件和信息技术服务业	9642875	333452	374424	6981135	614683	1012786	326395
软件开发	7304609	230791	347741	5118515	406260	950082	251222
信息系统集成服务	662274	40291	1652	541309	37073	1547	40402

2-B-37 续表 12

单位：万元

行业	合计	国有控股	集体控股	私人控股	港澳台商控股	外商控股	其他
信息技术咨询服务	1035186	10310	21688	900243	68065	1194	33686
数据处理和存储服务	192324	20344		125874	85	45797	223
集成电路设计	84861	11153	271	62468		10958	10
其他信息技术服务业	363622	20563	3072	232726	103201	3207	853
房地产业	**206563562**	**32931596**	**4459157**	**129608477**	**13070529**	**4573649**	**21920154**
房地产业	206563562	32931596	4459157	129608477	13070529	4573649	21920154
房地产开发经营	185427200	22168984	3687041	121305943	12692094	4195744	21377395
物业管理	4230945	875168	392194	2350854	217533	177897	217300
房地产中介服务	2402227	235146	32157	1796084	84926	96697	157218
其他房地产业	14503189	9652298	347765	4155597	75976	103312	168241
租赁和商务服务业	**432449313**	**233608401**	**18883178**	**164484741**	**1781973**	**1732294**	**11958726**
租赁业	3548967	577144	38877	2549613	31981	238062	113290
机械设备租赁	3178972	321718	31100	2443730	31981	238062	112380
文化及日用品出租	369996	255425	7777	105883			910
商务服务业	428900345	233031257	18844301	161935128	1749992	1494232	11845436
企业管理服务	387662168	225936588	16565210	134991978	811377	493387	8863628
法律服务	217301	167	3725	202289	369		10750
咨询与调查	18298404	2341588	466112	12397027	175216	806345	2112115
广告业	2136473	398016	54587	1641746	3885		38238
知识产权服务	120057	69532	621	49566		36	302
人力资源服务	591124	97185	51628	412906	2029	20	27356
旅行社及相关服务	2753483	1294582	50960	1210956	107006	11780	78199
安全保护服务	337184	174267	31402	120557		5	10952
其他商务服务业	16784152	2719331	1620055	10908103	650110	182659	703895
科学研究和技术服务业	**20584124**	**9112191**	**701845**	**9283714**	**493401**	**411661**	**581312**
研究和试验发展	2348049	303882	38308	1579123	145272	169475	111988
自然科学研究和试验发展	82289	4723	10863	54246	1520	86	10852
工程和技术研究和试验发展	1649855	243135	15475	1073587	123035	120676	73946
农业科学研究和试验发展	377957	41918	11695	315244		125	8975

2-B-37 续表 13

单位：万元

行 业	合 计	国有控股	集体控股	私人控股	港澳台商控股	外商控股	其 他
医学研究和试验发展	222440	4430	210	130279	20717	48588	18216
社会人文科学研究	15508	9676	65	5766			
专业技术服务业	13662548	7806011	551591	4708416	176782	139014	280733
气象服务	36988	30831	329	5729			99
地震服务	13			13			
海洋服务	34588	22414	2015	4564	5594		
测绘服务	164455	63237	19187	79131			2901
质检技术服务	587523	111774	42400	398479	17159	6799	10912
环境与生态监测	145810	17830	5225	122678	55		22
地质勘查	69054	32870	1227	33161	562		1234
工程技术	11192612	7455281	461040	2975078	50478	29899	220837
其他专业技术服务业	1431505	71775	20169	1089584	102935	102316	44727
科技推广和应用服务业	4573527	1002298	111945	2996175	171346	103172	188591
技术推广服务	3516714	616042	106727	2367545	170458	101116	154827
科技中介服务	938812	381084	5166	525856	889	2056	23761
其他科技推广和应用服务业	118001	5172	52	102773			10003
水利、环境和公共设施管理业	**24913504**	**18411837**	**915256**	**4758876**	**100928**	**97180**	**629426**
水利管理业	4390904	3998563	36335	208457	6169		141380
防洪除涝设施管理	2642648	2638128	1403	3117			
水资源管理	964643	897132	13933	33383	6169		14026
天然水收集与分配	463115	263046	12879	71147			116043
水文服务	14561	49	4613	9899			
其他水利管理业	305937	200208	3507	90911			11311
生态保护和环境治理业	1052538	509816	16582	433029	36392	9003	47716
生态保护	368908	336739	2	28308			3860
环境治理业	683630	173077	16580	404721	36392	9003	43856
公共设施管理业	19470062	13903458	862339	4117391	58367	88177	440329
市政设施管理	12684511	10524333	528778	1249619	32712	12464	336605
环境卫生管理	164379	20224	3810	128758		15	11573

2-B-37 续表 14　　　　单位：万元

行　业	合　计	国有控股	集体控股	私人控股	港澳台商控股	外商控股	其　他
城乡市容管理	1717976	1512808	14350	190764			55
绿化管理	1486568	365342	26254	1010979		10734	73259
公园和游览景区管理	3416627	1480752	289147	1537271	25655	64964	18838
居民服务、修理和其他服务业	**2395214**	**280878**	**133315**	**1871501**	**7119**	**31243**	**71158**
居民服务业	862634	200741	87750	516952	1869	1043	54278
家庭服务	37986	4014	318	30767	160		2727
托儿所服务	5284			5284			
洗染服务	39018	385	852	37747		34	
理发及美容服务	52674		1373	49450		762	1088
洗浴服务	115219		70	114996			153
保健服务	121815	1118		120053	3	129	512
婚姻服务	17479	235	1010	16214			19
殡葬服务	173513	26806	81784	62357	1706		860
其他居民服务业	299646	168183	2343	80083		118	48919
机动车、电子产品和日用产品修理业	1165744	25554	26191	1066809	5250	30037	11903
汽车、摩托车修理与维护	1006723	19175	23201	919183	5250	28963	10952
计算机和办公设备维修	66935	5958	12	60545		420	
家用电器修理	71140	421	2339	66776		653	952
其他日用产品修理业	20945		639	20306			
其他服务业	366837	54583	19374	287740		163	4977
清洁服务	159485	4585	10224	142277			2400
其他未列明服务业	207351	49998	9150	145463		163	2577
卫生和社会工作	**1453506**	**10314**	**1552**	**1426618**	**3000**		**12023**
社会工作	1453506	10314	1552	1426618	3000		12023
提供住宿社会工作	1403212	9685	496	1381023			12008
不提供住宿社会工作	50294	629	1055	45595	3000		15
文化、体育和娱乐业	**5998673**	**1549865**	**159348**	**3807232**	**63632**	**219809**	**198787**
新闻和出版业	971321	914353	20139	11034			25795
新闻业	966	456		430			80
出版业	970355	913898	20139	10604			25715

2-B-37 续表 15 单位：万元

行 业	合 计	国有控股	集体控股	私人控股	港澳台商控股	外商控股	其 他
广播、电视、电影和影视录音制作业	2677321	309573	111217	2114308	9361	5711	127151
广播	14297	250		14047			
电视	430562	56918	18484	269251			85909
电影和影视节目制作	1816455	34820	87803	1655338	5600	133	32761
电影和影视节目发行	26941	12913		14028			
电影放映	382310	200605	4930	158955	3761	5578	8481
录音制作	6756	4067		2689			
文化艺术业	459776	119585	16495	309817	197	264	13417
文艺创作与表演	105288	45715	3851	52678	149		2896
艺术表演场馆	23648	20584	…	3064			
图书馆与档案馆	7883	583	6052	1247			
文物及非物质文化遗产保护	85328	43549	6330	35438			10
博物馆	30913	456	126	30281			50
烈士陵园、纪念馆	234			234			
群众文化活动	20349	4019	112	15812			405
其他文化艺术业	186134	4678	22	171065	48	264	10056
体育	691809	198601	7394	319395	45899	112079	8440
体育组织	191101	170397	381	20323			
体育场馆	41937	2398	1944	37596			
休闲健身活动	365393	5140	4864	194114	45899	112079	3296
其他体育	93377	20666	205	67362			5144
娱乐业	1198445	7752	4103	1052678	8174	101754	23984
室内娱乐活动	755436	3335	2573	742369		1924	5235
游乐园	273170	103		159359	8129	92565	13014
彩票活动	13		10	3			
文化、娱乐、体育经纪代理	44506	2074	384	40840	45		1163
其他娱乐业	125321	2240	1137	110106		7265	4573

2-B-38 按行业中类、控股情况分组的小微企业全年营业收入

单位：万元

行业	合计	国有控股	集体控股	私人控股	港澳台商控股	外商控股	其他
总计	**728639101**	**48213943**	**13527839**	**602788977**	**23070766**	**25500628**	**15536949**
农、林、牧、渔业	**143980**	**3284**	**8044**	**121930**		**396**	**10327**
农业	4661	197	30	4229			204
谷物种植	324			120			204
蔬菜、食用菌及园艺作物种植	1249	84		1164			
水果种植	1166	113		1053			
坚果、含油果、香料和饮料作物种植	1355		30	1325			
中药材种植	502			502			
其他农业	66			66			
林业	606			606			
林木育种和育苗	606			606			
畜牧业	3098	93	30	2914			60
牲畜饲养	1557			1557			
家禽饲养	1140	93		1046			
其他畜牧业	401		30	311			60
渔业	2360			2360			
水产养殖	2360			2360			
农、林、牧、渔服务业	133255	2993	7984	111819		396	10063
农业服务业	113443	1830	7420	95121		396	8676
林业服务业	6214	410	517	4787			500
畜牧服务业	8784	529	47	7515			694
渔业服务业	4813	224		4396			193
采矿业	**1881378**	**160049**	**154955**	**1470370**	**26932**	**50845**	**18227**
煤炭开采和洗选业	14719			14599			120
烟煤和无烟煤开采洗选	5143			5023			120
褐煤开采洗选	7536			7536			
其他煤炭采选	2041			2041			
黑色金属矿采选业	108090	56765	948	44487		5889	
铁矿采选	108090	56765	948	44487		5889	

2-B-38 续表 1

单位：万元

行 业	合 计	国有控股	集体控股	私人控股	港澳台商控股	外商控股	其 他
有色金属矿采选业	170450	385	1152	168855			58
常用有色金属矿采选	68721		1152	67511			58
贵金属矿采选	4370	385		3985			
稀有稀土金属矿采选	97359			97359			
非金属矿采选业	1579556	102463	152725	1234432	26932	44956	18048
土砂石开采	1489751	102463	151377	1145976	26932	44956	18048
化学矿开采	11540		10	11530			
采盐	790		310	480			
石棉及其他非金属矿采选	77475		1029	76446			
开采辅助活动	646		130	516			
石油和天然气开采辅助活动	86			86			
其他开采辅助活动	560		130	430			
其他采矿业	7917	436		7481			
其他采矿业	7917	436		7481			
制造业	**386810663**	**10275865**	**5742420**	**325796206**	**20069353**	**19291804**	**5635015**
农副食品加工业	9008353	152441	211036	8164021	82459	310431	87966
谷物磨制	750283	35870	24971	688542			899
饲料加工	1970761	27345	989	1803068	27715	80642	31003
植物油加工	578329		51803	495608		30407	511
制糖业	13459		915	12393			150
屠宰及肉类加工	1033930	54351	13228	924833	27538	9030	4951
水产品加工	2677628	32008	85067	2468357	23250	48214	20732
蔬菜、水果和坚果加工	1447629		12935	1385202	1225	20192	28075
其他农副食品加工	536333	2867	21129	386017	2732	121945	1644
食品制造业	2950660	93396	13122	2115927	176758	445355	106101
焙烤食品制造	343398		345	300912	16066	23742	2332
糖果、巧克力及蜜饯制造	168159		176	121628	20106	26249	
方便食品制造	366694	18389	1065	274058	16026	56404	752

2-B-38 续表 2

单位：万元

行业	合计	国有控股	集体控股	私人控股	港澳台商控股	外商控股	其他
乳制品制造	124810	24818	375	91383	3595	4639	
罐头食品制造	296982	1982	4824	228745	7229	43964	10238
调味品、发酵制品制造	323756	42	4675	224736	65606	25499	3198
其他食品制造	1326860	48165	1662	874465	48131	264857	89580
酒、饮料和精制茶制造业	2489523	44688	55410	1787829	181329	379525	40743
酒的制造	521253	30423	11362	312831	117316	49103	217
饮料制造	737923	3682	7132	346636	28691	325201	26581
精制茶加工	1230348	10582	36915	1128363	35322	5221	13945
烟草制品业	3926900	3901273		25626			
卷烟制造	3901273	3901273					
其他烟草制品制造	25626			25626			
纺织业	42748713	72683	364063	38216801	2464782	1307336	323048
棉纺织及印染精加工	16873727	1	95433	15336279	788141	469178	184696
毛纺织及染整精加工	1772926	15353	31455	1307246	329290	73740	15843
麻纺织及染整精加工	111519		24	86027	24806	662	
丝绢纺织及印染精加工	2597873	4601	25284	2388132	121979	45255	12622
化纤织造及印染精加工	4053527		8093	3849684	104678	75582	15490
针织或钩针编织物及其制品制造	9721066	10375	65989	8772371	563989	282826	25516
家用纺织制成品制造	4112608	764	104671	3466932	297427	209583	33231
非家用纺织制成品制造	3505468	41591	33115	3010131	234473	150508	35651
纺织服装、服饰业	20200331	101099	197997	17510950	1191239	1046017	153028
机织服装制造	10701988	51495	109141	9169244	656217	637199	78692
针织或钩针编织服装制造	5833776	23288	73890	4947226	426128	301424	61820
服饰制造	3664567	26316	14966	3394480	108894	107394	12516
皮革、毛皮、羽毛及其制品和制鞋业	13289636	8082	54349	12427009	311488	389749	98960
皮革鞣制加工	905332		4617	838341	22666	39708	
皮革制品制造	3419393	3030	3925	3073894	130886	173625	34033
毛皮鞣制及制品加工	618385		824	576030	19880	21602	50
羽毛(绒)加工及制品制造	853283		10	669055	106316	56443	21459
制鞋业	7493243	5052	44973	7269689	31740	98372	43417

2-B-38　续表 3　　　　单位：万元

行　业	合　计	国有控股	集体控股	私人控股	港澳台商控股	外商控股	其　他
木材加工和木、竹、藤、棕、草制品业	5609742	1896	95963	4999102	308798	191153	12830
木材加工	636146	610	3848	613224	14172	3363	930
人造板制造	1408016		76533	1145078	89131	97226	48
木制品制造	2532468	1287	7298	2290011	194605	34405	4861
竹、藤、棕、草等制品制造	1033112		8285	950789	10890	56158	6991
家具制造业	5058670		12690	4360409	322362	322583	40626
木质家具制造	2432509		3745	2231858	108575	54364	33966
竹、藤家具制造	108597			99788	5171	3639	
金属家具制造	1387025		8830	1155601	76294	143970	2330
塑料家具制造	260091			221074	14066	22370	2580
其他家具制造	870449		115	652088	118256	98240	1750
造纸和纸制品业	9121654	29578	117454	8400378	244779	189144	140321
纸浆制造	12660			12660			
造纸	4205660	29578	43508	3903209	101795	11921	115649
纸制品制造	4903334		73946	4484509	142984	177222	24672
印刷和记录媒介复制业	5850562	95524	75869	5334941	181969	79246	83013
印刷	5622411	91354	71097	5118843	179454	79116	82547
装订及印刷相关服务	219133	2000	4772	209249	2515	130	466
记录媒介复制	9019	2169		6849			
文教、工美、体育和娱乐用品制造业	12232823	78022	73834	10925504	536823	509234	109406
文教办公用品制造	2043469	200	1717	1834859	71690	106556	28448
乐器制造	172373		111	122027	6817	38812	4607
工艺美术品制造	6869909	77822	65868	6225097	253298	192062	55762
体育用品制造	1367865		3249	1220706	75964	60330	7615
玩具制造	1349923		2888	1150037	89474	98523	9000
游艺器材及娱乐用品制造	429284			372777	39580	12952	3974
石油加工、炼焦和核燃料加工业	1694575	394823	9427	629551	93905	236530	330341
精炼石油产品制造	1691478	394823	9427	626454	93905	236530	330341

2-B-38 续表 4

单位：万元

行业	合计	国有控股	集体控股	私人控股	港澳台商控股	外商控股	其他
炼焦	1954			1954			
核燃料加工	1144			1144			
化学原料和化学制品制造业	25206330	1551389	716534	15349631	2516748	4383671	688357
基础化学原料制造	6417553	1067295	341928	3075286	845504	769253	318287
肥料制造	195296	290	10685	178476	4135	345	1366
农药制造	647912	74761	2040	507648	15871	26412	21179
涂料、油墨、颜料及类似产品制造	3243609	4052	152923	2527056	279897	237195	42485
合成材料制造	7844001	184242	94033	3812578	1005232	2640108	107807
专用化学产品制造	5656413	191811	87593	4328986	334426	517606	195992
炸药、火工及焰火产品制造	90912	26636	560	63716			
日用化学产品制造	1110634	2302	26772	855885	31683	192752	1240
医药制造业	3938997	49172	121232	2558121	241331	787532	181610
化学药品原料药制造	1200493	11414	5795	895908	155556	106101	25720
化学药品制剂制造	920020	5601	55417	277217	18428	511302	52055
中药饮片加工	273201	21693	25143	191735	2117	22611	9902
中成药生产	452591	10464	16206	367472	10268	48180	
兽用药品制造	163675			95900		14056	53719
生物药品制造	464953		17733	327943	34011	47904	37362
卫生材料及医药用品制造	464063		937	401945	20950	37378	2853
化学纤维制造业	7734365	96221	3494	6355291	967113	246669	65577
纤维素纤维原料及纤维制造	266469	79556		135802	48761	2351	
合成纤维制造	7467895	16665	3494	6219489	918352	244318	65577
橡胶和塑料制品业	23830072	62251	205729	21424966	1176736	781027	179362
橡胶制品业	2554384	2690	43471	2330703	27899	133295	16325
塑料制品业	21275689	59561	162258	19094263	1148836	647733	163037
非金属矿物制品业	17501336	1462192	457508	14219946	580050	415068	366572
水泥、石灰和石膏制造	2725387	915277	16227	1723828	1331	28954	39769
石膏、水泥制品及类似制品制造	7015300	500405	247865	5747764	270338	85984	162945
砖瓦、石材等建筑材料制造	2341056	43681	119588	2004844	36494	70079	66369

2-B-38　续表 5

单位：万元

行　业	合　计	国有控股	集体控股	私人控股	港澳台商控　股	外商控股	其　他
玻璃制造	575072		8086	507513	47426	669	11378
玻璃制品制造	2115728		11671	1859431	113362	87761	43502
玻璃纤维和玻璃纤维增强塑料制品制造	664605		2280	505071	40325	105278	11651
陶瓷制品制造	567135	18	2929	514315	28505	5789	15579
耐火材料制品制造	898469	2811	16133	814642	30705	26020	8158
石墨及其他非金属矿物制品制造	598585		32729	542536	11564	4535	7221
黑色金属冶炼和压延加工业	12663163	263780	306836	10830481	792334	286422	183312
炼铁	23168		199	22969			
炼钢	259930			155746	103984		200
黑色金属铸造	2308208	36710	76540	2127860	14973	26877	25248
钢压延加工	9780234	203930	230096	8274337	673377	240630	157863
铁合金冶炼	291623	23141		249568		18915	
有色金属冶炼和压延加工业	13299184	45762	348741	11820344	672368	283111	128859
常用有色金属冶炼	1167757		64124	978494	90371	30904	3863
贵金属冶炼	796485			789323			7162
稀有稀土金属冶炼	76338			64073	8453		3813
有色金属合金制造	1285195	6944	1669	1113739	30392	121254	11198
有色金属铸造	225258		633	209101	13937	1069	518
有色金属压延加工	9748151	38818	282315	8665614	529216	129883	102305
金属制品业	24883390	605882	206984	21983852	1113824	645533	327316
结构性金属制品制造	4797659	177145	18628	4380556	110722	55983	54624
金属工具制造	3123207	315	6573	2834659	95566	160676	25419
集装箱及金属包装容器制造	947541	45001	7726	628575	142085	59109	65044
金属丝绳及其制品制造	1431866		27297	1237507	54753	5433	106876
建筑、安全用金属制品制造	5851626	103189	44978	5277902	222256	181443	21858
金属表面处理及热处理加工	2430655	190	52253	2287206	49786	26011	15208
搪瓷制品制造	227069		2042	213158	11843		26
金属制日用品制造	3077176	195945	9383	2665445	95572	100017	10814
其他金属制品制造	2996590	84096	38103	2458843	331240	56861	27446

2-B-38 续表 6

单位：万元

行业	合计	国有控股	集体控股	私人控股	港澳台商控股	外商控股	其他
通用设备制造业	35396500	254990	495132	30933103	1483664	1773372	456240
锅炉及原动设备制造	1228021	44274	9984	1005488	105457	46412	16406
金属加工机械制造	2894068	62	20543	2438129	125743	298055	11536
物料搬运设备制造	2790313	3344	107625	2205428	290081	131236	52600
泵、阀门、压缩机及类似机械制造	9541573	60418	159554	8520460	308678	428369	64093
轴承、齿轮和传动部件制造	5108640	23433	37983	4399166	163083	233111	251864
烘炉、风机、衡器、包装等设备制造	4389579	110550	28032	3839279	171080	216996	23641
文化、办公用机械制造	570099	16	653	476334	52073	34367	6655
通用零部件制造	8341488	363	117817	7590369	252388	355127	25425
其他通用设备制造业	532720	12530	12941	458449	15081	29699	4020
专用设备制造业	14761100	119592	143859	12511122	773491	1039650	173386
采矿、冶金、建筑专用设备制造	1309567	26320	7175	1017868	28506	209101	20597
化工、木材、非金属加工专用设备制造	5005998	4552	29276	4098677	419754	354073	99666
食品、饮料、烟草及饲料生产专用设备制造	442613		10898	401987	5069	24659	
印刷、制药、日化及日用品生产专用设备制造	921415	2765	11711	825290	19304	59544	2799
纺织、服装和皮革加工专用设备制造	2792762		13520	2530200	154615	76401	18026
电子和电工机械专用设备制造	476153	4376	2272	441608	4773	17700	5424
农、林、牧、渔专用机械制造	899447	28142	4538	763136	36419	65554	1659
医疗仪器设备及器械制造	733194		22763	639909	31926	37701	896
环保、社会公共服务及其他专用设备制造	2179952	53438	41707	1792447	73124	194917	24319
汽车制造业	13620854	39809	225932	11891783	495272	852527	115533
汽车整车制造	372658	17798		339520	7871	7469	
改装汽车制造	175555	14468		154325		6762	
低速载货汽车制造	68929			68929			
电车制造	4533			4533			
汽车车身、挂车制造	78728			69410	1541	7777	
汽车零部件及配件制造	12920451	7543	225932	11255065	485861	830519	115533
铁路、船舶、航空航天和其他运输设备制造业	4997829	70604	46428	4509835	142558	129515	98889
铁路运输设备制造	179369	8439	11502	151630	30	1853	5915

2-B-38　续表 7　　　　单位：万元

行　业	合　计	国有控股	集体控股	私人控股	港澳台商控股	外商控股	其　他
城市轨道交通设备制造	3184			3184			
船舶及相关装置制造	1706483	51283	10645	1498570	43258	48980	53747
航空、航天器及设备制造	62974			62603		371	
摩托车制造	1583244	10881	15013	1494943	2088	25643	34676
自行车制造	1281060		9268	1126408	93749	48775	2861
非公路休闲车及零配件制造	117402			113509		3893	
潜水救捞及其他未列明运输设备制造	64113			58989	3434		1691
电气机械和器材制造业	34265909	99073	964975	29643842	1721644	1078146	758230
电机制造	4138711	4123	58051	3620643	176993	196914	81986
输配电及控制设备制造	11010706	27183	478248	9683131	405924	203219	213001
电线、电缆、光缆及电工器材制造	7258633	45659	84229	6161510	423702	249395	294139
电池制造	1179803	2637	21699	992652	119397	14865	28552
家用电力器具制造	4904928	7183	294916	4044358	251545	211087	95839
非电力家用器具制造	707582		1553	669214	10121	18090	8604
照明器具制造	4661887	11571	25070	4095064	325536	169678	34969
其他电气机械及器材制造	403659	716	1210	377270	8426	14898	1139
计算机、通信和其他电子设备制造业	9643339	234226	80386	7546411	921685	733210	127420
计算机制造	454411	32464	900	319571	37497	61486	2495
通信设备制造	1276279	52426	15565	859653	255589	74266	18780
广播电视设备制造	461739	2635	550	384105	61212	12710	527
雷达及配套设备制造	123401			122581		821	
视听设备制造	846726	2795	1303	712520	49781	47166	33162
电子器件制造	1239101	29701	11788	811966	217371	122119	46156
电子元件制造	4728397	113218	49693	3918336	251454	375165	20532
其他电子设备制造	513284	987	589	417679	48782	39478	5768
仪器仪表制造业	4649000	28686	82833	4061868	140518	219784	115311
通用仪器仪表制造	2734686	13980	54185	2341707	96135	135007	93672
专用仪器仪表制造	658650	10254	9079	575091	6446	48572	9208
钟表与计时仪器制造	105427	46	2586	90699	10628	1157	311

2-B-38 续表 8 单位：万元

行业	合计	国有控股	集体控股	私人控股	港澳台商控股	外商控股	其他
光学仪器及眼镜制造	1022401	4406	9286	942088	24565	29961	12095
其他仪器仪表制造业	127836		7697	112284	2745	5087	25
其他制造业	3296741	276701	34277	2821200	82611	39950	42003
日用杂品制造	2601277	6664	33079	2421696	77696	26749	35393
煤制品制造	314493	269561		44924			8
核辐射加工	2041			2041			
其他未列明制造业	378931	475	1198	352539	4915	13202	6601
废弃资源综合利用业	2419970	28845	2555	1968179	147809	173272	99309
金属废料和碎屑加工处理	1991099	2724	410	1583929	134625	173272	96140
非金属废料和碎屑加工处理	428871	26121	2145	384251	13184		3169
金属制品、机械和设备修理业	520442	13185	17770	468185	2907	17045	1350
金属制品修理	8413		75	8222	116		
通用设备修理	35469	5286	19	28738	1076		350
专用设备修理	21671	1652	750	19219			50
铁路、船舶、航空航天等运输设备修理	390915	5109	8603	359614		16827	762
电气设备修理	30371	1136	4138	25056			40
仪器仪表修理	2845			1129	1716		
其他机械和设备修理业	30759		4185	26207		219	148
电力、热力、燃气及水生产和供应业	**15097357**	**11686296**	**398344**	**1858260**	**560977**	**439215**	**154265**
电力、热力生产和供应业	10916766	8749135	218855	1181697	496655	209924	60500
电力生产	9295282	7542424	169304	933409	458206	150181	41758
电力供应	991011	949230	39169	659			1953
热力生产和供应	630473	257481	10382	247629	38449	59743	16789
燃气生产和供应业	2936991	2134035	36702	424376	55493	206386	79998
燃气生产和供应业	2936991	2134035	36702	424376	55493	206386	79998
水的生产和供应业	1243600	803125	142786	252187	8829	22904	13767
自来水生产和供应	765052	550377	123339	66622	2375	9042	13296
污水处理及其再生利用	434879	251112	16372	146608	6454	13862	471
其他水的处理、利用与分配	43669	1637	3075	38957			

2-B-38　续表 9　　　　单位：万元

行　　业	合　计	国有控股	集体控股	私人控股	港澳台商控　　股	外商控股	其　他
建筑业	**18647190**	**470470**	**509861**	**17332861**	**14158**	**11174**	**308666**
房屋建筑业	7299286	86232	121776	7035126	4519	813	50820
房屋建筑业	7299286	86232	121776	7035126	4519	813	50820
土木工程建筑业	5017970	236242	220196	4494374	3533	3365	60259
铁路、道路、隧道和桥梁工程建筑	2736607	79719	43946	2585932	43	726	26242
水利和内河港口工程建筑	514255	55030	43767	397245			18213
海洋工程建筑	6991	2331		4660			
工矿工程建筑	148159	2355	7885	136015		909	995
架线和管道工程建筑	438030	64210	83731	289297		39	754
其他土木工程建筑	1173927	32597	40867	1081225	3490	1692	14056
建筑安装业	2042261	36555	111498	1750110	3049	6980	134071
电气安装	705314	16136	58689	519255	1578		109657
管道和设备安装	480288	10403	13510	449472	18	6371	514
其他建筑安装业	856659	10015	39298	781383	1453	609	23901
建筑装饰和其他建筑业	4287674	111441	56391	4053252	3058	16	63516
建筑装饰业	2912455	22667	34330	2828305	3058	16	24080
工程准备活动	731201	4815	17094	690080			19213
提供施工设备服务	106935			86712			20224
其他未列明建筑业	537082	83959	4968	448155			
批发和零售业	**241980652**	**11161582**	**3609805**	**214126082**	**1867467**	**4608818**	**6606897**
批发业	220252669	9768044	2838618	195538745	1803314	4442254	5861694
农、林、牧产品批发	3180496	132072	117221	2557894	174279	5288	193742
食品、饮料及烟草制品批发	7612652	507963	142928	6312838	55510	33482	559931
纺织、服装及家庭用品批发	43923460	296036	160992	41268270	250768	593271	1354123
文化、体育用品及器材批发	5650338	239723	186141	4677020	311089	145526	90838
医药及医疗器材批发	2188045	27590	19582	1702858	16752	370616	50646
矿产品、建材及化工产品批发	126248186	8208944	1918366	110631182	672241	1855614	2961840
机械设备、五金产品及电子产品批发	18775257	180831	104739	17654862	125984	306071	402769
贸易经纪与代理	5169194	21285	84895	4762071	74475	176663	49804
其他批发业	7505042	153600	103755	5971751	122214	955722	198001

2-B-38 续表 10 单位：万元

行业	合计	国有控股	集体控股	私人控股	港澳台商控股	外商控股	其他
零售业	21727983	1393538	771187	18587336	64153	166564	745203
综合零售	731313	15536	97510	584718	686	7175	25689
食品、饮料及烟草制品专门零售	1430093	77518	31752	1274269	8221	2372	35960
纺织、服装及日用品专门零售	1673879	28087	19439	1551961	6463	42983	24946
文化、体育用品及器材专门零售	1035358	110098	17693	848938	1359	397	56872
医药及医疗器材专门零售	1304202	72565	21817	1197853		287	11681
汽车、摩托车、燃料及零配件专门零售	8926282	1053826	424784	6825744	36377	77122	508429
家用电器及电子产品专门零售	2601435	7064	25376	2520380	169	3273	45173
五金、家具及室内装饰材料专门零售	2094760	3572	110530	1955999	1103	7221	16336
货摊、无店铺及其他零售业	1930660	25272	22287	1827474	9777	25734	20116
交通运输、仓储和邮政业	**17209816**	**3885218**	**494573**	**11778314**	**186548**	**474619**	**390544**
道路运输业	6838481	839957	327667	5373364	73399	50956	173137
城市公共交通运输	283628	81136	29413	159035	547		13496
公路旅客运输	557586	163850	101876	252412	3036		36411
道路货物运输	5008684	121087	101979	4644211	34185	33364	73858
道路运输辅助活动	988583	473885	94398	317706	35631	17592	49372
水上运输业	2301234	737559	66770	1432322	8	2268	62307
水上旅客运输	91289	45075	9977	32229			4007
水上货物运输	1714650	381823	39023	1259048			34757
水上运输辅助活动	495295	310661	17771	141044	8	2268	23544
航空运输业	23892	17203	13	6677		...	
航空客货运输	1176	1175		1			
通用航空服务	5558	180	13	5365			
航空运输辅助活动	17158	15847		1311		...	
管道运输业	16375	13794	2582				
管道运输业	16375	13794	2582				
装卸搬运和运输代理业	6012622	1478505	82910	4241455	65171	16421	128160
装卸搬运	261277	46304	29012	155717	17674	10966	1604
运输代理业	5751345	1432201	53898	4085738	47497	5455	126557

2-B-38 续表 11 单位：万元

行 业	合 计	国有控股	集体控股	私人控股	港澳台商控股	外商控股	其 他
仓储业	1701392	778705	10364	433056	47969	404974	26325
谷物、棉花等农产品仓储	552953	539320	800	12832			
其他仓储业	1148440	239384	9564	420223	47969	404974	26325
邮政业	315819	19497	4267	291442			614
邮政基本服务	13030	8658	4106	152			114
快递服务	302789	10838	161	291289			500
住宿和餐饮业	**3184790**	**139171**	**97731**	**2755801**	**44197**	**33487**	**114402**
住宿业	1286026	111872	74173	992115	28071	22782	57013
旅游饭店	637955	79150	54563	439361	6905	17794	40182
一般旅馆	617991	29217	19373	526553	21166	4988	16694
其他住宿业	30080	3505	237	26201			138
餐饮业	1898764	27300	23558	1763686	16126	10706	57389
正餐服务	1638240	23098	19343	1523239	13896	9887	48777
快餐服务	102747	3463	1454	95547	1188	149	945
饮料及冷饮服务	60829		1552	56364	826	533	1555
其他餐饮业	96948	739	1208	88536	216	136	6112
信息传输、软件和信息技术服务业	**4360745**	**219358**	**122781**	**3401406**	**78123**	**323335**	**215742**
电信、广播电视和卫星传输服务	194561	94554	5960	92499		253	1296
电信	150926	59800	4484	85456		253	934
广播电视传输服务	43634	34753	1476	7043			362
互联网和相关服务	673642	18351	850	638515	14524	618	784
互联网接入及相关服务	35310	7117	254	27940			
互联网信息服务	600239	9741	596	588306	196	618	784
其他互联网服务	38092	1494		22269	14329		
软件和信息技术服务业	3492543	106453	115972	2670392	63599	322464	213662
软件开发	2404114	55396	49985	1867116	45461	279292	106864
信息系统集成服务	503785	33795	1199	354270	7979	1904	104638
信息技术咨询服务	318958	5870	60318	248929	1707	703	1431

2-B-38 续表 12　　　　单位：万元

行业	合计	国有控股	集体控股	私人控股	港澳台商控股	外商控股	其他
数据处理和存储服务	100623	6758		57899		35750	216
集成电路设计	46749	2655		39648		4445	
其他信息技术服务业	118314	1979	4471	102531	8451	369	513
房地产业	**4226397**	**839777**	**130060**	**2982380**	**27997**	**24773**	**221410**
房地产业	4226397	839777	130060	2982380	27997	24773	221410
房地产开发经营	1655212	97674	30859	1366028	13356	12626	134669
物业管理	1315956	304577	90013	832291	11020	7443	70613
房地产中介服务	610923	8901	3247	577399	2911	3618	14846
其他房地产业	644306	428625	5941	206662	710	1086	1282
租赁和商务服务业	**24248483**	**7910800**	**1817879**	**12728117**	**146957**	**163543**	**1481187**
租赁业	606385	26670	9725	443856	2327	100641	23166
机械设备租赁	586633	19000	9147	432398	2327	100641	23121
文化及日用品出租	19751	7670	578	11458			45
商务服务业	23642098	7884130	1808154	12284262	144630	62903	1458020
企业管理服务	11714010	5820121	1173228	3537118	31143	22840	1129561
法律服务	214163	436	7397	200596	228		5505
咨询与调查	1894009	156349	44282	1581972	28492	23996	58918
广告业	2310692	259049	32717	1978481	3353		37090
知识产权服务	90687	4592	350	85517		33	195
人力资源服务	2322107	393576	113701	1728690	48382	52	37706
旅行社及相关服务	2018956	313327	53689	1571852	13786	719	65582
安全保护服务	485712	312911	46901	106843		11	19048
其他商务服务业	2591760	623768	335889	1493192	19244	15252	104414
科学研究和技术服务业	**5465947**	**761370**	**237475**	**4141826**	**41134**	**47980**	**236162**
研究和试验发展	484320	11829	9297	431266	9751	13106	9072
自然科学研究和试验发展	25328	3348	1027	18211	1916	50	776
工程和技术研究和试验发展	346529	5235	5234	311856	7793	9778	6634
农业科学研究和试验发展	60800	1434	2818	55887			662
医学研究和试验发展	46243	335	71	41517	42	3278	1000
社会人文科学研究	5419	1478	147	3794			

2-B-38　续表 13　　单位：万元

行　业	合　计	国有控股	集体控股	私人控股	港澳台商控股	外商控股	其　他
专业技术服务业	3478247	518606	171979	2595286	30868	24626	136882
气象服务	15239	5721	340	8967			210
地震服务	32			32			
海洋服务	8842	2757	1174	2991	1919		
测绘服务	147561	51954	17645	76570			1392
质检技术服务	335467	73341	38382	191193	14376	6836	11338
环境与生态监测	55377	5720	1436	48222			
地质勘查	49602	28684	2737	15719	285		2177
工程技术	2160312	329815	100235	1614851	9330	3111	102970
其他专业技术服务业	705815	20614	10029	636741	4958	14679	18794
科技推广和应用服务业	1503380	230935	56200	1115274	515	10248	90208
技术推广服务	1370783	223288	53549	996346	485	7667	89448
科技中介服务	74871	6925	2564	62743	30	2582	27
其他科技推广和应用服务业	57727	722	87	56185			733
水利、环境和公共设施管理业	**1492784**	**311447**	**86752**	**1035892**	**1237**	**15907**	**41549**
水利管理业	92457	54385	10096	24098	829		3049
防洪除涝设施管理	11715	9754	52	1909			
水资源管理	21197	14474	2737	2957	829		200
天然水收集与分配	19288	13079	1591	3954			664
水文服务	411	225		187			
其他水利管理业	39847	16854	5716	15091			2185
生态保护和环境治理业	195417	14849	8285	159746		2854	9682
生态保护	18943	768		18069			105
环境治理业	176475	14081	8285	141677		2854	9577
公共设施管理业	1204910	242213	68371	852048	407	13053	28817
市政设施管理	253259	159355	16385	67411	85	620	9403
环境卫生管理	76652	8303	7090	61245		10	5
城乡市容管理	17363	8362	129	8804			69
绿化管理	692981	29198	20378	615300		11801	16304
公园和游览景区管理	164655	36996	24391	99289	322	622	3035

2-B-38 续表 14

单位：万元

行业	合计	国有控股	集体控股	私人控股	港澳台商控股	外商控股	其他
居民服务、修理和其他服务业	**1626589**	**74344**	**85116**	**1442288**	**430**	**6756**	**17654**
居民服务业	486304	39268	54737	386204	188	373	5533
家庭服务	39169	204	849	37641	161		314
托儿所服务	371			371			
洗染服务	42887	415	660	41801		12	
理发及美容服务	75055		857	72977		289	932
洗浴服务	65405		85	65099			222
保健服务	91303	46		90601	28	31	598
婚姻服务	22383	208	157	21928			90
殡葬服务	83774	20415	42373	20582			404
其他居民服务业	65957	17980	9758	35204		42	2973
机动车、电子产品和日用产品修理业	896178	20541	23591	835363	242	6383	10059
汽车、摩托车修理与维护	730439	13508	18273	685124	242	5404	7889
计算机和办公设备维修	54308	5587	13	48648		61	
家用电器修理	89530	1446	4621	80375		918	2170
其他日用产品修理业	21900		685	21216			
其他服务业	244107	14535	6788	220721			2062
清洁服务	183187	10603	2692	168440			1451
其他未列明服务业	60920	3932	4096	52282			611
卫生和社会工作	**10980**	**785**	**595**	**7500**	**40**		**2059**
社会工作	10980	785	595	7500	40		2059
提供住宿社会工作	4744	785	324	1617			2017
不提供住宿社会工作	6235	...	271	5883	40		42
文化、体育和娱乐业	**2251351**	**314126**	**31447**	**1809743**	**5217**	**7975**	**82843**
新闻和出版业	208250	159118	6292	12041			30798
新闻业	1465	716		622			127
出版业	206785	158402	6292	11420			30671

2-B-38 续表 15

单位：万元

行 业	合 计	国有控股	集体控股	私人控股	港澳台商控 股	外商控股	其 他
广播、电视、电影和影视录音制作业	1016328	128232	12606	828337	159	5335	41659
广播	4052	674		3377			
电视	203653	17862	5970	161228			18594
电影和影视节目制作	574128	7574	4018	553602		365	8569
电影和影视节目发行	21548	18072		3476			
电影放映	209988	83796	2619	103948	159	4971	14496
录音制作	2959	253		2706			
文化艺术业	112471	19771	3723	87979	247	142	609
文艺创作与表演	50950	10722	490	39127	247		364
艺术表演场馆	9230	5511	...	3718			
图书馆与档案馆	5916	646	3098	2171			
文物及非物质文化遗产保护	3308	983	30	2290			5
博物馆	5980	3	34	5942			
烈士陵园、纪念馆	340			340			
群众文化活动	7576	943	42	6357			235
其他文化艺术业	29171	962	29	28033		142	5
体育	108600	4037	5304	92674	4186	761	1639
体育组织	18279	782	2453	15044			
体育场馆	6087	1238	908	3941			
休闲健身活动	73519	1273	1935	63865	4186	761	1499
其他体育	10716	744	8	9824			140
娱乐业	805702	2968	3522	788712	625	1737	8138
室内娱乐活动	742838	410	2632	731662		475	7658
游乐园	12931	3		12694	123		111
彩票活动	347		220	127			
文化、娱乐、体育经纪代理	30141	2282	157	26831	502		369
其他娱乐业	19445	273	512	17398		1262	...

2-B-39 按行业中类、营业状态分组的小微企业资产总计

单位：万元

行业	合计	营业	停业(歇业)	筹建	当年关闭	当年破产	其他
总计	**1390176333**	**1229107447**	**61205984**	**79338462**	**12269169**	**1441168**	**6814103**
农、林、牧、渔业	**519919**	**461506**	**20422**	**35512**	**2335**	**3**	**141**
农业	17530	15205		2325			
谷物种植	572	572					
蔬菜、食用菌及园艺作物种植	3575	3575					
水果种植	3652	3652					
坚果、含油果、香料和饮料作物种植	3728	2728		1000			
中药材种植	5891	4566		1325			
其他农业	112	112					
林业	992	605			387		
林木育种和育苗	992	605			387		
畜牧业	11710	11245	5	450	10		
牲畜饲养	8865	8505		350	10		
家禽饲养	1060	1055	5				
其他畜牧业	1785	1685		100			
渔业	3957	3927	30				
水产养殖	3957	3927	30				
农、林、牧、渔服务业	485729	430523	20387	32737	1938	3	141
农业服务业	438708	390991	17222	28528	1918	3	46
林业服务业	27732	21868	2478	3291			95
畜牧服务业	10590	9909	142	530	10		...
渔业服务业	8699	7755	546	388	10		
采矿业	**2434160**	**2144558**	**134814**	**118477**	**33056**	**1460**	**1794**
煤炭开采和洗选业	22913	19363		3550			
烟煤和无烟煤开采洗选	18217	15717		2500			
褐煤开采洗选	3284	2784		500			
其他煤炭采选	1412	862		550			
黑色金属矿采选业	50304	46654	420	3230			

2-B-39　续表 1　　单位：万元

行　业	合　计	营业	停业(歇业)	筹建	当年关闭	当年破产	其他
铁矿采选	50304	46654	420	3230			
其他黑色金属矿采选	…		…				
有色金属矿采选业	214119	193993	7557	10989	1580		
常用有色金属矿采选	113826	103033	513	10000	280		
贵金属矿采选	13952	7436	5886	630			
稀有稀土金属矿采选	86341	83524	1158	359	1300		
非金属矿采选业	2123709	1868664	125187	95679	30923	1460	1794
土砂石开采	2011891	1769021	122032	89234	28350	1460	1794
化学矿开采	13692	12613	1079				
采盐	2182	1732		450			
石棉及其他非金属矿采选	95944	85299	2076	5996	2573		
开采辅助活动	2019	266	1150	50	553		
石油和天然气开采辅助活动	1150	50	1100				
其他开采辅助活动	869	216	50	50	553		
其他采矿业	21097	15618	500	4979			
其他采矿业	21097	15618	500	4979			
制造业	**399313725**	**369872000**	**10931844**	**10578740**	**5883762**	**1079767**	**967612**
农副食品加工业	6951806	6578042	181392	101269	81005	873	9225
谷物磨制	392533	358643	28437	2867	2506		80
饲料加工	1164504	1113980	6689	32943	7827		3064
植物油加工	347811	308169	21712	14747	2684	500	
制糖业	11309	11270	18	21			
屠宰及肉类加工	771125	735697	20759	13977	592		100
水产品加工	2447750	2329169	72623	22164	23438	353	3
蔬菜、水果和坚果加工	1346047	1291220	24512	4741	19839		5736
其他农副食品加工	470727	429894	6642	9810	24119	20	243
食品制造业	3421075	3078502	45651	284772	4180	1257	6714
焙烤食品制造	353811	335889	2703	14137	496	257	330
糖果、巧克力及蜜饯制造	225595	207685	2697	15213			

2-B-39 续表 2 单位：万元

行业	合计						
		营业	停业(歇业)	筹建	当年关闭	当年破产	其他
方便食品制造	467307	378762	10924	76304	317	1000	
乳制品制造	111010	106359	2590	2000	60		
罐头食品制造	369878	361326	3103	4310	330		810
调味品、发酵制品制造	366022	360148	2305	2148	1421		
其他食品制造	1527452	1328333	21329	170660	1557		5574
酒、饮料和精制茶制造业	3035976	2898995	22016	49510	64872	150	432
酒的制造	902378	875120	6497	7771	12890	100	
饮料制造	1004815	915349	9726	35714	43814		212
精制茶加工	1128782	1108526	5794	6025	8167	50	220
烟草制品业	2262522	2262522					
卷烟制造	2242234	2242234					
其他烟草制品制造	20288	20288					
纺织业	39593566	37627681	858931	380742	534895	146902	44415
棉纺织及印染精加工	15901822	15179122	324991	111285	218972	57725	9729
毛纺织及染整精加工	1867507	1787543	38708	4128	29367		7761
麻纺织及染整精加工	169755	150155	100	19441			59
丝绢纺织及印染精加工	2342995	2254463	49497	11367	23382	3836	450
化纤织造及印染精加工	4697166	4375658	231992	82392	4706	1400	1019
针织或钩针编织物及其制品制造	7933458	7625387	86628	62055	137378	14503	7508
家用纺织制成品制造	3556717	3312696	93212	39975	101309	1530	7995
非家用纺织制成品制造	3124144	2942657	33805	50099	19782	67907	9895
纺织服装、服饰业	18345261	16911919	779983	240364	331231	64303	17461
机织服装制造	9635274	8785751	469898	122902	189471	57935	9316
针织或钩针编织服装制造	5405753	5046239	186631	57094	103129	5882	6777
服饰制造	3304235	3079928	123454	60368	38631	485	1368
皮革、毛皮、羽毛及其制品和制鞋业	8880043	8151897	455783	82964	142998	14859	31541
皮革鞣制加工	838852	773474	15522	5937	42831	1000	88
皮革制品制造	2620036	2400619	152744	35348	14932	7707	8686
毛皮鞣制及制品加工	586672	553025	21638	6815	5173		20

2-B-39 续表 3

单位：万元

行 业	合 计	营业	停业(歇业)	筹建	当年关闭	当年破产	其他
羽毛(绒)加工及制品制造	861030	807886	45080	8064			
制鞋业	3973453	3616892	220799	26800	80063	6152	22748
木材加工和木、竹、藤、棕、草制品业	4241358	3892555	125016	78359	124371	14597	6460
木材加工	430274	389821	16321	10791	13311	25	5
人造板制造	1149179	1006679	36132	15579	90629		160
木制品制造	1853424	1723989	57102	41868	13509	10852	6104
竹、藤、棕、草等制品制造	808481	772066	15460	10121	6923	3720	191
家具制造业	5505129	5065156	225786	100939	95896	650	16702
木质家具制造	2711258	2483060	125208	67945	31155		3890
竹、藤家具制造	141231	118659	879	388	21225		80
金属家具制造	1501523	1404489	51423	9791	27352	650	7819
塑料家具制造	245760	242307	1458	687	519		790
其他家具制造	905357	816641	46819	22128	15646		4124
造纸和纸制品业	9822042	9162979	192614	194127	162972	101617	7733
纸浆制造	16453	16288	5		160		
造纸	4885588	4556251	113211	48720	120202	44912	2293
纸制品制造	4920001	4590441	79398	145407	42610	56705	5440
印刷和记录媒介复制业	6874264	6571918	97198	159875	30445	7236	7592
印刷	6601403	6320013	93842	143536	29440	7236	7337
装订及印刷相关服务	235183	214838	2999	16107	984		255
记录媒介复制	37678	37066	358	232	21		
文教、工美、体育和娱乐用品制造业	11966347	11193453	422760	184240	146728	5787	13379
文教办公用品制造	1911477	1792636	80012	29523	8534		772
乐器制造	197730	181295	14625	1800	10		...
工艺美术品制造	7033925	6645721	184994	82556	105830	4927	9898
体育用品制造	1408963	1267718	86983	34487	18334		1441
玩具制造	1022621	934108	45457	27207	13732	860	1258
游艺器材及娱乐用品制造	391630	371975	10689	8667	288		11
石油加工、炼焦和核燃料加工业	2243110	2088749	15061	136869	1865	500	65

2-B-39 续表 4

单位：万元

行　业	合　计	营业	停业(歇业)	筹建	当年关闭	当年破产	其他
精炼石油产品制造	2241248	2086887	15061	136869	1865	500	65
炼焦	1362	1362					
核燃料加工	500	500					
化学原料和化学制品制造业	24628754	22162565	579529	1487492	372896	12041	14232
基础化学原料制造	6360736	5387493	112391	741015	117423	1245	1170
肥料制造	240189	216270	9539	13004	1126	50	200
农药制造	643672	625179	16603	1500	340		50
涂料、油墨、颜料及类似产品制造	3011763	2899397	68693	33389	9629		655
合成材料制造	7190448	6499871	70450	540633	69272	10	10212
专用化学产品制造	5826199	5250689	277489	115705	170997	10646	674
炸药、火工及焰火产品制造	78498	77918	170		400		10
日用化学产品制造	1277249	1205748	24193	42246	3710	90	1261
医药制造业	5466604	4916879	309460	183303	51264	560	5138
化学药品原料药制造	1717667	1458243	147318	77426	30330		4350
化学药品制剂制造	1303960	1235449	41995	26515			
中药饮片加工	291465	285792	344	5319			9
中成药生产	664953	575463	60619	8152	20719		
兽用药品制造	183652	164033	3812	15710	98		
生物药品制造	735646	674022	18521	42395	50	560	98
卫生材料及医药用品制造	569262	523877	36851	7787	68		681
化学纤维制造业	7264895	6726784	185493	285336	29593	33788	3902
纤维素纤维原料及纤维制造	303444	282036	14884	5325		1199	
合成纤维制造	6961451	6444748	170609	280011	29593	32588	3902
橡胶和塑料制品业	23682042	21806893	526476	957198	344089	16402	30985
橡胶制品业	3131377	2573537	50920	457597	45311	947	3066
塑料制品业	20550665	19233356	475557	499600	298777	15456	27919
非金属矿物制品业	20314313	18581901	334899	329466	932628	57876	77543
水泥、石灰和石膏制造	2606541	2438950	73851	24468	10611	3	58660
石膏、水泥制品及类似制品制造	8076053	7848656	53686	99421	57272	15560	1458

2-B-39　续表 5

单位：万元

行　　业	合　计	营业	停业(歇业)	筹建	当年关闭	当年破产	其他
砖瓦、石材等建筑材料制造	2788647	2572937	81624	97910	23202	541	12434
玻璃制造	1579123	724347	9406	13929	806657	24534	250
玻璃制品制造	2108309	2013723	42857	22619	18111	9729	1270
玻璃纤维和玻璃纤维增强塑料制品制造	925945	878966	35454	7654	3171		700
陶瓷制品制造	644002	609633	22834	8540	1779		1216
耐火材料制品制造	876443	848517	7388	13259	6074		1206
石墨及其他非金属矿物制品制造	709249	646172	7800	41666	5752	7509	350
黑色金属冶炼和压延加工业	10008180	9440456	286068	60877	147222	54696	18861
炼铁	39427	39382	45				
炼钢	200576	188184	749	500	11143		
黑色金属铸造	2119910	2086874	15943	5711	10373		1009
钢压延加工	7464018	6953452	258655	53666	125696	54696	17853
铁合金冶炼	184250	172564	10676	1000	10		
有色金属冶炼和压延加工业	9139117	8562393	155509	150407	179590	14826	76392
常用有色金属冶炼	1115339	1055724	30169	9383	16351		3712
贵金属冶炼	269965	269375	89	500			
稀有稀土金属冶炼	95193	89560	4029	1600	5		
有色金属合金制造	1086445	1050934	8781	18372	7039		1320
有色金属铸造	266363	216006	8380	7967	33914		95
有色金属压延加工	6305812	5880794	104061	112584	122281	14826	71265
金属制品业	24303323	22420041	990857	592536	216368	13345	70176
结构性金属制品制造	5125901	4786488	138477	130868	34133	8679	27256
金属工具制造	3074378	2870458	90862	78522	20511	10	14015
集装箱及金属包装容器制造	1198374	1134046	48906	13546	1823		53
金属丝绳及其制品制造	1016353	969787	33525	7955	4761		325
建筑、安全用金属制品制造	5267270	4882382	175156	126199	68223	719	14590
金属表面处理及热处理加工	2150685	2001066	45881	69806	31604	1243	1085
搪瓷制品制造	188432	174591	7058	6335	383		65
金属制日用品制造	3317038	2804610	375660	91238	32068	2625	10837
其他金属制品制造	2964893	2796613	75331	68068	22862	69	1950

2-B-39 续表 6

单位：万元

行业	合计	营业	停业(歇业)	筹建	当年关闭	当年破产	其他
通用设备制造业	40553031	37880459	1085695	1156814	240188	19869	170006
锅炉及原动设备制造	1918005	1838639	11106	45240	2924	1025	19071
金属加工机械制造	3401804	3050042	110350	125263	26951	9785	79413
物料搬运设备制造	3299173	3047307	62645	182726	3191	257	3048
泵、阀门、压缩机及类似机械制造	9330564	8668526	407705	175656	48976	2177	27523
轴承、齿轮和传动部件制造	6519180	6330826	84101	79068	17601	3345	4239
烘炉、风机、衡器、包装等设备制造	5409654	5016680	165952	190963	19867	2884	13308
文化、办公用机械制造	633008	579947	15836	12706	18377		6142
通用零部件制造	8205081	7645626	171131	280939	98951	395	8037
其他通用设备制造业	1836563	1702867	56869	64253	3350		9225
专用设备制造业	19714418	18204146	610199	624014	198990	44154	32915
采矿、冶金、建筑专用设备制造	2106845	1968610	26020	63505	48574	20	115
化工、木材、非金属加工专用设备制造	6442559	6036374	197975	129041	72123	2143	4902
食品、饮料、烟草及饲料生产专用设备制造	527359	502839	9839	11379	956		2345
印刷、制药、日化及日用品生产专用设备制造	967491	887689	22695	38916	4275	590	13326
纺织、服装和皮革加工专用设备制造	3408820	3035930	202470	102495	28707	38854	364
电子和电工机械专用设备制造	687902	615057	18196	37272	9509	150	7718
农、林、牧、渔专用机械制造	993809	855971	57568	63230	15267	1724	50
医疗仪器设备及器械制造	1085272	969188	28810	84932	1576		767
环保、社会公共服务及其他专用设备制造	3494361	3332487	46626	93243	18003	673	3328
汽车制造业	18866037	17401498	396956	814100	114355	64220	74908
汽车整车制造	857302	806036	13154	8111			30000
改装汽车制造	172953	170898	834	1221			
低速载货汽车制造	34121	34121					
电车制造	15964	12717		3247			
汽车车身、挂车制造	80975	60660	30	14772	5513		
汽车零部件及配件制造	17704722	16317065	382938	786750	108842	64220	44908
铁路、船舶、航空航天和其他运输设备制造业	7329753	6300370	409216	214177	243679	134815	27495

2-B-39　续表 7　　　　单位：万元

行　业	合　计	营业	停业(歇业)	筹建	当年关闭	当年破产	其他
铁路运输设备制造	382927	365388	12061	4858	119		500
城市轨道交通设备制造	2160	2160					
船舶及相关装置制造	3604720	2917274	279133	132461	134904	133475	7472
航空、航天器及设备制造	126195	115839	333	226	9797		
摩托车制造	1587200	1468556	27466	16147	57227	81	17724
自行车制造	1373645	1205560	72494	52746	41331	1259	255
非公路休闲车及零配件制造	190908	166383	17116	7109	300		
潜水救捞及其他未列明运输设备制造	61998	59211	613	630			1544
电气机械和器材制造业	39559880	36436186	1100935	881456	847766	149305	144232
电机制造	4349107	4133710	79865	110800	17304		7428
输配电及控制设备制造	14406978	13297075	208382	301644	503310	32773	63794
电线、电缆、光缆及电工器材制造	6489486	6208848	102864	46989	83248	33693	13844
电池制造	1709761	1312524	171278	65979	92890	54251	12840
家用电力器具制造	5329830	4815070	274386	136527	75923	10135	17790
非电力家用器具制造	886340	799439	36677	36182	13741		300
照明器具制造	5890778	5449101	199012	157018	58849	18453	8345
其他电气机械及器材制造	497600	420420	28471	26316	2501		19892
计算机、通信和其他电子设备制造业	11995279	11003489	304305	479987	158912	23056	25531
计算机制造	577595	519906	25962	21871	6198		3658
通信设备制造	1825768	1753357	21602	28481	19526		2801
广播电视设备制造	374656	358158	4727	3974	180	7614	3
雷达及配套设备制造	235132	235132					
视听设备制造	946122	857872	18943	37519	16304	15285	200
电子器件制造	1792987	1533789	88202	90950	77707		2340
电子元件制造	5470867	5149408	117677	156014	31153	87	16529
其他电子设备制造	772152	595868	27192	141177	7845	70	
仪器仪表制造业	5501493	5202036	108520	127331	32240	915	30452
通用仪器仪表制造	3165972	3017849	47076	63495	7835	310	29407
专用仪器仪表制造	1056302	980702	29877	38973	6699		50

2-B-39 续表 8　　　　单位：万元

行　业	合　计	营业	停业(歇业)	筹建	当年关闭	当年破产	其他
钟表与计时仪器制造	116870	115347	1149	200	174		
光学仪器及眼镜制造	1043448	981071	21375	22274	17132	605	990
其他仪器仪表制造业	118902	107066	9043	2388	400		4
其他制造业	5672498	5396354	66318	104465	21431	81169	2762
日用杂品制造	4379362	4193343	47431	41464	13675	81169	2280
煤制品制造	878850	876989	10	160	1482		208
核辐射加工	6714	6699	15				
其他未列明制造业	407573	319323	18862	62841	6273		274
废弃资源综合利用业	1344413	1273389	25500	29728	15643		152
金属废料和碎屑加工处理	907183	858478	21810	12055	14688		152
非金属废料和碎屑加工处理	437229	414911	3690	17673	955		
金属制品、机械和设备修理业	827196	671796	33717	106023	15448	2	210
金属制品修理	10548	9933	4	611			
通用设备修理	39632	36061	1964	1557	50		
专用设备修理	24742	21285	220	2461	772		5
铁路、船舶、航空航天等运输设备修理	694682	547578	31266	101325	14510	2	
电气设备修理	36840	36698	89	53			
仪器仪表修理	1167	1167					
其他机械和设备修理业	19586	19074	174	17	116		205
电力、热力、燃气及水生产和供应业	**38850487**	**33948069**	**317964**	**4518223**	**48295**	**2**	**17933**
电力、热力生产和供应业	26735691	22242888	109601	4333093	39576		10533
电力生产	25146632	20791208	108682	4196634	39576		10533
电力供应	460466	439183	286	20997			
热力生产和供应	1128594	1012498	633	115463			
燃气生产和供应业	2961964	2879636	14786	67333	207	2	
燃气生产和供应业	2961964	2879636	14786	67333	207	2	
水的生产和供应业	9152833	8825545	193578	117797	8513		7400
自来水生产和供应	6161466	6129915	15683	9787	5961		120
污水处理及其再生利用	2878385	2607512	176741	84789	2062		7280
其他水的处理、利用与分配	112982	88117	1154	23220	490		

2-B-39　续表 9

单位：万元

行　业	合　计	营业	停业(歇业)	筹建	当年关闭	当年破产	其他
建筑业	**21928089**	**20151194**	**924976**	**648629**	**157890**	**10814**	**34586**
房屋建筑业	5223002	4871957	135365	154877	36719	5477	18606
房屋建筑业	5223002	4871957	135365	154877	36719	5477	18606
土木工程建筑业	9978235	9000698	573881	334015	56467	4418	8757
铁路、道路、隧道和桥梁工程建筑	5039510	4611909	293643	102625	21900	3618	5815
水利和内河港口工程建筑	1571708	1378065	123237	63277	6330	800	
海洋工程建筑	556580	452177	5476	98917	10		
工矿工程建筑	197125	180444	9557	4532	2592		
架线和管道工程建筑	969302	944035	7247	4085	13931		5
其他土木工程建筑	1644010	1434069	134720	60580	11704		2937
建筑安装业	2377796	2265516	60998	32175	18400	80	626
电气安装	709895	686586	9555	4846	8908		
管道和设备安装	604727	570973	17089	10603	5610		452
其他建筑安装业	1063174	1007958	34355	16725	3883	80	174
建筑装饰和其他建筑业	4349057	4013023	154732	127563	46303	839	6597
建筑装饰业	3070037	2845738	102427	81174	35512	839	4347
工程准备活动	912545	848035	46237	10175	6397		1700
提供施工设备服务	77250	68259	2191	3450	3350		
其他未列明建筑业	289225	250990	3877	32764	1044		550
批发和零售业	**164307248**	**149352081**	**6084301**	**6763223**	**1791733**	**100848**	**215062**
批发业	146055878	134290858	5135787	4749684	1625891	96743	156914
农、林、牧产品批发	2550508	2338002	102622	89154	12805	771	7154
食品、饮料及烟草制品批发	6622017	6085369	331268	166362	34157	1168	3693
纺织、服装及家庭用品批发	28845623	27088722	863587	588414	242386	17756	44759
文化、体育用品及器材批发	4060596	3594904	253776	183112	19633	850	8321
医药及医疗器材批发	1589475	1477259	48420	52072	9369	36	2318
矿产品、建材及化工产品批发	75064042	70785276	2075315	1177593	898623	72235	55000
机械设备、五金产品及电子产品批发	17034911	14308122	903558	1528145	274907	2935	17244

2-B-39 续表 10

单位：万元

行业	合计	营业	停业(歇业)	筹建	当年关闭	当年破产	其他
贸易经纪与代理	5515402	4316521	287418	862272	34751	414	14026
其他批发业	4773305	4296684	269824	102560	99260	578	4399
零售业	18251370	15061223	948513	2013538	165842	4106	58148
综合零售	2101564	648356	86542	1330177	28187	440	7863
食品、饮料及烟草制品专门零售	1178818	1057445	84696	27208	7509	178	1782
纺织、服装及日用品专门零售	1465468	1245911	53727	131730	32797	381	923
文化、体育用品及器材专门零售	1497416	1406088	39078	38801	10804		2645
医药及医疗器材专门零售	758317	716413	25118	3942	12070	176	598
汽车、摩托车、燃料及零配件专门零售	5346203	4893693	120226	280066	28522	353	23343
家用电器及电子产品专门零售	2633454	2229489	332001	51557	16602	1292	2513
五金、家具及室内装饰材料专门零售	1939647	1687436	140389	82600	13673	315	15233
货摊、无店铺及其他零售业	1330483	1176393	66737	67457	15677	970	3248
交通运输、仓储和邮政业	**50903880**	**47155580**	**1762913**	**1635929**	**243087**	**2153**	**104218**
道路运输业	26877046	24978155	1192675	605160	78073	1853	21131
城市公共交通运输	8933233	8918578	3592	260	1303		9500
公路旅客运输	883480	878047	4610	500	324		
道路货物运输	4454297	4071082	146067	158775	66050	1853	10471
道路运输辅助活动	12606036	11110448	1038406	445625	10396		1160
水上运输业	10511505	9987428	236784	171112	109927		6253
水上旅客运输	180505	168833	1238	927	9457		50
水上货物运输	6837187	6510007	86464	134764	99749		6203
水上运输辅助活动	3493812	3308588	149081	35421	722		
航空运输业	636459	547351	1175	44673			43260
航空客货运输	3461	3461					
通用航空服务	66247	21243	331	44673			
航空运输辅助活动	566751	522647	844	…			43260
管道运输业	45291	45291					
管道运输业	45291	45291					
装卸搬运和运输代理业	5092578	4631835	156492	227163	49113	230	27745

2-B-39　续表 11　　　　单位：万元

行　　业	合　计	营业	停业(歇业)	筹建	当年关闭	当年破产	其他
装卸搬运	914839	874740	19712	19623	440		324
运输代理业	4177739	3757095	136780	207539	48673	230	27421
仓储业	7367625	6633455	158437	564650	5427		5655
谷物、棉花等农产品仓储	1170532	1137100	26819	1600	13		5000
其他仓储业	6197093	5496355	131618	563050	5414		655
邮政业	373375	332064	17350	23171	546	70	174
邮政基本服务	185777	185667	89				21
快递服务	187598	146398	17261	23171	546	70	153
住宿和餐饮业	**6414806**	**5040435**	**426966**	**799898**	**106260**	**10057**	**31191**
住宿业	4212848	3115873	315854	680506	65977	9448	25191
旅游饭店	2850564	1918208	272539	605911	19844	9392	24670
一般旅馆	1293233	1141295	40781	65553	45123	56	425
其他住宿业	69051	56370	2534	9042	1010		96
餐饮业	2201958	1924562	111112	119391	40284	609	6000
正餐服务	1964355	1714440	98891	108670	36777	604	4973
快餐服务	66439	59795	3091	2223	593		737
饮料及冷饮服务	74646	65855	4726	2098	1963	5	
其他餐饮业	96519	84472	4405	6400	952		290
信息传输、软件和信息技术服务业	**11146124**	**9394511**	**1108686**	**330793**	**266461**	**1218**	**44456**
电信、广播电视和卫星传输服务	634288	588258	36097	8279	1640		14
电信	511346	472937	35535	1271	1590		14
广播电视传输服务	122942	115322	562	7009	50		
互联网和相关服务	868960	817595	33237	13709	3292		1127
互联网接入及相关服务	51762	40841	9667	373	881		
互联网信息服务	733930	707637	17839	6329	1998		127
其他互联网服务	83267	69117	5731	7007	412		1000
软件和信息技术服务业	9642875	7988657	1039351	308804	261529	1218	43314
软件开发	7304609	5961568	875660	211587	215886	1112	38797
信息系统集成服务	662274	598331	31022	31286	1591		44

2-B-39 续表 12

单位：万元

行　业	合　计	营业	停业(歇业)	筹建	当年关闭	当年破产	其他
信息技术咨询服务	1035186	881100	75018	34705	40733	106	3524
数据处理和存储服务	192324	181563	2477	7949	149		186
集成电路设计	84861	75489	5526	3102	310		434
其他信息技术服务业	363622	290608	49649	20175	2861		330
房地产业	**206563562**	**192407793**	**3580797**	**7048402**	**497854**	**4742**	**3023974**
房地产业	206563562	192407793	3580797	7048402	497854	4742	3023974
房地产开发经营	185427200	174271610	2748086	5414294	241522	1000	2750688
物业管理	4230945	3277143	385695	391210	162864	56	13978
房地产中介服务	2402227	1993782	215333	165494	18154	3686	5779
其他房地产业	14503189	12865258	231683	1077405	75314		253529
租赁和商务服务业	**432449313**	**354940602**	**29006826**	**43180564**	**2869514**	**229588**	**2222219**
租赁业	3548967	2207275	243917	55343	1022046	17496	2891
机械设备租赁	3178972	1867507	220489	49164	1021425	17496	2891
文化及日用品出租	369996	339768	23427	6180	621		
商务服务业	428900345	352733327	28762909	43125220	1847469	212092	2219328
企业管理服务	387662168	318683239	24561685	41028093	1068801	204394	2115957
法律服务	217301	214456	714	283	286		1561
咨询与调查	18298404	13673458	3006738	1046230	519949	5466	46562
广告业	2136473	1950634	68923	88811	23629		4477
知识产权服务	120057	113980	3479	2122	305	92	79
人力资源服务	591124	550516	12008	19453	8750	10	387
旅行社及相关服务	2753483	2196010	285720	258825	9312	2000	1615
安全保护服务	337184	312437	5956	16265	2508	17	
其他商务服务业	16784152	15038596	817687	665138	213928	113	48691
科学研究和技术服务业	**20584124**	**15542411**	**3209618**	**1550877**	**246893**	**26**	**34298**
研究和试验发展	2348049	1730368	315612	264534	29661		7874
自然科学研究和试验发展	82289	61432	2756	17783	72		247
工程和技术研究和试验发展	1649855	1172540	276297	174593	21803		4622
农业科学研究和试验发展	377957	310817	14148	44550	6306		2137

2-B-39 续表 13

单位：万元

行 业	合 计						
		营业	停业(歇业)	筹建	当年关闭	当年破产	其他
医学研究和试验发展	222440	171081	21505	27506	1480		868
社会人文科学研究	15508	14498	906	103			
专业技术服务业	13662548	10891302	2008428	615519	135825	20	11453
气象服务	36988	36763	174		51		
地震服务	13	13					
海洋服务	34588	16145	18332	111			
测绘服务	164455	162021	1455	467	328		183
质检技术服务	587523	563394	8963	10476	2825		1865
环境与生态监测	145810	138637	4884	2045	127		116
地质勘查	69054	55970	2044	9175	1864		
工程技术	11192612	8767373	1799019	496503	121249	17	8451
其他专业技术服务业	1431505	1150985	173557	96741	9380	3	838
科技推广和应用服务业	4573527	2920740	885578	670824	81408	6	14971
技术推广服务	3516714	2263287	849094	313096	79795	6	11436
科技中介服务	938812	576263	29050	332093	271		1135
其他科技推广和应用服务业	118001	81190	7434	25635	1342		2400
水利、环境和公共设施管理业	**24913504**	**21509068**	**1994466**	**1250195**	**48436**	**180**	**111159**
水利管理业	4390904	4181662	183923	11462	13827	30	
防洪除涝设施管理	2642648	2636789	44	5815			
水资源管理	964643	943642	3148	4026	13827		
天然水收集与分配	463115	311432	151683				
水文服务	14561	14561					
其他水利管理业	305937	275238	29049	1620		30	
生态保护和环境治理业	1052538	643844	304965	86532	6847		10350
生态保护	368908	79825	284549	4000	34		500
环境治理业	683630	564019	20416	82532	6813		9850
公共设施管理业	19470062	16683562	1505577	1152202	27762	150	100809
市政设施管理	12684511	11112609	772986	696495	12547		89874
环境卫生管理	164379	132073	2325	28774	901		306

2-B-39 续表 14

单位：万元

行业	合计	营业	停业(歇业)	筹建	当年关闭	当年破产	其他
城乡市容管理	1717976	1713816	855	3205		100	
绿化管理	1486568	1292944	159118	22539	11130	50	787
公园和游览景区管理	3416627	2432120	570293	401188	3184		9841
居民服务、修理和其他服务业	**2395214**	**1969249**	**76408**	**318970**	**26573**	**310**	**3704**
居民服务业	862634	772132	14084	60610	14417	110	1281
家庭服务	37986	31983	1870	1418	2440		275
托儿所服务	5284	396	8	4880			
洗染服务	39018	36738	1623	447	210		
理发及美容服务	52674	49276	754	635	1074		935
洗浴服务	115219	110259	1019	3170	771		
保健服务	121815	116997	1663	1617	1537		…
婚姻服务	17479	15155	1012	1048	258	3	3
殡葬服务	173513	167613	2297	2438	1165		
其他居民服务业	299646	243715	3838	44955	6963	107	68
机动车、电子产品和日用产品修理业	1165744	878991	30380	247263	8267		843
汽车、摩托车修理与维护	1006723	734022	22788	244652	4469		793
计算机和办公设备维修	66935	60908	3968	1440	570		50
家用电器修理	71140	65263	1705	998	3175		
其他日用产品修理业	20945	18799	1919	174	53		
其他服务业	366837	318126	31944	11097	3889	200	1581
清洁服务	159485	135472	13831	5965	3447	200	571
其他未列明服务业	207351	182655	18113	5132	442		1010
卫生和社会工作	**1453506**	**62281**	**1369596**	**21619**			**10**
社会工作	1453506	62281	1369596	21619			10
提供住宿社会工作	1403212	37824	1358915	6473			
不提供住宿社会工作	50294	24457	10681	15146			10
文化、体育和娱乐业	**5998673**	**5156110**	**255387**	**538411**	**47020**		**1746**
新闻和出版业	971321	969864	1322	14	119		3
新闻业	966	848			116		3
出版业	970355	969016	1322	14	3		

2-B-39 续表 15

单位：万元

行 业	合 计	营业	停业(歇业)	筹建	当年关闭	当年破产	其他
广播、电视、电影和影视录音制作业	2677321	2470607	150821	49595	5649		648
广播	14297	12808		1489			
电视	430562	409075	5274	15306	906		
电影和影视节目制作	1816455	1645227	143042	23397	4289		499
电影和影视节目发行	26941	25737	994		100		109
电影放映	382310	371006	1508	9404	353		40
录音制作	6756	6753	3		...		
文化艺术业	459776	372680	15630	56875	14366		225
文艺创作与表演	105288	91937	4779	4300	4263		10
艺术表演场馆	23648	13374	224	10050			
图书馆与档案馆	7883	7398	276	82	127		
文物及非物质文化遗产保护	85328	80951	187	3195	995		
博物馆	30913	15514	3733	11666			
烈士陵园、纪念馆	234	234					
群众文化活动	20349	8991	3341	7734	220		63
其他文化艺术业	186134	154282	3090	19848	8761		153
体育	691809	373743	37964	267546	12540		16
体育组织	191101	73610		117492			
体育场馆	41937	40612	475	851			
休闲健身活动	365393	202655	30665	130169	1889		16
其他体育	93377	56867	6825	19035	10651		
娱乐业	1198445	969216	49649	164381	14346		854
室内娱乐活动	755436	716810	18735	6391	12791		709
游乐园	273170	124089	8154	140928			
彩票活动	13	13					
文化、娱乐、体育经纪代理	44506	34852	6751	2558	335		10
其他娱乐业	125321	93452	16010	14504	1220		135

2-B-40 按行业中类、营业状态分组的小微企业全年营业收入

单位：万元

行业	合计	营业	停业(歇业)	筹建	当年关闭	当年破产	其他
总计	**728639101**	**710628330**	**6990940**	**3637318**	**5930693**	**810723**	**641097**
农、林、牧、渔业	**143980**	**137168**	**2913**	**1913**	**1363**		**624**
农业	4661	4261		400			
谷物种植	324	324					
蔬菜、食用菌及园艺作物种植	1249	1249					
水果种植	1166	1166					
坚果、含油果、香料和饮料作物种植	1355	955		400			
中药材种植	502	502					
其他农业	66	66					
林业	606	285			321		
林木育种和育苗	606	285			321		
畜牧业	3098	2995	93		10		
牲畜饲养	1557	1547			10		
家禽饲养	1140	1046	93				
其他畜牧业	401	401					
渔业	2360	2334	26				
水产养殖	2360	2334	26				
农、林、牧、渔服务业	133255	127293	2794	1513	1031		624
农业服务业	113443	108127	2646	1378	1029		264
林业服务业	6214	5773	66	15			360
畜牧服务业	8784	8750	35				
渔业服务业	4813	4643	47	120	3		
采矿业	**1881378**	**1784910**	**65401**	**6289**	**22687**	**1200**	**890**
煤炭开采和洗选业	14719	14636		83			
烟煤和无烟煤开采洗选	5143	5060		83			
褐煤开采洗选	7536	7536					
其他煤炭采选	2041	2041					
黑色金属矿采选业	108090	108090					
铁矿采选	108090	108090					

2-B-40 续表 1

单位：万元

行　业	合　计	营业	停业(歇业)	筹建	当年关闭	当年破产	其他
有色金属矿采选业	170450	167345	1983		1121		
常用有色金属矿采选	68721	66870	1183		667		
贵金属矿采选	4370	3570	800				
稀有稀土金属矿采选	97359	96905	…		454		
非金属矿采选业	1579556	1486661	63418	6206	21181	1200	890
土砂石开采	1489751	1402303	63356	3304	18698	1200	890
化学矿开采	11540	11530	10				
采盐	790	790					
石棉及其他非金属矿采选	77475	72038	53	2902	2482		
开采辅助活动	646	261			385		
石油和天然气开采辅助活动	86	86					
其他开采辅助活动	560	175			385		
其他采矿业	7917	7917					
其他采矿业	7917	7917					
制造业	**386810663**	**376733841**	**3654002**	**1400781**	**4007217**	**647360**	**367462**
农副食品加工业	9008353	8894278	30014	12184	63460	2210	6207
谷物磨制	750283	745136	1084	1352	2710		
饲料加工	1970761	1961405	663	1324	7368		1
植物油加工	578329	567362	47	2026	6894	2000	
制糖业	13459	13113	150	195			
屠宰及肉类加工	1033930	1027333	5270	592	688		47
水产品加工	2677628	2628985	15548	3063	29846	187	
蔬菜、水果和坚果加工	1447629	1423712	3223	2233	12318		6143
其他农副食品加工	536333	527231	4029	1399	3636	23	16
食品制造业	2950660	2928444	10766	4503	5755	785	407
焙烤食品制造	343398	338676	2236	1110	1084	285	7
糖果、巧克力及蜜饯制造	168159	167915	243				
方便食品制造	366694	364654	667	629	245	500	

2-B-40 续表 2 单位：万元

行业	合计	营业	停业(歇业)	筹建	当年关闭	当年破产	其他
乳制品制造	124810	124434	207		169		
罐头食品制造	296982	295769	311	902			
调味品、发酵制品制造	323756	320155	1924		1677		
其他食品制造	1326860	1316840	5178	1863	2580		400
酒、饮料和精制茶制造业	2489523	2445516	11548	2355	29736	182	186
酒的制造	521253	516472	2266	581	1852	82	
饮料制造	737923	714764	3486	95	19558		19
精制茶加工	1230348	1214280	5796	1679	8325	100	167
烟草制品业	3926900	3926900					
卷烟制造	3901273	3901273					
其他烟草制品制造	25626	25626					
纺织业	42748713	41804933	248233	99498	507165	68858	20026
棉纺织及印染精加工	16873727	16567861	77756	20043	167395	30050	10621
毛纺织及染整精加工	1772926	1741672	15041	2627	11272		2314
麻纺织及染整精加工	111519	110137	36	612			733
丝绢纺织及印染精加工	2597873	2541471	20229	6604	26874	2015	680
化纤织造及印染精加工	4053527	3973791	33822	33097	9766	1859	1191
针织或钩针编织物及其制品制造	9721066	9502653	30325	18301	156172	12545	1069
家用纺织制成品制造	4112608	3925228	53560	11468	117317	2204	2830
非家用纺织制成品制造	3505468	3442120	17462	6744	18368	20185	590
纺织服装、服饰业	20200331	19487265	325584	57446	269833	47882	12320
机织服装制造	10701988	10284621	204994	27004	143271	34539	7559
针织或钩针编织服装制造	5833776	5635327	80157	15205	86433	12230	4423
服饰制造	3664567	3567317	40433	15237	40128	1114	338
皮革、毛皮、羽毛及其制品和制鞋业	13289636	12626545	341345	53458	234870	23289	10130
皮革鞣制加工	905332	807639	20257	1480	74948	908	100
皮革制品制造	3419393	3332469	36948	14013	24274	9318	2371
毛皮鞣制及制品加工	618385	593788	18850	3506	2201		40
羽毛(绒)加工及制品制造	853283	840403	4808	8038	34		
制鞋业	7493243	7052246	260482	26421	133413	13063	7618

2-B-40 续表 3

单位：万元

行 业	合 计	营业	停业(歇业)	筹建	当年关闭	当年破产	其他
木材加工和木、竹、藤、棕、草制品业	5609742	5433957	52609	35353	63647	8617	15559
木材加工	636146	603456	10366	4160	18163		
人造板制造	1408016	1370261	8106	9178	19337	10	1125
木制品制造	2532468	2459971	24046	11393	17245	5737	14076
竹、藤、棕、草等制品制造	1033112	1000269	10091	10623	8902	2870	358
家具制造业	5058670	4926147	63496	18879	44904	2436	2809
木质家具制造	2432509	2372151	20903	14181	23380		1893
竹、藤家具制造	108597	102620	1219	88	4635		35
金属家具制造	1387025	1332526	36892	211	14118	2430	847
塑料家具制造	260091	258296	148	1163	478		5
其他家具制造	870449	860554	4333	3235	2293	6	28
造纸和纸制品业	9121654	8760541	74660	39228	161304	80507	5413
纸浆制造	12660	12509	120		31		
造纸	4205660	3987636	42528	3389	102859	67516	1731
纸制品制造	4903334	4760396	32012	35839	58414	12991	3682
印刷和记录媒介复制业	5850562	5709296	54030	37118	38604	6793	4722
印刷	5622411	5487999	52907	34577	36481	6793	3653
装订及印刷相关服务	219133	212290	1123	2541	2110		1068
记录媒介复制	9019	9006			12		
文教、工美、体育和娱乐用品制造业	12232823	11886351	144835	46757	138233	2742	13905
文教办公用品制造	2043469	1999003	23898	7037	11726		1805
乐器制造	172373	170684	509	676	504		...
工艺美术品制造	6869909	6653923	79141	19381	107309	2471	7684
体育用品制造	1367865	1311802	33239	8529	12467		1828
玩具制造	1349923	1329470	6469	5158	5973	271	2583
游艺器材及娱乐用品制造	429284	421470	1579	5977	254		5
石油加工、炼焦和核燃料加工业	1694575	1690040	2273	120	1543		600
精炼石油产品制造	1691478	1686943	2273	120	1543		600

2-B-40 续表 4

单位：万元

行业	合计	营业	停业(歇业)	筹建	当年关闭	当年破产	其他
炼焦	1954	1954					
核燃料加工	1144	1144					
化学原料和化学制品制造业	25206330	24789576	137584	21222	242100	3436	12412
基础化学原料制造	6417553	6335757	40465	1074	37741	1547	969
肥料制造	195296	191068	3258	231	318	71	350
农药制造	647912	647230	428		254		
涂料、油墨、颜料及类似产品制造	3243609	3184046	35171	6396	17489		506
合成材料制造	7844001	7772891	10092	5066	47844	400	7707
专用化学产品制造	5656413	5478124	40376	5775	130479	1417	242
炸药、火工及焰火产品制造	90912	88805	900		1207		
日用化学产品制造	1110634	1091655	6893	2680	6768		2639
医药制造业	3938997	3894212	26781	1335	15039	1630	
化学药品原料药制造	1200493	1170916	18068	124	11255	130	
化学药品制剂制造	920020	918686	813	521			
中药饮片加工	273201	273104	90	7			
中成药生产	452591	443552	5866	20	3153		
兽用药品制造	163675	162775	829		71		
生物药品制造	464953	463152	184		118	1500	
卫生材料及医药用品制造	464063	462027	932	663	442		
化学纤维制造业	7734365	7584740	45901	5112	38573	56318	3722
纤维素纤维原料及纤维制造	266469	261076	3897	626	123	747	
合成纤维制造	7467895	7323663	42004	4485	38450	55571	3722
橡胶和塑料制品业	23830072	23201403	242424	127479	240805	5304	12658
橡胶制品业	2554384	2495000	19069	9496	28935	1130	753
塑料制品业	21275689	20706403	223355	117982	211869	4174	11905
非金属矿物制品业	17501336	17043740	106386	52600	223288	33719	41603
水泥、石灰和石膏制造	2725387	2658964	20178	898	26050	233	19064
石膏、水泥制品及类似制品制造	7015300	6953812	14503	9660	21634	4300	11392
砖瓦、石材等建筑材料制造	2341056	2260020	35187	12086	27901	1594	4268

2-B-40　续表 5

单位：万元

行　业	合　计	营业	停业(歇业)	筹建	当年关闭	当年破产	其他
玻璃制造	575072	426701	3652	1864	124351	18505	
玻璃制品制造	2115728	2072754	10505	9362	14267	5506	3332
玻璃纤维和玻璃纤维增强塑料制品制造	664605	651238	6951	2480	3936		
陶瓷制品制造	567135	548919	10084	3517	2364		2250
耐火材料制品制造	898469	882921	2676	9563	2010		1297
石墨及其他非金属矿物制品制造	598585	588411	2649	3169	775	3581	
黑色金属冶炼和压延加工业	12663163	12266146	173441	22186	140881	58959	1551
炼铁	23168	23134	34				
炼钢	259930	253564	809		5557		
黑色金属铸造	2308208	2268195	13488	3971	21596		959
钢压延加工	9780234	9431457	157282	18215	113728	58959	592
铁合金冶炼	291623	289796	1828				
有色金属冶炼和压延加工业	13299184	12985557	41351	16021	214105	8270	33880
常用有色金属冶炼	1167757	1111260	11508	4175	40814		
贵金属冶炼	796485	795815	1	670			
稀有稀土金属冶炼	76338	76338					
有色金属合金制造	1285195	1275817	2651	3020	3406		300
有色金属铸造	225258	209321	2053	1070	12304		511
有色金属压延加工	9748151	9517007	25138	7086	157581	8270	33070
金属制品业	24883390	24095027	322381	144103	242064	10977	68838
结构性金属制品制造	4797659	4655400	43388	33665	18358	6419	40430
金属工具制造	3123207	3037253	28572	25926	24617	300	6540
集装箱及金属包装容器制造	947541	911275	28387	3089	4790		
金属丝绳及其制品制造	1431866	1383344	32420	1587	14065		450
建筑、安全用金属制品制造	5851626	5615084	111747	28917	84278	722	10878
金属表面处理及热处理加工	2430655	2345131	26267	4242	51336	1381	2297
搪瓷制品制造	227069	218556	4340	3446	709		17
金属制日用品制造	3077176	2987467	26139	34923	21721	2131	4795
其他金属制品制造	2996590	2941518	21120	8306	22191	24	3431

2-B-40 续表 6

单位：万元

行　业	合　计	营业	停业(歇业)	筹建	当年关闭	当年破产	其他
通用设备制造业	35396500	34587897	360468	201768	207612	11829	26926
锅炉及原动设备制造	1228021	1215851	6187	2322	1402	2260	
金属加工机械制造	2894068	2819969	32420	20107	19266	177	2128
物料搬运设备制造	2790313	2760495	6617	18101	3794		1306
泵、阀门、压缩机及类似机械制造	9541573	9312634	128115	31352	58182	2360	8930
轴承、齿轮和传动部件制造	5108640	5035531	23069	33952	9970	4374	1744
烘炉、风机、衡器、包装等设备制造	4389579	4294897	44092	24651	23652	1321	966
文化、办公用机械制造	570099	550088	9021	2039	6970		1979
通用零部件制造	8341488	8097837	91831	60718	81161	1337	8604
其他通用设备制造业	532720	500595	19116	8525	3216		1269
专用设备制造业	14761100	14452431	118285	82700	91796	7937	7952
采矿、冶金、建筑专用设备制造	1309567	1296900	6746	3365	2497	59	
化工、木材、非金属加工专用设备制造	5005998	4891360	41606	43981	27926		1125
食品、饮料、烟草及饲料生产专用设备制造	442613	429821	8136	1201	2661		794
印刷、制药、日化及日用品生产专用设备制造	921415	896806	11204	2421	5885	986	4112
纺织、服装和皮革加工专用设备制造	2792762	2737825	14357	15645	20391	4047	497
电子和电工机械专用设备制造	476153	464718	3883	1387	5669	353	144
农、林、牧、渔专用机械制造	899447	871418	7436	4865	13536	2191	
医疗仪器设备及器械制造	733194	720828	5689	5211	256		1211
环保、社会公共服务及其他专用设备制造	2179952	2142755	19228	4624	12975	301	68
汽车制造业	13620854	13358513	102904	66543	51290	36534	5070
汽车整车制造	372658	372374	269	15			
改装汽车制造	175555	175555					
低速载货汽车制造	68929	68929					
电车制造	4533	4533					
汽车车身、挂车制造	78728	77722		1007			
汽车零部件及配件制造	12920451	12659401	102636	65521	51290	36534	5070
铁路、船舶、航空航天和其他运输设备制造业	4997829	4777434	122995	32640	47314	4430	13016
铁路运输设备制造	179369	178984	172		213		

2-B-40　续表 7

单位：万元

行　业	合　计	营业	停业(歇业)	筹建	当年关闭	当年破产	其他
城市轨道交通设备制造	3184	3184					
船舶及相关装置制造	1706483	1619891	57414	4741	21414	3021	…
航空、航天器及设备制造	62974	62947	24		3		
摩托车制造	1583244	1539751	8781	11928	10044	36	12704
自行车制造	1281060	1202101	48332	13647	15295	1372	313
非公路休闲车及零配件制造	117402	107084	8038	1938	341		
潜水救捞及其他未列明运输设备制造	64113	63492	233	385	4		
电气机械和器材制造业	34265909	33136652	298961	121008	526941	150422	31926
电机制造	4138711	4075799	18971	23552	17268		3121
输配电及控制设备制造	11010706	10632083	72426	17950	256606	23529	8113
电线、电缆、光缆及电工器材制造	7258633	7015887	39856	14572	135784	50376	2159
电池制造	1179803	1062022	15055	6273	32474	63978	
家用电力器具制造	4904928	4730617	71402	30069	50511	10170	12160
非电力家用器具制造	707582	694079	7917	2982	2603		
照明器具制造	4661887	4544183	59566	20544	29800	2369	5425
其他电气机械及器材制造	403659	381981	13767	5067	1895		948
计算机、通信和其他电子设备制造业	9643339	9488718	48676	31519	59939	7058	7428
计算机制造	454411	452048	1351	705	307		
通信设备制造	1276279	1261643	9341	2230	2369		697
广播电视设备制造	461739	457527	1630	1293	610	679	
雷达及配套设备制造	123401	123401					
视听设备制造	846726	827080	4193	2627	6754	6070	2
电子器件制造	1239101	1190728	8462	6284	32303		1323
电子元件制造	4728397	4674450	21728	14612	11891	309	5406
其他电子设备制造	513284	501840	1971	3768	5705		
仪器仪表制造业	4649000	4547220	51018	13759	31088	310	5605
通用仪器仪表制造	2734686	2698610	18063	4047	10340	310	3316
专用仪器仪表制造	658650	645394	6353	3690	3214		
钟表与计时仪器制造	105427	104459	372		596		

2-B-40 续表 8

单位：万元

行　业	合　计						
		营业	停业(歇业)	筹建	当年关闭	当年破产	其他
光学仪器及眼镜制造	1022401	974918	22987	5647	16560		2289
其他仪器仪表制造业	127836	123840	3244	376	378		
其他制造业	3296741	3188915	67350	9590	23878	4569	2439
日用杂品制造	2601277	2518636	58639	6361	10655	4569	2417
煤制品制造	314493	313871	65		557		
核辐射加工	2041	2026	15				
其他未列明制造业	378931	354382	8631	3229	12667		22
废弃资源综合利用业	2419970	2306084	22606	41559	49721		
金属废料和碎屑加工处理	1991099	1886536	18875	38600	47087		
非金属废料和碎屑加工处理	428871	419547	3730	2959	2634		
金属制品、机械和设备修理业	520442	509363	5098	2738	1733	1357	153
金属制品修理	8413	7980		433			
通用设备修理	35469	34832	585	35	18		
专用设备修理	21671	21256	46		368		
铁路、船舶、航空航天等运输设备修理	390915	381740	4230	2242	1343	1357	3
电气设备修理	30371	30364	6				
仪器仪表修理	2845	2845					
其他机械和设备修理业	30759	30346	231	29	3		150
电力、热力、燃气及水生产和供应业	**15097357**	**15031525**	**11848**	**11570**	**41211**	**20**	**1183**
电力、热力生产和供应业	10916766	10867394	7857	4435	36212		869
电力生产	9295282	9248006	7072	3316	36019		869
电力供应	991011	990478	533	...			
热力生产和供应	630473	628910	252	1118	193		
燃气生产和供应业	2936991	2935205	6	1739	22	20	
燃气生产和供应业	2936991	2935205	6	1739	22	20	
水的生产和供应业	1243600	1228927	3986	5396	4976		314
自来水生产和供应	765052	760639	813	1049	2549		2
污水处理及其再生利用	434879	425936	2618	3945	2068		312
其他水的处理、利用与分配	43669	42352	555	402	360		

2-B-40　续表 9　　　　单位：万元

行　业	合　计	营业	停业(歇业)	筹建	当年关闭	当年破产	其他
建筑业	**18647190**	**18275506**	**124549**	**112365**	**106791**	**18910**	**9069**
房屋建筑业	7299286	7229676	35821	17624	9870	5902	394
房屋建筑业	7299286	7229676	35821	17624	9870	5902	394
土木工程建筑业	5017970	4889655	54218	23617	38114	12165	201
铁路、道路、隧道和桥梁工程建筑	2736607	2690508	15155	13335	6245	11365	…
水利和内河港口工程建筑	514255	496116	9234	3244	4860	800	
海洋工程建筑	6991	3364	3625	2			
工矿工程建筑	148159	147004	413	741	1		
架线和管道工程建筑	438030	418344	4384	130	15171		…
其他土木工程建筑	1173927	1134318	21408	6164	11837		201
建筑安装业	2042261	1991919	8959	8278	32780	184	141
电气安装	705314	683109	516	911	20779		
管道和设备安装	480288	467342	4000	1486	7327		133
其他建筑安装业	856659	841469	4443	5881	4674	184	8
建筑装饰和其他建筑业	4287674	4164255	25551	62846	26027	660	8334
建筑装饰业	2912455	2853525	15590	14560	20363	660	7758
工程准备活动	731201	718306	7191	1205	3923		576
提供施工设备服务	106935	106229	118	588			
其他未列明建筑业	537082	486195	2652	46493	1741		
批发和零售业	**241980652**	**236149842**	**2400023**	**1752194**	**1358652**	**120974**	**198966**
批发业	220252669	215058446	2092220	1621900	1207700	115121	157282
农、林、牧产品批发	3180496	3112800	30390	27489	5401	448	3967
食品、饮料及烟草制品批发	7612652	7416444	88478	58252	41626	4564	3288
纺织、服装及家庭用品批发	43923460	42876572	436261	256045	309013	23911	21659
文化、体育用品及器材批发	5650338	5526718	63545	20617	31782	193	7483
医药及医疗器材批发	2188045	2139109	25326	8244	11328	26	4012
矿产品、建材及化工产品批发	126248186	123614881	989336	924359	569214	81534	68862
机械设备、五金产品及电子产品批发	18775257	18200926	264869	148788	122427	3977	34269
贸易经纪与代理	5169194	4881212	114212	115671	48868	385	8846
其他批发业	7505042	7289784	79803	62434	68040	84	4897

2-B-40 续表 10

单位：万元

行业	合计	营业	停业(歇业)	筹建	当年关闭	当年破产	其他
零售业	21727983	21091396	307803	130295	150952	5853	41684
综合零售	731313	701677	13500	3361	10757	745	1272
食品、饮料及烟草制品专门零售	1430093	1387155	23476	8885	8062	641	1874
纺织、服装及日用品专门零售	1673879	1574871	44921	16909	34357	1043	1779
文化、体育用品及器材专门零售	1035358	1004797	19560	4095	5846		1060
医药及医疗器材专门零售	1304202	1272325	20338	2383	7499	226	1431
汽车、摩托车、燃料及零配件专门零售	8926282	8794083	47246	35147	26989	869	21949
家用电器及电子产品专门零售	2601435	2493336	65971	12498	23879	1060	4692
五金、家具及室内装饰材料专门零售	2094760	2019302	33892	25529	13917	281	1839
货摊、无店铺及其他零售业	1930660	1843851	38899	21489	19647	987	5788
交通运输、仓储和邮政业	**17209816**	**16925382**	**133602**	**76648**	**64767**	**1108**	**8310**
道路运输业	6838481	6682892	87749	27621	34731	516	4973
城市公共交通运输	283628	274518	8245	11	854		
公路旅客运输	557586	555555	1536	400	94		
道路货物运输	5008684	4876205	75471	23124	28863	516	4507
道路运输辅助活动	988583	976614	2497	4086	4920		466
水上运输业	2301234	2278254	4562	1345	15294		1778
水上旅客运输	91289	80682	460	226	9921		
水上货物运输	1714650	1704404	2813	697	4957		1778
水上运输辅助活动	495295	493169	1289	422	416		
航空运输业	23892	23582	310	...			
航空客货运输	1176	1176					
通用航空服务	5558	5438	120				
航空运输辅助活动	17158	16968	190	...			
管道运输业	16375	16375					
管道运输业	16375	16375					
装卸搬运和运输代理业	6012622	5920086	35648	42039	13144	455	1249
装卸搬运	261277	254046	5609	854	591		177
运输代理业	5751345	5666040	30038	41186	12553	455	1072

2-B-40　续表 11　　单位：万元

行　　业	合　计	营业	停业(歇业)	筹建	当年关闭	当年破产	其他
仓储业	1701392	1692433	2583	5259	1117		
谷物、棉花等农产品仓储	552953	552271	668		13		
其他仓储业	1148440	1140162	1914	5259	1104		
邮政业	315819	311759	2750	383	481	137	310
邮政基本服务	13030	12948	32				50
快递服务	302789	298811	2718	383	481	137	260
住宿和餐饮业	**3184790**	**3066075**	**51629**	**16291**	**35767**	**9642**	**5387**
住宿业	1286026	1237356	19386	5913	12802	9268	1301
旅游饭店	637955	604717	12525	1593	8852	9238	1029
一般旅馆	617991	603553	6367	4205	3583	30	252
其他住宿业	30080	29085	494	115	367		20
餐饮业	1898764	1828719	32243	10378	22965	374	4086
正餐服务	1638240	1582570	25336	7629	20023	374	2308
快餐服务	102747	97675	2200	1299	436		1136
饮料及冷饮服务	60829	56066	2947	471	1345		
其他餐饮业	96948	92408	1759	978	1161		642
信息传输、软件和信息技术服务业	**4360745**	**4255204**	**46168**	**27368**	**23157**	**3170**	**5679**
电信、广播电视和卫星传输服务	194561	191272	1828	219	1122		119
电信	150926	147698	1828	219	1062		119
广播电视传输服务	43634	43574			60		
互联网和相关服务	673642	662761	3846	4991	2010		33
互联网接入及相关服务	35310	34534	359	14	403		
互联网信息服务	600239	590765	3001	4925	1516		33
其他互联网服务	38092	37462	487	52	91		
软件和信息技术服务业	3492543	3401171	40493	22157	20024	3170	5527
软件开发	2404114	2344082	29432	11677	15311	2775	838
信息系统集成服务	503785	493229	4882	4382	1214		78
信息技术咨询服务	318958	307079	3547	1877	1449	395	4611

2-B-40 续表 12

单位：万元

行业	合计						
		营业	停业(歇业)	筹建	当年关闭	当年破产	其他
数据处理和存储服务	100623	97164	16	3418	25		
集成电路设计	46749	46435	256		58		
其他信息技术服务业	118314	113182	2361	804	1967		
房地产业	**4226397**	**4092452**	**76076**	**19117**	**30455**	**508**	**7790**
房地产业	4226397	4092452	76076	19117	30455	508	7790
房地产开发经营	1655212	1595219	38369	4830	15417	270	1108
物业管理	1315956	1283584	12877	9044	7719		2731
房地产中介服务	610923	575652	19259	4684	7140	238	3950
其他房地产业	644306	637997	5570	560	179		
租赁和商务服务业	**24248483**	**23706609**	**274605**	**100007**	**136184**	**7382**	**23695**
租赁业	606385	583050	13571	4936	4045	395	388
机械设备租赁	586633	564774	12601	4933	3542	395	388
文化及日用品出租	19751	18276	970	3	502		
商务服务业	23642098	23123559	261035	95072	132139	6987	23307
企业管理服务	11714010	11576242	88515	29383	9210	2806	7854
法律服务	214163	209733	1030	265	678		2458
咨询与调查	1894009	1786964	55191	18565	22778	2928	7584
广告业	2310692	2237932	33437	16542	21118		1664
知识产权服务	90687	86015	2406	981	1107	153	24
人力资源服务	2322107	2250672	15366	5149	50792		128
旅行社及相关服务	2018956	2005332	4876	3024	3744	750	1230
安全保护服务	485712	474786	4434	6007	429	58	
其他商务服务业	2591760	2495884	55779	15156	22283	293	2365
科学研究和技术服务业	**5465947**	**5260017**	**73614**	**78413**	**49088**	**138**	**4678**
研究和试验发展	484320	442141	17638	21209	3049		283
自然科学研究和试验发展	25328	24715	580	10	23		
工程和技术研究和试验发展	346529	314774	9158	19946	2476		174
农业科学研究和试验发展	60800	59601	453	587	50		108
医学研究和试验发展	46243	38150	6928	666	499		
社会人文科学研究	5419	4901	518				

2-B-40　续表 13　　　　单位：万元

行　业	合　计	营业	停业(歇业)	筹建	当年关闭	当年破产	其他
专业技术服务业	3478247	3377200	31864	40480	26134	138	2431
气象服务	15239	15228	11				
地震服务	32	32					
海洋服务	8842	8842					
测绘服务	147561	146456	112	312	494		187
质检技术服务	335467	326270	3409	3776	1914		98
环境与生态监测	55377	54166	87	664	34		427
地质勘查	49602	46624	439	9	2530		
工程技术	2160312	2101640	19083	22428	15686	137	1337
其他专业技术服务业	705815	677942	8723	13292	5476	1	382
科技推广和应用服务业	1503380	1440676	24112	16724	19905		1964
技术推广服务	1370783	1314379	21687	14518	18554		1646
科技中介服务	74871	71965	1039	1612	206		49
其他科技推广和应用服务业	57727	54332	1386	594	1145		270
水利、环境和公共设施管理业	**1492784**	**1455544**	**16373**	**7430**	**11756**	**131**	**1549**
水利管理业	92457	91485	934	28		10	
防洪除涝设施管理	11715	11643	71				
水资源管理	21197	21103	65	28			
天然水收集与分配	19288	18790	498				
水文服务	411	411					
其他水利管理业	39847	39537	300			10	
生态保护和环境治理业	195417	186841	3090	379	4207		900
生态保护	18943	17411	527	105			900
环境治理业	176475	169430	2563	274	4207		
公共设施管理业	1204910	1177218	12349	7023	7549	121	649
市政设施管理	253259	247462	1890	782	3125		
环境卫生管理	76652	73422	2235	343	651		…
城乡市容管理	17363	16237	287	839		1	
绿化管理	692981	680348	6096	2805	3454	120	158
公园和游览景区管理	164655	159749	1841	2254	319		491

2-B-40 续表 14

单位：万元

行业	合计	营业	停业(歇业)	筹建	当年关闭	当年破产	其他
居民服务、修理和其他服务业	**1626589**	**1556443**	**29165**	**13953**	**22196**	**180**	**4653**
居民服务业	486304	460704	12645	4705	6745	180	1325
家庭服务	39169	35862	1336	633	1098		240
托儿所服务	371	371					
洗染服务	42887	40967	1494	265	162		
理发及美容服务	75055	71229	1169	812	1183		662
洗浴服务	65405	62904	804	780	918		
保健服务	91303	86170	2392	1065	1677		
婚姻服务	22383	19717	1401	318	886	1	60
殡葬服务	83774	83088	131	552	3		
其他居民服务业	65957	60397	3919	280	819	179	364
机动车、电子产品和日用产品修理业	896178	865022	11572	6918	11215		1451
汽车、摩托车修理与维护	730439	709262	8029	6541	5156		1451
计算机和办公设备维修	54308	53469	694		145		
家用电器修理	89530	80962	2538	124	5906		
其他日用产品修理业	21900	21329	310	253	8		
其他服务业	244107	230717	4948	2329	4236		1876
清洁服务	183187	173725	3477	1621	3274		1090
其他未列明服务业	60920	56992	1471	708	963		786
卫生和社会工作	**10980**	**10555**	**409**	**16**			
社会工作	10980	10555	409	16			
提供住宿社会工作	4744	4427	317				
不提供住宿社会工作	6235	6128	91	16			
文化、体育和娱乐业	**2251351**	**2187258**	**30563**	**12964**	**19404**		**1161**
新闻和出版业	208250	207950	20	8	243		30
新闻业	1465	1192			243		30
出版业	206785	206758	20	8			

2-B-40 续表 15

单位：万元

行 业	合 计	营业	停业(歇业)	筹建	当年关闭	当年破产	其他
广播、电视、电影和影视录音制作业	1016328	1004903	4232	4640	2537		17
广播	4052	4052					
电视	203653	201533			2120		
电影和影视节目制作	574128	569090	4037	725	274		2
电影和影视节目发行	21548	21548					
电影放映	209988	205721	194	3915	142		15
录音制作	2959	2959			...		
文化艺术业	112471	106481	1686	2462	1578		264
文艺创作与表演	50950	48395	124	2101	327		2
艺术表演场馆	9230	9203	27				
图书馆与档案馆	5916	5270	395	170	80		
文物及非物质文化遗产保护	3308	3308					
博物馆	5980	5417	563				
烈士陵园、纪念馆	340	340					
群众文化活动	7576	6082	352	135	1005		3
其他文化艺术业	29171	28465	225	56	166		259
体育	108600	102079	4078	1192	1228		22
体育组织	18279	18279					
体育场馆	6087	6045	42				
休闲健身活动	73519	68023	3401	1192	881		22
其他体育	10716	9733	636		347		
娱乐业	805702	765845	20548	4662	13819		828
室内娱乐活动	742838	708265	16483	3976	13306		807
游乐园	12931	12096	704	131			
彩票活动	347	347					
文化、娱乐、体育经纪代理	30141	27203	2797	135	6		
其他娱乐业	19445	17934	564	420	507		21

2-B-41 按地区、登记注册类型

地 区	合 计	内 资	国 有	集 体	股份合作企业	联营企业	国有联营
全 省	**1390176333**	**1267308832**	**13785489**	**13910041**	**8364344**	**181540**	**30725**
杭州市	**433842624**	**399009105**	**6369444**	**4851241**	**3788133**	**31361**	**1420**
上城区	35266796	34486808	1251021	533466	5395	1397	1390
下城区	33568407	31905455	1321178	907986	3777	2264	
江干区	44670058	39221234	184787	1046149	194432	4675	
拱墅区	28428006	25206826	164709	36863	23707	4009	30
西湖区	92403134	88546909	311355	927756	284831	7939	
滨江区	30256074	26440940	307546	119439	49892	133	
萧山区	67417063	59224538	2155154	591059	2992887	10	
余杭区	48645841	44945975	370920	217592	147444	1138	
桐庐县	9339227	8603010	32376	41413	3304	85	
淳安县	4496886	4270626	110734	41624	1369	153	
建德市	5729203	5316089	66234	184116	8378		
富阳市	23066756	21149520	80723	118135	72093	9550	
临安市	10555172	9691175	12707	85645	623	8	
宁波市	**305918486**	**270932013**	**1400482**	**4028006**	**614853**	**22651**	**8022**
海曙区	60550694	59858262	150280	107338	96323		
江东区	21175157	19208973	86422	35274	35709	3682	2964
江北区	17705313	15460754	225041	117628	88457	934	
北仑区	42956089	31778896	28138	27424	25417	13829	4879
镇海区	23654922	20033836	151010	2422663	21107	1870	
鄞州区	42726717	36508719	44977	579569	80222	386	179
象山县	12147225	11396434	102570	105139	50760	237	
宁海县	7926961	6934064	176518	50137	22950	842	
余姚市	21319595	18443856	72188	226502	110621	495	
慈溪市	47913476	44288835	273402	265231	79072	178	
奉化市	7842336	7019384	89936	91100	4215	200	
温州市	**103186639**	**98778896**	**726440**	**1388752**	**1893648**	**19104**	**3633**
鹿城区	19356242	18221065	232684	285009	323044	2121	86
龙湾区	19403081	18200951	38420	157043	247593	8690	
瓯海区	9845184	9556463	22677	310961	187181	316	
洞头县	1669077	1462862	29713	9519	10599		
永嘉县	7152468	6983588	58945	80706	164667	2192	
平阳县	5735002	5470125	36096	41092	153651	103	

分组的小微企业资产总计

单位：万元

集体联营	国有与集体联营	其他联营	有限责任公司	国有独资公司	其他有限责任公司	股份有限公司	私营企业	私营独资
40040	**65833**	**44942**	**596843666**	**210717481**	**386126185**	**36049967**	**593620475**	**28567332**
7066	**16761**	**6114**	**225188419**	**63433242**	**161755177**	**9069812**	**148982050**	**3312347**
	8		25661967	11098372	14563595	353769	6672745	12685
1606	658		19752172	9112259	10639913	717784	9194695	10098
3001	733	942	25473939	2697764	22776175	2173905	10056030	128005
	3979		12094256	2648148	9446108	1254556	11615721	24815
130	2651	5157	67008792	14592914	52415878	1504316	18381555	174700
133			15438833	1880532	13558300	1028275	9448908	65272
		10	17248201	2947180	14301021	906284	35249995	980861
1138			20983526	6555246	14428280	600301	22565452	238520
85			3361867	2246518	1115349	85634	5037507	350962
153			2700439	1644632	1055807	29579	1341331	90799
			1830926	560706	1270219	146575	2966411	236460
817	8733		8403523	4938273	3465251	171278	12218440	619058
3		5	5229979	2510698	2719280	97556	4233259	380112
1570	**903**	**12155**	**120639102**	**36746897**	**83892206**	**19904376**	**123489129**	**6233847**
			51903792	11235682	40668110	315122	7231823	22585
251		467	9765651	3208703	6556948	1186304	8077640	83094
20	903	10	7977857	982649	6995208	268270	6777837	227056
18		8932	10855786	2726961	8128825	576224	20243884	400984
52		1818	9494950	4733998	4760952	584749	7353928	476101
127		79	11361049	4398102	6962947	852373	23550677	1804805
237			4864518	3218348	1646170	380506	5857595	408686
42		800	1962907	959896	1003011	90763	4596784	369003
495			5927671	1483677	4443993	433168	11574038	820781
128		50	5545149	3465589	2079560	15097939	22562503	1026001
200			979773	333291	646482	118957	5662421	594751
13720	**451**	**1300**	**40372216**	**12650923**	**27721292**	**1117786**	**52555739**	**1662619**
1149	206	680	8882798	5595558	3287240	455887	7997203	139566
8450		240	6487029	1440482	5046547	120377	10984059	135857
		316	3026569	1377003	1649565	10	5807986	105343
			792001	253961	538040		618080	17224
2067	125		3145906	621472	2524434	48413	3438780	97391
103			2581584	699324	1882259	33464	2604179	130145

2-B-41 续表 1

地区	合计	内资	国有	集体	股份合作企业	联营企业	国有联营
苍南县	6923075	6481074	80544	40613	111719	2882	2506
文成县	692306	666550	15459	9011	7286		
泰顺县	1101728	1101170	10867	8017	25013	10	
瑞安市	13918793	13606104	93729	382496	377398	1041	1041
乐清市	17389683	17028943	107306	64285	285497	1750	
嘉兴市	**128707410**	**112427799**	**470238**	**1185424**	**331386**	**22129**	**998**
南湖区	20536172	18649825	24997	177732	147594	5213	
秀洲区	14469774	12486264	75075	34472	58826		
嘉善县	10875700	8907261	87171	223730	7847	4077	948
海盐县	16782090	15686954	91755	68867	66083	618	
海宁市	29158997	25580181	124596	580257	4675	12121	
平湖市	20384477	16646220	19858	40213	3560	50	50
桐乡市	16500199	14471093	46787	60154	42800	50	
湖州市	**62383423**	**55222982**	**1669530**	**376893**	**61915**	**8830**	**2579**
吴兴区	22467160	20119071	1068268	113533	25292	7363	2579
南浔区	7289444	6610253	10127	13064	1332		
德清县	11821454	10159599	55264	114982	19133	3	
长兴县	13919904	12173459	517201	98770	15363	1465	
安吉县	6885461	6160601	18671	36545	795		
绍兴市	**116984754**	**104269093**	**399797**	**943751**	**85695**	**12818**	**6572**
越城区	22640713	20019028	130092	221562	30219	7363	6249
绍兴县	30838455	26226827	78464	97180	8118	200	
新昌县	5760932	5505689	33620	14880	6629	2876	
诸暨市	22275765	19805224	36802	405861	30548	91	
上虞市	15111653	13281333	102135	149023	3392	1740	100
嵊州市	20357235	19430992	18684	55245	6789	548	223
金华市	**74281059**	**70261285**	**307935**	**331034**	**98149**	**14161**	**130**
婺城区	9926901	8918492	80599	68812	41767	2356	
金东区	4236627	4051528	3196	29361	1130	613	
武义县	4626465	4434480	5982	22103	350	33	
浦江县	4197097	3820612	23023	19138	3	827	30
磐安县	1629726	1533273	36905	5718	735	200	
兰溪市	6269827	5770126	7683	19480	6961	6005	100
义乌市	21634495	20740852	19421	36319	41576	2711	
东阳市	11969571	11779158	80684	81859			
永康市	9790352	9212763	50443	48243	5627	1416	

单位：万元

集体联营	国有与集体联营	其他联营	有限责任公司	国有独资公司	其他有限责任公司	股份有限公司	私营企业	私营独资
227	120	29	2281544	513564	1767980	102221	3822039	273004
			262845	118017	144828	165	359243	26141
		10	467864	96110	371754	5021	580591	74538
			5377463	1746009	3631454	130659	7137408	388348
1725		25	7066614	189423	6877190	221569	9206169	275062
4452	**1480**	**15199**	**61205326**	**26781286**	**34424039**	**913643**	**47687368**	**2268666**
	1057	4156	11921465	3566255	8355210	181430	6124861	160796
			6439164	3058668	3380495	125320	5683055	163203
3116		13	2919760	1380797	1538963	43291	5540684	383113
196	422		11345394	3363110	7982284	123834	3882033	365293
1091		11030	12151177	6878847	5272330	122430	12547441	376823
			10795344	5348915	5446429	96523	5640869	540147
50			5633023	3184694	2448328	220814	8268426	279290
210	**5986**	**55**	**17480330**	**5008380**	**12471950**	**649769**	**34873023**	**1835210**
	4731	52	8586344	2787289	5799055	143904	10163625	662551
			1132871	692654	440216	16333	5424181	354169
		3	3369561	1323742	2045818	325672	6259472	186619
210	1255		2758938	15426	2743512	135398	8612145	298032
			1632617	189268	1443349	28463	4413601	333839
2533	**2393**	**1320**	**41465611**	**23718261**	**17747350**	**1971779**	**58577797**	**3444059**
10	1003	100	9244155	5099091	4145064	136486	10134115	282997
200			7265916	3302476	3963440	447995	17943139	508814
2207	565	104	1756110	1140713	615398	42419	3557821	198338
91			4617372	403309	4214062	97966	14550418	1527421
	524	1116	4402298	995683	3406615	1152731	7422929	529535
25	300		14179760	12776989	1402771	94182	4969375	396954
8299	**11**	**5720**	**18354931**	**8239951**	**10114980**	**764364**	**50030893**	**4339238**
		2356	3212561	1094770	2117791	223017	5268527	243632
613			1235639	590974	644665	80675	2669637	278205
33			131837	61079	70758	2976	4220517	165958
757		40	710459	188669	521789	59747	2986179	176448
200			247042	21132	225910	17431	1205670	266709
5166		739	1812790	841349	971441	109336	3691199	404553
126		2585	6400333	3346316	3054017	172939	13998419	1543052
			3542168	1718223	1823945	57766	8015132	409467
1405	11		1062101	377439	684662	40476	7975612	851215

2-B-41 续表 2

地　区	合　计	内　资	国　有	集　体	股份合作企　业	联营企业	国有联营
衢州市	**25640915**	**24836324**	**796750**	**59977**	**158766**	**7659**	**6722**
柯城区	6294584	5870795	29156	4553	3784	560	
衢江区	4895816	4771131	61455	5428	152134	135	
常山县	2463315	2438576	5626	6733	281		
开化县	1609992	1575104	55933	6430			
龙游县	5795046	5727737	234361	11308	305	150	
江山市	4582163	4452981	410220	25526	2262	6814	6722
舟山市	**36116883**	**34753125**	**453383**	**280567**	**33771**	**539**	
定海区	21878244	21022469	383466	158973	2021	137	
普陀区	9721733	9363116	40990	52353	22170	368	
岱山县	3153175	3065657	10526	66617	8849		
嵊泗县	1363731	1301884	18401	2624	731	34	
台州市	**77963723**	**72313272**	**802419**	**361157**	**1286163**	**40081**	**250**
椒江区	16468529	15894795	341453	100614	151010	103	
黄岩区	6018267	5794655	184577	33584	271552		
路桥区	7463854	7053238	23854	23850	101736	38185	
玉环县	9287018	7511962	81414	55106	213834	28	
三门县	8656130	8536335	14487	21561	40703		
天台县	4245107	4034998	23225	10329	33632	1450	150
仙居县	2340832	2228521	75784	12512	3672		
温岭市	10729911	10141143	31947	46504	342581		
临海市	12754074	11117626	25679	57096	127444	315	100
丽水市	**25150419**	**24504938**	**389072**	**103238**	**11864**	**2207**	**398**
莲都区	9931636	9733657	44835	39287	5237	32	3
青田县	3108383	3022969	59506	7237	2982		
缙云县	3696078	3649323	116645	21574	746		
遂昌县	1776220	1667363	3404	8233	1835	1270	
松阳县	1694903	1693933	5449	6064	26		
云和县	1011339	974330	44875	1967	12	366	366
庆元县	791857	781584	74231	1094		539	29
景宁县	895312	774014	5714	12248	965		
龙泉市	2244691	2207765	34414	5534	60		

单位：万元

集体联营	国 有 与 集体联营	其他联营	有限责任公 司	国有独资公 司	其他有限责任公司	股份有限公 司	私营企业	私营独资
		937	**9041368**	**6706886**	**2334483**	**331813**	**14285005**	**2349143**
		560	2387038	1524526	862512	34493	3377813	86703
		135	389702	165576	224126	224816	3905013	1883300
			910166	723137	187029	800	1465743	81937
			584452	343330	241122	4646	913387	53566
		150	3531335	3023034	508301	51082	1885947	99154
		92	1238676	927283	311393	15976	2737103	144484
137	**163**	**239**	**19401451**	**6454241**	**12947210**	**93385**	**14485086**	**326211**
137			12152252	4352598	7799654	57978	8266822	183007
	163	205	5132373	1587626	3544747	30201	4080548	74623
			1309286	393041	916245	963	1669416	49529
		34	807540	120975	686565	4243	468300	19052
243	**37685**	**1903**	**34429613**	**14088709**	**20340905**	**972372**	**34276196**	**2275377**
		103	9190321	3740516	5449806	228728	5881474	88400
			2004111	63822	1940289	124364	3173228	332818
	37685	500	2904564	290858	2613706	334631	3623234	316709
28			3474191	1378349	2095842	94782	3514947	302588
			5495172	1987481	3507691	40457	2923956	104186
		1300	2192154	1727250	464904	30040	1743161	119592
			640437	294188	346250	20155	1475826	196373
			3788164	2746307	1041857	35838	5882275	563903
215			4740500	1859939	2880560	63378	6058095	250807
1809			**9265299**	**6888707**	**2376592**	**260869**	**14378190**	**520615**
29			3617723	2730969	886753	58266	5959696	46331
			1191911	972992	218919	391	1748097	107110
			1191401	926197	265204	117117	2193546	154619
1270			966075	496867	469208	63186	612985	25313
			612658	525899	86759		1057536	48474
			508630	402033	106597	165	405276	50929
510			127734	64246	63489	82	571137	18978
			338044	266502	71542	230	414443	9862
			711125	503004	208121	21432	1415473	58998

2-B-41 续表 3

地区	私营合伙	私营有限责任公司	私营股份有限公司	其他企业	港澳台商投资	与港澳台商合资经营	与港澳台商合作经营
全省	**9150654**	**543268021**	**12634468**	**4553309**	**65767450**	**31867857**	**1120166**
杭州市	**1845944**	**141355358**	**2468400**	**728646**	**19230823**	**8159507**	**220480**
上城区	186035	6378498	95527	7048	279362	112825	3436
下城区	24543	9115030	45024	5599	806329	9234	137
江干区	254271	9600373	73381	87316	2502612	716069	3912
拱墅区	91678	11426145	73084	13007	1837562	570237	
西湖区	607107	17208443	391305	120365	2612854	842523	92
滨江区	20271	8761228	602137	47915	2112121	953141	
萧山区	131412	33702930	434792	80947	4411381	3013110	134569
余杭区	399838	21535051	392044	59601	2120669	539940	64508
桐庐县	8602	4641002	36941	40825	523949	334047	2878
淳安县	8106	1227471	14956	45397	138444	37306	
建德市	15195	2636076	78679	113449	237576	232714	
富阳市	84301	11364004	151077	75777	1078584	671956	
临安市	14585	3759108	79453	31399	569381	126406	10947
宁波市	**3680822**	**108694194**	**4880265**	**833414**	**18603517**	**8841598**	**569024**
海曙区	38416	6653870	516952	53584	406405	179719	
江东区	13088	7291894	689565	18290	1514286	1097372	10557
江北区	35238	6368891	146652	4731	1024502	355431	1781
北仑区	1807089	17726325	309485	8195	5549906	1771776	1641
镇海区	143490	6611723	122613	3560	2163622	1177563	349099
鄞州区	556053	20357969	831850	39465	2488505	1462702	85250
象山县	66552	5141375	240982	35110	315191	218581	6598
宁海县	109819	4075382	42580	33163	506224	287502	
余姚市	438403	9985680	329173	99173	2195394	998358	20089
慈溪市	415239	19679695	1441567	465363	2011865	1118985	57770
奉化市	57434	4801390	208846	72781	427616	173610	36240
温州市	**787699**	**49630114**	**475306**	**705211**	**1549799**	**1134674**	**48366**
鹿城区	83857	7702304	71477	42318	200554	69441	41813
龙湾区	106069	10659721	82412	157740	347361	254958	1003
瓯海区	55533	5646491	619	200764	62720	13483	
洞头县	2028	598454	374	2950	204194	190216	
永嘉县	31371	3266066	43951	43980	102013	66220	
平阳县	78902	2359720	35413	19957	113471	69831	

单位：万元

港澳台商独资	港澳台商投资股份有限公司	其他港澳台投资	外商投资	中外合资经营	中外合作经营	外资企业	外商投资股份有限公司	其他外商投资
31467638	**1204189**	**107599**	**57100052**	**29401390**	**982406**	**25852941**	**588672**	**274643**
10255413	**577943**	**17479**	**15602696**	**8098985**	**448314**	**6779090**	**213898**	**62410**
148335	14765		500625	183003		317160	463	
684799	112159		856623	593597	2215	99725	160099	987
1782630			2946213	992380	255842	1675610	22202	179
1267044		282	1383617	1009823	995	372699		100
1766038	4201		1243371	312071	11611	918169	753	767
1061606	97364	10	1703013	590450	4619	1106410	1094	440
1246513		17188	3781144	2315455	33146	1399234	27690	5619
1511545	4677		1579197	756115	95663	724497		2922
187023			212269	162500	16257	33512		
101138			87816	68063		19752		
2362	2500		175539	163452	9116	2970		
406628			838652	684158		102011	1597	50886
89750	342278		294616	267917	18848	7340		510
8915609	**274776**	**2509**	**16382956**	**7672067**	**110777**	**8286941**	**261071**	**52100**
225890		795	286027	189800		96227		
403901	2456		451898	31280	6399	414059		161
667291			1220057	733900	9275	476882		
3689893	86596		5627287	1867065	22712	3495635	201426	40449
634784	2128	49	1457464	515552	3617	929464	2931	5900
926040	14461	52	3729494	2192948	7045	1529480		20
90012			435600	289495	17185	123484	437	5000
214812	3910		486673	342346	5862	138465		
1121323	55625		680345	355918	3243	317013	3764	407
758939	74559	1613	1612775	823743	35438	700918	52512	164
182724	35042		395335	330020		65315		
355086	**8848**	**2825**	**2857944**	**1915999**	**147067**	**780504**	**13961**	**413**
88410	774	116	934623	839980		94173	105	365
91400			854769	570751	7053	276951		14
41162	8074		226001	87465		138532		3
13978			2020	2020				
35793			66867	37769		29098		
43641			151405	130605		20800		

2-B-41 续表 4

地区	私营合伙	私营有限责任公司	私营股份有限公司	其他企业	港澳台商投资	与港澳台商合资经营	与港澳台商合作经营
苍南县	119922	3407049	22064	39513	371785	371059	
文成县	5153	315468	12482	12540	5000		5000
泰顺县	33721	420899	51433	3786			
瑞安市	86923	6561368	100769	105910	57320	56467	300
乐清市	184220	8692574	54313	75754	85381	42999	250
嘉兴市	**760662**	**43837264**	**820776**	**612285**	**7905050**	**3162842**	**42787**
南湖区	85959	5758947	119159	66534	1068938	378578	28980
秀洲区	60626	5385796	73430	70353	750748	319979	3993
嘉善县	386424	4449553	321593	80700	743016	178700	60
海盐县	28261	3451258	37220	108371	713752	398181	
海宁市	81992	12067414	21212	37485	1949446	803704	
平湖市	23710	4894887	182126	49803	1356155	641719	
桐乡市	93690	7829410	66037	199039	1322996	441983	9755
湖州市	**193074**	**31601896**	**1242843**	**102691**	**3479467**	**1635837**	**41273**
吴兴区	35259	9270685	195129	10743	1240256	465505	
南浔区	6314	4852687	211010	12346	416498	260619	
德清县	39323	5431382	602148	15513	1120734	706082	41273
长兴县	57716	8041075	215322	34180	404624	85313	
安吉县	54461	4006066	19234	29909	297354	118319	
绍兴市	**206861**	**53936492**	**990386**	**811846**	**8995299**	**5987822**	**92506**
越城区	11734	9397286	442097	115038	1547737	791150	258
绍兴县	56968	16981851	395507	385815	3858795	2961281	38457
新昌县	56951	3278846	23686	91333	127183	58711	
诸暨市	59637	12948981	14379	66166	1692872	1194834	43956
上虞市	6076	6824842	62475	47085	1154721	641728	
嵊州市	15495	4504685	52242	106409	613991	340118	9835
金华市	**331230**	**44456043**	**904382**	**359819**	**2170658**	**1304672**	**24167**
婺城区	33663	4906353	84880	20853	673798	412698	
金东区	16702	2356569	18161	31277	152412	90329	
武义县	8449	3987826	58285	50681	58552	25780	
浦江县	65778	2740213	3740	21238	241238	116309	
磐安县	31133	895619	12211	19570	59400	45984	
兰溪市	13953	3219237	53456	116672	192936	54832	9316
义乌市	97106	12094703	263558	69134	420317	265922	14851
东阳市	14967	7254947	335751	1549	38829	17939	
永康市	49480	7000577	74341	28845	333176	274878	

单位：万元

港澳台商独资	港澳台商投资股份有限公司	其他港澳台投资	外商投资	中外合资经营	中外合作经营	外资企业	外商投资股份有限公司	其他外商投资
726			70216	43656	130	26400		30
			20756	13556		7200		
			558			558		
553			255370	82145	1300	158069	13856	
39423		2709	275359	108052	138584	28723		
4687534	**11886**		**8374561**	**2936307**	**57600**	**5360418**	**17686**	**2551**
661380			817409	148277	6225	662907		
425084	1692		1232762	303573	40922	884993	3274	
554063	10193		1225423	207242		1016487	512	1182
315571			381385	84088		297297		
1145742			1629370	1039525	7565	582281		
714437			2382101	829988		1538213	13900	
871258			706111	323614	2888	378240		1369
1788196	**14160**		**3680974**	**1905392**	**19502**	**1726520**	**29560**	
774752			1107833	453298	16890	610084	27560	
155879			262693	166961	390	95342		
359220	14160		541121	331233	500	209389		
319311			1341821	744498		595324	2000	
179035			427506	209402	1723	216381		
2725269	**184751**	**4952**	**3720361**	**2313112**	**109902**	**1269122**	**28110**	**115**
747575	8725	30	1073948	597158	9196	450132	17430	32
858553	…	504	752834	358437	4494	382576	7243	83
68472			128061	113121	9615	5325		
298862	155220		777668	564276	86176	127217		
508575		4418	675598	447033	422	228143		
243232	20806		312252	233086		75729	3437	
641182	**120832**	**79806**	**1849116**	**1192630**	**67599**	**448462**	**9688**	**130737**
132962	95879	32260	334610	235870		98187	53	500
62083			32686	16202		16484		
32772			133433	98778		34650		5
124861		68	135247	88428	8252	38461		106
13416			37054	34669		2385		
128788			306765	276208		24178	6379	…
91915	150	47479	473326	168629	1763	169911	3255	129766
20890			151583	58656	57583	34984		360
33495	24803		244413	215191		29222		

2-B-41 续表 5

地 区	私营合伙	私营有限责任公司	私营股份有限公司	其他企业	港澳台商投资	与港澳台商合资经营	与港澳台商合作经营
衢州市	**83333**	**11630477**	**222052**	**154986**	**312429**	**116061**	**1778**
柯城区	7548	3194192	89370	33399	150189	1251	
衢江区	18054	1949745	53915	32448	19610	532	
常山县	22340	1361120	346	49226	7653	5942	1711
开化县	9319	842703	7800	10258	30687	27736	
龙游县	5276	1712289	69227	13250	41086	24898	
江山市	20796	2570428	1395	16405	63205	55702	67
舟山市	**60091**	**14056123**	**42661**	**4944**	**658286**	**486245**	
定海区	33460	8015767	34588	821	363792	227642	
普陀区	7304	3990548	8073	4113	199032	164051	
岱山县	14429	1605458			41455	40545	
嵊泗县	4898	444350		10	54007	54007	
台州市	**963405**	**30672623**	**364792**	**145269**	**2737639**	**957714**	**75682**
椒江区	64420	5649755	78899	1091	266466	226656	
黄岩区	79331	2745402	15677	3239	109333	57566	1700
路桥区	96285	3173428	36812	3184	78096	38958	
玉环县	184213	2950289	77856	77660	190682	162421	
三门县	30155	2754502	35113		83325	8127	68691
天台县	32493	1583122	7954	1007	55065	54739	
仙居县	122233	1149444	7776	135	71723	65692	5292
温岭市	260522	4959650	98200	13834	333218	160066	
临海市	93752	5707032	6504	45120	1549732	183488	
丽水市	**237533**	**13397437**	**222606**	**94198**	**124483**	**80884**	**4103**
莲都区	26533	5731778	155054	8580	70835	39309	3247
青田县	21360	1598790	20837	12844	4550	401	
缙云县	64935	1972068	1924	8294	18031	17900	
遂昌县	22059	563033	2580	10376	19933	14801	
松阳县	47615	939382	22066	12200	850		
云和县	19628	333056	1663	13039	856		856
庆元县	1471	548732	1956	6768	8472	8472	
景宁县	18174	383278	3130	2370			
龙泉市	15758	1327321	13395	19727	956		

单位：万元

港澳台商独资	港澳台商投资股份有限公司	其他港澳台投资	外商投资	中外合资经营	中外合作经营	外资企业	外商投资股份有限公司	其他外商投资
194590			**492162**	**236760**		**252108**	**2848**	**445**
148938			273600	94737		178518		345
19078			105076	63891		41085		100
			17086	16286		800		
2950			4201	4201				
16188			26222	22264		1110	2848	
7436			65976	35381		30595		
172041			**705472**	**424377**	**10419**	**270676**		**...**
136150			491984	232698	7218	252068		...
34981			159585	156384	3201			
910			46064	32497		13566		
			7840	2798		5042		
1693250	**10994**		**2912812**	**2480433**	**11227**	**420120**	**1032**	
39810			307268	228932		77305	1032	
50067			114279	73103		41176		
28144	10994		332520	217300	2080	113140		
28261			1584374	1557572	812	25991		
6507			36470	23597		12873		
326			155045	45053	6082	103910		
739			40588	29628		10960		
173152			255550	249581		5969		
1366244			86717	55668	2253	28795		
39468		**28**	**520998**	**225326**		**258981**	**10819**	**25872**
28251		28	127144	53975		62047	10819	302
4149			80865	5096		75769		
131			28724	28724				
5132			88924	26677		61247		1000
850			120			120		
			36153	11634				24519
			1800			1800		
			121299	63301		57998		
956			35970	35920				50

2-B-42 按地区、登记注册类型

地　区	合　计						
		内　资					
			国　有	集　体	股份合作企　业	联营企业	
							国有联营
全　省	**728639101**	**657746550**	**3906525**	**3243142**	**5516655**	**203883**	**51632**
杭州市	**170925979**	**157504715**	**1241704**	**682566**	**204220**	**75731**	**9238**
上城区	12233289	11833712	135139	76131	1678	9300	9236
下城区	16934362	16081424	252159	91713	5869	4566	
江干区	12097967	10092588	91919	118966	16514	18672	
拱墅区	18581257	17876713	84197	32452	17954	25562	2
西湖区	13402205	12900729	175852	80578	26737	15378	
滨江区	9698261	8767981	57621	5894	2265	250	
萧山区	38479784	34165948	269166	67594	28348	20	
余杭区	18345762	16947873	68876	36858	76644	684	
桐庐县	5402603	4872202	6432	15774	561	280	
淳安县	2350532	2240225	69912	19877	399	98	
建德市	4216934	3988553	16031	40206	3034		
富阳市	12338221	11228661	2975	56418	22346	770	
临安市	6844799	6508105	11425	40103	1872	150	
宁波市	**162926793**	**138109106**	**411097**	**370733**	**502738**	**16726**	**3007**
海曙区	8314323	8085692	68128	10256	35599		
江东区	10691341	10239971	40287	5710	52708	1805	1067
江北区	8272994	7462459	11039	18827	95510	658	
北仑区	48123389	38058792	42247	26516	15152	7505	1772
镇海区	14648108	11276473	42190	42001	12043	5070	
鄞州区	26630326	22259707	60649	76083	60903	261	169
象山县	4746418	4299337	16212	9667	39780	139	
宁海县	4697888	4048116	35828	17728	13724	147	
余姚市	15405960	13421166	21092	87138	98784	481	
慈溪市	17060992	15164182	53234	59444	74907	561	
奉化市	4335056	3793212	20191	17361	3628	100	
温州市	**71281103**	**69360982**	**318950**	**757492**	**2560745**	**28628**	**18955**
鹿城区	12042152	11825881	86854	234562	512632	5528	821
龙湾区	10726532	10050741	10229	67074	330813	843	
瓯海区	5312154	5193945	9287	93764	236065	658	
洞头县	964368	932356	14407	23574	23679		
永嘉县	3797834	3713923	49401	14375	138465	997	
平阳县	4412246	4227006	11146	36758	176083	40	

分组的小微企业全年营业收入

单位：万元

集体联营	国有与集体联营	其他联营	有限责任公司			股份有限公司	私营企业	
				国有独资公司	其他有限责任公司			私营独资
29190	**67908**	**55152**	**114646129**	**12311410**	**102334719**	**9928141**	**516851119**	**41869691**
5796	**57697**	**3000**	**39218770**	**7604180**	**31614590**	**3767499**	**111747170**	**4580107**
	64		7345351	4521635	2823716	204831	4056319	8228
3962	605		5027993	653979	4374014	348219	10348649	11822
71	18407	194	2854956	143827	2711129	83829	6897515	122235
	25560		3289318	959021	2330297	377143	14045914	28409
249	12493	2636	3765096	143066	3622030	185719	8635909	108093
250			3111827	157241	2954587	1608500	3979111	50477
		20	5245046	318273	4926773	284699	28192947	1048939
684			3305972	154568	3151404	368338	13015699	264825
280			486588	32632	453956	63894	4260326	587560
98			550606	83310	467296	15196	1546869	154831
			495323	35941	459382	63181	3257217	459104
203	568		2298758	306035	1992723	73959	8678921	839606
		150	1441936	94653	1347283	89991	4831775	895978
1258	**517**	**11943**	**22963296**	**910057**	**22053239**	**2697243**	**110802563**	**7683687**
			2409839	219888	2189951	50748	5502100	24109
110		628	1116699	61327	1055371	975139	8042457	150854
	517	140	847874	54883	792991	133081	6350157	261992
10		5723	10332653	150980	10181673	200876	27425036	371727
63		5007	2802495	15703	2786791	259255	8108096	428171
63		29	2446175	69076	2377099	498089	19080189	2667488
139			658259	143906	514353	216768	3330477	367616
17		130	363960	83859	280101	13710	3564919	450180
481			1018284	56553	961731	278504	11865350	1126338
275		286	783318	28395	754923	64764	14023951	1204124
100			183740	25485	158255	6308	3509832	631090
6121	**660**	**2892**	**11054111**	**321450**	**10732661**	**547564**	**53677224**	**5083564**
2721	250	1735	1088122	106129	981993	97981	9698584	731334
623		220	1233585	62037	1171548	80014	8290655	290008
		658	396573	3154	393419	3	4386749	279212
			367760	34404	333356		499895	31941
747	250		802954	14826	788128	26125	2669940	187459
40			1046023	23298	1022726	23399	2908619	370969

2-B-42 续表 1

地区	合计	内资	国有	集体	股份合作企业	联营企业	国有联营
苍南县	5928490	5849744	17677	22447	166259	4437	3619
文成县	612514	608634	8346	24583	3812		
泰顺县	663242	663242	16400	5463	11321		
瑞安市	12316867	12092555	32419	161060	616359	14514	14514
乐清市	14504704	14202956	62784	73832	345256	1611	
嘉兴市	**60850720**	**50668546**	**578759**	**224343**	**348504**	**12078**	**1647**
南湖区	7926372	7050937	17986	12416	172877	6015	
秀洲区	6456519	5222318	44328	6018	55971		
嘉善县	7978851	6518036	263738	72418	5505	2831	1647
海盐县	6741076	6031755	160912	34439	52737	494	
海宁市	12722242	11028904	12113	60089	6841	2738	
平湖市	8798357	6157105	53428	10796	5984		
桐乡市	10227304	8659491	26255	28168	48588		
湖州市	**42084653**	**36458993**	**151859**	**228258**	**51134**	**8132**	**5289**
吴兴区	10566903	9532521	85569	12956	15137	7093	5289
南浔区	5899543	5323990	4288	13302	2673		
德清县	9957376	8249014	23416	146616	17881	20	
长兴县	11733779	9900769	30306	46758	14831	1019	
安吉县	3927052	3452700	8280	8627	613		
绍兴市	**78268183**	**70209123**	**142417**	**416747**	**43917**	**26148**	**4929**
越城区	12103208	10692434	58979	86335	10722	1816	1254
绍兴县	29853396	27199318	10029	68096	542	177	
新昌县	3176412	3025333	6457	12610	5494	903	
诸暨市	17335542	15434589	8099	150515	23343	159	
上虞市	10300973	8964405	50467	30692	510	18880	16
嵊州市	5498652	4893044	8385	68498	3306	4214	3658
金华市	**52937937**	**50179114**	**147984**	**218185**	**58165**	**26311**	**4300**
婺城区	5664050	5052468	44933	70529	12678	1405	
金东区	2505295	2459861	2259	4099	1006	38	
武义县	4195774	4051669	5197	16015	538	20	
浦江县	3833915	3545758	9242	11077		3812	100
磐安县	1337335	1270838	26632	1864	127	83	
兰溪市	6017079	5785673	6857	21526	9148	8607	4200
义乌市	14508468	13460715	9883	16535	32422	11254	
东阳市	6301483	6198556	29240	32438			
永康市	8574539	8353576	13742	44101	2245	1091	

单位：万元

集体联营	国有与集体联营	其他联营	有限责任公司	国有独资公司	其他有限责任公司	股份有限公司	私营企业	私营独资
499	160	158	987664	11761	975903	95225	4529708	815939
			114581	24040	90541	2172	435520	102569
			92697	10005	82692	1578	531051	130286
			1401070	9451	1391619	83430	9730002	1403238
1491		120	3523081	22344	3500737	137636	9996500	740608
5954	**669**	**3807**	**7733928**	**491840**	**7242088**	**499761**	**40945366**	**3091088**
2120	210	3685	1621807	80358	1541449	172361	5001764	188342
			412209	22269	389941	15893	4680199	200976
1164		20	833909	94170	739739	17062	5292678	530805
35	460		1748550	51301	1697248	55710	3947040	561754
2636		102	931125	108271	822853	66679	9912323	503960
			1680496	47494	1633002	17989	4382630	663459
			505832	87976	417855	154066	7728731	441792
500	**2171**	**173**	**4471121**	**131253**	**4339867**	**678597**	**30790640**	**2781321**
	1652	153	1463559	34531	1429028	149419	7789174	897793
			203115	9242	193873	18097	5066911	751349
		20	1543987	35294	1508693	401698	6107189	317069
500	519		789149	7524	781625	88701	8902326	360352
			471311	44663	426648	20682	2925041	454757
1097	**2458**	**17666**	**7506699**	**596301**	**6910399**	**481411**	**61014676**	**5680404**
	559	3	1933659	241664	1691995	125868	8420240	434172
177			1963137	123339	1839798	98993	24955176	1347817
745	72	86	322309	76787	245522	40776	2524131	267563
159			1587197	73354	1513843	104719	13520220	2116880
	1286	17577	1440913	23724	1417189	87459	7289166	882202
16	540		259484	57433	202051	23596	4305743	631770
7905	**30**	**14076**	**4635705**	**776138**	**3859567**	**351613**	**43974451**	**6338790**
		1405	947777	247665	700112	75834	3869284	314119
38			306448	33593	272855	27834	2086305	334710
20			89073	20051	69022	1794	3888935	167487
3676		37	147965	16674	131291	61231	3274180	262605
83			171536	5148	166388	11991	1036452	312327
2751		1656	1030725	54930	975795	47732	4250040	892554
277		10978	978610	308700	669910	67099	12192276	2044732
			595855	56941	538914	29742	5507062	854346
1061	30		367715	32435	335280	28356	7869919	1155910

2-B-42 续表 2

地区	合计	内资	国有	集体	股份合作企业	联营企业	国有联营
衢州市	**15716995**	**14981917**	**121890**	**39287**	**16058**	**541**	**138**
柯城区	3722582	3289532	16551	4554	1483	30	
衢江区	2306852	2222274	32782	14258	2572	220	
常山县	1431124	1406637	3025	2635	863		
开化县	930139	906169	43344	4060			
龙游县	3650538	3591298	11315	1689	240	108	
江山市	3675760	3566008	14872	12091	10901	183	138
舟山市	**13089020**	**12674390**	**80858**	**80230**	**12472**	**1667**	
定海区	8212066	7999736	45674	31608	1799		
普陀区	3371561	3236937	15516	24968	5004	1641	
岱山县	1136804	1088965	9635	21391	4677		
嵊泗县	368590	348751	10033	2263	992	26	
台州市	**45676036**	**43029735**	**603474**	**185924**	**1710621**	**5750**	**2220**
椒江区	6251837	6100750	422954	34992	157546	2	
黄岩区	5142074	5034506	28275	31748	309945		
路桥区	6459731	6137275	10813	28213	149539	3110	
玉环县	8029255	6760222	33358	31261	308348	250	
三门县	1747008	1686316	6368	8917	41119		
天台县	1916775	1837869	7079	5787	29083	330	210
仙居县	1552390	1446669	58764	6054	4611		
温岭市	9388082	9111535	25743	22400	556871		
临海市	5188885	4914593	10120	16552	153559	2058	2010
丽水市	**14881682**	**14569930**	**107532**	**39378**	**8082**	**2169**	**1909**
莲都区	3499199	3410011	25423	11509	2812	157	149
青田县	2278589	2245481	8026	3331	2381		
缙云县	3217109	3147963	23907	6649	464		
遂昌县	832896	777538	1496	2053	1260	210	
松阳县	1502191	1500291	1890	3433	21		
云和县	578671	568044	10327	473	27	463	463
庆元县	861775	847654	12394	1491		1339	1297
景宁县	581826	572913	4514	4642	557		
龙泉市	1529426	1500036	19556	5797	560		

单位：万元

集体联营	国有与集体联营	其他联营	有限责任公司	国有独资公司	其他有限责任公司	股份有限公司	私营企业	私营独资
		403	**1796174**	**312117**	**1484056**	**390573**	**12420533**	**878383**
		30	390222	55542	334680	28772	2785991	107029
		220	143197	10662	132535	219262	1787457	108131
			158429	43160	115270		1190604	105684
			173707	9963	163744	8377	657400	63724
		108	689208	64486	624722	106994	2767137	153257
		45	241410	128304	113106	27168	3231943	340557
	1639	**29**	**3599620**	**156955**	**3442665**	**63920**	**8829148**	**350912**
			2653358	88282	2565075	42547	5224602	163587
	1639	3	685477	38180	647298	9390	2489171	55189
			95501	17130	78371	2096	955127	98108
		26	165284	13363	151921	9887	160247	34028
298	**2067**	**1165**	**10275782**	**718990**	**9556791**	**286548**	**29914554**	**4728378**
		2	2811082	448717	2362365	46038	2627382	136999
			1087521	13346	1074175	27569	3539834	648887
	2067	1042	1763238	15289	1747949	34033	4145972	790437
250			2111315	26838	2084477	65636	4186178	730571
			96982	27822	69160	23306	1509624	141636
		120	318503	62014	256488	7339	1468664	194013
			199057	31184	167873	12976	1164847	280730
			651687	41071	610617	19380	7831991	1433538
48			1236398	52710	1183687	50272	3440062	371568
261			**1390925**	**292129**	**1098796**	**163414**	**12734792**	**673057**
8			273030	24436	248595	18837	3065210	65783
			295555	171618	123937	795	1911728	179590
			110800	27904	82896	115337	2882634	133561
210			302039	18345	283695	12889	449770	33987
			63103	16719	46384		1409538	54174
			62749	5728	57021	470	473802	83487
42			142492	2977	139515	350	679741	32723
			75653	7798	67855	470	482221	34733
			65502	16604	48899	14266	1380148	55019

2-B-42 续表 3

地 区	私营合伙	私营有限责任公司	私营股份有限公司	其他企业	港澳台商投资	与港澳台商合资经营	与港澳台商合作经营
全 省	**7504579**	**461125682**	**6351167**	**3450957**	**33194408**	**17089779**	**1541712**
杭州市	**372521**	**105765003**	**1029540**	**567054**	**5303181**	**3346196**	**62415**
上城区	11795	4012144	24153	4962	73438	47230	1993
下城区	13103	10244131	79592	2255	71871	6234	50
江干区	11033	6744837	19409	10217	544746	192787	4625
拱墅区	14681	13933521	69304	4174	87717	40773	
西湖区	70595	8372271	84950	15460	324213	52679	158
滨江区	7014	3886768	34851	2513	300156	129122	
萧山区	79510	26763103	301395	78128	2370054	1796850	
余杭区	59620	12496933	194321	74802	517522	220024	47914
桐庐县	9351	3658158	5256	38348	338776	293307	901
淳安县	5276	1370621	16141	37268	36671	109	
建德市	24580	2741469	32065	113561	48131	40960	
富阳市	37173	7711151	90991	94514	481510	448194	
临安市	28789	3829896	77112	90853	108377	77928	6774
宁波市	**2200197**	**98758416**	**2160263**	**344710**	**12137997**	**4810966**	**1235154**
海曙区	13393	5402868	61730	9021	92955	21588	
江东区	29270	7781546	80787	5165	251808	69917	4124
江北区	35691	5941903	110572	5312	349284	192820	178
北仑区	92281	26288503	672525	8808	3796347	1102380	172
镇海区	135395	7456661	87868	5324	2127514	564176	1120572
鄞州区	398077	15633949	380673	37359	2183309	1303417	65175
象山县	61235	2809173	92454	28034	160056	129831	2975
宁海县	119382	2954356	41001	38100	321595	177208	
余姚市	654410	9891982	192620	51533	1250167	513989	16522
慈溪市	613511	11824147	382170	104001	1289128	572404	16470
奉化市	47553	2773327	57863	52052	315833	163236	8965
温州市	**1449973**	**46722686**	**421001**	**416269**	**654871**	**445640**	**22732**
鹿城区	152439	8743427	71383	101618	54845	24854	19518
龙湾区	133524	7772590	94532	37528	289687	192697	2233
瓯海区	96642	4008298	2596	70846	44168	9940	
洞头县	4780	461771	1403	3040	30510	27620	
永嘉县	38223	2412539	31720	11666	51816	36179	
平阳县	132276	2395709	9666	24937	80782	68204	

单位：万元

港澳台商独资	港澳台商投资股份有限公司	其他港澳台投资	外商投资	中外合资经营	中外合作经营	外资企业	外商投资股份有限公司	其他外商投资
13944607	**492194**	**126115**	**37698143**	**20718272**	**694733**	**15456093**	**307546**	**521499**
1855954	**37801**	**816**	**8118083**	**4515634**	**87185**	**3275343**	**150766**	**89155**
21436	2779		326139	126251		199181	510	198
64584	1002		781067	633788	1708	57011	88471	90
347334			1460634	469071		951877	38981	705
46128		816	616827	530779	325	85724		
270907	470		177263	46126	2860	126678	856	743
144928	26107		630124	182467	10037	436939	669	12
573205			1943782	1083618	856	834238	21279	3791
243941	5643		880368	367754	53873	417788		40953
44567			191625	153890	5004	32731		
36562			73636	56381		17255		
5371	1800		180250	166973	7017	6260		
33316			628050	481897		104175		41978
23676			228317	216640	5508	5485		684
5904485	**182952**	**4440**	**12679691**	**6497117**	**140068**	**5934277**	**85025**	**23203**
70210		1158	135675	77191		58484		
160520	17247		199562	27716	3838	167978		30
156286			461251	310367	5666	145217		
2609972	83823		6268249	2867792	18793	3295917	66727	19020
442201	564		1244121	458533	5848	766812	9327	3600
802721	11922	74	2187310	1413374	17167	756717		52
27249			287025	211342	11136	64457	90	
136744	7643		328178	219687	11443	97048		
714101	5555		734627	408970	3796	312717	8810	334
641048	55999	3208	607683	327667	62381	217396	71	168
143433	199		226011	174478		51533		
171103	**14610**	**786**	**1265250**	**716453**	**161172**	**385269**	**1369**	**988**
6376	3556	540	161426	89227		70386	990	824
94756			386104	275611	925	109485		84
23174	11054		74041	44885		29127		30
2890			1502	1502				
15637			32094	21183		10912		
12578			104459	103132		1327		

2-B-42 续表 4

地区	私营合伙	私营有限责任公司	私营股份有限公司	其他企业	港澳台商投资	与港澳台商合资经营	与港澳台商合作经营
苍南县	390794	3293416	29560	26327	32916	32627	
文成县	9230	313848	9874	19619			
泰顺县	22480	372701	5584	4731			
瑞安市	165315	8107048	54401	53701	21026	18071	300
乐清市	304269	8841340	110282	62256	49121	35447	680
嘉兴市	**782204**	**36561179**	**510895**	**325808**	**4833547**	**2339436**	**44454**
南湖区	103715	4699285	10422	45711	478659	199659	28978
秀洲区	31021	4415629	32572	7699	389597	187693	4722
嘉善县	403662	4169464	188748	29895	591923	228887	11
海盐县	41318	3316735	27233	31873	514662	181490	
海宁市	23470	9379046	5847	36996	790933	418264	
平湖市	24160	3476844	218168	5782	937249	544017	
桐乡市	154858	7104177	27904	167852	1130523	579425	10743
湖州市	**214886**	**27145989**	**648445**	**79252**	**2240804**	**1243365**	**36559**
吴兴区	33286	6795758	62337	9616	428820	164099	
南浔区	13334	4051053	251174	15605	358512	237722	
德清县	40318	5640356	109447	8207	1052636	680114	36559
长兴县	84967	8251029	205979	27679	204048	65273	
安吉县	42982	2407793	19509	18146	196787	96157	
绍兴市	**136079**	**54760499**	**437693**	**577108**	**5158609**	**3281655**	**89774**
越城区	18371	7906918	60778	54815	710825	328816	998
绍兴县	8760	23313279	285320	103168	1958650	1263000	56785
新昌县	20422	2206073	30072	112653	87580	40784	
诸暨市	57536	11343110	2695	40338	1251309	918221	31534
上虞市	8094	6348896	49974	46318	762298	466832	
嵊州市	22896	3642224	8854	219816	387946	264003	458
金华市	**333528**	**36708371**	**593763**	**766699**	**1261371**	**736388**	**3981**
婺城区	37715	3472134	45316	30027	425252	297403	
金东区	17131	1714539	19925	31871	26389	13177	
武义县	6818	3674923	39706	50099	16416	9606	
浦江县	37755	2969186	4634	38251	176615	97626	
磐安县	22886	683491	17748	22152	32729	23896	
兰溪市	21989	3231698	103799	411038	127187	44395	726
义乌市	136050	9811606	199887	152635	354283	195334	3255
东阳市	10672	4509882	132162	4219	27958	16933	
永康市	42512	6640911	30586	26407	74543	38017	

单位：万元

港澳台商独资	港澳台商投资股份有限公司	其他港澳台投资	外商投资	中外合资经营	中外合作经营	外资企业	外商投资股份有限公司	其他外商投资
289			45830	27137	132	18511		50
			3880	3520		360		
2655			203285	73164	154	129589	379	
12748		246	252626	77092	159961	15574		
2446174	**3483**		**5348628**	**2082320**	**44165**	**3212305**	**4924**	**4912**
250023			396775	110211	10024	276540		
196522	660		844605	168658	17482	653788	4678	
360201	2823		868892	216311		649406	247	2929
333172			194659	56122		138538		
372669			902405	654961	14284	233161		
393232			1704002	669030		1034972		
540355			437289	207027	2376	225902		1984
949616	**11263**		**3384856**	**2376961**	**10746**	**996118**	**1031**	
264721			605562	292610	2370	309551	1031	
120790			217041	168244	311	48487		
324700	11263		655725	442712		213014		
138776			1628962	1320714		308248		
100630			277565	152681	8066	116818		
1632343	**148610**	**6227**	**2900451**	**1775917**	**180347**	**912590**	**30866**	**731**
372312	8576	123	699949	429433	719	260374	9202	221
637895	55	915	695428	274246	3933	395425	21314	509
46796			63499	55009	3108	5382		
184216	117339		649644	406670	171925	71049		
290278		5188	574269	424652	663	148954		
100846	22640		217662	185906		31406	350	
328468	**78746**	**113788**	**1497453**	**704440**	**31988**	**351002**	**16608**	**393415**
55166	66326	6356	186330	126556		59225	49	500
13211			19046	9988		9058		
6811			127689	108562		19120		6
78989			111542	68910	6788	35273		571
8833			33768	29570		4198		
82066			104219	80282		20284	3652	…
48141	122	107432	693470	122396	8935	157468	12907	391764
11024			74969	34453	16266	23676		574
24228	12298		146420	123721		22698		

2-B-42 续表 5

地区	私营合伙	私营有限责任公司	私营股份有限公司	其他企业	港澳台商投资	与港澳台商合资经营	与港澳台商合作经营
衢州市	**103178**	**11221552**	**217420**	**196862**	**468301**	**83922**	**4750**
柯城区	10151	2616576	52236	61929	344129	1380	
衢江区	7132	1624516	47678	22527	16295	549	
常山县	19715	1064083	1123	51081	12069	8565	3504
开化县	10268	571681	11728	19280	20856	17840	
龙游县	8030	2502273	103577	14606	28982	16694	
江山市	47883	2842424	1079	27439	45969	38894	1246
舟山市	**52426**	**8423179**	**2631**	**6474**	**164773**	**138827**	
定海区	29725	5030673	617	148	36854	20784	
普陀区	6733	2425236	2014	5770	100222	92285	
岱山县	12820	844199		538	10033	8095	
嵊泗县	3148	123071		19	17663	17663	
台州市	**1695999**	**23307919**	**182257**	**47083**	**862449**	**579547**	**32645**
椒江区	75136	2404592	10656	754	110421	79983	
黄岩区	129665	2747893	13389	9615	54106	23457	4438
路桥区	225357	3092285	37893	2357	97140	47834	
玉环县	312375	3096902	46330	23876	124170	101733	
三门县	24747	1327871	15369		28591	6981	20174
天台县	43917	1226450	4285	1085	37627	37616	
仙居县	157283	712918	13916	360	71096	61499	8033
温岭市	605710	5757250	35493	3463	173672	137764	
临海市	121810	2941758	4926	5573	165625	82680	
丽水市	**163588**	**11750889**	**147259**	**123638**	**108507**	**83837**	**9249**
莲都区	19240	2890687	89500	13033	39021	30859	8104
青田县	22436	1694407	15296	23664	5191	203	
缙云县	67865	2678456	2753	8172	26025	25954	
遂昌县	6458	409015	311	7820	15249	12700	
松阳县	12758	1336376	6230	22306	1900		
云和县	10185	376137	3992	19733	1145		1145
庆元县	959	644832	1226	9847	14122	14122	
景宁县	14108	432178	1201	4856			
龙泉市	9580	1288800	26750	14207	5854		

单位：万元

港澳台商独　资	港澳台商投资股份有限公司	其他港澳台投资	外商投资	中外合资经　营	中外合作经　营	外资企业	外商投资股份有限公　司	其他外商投　资
379629			**266777**	**228939**		**30310**	**7327**	**202**
342749			88920	82133		6636		152
15746			68282	60749		7483		50
			12418	11768		650		
3017			3114	3114				
12289			30259	22049		884	7327	
5829			63784	49125		14658		
25946			**249858**	**65318**	**28520**	**156021**		
16070			175475	30459	5649	139367		
7937			34402	11532	22870			
1939			37805	23327		14478		
			2176			2176		
235526	**14730**		**1783853**	**1593855**	**10541**	**170459**	**8997**	
30438			40666	19932		11737	8997	
26211			53462	34617		18845		
34576	14730		225316	180221	268	44827		
22437			1144864	1132625	212	12027		
1436			32101	19961		12139		
11			41278	31682	7018	2579		
1564			34624	30791		3833		
35909			102875	92513		10362		
82945			108667	51513	3043	54111		
15362		**58**	**203245**	**161319**		**32399**	**634**	**8894**
		58	50167	43126		5052	634	1356
4988			27918	14742		13175		
71			43121	43121				
2550			40109	32713		7396		
1900								
			9482	2544				6938
			8914	2138		6776		
5854			23535	22935				600

2-B-43 按地区、控股情况分组的小微企业资产总计

单位：万元

地 区	合 计	国有控股	集体控股	私人控股	港澳台商控股	外商控股	其 他
全 省	**1390176333**	**371437444**	**38664492**	**839155236**	**51550071**	**37255500**	**52113591**
杭州市	**433842624**	**122791812**	**13175488**	**239004775**	**16340639**	**10852325**	**31677585**
上城区	35266796	22362451	866954	9019965	225368	428978	2363079
下城区	33568407	15680992	1664036	13323926	855519	261060	1782874
江干区	44670058	10043365	2060321	17810910	2177768	2435985	10141709
拱墅区	28428006	4585423	836311	18206116	1748247	970965	2080943
西湖区	92403134	24160249	1973627	58262936	2270293	1011831	4724197
滨江区	30256074	10463024	1094939	14209038	2009642	1248756	1230674
萧山区	67417063	8910048	1972134	46626082	3426931	2271583	4210286
余杭区	48645841	12016279	1296066	28809636	1917184	1527771	3078905
桐庐县	9339227	2438181	214230	5952236	321394	88362	324824
淳安县	4496886	2095563	99345	1822748	130500	42118	306611
建德市	5729203	1022869	371600	3750470	113997	81821	388447
富阳市	23066756	5383061	464214	15225114	651398	381086	961883
临安市	10555172	3630308	261709	5985598	492397	102007	83153
宁波市	**305918486**	**67043372**	**9110104**	**200541595**	**13898389**	**10490740**	**4834286**
海曙区	60550694	17996273	291481	41409614	395247	89040	369040
江东区	21175157	7802866	171965	11157888	1251527	395963	394949
江北区	17705313	6606842	788639	8305445	827197	531685	645505
北仑区	42956089	6571337	768558	25677881	4986763	4278948	672604
镇海区	23654922	7835115	3248732	10363150	1018407	1047898	141621
鄞州区	42726717	5538511	1098876	30778478	1385200	1953476	1972176
象山县	12147225	3601989	479233	7505036	195654	226442	138872
宁海县	7926961	1489291	110982	5468760	418041	265067	174820
余姚市	21319595	4422318	793558	13899489	1567698	438010	198523
慈溪市	47913476	4432472	1075136	39724675	1557279	1018887	105028
奉化市	7842336	746359	282944	6251180	295377	245326	21150
温州市	**103186639**	**20956208**	**3151770**	**73685978**	**1019410**	**1928343**	**2444930**
鹿城区	19356242	6945889	356116	10837563	171023	844856	200795
龙湾区	19403081	3395470	534526	14108176	228785	433031	703094
瓯海区	9845184	1609124	619918	7215039	62708	175956	162438
洞头县	1669077	934803	29946	642091	58030	180	4026
永嘉县	7152468	1733381	214512	5034293	48748	65552	55981
平阳县	5735002	761278	126846	4638011	50885	93705	64278

2-B-43　续表 1　　单位：万元

地　区	合　计	国有控股	集体控股	私人控股	港澳台商控股	外商控股	其　他
苍南县	6923075	818326	263211	5306556	344007	29000	161975
文成县	692306	167814	31047	475403	5000	9485	3558
泰顺县	1101728	163497	30540	864565		558	42568
瑞安市	13918793	2798418	753604	9875285	553	179492	311441
乐清市	17389683	1628207	191503	14688997	49672	96527	734776
嘉兴市	**128707410**	**51226823**	**3618434**	**58342414**	**6217052**	**6095669**	**3207017**
南湖区	20536172	8911609	363395	8550160	775086	788953	1146968
秀洲区	14469774	5193074	255909	6621699	683630	1011441	704022
嘉善县	10875700	1954818	563133	6555407	691137	1013849	97355
海盐县	16782090	10688511	274835	4743948	564456	284688	225653
海宁市	29158997	10903666	1275667	14436711	1367708	1001124	174121
平湖市	20384477	9110031	353501	7993408	1092266	1518096	317176
桐乡市	16500199	4465114	531994	9441081	1042770	477518	541723
湖州市	**62383423**	**15850716**	**2050650**	**36695109**	**2892929**	**2254677**	**2639342**
吴兴区	22467160	5849792	886750	12485127	1099740	731661	1414089
南浔区	7289444	2368859	126789	4221371	330195	120112	122117
德清县	11821454	2850552	393286	6965592	859519	363434	389071
长兴县	13919904	3901659	172871	8321633	392631	665924	465186
安吉县	6885461	879854	470954	4701386	210844	373546	248878
绍兴市	**116984754**	**30086513**	**2707026**	**73202530**	**6432960**	**2420933**	**2134791**
越城区	22640713	6111415	946654	13153899	1058945	925980	443820
绍兴县	30838455	4612492	586069	21379141	3067801	460572	732379
新昌县	5760932	1526556	93326	3978052	87608	40351	35040
诸暨市	22275765	748070	655870	18727624	1022256	381133	740814
上虞市	15111653	3226238	266238	10320669	778326	423365	96816
嵊州市	20357235	13861743	158869	5643145	418024	189532	85923
金华市	**74281059**	**10816049**	**2005833**	**56911761**	**1504092**	**1116783**	**1926541**
婺城区	9926901	1485693	483972	6704424	597836	232854	422122
金东区	4236627	819679	57045	3181467	130144	28267	20024
武义县	4626465	95991	34818	4330684	37836	87630	39505
浦江县	4197097	228177	50801	3667297	166689	48765	35368
磐安县	1629726	65478	15088	1441132	30440	11684	65905
兰溪市	6269827	917084	87721	4488057	163768	275088	338108
义乌市	21634495	4523336	165752	15902791	208422	287208	546985
东阳市	11969571	1852735	1002637	8765257	26998	58287	263656
永康市	9790352	827875	108000	8430651	141958	87000	194868

2-B-43 续表 2 单位：万元

地 区	合 计	国有控股	集体控股	私人控股	港澳台商控股	外商控股	其 他
衢州市	**25640915**	**8229626**	**266316**	**16330914**	**270466**	**167973**	**375620**
柯城区	6294584	2016871	69828	3723934	149238	64254	270459
衢江区	4895816	257229	17216	4531598	35805	36668	17300
常山县	2463315	773456	7367	1656250	4178	10078	11985
开化县	1609992	410210	110885	1045659	5341	185	37713
龙游县	5795046	3369868	13155	2330733	36738	22221	22330
江山市	4582163	1401992	47865	3042739	39166	34568	15832
舟山市	**36116883**	**13590639**	**883739**	**18804525**	**447109**	**515969**	**1874902**
定海区	21878244	8342093	620033	10844789	344024	362071	1365233
普陀区	9721733	3749511	146312	5446697	48693	115002	215518
岱山县	3153175	792237	101088	1938416	910	31056	289468
嵊泗县	1363731	706797	16306	574623	53483	7840	4682
台州市	**77963723**	**22530063**	**1372881**	**49920036**	**2446486**	**1071544**	**622713**
椒江区	16468529	5205695	435273	10071826	219504	309464	226768
黄岩区	6018267	484711	60547	5188756	169910	57348	56995
路桥区	7463854	645681	239284	6134136	53037	320294	71422
玉环县	9287018	3018546	155911	5828937	129608	92761	61255
三门县	8656130	5369790	21759	3144641	78240	22875	18826
天台县	4245107	1826711	76182	2129197	43656	127072	42290
仙居县	2340832	386690	41290	1835576	49372	25276	2627
温岭市	10729911	2880217	179182	7347930	203594	65037	53951
临海市	12754074	2712021	163454	8239037	1499565	51417	88580
丽水市	**25150419**	**8315623**	**322251**	**15715599**	**80538**	**340543**	**375865**
莲都区	9931636	3344139	73816	6313137	54933	91728	53882
青田县	3108383	1033431	13214	1922974	6350	69993	62422
缙云县	3696078	1260523	31184	2368069	7936	20069	8297
遂昌县	1776220	623530	43894	891546	10340	62683	144226
松阳县	1694903	563938	11602	1098346		120	20897
云和县	1011339	447281	19834	475932		36153	32139
庆元县	791857	140459	1604	645668			4126
景宁县	895312	278466	82120	474954		57998	1774
龙泉市	2244691	623857	44982	1524971	979	1800	48103

2-B-44 按地区、控股情况分组的小微企业全年营业收入

单位：万元

地 区	合 计	国有控股	集体控股	私人控股	港澳台商控股	外商控股	其 他
全 省	**728639101**	**48213943**	**13527839**	**602788977**	**23070766**	**25500628**	**15536949**
杭州市	**170925979**	**17415803**	**3333056**	**134949158**	**3469937**	**5702247**	**6055778**
上城区	12233289	5336547	242987	5118237	26893	274901	1233725
下城区	16934362	3323864	311931	12250584	116618	142268	789097
江干区	12097967	598532	455842	8756150	445781	1316080	525583
拱墅区	18581257	1576257	468345	15384933	49862	592682	509179
西湖区	13402205	956663	204579	10798385	306158	140554	995865
滨江区	9698261	2190936	227350	6254181	242886	492575	290332
萧山区	38479784	1148321	627970	33385931	1534105	1260293	523164
余杭区	18345762	973637	251996	15647063	403677	614968	454422
桐庐县	5402603	71160	36619	5103642	109387	76807	4988
淳安县	2350532	191704	69706	1801676	36562	63569	187315
建德市	4216934	189946	124140	3655363	12015	64802	170668
富阳市	12338221	524420	144125	10653234	144772	614631	257040
临安市	6844799	333816	167466	6139779	41221	48117	114400
宁波市	**162926793**	**12905954**	**3125923**	**126929364**	**8700141**	**8923435**	**2341976**
海曙区	8314323	1326209	181118	6442740	85389	59185	219683
江东区	10691341	1530364	59350	8683137	198573	158900	61016
江北区	8272994	412015	165060	7138266	254759	198678	104216
北仑区	48123389	5537689	950085	32359340	3522819	5141733	611722
镇海区	14648108	2568258	564359	9880349	604124	913076	117941
鄞州区	26630326	534970	716009	21986181	1315062	1120196	957908
象山县	4746418	248459	90069	4193288	98511	92834	23256
宁海县	4697888	228588	34730	3937116	259941	180687	56826
余姚市	15405960	337743	155491	13273401	1011057	485895	142373
慈溪市	17060992	105906	174904	15115118	1145805	485317	33942
奉化市	4335056	75753	34748	3920429	204100	86933	13092
温州市	**71281103**	**2585282**	**2083516**	**64736625**	**393109**	**655854**	**826717**
鹿城区	12042152	333964	305988	11014104	37110	98628	252358
龙湾区	10726532	163960	355366	9696320	195488	219412	95985
瓯海区	5312154	56702	136744	4971148	43932	45569	58059
洞头县	964368	369607	48192	521160	23036	283	2090
永嘉县	3797834	77463	122586	3522676	20902	25682	28525
平阳县	4412246	42360	87639	4143825	41319	61282	35821

2-B-44 续表 1

单位：万元

地　区	合　计	国有控股	集体控股	私人控股	港澳台商控股	外商控股	其　他
苍南县	5928490	326652	102378	5391281	10177	18474	79529
文成县	612514	50400	42801	512859		1057	5398
泰顺县	663242	37193	18682	605992			1374
瑞安市	12316867	96569	642606	11300233	2655	134841	139964
乐清市	14504704	1030410	220535	13057028	18489	50626	127615
嘉兴市	**60850720**	**4688483**	**928863**	**46555689**	**3459488**	**4325642**	**892555**
南湖区	7926372	627382	175513	6105980	306945	359731	350820
秀洲区	6456519	181228	62463	5116652	311594	723794	60789
嘉善县	7978851	416979	116409	6124859	478643	780099	61863
海盐县	6741076	1467117	112563	4503299	436148	156004	65946
海宁市	12722242	368113	190803	10848353	545823	687408	81743
平湖市	8798357	1356654	103038	5153187	731278	1281071	173129
桐乡市	10227304	271011	168075	8703360	649058	337536	98265
湖州市	**42084653**	**1588712**	**579452**	**33906025**	**1737306**	**2281241**	**1991916**
吴兴区	10566903	361675	148394	7797779	344493	452583	1461980
南浔区	5899543	79204	51030	5374153	272759	69885	52513
德清县	9957376	328166	244284	7881511	819295	412052	272068
长兴县	11733779	574367	99515	9524501	197995	1140178	197223
安吉县	3927052	245300	36230	3328083	102764	206543	8133
绍兴市	**78268183**	**1822240**	**1344682**	**69109515**	**3456382**	**1657782**	**877582**
越城区	12103208	613787	329643	9762936	500916	552647	343279
绍兴县	29853396	452083	466719	26804237	1374690	473585	282082
新昌县	3176412	115170	65706	2857634	61227	27581	49093
诸暨市	17335542	107037	273990	15868393	792097	265038	28988
上虞市	10300973	420429	81754	8951845	494974	245323	106647
嵊州市	5498652	113733	126870	4864471	232479	93608	67492
金华市	**52937937**	**1746784**	**810490**	**47614145**	**764383**	**1027582**	**974553**
婺城区	5664050	605026	176426	4379769	226376	142082	134371
金东区	2505295	72478	10721	2373176	19920	11918	17082
武义县	4195774	50839	38682	3985782	6791	84444	29237
浦江县	3833915	34455	23996	3568966	107150	49090	50258
磐安县	1337335	34666	7390	1205997	20516	19905	48861
兰溪市	6017079	168115	139795	5151416	110939	53037	393776
义乌市	14508468	433119	58439	13027081	199088	573246	217495
东阳市	6301483	100746	279974	5796191	21299	34964	68308
永康市	8574539	247340	75068	8125768	52304	58896	15164

2-B-44　续表 2　　　　单位：万元

地　区	合　计	国有控股	集体控股	私人控股	港澳台商控股	外商控股	其　他
衢州市	**15716995**	**595046**	**152428**	**14183060**	**431866**	**128488**	**226106**
柯城区	3722582	172104	85338	2996254	343449	60241	65195
衢江区	2306852	64349	31666	2174842	18572	7549	9874
常山县	1431124	58718	2836	1347373	8100	8192	5905
开化县	930139	58666	4538	757103	4671	1327	103834
龙游县	3650538	90938	6983	3460309	26310	29034	36964
江山市	3675760	150270	21066	3447180	30765	22146	4334
舟山市	**13089020**	**1452194**	**349654**	**10254212**	**93188**	**201698**	**738074**
定海区	8212066	955116	251160	6143736	17863	166480	677710
普陀区	3371561	398473	48962	2835515	55723	1689	31200
岱山县	1136804	53640	32384	990569	1939	31354	26918
嵊泗县	368590	44964	17149	284392	17663	2176	2246
台州市	**45676036**	**2865791**	**599439**	**40756805**	**529057**	**512492**	**412452**
椒江区	6251837	1049768	127605	4848362	66903	42102	117097
黄岩区	5142074	82570	60791	4889473	47529	31443	30267
路桥区	6459731	91061	72426	5923093	77943	203784	91425
玉环县	8029255	1079725	86569	6641420	66615	96193	58733
三门县	1747008	34760	9373	1636979	24303	18084	23509
天台县	1916775	82647	21589	1772735	23022	7863	8919
仙居县	1552390	95693	20079	1375515	40638	16553	3912
温岭市	9388082	143527	124502	9033148	49285	29591	8028
临海市	5188885	206040	76505	4636081	132819	66879	70563
丽水市	**14881682**	**547655**	**220334**	**13794379**	**35908**	**84166**	**199240**
莲都区	3499199	98484	74279	3274120	13557	19355	19404
青田县	2278589	182854	12468	1990255	3451	11399	78162
缙云县	3217109	75705	21815	3077948	9190	28435	4016
遂昌县	832896	51941	58064	654025	3806	8720	56340
松阳县	1502191	43592	8890	1441179			8531
云和县	578671	16953	12316	523605		9482	16315
庆元县	861775	19763	1792	835751			4470
景宁县	581826	16848	12641	542052		6776	3510
龙泉市	1529426	41517	18069	1455443	5904		8492

2-B-45　按地区、营业状态分组的小微企业资产总计

单位：万元

地　　区	合　计	营业	停业(歇业)	筹建	当年关闭	当年破产	其他
全　省	**1390176333**	**1229107447**	**61205984**	**79338462**	**12269169**	**1441168**	**6814103**
杭州市	**433842624**	**357376426**	**29220727**	**41198690**	**4693806**	**319388**	**1033587**
上城区	35266796	34214582	616873	382466	40495	1211	11169
下城区	33568407	31435865	1676999	223119	20121		212302
江干区	44670058	41688100	1267286	1334654	94657	32	285329
拱墅区	28428006	26441935	771730	300296	708141	201450	4453
西湖区	92403134	43990205	13795867	31609896	2742473	129	264563
滨江区	30256074	29707237	437202	69043	37561	4654	378
萧山区	67417063	60194077	4398804	2156773	591149	41692	34568
余杭区	48645841	41285576	3625392	3462854	115085	55392	101542
桐庐县	9339227	7672764	1095561	466767	35115	1117	67904
淳安县	4496886	3976830	34440	404211	61858	50	19497
建德市	5729203	5360773	82421	212641	68721	3709	939
富阳市	23066756	21267800	1220052	408978	143598	1099	25230
临安市	10555172	10140683	198101	166991	34832	8853	5712
宁波市	**305918486**	**284977263**	**9795460**	**8956694**	**1191499**	**82745**	**914825**
海曙区	60550694	59994073	398846	143380	11559		2836
江东区	21175157	19884274	512535	644895	103480		29974
江北区	17705313	15192959	1294548	1136647	63663	17496	
北仑区	42956089	40390078	1021145	1188390	173036	323	183117
镇海区	23654922	21841670	540714	1086835	146019	11229	28456
鄞州区	42726717	38248377	2357124	1632122	410606	6146	72343
象山县	12147225	10356152	1427257	272917	19563	34	71302
宁海县	7926961	7293702	173545	396545	4352	62	58755
余姚市	21319595	20192455	504020	364290	145395	42561	70874
慈溪市	47913476	44388859	1326205	1722102	95570	4096	376644
奉化市	7842336	7194664	239520	368573	18256	797	20525
温州市	**103186639**	**91472744**	**5015662**	**4698731**	**622764**	**74230**	**1302508**
鹿城区	19356242	17319078	1410214	302645	164499	17883	141922
龙湾区	19403081	16340835	839697	1459117	76303	8973	678156
瓯海区	9845184	8474520	949174	354827	28997	5	37661
洞头县	1669077	1623312	24989	10068			10708
永嘉县	7152468	5216167	293760	1609202	20816	684	11840
平阳县	5735002	5341977	259388	111344	13920	3029	5343

2-B-45　续表 1　　　　单位：万元

地　区	合　计	营业	停业(歇业)	筹建	当年关闭	当年破产	其他
苍南县	6923075	6198694	162020	334262	22330	836	204933
文成县	692306	614680	18341	21059	899	4123	33205
泰顺县	1101728	921871	72998	95836	5382	1283	4358
瑞安市	13918793	12851532	707946	321244	28936	1187	7949
乐清市	17389683	16570077	277136	79127	260682	36228	166433
嘉兴市	**128707410**	**116835675**	**3855845**	**5991832**	**1778702**	**22721**	**222634**
南湖区	20536172	19246991	483197	682447	73262	6364	43912
秀洲区	14469774	12974251	931463	454502	39202	88	70270
嘉善县	10875700	9847465	253788	527703	222917	3017	20810
海盐县	16782090	15812293	255547	457269	252496	711	3775
海宁市	29158997	26696978	536054	1238352	644430	6081	37103
平湖市	20384477	17165868	1059491	1736267	406052	6461	10339
桐乡市	16500199	15091829	336307	895293	140345		36425
湖州市	**62383423**	**56061522**	**1709506**	**3473272**	**452836**	**137923**	**548363**
吴兴区	22467160	20992664	759163	430725	47018	49266	188324
南浔区	7289444	6520975	131855	473443	142672	1470	19028
德清县	11821454	10273570	354202	842109	61051	83807	206715
长兴县	13919904	12993340	308737	432435	124149	3010	58234
安吉县	6885461	5280972	155550	1294560	77947	370	76062
绍兴市	**116984754**	**109375151**	**3709826**	**1972798**	**1267703**	**236238**	**423037**
越城区	22640713	20887331	693865	545914	134518	31447	347637
绍兴县	30838455	28388404	1020789	418121	851026	117984	42132
新昌县	5760932	5417728	127530	187018	6714	142	21801
诸暨市	22275765	20911962	798504	306338	184418	74543	
上虞市	15111653	14084764	576384	424849	11886	7092	6678
嵊州市	20357235	19684962	492754	90558	79141	5030	4790
金华市	**74281059**	**67322386**	**2818682**	**1828233**	**648230**	**128373**	**1535156**
婺城区	9926901	8984380	357138	187083	71977	12318	314005
金东区	4236627	3397191	33457	279023	8019	210	518728
武义县	4626465	4338258	64508	110298	21338	15133	76930
浦江县	4197097	3756218	119677	53598	150185	70835	46583
磐安县	1629726	1513069	31859	54553	16776	5196	8273
兰溪市	6269827	5706322	55978	137263	153844	2111	214309
义乌市	21634495	20705609	408804	209799	92659	1115	216510
东阳市	11969571	10144996	1115056	529218	75341		104960
永康市	9790352	8776343	632204	267398	58092	21455	34860

2-B-45 续表 2 单位：万元

地 区	合 计						
		营业	停业(歇业)	筹建	当年关闭	当年破产	其他
衢州市	**25640915**	**24525149**	**346128**	**501837**	**131497**	**102566**	**33738**
柯城区	6294584	6155667	62598	69061	2068		5190
衢江区	4895816	4735402	23964	57799	41749	16780	20123
常山县	2463315	2184462	58366	209371	7543		3573
开化县	1609992	1452951	109596	46569	242	25	610
龙游县	5795046	5629604	20627	45240	36260	60169	3146
江山市	4582163	4367063	70978	73799	43635	25592	1097
舟山市	**36116883**	**32069809**	**1468471**	**1951720**	**372953**	**160098**	**93832**
定海区	21878244	19927073	692089	938945	249064		71073
普陀区	9721733	8469442	448300	765469	15761	2	22759
岱山县	3153175	2521265	279858	177445	14512	160096	
嵊泗县	1363731	1152030	48224	69861	93616		
台州市	**77963723**	**66389458**	**2539294**	**7408328**	**813296**	**165482**	**647864**
椒江区	16468529	15179785	818712	403036	56391		10605
黄岩区	6018267	5182739	390228	388871	45423	2225	8782
路桥区	7463854	6797949	326495	264593	46591	100	28125
玉环县	9287018	8928230	173126	155572	26840	1554	1696
三门县	8656130	4169710	219836	3950737	163826	152021	
天台县	4245107	3919239	28683	51074	32390	938	212783
仙居县	2340832	2198214	61326	77685	3404	2	200
温岭市	10729911	9679886	164107	308557	211548	1100	364713
临海市	12754074	10333706	356781	1808203	226882	7542	20960
丽水市	**25150419**	**22701864**	**726384**	**1356325**	**295884**	**11405**	**58557**
莲都区	9931636	9131869	283577	372138	121486	7666	14900
青田县	3108383	2820903	173888	38985	38453	2140	34014
缙云县	3696078	2920751	94575	647533	26819	1597	4802
遂昌县	1776220	1713341	22028	21556	18730		565
松阳县	1694903	1551483	47717	42933	52531	2	237
云和县	1011339	977937	4505	18255	8095		2547
庆元县	791857	733331	11704	45457	1165		200
景宁县	895312	845465	2061	47611	160		15
龙泉市	2244691	2006784	86329	121857	28444		1277

2-B-46 按地区、营业状态分组的小微企业全年营业收入

单位：万元

地 区	合 计	营业	停业(歇业)	筹建	当年关闭	当年破产	其他
全 省	**728639101**	**710628330**	**6990940**	**3637318**	**5930693**	**810723**	**641097**
杭州市	**170925979**	**168233794**	**1129902**	**510239**	**852453**	**98160**	**101431**
上城区	12233289	12140237	57834	10325	24625		269
下城区	16934362	16666476	178024	74455	8541		6866
江干区	12097967	11990475	36765	18938	51130	5	655
拱墅区	18581257	18328105	84076	119481	41567	2530	5499
西湖区	13402205	13200885	18654	58074	122145	41	2406
滨江区	9698261	9610419	80596	3537	1493	2217	…
萧山区	38479784	37697223	341776	139027	295907	5851	
余杭区	18345762	18028533	110183	28671	44715	59226	74434
桐庐县	5402603	5343964	28764	17611	11128	742	395
淳安县	2350532	2321486	12354	1172	15093		428
建德市	4216934	4085220	43787	16669	62750	5720	2788
富阳市	12338221	12113447	83908	14127	120508	985	5247
临安市	6844799	6707324	53182	8152	52852	20844	2445
宁波市	**162926793**	**159563411**	**819362**	**1456315**	**870709**	**114514**	**102482**
海曙区	8314323	8282402	23235	4843	3842		
江东区	10691341	10367731	1252	268460	10682		43215
江北区	8272994	8006625	14020	98694	153259	395	
北仑区	48123389	47794389	186756	115679	23872	328	2365
镇海区	14648108	13932263	26437	494545	136104	44373	14386
鄞州区	26630326	26017283	95970	170969	331412	2238	12454
象山县	4746418	4672997	38196	9346	25622		256
宁海县	4697888	4632554	17643	36569	6171	626	4326
余姚市	15405960	14979632	154577	113426	87166	59307	11852
慈溪市	17060992	16594782	243315	118496	84554	6816	13029
奉化市	4335056	4282753	17960	25288	8025	432	598
温州市	**71281103**	**67578286**	**2380034**	**23355**	**1052194**	**97743**	**149490**
鹿城区	12042152	10540258	1015377		380349	44989	61179
龙湾区	10726532	10012333	503515	11	156108	6491	48075
瓯海区	5312154	5154182	121133	8	30603	71	6157
洞头县	964368	960744	3388				237
永嘉县	3797834	3748848	36667		9327		2991
平阳县	4412246	4296245	49791	6302	51593	3900	4417

2-B-46 续表 1

单位：万元

地区	合计	营业	停业(歇业)	筹建	当年关闭	当年破产	其他
苍南县	5928490	5705064	139551	14798	58119	2552	8406
文成县	612514	595015	8244	2000	359	6897	
泰顺县	663242	658025	…		4819	217	181
瑞安市	12316867	11867796	326232	237	111996	5237	5370
乐清市	14504704	14039778	176137	…	248921	27390	12477
嘉兴市	**60850720**	**59749110**	**250301**	**260368**	**538949**	**8426**	**43566**
南湖区	7926372	7849999	22033	17479	33234	1153	2474
秀洲区	6456519	6395799	18144	9573	14330	80	18594
嘉善县	7978851	7780638	46974	50929	95775	1492	3043
海盐县	6741076	6597445	11893	85672	44042	1758	266
海宁市	12722242	12400829	56274	37180	221608	2653	3699
平湖市	8798357	8713508	31349	4476	47657	1095	271
桐乡市	10227304	10010892	63633	55059	82304	195	15220
湖州市	**42084653**	**41165093**	**327720**	**170882**	**257310**	**118971**	**44677**
吴兴区	10566903	10329779	98407	36293	36899	53260	12265
南浔区	5899543	5745724	43913	34995	69741	1540	3630
德清县	9957376	9734164	79002	27675	53825	60967	1742
长兴县	11733779	11536719	65393	55397	49995	2627	23648
安吉县	3927052	3818707	41004	16522	46849	577	3392
绍兴市	**78268183**	**76387689**	**743502**	**248422**	**728875**	**147842**	**11853**
越城区	12103208	11727272	147114	74762	117829	34591	1639
绍兴县	29853396	29208349	121375	109362	343170	71092	48
新昌县	3176412	3136083	17027	16680	6233	340	48
诸暨市	17335542	17090721	3227	2377	203838	35380	
上虞市	10300973	9868385	377486	26962	18837	3583	5720
嵊州市	5498652	5356878	77273	18278	38969	2857	4398
金华市	**52937937**	**51320761**	**564142**	**277036**	**561183**	**61878**	**152938**
婺城区	5664050	5508915	79253	30177	28058	8322	9325
金东区	2505295	2458796	10405	5920	22484	400	7290
武义县	4195774	4029425	58469	35352	36133	14559	21837
浦江县	3833915	3631808	28186	6051	130501	25596	11774
磐安县	1337335	1304964	13456	431	1742	1809	14932
兰溪市	6017079	5749998	34963	11893	203904	1590	14730
义乌市	14508468	14198493	196578	54694	41992	551	16160
东阳市	6301483	6186762	66008	…	24567		24146
永康市	8574539	8251600	76823	132518	71802	9051	32745

2-B-46 续表 2

单位：万元

地 区	合 计						
		营业	停业(歇业)	筹建	当年关闭	当年破产	其他
衢州市	**15716995**	**15286484**	**118165**	**44969**	**130159**	**111077**	**26141**
柯城区	3722582	3696675	9670	9593	2131		4513
衢江区	2306852	2216538	55257	9439	10852	3044	11722
常山县	1431124	1405042	13649		7632		4801
开化县	930139	915667	4403	8973	185	282	629
龙游县	3650538	3513318	672	16963	46825	68403	4357
江山市	3675760	3539243	34515	…	62534	39349	119
舟山市	**13089020**	**12796509**	**113010**	**76226**	**97184**	**4379**	**1712**
定海区	8212066	8029610	83554	27615	69575		1712
普陀区	3371561	3341163	4284	17618	7138	1357	
岱山县	1136804	1074122	23979	28701	6981	3021	
嵊泗县	368590	351614	1194	2292	13491		
台州市	**45676036**	**44226192**	**399565**	**516134**	**504259**	**28673**	**1214**
椒江区	6251837	6107739	17082	85412	40386	3	1214
黄岩区	5142074	4914362	81781	108421	37474	36	
路桥区	6459731	6063786	76596	240121	78837	392	
玉环县	8029255	7960857	25432	3378	38066	1522	
三门县	1747008	1650905	16254	24241	30868	24739	
天台县	1916775	1890989	6347	1089	17910	440	
仙居县	1552390	1509346	19160	11847	12033	4	
温岭市	9388082	9048628	111832	41624	185208	790	
临海市	5188885	5079579	45083		63476	747	
丽水市	**14881682**	**14321001**	**145237**	**53372**	**337419**	**19060**	**5593**
莲都区	3499199	3310101	44564	22669	109895	11840	130
青田县	2278589	2115877	55968	6001	92866	7080	797
缙云县	3217109	3188261	7952	415	19598		884
遂昌县	832896	818007	4250	2569	7576		494
松阳县	1502191	1412177	4440	86	85117	140	231
云和县	578671	564005	5172	7279	2048		167
庆元县	861775	852856	908	2443	5280		288
景宁县	581826	573497	2703	5542	45		40
龙泉市	1529426	1486221	19281	6368	14994		2562

2-B-47 按登记注册类型、营业状态分组的小微企业资产总计

单位：万元

登记注册类型	合计	营业	停业(歇业)	筹建	当年关闭	当年破产	其他
总　计	**1390176333**	**1229107447**	**61205984**	**79338462**	**12269169**	**1441168**	**6814103**
内　资	**1267308832**	**1121451681**	**57218633**	**70317642**	**10653415**	**1092444**	**6575017**
国　有	13785489	13108274	625066	22766	21378	284	7720
集　体	13910041	12996183	703479	140152	39465	672	30090
股份合作企业	8364344	7991991	290721	7206	64980	543	8903
联营企业	181540	164090	16296		851	30	273
国有联营	30725	30675	50				
集体联营	40040	35702	3520		580	30	208
国有与集体联营	65833	64862	700		271		
其他联营	44942	32851	12026				65
有限责任公司	596843666	517934112	26883717	46482253	1757415	48075	3738095
国有独资公司	210717481	191085112	13561970	4875451	40964		1153984
其他有限责任公司	386126185	326849000	13321747	41606802	1716450	48075	2584111
股份有限公司	36049967	35082062	525094	221138	205004	442	16226
私营企业	593620475	530168719	28073744	23373063	8547007	1041883	2416059
私营独资	28567332	27131282	862539	226648	285599	9112	52153
私营合伙	9150654	7658665	730945	616135	119662	688	24560
私营有限责任公司	543268021	484151086	25962020	22289299	7867204	1032024	1966388
私营股份有限公司	12634468	11227686	518240	240981	274542	60	372959
其他企业	4553309	4006250	100516	71064	17315	515	357650
港澳台商投资	**65767450**	**56406506**	**2312432**	**5477958**	**1178047**	**248722**	**143784**
与港澳台商合资经营	31867857	28902272	650581	1339631	797071	97852	80450
与港澳台商合作经营	1120166	887929	161511	300	1305	69121	…
港澳台商独资	31467638	25360110	1499996	4085519	376929	81750	63334
港澳台商投资股份有限公司	1204189	1166448		35000	2741		
其他港澳台投资	107599	89747	344	17508			
外商投资	**57100052**	**51249260**	**1674920**	**3542862**	**437707**	**100001**	**95302**
中外合资经营	29401390	26558824	871607	1649407	188733	74060	58759
中外合作经营	982406	909973	2137	2228	68068		
外资企业	25852941	22973597	797591	1838533	180785	25941	36493
外商投资股份有限公司	588672	541736	2922	44014			
其他外商投资	274643	265130	662	8679	121		50

2-B-48　按登记注册类型、营业状态分组的小微企业全年营业收入

单位：万元

登记注册类型	合　计	营业	停业(歇业)	筹建	当年关闭	当年破产	其他
总　计	**728639101**	**710628330**	**6990940**	**3637318**	**5930693**	**810723**	**641097**
内　资	**657746550**	**641043501**	**6606509**	**3469693**	**5457253**	**547268**	**622326**
国　有	3906525	3853391	36958	6405	5102	2737	1932
集　体	3243142	3128152	66316	848	42093		5733
股份合作企业	5516655	5215767	184196	308	108969	2908	4506
联营企业	203883	198279	2563		2521	10	510
国有联营	51632	51632					
集体联营	29190	25823	686		2521	10	150
国有与集体联营	67908	67902	6				
其他联营	55152	52921	1871				360
有限责任公司	114646129	113185996	554358	114596	709619	39659	41901
国有独资公司	12311410	12274693	22709	10305	2948		754
其他有限责任公司	102334719	100911303	531649	104290	706671	39659	41146
股份有限公司	9928141	9823097	35194	2341	64819	552	2138
私营企业	516851119	502352598	5629799	3327482	4494204	500527	546509
私营独资	41869691	40426543	681229	227008	456161	23608	55143
私营合伙	7504579	7176734	136225	73113	105342	842	12323
私营有限责任公司	461125682	448526752	4763563	3020075	3862638	476078	476575
私营股份有限公司	6351167	6222568	48781	7286	70063		2468
其他企业	3450957	3286222	97126	17713	29926	874	19096
港澳台商投资	**33194408**	**32415547**	**206457**	**100756**	**300045**	**168972**	**2631**
与港澳台商合资经营	17089779	16761734	112516	17967	122088	75119	355
与港澳台商合作经营	1541712	1518270	433		1395	21544	70
港澳台商独资	13944607	13520699	91788	81950	175655	72309	2206
港澳台商投资股份有限公司	492194	491288			906		
其他港澳台投资	126115	123556	1720	839			
外商投资	**37698143**	**37169282**	**177974**	**66868**	**173395**	**94484**	**16140**
中外合资经营	20718272	20456054	62745	23974	98911	74610	1980
中外合作经营	694733	678767	2	853	15111		
外资企业	15456093	15218815	112814	31785	59321	19874	13484
外商投资股份有限公司	307546	306556	990				
其他外商投资	521499	509090	1423	10256	53		677

第3篇

事业、机关、社团、其他及民办非企业

3-1 按行业小类分组的事业法人单位数及从业人数

行业	单位数（个）	#单产业法人	从业人员期末人数（人）	#单产业法人	#女性
总　计	**30744**	**28476**	**1419707**	**1119526**	**773248**
农、林、牧、渔业	**156**	**145**	**1982**	**1275**	**551**
林业	6		492		156
造林和更新	1		63		11
造林和更新	1		63		11
森林经营和管护	4		368		120
森林经营和管护	4		368		120
木材和竹材采运	1		61		25
木材采运	1		61		25
畜牧业	1		54		24
其他畜牧业	1		54		24
其他畜牧业	1		54		24
农、林、牧、渔服务业	149	145	1436	1275	371
农业服务业	64	64	549	549	162
农业机械服务	20	20	251	251	62
灌溉服务	3	3	21	21	8
其他农业服务	41	41	277	277	92
林业服务业	70	66	777	616	172
林业有害生物防治服务	19	19	126	126	28
森林防火服务	7	7	94	94	6
其他林业服务	44	40	557	396	138
畜牧服务业	6	6	74	74	25
畜牧服务业	6	6	74	74	25
渔业服务业	9	9	36	36	12
渔业服务业	9	9	36	36	12
电力、热力、燃气及水生产和供应业	**12**	**11**	**268**	**206**	**67**
电力、热力生产和供应业	9	8	236	174	62
电力生产	8	7	233	171	61
水力发电	8	7	233	171	61
电力供应	1	1	3	3	1
电力供应	1	1	3	3	1

3-1　续表 1

行　　业	单位数(个)	#单产业法人	从业人员期末人数(人)	#单产业法人	#女性
水的生产和供应业	3	3	32	32	5
自来水生产和供应	3	3	32	32	5
自来水生产和供应	3	3	32	32	5
交通运输、仓储和邮政业	**234**	**196**	**15774**	**10904**	**3838**
道路运输业	162	133	12137	7972	3042
道路货物运输	2	2	13	13	2
道路货物运输	2	2	13	13	2
道路运输辅助活动	160	131	12124	7959	3040
公路管理与养护	153	124	11956	7791	2974
其他道路运输辅助活动	7	7	168	168	66
水上运输业	47	40	1842	1167	326
水上运输辅助活动	47	40	1842	1167	326
货运港口	1		71		14
其他水上运输辅助活动	46	40	1771	1167	312
航空运输业	9	8	1510	1503	378
航空运输辅助活动	9	8	1510	1503	378
机场	4	3	699	692	195
空中交通管理	3	3	777	777	167
其他航空运输辅助活动	2	2	34	34	16
装卸搬运和运输代理业	1	1	58	58	36
运输代理业	1	1	58	58	36
货物运输代理	1	1	58	58	36
仓储业	14	13	187	164	54
谷物、棉花等农产品仓储	6	6	72	72	18
谷物仓储	5	5	59	59	13
其他农产品仓储	1	1	13	13	5
其他仓储业	8	7	115	92	36
其他仓储业	8	7	115	92	36
邮政业	1	1	40	40	2
邮政基本服务	1	1	40	40	2
邮政基本服务	1	1	40	40	2

3-1 续表 2

行业	单位数（个）	#单产业法人	从业人员期末人数（人）	#单产业法人	#女性
住宿和餐饮业	**15**	**15**	**492**	**492**	**250**
住宿业	11	11	423	423	217
一般旅馆	8	8	371	371	185
一般旅馆	8	8	371	371	185
其他住宿业	3	3	52	52	32
其他住宿业	3	3	52	52	32
餐饮业	4	4	69	69	33
正餐服务	2	2	35	35	22
正餐服务	2	2	35	35	22
快餐服务	2	2	34	34	11
快餐服务	2	2	34	34	11
信息传输、软件和信息技术服务业	**329**	**322**	**6518**	**5986**	**2212**
电信、广播电视和卫星传输服务	193	186	5130	4598	1717
广播电视传输服务	193	186	5130	4598	1717
有线广播电视传输服务	168	163	4615	4195	1597
无线广播电视传输服务	25	23	515	403	120
互联网和相关服务	29	29	176	176	70
互联网接入及相关服务	2	2	5	5	1
互联网接入及相关服务	2	2	5	5	1
互联网信息服务	27	27	171	171	69
互联网信息服务	27	27	171	171	69
软件和信息技术服务业	107	107	1212	1212	425
软件开发	5	5	41	41	6
软件开发	5	5	41	41	6
信息系统集成服务	29	29	237	237	71
信息系统集成服务	29	29	237	237	71
信息技术咨询服务	24	24	422	422	152
信息技术咨询服务	24	24	422	422	152

3-1 续表 3

行 业	单位数（个）	#单产业法人	从业人员期末人数（人）	#单产业法人	#女性
数据处理和存储服务	33	33	409	409	159
数据处理和存储服务	33	33	409	409	159
其他信息技术服务业	16	16	103	103	37
数字内容服务	2	2	14	14	8
呼叫中心	1	1	4	4	
其他未列明信息技术服务业	13	13	85	85	29
金融业	**29**	**26**	**596**	**413**	**218**
货币金融服务	9	6	486	303	171
银行监管服务	9	6	486	303	171
银行监管服务	9	6	486	303	171
资本市场服务	11	11	41	41	17
证券市场服务	8	8	26	26	11
基金管理服务	8	8	26	26	11
资本投资服务	2	2	10	10	3
资本投资服务	2	2	10	10	3
其他资本市场服务	1	1	5	5	3
其他资本市场服务	1	1	5	5	3
保险业	1	1	33	33	16
其他保险活动	1	1	33	33	16
其他未列明保险活动	1	1	33	33	16
其他金融业	8	8	36	36	14
金融信息服务	5	5	26	26	10
金融信息服务	5	5	26	26	10
其他未列明金融业	3	3	10	10	4
其他未列明金融业	3	3	10	10	4
房地产业	**400**	**374**	**7418**	**5619**	**3189**
房地产业	400	374	7418	5619	3189
物业管理	42	41	937	762	344
物业管理	42	41	937	762	344
房地产中介服务	13	12	192	147	76
房地产中介服务	13	12	192	147	76

3-1 续表 4

行　业	单位数（个）	#单产业法人	从业人员期末人数（人）	#单产业法人	#女性
自有房地产经营活动	20	18	225	207	81
自有房地产经营活动	20	18	225	207	81
其他房地产业	325	303	6064	4503	2688
其他房地产业	325	303	6064	4503	2688
租赁和商务服务业	**1344**	**1312**	**20128**	**18093**	**8027**
商务服务业	1344	1312	20128	18093	8027
企业管理服务	628	618	8494	8331	3183
企业总部管理	3	3	231	231	86
投资与资产管理	158	155	1602	1568	542
单位后勤管理服务	181	178	3672	3649	1391
其他企业管理服务	286	282	2989	2883	1164
法律服务	202	199	2187	2090	1075
律师及相关法律服务	80	78	668	592	261
公证服务	80	80	1143	1143	623
其他法律服务	42	41	376	355	191
咨询与调查	13	12	120	105	70
会计、审计及税务服务	7	7	71	71	43
社会经济咨询	5	4	48	33	27
其他专业咨询	1	1	1	1	
广告业	2	2	2	2	
广告业	2	2	2	2	
知识产权服务	11	11	82	82	41
知识产权服务	11	11	82	82	41
人力资源服务	278	275	3837	3790	1763
公共就业服务	82	81	749	731	356
职业中介服务	71	69	852	823	439
劳务派遣服务	8	8	187	187	42
其他人力资源服务	117	117	2049	2049	926
旅行社及相关服务	29	29	211	211	102

3-1　续表 5

行　业	单位数(个)	#单产业法人	从业人员期末人数(人)	#单产业法人	#女性
旅行社服务	2	2	23	23	12
旅游管理服务	16	16	95	95	40
其他旅行社相关服务	11	11	93	93	50
其他商务服务业	181	166	5195	3482	1793
市场管理	104	89	3945	2232	1227
会议及展览服务	16	16	151	151	72
办公服务	22	22	372	372	188
担保服务	8	8	36	36	16
其他未列明商务服务业	31	31	691	691	290
科学研究和技术服务业	**2594**	**2526**	**55533**	**48245**	**16939**
研究和试验发展	285	280	11240	9252	4052
自然科学研究和试验发展	20	20	863	863	300
自然科学研究和试验发展	20	20	863	863	300
工程和技术研究和试验发展	73	73	3018	3018	934
工程和技术研究和试验发展	73	73	3018	3018	934
农业科学研究和试验发展	68	65	4270	2345	1570
农业科学研究和试验发展	68	65	4270	2345	1570
医学研究和试验发展	20	19	777	774	375
医学研究和试验发展	20	19	777	774	375
社会人文科学研究	104	103	2312	2252	873
社会人文科学研究	104	103	2312	2252	873
专业技术服务业	1542	1498	35347	30379	10263
气象服务	238	233	2842	2678	959
气象服务	238	233	2842	2678	959
地震服务	13	13	150	150	26
地震服务	13	13	150	150	26
海洋服务	10	9	209	130	65
海洋服务	10	9	209	130	65
测绘服务	53	50	1879	1217	470
测绘服务	53	50	1879	1217	470

3-1 续表 6

行　　业	单位数（个）	#单产业法人	从业人员期末人数（人）	#单产业法人	#女性
质检技术服务	420	411	10262	9553	3399
质检技术服务	420	411	10262	9553	3399
环境与生态监测	123	121	3266	3149	1159
环境保护监测	117	115	3178	3061	1136
生态监测	6	6	88	88	23
地质勘查	41	36	5415	3800	925
能源矿产地质勘查	7	6	784	715	140
固体矿产地质勘查	7	6	1040	753	127
水、二氧化碳等矿产地质勘查	1	1	3	3	2
基础地质勘查	14	12	2297	1493	396
地质勘查技术服务	12	11	1291	836	260
工程技术	524	510	10370	8892	3040
工程管理服务	238	238	3501	3501	1077
工程勘察设计	84	74	3213	1946	884
规划管理	202	198	3656	3445	1079
其他专业技术服务业	120	115	954	810	220
专业化设计服务	5	5	38	38	15
兽医服务	91	86	788	644	159
其他未列明专业技术服务业	24	24	128	128	46
科技推广和应用服务业	767	748	8946	8614	2624
技术推广服务	668	650	7802	7484	2092
农业技术推广服务	542	525	6609	6294	1705
生物技术推广服务	12	12	166	166	52
新材料技术推广服务	26	26	150	150	51
节能技术推广服务	15	15	114	114	42
其他技术推广服务	73	72	763	760	242
科技中介服务	74	74	602	602	249
科技中介服务	74	74	602	602	249
其他科技推广和应用服务业	25	24	542	528	283
其他科技推广和应用服务业	25	24	542	528	283

3-1 续表 7

行 业	单位数(个)	#单产业法人	从业人员期末人数(人)	#单产业法人	#女性
水利、环境和公共设施管理业	**1429**	**1380**	**70911**	**63799**	**28870**
水利管理业	629	609	9070	8174	2011
防洪除涝设施管理	132	131	1919	1851	435
防洪除涝设施管理	132	131	1919	1851	435
水资源管理	132	129	1528	1474	369
水资源管理	132	129	1528	1474	369
天然水收集与分配	176	167	3673	3076	724
天然水收集与分配	176	167	3673	3076	724
水文服务	52	49	689	618	193
水文服务	52	49	689	618	193
其他水利管理业	137	133	1261	1155	290
其他水利管理业	137	133	1261	1155	290
生态保护和环境治理业	92	86	1849	1604	554
生态保护	68	62	1564	1319	478
自然保护区管理	31	27	645	522	155
野生动物保护	8	8	251	251	111
野生植物保护	15	15	439	439	158
其他自然保护	14	12	229	107	54
环境治理业	24	24	285	285	76
水污染治理	13	13	179	179	51
大气污染治理	3	3	44	44	14
固体废物治理	7	7	54	54	9
其他污染治理	1	1	8	8	2
公共设施管理业	708	685	59992	54021	26305
市政设施管理	169	167	3416	3338	995
市政设施管理	169	167	3416	3338	995
环境卫生管理	275	265	42657	37981	20349
环境卫生管理	275	265	42657	37981	20349
城乡市容管理	40	40	3169	3169	982
城乡市容管理	40	40	3169	3169	982

3-1 续表 8

行　业	单位数（个）	#单产业法人	从业人员期末人数（人）	#单产业法人	#女性
绿化管理	94	91	5485	4827	1902
绿化管理	94	91	5485	4827	1902
公园和游览景区管理	130	122	5265	4706	2077
公园管理	38	36	2806	2612	1036
游览景区管理	92	86	2459	2094	1041
居民服务、修理和其他服务业	**306**	**303**	**4991**	**4912**	**1563**
居民服务业	243	241	4106	4073	1260
家庭服务	4	4	39	39	12
家庭服务	4	4	39	39	12
托儿所服务	3	3	41	41	40
托儿所服务	3	3	41	41	40
保健服务	5	5	45	45	28
保健服务	5	5	45	45	28
婚姻服务	5	5	31	31	20
婚姻服务	5	5	31	31	20
殡葬服务	141	139	3058	3025	676
殡葬服务	141	139	3058	3025	676
其他居民服务业	85	85	892	892	484
其他居民服务业	85	85	892	892	484
机动车、电子产品和日用产品修理业	8	8	146	146	28
汽车、摩托车修理与维护	4	4	136	136	25
汽车修理与维护	4	4	136	136	25
计算机和办公设备维修	4	4	10	10	3
计算机和辅助设备修理	3	3	9	9	3
其他办公设备维修	1	1	1	1	
其他服务业	55	54	739	693	275
清洁服务	39	38	546	500	192
建筑物清洁服务	1	1	5	5	
其他清洁服务	38	37	541	495	192
其他未列明服务业	16	16	193	193	83
其他未列明服务业	16	16	193	193	83

3-1　续表 9

行　　业	单位数(个)	#单产业法人	从业人员期末人数(人)	#单产业法人	#女性
教育	**8141**	**7378**	**638347**	**535443**	**380628**
教育	8141	7378	638347	535443	380628
学前教育	1266	1084	58109	44107	53612
学前教育	1266	1084	58109	44107	53612
初等教育	3084	2677	202921	158188	135272
普通小学教育	3068	2661	202661	157928	135121
成人小学教育	16	16	260	260	151
中等教育	2278	2146	252505	227100	133461
普通初中教育	1421	1335	135022	120515	74502
职业初中教育	22	20	3625	3115	1977
成人初中教育	16	16	267	267	114
普通高中教育	419	392	74385	67426	36935
成人高中教育	82	81	1016	950	436
中等职业学校教育	318	302	38190	34827	19497
高等教育	240	219	100041	83034	46430
普通高等教育	95	81	91974	76228	42594
成人高等教育	145	138	8067	6806	3836
特殊教育	74	73	2757	2755	1745
特殊教育	74	73	2757	2755	1745
技能培训、教育辅助及其他教育	1199	1179	22014	20259	10108
职业技能培训	627	621	9866	9333	4501
体校及体育培训	54	51	1650	1180	825
文化艺术培训	33	32	1275	723	747
教育辅助服务	172	172	3025	3025	1253
其他未列明教育	313	303	6198	5998	2782
卫生和社会工作	**3536**	**2618**	**377346**	**238033**	**246062**
卫生	2666	1756	366791	227892	239598
医院	450	333	250798	171441	166123
综合医院	236	155	188514	124010	124265

3-1 续表 10

行业	单位数(个)	#单产业法人	从业人员期末人数(人)	#单产业法人	#女性
中医医院	78	61	37665	29059	25092
中西医结合医院	8	3	3830	1942	2774
专科医院	62	51	18730	14539	12803
疗养院	66	63	2059	1891	1189
社区医疗与卫生院	1636	875	86336	31097	53173
社区卫生服务中心(站)	615	310	41051	13508	26337
街道卫生院	69	36	3102	781	2049
乡镇卫生院	952	529	42183	16808	24787
门诊部(所)	82	82	705	705	422
门诊部(所)	82	82	705	705	422
计划生育技术服务活动	185	179	2832	2671	2189
计划生育技术服务活动	185	179	2832	2671	2189
妇幼保健院(所、站)	94	85	15440	12381	12309
妇幼保健院(所、站)	94	85	15440	12381	12309
专科疾病防治院(所、站)	19	16	1091	959	631
专科疾病防治院(所、站)	19	16	1091	959	631
疾病预防控制中心	114	102	6740	5845	3286
疾病预防控制中心	114	102	6740	5845	3286
其他卫生活动	86	84	2849	2793	1465
其他卫生活动	86	84	2849	2793	1465
社会工作	870	862	10555	10141	6464
提供住宿社会工作	595	591	8246	8134	5158
干部休养所	61	60	507	501	195
护理机构服务	7	7	25	25	14
精神康复服务	4	4	152	152	59
老年人、残疾人养护服务	448	446	5646	5582	3665
孤残儿童收养和庇护服务	34	33	1174	1132	900
其他提供住宿社会救助	41	41	742	742	325
不提供住宿社会工作	275	271	2309	2007	1306
社会看护与帮助服务	164	161	1518	1455	873
其他不提供住宿社会工作	111	110	791	552	433

3-1　续表 11

行　　业	单位数(个)	#单产业法人	从业人员期末人数(人)	#单产业法人	#女性
文化、体育和娱乐业	**1632**	**1556**	**56351**	**44136**	**26133**
新闻和出版业	170	165	9422	7905	4220
新闻业	45	45	1239	1239	549
新闻业	45	45	1239	1239	549
出版业	125	120	8183	6666	3671
图书出版	3	2	82	6	44
报纸出版	71	67	7672	6231	3399
期刊出版	49	49	410	410	218
其他出版业	2	2	19	19	10
广播、电视、电影和影视录音制作业	141	107	20964	12200	8268
广播	25	22	1074	693	360
广播	25	22	1074	693	360
电视	98	70	19193	11096	7671
电视	98	70	19193	11096	7671
电影和影视节目制作	7	6	552	325	192
电影和影视节目制作	7	6	552	325	192
电影和影视节目发行	1	1	5	5	2
电影和影视节目发行	1	1	5	5	2
电影放映	10	8	140	81	43
电影放映	10	8	140	81	43
文化艺术业	1162	1129	22994	21445	12383
文艺创作与表演	70	69	2978	2965	1422
文艺创作与表演	70	69	2978	2965	1422
艺术表演场馆	38	36	1021	990	386
艺术表演场馆	38	36	1021	990	386
图书馆与档案馆	259	249	5723	4921	3622
图书馆	97	91	3516	2768	2376
档案馆	162	158	2207	2153	1246
文物及非物质文化遗产保护	113	106	1598	1344	727
文物及非物质文化遗产保护	113	106	1598	1344	727

3-1 续表 12

行业	单位数(个)	#单产业法人	从业人员期末人数(人)	#单产业法人	#女性
博物馆	112	111	2928	2859	1461
博物馆	112	111	2928	2859	1461
烈士陵园、纪念馆	39	39	328	328	157
烈士陵园、纪念馆	39	39	328	328	157
群众文化活动	449	437	7544	7164	4258
群众文化活动	449	437	7544	7164	4258
其他文化艺术业	82	82	874	874	350
其他文化艺术业	82	82	874	874	350
体育	123	119	2119	1734	837
体育组织	69	66	1202	1101	460
体育组织	69	66	1202	1101	460
体育场馆	26	26	349	349	127
体育场馆	26	26	349	349	127
休闲健身活动	20	20	200	200	98
休闲健身活动	20	20	200	200	98
其他体育	8	7	368	84	152
其他体育	8	7	368	84	152
娱乐业	36	36	852	852	425
室内娱乐活动	4	4	47	47	26
其他室内娱乐活动	4	4	47	47	26
游乐园	8	8	232	232	146
游乐园	8	8	232	232	146
彩票活动	20	20	482	482	212
彩票活动	20	20	482	482	212
文化、娱乐、体育经纪代理	3	3	26	26	9
其他文化艺术经纪代理	3	3	26	26	9
其他娱乐业	1	1	65	65	32
其他娱乐业	1	1	65	65	32

3-1　续表 13

行　业	单位数(个)	#单产业法人	从业人员期末人数(人)	#单产业法人	#女性
公共管理、社会保障和社会组织	**10587**	**10314**	**163052**	**141970**	**54701**
中国共产党机关	165	163	1093	1071	300
中国共产党机关	165	163	1093	1071	300
中国共产党机关	165	163	1093	1071	300
国家机构	10036	9769	154745	133990	50685
国家权力机构	20	20	93	93	22
国家权力机构	20	20	93	93	22
国家行政机构	9849	9582	153038	132283	49960
综合事务管理机构	2148	2108	31546	28040	12080
对外事务管理机构	73	73	445	445	215
公共安全管理机构	392	374	16713	12879	3304
社会事务管理机构	2353	2317	25735	23431	10739
经济事务管理机构	3008	2892	45307	37686	13957
行政监督检查机构	1875	1818	33292	29802	9665
人民法院和人民检察院	47	47	486	486	280
人民法院	27	27	344	344	215
人民检察院	20	20	142	142	65
其他国家机构	120	120	1128	1128	423
其他国家机构	120	120	1128	1128	423
人民政协、民主党派	35	35	300	300	107
人民政协	13	13	51	51	14
人民政协	13	13	51	51	14
民主党派	22	22	249	249	93
民主党派	22	22	249	249	93
社会保障	347	344	6840	6566	3574
社会保障	347	344	6840	6566	3574
社会保障	347	344	6840	6566	3574
群众团体、社会团体和其他成员组织	4	3	74	43	35
群众团体	4	3	74	43	35
其他群众团体	4	3	74	43	35

3-2 按地区分组的事业法人单位数及从业人数

地　区	单位数（个）	#单产业法人	从业人员期末人数（人）	#单产业法人	#女性
全　省	**30744**	**28476**	**1419707**	**1119526**	**773248**
杭州市	**4829**	**4376**	**332966**	**271148**	**183759**
上城区	378	363	36229	29235	21588
下城区	379	357	30605	27988	17294
江干区	413	400	44332	39377	23762
拱墅区	316	304	19398	15858	11828
西湖区	745	701	64410	55413	32298
滨江区	150	144	9102	7878	5102
萧山区	545	496	36372	28889	21933
余杭区	447	376	26530	18355	15204
桐庐县	209	178	10787	8302	5772
淳安县	260	202	9608	7041	4313
建德市	264	226	11025	7480	5765
富阳市	354	313	19427	14208	11233
临安市	369	316	15141	11124	7667
宁波市	**3719**	**3479**	**201983**	**168034**	**114352**
海曙区	368	351	25333	22476	14285
江东区	230	207	16168	13300	9525
江北区	243	230	14559	12536	7943
北仑区	299	277	14213	10912	8344
镇海区	209	193	11822	9695	6405
鄞州区	628	591	31939	25313	18299
象山县	392	362	15296	11901	8594
宁海县	246	220	13726	10520	8255
余姚市	361	341	20955	18496	12049
慈溪市	523	515	27793	26351	15331
奉化市	220	192	10179	6534	5322

3-2　续表 1

地　区	单位数(个)	#单产业法人	从业人员期末人数(人)	#单产业法人	#女性
温州市	**3650**	**3377**	**185185**	**144052**	**100528**
鹿城区	590	520	42531	22795	24703
龙湾区	208	194	8141	7353	4706
瓯海区	229	214	23155	20593	12085
洞头县	153	141	2912	2307	1457
永嘉县	383	368	15766	14463	7968
平阳县	347	330	14853	12672	7452
苍南县	453	426	20348	17859	9724
文成县	196	164	5945	3736	3126
泰顺县	208	178	6797	5234	3459
瑞安市	435	432	22640	19102	12860
乐清市	448	410	22097	17938	12988
嘉兴市	**2704**	**2566**	**103966**	**84825**	**56200**
南湖区	455	430	22230	17156	12823
秀洲区	288	277	9073	7627	4591
嘉善县	335	317	10826	10027	5937
海盐县	356	337	11095	9054	5795
海宁市	428	398	17813	12957	9887
平湖市	364	345	14692	12498	7366
桐乡市	478	462	18237	15506	9801
湖州市	**1693**	**1580**	**69216**	**52520**	**35965**
吴兴区	558	535	26583	18740	12769
南浔区	311	294	7667	5741	3945
德清县	284	276	11673	9797	6293
长兴县	281	252	12950	10132	7392
安吉县	259	223	10343	8110	5566

3-2 续表 2

地　区	单位数（个）	#单产业法人	从业人员期末人数（人）	#单产业法人	#女性
绍兴市	**2394**	**2113**	**112125**	**74467**	**62642**
越城区	569	515	29024	21228	16421
绍兴县	435	379	17293	9711	9625
新昌县	199	147	8827	4413	4662
诸暨市	414	350	25674	11777	15036
上虞市	447	422	17008	15037	9475
嵊州市	330	300	14299	12301	7423
金华市	**2690**	**2484**	**124870**	**97270**	**64770**
婺城区	504	474	28023	17785	12454
金东区	175	155	5512	4204	2663
武义县	223	196	8518	6249	4549
浦江县	228	208	8447	7181	4119
磐安县	171	161	4644	4230	2319
兰溪市	342	300	12443	8828	6127
义乌市	345	330	23952	21827	12594
东阳市	411	400	17354	14110	10355
永康市	291	260	15977	12856	9590
衢州市	**1831**	**1716**	**51065**	**38190**	**25511**
柯城区	407	385	16531	13296	8857
衢江区	253	245	4726	4137	2385
常山县	292	276	5636	3861	2642
开化县	323	295	6289	4284	2618
龙游县	271	271	7815	7815	3933
江山市	285	244	10068	4797	5076

3-2 续表 3

地 区	单位数(个)	#单产业法人	从业人员期末人数(人)	#单产业法人	#女性
舟山市	**1257**	**1158**	**37459**	**27792**	**20797**
定海区	576	549	19605	15475	10702
普陀区	248	219	9273	6345	5241
岱山县	176	153	4856	3624	2823
嵊泗县	257	237	3725	2348	2031
台州市	**3297**	**3071**	**130760**	**100382**	**71864**
椒江区	657	624	20423	15598	10727
黄岩区	454	445	13648	12511	7196
路桥区	309	301	10824	9812	5957
玉环县	211	204	10207	8734	6037
三门县	280	254	8309	5623	4160
天台县	300	294	12674	12079	6884
仙居县	296	252	9254	6130	4897
温岭市	392	353	22824	18441	13785
临海市	398	344	22597	11454	12221
丽水市	**2680**	**2556**	**70112**	**60846**	**36860**
莲都区	583	571	20600	19585	10858
青田县	281	242	8850	5723	4662
缙云县	409	409	9082	9082	4865
遂昌县	147	109	5235	3652	2718
松阳县	328	315	5943	4663	2963
云和县	220	219	3739	3616	1973
庆元县	202	189	4369	3971	2290
景宁县	131	128	3493	3383	1768
龙泉市	379	374	8801	7171	4763

3-3 按行业中类、地区

行 业	单位数				
		杭州市	宁波市	温州市	嘉兴市
总 计	**30744**	**4829**	**3719**	**3650**	**2704**
农、林、牧、渔业	**156**	**12**	**17**	**15**	**7**
林业	6	3		2	1
造林和更新	1				1
森林经营和管护	4	2		2	
木材和竹材采运	1	1			
畜牧业	1	1			
其他畜牧业	1	1			
农、林、牧、渔服务业	149	8	17	13	6
农业服务业	64	2	8	5	5
林业服务业	70	6	8	7	
畜牧服务业	6			1	1
渔业服务业	9		1		
电力、热力、燃气及水生产和供应业	**12**			**3**	**2**
电力、热力生产和供应业	9			3	
电力生产	8			3	
电力供应	1				
水的生产和供应业	3				2
自来水生产和供应	3				2
交通运输、仓储和邮政业	**234**	**40**	**42**	**18**	**24**
道路运输业	162	25	28	12	18
道路货物运输	2	1			
道路运输辅助活动	160	24	28	12	18
水上运输业	47	8	9	5	5
水上运输辅助活动	47	8	9	5	5
航空运输业	9	3	1	1	
航空运输辅助活动	9	3	1	1	
装卸搬运和运输代理业	1				
运输代理业	1				

分组的事业法人单位数

单位：个

湖州市	绍兴市	金华市	衢州市	舟山市	台州市	丽水市
1693	**2394**	**2690**	**1831**	**1257**	**3297**	**2680**
9	**9**	**15**	**12**		**17**	**43**
9	9	15	12		17	43
4	3	3	3		7	24
5	4	10	8		4	18
	2		1		1	
		2			5	1
		5				**2**
		5				1
		4				1
		1				
						1
						1
10	**14**	**23**	**15**	**6**	**21**	**21**
10	9	20	12	3	15	10
	1					
10	8	20	12	3	15	10
	5		1	2	3	9
	5		1	2	3	9
		1	1	1	1	
		1	1	1	1	
		1				
		1				

3-3 续表 1

行　业	单位数	杭州市	宁波市	温州市	嘉兴市
仓储业	14	4	4		1
谷物、棉花等农产品仓储	6	3	1		1
其他仓储业	8	1	3		
邮政业	1				
邮政基本服务	1				
住宿和餐饮业	**15**	**9**	**2**	**1**	
住宿业	11	8	2		
一般旅馆	8	6	2		
其他住宿业	3	2			
餐饮业	4	1		1	
正餐服务	2			1	
快餐服务	2	1			
信息传输、软件和信息技术服务业	**329**	**40**	**30**	**20**	**71**
电信、广播电视和卫星传输服务	193	6	18	12	57
广播电视传输服务	193	6	18	12	57
互联网和相关服务	29	5	2	3	5
互联网接入及相关服务	2	1			
互联网信息服务	27	4	2	3	5
软件和信息技术服务业	107	29	10	5	9
软件开发	5	1	1	2	
信息系统集成服务	29	7			6
信息技术咨询服务	24	9	2	3	2
数据处理和存储服务	33	8	5		1
其他信息技术服务业	16	4	2		
金融业	**29**	**4**	**2**	**1**	**2**
货币金融服务	9		1		1
银行监管服务	9		1		1
资本市场服务	11	3	1	1	1

单位：个

湖州市	绍兴市	金华市	衢州市	舟山市	台州市	丽水市
		1	1		1	2
						1
		1	1		1	1
					1	
					1	
	1	**2**				
	1					
	1					
		2				
		1				
		1				
40	**36**	**11**	**21**	**13**	**18**	**29**
20	29	4	16	6	6	19
20	29	4	16	6	6	19
3			2	7		2
			1			
3			1	7		2
17	7	7	3		12	8
	1					
6	1		1		5	3
1		4	1			2
9	3	2			5	
1	2	1	1		2	3
2	**4**	**4**	**2**	**1**	**1**	**6**
1	1	1	1	1	1	1
1	1	1	1	1	1	1
	2		1			2

3-3 续表 2

行 业	单位数	杭州市	宁波市	温州市	嘉兴市
证券市场服务	8	3		1	1
资本投资服务	2				
其他资本市场服务	1		1		
保险业	1				
其他保险活动	1				
其他金融业	8	1			
金融信息服务	5				
其他未列明金融业	3	1			
房地产业	**400**	**48**	**72**	**46**	**42**
房地产业	400	48	72	46	42
物业管理	42	12	5	7	5
房地产中介服务	13	2	3	4	
自有房地产经营活动	20	4		5	5
其他房地产业	325	30	64	30	32
租赁和商务服务业	**1344**	**237**	**213**	**143**	**105**
商务服务业	1344	237	213	143	105
企业管理服务	628	120	98	67	47
法律服务	202	28	21	18	22
咨询与调查	13	1	11		
广告业	2				1
知识产权服务	11	5	1	2	
人力资源服务	278	38	54	34	19
旅行社及相关服务	29	9	5	1	1
其他商务服务业	181	36	23	21	15
科学研究和技术服务业	**2594**	**436**	**248**	**276**	**284**
研究和试验发展	285	80	43	28	23
自然科学研究和试验发展	20	10	1	1	
工程和技术研究和试验发展	73	18	10	9	20
农业科学研究和试验发展	68	12	8	6	1

单位：个

湖州市	绍兴市	金华市	衢州市	舟山市	台州市	丽水市
			1			2
	2					
		1				
		1				
1	1	2				3
1		1				3
	1	1				
23	**16**	**19**	**20**	**20**	**52**	**42**
23	16	19	20	20	52	42
6	1	3			1	2
		2	1			1
		1		1	4	
17	15	13	19	19	47	39
82	**128**	**76**	**43**	**67**	**126**	**124**
82	128	76	43	67	126	124
38	66	21	15	31	53	72
12	22	18	8	10	27	16
		1				
			1			
		1			1	1
21	18	19	10	16	29	20
	3	3	1	2	1	3
11	19	13	8	8	15	12
124	**171**	**198**	**198**	**83**	**305**	**271**
15	23	15	12	10	23	13
1	2	2	1	2		
4	4	1	1	3	3	
5	6	10	5	2	6	7

3-3 续表 3

行　业	单位数	杭州市	宁波市	温州市	嘉兴市
医学研究和试验发展	20	4	4	5	
社会人文科学研究	104	36	20	7	2
专业技术服务业	1542	256	152	195	143
气象服务	238	25	26	27	21
地震服务	13	3		1	2
海洋服务	10	1	3	4	
测绘服务	53	10	4	5	3
质检技术服务	420	61	40	42	48
环境与生态监测	123	21	16	19	10
地质勘查	41	13	5	3	1
工程技术	524	116	49	89	35
其他专业技术服务业	120	6	9	5	23
科技推广和应用服务业	767	100	53	53	118
技术推广服务	668	82	39	44	103
科技中介服务	74	11	12	5	10
其他科技推广和应用服务业	25	7	2	4	5
水利、环境和公共设施管理业	**1429**	**234**	**205**	**153**	**126**
水利管理业	629	65	96	40	41
防洪除涝设施管理	132	22	9	9	13
水资源管理	132	15	19	12	8
天然水收集与分配	176	13	42	9	4
水文服务	52	3	8	2	6
其他水利管理业	137	12	18	8	10
生态保护和环境治理业	92	21	6	20	5
生态保护	68	15	3	15	2
环境治理业	24	6	3	5	3
公共设施管理业	708	148	103	93	80
市政设施管理	169	44	23	16	26
环境卫生管理	275	61	48	37	37

单位：个

湖州市	绍兴市	金华市	衢州市	舟山市	台州市	丽水市
2	1	2				2
3	10		5	3	14	4
68	97	114	114	58	192	153
11	14	23	13	16	37	25
1					2	4
					2	
2	6	2	6	4	8	3
24	29	34	32	17	49	44
3	7	6	5	9	15	12
4	2	3	4	1	3	2
21	31	34	29	11	57	52
2	8	12	25		19	11
41	51	69	72	15	90	105
34	48	58	63	14	82	101
7	3	8	6	1	8	3
		3	3			1
71	**125**	**147**	**76**	**37**	**153**	**102**
33	73	90	43	8	96	44
11	11	9	10	3	26	9
7	14	19	9	2	22	5
11	23	31	8		30	5
4	5	5	5		7	7
	20	26	11	3	11	18
4	5	11	7	1	5	7
3	3	10	7	1	2	7
1	2	1			3	
34	47	46	26	28	52	51
11	6	13	5	2	9	14
14	12	9	8	19	17	13

3-3 续表 4

行业	单位数	杭州市	宁波市	温州市	嘉兴市
城乡市容管理	40	8	7	6	3
绿化管理	94	19	13	8	5
公园和游览景区管理	130	16	12	26	9
居民服务、修理和其他服务业	**306**	**70**	**45**	**30**	**27**
居民服务业	243	50	40	20	17
家庭服务	4		1	1	
托儿所服务	3		1	2	
保健服务	5	1	2		
婚姻服务	5	2		1	
殡葬服务	141	21	20	12	11
其他居民服务业	85	26	16	4	6
机动车、电子产品和日用产品修理业	8	4		2	
汽车、摩托车修理与维护	4	3		1	
计算机和办公设备维修	4	1		1	
其他服务业	55	16	5	8	10
清洁服务	39	9	5	5	6
其他未列明服务业	16	7		3	4
教育	**8141**	**1488**	**1166**	**1334**	**568**
教育	8141	1488	1166	1334	568
学前教育	1266	313	217	97	113
初等教育	3084	487	398	672	154
中等教育	2278	351	336	409	153
高等教育	240	86	29	23	14
特殊教育	74	16	10	7	5
技能培训、教育辅助及其他教育	1199	235	176	126	129
卫生和社会工作	**3536**	**590**	**444**	**477**	**255**
卫生	2666	385	308	426	157
医院	450	89	70	50	32

单位：个

湖州市	绍兴市	金华市	衢州市	舟山市	台州市	丽水市
1	4	3	1		4	3
2	10	9	7	3	10	8
6	15	12	5	4	12	13
9	**32**	**31**	**11**	**8**	**18**	**25**
9	24	26	11	8	17	21
		1			1	
	1	1				
		2				
9	9	9	11	8	12	19
	14	13			4	2
		1				1
		1				1
	8	4			1	3
	7	3			1	3
	1	1				
462	**622**	**792**	**296**	**227**	**697**	**489**
462	622	792	296	227	697	489
109	94	72	17	52	128	54
130	208	391	127	63	208	246
138	202	226	90	53	229	91
6	14	18	12	6	17	15
5	4	6	5	3	10	3
74	100	79	45	50	105	80
180	**219**	**331**	**208**	**137**	**339**	**356**
121	194	285	151	81	257	301
27	33	46	18	15	43	27

3-3 续表 5

行业	单位数				
		杭州市	宁波市	温州市	嘉兴市
社区医疗与卫生院	1636	205	150	300	80
门诊部(所)	82	15	23	10	3
计划生育技术服务活动	185	23	24	21	12
妇幼保健院(所、站)	94	11	11	12	7
专科疾病防治院(所、站)	19	5	4		2
疾病预防控制中心	114	24	14	15	8
其他卫生活动	86	13	12	18	13
社会工作	870	205	136	51	98
提供住宿社会工作	595	133	96	31	60
不提供住宿社会工作	275	72	40	20	38
文化、体育和娱乐业	**1632**	**327**	**217**	**163**	**163**
新闻和出版业	170	71	13	16	8
新闻业	45	12	7	12	1
出版业	125	59	6	4	7
广播、电视、电影和影视录音制作业	141	20	24	14	10
广播	25	5	3	4	5
电视	98	10	19	7	4
电影和影视节目制作	7	3		1	
电影和影视节目发行	1			1	
电影放映	10	2	2	1	1
文化艺术业	1162	203	159	122	128
文艺创作与表演	70	27	8	9	4
艺术表演场馆	38	7	5	4	1
图书馆与档案馆	259	47	31	30	21
文物及非物质文化遗产保护	113	18	16	16	9
博物馆	112	25	13	8	19
烈士陵园、纪念馆	39	3	5	8	4
群众文化活动	449	71	80	40	33
其他文化艺术业	82	5	1	7	37

单位：个

湖州市	绍兴市	金华市	衢州市	舟山市	台州市	丽水市
68	117	173	108	48	166	221
3	6	18		1	1	2
9	13	17	8	6	24	28
4	9	10	6	4	11	9
2	3	3				
5	7	11	6	5	10	9
3	6	7	5	2	2	5
59	25	46	57	56	82	55
48	20	36	29	39	61	42
11	5	10	28	17	21	13
84	**110**	**121**	**65**	**57**	**153**	**172**
4	6	12	5	7	17	11
	1	5	1	4	1	1
4	5	7	4	3	16	10
6	9	11	8	6	10	23
	1	1	2	1	1	2
6	7	9	6	4	7	19
	1				1	1
		1		1	1	1
64	82	84	45	34	115	126
	4	6	3		7	2
4	3	4	1	2	5	2
15	17	20	15	11	36	16
3	13	11	6		9	12
6	6	10	3	2	11	9
3		5	1	1	4	5
31	33	24	15	16	34	72
2	6	4	1	2	9	8

3-3 续表 6

行业	单位数				
		杭州市	宁波市	温州市	嘉兴市
体育	123	24	17	11	12
体育组织	69	18	11	6	5
体育场馆	26	2	4	2	3
休闲健身活动	20	1	2	2	3
其他体育	8	3		1	1
娱乐业	36	9	4		5
室内娱乐活动	4	2			1
游乐园	8	1	1		1
彩票活动	20	6	1		2
文化、娱乐、体育经纪代理	3		2		1
其他娱乐业	1				
公共管理、社会保障和社会组织	**10587**	**1294**	**1016**	**970**	**1028**
中国共产党机关	165	26	10	11	11
中国共产党机关	165	26	10	11	11
国家机构	10036	1217	927	950	994
国家权力机构	20	2	1	2	
国家行政机构	9849	1192	914	931	982
人民法院和人民检察院	47	10	5	2	7
其他国家机构	120	13	7	15	5
人民政协、民主党派	35	1	4	3	2
人民政协	13	1	3		
民主党派	22		1	3	2
社会保障	347	50	75	6	21
社会保障	347	50	75	6	21
群众团体、社会团体和其他成员组织	4				
群众团体	4				

单位：个

湖州市	绍兴市	金华市	衢州市	舟山市	台州市	丽水市
7	10	8	6	8	10	10
	7	4		5	6	7
5		3	3		2	2
2	2	1	3	2	1	1
	1			1	1	
3	3	6	1	2	1	2
	1					
	1	1			1	2
3	1	4	1	2		
		1				
597	**907**	**915**	**864**	**601**	**1397**	**998**
3	4	20	17		45	18
3	4	20	17		45	18
560	888	853	801	596	1310	940
			3		5	7
558	872	810	789	594	1280	927
	3	4	6	2	7	1
2	13	39	3		18	5
		7	4		8	6
			1		4	4
		7	3		4	2
34	15	35	42	5	30	34
34	15	35	42	5	30	34
					4	
					4	

3-4 按行业大类、地区分组的

行业	从业人员期末人数	杭州市	宁波市	温州市	嘉兴市
总　计	**1419707**	**332966**	**201983**	**185185**	**103966**
农、林、牧、渔业	**1982**	**250**	**200**	**545**	**126**
林业	492	103		326	63
畜牧业	54	54			
农、林、牧、渔服务业	1436	93	200	219	63
电力、热力、燃气及水生产和供应业	**268**			**28**	**29**
电力、热力生产和供应业	236			28	
水的生产和供应业	32				29
交通运输、仓储和邮政业	**15774**	**3744**	**2864**	**1621**	**1172**
道路运输业	12137	2877	2035	1204	843
水上运输业	1842	462	538	190	322
航空运输业	1510	373	211	227	
装卸搬运和运输代理业	58				
仓储业	187	32	80		7
邮政业	40				
住宿和餐饮业	**492**	**366**	**73**	**9**	
住宿业	423	340	73		
餐饮业	69	26		9	
信息传输、软件和信息技术服务业	**6518**	**928**	**635**	**258**	**898**
电信、广播电视和卫星传输服务	5130	223	459	218	794
互联网和相关服务	176	35	17	18	40
软件和信息技术服务业	1212	670	159	22	64
金融业	**596**	**25**	**10**	**3**	**60**
货币金融服务	486		5		59
资本市场服务	41	19	5	3	1
保险业	33				
其他金融业	36	6			
房地产业	**7418**	**1184**	**1302**	**817**	**464**
房地产业	7418	1184	1302	817	464

事业法人单位从业人数

单位：人

湖州市	绍兴市	金华市	衢州市	舟山市	台州市	丽水市
69216	**112125**	**124870**	**51065**	**37459**	**130760**	**70112**
74	**136**	**135**	**82**		**51**	**383**
74	136	135	82		51	383
		193				**18**
		193				15
						3
1228	**941**	**1774**	**981**	**141**	**809**	**499**
1228	900	1371	907	71	380	321
	41		1	63	72	153
		305	71	7	316	
		58				
		40	2		1	25
					40	
	10	**34**				
	10					
		34				
451	**1384**	**360**	**276**	**227**	**773**	**328**
315	1360	321	254	201	717	268
15			9	26		16
121	24	39	13		56	44
58	**79**	**109**	**42**	**50**	**68**	**92**
52	68	69	41	50	68	74
	10		1			2
		33				
6	1	7				16
552	**469**	**436**	**315**	**319**	**944**	**616**
552	469	436	315	319	944	616

3-4 续表

行 业	从业人员期末人数	杭州市	宁波市	温州市	嘉兴市
租赁和商务服务业	**20128**	**4932**	**4503**	**2155**	**1111**
商务服务业	20128	4932	4503	2155	1111
科学研究和技术服务业	**55533**	**18836**	**7635**	**6013**	**3356**
研究和试验发展	11240	6232	1596	981	509
专业技术服务业	35347	10577	5091	4222	1605
科技推广和应用服务业	8946	2027	948	810	1242
水利、环境和公共设施管理业	**70911**	**16690**	**11102**	**6505**	**3495**
水利管理业	9070	1431	1733	651	486
生态保护和环境治理业	1849	675	146	444	34
公共设施管理业	59992	14584	9223	5410	2975
居民服务、修理和其他服务业	**4991**	**1251**	**798**	**496**	**392**
居民服务业	4106	829	714	381	274
机动车、电子产品和日用产品修理业	146	118		24	
其他服务业	739	304	84	91	118
教育	**638347**	**149813**	**87803**	**87931**	**47161**
教育	638347	149813	87803	87931	47161
卫生和社会工作	**377346**	**88885**	**55743**	**51477**	**27081**
卫生	366791	85610	53797	50775	26071
社会工作	10555	3275	1946	702	1010
文化、体育和娱乐业	**56351**	**17565**	**7293**	**7015**	**3653**
新闻和出版业	9422	3465	583	1323	511
广播、电视、电影和影视录音制作业	20964	5189	3354	3169	996
文化艺术业	22994	7918	3007	2282	1913
体育	2119	766	272	241	124
娱乐业	852	227	77		109
公共管理、社会保障和社会组织	**163052**	**28497**	**22022**	**20312**	**14968**
中国共产党机关	1093	243	105	122	51
国家机构	154745	26895	20453	19608	14527
人民政协、民主党派	300	35	65	7	57
社会保障	6840	1324	1399	575	333
群众团体、社会团体和其他成员组织	74				

单位：人

湖州市	绍兴市	金华市	衢州市	舟山市	台州市	丽水市
871	**1470**	**1048**	**411**	**854**	**1608**	**1165**
871	1470	1048	411	854	1608	1165
2922	**2780**	**3407**	**2032**	**1491**	**3957**	**3104**
417	216	174	115	269	531	200
2080	2009	2596	1365	1093	2672	2037
425	555	637	552	129	754	867
3698	**6286**	**10865**	**1117**	**1832**	**6475**	**2846**
526	1148	1249	316	22	1136	372
32	21	132	75	21	56	213
3140	5117	9484	726	1789	5283	2261
179	**344**	**432**	**196**	**119**	**497**	**287**
179	259	389	196	119	494	272
		3				1
	85	40			3	14
30683	**53890**	**56251**	**22408**	**13494**	**59117**	**29796**
30683	53890	56251	22408	13494	59117	29796
18110	**31058**	**32189**	**12087**	**8362**	**34909**	**17445**
17506	30649	31432	11671	7922	34384	16974
604	409	757	416	440	525	471
2409	**3191**	**4938**	**1891**	**1804**	**3565**	**3027**
447	497	989	109	373	695	430
801	840	2143	994	681	1366	1431
958	1637	1493	738	630	1378	1040
167	135	127	23	75	75	114
36	82	186	27	45	51	12
7981	**10087**	**12699**	**9227**	**8766**	**17987**	**10506**
34	37	176	50		171	104
7538	9636	11969	8591	8652	17073	9803
		15	18		12	91
409	414	539	568	114	657	508
					74	

3-5 按行业小类分组的机关法人单位数及从业人数

行业	单位数（个）	#单产业法人	从业人员期末人数（人）	#单产业法人	#女性
总 计	**8389**	**6883**	**553449**	**295636**	**148695**
公共管理、社会保障和社会组织	**8389**	**6883**	**553449**	**295636**	**148695**
中国共产党机关	1124	1063	24853	22973	6334
中国共产党机关	1124	1063	24853	22973	6334
中国共产党机关	1124	1063	24853	22973	6334
国家机构	6983	5543	523711	267909	141005
国家权力机构	139	138	4367	4329	917
国家权力机构	139	138	4367	4329	917
国家行政机构	6572	5226	489642	249018	129751
综合事务管理机构	3028	2411	217948	140135	69418
对外事务管理机构	88	86	882	762	303
公共安全管理机构	490	322	146312	36425	23845
社会事务管理机构	1138	969	33737	23251	11040
经济事务管理机构	1561	1204	74650	38584	21496
行政监督检查机构	267	234	16113	9861	3649
人民法院和人民检察院	220	128	28857	13755	10075
人民法院	112	38	18293	5077	6510
人民检察院	108	90	10564	8678	3565
其他国家机构	52	51	845	807	262
其他国家机构	52	51	845	807	262
人民政协、民主党派	281	276	4874	4743	1351
人民政协	121	117	3439	3312	797
人民政协	121	117	3439	3312	797
民主党派	160	159	1435	1431	554
民主党派	160	159	1435	1431	554
社会保障	1	1	11	11	5
社会保障	1	1	11	11	5
社会保障	1	1	11	11	5

3-6　按地区分组的机关法人单位数及从业人数

地　区	单位数(个)	#单产业法人	从业人员期末人数(人)	#单产业法人	#女性
全　省	**8389**	**6883**	**553449**	**295636**	**148695**
杭州市	**1252**	**1053**	**99581**	**59224**	**26258**
上城区	101	96	9070	6323	2646
下城区	112	106	5046	4048	1591
江干区	93	88	11284	8518	2723
拱墅区	120	111	6464	4903	1829
西湖区	167	155	13171	10111	3566
滨江区	40	39	1699	1633	525
萧山区	107	91	12628	7237	3102
余杭区	102	58	15021	4113	3562
桐庐县	67	51	3287	1413	939
淳安县	81	59	4281	2236	1080
建德市	71	57	4723	3204	1371
富阳市	108	92	6835	3478	1686
临安市	83	50	6072	2007	1638
宁波市	**998**	**798**	**78755**	**36580**	**22510**
海曙区	137	122	10251	7612	2923
江东区	68	58	7974	3206	1727
江北区	63	33	3302	945	959
北仑区	110	96	6463	3262	1887
镇海区	66	53	3817	1877	1187
鄞州区	120	102	10191	5383	2968
象山县	103	92	6145	3925	2254
宁海县	78	45	6284	1715	1892
余姚市	75	51	9968	2897	2819
慈溪市	99	86	9013	3700	2292
奉化市	79	60	5347	2058	1602
温州市	**956**	**631**	**85406**	**30262**	**22485**
鹿城区	177	147	16932	6254	3754
龙湾区	87	64	6466	4112	1696
瓯海区	74	48	7137	2158	1962
洞头县	59	38	1983	516	578
永嘉县	68	56	6601	3936	1763
平阳县	81	50	7846	1742	2216

3-6 续表 1

地 区	单位数（个）	#单产业法人	从业人员期末人数（人）	#单产业法人	#女性
苍南县	99	55	10803	1003	2373
文成县	67	21	3809	886	1274
泰顺县	60	10	3955	262	1175
瑞安市	79	67	9836	6337	2487
乐清市	105	75	10038	3056	3207
嘉兴市	**604**	**547**	**31335**	**19267**	**7702**
南湖区	136	123	5685	3605	1527
秀洲区	79	73	4443	2170	971
嘉善县	70	55	5060	1773	1078
海盐县	72	64	2976	1577	747
海宁市	73	71	4310	4029	1076
平湖市	75	66	4700	3136	1195
桐乡市	99	95	4161	2977	1108
湖州市	**433**	**369**	**27937**	**14709**	**7160**
吴兴区	154	142	7672	6043	2022
南浔区	60	57	2470	1494	546
德清县	72	53	4266	1666	1294
长兴县	72	55	6381	2617	1480
安吉县	75	62	7148	2889	1818
绍兴市	**611**	**529**	**40008**	**23178**	**10685**
越城区	149	135	7937	5069	2187
绍兴县	87	75	6943	3269	1865
新昌县	80	52	4317	1725	1171
诸暨市	100	95	8784	6235	2344
上虞市	102	90	6913	3899	1902
嵊州市	93	82	5114	2981	1216
金华市	**810**	**650**	**53283**	**28101**	**14041**
婺城区	171	157	10292	7778	2751
金东区	65	48	3259	1820	915
武义县	87	76	3974	2121	1048
浦江县	77	55	3263	1311	954
磐安县	68	40	2395	1098	647
兰溪市	86	58	4278	1662	1111
义乌市	98	88	12138	6150	2628
东阳市	86	78	5610	3173	1589
永康市	72	50	8074	2988	2398

3-6　续表 2

地　区	单位数（个）	#单产业法人	从业人员期末人数（人）	#单产业法人	#女性
衢州市	**702**	**591**	**26557**	**16676**	**7045**
柯城区	180	154	6987	4724	1960
衢江区	94	89	5570	4958	1477
常山县	104	79	3649	1168	967
开化县	134	114	2672	1409	649
龙游县	92	89	3761	3225	1065
江山市	98	66	3918	1192	927
舟山市	**345**	**253**	**18660**	**9587**	**5448**
定海区	144	131	8520	6324	2405
普陀区	75	53	4723	1934	1364
岱山县	58	14	3399	248	1071
嵊泗县	68	55	2018	1081	608
台州市	**809**	**682**	**55081**	**32483**	**15025**
椒江区	175	167	10805	8593	3107
黄岩区	79	74	5023	3047	1293
路桥区	67	61	5097	2544	1489
玉环县	76	58	6341	3360	1786
三门县	74	45	4105	1116	1019
天台县	68	62	4094	3154	1184
仙居县	89	61	4433	1678	1218
温岭市	79	71	8495	5636	2212
临海市	102	83	6688	3355	1717
丽水市	**869**	**780**	**36846**	**25569**	**10336**
莲都区	196	182	9565	6768	2737
青田县	99	89	4795	3083	1213
缙云县	83	78	4327	3179	1266
遂昌县	80	52	2943	1204	848
松阳县	71	63	3194	2118	871
云和县	100	95	2223	1599	658
庆元县	79	67	3020	1853	800
景宁县	82	77	2836	2387	921
龙泉市	79	77	3943	3378	1022

3-7 按行业中类、地区分组的机关法人单位数

单位：个

行业	单位数	杭州市	宁波市	温州市	嘉兴市	湖州市
总 计	**8389**	**1252**	**998**	**956**	**604**	**433**
公共管理、社会保障和社会组织	**8389**	**1252**	**998**	**956**	**604**	**433**
中国共产党机关	1124	165	121	131	83	59
中国共产党机关	1124	165	121	131	83	59
国家机构	6983	1048	854	795	492	362
国家权力机构	139	20	18	14	8	6
国家行政机构	6572	989	803	744	463	342
人民法院和人民检察院	220	36	28	24	16	12
其他国家机构	52	3	5	13	5	2
人民政协、民主党派	281	39	23	30	29	12
人民政协	121	16	12	13	10	6
民主党派	160	23	11	17	19	6
社会保障	1					
社会保障	1					

3-7 续表 单位：个

行业	绍兴市	金华市	衢州市	舟山市	台州市	丽水市
总 计	**611**	**810**	**702**	**345**	**809**	**869**
公共管理、社会保障和社会组织	**611**	**810**	**702**	**345**	**809**	**869**
中国共产党机关	64	118	110	52	119	102
中国共产党机关	64	118	110	52	119	102
国家机构	521	667	561	281	661	741
国家权力机构	9	10	17	7	15	15
国家行政机构	489	629	524	263	625	701
人民法院和人民检察院	16	20	18	10	20	20
其他国家机构	7	8	2	1	1	5
人民政协、民主党派	26	25	31	12	29	25
人民政协	8	10	15	6	13	12
民主党派	18	15	16	6	16	13
社会保障						1
社会保障						1

3-8 按行业大类、地区分组的机关法人单位从业人数

单位：人

行业	从业人员期末人数	杭州市	宁波市	温州市	嘉兴市	湖州市
总计	**553449**	**99581**	**78755**	**85406**	**31335**	**27937**
公共管理、社会保障和社会组织	**553449**	**99581**	**78755**	**85406**	**31335**	**27937**
中国共产党机关	24853	4611	3574	3271	1489	1253
国家机构	523711	93970	74665	81615	29549	26504
人民政协、民主党派	4874	1000	516	520	297	180
社会保障	11					

3-8　续表　　单位：人

行　业	绍兴市	金华市	衢州市	舟山市	台州市	丽水市
总　计	**40008**	**53283**	**26557**	**18660**	**55081**	**36846**
公共管理、社会保障和社会组织	**40008**	**53283**	**26557**	**18660**	**55081**	**36846**
中国共产党机关	1347	2292	1696	1054	2360	1906
国家机构	38107	50457	24561	17347	52265	34671
人民政协、民主党派	554	534	300	259	456	258
社会保障						11

3-9 按行业小类分组的社会团体法人单位数及从业人数

行业	单位数(个)	#单产业法人	从业人员期末人数(人)	#单产业法人	#女性
总计	**18342**	**18094**	**141183**	**136153**	**50288**
住宿和餐饮业	**3**	**3**	**200**	**200**	**133**
住宿业	1	1	195	195	132
旅游饭店	1	1	195	195	132
旅游饭店	1	1	195	195	132
餐饮业	2	2	5	5	1
正餐服务	2	2	5	5	1
正餐服务	2	2	5	5	1
金融业	**33**	**33**	**771**	**771**	**50**
货币金融服务	28	28	702	702	34
非货币银行服务	28	28	702	702	34
其他非货币银行服务	28	28	702	702	34
资本市场服务	1	1	6	6	
资本投资服务	1	1	6	6	
资本投资服务	1	1	6	6	
其他金融业	4	4	63	63	16
其他未列明金融业	4	4	63	63	16
其他未列明金融业	4	4	63	63	16
租赁和商务服务业	**10**	**10**	**138**	**138**	**27**
商务服务业	10	10	138	138	27
企业管理服务	2	2	12	12	2
其他企业管理服务	2	2	12	12	2
咨询与调查	1	1	2	2	1
社会经济咨询	1	1	2	2	1
安全保护服务	1	1	4	4	1
安全服务	1	1	4	4	1
其他商务服务业	6	6	120	120	23
市场管理	2	2	10	10	2
会议及展览服务	1	1	1	1	
信用服务	1	1	97	97	20
担保服务	2	2	12	12	1

3-9　续表 1

行　　业	单位数（个）	#单产业法人	从业人员期末人数（人）	#单产业法人	#女性
科学研究和技术服务业	**5**	**5**	**13**	**13**	**3**
研究和试验发展	4	4	10	10	2
工程和技术研究和试验发展	2	2	2	2	
工程和技术研究和试验发展	2	2	2	2	
农业科学研究和试验发展	1	1	5	5	2
农业科学研究和试验发展	1	1	5	5	2
社会人文科学研究	1	1	3	3	
社会人文科学研究	1	1	3	3	
科技推广和应用服务业	1	1	3	3	1
技术推广服务	1	1	3	3	1
其他技术推广服务	1	1	3	3	1
水利、环境和公共设施管理业	**2**	**2**	**9**	**9**	**1**
公共设施管理业	2	2	9	9	1
公园和游览景区管理	2	2	9	9	1
公园管理	2	2	9	9	1
居民服务、修理和其他服务业	**36**	**36**	**464**	**464**	**409**
居民服务业	36	36	464	464	409
托儿所服务	19	19	370	370	352
托儿所服务	19	19	370	370	352
保健服务	2	2	7	7	4
保健服务	2	2	7	7	4
殡葬服务	1	1	6	6	1
殡葬服务	1	1	6	6	1
其他居民服务业	14	14	81	81	52
其他居民服务业	14	14	81	81	52
卫生和社会工作	**150**	**142**	**1068**	**1006**	**413**
卫生	1	1	5	5	2
计划生育技术服务活动	1	1	5	5	2
计划生育技术服务活动	1	1	5	5	2
社会工作	149	141	1063	1001	411
不提供住宿社会工作	149	141	1063	1001	411
社会看护与帮助服务	6	6	31	31	12
其他不提供住宿社会工作	143	135	1032	970	399

3-9 续表 2

行业	单位数(个)	#单产业法人	从业人员期末人数(人)	#单产业法人	#女性
文化、体育和娱乐业	**12**	**12**	**110**	**110**	**35**
文化艺术业	5	5	58	58	21
文艺创作与表演	2	2	49	49	18
文艺创作与表演	2	2	49	49	18
文物及非物质文化遗产保护	1	1	5	5	2
文物及非物质文化遗产保护	1	1	5	5	2
其他文化艺术业	2	2	4	4	1
其他文化艺术业	2	2	4	4	1
体育	6	6	50	50	13
体育组织	5	5	45	45	13
体育组织	5	5	45	45	13
休闲健身活动	1	1	5	5	
休闲健身活动	1	1	5	5	
娱乐业	1	1	2	2	1
彩票活动	1	1	2	2	1
彩票活动	1	1	2	2	1
公共管理、社会保障和社会组织	**18091**	**17851**	**138410**	**133442**	**49217**
群众团体、社会团体和其他成员组织	18091	17851	138410	133442	49217
群众团体	887	851	10823	10291	4924
工会	239	228	4819	4612	2245
妇联	112	108	951	920	813
共青团	92	90	737	707	327
其他群众团体	444	425	4316	4052	1539
社会团体	17180	16983	127143	123069	44075
专业性团体	8156	8069	60793	59953	22089
行业性团体	5542	5459	33891	30985	10831
其他社会团体	3482	3455	32459	32131	11155
宗教组织	24	17	444	82	218
宗教组织	24	17	444	82	218

3-10　按地区分组的社会团体法人单位数及从业人数

地　区	单位数(个)	#单产业法人	从业人员期末人数(人)	#单产业法人	#女性
全　省	**18342**	**18094**	**141183**	**136153**	**50288**
杭州市	**3415**	**3363**	**21359**	**20514**	**8102**
上城区	394	387	2041	1940	926
下城区	549	546	3445	3239	1403
江干区	215	213	1481	1472	443
拱墅区	125	121	1056	871	355
西湖区	655	652	3734	3696	1515
滨江区	104	104	1219	1219	708
萧山区	254	245	897	807	331
余杭区	245	238	2025	1936	764
桐庐县	147	145	1165	1148	366
淳安县	115	113	923	919	240
建德市	194	190	1073	1054	342
富阳市	219	214	1300	1270	421
临安市	199	195	1000	943	288
宁波市	**2315**	**2238**	**15819**	**15038**	**6512**
海曙区	405	382	2360	2210	1113
江东区	218	208	1839	1798	814
江北区	111	109	898	884	266
北仑区	157	153	706	675	297
镇海区	135	131	788	611	321
鄞州区	243	240	1037	1006	423
象山县	206	195	1045	987	356
宁海县	165	153	1019	875	288
余姚市	190	189	3110	3068	1319
慈溪市	277	274	1666	1638	643
奉化市	208	204	1351	1286	672
温州市	**3017**	**2979**	**24331**	**23913**	**10115**
鹿城区	901	893	7866	7696	3884
龙湾区	201	200	2000	1984	864
瓯海区	160	157	861	825	255
洞头县	127	125	2288	2279	1069
永嘉县	192	192	1604	1604	357
平阳县	285	282	1295	1272	415

3-10 续表 1

地　区	单位数(个)	#单产业法人	从业人员期末人数(人)	#单产业法人	#女性
苍南县	284	278	2374	2302	1096
文成县	153	146	892	845	265
泰顺县	115	110	712	679	237
瑞安市	277	275	1511	1505	511
乐清市	322	321	2928	2922	1162
嘉兴市	**1197**	**1188**	**10515**	**10461**	**3704**
南湖区	382	381	2723	2704	1013
秀洲区	103	103	368	368	127
嘉善县	127	126	2130	2128	545
海盐县	107	106	2127	2119	1012
海宁市	199	194	1968	1944	675
平湖市	146	146	350	350	130
桐乡市	133	132	849	848	202
湖州市	**694**	**693**	**5794**	**5784**	**2007**
吴兴区	219	219	2490	2490	955
南浔区	108	108	1034	1034	193
德清县	111	111	681	681	338
长兴县	142	142	1073	1073	351
安吉县	114	113	516	506	170
绍兴市	**1356**	**1352**	**8067**	**8037**	**2387**
越城区	423	422	1753	1748	543
绍兴县	184	184	595	595	219
新昌县	145	143	1552	1534	406
诸暨市	248	248	1037	1037	165
上虞市	173	173	1250	1250	402
嵊州市	183	182	1880	1873	652
金华市	**1855**	**1837**	**16400**	**15964**	**5307**
婺城区	420	418	4696	4438	1808
金东区	90	90	513	513	109
武义县	167	166	1980	1974	467
浦江县	228	228	1173	1173	413
磐安县	102	101	2060	2056	586
兰溪市	136	135	634	626	184
义乌市	367	358	2306	2194	774
东阳市	172	171	1039	1032	267
永康市	173	170	1999	1958	699

3-10　续表 2

地　区	单位数(个)	#单产业法人	从业人员期末人数(人)	#单产业法人	#女性
衢州市	**852**	**847**	**10381**	**10341**	**3247**
柯城区	356	354	7124	7103	2179
衢江区	67	67	359	359	48
常山县	80	79	315	314	79
开化县	83	82	251	239	64
龙游县	149	149	1462	1462	513
江山市	117	116	870	864	364
舟山市	**653**	**644**	**3750**	**1992**	**1013**
定海区	365	360	1139	1106	469
普陀区	130	128	2094	384	338
岱山县	84	82	313	298	122
嵊泗县	74	74	204	204	84
台州市	**1613**	**1596**	**10626**	**10145**	**3556**
椒江区	398	394	2041	2008	677
黄岩区	222	220	960	956	302
路桥区	167	162	1331	1249	426
玉环县	99	99	903	903	252
三门县	93	90	632	292	288
天台县	131	131	1888	1888	574
仙居县	117	116	656	647	256
温岭市	245	245	1273	1273	431
临海市	141	139	942	929	350
丽水市	**1375**	**1357**	**14141**	**13964**	**4338**
莲都区	386	374	3476	3358	1324
青田县	160	159	2871	2857	984
缙云县	177	177	1165	1165	350
遂昌县	102	98	557	517	173
松阳县	142	142	1108	1108	247
云和县	65	65	850	850	290
庆元县	119	119	1497	1497	338
景宁县	81	81	479	479	150
龙泉市	143	142	2138	2133	482

3-11 按行业中类、地区分组的

行　业	单位数	杭州市	宁波市	温州市	嘉兴市
总　计	**18342**	**3415**	**2315**	**3017**	**1197**
住宿和餐饮业	**3**				
住宿业	1				
旅游饭店	1				
餐饮业	2				
正餐服务	2				
金融业	**33**				
货币金融服务	28				
非货币银行服务	28				
资本市场服务	1				
资本投资服务	1				
其他金融业	4				
其他未列明金融业	4				
租赁和商务服务业	**10**			**5**	
商务服务业	10			5	
企业管理服务	2			1	
咨询与调查	1			1	
安全保护服务	1			1	
其他商务服务业	6			2	
科学研究和技术服务业	**5**			**1**	
研究和试验发展	4			1	
工程和技术研究和试验发展	2			1	
农业科学研究和试验发展	1				
社会人文科学研究	1				
科技推广和应用服务业	1				
技术推广服务	1				
水利、环境和公共设施管理业	**2**			**2**	
公共设施管理业	2			2	
公园和游览景区管理	2			2	

社会团体法人单位数

单位：个

湖州市	绍兴市	金华市	衢州市	舟山市	台州市	丽水市
694	**1356**	**1855**	**852**	**653**	**1613**	**1375**
		2				**1**
		1				
		1				
		1				1
		1				1
		3				**30**
		3				25
		3				25
						1
						1
						4
						4
		3				**2**
		3				2
		1				
		2				2
		3				**1**
		3				
		1				
		1				
		1				
						1
						1

3-11 续表

行业	单位数	杭州市	宁波市	温州市	嘉兴市
居民服务、修理和其他服务业	**36**			**36**	
居民服务业	36			36	
托儿所服务	19			19	
保健服务	2			2	
殡葬服务	1			1	
其他居民服务业	14			14	
卫生和社会工作	**150**	**24**	**17**	**27**	**11**
卫生	1			1	
计划生育技术服务活动	1			1	
社会工作	149	24	17	26	11
不提供住宿社会工作	149	24	17	26	11
文化、体育和娱乐业	**12**	**1**	**1**	**5**	
文化艺术业	5			2	
文艺创作与表演	2			2	
文物及非物质文化遗产保护	1				
其他文化艺术业	2				
体育	6	1	1	3	
体育组织	5	1	1	2	
休闲健身活动	1			1	
娱乐业	1				
彩票活动	1				
公共管理、社会保障和社会组织	**18091**	**3390**	**2297**	**2941**	**1186**
群众团体、社会团体和其他成员组织	18091	3390	2297	2941	1186
群众团体	887	149	137	151	46
社会团体	17180	3241	2159	2790	1127
宗教组织	24		1		13

单位：个

湖州市	绍兴市	金华市	衢州市	舟山市	台州市	丽水市
8	**4**	**22**	**11**	**9**	**9**	**8**
8	4	22	11	9	9	8
8	4	22	11	9	9	8
		3				**2**
		2				1
		1				
		1				1
						1
						1
		1				
		1				
686	**1352**	**1819**	**841**	**644**	**1604**	**1331**
686	1352	1819	841	644	1604	1331
43	47	39	59	33	95	88
642	1305	1780	782	611	1501	1242
1					8	1

3-12 按行业大类、地区分组的

行业	从业人员期末人数	杭州市	宁波市	温州市	嘉兴市
总　计	**141183**	**21359**	**15819**	**24331**	**10515**
住宿和餐饮业	**200**				
住宿业	195				
餐饮业	5				
金融业	**771**				
货币金融服务	702				
资本市场服务	6				
其他金融业	63				
租赁和商务服务业	**138**			**23**	
商务服务业	138			23	
科学研究和技术服务业	**13**			**1**	
研究和试验发展	10			1	
科技推广和应用服务业	3				
水利、环境和公共设施管理业	**9**			**9**	
公共设施管理业	9			9	
居民服务、修理和其他服务业	**464**			**464**	
居民服务业	464			464	
卫生和社会工作	**1068**	**121**	**163**	**239**	**40**
卫生	5			5	
社会工作	1063	121	163	234	40
文化、体育和娱乐业	**110**	**6**	**9**	**67**	
文化艺术业	58			49	
体育	50	6	9	18	
娱乐业	2				
公共管理、社会保障和社会组织	**138410**	**21232**	**15647**	**23528**	**10475**
群众团体、社会团体和其他成员组织	138410	21232	15647	23528	10475

社会团体法人单位从业人数

单位：人

湖州市	绍兴市	金华市	衢州市	舟山市	台州市	丽水市
5794	**8067**	**16400**	**10381**	**3750**	**10626**	**14141**
		198				**2**
		195				
		3				2
		13				**758**
		13				689
						6
						63
		103				**12**
		103				12
		9				**3**
		9				
						3
176	**22**	**110**	**45**	**42**	**86**	**24**
176	22	110	45	42	86	24
		8				**20**
		6				3
						17
		2				
5618	**8045**	**15959**	**10336**	**3708**	**10540**	**13322**
5618	8045	15959	10336	3708	10540	13322

3-13 按行业小类分组的民办非企业法人单位数及从业人数

行业	单位数(个)	#单产业法人	从业人员期末人数(人)	#单产业法人	#女性
总 计	**15691**	**15565**	**271279**	**263122**	**189699**
农、林、牧、渔业	**18**	**18**	**76**	**76**	**21**
农、林、牧、渔服务业	18	18	76	76	21
农业服务业	13	13	49	49	13
农业机械服务	1	1	7	7	2
灌溉服务	6	6	15	15	1
农产品初加工服务	1	1	5	5	
其他农业服务	5	5	22	22	10
林业服务业	1	1	4	4	1
其他林业服务	1	1	4	4	1
畜牧服务业	2	2	13	13	3
畜牧服务业	2	2	13	13	3
渔业服务业	2	2	10	10	4
渔业服务业	2	2	10	10	4
制造业	**3**	**3**	**15**	**15**	**1**
文教、工美、体育和娱乐用品制造业	1	1	2	2	1
工艺美术品制造	1	1	2	2	1
金属工艺品制造	1	1	2	2	1
非金属矿物制品业	2	2	13	13	
陶瓷制品制造	2	2	13	13	
园林、陈设艺术及其他陶瓷制品制造	2	2	13	13	
电力、热力、燃气及水生产和供应业	**2**	**2**	**12**	**12**	
电力、热力生产和供应业	2	2	12	12	
电力生产	2	2	12	12	
水力发电	2	2	12	12	
批发和零售业	**2**	**2**	**7**	**7**	**2**
批发业	1	1	5	5	1
医药及医疗器材批发	1	1	5	5	1
中药批发	1	1	5	5	1
零售业	1	1	2	2	1
文化、体育用品及器材专门零售	1	1	2	2	1
工艺美术品及收藏品零售	1	1	2	2	1

3-13　续表 1

行　业	单位数(个)	#单产业法人	从业人员期末人数(人)	#单产业法人	#女性
交通运输、仓储和邮政业	**1**	**1**	**20**	**20**	**5**
道路运输业	1	1	20	20	5
道路货物运输	1	1	20	20	5
道路货物运输	1	1	20	20	5
住宿和餐饮业	**2**	**2**	**8**	**8**	**3**
餐饮业	2	2	8	8	3
其他餐饮业	2	2	8	8	3
餐饮配送服务	1	1	4	4	2
其他未列明餐饮业	1	1	4	4	1
信息传输、软件和信息技术服务业	**22**	**22**	**104**	**104**	**32**
互联网和相关服务	2	2	6	6	1
互联网接入及相关服务	1	1	3	3	
互联网接入及相关服务	1	1	3	3	
其他互联网服务	1	1	3	3	1
其他互联网服务	1	1	3	3	1
软件和信息技术服务业	20	20	98	98	31
软件开发	9	9	52	52	12
软件开发	9	9	52	52	12
信息技术咨询服务	6	6	24	24	7
信息技术咨询服务	6	6	24	24	7
数据处理和存储服务	2	2	7	7	5
数据处理和存储服务	2	2	7	7	5
集成电路设计	1	1	1	1	
集成电路设计	1	1	1	1	
其他信息技术服务业	2	2	14	14	7
其他未列明信息技术服务业	2	2	14	14	7
金融业	**99**	**99**	**1349**	**1349**	**189**
货币金融服务	95	95	1327	1327	180
非货币银行服务	95	95	1327	1327	180
其他非货币银行服务	95	95	1327	1327	180

3-13 续表 2

行　业	单位数(个)	#单产业法人	从业人员期末人数(人)	#单产业法人	#女性
资本市场服务	1	1	2	2	1
其他资本市场服务	1	1	2	2	1
其他资本市场服务	1	1	2	2	1
其他金融业	3	3	20	20	8
其他未列明金融业	3	3	20	20	8
其他未列明金融业	3	3	20	20	8
房地产业	**14**	**13**	**81**	**80**	**23**
房地产业	14	13	81	80	23
物业管理	8	8	44	44	18
物业管理	8	8	44	44	18
自有房地产经营活动	3	3	18	18	2
自有房地产经营活动	3	3	18	18	2
其他房地产业	3	2	19	18	3
其他房地产业	3	2	19	18	3
租赁和商务服务业	**517**	**513**	**7298**	**7148**	**3035**
租赁业	1	1	1	1	
机械设备租赁	1	1	1	1	
汽车租赁	1	1	1	1	
商务服务业	516	512	7297	7147	3035
企业管理服务	121	121	968	968	392
企业总部管理	5	5	65	65	37
投资与资产管理	4	4	12	12	3
单位后勤管理服务	5	5	324	324	211
其他企业管理服务	107	107	567	567	141
法律服务	90	87	704	593	238
律师及相关法律服务	70	67	645	534	221
其他法律服务	20	20	59	59	17
咨询与调查	126	125	820	781	382
会计、审计及税务服务	21	21	181	181	111
市场调查	2	2	27	27	7

3-13 续表 3

行业	单位数（个）	#单产业法人	从业人员期末人数（人）	#单产业法人	#女性
社会经济咨询	78	77	434	395	215
其他专业咨询	25	25	178	178	49
广告业	1	1	13	13	11
广告业	1	1	13	13	11
知识产权服务	5	5	37	37	19
知识产权服务	5	5	37	37	19
人力资源服务	66	66	3343	3343	1581
公共就业服务	24	24	793	793	396
职业中介服务	15	15	224	224	94
劳务派遣服务	6	6	1688	1688	860
其他人力资源服务	21	21	638	638	231
旅行社及相关服务	18	18	178	178	112
旅行社服务	5	5	84	84	53
旅游管理服务	6	6	20	20	9
其他旅行社相关服务	7	7	74	74	50
安全保护服务	5	5	725	725	96
安全服务	5	5	725	725	96
其他商务服务业	84	84	509	509	204
市场管理	18	18	233	233	96
会议及展览服务	34	34	124	124	47
办公服务	2	2	6	6	5
担保服务	2	2	5	5	4
其他未列明商务服务业	28	28	141	141	52
科学研究和技术服务业	**759**	**758**	**6062**	**6058**	**1949**
研究和试验发展	449	449	3428	3428	1184
自然科学研究和试验发展	11	11	63	63	21
自然科学研究和试验发展	11	11	63	63	21
工程和技术研究和试验发展	109	109	1299	1299	563
工程和技术研究和试验发展	109	109	1299	1299	563
农业科学研究和试验发展	119	119	623	623	173
农业科学研究和试验发展	119	119	623	623	173

3-13 续表 4

行业	单位数（个）	#单产业法人	从业人员期末人数（人）	#单产业法人	#女性
医学研究和试验发展	124	124	834	834	245
医学研究和试验发展	124	124	834	834	245
社会人文科学研究	86	86	609	609	182
社会人文科学研究	86	86	609	609	182
专业技术服务业	83	82	1238	1234	316
气象服务	1	1	2	2	1
气象服务	1	1	2	2	1
地震服务	1	1	420	420	40
地震服务	1	1	420	420	40
海洋服务	1	1	23	23	12
海洋服务	1	1	23	23	12
测绘服务	1	1	4	4	1
测绘服务	1	1	4	4	1
质检技术服务	19	19	142	142	51
质检技术服务	19	19	142	142	51
环境与生态监测	5	5	50	50	15
环境保护监测	4	4	40	40	15
生态监测	1	1	10	10	
工程技术	18	18	162	162	54
工程管理服务	6	6	28	28	7
工程勘察设计	3	3	16	16	3
规划管理	9	9	118	118	44
其他专业技术服务业	37	36	435	431	142
专业化设计服务	24	24	336	336	112
摄影扩印服务	5	5	35	35	18
兽医服务	5	4	42	38	2
其他未列明专业技术服务业	3	3	22	22	10
科技推广和应用服务业	227	227	1396	1396	449
技术推广服务	162	162	1074	1074	331
农业技术推广服务	83	83	509	509	176
生物技术推广服务	7	7	28	28	13

3-13　续表 5

行　业	单位数（个）	#单产业法人	从业人员期末人数（人）	#单产业法人	#女性
新材料技术推广服务	12	12	65	65	7
节能技术推广服务	4	4	21	21	5
其他技术推广服务	56	56	451	451	130
科技中介服务	46	46	217	217	77
科技中介服务	46	46	217	217	77
其他科技推广和应用服务业	19	19	105	105	41
其他科技推广和应用服务业	19	19	105	105	41
水利、环境和公共设施管理业	**86**	**86**	**1156**	**1156**	**504**
水利管理业	33	33	158	158	52
防洪除涝设施管理	1	1	1	1	
防洪除涝设施管理	1	1	1	1	
水资源管理	3	3	5	5	
水资源管理	3	3	5	5	
天然水收集与分配	21	21	72	72	11
天然水收集与分配	21	21	72	72	11
水文服务	1	1	1	1	
水文服务	1	1	1	1	
其他水利管理业	7	7	79	79	41
其他水利管理业	7	7	79	79	41
生态保护和环境治理业	14	14	50	50	9
生态保护	7	7	25	25	7
野生动物保护	5	5	16	16	5
野生植物保护	2	2	9	9	2
环境治理业	7	7	25	25	2
水污染治理	2	2	11	11	
固体废物治理	3	3	5	5	1
其他污染治理	2	2	9	9	1
公共设施管理业	39	39	948	948	443
市政设施管理	4	4	60	60	8
市政设施管理	4	4	60	60	8
环境卫生管理	13	13	573	573	331
环境卫生管理	13	13	573	573	331

3-13 续表 6

行业	单位数（个）	#单产业法人	从业人员期末人数（人）	#单产业法人	#女性
城乡市容管理	2	2	19	19	4
城乡市容管理	2	2	19	19	4
绿化管理	7	7	98	98	25
绿化管理	7	7	98	98	25
公园和游览景区管理	13	13	198	198	75
公园管理	3	3	41	41	11
游览景区管理	10	10	157	157	64
居民服务、修理和其他服务业	**301**	**301**	**2855**	**2855**	**1547**
居民服务业	268	268	2474	2474	1341
家庭服务	3	3	19	19	14
家庭服务	3	3	19	19	14
托儿所服务	39	39	260	260	233
托儿所服务	39	39	260	260	233
保健服务	1	1	9	9	7
保健服务	1	1	9	9	7
婚姻服务	11	11	53	53	45
婚姻服务	11	11	53	53	45
殡葬服务	81	81	373	373	56
殡葬服务	81	81	373	373	56
其他居民服务业	133	133	1760	1760	986
其他居民服务业	133	133	1760	1760	986
机动车、电子产品和日用产品修理业	5	5	17	17	4
汽车、摩托车修理与维护	1	1	4	4	
汽车修理与维护	1	1	4	4	
计算机和办公设备维修	2	2	2	2	
通讯设备修理	2	2	2	2	
家用电器修理	2	2	11	11	4
日用电器修理	2	2	11	11	4
其他服务业	28	28	364	364	202
清洁服务	8	8	157	157	80

3-13　续表 7

行　业	单位数(个)	#单产业法人	从业人员期末人数(人)	#单产业法人	#女性
建筑物清洁服务	1	1	1	1	
其他清洁服务	7	7	156	156	80
其他未列明服务业	20	20	207	207	122
其他未列明服务业	20	20	207	207	122
教育	**10301**	**10209**	**197793**	**191624**	**150129**
教育	10301	10209	197793	191624	150129
学前教育	5910	5872	102384	100419	92107
学前教育	5910	5872	102384	100419	92107
初等教育	435	422	23095	21469	15558
普通小学教育	435	422	23095	21469	15558
中等教育	427	421	35720	33955	20035
普通初中教育	137	137	13933	13933	8312
职业初中教育	50	49	823	818	532
成人初中教育	5	5	67	67	41
普通高中教育	128	124	17832	16084	9681
成人高中教育	15	15	308	308	161
中等职业学校教育	92	91	2757	2745	1308
高等教育	61	59	5194	4918	2872
普通高等教育	11	10	3502	3237	1883
成人高等教育	50	49	1692	1681	989
特殊教育	32	32	470	470	353
特殊教育	32	32	470	470	353
技能培训、教育辅助及其他教育	3436	3403	30930	30393	19204
职业技能培训	1319	1311	12562	12425	6998
体校及体育培训	69	68	1170	1108	595
文化艺术培训	1063	1048	7456	7232	5048
教育辅助服务	149	147	1638	1623	1006
其他未列明教育	836	829	8104	8005	5557
卫生和社会工作	**2353**	**2328**	**43221**	**41412**	**26756**
卫生	1017	997	28028	26255	17069
医院	244	240	20402	19119	12706

3-13 续表 8

行 业	单位数(个)	#单产业法人	从业人员期末人数(人)	#单产业法人	#女性
综合医院	96	94	10050	8927	6377
中医医院	19	19	763	763	403
中西医结合医院	3	2	223	129	142
专科医院	103	102	8689	8623	5309
疗养院	23	23	677	677	475
社区医疗与卫生院	302	287	2724	2241	1556
社区卫生服务中心(站)	197	193	1494	1405	870
街道卫生院	26	24	108	92	47
乡镇卫生院	79	70	1122	744	639
门诊部(所)	443	442	4464	4457	2544
门诊部(所)	443	442	4464	4457	2544
计划生育技术服务活动	4	4	37	37	22
计划生育技术服务活动	4	4	37	37	22
专科疾病防治院(所、站)	6	6	40	40	24
专科疾病防治院(所、站)	6	6	40	40	24
疾病预防控制中心	2	2	12	12	9
疾病预防控制中心	2	2	12	12	9
其他卫生活动	16	16	349	349	208
其他卫生活动	16	16	349	349	208
社会工作	1336	1331	15193	15157	9687
提供住宿社会工作	665	662	7334	7316	4938
干部休养所	2	2	7	7	6
护理机构服务	34	33	702	690	483
精神康复服务	10	10	106	106	86
老年人、残疾人养护服务	595	593	6251	6245	4244
孤残儿童收养和庇护服务	14	14	191	191	77
其他提供住宿社会救助	10	10	77	77	42
不提供住宿社会工作	671	669	7859	7841	4749
社会看护与帮助服务	487	487	6494	6494	4142
其他不提供住宿社会工作	184	182	1365	1347	607

3-13 续表 9

行 业	单位数(个)	#单产业法人	从业人员期末人数(人)	#单产业法人	#女性
文化、体育和娱乐业	**1151**	**1149**	**10801**	**10782**	**5293**
新闻和出版业	5	5	34	34	12
新闻业	2	2	18	18	5
新闻业	2	2	18	18	5
出版业	3	3	16	16	7
图书出版	1	1	1	1	
期刊出版	2	2	15	15	7
广播、电视、电影和影视录音制作业	5	5	26	26	8
电影和影视节目制作	3	3	19	19	7
电影和影视节目制作	3	3	19	19	7
电影放映	2	2	7	7	1
电影放映	2	2	7	7	1
文化艺术业	615	615	6140	6140	3317
文艺创作与表演	183	183	2926	2926	1803
文艺创作与表演	183	183	2926	2926	1803
艺术表演场馆	13	13	190	190	101
艺术表演场馆	13	13	190	190	101
图书馆与档案馆	10	10	56	56	22
图书馆	10	10	56	56	22
文物及非物质文化遗产保护	54	54	361	361	140
文物及非物质文化遗产保护	54	54	361	361	140
博物馆	153	153	645	645	261
博物馆	153	153	645	645	261
烈士陵园、纪念馆	14	14	118	118	22
烈士陵园、纪念馆	14	14	118	118	22
群众文化活动	130	130	1542	1542	830
群众文化活动	130	130	1542	1542	830
其他文化艺术业	58	58	302	302	138
其他文化艺术业	58	58	302	302	138
体育	489	487	4376	4357	1860
体育组织	3	3	30	30	21
体育组织	3	3	30	30	21

3-13 续表 10

行 业	单位数(个)	#单产业法人	从业人员期末人数(人)	#单产业法人	#女性
体育场馆	1	1	1	1	1
体育场馆	1	1	1	1	1
休闲健身活动	475	473	4264	4245	1807
休闲健身活动	475	473	4264	4245	1807
其他体育	10	10	81	81	31
其他体育	10	10	81	81	31
娱乐业	37	37	225	225	96
室内娱乐活动	13	13	76	76	15
歌舞厅娱乐活动	1	1	12	12	2
电子游艺厅娱乐活动	1	1	5	5	1
其他室内娱乐活动	11	11	59	59	12
彩票活动	13	13	93	93	51
彩票活动	13	13	93	93	51
文化、娱乐、体育经纪代理	2	2	4	4	1
其他文化艺术经纪代理	2	2	4	4	1
其他娱乐业	9	9	52	52	29
其他娱乐业	9	9	52	52	29
公共管理、社会保障和社会组织	**60**	**59**	**421**	**416**	**210**
国家机构	2	2	5	5	3
国家行政机构	2	2	5	5	3
社会事务管理机构	2	2	5	5	3
社会保障	10	10	130	130	79
社会保障	10	10	130	130	79
社会保障	10	10	130	130	79
群众团体、社会团体和其他成员组织	36	35	195	190	76
社会团体	36	35	195	190	76
其他社会团体	36	35	195	190	76
基层群众自治组织	12	12	91	91	52
社区自治组织	12	12	91	91	52
社区自治组织	12	12	91	91	52

3-14 按地区分组的民办非企业法人单位数及从业人数

地 区	单位数(个)	#单产业法人	从业人员期末人数(人)	#单产业法人	#女性
全 省	**15691**	**15565**	**271279**	**263122**	**189699**
杭州市	**2387**	**2358**	**45535**	**43800**	**31422**
上城区	235	235	3211	3211	2140
下城区	166	162	2931	2775	1953
江干区	213	213	6360	6360	4429
拱墅区	91	91	2053	2053	1487
西湖区	205	204	5283	5193	3409
滨江区	64	63	1413	1408	1010
萧山区	412	405	8690	7857	6500
余杭区	299	295	6283	5797	4329
桐庐县	133	133	1367	1367	858
淳安县	68	66	831	823	576
建德市	130	129	1397	1383	822
富阳市	236	231	3392	3363	2305
临安市	135	131	2324	2210	1604
宁波市	**2938**	**2924**	**51880**	**51595**	**36572**
海曙区	230	227	4493	4419	2837
江东区	152	152	3737	3737	2049
江北区	167	166	3090	3088	2188
北仑区	196	196	3175	3175	2384
镇海区	159	159	3316	3316	2436
鄞州区	414	413	8602	8598	6385
象山县	228	228	2683	2683	2075
宁海县	328	320	4708	4516	3269
余姚市	270	270	4929	4929	3598
慈溪市	633	632	10691	10678	7528
奉化市	161	161	2456	2456	1823
温州市	**3345**	**3321**	**55941**	**55233**	**39569**
鹿城区	461	452	7808	7623	5412
龙湾区	244	242	3788	3761	2712
瓯海区	330	329	5971	5966	4435
洞头县	52	52	519	519	424
永嘉县	301	299	3586	3455	2515
平阳县	201	199	5047	4978	3312

3-14 续表 1

地　区	单位数（个）	#单产业法人	从业人员期末人数（人）	#单产业法人	#女性
苍南县	538	534	9820	9730	7129
文成县	92	92	1233	1233	704
泰顺县	134	133	2623	2540	1285
瑞安市	501	501	6547	6547	5009
乐清市	491	488	8999	8881	6632
嘉兴市	**624**	**618**	**12192**	**11649**	**8377**
南湖区	239	236	4529	4143	2991
秀洲区	71	71	1574	1574	1129
嘉善县	70	69	1679	1649	1115
海盐县	43	42	588	516	478
海宁市	70	70	1656	1656	1175
平湖市	70	69	928	873	579
桐乡市	61	61	1238	1238	910
湖州市	**446**	**432**	**7922**	**7402**	**5321**
吴兴区	148	145	2400	2341	1814
南浔区	49	49	814	814	541
德清县	71	70	1301	1267	880
长兴县	119	109	2030	1603	1300
安吉县	59	59	1377	1377	786
绍兴市	**1086**	**1078**	**17252**	**15671**	**11511**
越城区	287	283	4047	3928	2833
绍兴县	186	186	2253	2253	1511
新昌县	107	105	1523	1289	995
诸暨市	120	119	4661	3437	3060
上虞市	131	130	2010	2006	1242
嵊州市	255	255	2758	2758	1870
金华市	**2213**	**2191**	**36384**	**34449**	**25473**
婺城区	399	392	6890	6710	4794
金东区	159	158	2447	2435	1705
武义县	100	100	1375	1375	697
浦江县	184	182	2716	2670	1916
磐安县	45	45	522	522	364
兰溪市	274	273	2206	2180	1513
义乌市	583	575	10963	9838	8130
东阳市	189	189	4935	4935	3144
永康市	280	277	4330	3784	3210

3-14　续表 2

地　区	单位数(个)	#单产业法人	从业人员期末人数(人)	#单产业法人	#女性
衢州市	**394**	**392**	**5843**	**5684**	**3815**
柯城区	108	107	1708	1643	1072
衢江区	52	52	490	490	343
常山县	49	48	670	576	385
开化县	17	17	221	221	157
龙游县	70	70	1068	1068	641
江山市	98	98	1686	1686	1217
舟山市	**187**	**187**	**2302**	**2302**	**1735**
定海区	96	96	1195	1195	922
普陀区	70	70	884	884	680
岱山县	13	13	120	120	64
嵊泗县	8	8	103	103	69
台州市	**1438**	**1434**	**25937**	**25760**	**18724**
椒江区	201	199	4575	4420	3300
黄岩区	151	151	2656	2656	1946
路桥区	255	255	4666	4666	3292
玉环县	172	170	4018	3996	3200
三门县	114	114	1261	1261	980
天台县	87	87	914	914	679
仙居县	101	101	1522	1522	1085
温岭市	136	136	3441	3441	2188
临海市	221	221	2884	2884	2054
丽水市	**633**	**630**	**10091**	**9577**	**7180**
莲都区	187	186	3540	3182	2599
青田县	59	59	1060	1060	769
缙云县	111	111	2052	2052	1499
遂昌县	36	36	1026	1026	508
松阳县	41	41	466	466	348
云和县	53	51	526	370	391
庆元县	33	33	346	346	266
景宁县	17	17	144	144	112
龙泉市	96	96	931	931	688

3-15 按行业中类、地区分组的

行 业	单位数	杭州市	宁波市	温州市	嘉兴市
总 计	**15691**	**2387**	**2938**	**3345**	**624**
农、林、牧、渔业	**18**		**3**	**7**	
农、林、牧、渔服务业	18		3	7	
农业服务业	13		1	5	
林业服务业	1			1	
畜牧服务业	2			1	
渔业服务业	2		2		
制造业	**3**				
文教、工美、体育和娱乐用品制造业	1				
工艺美术品制造	1				
非金属矿物制品业	2				
陶瓷制品制造	2				
电力、热力、燃气及水生产和供应业	**2**				
电力、热力生产和供应业	2				
电力生产	2				
批发和零售业	**2**	**1**			
批发业	1				
医药及医疗器材批发	1				
零售业	1	1			
文化、体育用品及器材专门零售	1	1			
交通运输、仓储和邮政业	**1**				
道路运输业	1				
道路货物运输	1				
住宿和餐饮业	**2**	**1**			**1**
餐饮业	2	1			1
其他餐饮业	2	1			1
信息传输、软件和信息技术服务业	**22**	**8**	**3**	**1**	**3**
互联网和相关服务	2		1	1	

民办非企业法人单位数

单位：个

湖州市	绍兴市	金华市	衢州市	舟山市	台州市	丽水市
446	**1086**	**2213**	**394**	**187**	**1438**	**633**
	5	**3**				
	5	3				
	5	2				
		1				
						3
						1
						1
						2
						2
		2				
		2				
		2				
						1
						1
						1
		1				
		1				
		1				
	2	**1**		**2**	**2**	

3-15 续表 1

行　业	单位数	杭州市	宁波市	温州市	嘉兴市
互联网接入及相关服务	1			1	
其他互联网服务	1		1		
软件和信息技术服务业	20	8	2		3
软件开发	9	2	1		
信息技术咨询服务	6	3	1		1
数据处理和存储服务	2	1			1
集成电路设计	1				1
其他信息技术服务业	2	2			
金融业	**99**		**1**	**89**	
货币金融服务	95		1	89	
非货币银行服务	95		1	89	
资本市场服务	1				
其他资本市场服务	1				
其他金融业	3				
其他未列明金融业	3				
房地产业	**14**	**2**	**1**	**8**	**2**
房地产业	14	2	1	8	2
物业管理	8	1		5	1
自有房地产经营活动	3			2	1
其他房地产业	3	1	1	1	
租赁和商务服务业	**517**	**96**	**105**	**127**	**34**
租赁业	1	1			
机械设备租赁	1	1			
商务服务业	516	95	105	127	34
企业管理服务	121	15	18	38	
法律服务	90	10	11	37	10
咨询与调查	126	32	22	33	10
广告业	1		1		

单位：个

湖州市	绍兴市	金华市	衢州市	舟山市	台州市	丽水市
	2	1		2	2	
	1	1		2	2	
	1					
2		**7**				
		5				
		5				
1						
1						
1		2				
1		2				
		1				
		1				
		1				
19	**36**	**58**	**8**	**5**	**20**	**9**
19	36	58	8	5	20	9
5	17	19	1	3	3	2
2	5	13	2			
4	7	3	1	2	8	4

3-15 续表 2

行业	单位数	杭州市	宁波市	温州市	嘉兴市
知识产权服务	5		2	1	1
人力资源服务	66	10	32	6	8
旅行社及相关服务	18	2	7	1	1
安全保护服务	5	1	2		
其他商务服务业	84	25	10	11	4
科学研究和技术服务业	**759**	**178**	**97**	**124**	**43**
研究和试验发展	449	91	48	88	19
自然科学研究和试验发展	11	4	3		1
工程和技术研究和试验发展	109	22	16	22	11
农业科学研究和试验发展	119	21	21	8	4
医学研究和试验发展	124	22	3	47	2
社会人文科学研究	86	22	5	11	1
专业技术服务业	83	18	10	15	6
气象服务	1			1	
地震服务	1				
海洋服务	1			1	
测绘服务	1		1		
质检技术服务	19	6	3	1	2
环境与生态监测	5	1		1	
工程技术	18	4	2	5	1
其他专业技术服务业	37	7	4	6	3
科技推广和应用服务业	227	69	39	21	18
技术推广服务	162	51	18	15	13
科技中介服务	46	10	18	5	5
其他科技推广和应用服务业	19	8	3	1	
水利、环境和公共设施管理业	**86**	**11**	**11**	**16**	**6**
水利管理业	33		2	1	1
防洪除涝设施管理	1				

单位：个

湖州市	绍兴市	金华市	衢州市	舟山市	台州市	丽水市
	1					
4	2	1	2			1
		6			1	
		1			1	
4	4	15	2		7	2
18	**67**	**69**	**36**	**9**	**45**	**73**
10	40	36	23	7	30	57
		2			1	
1	11	7	8	2	5	4
2	14	8	8	3	12	18
3	5	9	6	1	11	15
4	10	10	1	1	1	20
3	8	14		2	7	
		1				
	1	4			2	
	1	1			1	
	1	2			3	
3	5	6		2	1	
5	19	19	13		8	16
1	18	17	11		5	13
4		1	1		1	1
	1	1	1		2	2
1	**4**	**24**			**1**	**12**
	3	19				7
						1

3-15 续表 3

行业	单位数	杭州市	宁波市	温州市	嘉兴市
水资源管理	3			1	
天然水收集与分配	21		1		
水文服务	1				
其他水利管理业	7		1		1
生态保护和环境治理业	14	2	1	3	5
生态保护	7	1	1	2	
环境治理业	7	1		1	5
公共设施管理业	39	9	8	12	
市政设施管理	4			4	
环境卫生管理	13	3	6	2	
城乡市容管理	2			1	
绿化管理	7	4	2	1	
公园和游览景区管理	13	2		4	
居民服务、修理和其他服务业	**301**	**39**	**68**	**68**	**6**
居民服务业	268	30	59	62	6
家庭服务	3	1			
托儿所服务	39		1		3
保健服务	1		1		
婚姻服务	11	7	1		1
殡葬服务	81		28	6	2
其他居民服务业	133	22	28	56	
机动车、电子产品和日用产品修理业	5	1		3	
汽车、摩托车修理与维护	1			1	
计算机和办公设备维修	2			1	
家用电器修理	2	1		1	
其他服务业	28	8	9	3	
清洁服务	8	1	4	1	
其他未列明服务业	20	7	5	2	

单位：个

湖州市	绍兴市	金华市	衢州市	舟山市	台州市	丽水市
						2
	3	17				
						1
		2				3
					1	2
					1	2
1	1	5				3
1		1				
						1
	1	4				2
19	**72**	**4**		**2**	**18**	**5**
19	70	2		2	15	3
	2					
15	19			1		
		2				
2	25			1	15	2
2	24					1
		1				
		1				
	2	1			3	2
	2					
		1			3	2

3-15 续表 4

行业	单位数	杭州市	宁波市	温州市	嘉兴市
教育	**10301**	**1268**	**2031**	**2293**	**394**
教育	10301	1268	2031	2293	394
学前教育	5910	553	1096	1409	145
初等教育	435	52	87	74	29
中等教育	427	95	62	88	24
高等教育	61	29	8	6	2
特殊教育	32	4	7	5	3
技能培训、教育辅助及其他教育	3436	535	771	711	191
卫生和社会工作	**2353**	**514**	**397**	**400**	**68**
卫生	1017	220	183	102	21
医院	244	72	23	12	7
社区医疗与卫生院	302	52	64	34	2
门诊部(所)	443	91	94	49	9
计划生育技术服务活动	4	1		2	
专科疾病防治院(所、站)	6			3	
疾病预防控制中心	2				
其他卫生活动	16	4	2	2	3
社会工作	1336	294	214	298	47
提供住宿社会工作	665	95	120	99	15
不提供住宿社会工作	671	199	94	199	32
文化、体育和娱乐业	**1151**	**268**	**218**	**164**	**63**
新闻和出版业	5	3	1		
新闻业	2	1	1		
出版业	3	2			
广播、电视、电影和影视录音制作业	5	2	1		
电影和影视节目制作	3	2			
电影放映	2		1		
文化艺术业	615	169	120	103	16

单位：个

湖州市	绍兴市	金华市	衢州市	舟山市	台州市	丽水市
276	**650**	**1595**	**216**	**112**	**1082**	**384**
276	650	1595	216	112	1082	384
127	260	1127	106	49	730	308
16	27	61	8	7	63	11
11	20	44	17	5	44	17
1	5	5		1	4	
1	1	6	1		1	3
120	337	352	84	50	240	45
67	**178**	**349**	**79**	**24**	**178**	**99**
31	49	256	44	9	59	43
8	10	54	15	3	27	13
15	18	59	27	1	11	19
8	21	136	2	4	18	11
		1				
		1			2	
		1			1	
		4		1		
36	129	93	35	15	119	56
17	104	62	28	12	85	28
19	25	31	7	3	34	28
44	**71**	**97**	**55**	**33**	**92**	**46**
					1	
					1	
		2				
		1				
		1				
30	46	52	5	11	42	21

3-15 续表 5

行　　业	单位数				
		杭州市	宁波市	温州市	嘉兴市
文艺创作与表演	183	54	35	20	3
艺术表演场馆	13	3	1	3	
图书馆与档案馆	10	2		4	
文物及非物质文化遗产保护	54	8	7	24	1
博物馆	153	45	52	8	7
烈士陵园、纪念馆	14	3	2	6	
群众文化活动	130	38	16	30	4
其他文化艺术业	58	16	7	8	1
体育	489	90	91	57	44
体育组织	3	1	1		
体育场馆	1	1			
休闲健身活动	475	82	90	56	44
其他体育	10	6		1	
娱乐业	37	4	5	4	3
室内娱乐活动	13	1	2	4	
彩票活动	13	2	2		2
文化、娱乐、体育经纪代理	2				1
其他娱乐业	9	1	1		
公共管理、社会保障和社会组织	**60**	**1**	**3**	**48**	**4**
国家机构	2			1	
国家行政机构	2			1	
社会保障	10	1	3		4
社会保障	10	1	3		4
群众团体、社会团体和其他成员组织	36			36	
社会团体	36			36	
基层群众自治组织	12			11	
社区自治组织	12			11	

单位：个

湖州市	绍兴市	金华市	衢州市	舟山市	台州市	丽水市
13	16	12	1	5	20	4
	3	2				1
	1	1			2	
	5	6			1	2
6	8	10	1	2	9	5
		2			1	
7	7	7	2	4	8	7
4	6	12	1		1	2
13	22	29	49	22	47	25
		1				
13	22	26	49	22	47	24
		2				1
1	3	14	1		2	
	1	3	1		1	
1	1	4			1	
	1					
		7				
	1	**2**				**1**
						1
						1
	1	1				
	1	1				
		1				
		1				

3-16 按行业大类、地区分组的

行业	从业人员期末人数	杭州市	宁波市	温州市	嘉兴市
总计	**271279**	**45535**	**51880**	**55941**	**12192**
农、林、牧、渔业	**76**		**16**	**36**	
农、林、牧、渔服务业	76		16	36	
制造业	**15**				
文教、工美、体育和娱乐用品制造业	2				
非金属矿物制品业	13				
电力、热力、燃气及水生产和供应业	**12**				
电力、热力生产和供应业	12				
批发和零售业	**7**	**2**			
批发业	5				
零售业	2	2			
交通运输、仓储和邮政业	**20**				
道路运输业	20				
住宿和餐饮业	**8**	**4**			**4**
餐饮业	8	4			4
信息传输、软件和信息技术服务业	**104**	**38**	**5**	**3**	**7**
互联网和相关服务	6		3	3	
软件和信息技术服务业	98	38	2		7
金融业	**1349**		**3**	**1234**	
货币金融服务	1327		3	1234	
资本市场服务	2				
其他金融业	20				
房地产业	**81**	**4**	**10**	**53**	**8**
房地产业	81	4	10	53	8
租赁和商务服务业	**7298**	**860**	**3696**	**785**	**149**
租赁业	1	1			
商务服务业	7297	859	3696	785	149

民办非企业法人单位从业人数

单位：人

湖州市	绍兴市	金华市	衢州市	舟山市	台州市	丽水市
7922	**17252**	**36384**	**5843**	**2302**	**25937**	**10091**
	13	**11**				
	13	11				
						15
						2
						13
		12				
		12				
						5
						5
		20				
		20				
	28	**1**		**19**	**3**	
	28	1		19	3	
13		**99**				
		90				
2						
11		9				
		6				
		6				
172	**304**	**455**	**39**	**18**	**231**	**589**
172	304	455	39	18	231	589

3-16 续表

行　　业	从业人员期末人数	杭州市	宁波市	温州市	嘉兴市
科学研究和技术服务业	**6062**	**1406**	**631**	**717**	**285**
研究和试验发展	3428	858	358	503	100
专业技术服务业	1238	75	106	109	60
科技推广和应用服务业	1396	473	167	105	125
水利、环境和公共设施管理业	**1156**	**93**	**488**	**172**	**61**
水利管理业	158		2	3	47
生态保护和环境治理业	50	6	8	19	14
公共设施管理业	948	87	478	150	
居民服务、修理和其他服务业	**2855**	**269**	**1423**	**352**	**23**
居民服务业	2474	228	1236	308	23
机动车、电子产品和日用产品修理业	17	8		8	
其他服务业	364	33	187	36	
教育	**197793**	**29361**	**37602**	**45261**	**9104**
教育	197793	29361	37602	45261	9104
卫生和社会工作	**43221**	**11738**	**6274**	**4707**	**1401**
卫生	28028	7044	3864	2239	943
社会工作	15193	4694	2410	2468	458
文化、体育和娱乐业	**10801**	**1756**	**1694**	**2337**	**1115**
新闻和出版业	34	23	10		
广播、电视、电影和影视录音制作业	26	15	4		
文化艺术业	6140	1103	1089	1661	82
体育	4376	590	577	642	1004
娱乐业	225	25	14	34	29
公共管理、社会保障和社会组织	**421**	**4**	**38**	**284**	**35**
国家机构	5			3	
社会保障	130	4	38		35
群众团体、社会团体和其他成员组织	195			195	
基层群众自治组织	91			86	

单位：人

湖州市	绍兴市	金华市	衢州市	舟山市	台州市	丽水市
216	**586**	**1119**	**182**	**104**	**374**	**442**
163	332	448	109	43	212	302
35	174	566		61	52	
18	80	105	73		110	140
1	**13**	**249**			**1**	**78**
	8	81				17
					1	2
1	5	168				59
144	**413**	**26**		**11**	**136**	**58**
144	393	5		11	86	40
		1				
	20	20			50	18
4924	**12858**	**25844**	**4032**	**1651**	**20678**	**6478**
4924	12858	25844	4032	1651	20678	6478
2008	**2053**	**7501**	**1364**	**216**	**3769**	**2190**
1612	872	6321	1166	88	2491	1388
396	1181	1180	198	128	1278	802
444	**934**	**1033**	**226**	**283**	**745**	**234**
					1	
		7				
373	760	414	20	95	442	101
68	167	510	198	188	299	133
3	7	102	8		3	
	50	**8**				**2**
						2
	50	3				
		5				

3-17 按行业小类分组的其他法人单位数及从业人数

行　业	单位数（个）	#单产业法人	从业人员期末人数（人）	#单产业法人	#女性
总　计	**57095**	**56559**	**433848**	**428396**	**136887**
农、林、牧、渔业	**1106**	**1085**	**7198**	**6936**	**1471**
农业	10		130		38
蔬菜、食用菌及园艺作物种植	1		50		15
蔬菜种植	1		50		15
水果种植	4		32		7
仁果类和核果类水果种植	2		15		3
柑橘类种植	1		1		
其他水果种植	1		16		4
坚果、含油果、香料和饮料作物种植	4		29		14
含油果种植	1		7		5
茶及其他饮料作物种植	3		22		9
中药材种植	1		19		2
中药材种植	1		19		2
畜牧业	8		121		43
牲畜饲养	2		44		11
猪的饲养	2		44		11
家禽饲养	6		77		32
鸡的饲养	6		77		32
渔业	1		3		1
水产养殖	1		3		1
内陆养殖	1		3		1
农、林、牧、渔服务业	1087	1085	6944	6936	1389
农业服务业	979	977	6043	6035	1258
农业机械服务	347	347	2214	2214	418
灌溉服务	61	61	282	282	31
农产品初加工服务	45	43	309	301	93
其他农业服务	526	526	3238	3238	716
林业服务业	47	47	465	465	43

3-17　续表 1

行　业	单位数（个）	#单产业法人	从业人员期末人数（人）	#单产业法人	#女性
林业有害生物防治服务	14	14	76	76	12
森林防火服务	10	10	274	274	3
林产品初级加工服务	7	7	47	47	11
其他林业服务	16	16	68	68	17
畜牧服务业	38	38	231	231	52
畜牧服务业	38	38	231	231	52
渔业服务业	23	23	205	205	36
渔业服务业	23	23	205	205	36
采矿业	**10**	**10**	**1001**	**1001**	**72**
非金属矿采选业	10	10	1001	1001	72
采盐	10	10	1001	1001	72
采盐	10	10	1001	1001	72
制造业	**158**	**156**	**2044**	**2028**	**1057**
农副食品加工业	86	85	1228	1218	763
谷物磨制	5	5	20	20	7
谷物磨制	5	5	20	20	7
植物油加工	14	14	130	130	39
食用植物油加工	14	14	130	130	39
屠宰及肉类加工	3	3	143	143	84
牲畜屠宰	1	1	3	3	1
肉制品及副产品加工	2	2	140	140	83
水产品加工	19	19	140	140	53
水产品冷冻加工	6	6	11	11	2
鱼糜制品及水产品干腌制加工	12	12	121	121	51
水产饲料制造	1	1	8	8	
蔬菜、水果和坚果加工	33	33	660	660	530
蔬菜加工	21	21	435	435	364
水果和坚果加工	12	12	225	225	166
其他农副食品加工	12	11	135	125	50
淀粉及淀粉制品制造	5	5	27	27	13

3-17 续表 2

行业	单位数(个)	#单产业法人	从业人员期末人数(人)	#单产业法人	#女性
豆制品制造	5	5	78	78	16
其他未列明农副食品加工	2	1	30	20	21
食品制造业	15	15	270	270	103
方便食品制造	13	13	139	139	71
米、面制品制造	13	13	139	139	71
调味品、发酵制品制造	1	1	15	15	7
其他调味品、发酵制品制造	1	1	15	15	7
其他食品制造	1	1	116	116	25
营养食品制造	1	1	116	116	25
酒、饮料和精制茶制造业	51	50	485	479	172
精制茶加工	51	50	485	479	172
精制茶加工	51	50	485	479	172
木材加工和木、竹、藤、棕、草制品业	2	2	31	31	12
竹、藤、棕、草等制品制造	2	2	31	31	12
竹制品制造	2	2	31	31	12
化学原料和化学制品制造业	1	1	7	7	
肥料制造	1	1	7	7	
有机肥料及微生物肥料制造	1	1	7	7	
医药制造业	1	1	10	10	5
中药饮片加工	1	1	10	10	5
中药饮片加工	1	1	10	10	5
汽车制造业	1	1	5	5	
汽车零部件及配件制造	1	1	5	5	
汽车零部件及配件制造	1	1	5	5	
金属制品、机械和设备修理业	1	1	8	8	2
通用设备修理	1	1	8	8	2
通用设备修理	1	1	8	8	2
电力、热力、燃气及水生产和供应业	**6**	**6**	**42**	**42**	**4**
电力、热力生产和供应业	3	3	7	7	
电力生产	2	2	3	3	
水力发电	2	2	3	3	

3-17　续表 3

行　　业	单位数(个)	#单产业法人	从业人员期末人数(人)	#单产业法人	#女性
电力供应	1	1	4	4	
电力供应	1	1	4	4	
燃气生产和供应业	1	1	10	10	1
燃气生产和供应业	1	1	10	10	1
燃气生产和供应业	1	1	10	10	1
水的生产和供应业	2	2	25	25	3
自来水生产和供应	1	1	5	5	1
自来水生产和供应	1	1	5	5	1
其他水的处理、利用与分配	1	1	20	20	2
其他水的处理、利用与分配	1	1	20	20	2
批发和零售业	**1040**	**1038**	**9388**	**9340**	**2894**
批发业	932	930	8582	8534	2560
农、林、牧产品批发	217	217	2062	2062	606
谷物、豆及薯类批发	28	28	276	276	89
种子批发	4	4	25	25	4
饲料批发	1	1	1	1	
林业产品批发	27	27	345	345	98
牲畜批发	89	89	558	558	172
其他农牧产品批发	68	68	857	857	243
食品、饮料及烟草制品批发	676	676	6230	6230	1879
米、面制品及食用油批发	25	25	162	162	42
糕点、糖果及糖批发	1	1	15	15	10
果品、蔬菜批发	506	506	4746	4746	1475
肉、禽、蛋、奶及水产品批发	107	107	1048	1048	277
营养和保健品批发	3	3	15	15	6
酒、饮料及茶叶批发	30	30	206	206	55
其他食品批发	4	4	38	38	14
纺织、服装及家庭用品批发	1	1	5	5	3
其他家庭用品批发	1	1	5	5	3

3-17 续表 4

行　　业	单位数（个）	#单产业法人	从业人员期末人数（人）	#单产业法人	#女性
文化、体育用品及器材批发	1	1	1	1	1
首饰、工艺品及收藏品批发	1	1	1	1	1
医药及医疗器材批发	24	24	175	175	45
中药批发	24	24	175	175	45
矿产品、建材及化工产品批发	6	4	61	13	21
化肥批发	5	4	47	13	14
农药批发	1		14		7
机械设备、五金产品及电子产品批发	5	5	42	42	4
农业机械批发	5	5	42	42	4
其他批发业	2	2	6	6	1
其他未列明批发业	2	2	6	6	1
零售业	108	108	806	806	334
食品、饮料及烟草制品专门零售	106	106	800	800	332
粮油零售	10	10	46	46	13
果品、蔬菜零售	64	64	557	557	264
肉、禽、蛋、奶及水产品零售	14	14	69	69	14
营养和保健品零售	2	2	18	18	8
酒、饮料及茶叶零售	11	11	76	76	21
其他食品零售	5	5	34	34	12
纺织、服装及日用品专门零售	1	1	3	3	1
其他日用品零售	1	1	3	3	1
医药及医疗器材专门零售	1	1	3	3	1
药品零售	1	1	3	3	1
交通运输、仓储和邮政业	**2**	**2**	**33**	**33**	**11**
道路运输业	1	1	21	21	6
道路运输辅助活动	1	1	21	21	6
公路管理与养护	1	1	21	21	6
水上运输业	1	1	12	12	5
水上旅客运输	1	1	12	12	5
内河旅客运输	1	1	12	12	5

3-17　续表 5

行　　业	单位数(个)	#单产业法人	从业人员期末人数(人)	#单产业法人	#女性
住宿和餐饮业	**1**	**1**	**7**	**7**	**4**
餐饮业	1	1	7	7	4
正餐服务	1	1	7	7	4
正餐服务	1	1	7	7	4
信息传输、软件和信息技术服务业	**1**	**1**	**11**	**11**	**6**
电信、广播电视和卫星传输服务	1	1	11	11	6
电信	1	1	11	11	6
其他电信服务	1	1	11	11	6
金融业	**6**	**6**	**63**	**63**	**13**
货币金融服务	4	4	10	10	4
非货币银行服务	4	4	10	10	4
其他非货币银行服务	4	4	10	10	4
资本市场服务	2	2	53	53	9
资本投资服务	1	1	1	1	
资本投资服务	1	1	1	1	
其他资本市场服务	1	1	52	52	9
其他资本市场服务	1	1	52	52	9
房地产业	**49**	**49**	**555**	**555**	**305**
房地产业	49	49	555	555	305
物业管理	19	19	416	416	267
物业管理	19	19	416	416	267
自有房地产经营活动	22	22	107	107	32
自有房地产经营活动	22	22	107	107	32
其他房地产业	8	8	32	32	6
其他房地产业	8	8	32	32	6
租赁和商务服务业	**11536**	**11503**	**78333**	**78041**	**21011**
租赁业	15	15	78	78	13
机械设备租赁	14	14	73	73	12
农业机械租赁	14	14	73	73	12
文化及日用品出租	1	1	5	5	1
其他文化及日用品出租	1	1	5	5	1

3-17 续表 6

行　业	单位数(个)	#单产业法人	从业人员期末人数(人)	#单产业法人	#女性
商务服务业	11521	11488	78255	77963	20998
企业管理服务	10236	10213	66285	66169	16793
企业总部管理	3	3	40	40	15
投资与资产管理	52	52	299	299	50
单位后勤管理服务	2	2	2	2	1
其他企业管理服务	10179	10156	65944	65828	16727
法律服务	963	957	10090	9974	3634
律师及相关法律服务	926	921	9869	9765	3548
公证服务	4	4	79	79	30
其他法律服务	33	32	142	130	56
咨询与调查	69	68	535	485	203
会计、审计及税务服务	13	13	156	156	126
社会经济咨询	50	50	313	313	49
其他专业咨询	6	5	66	16	28
人力资源服务	59	58	516	514	240
职业中介服务	9	9	61	61	36
劳务派遣服务	9	9	33	33	11
其他人力资源服务	41	40	422	420	193
其他商务服务业	194	192	829	821	128
市场管理	13	13	84	84	26
担保服务	1	1	8	8	2
其他未列明商务服务业	180	178	737	729	100
科学研究和技术服务业	**506**	**504**	**4579**	**4575**	**1503**
研究和试验发展	4	4	26	26	19
农业科学研究和试验发展	2	2	4	4	1
农业科学研究和试验发展	2	2	4	4	1
医学研究和试验发展	2	2	22	22	18
医学研究和试验发展	2	2	22	22	18
专业技术服务业	4	4	91	91	22

3-17　续表 7

行　　业	单位数(个)	#单产业法人	从业人员期末人数(人)	#单产业法人	#女性
质检技术服务	1	1	7	7	2
质检技术服务	1	1	7	7	2
工程技术	1	1	23	23	7
工程勘察设计	1	1	23	23	7
其他专业技术服务业	2	2	61	61	13
其他未列明专业技术服务业	2	2	61	61	13
科技推广和应用服务业	498	496	4462	4458	1462
技术推广服务	494	492	4445	4441	1460
农业技术推广服务	479	478	4281	4279	1393
生物技术推广服务	1	1	3	3	1
新材料技术推广服务	1	1	3	3	
节能技术推广服务	2	2	8	8	3
其他技术推广服务	11	10	150	148	63
科技中介服务	3	3	14	14	1
科技中介服务	3	3	14	14	1
其他科技推广和应用服务业	1	1	3	3	1
其他科技推广和应用服务业	1	1	3	3	1
水利、环境和公共设施管理业	**30**	**30**	**366**	**366**	**77**
水利管理业	9	9	73	73	13
防洪除涝设施管理	6	6	57	57	10
防洪除涝设施管理	6	6	57	57	10
天然水收集与分配	1	1	4	4	1
天然水收集与分配	1	1	4	4	1
其他水利管理业	2	2	12	12	2
其他水利管理业	2	2	12	12	2
生态保护和环境治理业	8	8	234	234	47
生态保护	3	3	20	20	6
野生植物保护	1	1	12	12	5
其他自然保护	2	2	8	8	1
环境治理业	5	5	214	214	41

3-17 续表 8

行 业	单位数(个)	#单产业法人	从业人员期末人数(人)	#单产业法人	#女性
水污染治理	2	2	195	195	37
危险废物治理	1	1	5	5	1
其他污染治理	2	2	14	14	3
公共设施管理业	13	13	59	59	17
市政设施管理	1	1	3	3	2
市政设施管理	1	1	3	3	2
绿化管理	9	9	47	47	9
绿化管理	9	9	47	47	9
公园和游览景区管理	3	3	9	9	6
游览景区管理	3	3	9	9	6
居民服务、修理和其他服务业	**88**	**88**	**814**	**814**	**302**
居民服务业	62	62	563	563	204
保健服务	1	1	10	10	8
保健服务	1	1	10	10	8
殡葬服务	12	12	60	60	9
殡葬服务	12	12	60	60	9
其他居民服务业	49	49	493	493	187
其他居民服务业	49	49	493	493	187
机动车、电子产品和日用产品修理业	20	20	174	174	39
汽车、摩托车修理与维护	20	20	174	174	39
汽车修理与维护	20	20	174	174	39
其他服务业	6	6	77	77	59
其他未列明服务业	6	6	77	77	59
其他未列明服务业	6	6	77	77	59
教育	**56**	**56**	**548**	**548**	**428**
教育	56	56	548	548	428
学前教育	34	34	247	247	216
学前教育	34	34	247	247	216
初等教育	3	3	42	42	22
普通小学教育	3	3	42	42	22

3-17　续表 9

行　业	单位数(个)	#单产业法人	从业人员期末人数(人)	#单产业法人	#女性
中等教育	2	2	11	11	6
中等职业学校教育	2	2	11	11	6
高等教育	2	2	148	148	147
普通高等教育	1	1	147	147	147
成人高等教育	1	1	1	1	
技能培训、教育辅助及其他教育	15	15	100	100	37
职业技能培训	5	5	66	66	24
文化艺术培训	1	1	1	1	
教育辅助服务	2	2	6	6	2
其他未列明教育	7	7	27	27	11
卫生和社会工作	**194**	**194**	**1374**	**1374**	**508**
卫生	148	148	1064	1064	332
医院	4	4	496	496	51
综合医院	3	3	495	495	51
专科医院	1	1	1	1	
社区医疗与卫生院	73	73	340	340	177
社区卫生服务中心(站)	63	63	304	304	160
乡镇卫生院	10	10	36	36	17
门诊部(所)	65	65	168	168	82
门诊部(所)	65	65	168	168	82
其他卫生活动	6	6	60	60	22
其他卫生活动	6	6	60	60	22
社会工作	46	46	310	310	176
提供住宿社会工作	37	37	202	202	96
老年人、残疾人养护服务	36	36	199	199	95
其他提供住宿社会救助	1	1	3	3	1
不提供住宿社会工作	9	9	108	108	80
社会看护与帮助服务	8	8	104	104	78
其他不提供住宿社会工作	1	1	4	4	2

3-17 续表 10

行业	单位数（个）	#单产业法人	从业人员期末人数（人）	#单产业法人	#女性
文化、体育和娱乐业	**11**	**11**	**157**	**157**	**79**
文化艺术业	10	10	149	149	78
文艺创作与表演	4	4	76	76	52
文艺创作与表演	4	4	76	76	52
艺术表演场馆	1	1	4	4	2
艺术表演场馆	1	1	4	4	2
文物及非物质文化遗产保护	4	4	32	32	9
文物及非物质文化遗产保护	4	4	32	32	9
群众文化活动	1	1	37	37	15
群众文化活动	1	1	37	37	15
体育	1	1	8	8	1
休闲健身活动	1	1	8	8	1
休闲健身活动	1	1	8	8	1
公共管理、社会保障和社会组织	**42295**	**41819**	**327335**	**322505**	**107142**
社会保障	2	2	13	13	8
社会保障	2	2	13	13	8
社会保障	2	2	13	13	8
群众团体、社会团体和其他成员组织	9365	9342	87903	86930	40512
基金会	276	276	1299	1299	544
基金会	276	276	1299	1299	544
宗教组织	9089	9066	86604	85631	39968
宗教组织	9089	9066	86604	85631	39968
基层群众自治组织	32928	32475	239419	235562	66622
社区自治组织	4154	4104	39067	38385	21145
社区自治组织	4154	4104	39067	38385	21145
村民自治组织	28774	28371	200352	197177	45477
村民自治组织	28774	28371	200352	197177	45477

3-18 按地区分组的其他法人单位数及从业人数

地区	单位数(个)	#单产业法人	从业人员期末人数(人)	#单产业法人	#女性
全 省	**57095**	**56559**	**433848**	**428396**	**136887**
杭州市	**4714**	**4682**	**48426**	**48028**	**18361**
上城区	101	101	1202	1202	677
下城区	102	102	2599	2599	1078
江干区	214	214	5230	5230	1982
拱墅区	162	162	3350	3350	1320
西湖区	259	257	3629	3587	1687
滨江区	80	79	1431	1407	685
萧山区	766	765	5379	5363	1796
余杭区	468	462	4476	4404	1617
桐庐县	309	306	2750	2718	932
淳安县	656	655	6048	6010	2432
建德市	382	381	3325	3318	1110
富阳市	590	576	5074	4938	1871
临安市	625	622	3933	3902	1174
宁波市	**6749**	**6700**	**48967**	**48350**	**18842**
海曙区	117	117	1192	1192	712
江东区	156	154	2093	2077	1142
江北区	304	301	1657	1637	669
北仑区	593	561	2931	2810	1138
镇海区	178	178	1719	1719	760
鄞州区	1186	1182	8261	8099	3030
象山县	1296	1296	5074	5074	1320
宁海县	1049	1045	5041	5019	1433
余姚市	593	592	5447	5432	1799
慈溪市	731	731	9111	9111	4253
奉化市	546	543	6441	6180	2586
温州市	**13024**	**12955**	**98468**	**97413**	**29908**
鹿城区	580	579	7284	7094	3384
龙湾区	522	509	5380	5240	2330
瓯海区	867	865	5940	5927	1948
洞头县	232	183	1751	1145	689
永嘉县	1502	1501	10493	10448	2696
平阳县	1855	1855	11765	11765	2753

3-18 续表 1

地　区	单位数(个)	#单产业法人	从业人员期末人数(人)	#单产业法人	#女性
苍南县	1628	1627	14082	14067	4230
文成县	930	930	7281	7281	1828
泰顺县	449	448	4512	4493	1517
瑞安市	2319	2319	13809	13809	3707
乐清市	2140	2139	16171	16144	4826
嘉兴市	**1961**	**1927**	**11926**	**11698**	**4632**
南湖区	261	259	1766	1714	834
秀洲区	243	241	1057	1046	398
嘉善县	191	191	2139	2139	1047
海盐县	219	219	1019	1019	420
海宁市	309	284	1598	1504	605
平湖市	428	423	2259	2188	715
桐乡市	310	310	2088	2088	613
湖州市	**1974**	**1949**	**15325**	**15017**	**5725**
吴兴区	481	481	3218	3218	1154
南浔区	324	324	1984	1984	589
德清县	241	240	1934	1927	652
长兴县	502	502	4484	4484	1693
安吉县	426	402	3705	3404	1637
绍兴市	**3949**	**3939**	**26045**	**25972**	**8092**
越城区	452	450	2518	2504	1127
绍兴县	563	561	3608	3596	1172
新昌县	502	500	4082	4062	1007
诸暨市	649	649	3362	3362	879
上虞市	1010	1010	6689	6689	2494
嵊州市	773	769	5786	5759	1413
金华市	**7115**	**6861**	**51581**	**49640**	**14507**
婺城区	837	834	8415	8395	2974
金东区	601	601	4555	4555	995
武义县	744	744	6278	6278	1774
浦江县	485	485	3447	3447	797
磐安县	758	758	3329	3329	723
兰溪市	1326	1324	7636	7623	2226
义乌市	916	688	7268	5521	1846
东阳市	548	548	4540	4540	1031
永康市	900	879	6113	5952	2141

3-18　续表 2

地　区	单位数（个）	#单产业法人	从业人员期末人数（人）	#单产业法人	#女性
衢州市	**3105**	**3100**	**25275**	**25250**	**8296**
柯城区	587	587	9667	9667	3954
衢江区	830	828	4745	4737	1048
常山县	504	504	2589	2589	695
开化县	317	316	2261	2259	728
龙游县	499	499	3491	3491	1035
江山市	368	366	2522	2507	836
舟山市	**1538**	**1524**	**9899**	**9830**	**3888**
定海区	511	509	3308	3295	1494
普陀区	572	566	2944	2913	1268
岱山县	317	312	2749	2726	865
嵊泗县	138	137	898	896	261
台州市	**8550**	**8530**	**66175**	**65678**	**16468**
椒江区	657	650	4705	4611	1142
黄岩区	1347	1344	8625	8563	2111
路桥区	640	640	5099	5099	1318
玉环县	879	879	6939	6939	2178
三门县	703	703	5575	5575	1110
天台县	774	771	6787	6524	1508
仙居县	882	881	6508	6492	1543
温岭市	1359	1357	10779	10756	2847
临海市	1309	1305	11158	11119	2711
丽水市	**4416**	**4392**	**31761**	**31520**	**8168**
莲都区	563	550	4366	4225	1130
青田县	734	734	4825	4825	1272
缙云县	498	498	5351	5351	1625
遂昌县	741	734	5377	5323	1437
松阳县	443	443	2290	2290	490
云和县	193	193	1348	1348	322
庆元县	420	420	2674	2674	708
景宁县	298	297	1857	1847	397
龙泉市	526	523	3673	3637	787

3-19 按行业中类、地区

行业	单位数	杭州市	宁波市	温州市	嘉兴市
总 计	**57095**	**4714**	**6749**	**13024**	**1961**
农、林、牧、渔业	**1106**	**23**	**58**	**134**	**115**
农业	10	1			1
蔬菜、食用菌及园艺作物种植	1				
水果种植	4	1			1
坚果、含油果、香料和饮料作物种植	4				
中药材种植	1				
畜牧业	8	1		2	1
牲畜饲养	2			1	
家禽饲养	6	1		1	1
渔业	1				1
水产养殖	1				1
农、林、牧、渔服务业	1087	21	58	132	112
农业服务业	979	18	52	120	101
林业服务业	47	2	2	9	2
畜牧服务业	38		1	2	6
渔业服务业	23	1	3	1	3
采矿业	**10**				
非金属矿采选业	10				
采盐	10				
制造业	**158**	**11**			**1**
农副食品加工业	86	6			1
谷物磨制	5				1
植物油加工	14	2			
屠宰及肉类加工	3				
水产品加工	19				
蔬菜、水果和坚果加工	33	4			
其他农副食品加工	12				
食品制造业	15				
方便食品制造	13				
调味品、发酵制品制造	1				
其他食品制造	1				
酒、饮料和精制茶制造业	51	4			
精制茶加工	51	4			

分组的其他法人单位数

单位：个

湖州市	绍兴市	金华市	衢州市	舟山市	台州市	丽水市
1974	**3949**	**7115**	**3105**	**1538**	**8550**	**4416**
30	**24**	**57**	**415**		**172**	**78**
			1		3	4
					1	
					2	
			1			3
						1
					4	
					1	
					3	
30	24	57	414		165	74
25	24	44	381		149	65
2		4	17		3	6
2		8	11		7	1
1		1	5		6	2
				10		
				10		
				10		
				9	**68**	**69**
				9	39	31
				1	3	
						12
					3	
				4	15	
				4	12	13
					6	6
					13	2
					13	
						1
						1
					14	33
					14	33

3-19 续表 1

行　业	单位数	杭州市	宁波市	温州市	嘉兴市
木材加工和木、竹、藤、棕、草制品业	2				
竹、藤、棕、草等制品制造	2				
化学原料和化学制品制造业	1				
肥料制造	1				
医药制造业	1				
中药饮片加工	1				
汽车制造业	1				
汽车零部件及配件制造	1				
金属制品、机械和设备修理业	1	1			
通用设备修理	1	1			
电力、热力、燃气及水生产和供应业	**6**	**2**			
电力、热力生产和供应业	3	1			
电力生产	2				
电力供应	1	1			
燃气生产和供应业	1				
燃气生产和供应业	1				
水的生产和供应业	2	1			
自来水生产和供应	1	1			
其他水的处理、利用与分配	1				
批发和零售业	**1040**	**41**			**36**
批发业	932	35			32
农、林、牧产品批发	217	11			5
食品、饮料及烟草制品批发	676	22			25
纺织、服装及家庭用品批发	1				
文化、体育用品及器材批发	1				
医药及医疗器材批发	24	2			
矿产品、建材及化工产品批发	6				2
机械设备、五金产品及电子产品批发	5				
其他批发业	2				
零售业	108	6			4
食品、饮料及烟草制品专门零售	106	6			4
纺织、服装及日用品专门零售	1				
医药及医疗器材专门零售	1				

单位：个

湖州市	绍兴市	金华市	衢州市	舟山市	台州市	丽水市
						2
						2
					1	
					1	
						1
						1
					1	
					1	
2				**1**		**1**
2						
2						
						1
						1
				1		
				1		
3				**87**	**454**	**419**
3				83	393	386
2				14	62	123
1				66	325	237
					1	
					1	
				1	3	18
						4
					1	4
				2		
				4	61	33
				4	60	32
					1	
						1

3-19 续表 2

行业	单位数				
		杭州市	宁波市	温州市	嘉兴市
交通运输、仓储和邮政业	**2**	**2**			
道路运输业	1	1			
道路运输辅助活动	1	1			
水上运输业	1	1			
水上旅客运输	1	1			
住宿和餐饮业	**1**	**1**			
餐饮业	1	1			
正餐服务	1	1			
信息传输、软件和信息技术服务业	**1**		**1**		
电信、广播电视和卫星传输服务	1		1		
电信	1		1		
金融业	**6**		**1**	**5**	
货币金融服务	4			4	
非货币银行服务	4			4	
资本市场服务	2		1	1	
资本投资服务	1		1		
其他资本市场服务	1			1	
房地产业	**49**	**19**	**1**	**4**	**19**
房地产业	49	19	1	4	19
物业管理	19	19			
自有房地产经营活动	22		1	3	13
其他房地产业	8			1	6
租赁和商务服务业	**11536**	**641**	**2526**	**2457**	**382**
租赁业	15		7	3	
机械设备租赁	14		7	2	
文化及日用品出租	1			1	
商务服务业	11521	641	2519	2454	382
企业管理服务	10236	449	2377	2330	235
法律服务	963	192	125	120	86
咨询与调查	69		8	3	3
人力资源服务	59				58
其他商务服务业	194		9	1	

单位：个

湖州市	绍兴市	金华市	衢州市	舟山市	台州市	丽水市
					5	**1**
					5	1
					4	1
					1	
420	**826**	**1252**	**609**	**789**	**1327**	**307**
				4	1	
				4	1	
420	826	1252	609	785	1326	307
375	755	1151	397	710	1197	260
38	71	99	33	26	128	45
5			1	49		
						1
2		2	178		1	1

3-19 续表 3

行 业	单位数	杭州市	宁波市	温州市	嘉兴市
科学研究和技术服务业	**506**	**112**	**9**	**16**	**27**
研究和试验发展	4		1		
农业科学研究和试验发展	2		1		
医学研究和试验发展	2				
专业技术服务业	4			1	2
质检技术服务	1				1
工程技术	1				
其他专业技术服务业	2			1	1
科技推广和应用服务业	498	112	8	15	25
技术推广服务	494	112	8	15	24
科技中介服务	3				1
其他科技推广和应用服务业	1				
水利、环境和公共设施管理业	**30**	**2**	**2**	**4**	**6**
水利管理业	9	1	2	2	
防洪除涝设施管理	6	1	1		
天然水收集与分配	1		1		
其他水利管理业	2			2	
生态保护和环境治理业	8			2	5
生态保护	3			2	
环境治理业	5				5
公共设施管理业	13	1			1
市政设施管理	1	1			
绿化管理	9				1
公园和游览景区管理	3				
居民服务、修理和其他服务业	**88**	**33**	**17**	**28**	**7**
居民服务业	62	32	16	9	2
保健服务	1		1		
殡葬服务	12	2	8	2	
其他居民服务业	49	30	7	7	2
机动车、电子产品和日用产品修理业	20		1	19	
汽车、摩托车修理与维护	20		1	19	
其他服务业	6	1			5
其他未列明服务业	6	1			5

单位：个

湖州市	绍兴市	金华市	衢州市	舟山市	台州市	丽水市
20	**54**	**214**	**15**	**4**	**13**	**22**
			3			
			1			
			2			
		1				
		1				
20	54	213	12	4	13	22
20	54	213	12	4	10	22
					2	
					1	
5	**2**	**1**	**1**		**3**	**4**
4						
4						
		1				
		1				
1	2		1		3	4
1	1				2	4
	1		1		1	
			2			**1**
			2			1
			2			1

3-19 续表 4

行　业	单位数	杭州市	宁波市	温州市	嘉兴市
教育	**56**	**7**	**3**		
教育	56	7	3		
学前教育	34	5			
初等教育	3		1		
中等教育	2				
高等教育	2		1		
技能培训、教育辅助及其他教育	15	2	1		
卫生和社会工作	**194**	**53**	**9**	**13**	
卫生	148	45	7	13	
医院	4	1	1		
社区医疗与卫生院	73	9	1	7	
门诊部(所)	65	35	5	4	
其他卫生活动	6			2	
社会工作	46	8	2		
提供住宿社会工作	37	4			
不提供住宿社会工作	9	4	2		
文化、体育和娱乐业	**11**	**6**	**3**	**2**	
文化艺术业	10	6	2	2	
文艺创作与表演	4	2	2		
艺术表演场馆	1	1			
文物及非物质文化遗产保护	4	2		2	
群众文化活动	1	1			
体育	1		1		
休闲健身活动	1		1		
公共管理、社会保障和社会组织	**42295**	**3761**	**4119**	**10361**	**1368**
社会保障	2		2		
社会保障	2		2		
群众团体、社会团体和其他成员组织	9365	687	873	4493	190
基金会	276	94	33	49	18
宗教组织	9089	593	840	4444	172
基层群众自治组织	32928	3074	3244	5868	1178
社区自治组织	4154	1013	643	456	371
村民自治组织	28774	2061	2601	5412	807

单位：个

湖州市	绍兴市	金华市	衢州市	舟山市	台州市	丽水市
1		**2**	**30**	**3**	**8**	**2**
1		2	30	3	8	2
			20	3	5	1
					2	
			1		1	
			1			
1		2	8			1
3		**2**	**43**	**6**	**62**	**3**
2			19	4	55	3
			1		1	
2			12	1	41	
			4	3	11	3
			2		2	
1		2	24	2	7	
1			23	2	7	
		2	1			
1490	**3043**	**5587**	**1990**	**629**	**6438**	**3509**
242	378	426	242	187	1116	531
3	15	18	8	11	20	7
239	363	408	234	176	1096	524
1248	2665	5161	1748	442	5322	2978
268	471	341	90	99	276	126
980	2194	4820	1658	343	5046	2852

3-20 按行业大类、地区分组的

行　　业	从业人员期末人数	杭州市	宁波市	温州市	嘉兴市
总　计	**433848**	**48426**	**48967**	**98468**	**11926**
农、林、牧、渔业	**7198**	**211**	**339**	**1016**	**551**
农业	130	8			16
畜牧业	121	38		32	8
渔业	3				3
农、林、牧、渔服务业	6944	165	339	984	524
采矿业	**1001**				
非金属矿采选业	1001				
制造业	**2044**	**120**			**1**
农副食品加工业	1228	65			1
食品制造业	270				
酒、饮料和精制茶制造业	485	47			
木材加工和木、竹、藤、棕、草制品业	31				
化学原料和化学制品制造业	7				
医药制造业	10				
汽车制造业	5				
金属制品、机械和设备修理业	8	8			
电力、热力、燃气及水生产和供应业	**42**	**9**			
电力、热力生产和供应业	7	4			
燃气生产和供应业	10				
水的生产和供应业	25	5			
批发和零售业	**9388**	**298**			**214**
批发业	8582	260			209
零售业	806	38			5
交通运输、仓储和邮政业	**33**	**33**			
道路运输业	21	21			
水上运输业	12	12			
住宿和餐饮业	**7**	**7**			
餐饮业	7	7			
信息传输、软件和信息技术服务业	**11**		**11**		
电信、广播电视和卫星传输服务	11		11		

其他法人单位从业人数

单位：人

湖州市	绍兴市	金华市	衢州市	舟山市	台州市	丽水市
15325	**26045**	**51581**	**25275**	**9899**	**66175**	**31761**
201	**143**	**494**	**2393**		**1325**	**525**
			2		58	46
					43	
201	143	494	2391		1224	479
				1001		
				1001		
				49	**962**	**912**
				49	695	418
					139	131
					116	322
						31
					7	
						10
					5	
3				**20**		**10**
3						
						10
				20		
8				**584**	**3857**	**4427**
8				566	3470	4069
				18	387	358

3-20 续表

行　业	从业人员期末人数	杭州市	宁波市	温州市	嘉兴市
金融业	**63**		**1**	**62**	
货币金融服务	10			10	
资本市场服务	53		1	52	
房地产业	**555**	**416**	**11**	**43**	**52**
房地产业	555	416	11	43	52
租赁和商务服务业	**78333**	**5747**	**14171**	**16492**	**2637**
租赁业	78		26	16	
商务服务业	78255	5747	14145	16476	2637
科学研究和技术服务业	**4579**	**1198**	**33**	**125**	**191**
研究和试验发展	26		3		
专业技术服务业	91			60	8
科技推广和应用服务业	4462	1198	30	65	183
水利、环境和公共设施管理业	**366**	**19**	**24**	**20**	**218**
水利管理业	73	16	24	12	
生态保护和环境治理业	234			8	214
公共设施管理业	59	3			4
居民服务、修理和其他服务业	**814**	**250**	**272**	**253**	**28**
居民服务业	563	190	265	86	11
机动车、电子产品和日用产品修理业	174		7	167	
其他服务业	77	60			17
教育	**548**	**67**	**165**		
教育	548	67	165		
卫生和社会工作	**1374**	**150**	**418**	**88**	
卫生	1064	128	413	88	
社会工作	310	22	5		
文化、体育和娱乐业	**157**	**111**	**32**	**14**	
文化艺术业	149	111	24	14	
体育	8		8		
公共管理、社会保障和社会组织	**327335**	**39790**	**33490**	**80355**	**8034**
社会保障	13		13		
群众团体、社会团体和其他成员组织	87903	7808	12738	34071	2399
基层群众自治组织	239419	31982	20739	46284	5635

单位：人

湖州市	绍兴市	金华市	衢州市	舟山市	台州市	丽水市
					28	**5**
					28	5
2867	**5157**	**8369**	**9277**	**3337**	**8768**	**1511**
				26	10	
2867	5157	8369	9277	3311	8758	1511
116	**278**	**2263**	**94**	**26**	**104**	**151**
			23			
		23				
116	278	2240	71	26	104	151
26	**14**	**12**	**2**		**8**	**23**
21						
		12				
5	14		2		8	23
			8			**3**
			8			3
3		**9**	**182**	**14**	**69**	**39**
3		9	182	14	69	39
18		**89**	**220**	**12**	**372**	**7**
4			86	5	333	7
14		89	134	7	39	
12083	**20453**	**40345**	**13099**	**4856**	**50682**	**24148**
3552	3422	5449	2020	2549	10115	3780
8531	17031	34896	11079	2307	40567	20368

第4篇

个体经营户

4-1 按行业中类分组的个体

行　　业	户　数 (户)	#有工商、民政证照或已办理税务登记	#有工商或民政证照
总　计	**3635001**	**1835462**	**1827832**
农、林、牧、渔业	**6609**	**817**	**805**
农、林、牧、渔服务业	6609	817	805
农业服务业	6055	616	605
林业服务业	346	100	100
畜牧服务业	111	56	56
渔业服务业	97	45	44
采矿业	**1032**	**433**	**426**
黑色金属矿采选业	51		
铁矿采选	51		
非金属矿采选业	954	414	407
土砂石开采	939	405	399
石棉及其他非金属矿采选	15	9	8
开采辅助活动	15	11	11
其他开采辅助活动	15	11	11
其他采矿业	12	8	8
其他采矿业	12	8	8
制造业	**702692**	**302486**	**301188**
农副食品加工业	19222	3787	3741
谷物磨制	5612	523	518
饲料加工	1605	301	297
植物油加工	1364	284	282
制糖业	38	15	15
屠宰及肉类加工	1569	670	663
水产品加工	2054	404	401
蔬菜、水果和坚果加工	2522	374	370
其他农副食品加工	4458	1216	1195
食品制造业	6933	2104	2084

经营户户数及从业人数

#已办理税务登记	从业人员期末人数（人）	#有工商、民政证照或已办理税务登记	#有工商或民政证照	#已办理税务登记
1127348	**10085532**	**5736744**	**5710381**	**3731810**
332	**12035**	**2231**	**2214**	**1160**
332	12035	2231	2214	1160
209	10295	1333	1317	609
65	1216	560	560	360
34	260	161	161	98
24	264	177	176	93
256	**6341**	**3010**	**2935**	**2128**
	188			
	188			
251	6040	2920	2845	2109
245	5941	2869	2806	2063
6	99	51	39	46
1	52	47	47	1
1	52	47	47	1
4	61	43	43	18
4	61	43	43	18
170764	**3412455**	**1791693**	**1782681**	**1107694**
2016	62110	16432	16291	10015
226	11715	1661	1656	821
149	4331	1119	1112	526
145	4104	966	963	478
7	157	92	92	46
317	4207	1938	1926	1047
282	13063	3740	3724	2524
255	11620	2460	2440	1849
635	12913	4456	4378	2724
1144	22043	8226	8126	4910

4-1 续表 1

行　业	户　数 (户)	#有工商、民政证照或已办理税务登记	#有工商或民政证照
焙烤食品制造	1837	1037	1031
糖果、巧克力及蜜饯制造	116	79	79
方便食品制造	3777	710	697
乳制品制造	34	28	28
罐头食品制造	53	23	23
调味品、发酵制品制造	64	34	34
其他食品制造	1052	193	192
酒、饮料和精制茶制造业	44433	3150	3014
酒的制造	1158	202	198
饮料制造	288	158	158
精制茶加工	42987	2790	2658
纺织业	113465	29728	29621
棉纺织及印染精加工	30548	10161	10125
毛纺织及染整精加工	4020	1758	1752
麻纺织及染整精加工	267	70	70
丝绢纺织及印染精加工	3562	1012	1009
化纤织造及印染精加工	21813	5629	5604
针织或钩针编织物及其制品制造	24803	2891	2887
家用纺织制成品制造	18177	4834	4811
非家用纺织制成品制造	10275	3373	3363
纺织服装、服饰业	102331	32196	31956
机织服装制造	44293	14615	14424
针织或钩针编织服装制造	32615	7919	7905
服饰制造	25423	9662	9627
皮革、毛皮、羽毛及其制品和制鞋业	39848	18275	18221
皮革鞣制加工	1118	691	691
皮革制品制造	9527	4112	4104
毛皮鞣制及制品加工	3950	1425	1423
羽毛(绒)加工及制品制造	708	246	245
制鞋业	24545	11801	11758

#已办理税务登记	从业人员期末人数（人）	#有工商、民政证照或已办理税务登记	#有工商或民政证照	#已办理税务登记
604	5977	3782	3766	2377
50	832	713	713	489
333	12602	2645	2576	1418
19	68	55	55	35
7	231	107	107	21
22	294	200	200	144
109	2039	724	709	426
1034	116772	13230	12903	4826
116	2672	671	658	423
109	1409	861	861	661
809	112691	11698	11384	3742
12668	403161	143966	143380	72126
3420	97357	34695	34493	15371
599	22417	13127	13107	5522
40	1095	457	457	287
430	16298	7115	7087	3556
2363	87078	29326	29219	12968
1852	79838	19145	19086	13414
2307	62097	24298	24202	12680
1657	36981	15803	15729	8328
18523	743569	307604	303740	186726
7748	401265	161002	157434	91972
5582	180850	67073	67002	49879
5193	161454	79529	79304	44875
11543	307786	184104	183618	126337
344	6518	4738	4738	2600
2143	63901	37742	37686	23211
1251	22622	10833	10815	9750
154	2797	1142	1140	759
7651	211948	129649	129239	90017

4-1 续表 2

行 业	户 数 (户)	#有工商、民政证照或已办理税务登记	#有工商或民政证照
木材加工和木、竹、藤、棕、草制品业	25237	11102	11052
木材加工	8257	3847	3826
人造板制造	514	322	320
木制品制造	6887	3257	3245
竹、藤、棕、草等制品制造	9579	3676	3661
家具制造业	12505	4248	4211
木质家具制造	10252	3141	3107
竹、藤家具制造	444	140	140
金属家具制造	663	407	404
塑料家具制造	136	85	85
其他家具制造	1010	475	475
造纸和纸制品业	13713	7905	7892
纸浆制造	105	23	23
造纸	1400	553	550
纸制品制造	12208	7329	7319
印刷和记录媒介复制业	7689	4700	4689
印刷	4813	2591	2581
装订及印刷相关服务	2815	2075	2074
记录媒介复制	61	34	34
文教、工美、体育和娱乐用品制造业	44794	21277	21220
文教办公用品制造	3715	2169	2160
乐器制造	338	249	249
工艺美术品制造	35355	16022	15982
体育用品制造	1508	687	685
玩具制造	3355	1864	1858
游艺器材及娱乐用品制造	523	286	286
石油加工、炼焦和核燃料加工业	35	19	19
精炼石油产品制造	35	19	19

#已办理税务登记	从业人员期末人数（人）	#有工商、民政证照或已办理税务登记	#有工商或民政证照	#已办理税务登记
6241	139526	75935	75593	46608
2269	48484	26353	26233	15665
235	5102	3696	3677	2846
1843	33465	20247	20189	12599
1894	52475	25639	25494	15498
2764	58932	31143	30993	21512
2054	47492	24201	24079	16598
82	1870	865	865	575
285	4214	2988	2960	2299
59	638	391	391	299
284	4718	2698	2698	1741
2917	61832	38166	38098	15799
18	672	137	137	101
387	7115	2871	2854	1975
2512	54045	35158	35107	13723
1732	28407	18084	18036	7712
1379	19554	11468	11423	6348
336	8661	6504	6501	1305
17	192	112	112	59
9661	262802	145010	144563	73710
1228	29005	16184	16136	10337
208	1782	1537	1537	1231
6583	195541	104609	104272	47858
519	9176	5787	5783	4677
1003	24148	14812	14754	8409
120	3150	2081	2081	1198
14	172	65	65	49
14	172	65	65	49

4-1 续表 3

行　　业	户　数 (户)	#有工商、民政证照或已办理税务登记	#有工商或民政证照
化学原料和化学制品制造业	2513	1435	1428
基础化学原料制造	63	44	44
肥料制造	8	4	4
涂料、油墨、颜料及类似产品制造	949	586	583
合成材料制造	322	210	210
专用化学产品制造	212	126	124
日用化学产品制造	959	465	463
医药制造业	23	11	10
中药饮片加工	7	2	1
中成药生产	7	4	4
兽用药品制造	1		
卫生材料及医药用品制造	8	5	5
化学纤维制造业	2273	1137	1136
纤维素纤维原料及纤维制造	143	92	92
合成纤维制造	2130	1045	1044
橡胶和塑料制品业	40770	25273	25187
橡胶制品业	3406	2158	2143
塑料制品业	37364	23115	23044
非金属矿物制品业	21765	13422	13357
水泥、石灰和石膏制造	919	420	418
石膏、水泥制品及类似制品制造	4055	2343	2335
砖瓦、石材等建筑材料制造	8001	4515	4492
玻璃制造	391	254	254
玻璃制品制造	6541	4777	4747
玻璃纤维和玻璃纤维增强塑料制品制造	281	147	146
陶瓷制品制造	851	511	511
耐火材料制品制造	192	140	140
石墨及其他非金属矿物制品制造	534	315	314
黑色金属冶炼和压延加工业	2967	1676	1671

#已办理税务登记	从业人员期末人数(人)	#有工商、民政证照或已办理税务登记	#有工商或民政证照	#已办理税务登记
887	12073	7684	7651	5017
25	338	227	227	159
3	47	17	17	15
398	4161	2525	2516	1863
129	1687	1122	1122	631
70	992	676	661	368
262	4848	3117	3108	1981
8	106	61	56	31
1	32	15	10	5
4	18	8	8	8
	2			
3	54	38	38	18
664	11640	6552	6548	4231
70	755	563	563	445
594	10885	5989	5985	3786
14460	185993	127431	126982	79971
1390	16451	11351	11264	7725
13070	169542	116080	115718	72246
8548	104948	71598	71210	47894
240	5216	2273	2265	1250
1414	18338	11886	11840	7662
2850	33483	20883	20737	14142
147	1743	1265	1265	814
3194	36545	28820	28641	19826
73	1712	1102	1098	516
345	4561	2998	2998	2135
87	1034	797	797	541
198	2316	1574	1569	1008
1076	11485	7372	7358	5116

4-1 续表 4

行　业	户　数 （户）	#有工商、民政证照或已办理税务登记	#有工商或民政证照
炼铁	230	104	103
炼钢	30	21	21
黑色金属铸造	671	387	386
钢压延加工	1981	1138	1135
铁合金冶炼	55	26	26
有色金属冶炼和压延加工业	5335	2806	2797
常用有色金属冶炼	877	207	207
贵金属冶炼	178	88	88
稀有稀土金属冶炼	13	9	8
有色金属合金制造	251	119	118
有色金属铸造	380	224	224
有色金属压延加工	3636	2159	2152
金属制品业	63983	38425	38281
结构性金属制品制造	21118	10821	10770
金属工具制造	6986	4509	4490
集装箱及金属包装容器制造	391	219	219
金属丝绳及其制品制造	921	570	570
建筑、安全用金属制品制造	17250	12010	11973
金属表面处理及热处理加工	6442	3284	3275
搪瓷制品制造	202	137	136
金属制日用品制造	4665	2909	2898
其他金属制品制造	6008	3966	3950
通用设备制造业	47406	30779	30690
锅炉及原动设备制造	47	37	37
金属加工机械制造	10415	5419	5400
物料搬运设备制造	207	155	155
泵、阀门、压缩机及类似机械制造	6209	4517	4507
轴承、齿轮和传动部件制造	4468	3268	3260
烘炉、风机、衡器、包装等设备制造	2153	1507	1506

#已办理税务登记	从业人员期末人数（人）	#有工商、民政证照或已办理税务登记	#有工商或民政证照	#已办理税务登记
79	805	488	485	402
12	119	93	93	53
244	2764	1836	1832	1280
727	7623	4845	4838	3333
14	174	110	110	48
1720	23703	12459	12424	8766
141	6085	1017	1017	738
57	475	282	282	212
2	47	24	23	6
62	853	427	426	241
178	2124	1428	1428	1161
1280	14119	9281	9248	6408
24305	275397	186223	185648	126927
6353	70210	38982	38808	24989
3066	32440	23505	23445	16799
130	1691	1086	1086	716
393	4018	2711	2711	1902
8042	90111	68780	68564	48283
1932	27558	16112	16084	10272
84	1066	773	765	505
1895	23072	16305	16264	11482
2410	25231	17969	17921	11979
18839	195920	140783	140421	92933
20	199	171	171	117
2860	33865	19787	19735	11534
112	1112	921	921	713
2130	31600	24320	24252	12658
2472	24080	18904	18875	14823
1045	12299	9277	9274	6789

4-1 续表 5

行　　业	户　数 (户)	#有工商、民政证照或已办理税务登记	#有工商或民政证照
文化、办公用机械制造	206	140	139
通用零部件制造	23438	15544	15494
其他通用设备制造业	263	192	192
专用设备制造业	31058	18180	18134
采矿、冶金、建筑专用设备制造	391	303	303
化工、木材、非金属加工专用设备制造	26470	14978	14937
食品、饮料、烟草及饲料生产专用设备制造	243	181	180
印刷、制药、日化及日用品生产专用设备制造	433	288	288
纺织、服装和皮革加工专用设备制造	2366	1574	1571
电子和电工机械专用设备制造	160	117	117
农、林、牧、渔专用机械制造	737	555	555
医疗仪器设备及器械制造	89	62	61
环保、社会公共服务及其他专用设备制造	169	122	122
汽车制造业	6414	4602	4589
改装汽车制造	1	1	
电车制造	1	1	1
汽车零部件及配件制造	6412	4600	4588
铁路、船舶、航空航天和其他运输设备制造业	1965	1327	1321
铁路运输设备制造	1	1	1
船舶及相关装置制造	77	52	52
航空、航天器及设备制造	1	1	1
摩托车制造	1001	701	698
自行车制造	749	490	488
非公路休闲车及零配件制造	124	74	73
潜水救捞及其他未列明运输设备制造	12	8	8
电气机械和器材制造业	13740	9211	9190
电机制造	1724	1037	1036
输配电及控制设备制造	3062	1977	1971
电线、电缆、光缆及电工器材制造	1000	647	647

#已办理税务登记	从业人员期末人数（人）	#有工商、民政证照或已办理税务登记	#有工商或民政证照	#已办理税务登记
75	965	730	722	453
9999	90650	65749	65547	45198
126	1150	924	924	648
11665	111676	72114	71919	48990
221	1894	1657	1657	1304
9348	91584	56772	56612	37342
113	822	658	654	422
197	1863	1343	1343	963
1105	10570	7854	7846	5799
83	930	696	696	576
470	2587	2007	2007	1720
43	461	350	327	273
85	965	777	777	591
3034	31843	24741	24674	17456
1	2	2		2
1	1	1	1	1
3032	31840	24738	24673	17453
928	13635	9484	9460	7188
1	5	5	5	5
34	2828	1542	1542	1332
1	12	12	12	12
478	5478	4254	4243	3094
348	4576	3169	3159	2293
63	711	483	480	445
3	25	19	19	7
5696	79724	58646	58544	40276
609	9363	6759	6756	4377
721	16441	11222	11196	5064
454	5366	3837	3837	2794

4-1 续表 6

行　业	户 数(户)	#有工商、民政证照或已办理税务登记	#有工商或民政证照
电池制造	80	42	42
家用电力器具制造	3638	2737	2728
非电力家用器具制造	785	570	567
照明器具制造	3247	2062	2060
其他电气机械及器材制造	204	139	139
计算机、通信和其他电子设备制造业	2506	1721	1718
计算机制造	91	56	56
通信设备制造	28	24	24
广播电视设备制造	26	13	13
视听设备制造	248	156	156
电子器件制造	432	328	328
电子元件制造	1518	1039	1036
其他电子设备制造	163	105	105
仪器仪表制造业	4715	3282	3277
通用仪器仪表制造	1949	1235	1233
专用仪器仪表制造	235	188	188
钟表与计时仪器制造	119	74	74
光学仪器及眼镜制造	2053	1530	1528
其他仪器仪表制造业	359	255	254
其他制造业	11384	4540	4529
日用杂品制造	8387	2790	2782
煤制品制造	516	282	281
其他未列明制造业	2481	1468	1466
废弃资源综合利用业	6385	1524	1519
金属废料和碎屑加工处理	1546	326	324
非金属废料和碎屑加工处理	4839	1198	1195
金属制品、机械和设备修理业	7285	4644	4634
金属制品修理	468	286	284
通用设备修理	1303	814	814

#已办理税务登记	从业人员期末人数（人）	#有工商、民政证照或已办理税务登记	#有工商或民政证照	#已办理税务登记
26	438	302	302	223
1769	19785	16114	16071	11440
474	5254	3997	3976	3388
1554	21976	15698	15689	12475
89	1101	717	717	515
1081	16495	11902	11862	8095
43	447	302	302	263
20	131	113	113	91
10	154	118	118	102
112	2006	1496	1496	1154
185	2943	2116	2116	1294
633	9762	7174	7134	4759
78	1052	583	583	432
1871	30817	24056	24010	16335
552	8305	5724	5713	3098
139	1069	852	852	707
45	788	554	554	354
1027	19154	15825	15793	11704
108	1501	1101	1098	472
1958	59286	30637	30578	16621
1426	47448	23535	23484	13929
176	1691	958	955	626
356	10147	6144	6139	2066
878	23040	6059	6025	3678
221	6077	1238	1232	858
657	16963	4821	4793	2820
2889	17562	11926	11905	7839
178	1080	684	681	445
529	3118	2036	2036	1372

4-1 续表 7

行　　业	户　数 (户)	#有工商、民政证照或已办理税务登记	#有工商或民政证照
专用设备修理	2757	1735	1732
铁路、船舶、航空航天等运输设备修理	375	254	253
电气设备修理	1274	828	826
仪器仪表修理	48	36	36
其他机械和设备修理业	1060	691	689
电力、热力、燃气及水生产和供应业	**354**	**234**	**233**
电力、热力生产和供应业	175	129	128
电力生产	151	112	111
电力供应	3	2	2
热力生产和供应	21	15	15
燃气生产和供应业	53	36	36
燃气生产和供应业	53	36	36
水的生产和供应业	126	69	69
自来水生产和供应	36	13	13
污水处理及其再生利用	2	2	2
其他水的处理、利用与分配	88	54	54
建筑业	**104446**	**6700**	**6544**
房屋建筑业	39453	771	716
房屋建筑业	39453	771	716
土木工程建筑业	2645	429	423
铁路、道路、隧道和桥梁工程建筑	447	99	96
水利和内河港口工程建筑	477	48	48
工矿工程建筑	2	1	1
架线和管道工程建筑	73	16	16
其他土木工程建筑	1646	265	262
建筑安装业	3250	633	630
电气安装	1307	207	207
管道和设备安装	1141	236	234
其他建筑安装业	802	190	189

#已办理税务登记	从业人员期末人数（人）	#有工商、民政证照或已办理税务登记	#有工商或民政证照	#已办理税务登记
1072	6313	4224	4216	2700
184	1491	1123	1121	878
487	2937	2064	2060	1308
20	109	89	89	48
419	2514	1706	1702	1088
174	**1317**	**933**	**926**	**711**
105	601	480	473	371
94	508	398	391	340
2	13	10	10	10
9	80	72	72	21
21	141	95	95	60
21	141	95	95	60
48	575	358	358	280
10	128	65	65	56
1	12	12	12	2
37	435	281	281	222
4267	**266957**	**24032**	**23593**	**16630**
341	116139	3440	3269	1976
341	116139	3440	3269	1976
305	11757	2244	2221	1630
73	3328	607	595	445
35	1751	224	224	182
1	4	1	1	1
11	300	92	92	64
185	6374	1320	1309	938
456	8347	2408	2402	1763
147	3034	888	888	666
178	2987	882	877	645
131	2326	638	637	452

4-1 续表 8

行　业	户　数（户）	#有工商、民政证照或已办理税务登记	#有工商或民政证照
建筑装饰和其他建筑业	59098	4867	4775
建筑装饰业	53681	3030	2948
工程准备活动	3876	1662	1654
提供施工设备服务	659	98	98
其他未列明建筑业	882	77	75
批发和零售业	**1690521**	**1164145**	**1160029**
批发业	354241	229199	227871
农、林、牧产品批发	18163	9116	9075
食品、饮料及烟草制品批发	45671	26757	26660
纺织、服装及家庭用品批发	147176	103121	102354
文化、体育用品及器材批发	31085	20521	20427
医药及医疗器材批发	501	408	408
矿产品、建材及化工产品批发	41420	30781	30666
机械设备、五金产品及电子产品批发	36503	27986	27813
贸易经纪与代理	1953	1106	1094
其他批发业	31769	9403	9374
零售业	1336280	934946	932158
综合零售	148012	122591	122357
食品、饮料及烟草制品专门零售	557297	366062	365028
纺织、服装及日用品专门零售	341555	229949	229106
文化、体育用品及器材专门零售	45294	32360	32260
医药及医疗器材专门零售	4854	3115	3096
汽车、摩托车、燃料及零配件专门零售	17126	13732	13702
家用电器及电子产品专门零售	57166	46770	46603
五金、家具及室内装饰材料专门零售	133727	104626	104310
货摊、无店铺及其他零售业	31249	15741	15696
交通运输、仓储和邮政业	**528605**	**33411**	**33067**
其中：无挂靠个体运输户	382695		
铁路运输业	1	1	1
铁路运输辅助活动	1	1	1

#已办理税务登记	从业人员期末人数(人)	#有工商、民政证照或已办理税务登记	#有工商或民政证照	#已办理税务登记
3165	130714	15940	15701	11261
1814	114778	9024	8858	5745
1242	11577	6195	6148	4998
60	1601	340	340	233
49	2758	381	355	285
738008	**3644819**	**2593367**	**2583753**	**1705625**
185167	855052	557852	554149	452389
6316	50099	27011	26907	18947
19536	122544	73593	73294	54896
89399	341780	236015	233671	206696
17884	67701	44001	43806	38160
297	1454	1216	1216	928
22445	103747	79293	79019	58977
23104	88380	68428	68067	56744
714	4198	2438	2403	1584
5472	75149	25857	25766	15457
552841	2789767	2035515	2029604	1253236
69751	304841	257993	257483	151033
180627	1088210	744300	742241	378708
152324	723689	512203	510412	352582
22309	98485	73826	73609	53028
1901	10649	7556	7510	4724
9055	43015	35414	35340	24052
32151	137394	115041	114653	81677
75661	316939	252995	252261	186358
9062	66545	36187	36095	21074
12112	**807802**	**77686**	**76983**	**36051**
	539967			
	3	3	3	
	3	3	3	

4-1 续表 9

行　　业	户　数 (户)	#有工商、民政证照或已办理税务登记	#有工商或民政证照
道路运输业	105328	25944	25655
城市公共交通运输	32407	9105	9060
公路旅客运输	6932	1724	1718
道路货物运输	64600	14814	14577
道路运输辅助活动	1389	301	300
水上运输业	3950	1392	1372
水上旅客运输	367	46	42
水上货物运输	3517	1321	1305
水上运输辅助活动	66	25	25
装卸搬运和运输代理业	32012	5580	5550
装卸搬运	24921	2264	2252
运输代理业	7091	3316	3298
仓储业	3838	261	259
谷物、棉花等农产品仓储	106	29	29
其他仓储业	3732	232	230
邮政业	781	233	230
邮政基本服务	22	9	9
快递服务	759	224	221
住宿和餐饮业	**266397**	**140936**	**140071**
住宿业	23767	18596	18478
旅游饭店	904	746	734
一般旅馆	18899	15881	15788
其他住宿业	3964	1969	1956
餐饮业	242630	122340	121593
正餐服务	68355	41804	41542
快餐服务	26351	13946	13868
饮料及冷饮服务	9659	5800	5751
其他餐饮业	138265	60790	60432

#已办理税务登记	从业人员期末人数（人）	#有工商、民政证照或已办理税务登记	#有工商或民政证照	#已办理税务登记
8059	179649	49081	48586	18348
2786	59511	16759	16682	5087
189	12944	3494	3485	401
4907	102503	27875	27471	12220
177	4691	953	948	640
505	14381	5391	5326	2579
18	664	72	58	32
469	13432	5110	5059	2364
18	285	209	209	183
3299	63707	20916	20801	13985
1074	41910	8252	8201	4873
2225	21797	12664	12600	9112
134	6567	1023	1013	538
16	320	104	104	50
118	6247	919	909	488
115	3528	1272	1254	601
7	53	28	28	24
108	3475	1244	1226	577
88217	**967300**	**620475**	**616843**	**443661**
15085	86857	72582	72155	60676
523	5386	4717	4666	3659
12938	69618	61003	60663	51130
1624	11853	6862	6826	5887
73132	880443	547893	544688	382985
28968	348282	254382	252921	199587
8545	109968	71402	71006	50771
3980	38503	27387	27155	21123
31639	383690	194722	193606	111504

4-1 续表 10

行　　业	户　数（户）	#有工商、民政证照或已办理税务登记	#有工商或民政证照
信息传输、软件和信息技术服务业	**981**	**660**	**654**
电信、广播电视和卫星传输服务	514	323	320
电信	513	323	320
广播电视传输服务	1		
互联网和相关服务	137	78	77
互联网接入及相关服务	15	10	10
互联网信息服务	47	29	29
其他互联网服务	75	39	38
软件和信息技术服务业	330	259	257
软件开发	35	28	28
信息系统集成服务	16	12	12
信息技术咨询服务	208	171	169
数据处理和存储服务	6	4	4
其他信息技术服务业	65	44	44
房地产业	**8389**	**6130**	**6107**
房地产业	8389	6130	6107
房地产中介服务	8389	6130	6107
租赁和商务服务业	**29241**	**19967**	**19895**
租赁业	6029	3335	3325
机械设备租赁	5096	2902	2894
文化及日用品出租	933	433	431
商务服务业	23212	16632	16570
企业管理服务	101	57	57
法律服务	78	47	46
咨询与调查	1708	1317	1317
广告业	7295	5714	5694
知识产权服务	48	33	32
人力资源服务	1458	964	961
旅行社及相关服务	100	59	58
安全保护服务	313	215	212
其他商务服务业	12111	8226	8193

#已办理税务登记	从业人员期末人数（人）	#有工商、民政证照或已办理税务登记	#有工商或民政证照	#已办理税务登记
375	**2521**	**1713**	**1674**	**1084**
164	1145	691	679	387
164	1144	691	679	387
	1			
50	416	239	235	160
3	38	27	27	7
22	210	103	103	85
25	168	109	105	68
161	960	783	760	537
16	143	99	99	69
6	41	33	33	21
111	594	520	497	363
1	20	14	14	5
27	162	117	117	79
3965	**16650**	**12155**	**12081**	**8006**
3965	16650	12155	12081	8006
3965	16650	12155	12081	8006
14103	**81693**	**53776**	**53498**	**38519**
2279	14606	9000	8951	6404
2003	12571	8017	7990	5799
276	2035	983	961	605
11824	67087	44776	44547	32115
29	319	197	197	127
35	192	118	115	87
859	4531	3486	3486	2327
4183	20423	16132	16090	12016
23	140	95	93	66
647	3521	2534	2530	1846
32	264	171	169	109
141	726	470	464	305
5875	36971	21573	21403	15232

4-1 续表 11

行　业	户　数(户)	#有工商、民政证照或已办理税务登记	#有工商或民政证照
科学研究和技术服务业	**10952**	**8266**	**8246**
研究和试验发展	1	1	1
农业科学研究和试验发展	1	1	1
专业技术服务业	10883	8230	8210
测绘服务	30	20	20
质检技术服务	27	13	13
环境与生态监测	8	7	7
工程技术	257	187	186
其他专业技术服务业	10561	8003	7984
科技推广和应用服务业	68	35	35
技术推广服务	64	33	33
科技中介服务	3	2	2
其他科技推广和应用服务业	1		
水利、环境和公共设施管理业	**209**	**117**	**117**
水利管理业	2		
其他水利管理业	2		
生态保护和环境治理业	83	65	65
环境治理业	83	65	65
公共设施管理业	124	52	52
环境卫生管理	56	10	10
绿化管理	65	41	41
公园和游览景区管理	3	1	1
居民服务、修理和其他服务业	**235318**	**129374**	**128800**
居民服务业	146408	77898	77522
家庭服务	4500	1148	1146
托儿所服务	480	152	149
洗染服务	8141	5216	5195

#已办理税务登记	从业人员期末人数（人）	#有工商、民政证照或已办理税务登记	#有工商或民政证照	#已办理税务登记
5358	**34757**	**27721**	**27656**	**19884**
1	7	7	7	7
1	7	7	7	7
5340	34541	27602	27537	19828
12	125	76	76	42
10	119	67	67	59
5	21	19	19	16
136	917	700	695	537
5177	33359	26740	26680	19174
17	209	112	112	49
15	198	108	108	45
2	9	4	4	4
	2			
82	**625**	**408**	**408**	**292**
	6			
	6			
45	244	199	199	129
45	244	199	199	129
37	375	209	209	163
8	154	48	48	43
29	209	156	156	120
	12	5	5	
76982	**668471**	**437854**	**435982**	**291140**
45765	452236	297481	296151	198893
747	9556	3925	3922	2773
79	1891	725	711	431
2944	18636	12839	12778	7791

4-1 续表 12

行　业	户　数（户）	#有工商、民政证照或已办理税务登记	#有工商或民政证照
理发及美容服务	90928	49403	49163
洗浴服务	8398	4973	4945
保健服务	14746	9703	9653
婚姻服务	2147	1539	1536
殡葬服务	4203	1637	1632
其他居民服务业	12865	4127	4103
机动车、电子产品和日用产品修理业	83936	48732	48549
汽车、摩托车修理与维护	37579	22517	22431
计算机和办公设备维修	8731	5640	5624
家用电器修理	14055	8830	8797
其他日用产品修理业	23571	11745	11697
其他服务业	4974	2744	2729
清洁服务	1749	1047	1043
其他未列明服务业	3225	1697	1686
教育	**10143**	**3679**	**3635**
教育	10143	3679	3635
学前教育	3364	1508	1482
初等教育	80	30	30
中等教育	14	7	7
特殊教育	34	13	12
技能培训、教育辅助及其他教育	6651	2121	2104
卫生和社会工作	**8590**	**6622**	**6596**
卫生	8391	6570	6546
医院	95	72	72
社区医疗与卫生院	1083	823	820
门诊部(所)	6668	5320	5301
计划生育技术服务活动	3	3	3
专科疾病防治院(所、站)	208	155	154
其他卫生活动	334	197	196

#已办理税务登记	从业人员期末人数(人)	#有工商、民政证照或已办理税务登记	#有工商或民政证照	#已办理税务登记
28443	261155	169677	168994	109108
3244	42740	32547	32329	24480
5913	74953	58835	58564	42498
1071	6677	4989	4983	3552
959	8087	3279	3271	1900
2365	28541	10665	10599	6360
29661	200805	130231	129727	85842
14314	112324	76256	75942	53028
3487	18031	12299	12264	7898
5394	29294	19632	19561	12537
6466	41156	22044	21960	12379
1556	15430	10142	10104	6405
667	7519	5724	5716	3830
889	7911	4418	4388	2575
2036	**48538**	**21921**	**21605**	**12830**
2036	48538	21921	21605	12830
713	23794	12228	12017	6681
14	1448	785	785	491
5	137	98	98	7
10	109	43	41	29
1294	23050	8767	8664	5622
3433	**22661**	**18529**	**18485**	**11088**
3406	21638	18168	18130	10897
37	327	279	279	190
328	2561	2002	1998	933
2832	17316	14799	14768	9040
2	5	5	5	3
98	648	546	545	397
109	781	537	535	334

4-1 续表 13

行业	户数（户）	#有工商、民政证照或已办理税务登记	#有工商或民政证照
社会工作	199	52	50
提供住宿社会工作	184	45	43
不提供住宿社会工作	15	7	7
文化、体育和娱乐业	**30522**	**11485**	**11419**
广播、电视、电影和影视录音制作业	79	50	49
电影和影视节目制作	5	3	3
电影放映	60	41	40
录音制作	14	6	6
文化艺术业	514	266	265
文艺创作与表演	208	126	125
艺术表演场馆	1		
图书馆与档案馆	1	1	1
文物及非物质文化遗产保护	7	1	1
博物馆	4	1	1
群众文化活动	152	69	69
其他文化艺术业	141	68	68
体育	20968	7359	7324
体育组织	7	3	3
体育场馆	69	52	52
休闲健身活动	20860	7286	7251
其他体育	32	18	18
娱乐业	8961	3810	3781
室内娱乐活动	8129	3513	3488
游乐园	335	139	139
文化、娱乐、体育经纪代理	29	18	18
其他娱乐业	468	140	136

#已办理税务登记	从业人员期末人数(人)	#有工商、民政证照或已办理税务登记	#有工商或民政证照	#已办理税务登记
27	1023	361	355	191
22	911	315	309	157
5	112	46	46	34
6884	**90590**	**49240**	**49064**	**35307**
34	231	156	155	124
2	15	6	6	3
28	175	132	131	107
4	41	18	18	14
177	4843	3051	3049	1690
91	2699	1729	1727	1046
	1			
1	2	2	2	2
1	34	5	5	5
1	11	1	1	1
35	1307	875	875	387
48	789	439	439	249
4107	45611	19233	19158	11696
	30	18	18	
36	250	193	193	123
4061	45258	18975	18900	11544
10	73	47	47	29
2566	39905	26800	26702	21797
2381	37393	25602	25514	20969
94	1139	605	605	439
5	88	44	44	24
86	1285	549	539	365

4-2 按地区分组的个体经营户户数及从业人数

地　　区	户　数 (户)	#有工商、民政证照或已办理税务登记	#有工商或民政证照	#已办理税务登记	从业人员期末人数 (人)	#有工商、民政证照或已办理税务登记	#有工商或民政证照	#已办理税务登记
全　省	**3635001**	**1835462**	**1827832**	**1127348**	**10085532**	**5736744**	**5710381**	**3731810**
杭州市	**481285**	**249751**	**248125**	**176326**	**1390023**	**741557**	**735948**	**560378**
上城区	15991	11327	11253	8717	33393	25129	24916	20439
下城区	22462	12810	12511	9425	62222	38751	37453	31186
江干区	52469	27705	27510	20992	151281	70704	70166	55586
拱墅区	24392	13067	13001	10077	67903	38151	37928	30882
西湖区	25672	13386	13263	9542	65373	37528	37116	29694
滨江区	9894	5079	5050	3040	26495	15128	15047	10218
萧山区	93666	47262	47019	30162	238008	140034	139429	100621
余杭区	77160	36769	36744	28566	245379	105336	105244	86588
桐庐县	25722	16717	16646	12553	80292	53052	52765	42461
淳安县	20174	8442	8397	4213	58250	24723	24514	14292
建德市	31515	12954	12894	6259	95900	41856	41623	22349
富阳市	51350	28726	28467	26943	171635	97397	96475	91974
临安市	30818	15507	15370	5837	93892	53768	53272	24088
宁波市	**461811**	**266005**	**264936**	**182677**	**1154515**	**764768**	**762045**	**570995**
海曙区	16947	11764	11731	8085	38940	29771	29683	22067
江东区	17358	12120	11987	7637	40185	30881	30525	21357
江北区	19896	11995	11959	7406	42435	27693	27605	18359
北仑区	35511	17677	17628	14434	79017	48955	48843	41880
镇海区	17151	11491	11452	7605	34003	25756	25683	17958
鄞州区	69697	43341	43192	25771	152346	109547	109132	74939
象山县	35399	19959	19923	14368	71146	49136	49069	37359
宁海县	37219	21642	21532	18991	83302	58379	58170	52957
余姚市	71999	45084	44894	34954	223136	167200	166577	139206
慈溪市	111586	52823	52645	31831	335243	177541	177066	116613
奉化市	29048	18109	17993	11595	54762	39909	39692	28300
温州市	**527704**	**305688**	**304871**	**124145**	**1538936**	**987953**	**985019**	**457059**
鹿城区	64953	49297	49156	26413	240145	187325	186759	110766
龙湾区	47802	34722	34596	13602	136582	102911	102339	44601
瓯海区	48911	30166	30084	16637	175106	119363	119161	71126
洞头县	5028	4212	4199	3415	13849	11168	11139	9379
永嘉县	38085	21127	21088	7276	104677	67113	67010	25716
平阳县	50362	28805	28805	14310	150763	98133	98133	54131

4-2　续表 1

地　区	户　数(户)	#有工商、民政证照或已办理税务登记	#有工商或民政证照	#已办理税务登记	从业人员期末人数(人)	#有工商、民政证照或已办理税务登记	#有工商或民政证照	#已办理税务登记
苍南县	89997	43207	43057	7190	256634	136778	136324	25762
文成县	8939	5244	5199	4603	31523	19138	18967	16899
泰顺县	9228	6918	6918	4403	21969	17660	17660	11667
瑞安市	85079	43196	43062	17822	215782	123433	122888	58709
乐清市	79320	38794	38707	8474	191906	104931	104639	28303
嘉兴市	**355352**	**142891**	**142482**	**125047**	**1015322**	**471102**	**469781**	**423495**
南湖区	34400	20285	20251	18219	88526	60904	60813	55705
秀洲区	46852	13843	13831	11383	114182	39644	39571	34392
嘉善县	45778	13416	13346	10237	115989	42503	42246	34265
海盐县	25431	11931	11886	9821	74076	47389	47204	41704
海宁市	66930	33030	32891	29647	213741	112327	111887	100459
平湖市	39948	16340	16279	12457	92484	45138	44988	36354
桐乡市	96013	34046	33998	33283	316324	123197	123072	120616
湖州市	**194249**	**101046**	**100396**	**46581**	**714210**	**398067**	**393063**	**206978**
吴兴区	49103	20898	20639	9584	258561	116055	112343	62795
南浔区	33568	16503	16486	3434	104371	58461	58416	13739
德清县	31145	19755	19677	12583	115682	79298	78968	54985
长兴县	40222	25265	25103	9383	135385	87714	87175	37928
安吉县	40211	18625	18491	11597	100211	56539	56161	37531
绍兴市	**401723**	**150702**	**150176**	**79461**	**889569**	**398117**	**396884**	**233323**
越城区	37895	19565	19489	8224	76160	47684	47505	24446
绍兴县	98344	36947	36811	16554	191847	86823	86498	44585
新昌县	48739	14987	14953	11691	113666	44916	44844	36077
诸暨市	106844	36140	36121	21034	265350	106450	106397	65682
上虞市	53900	23013	22975	11080	122224	61612	61500	33565
嵊州市	56001	20050	19827	10878	120322	50632	50140	28968
金华市	**500028**	**261864**	**260674**	**156524**	**1536985**	**925900**	**921917**	**539859**
婺城区	46532	21786	21641	12735	108314	60744	60236	39934
金东区	14110	8435	8405	4515	41883	26186	26041	16691
武义县	24747	10865	10797	6299	67212	33662	33436	20055
浦江县	31661	19746	19666	12031	121931	92334	92011	64123
磐安县	11511	6130	6091	4785	36093	17653	17444	13891
兰溪市	36713	17982	17964	2157	105774	61254	61209	9335
义乌市	209452	121783	121190	68855	619748	406089	404381	186561
东阳市	53636	21787	21642	17823	163926	79161	78643	66510
永康市	71666	33350	33278	27324	272104	148817	148516	122759

4-2 续表 2

地区	户数（户）	#有工商、民政证照或已办理税务登记	#有工商或民政证照	#已办理税务登记	从业人员期末人数（人）	#有工商、民政证照或已办理税务登记	#有工商或民政证照	#已办理税务登记
衢州市	**152585**	**71631**	**71093**	**57501**	**365572**	**184469**	**183089**	**153881**
柯城区	31843	18972	18877	15768	76573	49561	49237	43404
衢江区	21561	9781	9606	7584	42916	20851	20475	16225
常山县	20811	8415	8327	6347	46364	19479	19257	15414
开化县	14773	7958	7906	6810	32735	18908	18755	16547
龙游县	23853	11472	11466	10296	62153	29444	29435	26817
江山市	39744	15033	14911	10696	104831	46226	45930	35474
舟山市	**64100**	**37269**	**36958**	**26900**	**153117**	**95079**	**94279**	**76230**
定海区	22043	14920	14743	10097	44697	34156	33842	26193
普陀区	23134	12645	12563	9797	52131	30275	30003	25430
岱山县	12591	6002	5967	3513	35665	18329	18181	12916
嵊泗县	6332	3702	3685	3493	20624	12319	12253	11691
台州市	**371441**	**182090**	**182090**	**99346**	**1018683**	**586768**	**586768**	**360862**
椒江区	36761	17444	17444	11705	97169	59185	59185	47893
黄岩区	41895	19845	19845	10033	131453	75874	75874	42779
路桥区	51784	28675	28675	17880	148375	96916	96916	63352
玉环县	41345	22740	22740	5710	109001	70352	70352	24478
三门县	17358	9416	9416	3904	43742	26234	26234	11750
天台县	24919	11346	11346	7704	60650	30250	30250	21175
仙居县	17226	7681	7681	3364	45653	24305	24305	12444
温岭市	97246	40919	40919	32838	273483	137806	137806	114181
临海市	42907	24024	24024	6208	109157	65846	65846	22810
丽水市	**124723**	**66525**	**66031**	**52840**	**308600**	**182964**	**181588**	**148750**
莲都区	26755	14186	14090	11654	63084	38020	37755	32209
青田县	22192	12078	11912	9109	50308	31526	31156	25888
缙云县	20179	8405	8339	5824	49663	22471	22258	16466
遂昌县	12252	5925	5903	4569	29268	15203	15142	11815
松阳县	10488	6798	6783	4328	29060	20228	20174	11868
云和县	8540	4492	4467	3873	21180	12354	12250	10573
庆元县	6596	4512	4495	4158	19065	13281	13248	12293
景宁县	4501	3699	3670	3366	9952	8006	7952	7180
龙泉市	13220	6430	6372	5959	37020	21875	21653	20458